北京工业大学年鉴

2022

《北京工业大学年鉴》编委会　主编

北京工业大学出版社

图书在版编目（CIP）数据

北京工业大学年鉴. 2022 /《北京工业大学年鉴》编委会主编. -- 北京：北京工业大学出版社，2022. 12

ISBN 978 - 7 - 5639 - 8450 - 3

Ⅰ. ①北… Ⅱ. ①北… Ⅲ. ①北京工业大学—2022—年鉴 Ⅳ. ①G649. 281 - 54

中国国家版本馆 CIP 数据核字（2023）第 045492 号

北京工业大学年鉴（2022）

主　　编：《北京工业大学年鉴》编委会
责任编辑：曹　媛
特约编辑：钟嶷盛　凌　晨
封面设计：南博文化
出版发行：北京工业大学出版社
（北京市朝阳区平乐园 100 号　100124）
010 - 67391722（传真）bgdcbs@ sina. com
经销单位：全国各地新华书店
承印单位：三河市元兴印务有限公司
开　　本：889 毫米 ×1194 毫米　1/16
印　　张：28. 5　　彩插 2. 75
字　　数：821 千字
版　　次：2022 年 12 月第 1 版
印　　次：2022 年 12 月第 1 次印刷
标准书号：ISBN 978 - 7 - 5639 - 8450 - 3
定　　价：150. 00 元

《北京工业大学年鉴》编委会

《北京工业大学年鉴（2022）》编辑部

《北京工业大学年鉴（2022）》组稿人员

（按姓氏笔画排序）

丁淑杰	王　伟	王　峥	王　莉	王茂春	王鹏业	王攀华
尤　欣	邓伊楚	史晓军	邢雅茹	朱易玄	任永方	刘　玉
刘　苏	刘　茜	刘　辉	安　然	孙佳诺	苏雅洁	李晓梅
李海强	吴　洁	吴　莹	邱　凌	宋　淼	张亚红	张洪彬
张晓哲	陈　延	邵长伟	罗　琼	周　雅	孟宪婷	赵宪珍
柴晶晶	倪　爽	凌　晨	高阿娜	郭载勋	唐　昊	陶明法
桑洪峰	黄荟宇	黄锦秀	曹　巍	蒋竹君	喻金梅	程迪南
蔡怀彧	裴　朵	谭　歌	戴　璐			

编 辑 说 明

《北京工业大学年鉴（2022）》是北京工业大学建校以来的第19本年鉴，汇集了2021年学校事业发展及重大活动基本情况，重点反映北京工业大学“双一流”建设、人才培养、教学科研、队伍建设、党的建设、学校管理、对外合作交流、大学文化等方面的重要活动和所取得的经验、成果等，供全校各个部门及校外有关单位了解和研究学校现状与发展情况时参考使用，同时也是北京工业大学发展概况的历史记载。

《北京工业大学年鉴（2022）》是资料性文献，以文章和条目为基本载体，以条目为主。全书设置新闻图片、北京工业大学总述、年度重点关注、2021年大事记、党史学习教育、专文、党建和思想政治工作、教育教学、科研开发、学生管理、人才队伍、开放办学、综合管理、条件保障、学部（院）、人物、表彰与奖励、媒体报道、附录等19个类目。

《北京工业大学年鉴（2022）》选题基本时间范围为2021年1月1日至12月31日间的重大事件、重要活动及各个领域的新进展、新成果、新信息，部分内容依实际情况向前略有回溯。年鉴收录的统计数据，由学校相关部门审定、提供。

《北京工业大学年鉴（2022）》在学校年鉴编委会主持下编辑。编辑部以党政办人员为主，联合党建处、宣传部、组织部、国际交流合作处、改革与发展规划处、人事处、教务处、研究生院、科学技术发展院、离退休工作处、校工会、出版社、档案馆等部门的有关同志共同组成。主要撰稿人为校内各单位负责同志和熟悉情况的工作人员。

《北京工业大学年鉴（2022）》的编辑出版工作得到了北京市地方志编纂委员会办公室的指导，以及学校领导的支持和全校各部门的大力协助，在此谨表示深深的谢意。年鉴涉及面广、内容多，加之编辑人员水平所限，年鉴中存在的问题和疏漏敬请读者给予指正。编辑部将不断探索改进，提高年鉴的编纂质量，把年鉴的编辑与出版工作做得更好。

《北京工业大学年鉴（2022）》编辑部

2022年12月

2月10日，教育部党组成员、副部长钟登华（前排右二）来校调研寒假疫情防控和留校学生服务保障工作

3月23日，科技部副部长徐南平（前排右二）一行来校围绕碳中和主题展开调研

4月12日，市委常委、教育工委书记夏林茂（第二排左五）到校开展专项调研

5月4日，市委教育工委委员、市纪委监委驻市委教育工委纪检监察组组长曹文军（前排中间）一行来校督导检查工作

5月11日，市科委、中关村管委会二级巡视员赵清（右排右三）一行到校围绕“碳达峰、碳中和”开展座谈调研

6 月 7 日，北京经济技术开发区工委书记王少峰（前排中间）一行到校调研

12 月 3 日，朝阳区委常委、副区长暴剑（左排左五）一行到校调研交流大学生创新创业工作

2 月 25 日，中共北京工业大学第十一届委员会第八次全体（扩大）会议召开

3 月 22 日，北京工业大学党委启动第六轮校内巡察

4 月 7 日，北京工业大学召开 2021 年全面从严治党工作会议

4 月 21 日，北京工业大学召开第九届教职工代表大会、第十四届工会会员代表大会第一次会议

5 月 4 日，北京市“永远跟党走”歌曲传唱活动走进北京工业大学暨“弘扬五四精神　传承红色基因”纪念五四运动 102 周年活动举办

6 月 4 日，市委党建工作领导小组办公室专职副主任田涛（右排右三）一行来校就学校党建工作情况进行调研并召开座谈会

7 月 24 日至 28 日，北京工业大学第七期、第八期青年马克思主义者培养工程班（教师）及新提任中层干部培训班赴革命圣地延安开展党性教育实践

12 月 7 日，北京市学习贯彻党的十九届六中全会精神宣讲团北京工业大学报告会举行

12 月 9 日，北京工业大学举行以“弘扬爱国精神，共赴冰雪之约”为主题的纪念“一二·九”运动升国旗仪式

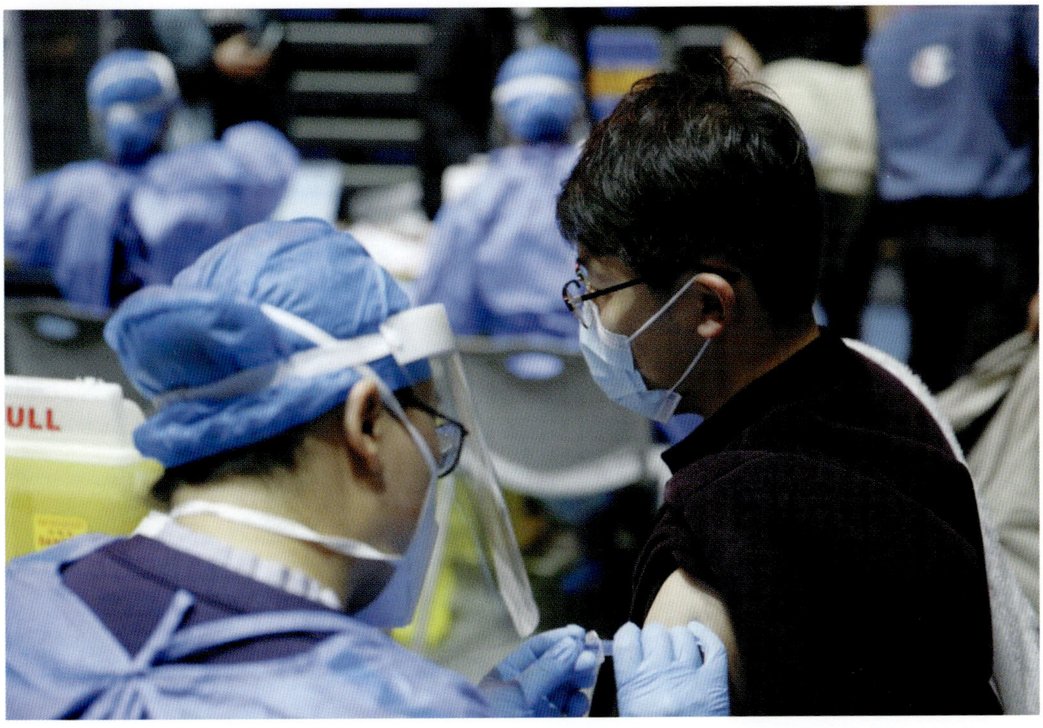

2021 年，北京工业大学坚决筑牢校园防线，持续抓好新冠肺炎疫情防控常态化工作

【专题 1】

2021 年，北京工业大学开展党史学习教育

3 月 31 日，北京工业大学召开党史学习教育动员大会

4 月 6 日，北京工业大学举办党史学习教育大讲堂（第一讲），邀请中国人民大学马克思主义学院教授辛逸作专题报告

4 月 14 日，北京工业大学举办《中国载人航天工程》专场报告会暨党史学习教育大讲堂（第二讲），邀请中国载人航天工程副总设计师陈善广（左一）教授作专题报告

5 月 14 日，北京工业大学开展“祭先烈、忆初心、学党史”主题党史学习教育实践活动

5 月 19 日，校党委书记谢辉讲授《学好百年党史 开启伟大奋斗新征程》专题党课；5 月 26 日，校党委副书记、校长聂祚仁讲授《学党史 知使命，开创学校“双一流”建设新局面》专题党课

6 月 16 日，北京工业大学研究生宣讲团举行党史宣讲汇报会

围绕党史学习教育“我为群众办实事”目标任务，深入开展“机关作风建设年”活动，打造为民服务“四个工程”。图为北京工业大学启动“学生一站式服务大厅”业务升级工程

【专题 2】

2021 年，北京工业大学举行庆祝中国共产党成立 100 周年系列活动

5 月 12 日，北京工业大学召开庆祝中国共产党成立 100 周年暨青年马克思主义者培养工程班（教师）总结大会

5 月 26 日，北京工业大学举办庆祝中国共产党成立 100 周年第十一届校园文化节艺术展演

6 月 28 日，“百年奋斗铸辉煌 为党育人谱华章——北京工业大学庆祝中国共产党成立 100 周年成果展”启动

6 月 30 日，北京工业大学召开庆祝中国共产党成立 100 周年暨“七一”表彰大会

7 月 1 日，庆祝中国共产党成立 100 周年大会在天安门广场隆重举行，百余名北京工业大学师生作为合唱团和献词团成员用高昂的歌声与深情的献词把最美的祝福送给党

9 月 29 日，学校举行北京工业大学服务保障中国共产党成立 100 周年庆祝活动总结会议暨宣讲启动仪式

1 月 18 日，北京工业大学材料与制造学部张跃飞研究员荣获中国科协求是杰出青年成果转化奖

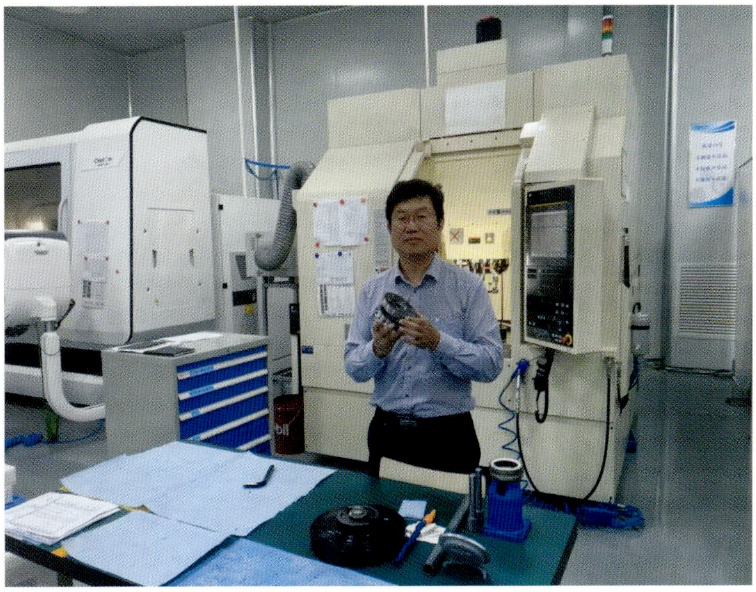

4 月 11 日，《光明日报》头版头条报道张跃明教授攻克“卡脖子”技术难题的典型事迹，深化人才评价机制改革引发热议

4 月 19 日，《光明日报》头版刊发中国工程院院士、北京工业大学校长聂祚仁署名文章，呼吁高校科研工作者勇做创新人才培养的“栽树人”和源头创新的“挖井人”

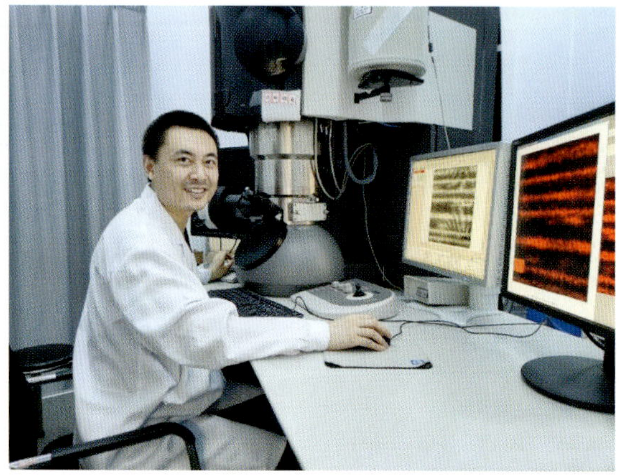

5 月，北京工业大学连续四年入选全国博士后创新人才支持计划，图为以北京工业大学为依托单位申报的康达博士和王宽博士入选

6 月，北京工业大学完成新一轮中层干部集中调整聘任工作；12 月，完成第四轮全员岗位聘任（第一批）工作，为“十四五”高质量发展提供人才支撑。图为 3 月 17 日，北京工业大学召开中层干部集中调整聘任工作动员会

8 月，北京工业大学崔素萍研究员、郑宏教授、尹宝才教授 3 人入选 2021 年“北京学者”

9 月 3 日，北京工业大学唐军、赵晓华、黄秋梅、王晶 4 位教师获 2021 年度北京市高等学校教学名师奖、青年教学名师奖

9 月 8 日，北京工业大学召开 2021 年教师节庆祝大会，迎接第 37 个教师节

10 月 29 日，北京－都柏林国际学院亨利·麦克劳格林（Henry B. McLoughlin）教授获第 15 届“长城友谊奖”

11 月 18 日，北京工业大学杜修力教授当选中国工程院院士

12 月 29 日，北京工业大学召开 2021 年“以案为鉴、以案促改”警示教育大会暨师德师风警示教育大会

12 月 30 日，北京工业大学召开首次党委人才工作会，开启人才引领高质量发展新篇章

3 月 1 日，校党委书记谢辉，校党委副书记、校长聂祚仁，副校长吴斌通过腾讯会议、日新学堂等平台在线听课，指导线上教学工作

4 月 14 日，北京工业大学举办 2021 年春季综合双选会

4 月 14 日，北京工业大学举行 2021 年“科学精神与学术规范”教育宣传月活动启动仪式

4 月 20 日，北京工业大学举办首届“课程思政”教学设计大赛

5 月 17 日至 19 日，北京工业大学完成建筑环境与能源应用工程专业评估（认证复评）工作

5 月 21 日，北京工业大学获第十一届“挑战杯”首都大学生课外学术科技作品竞赛“优胜杯”和优秀组织奖，获特等奖 3 项、一等奖 9 项、二等奖 15 项、三等奖 19 项

7 月 13 日，2021 年学生毕业典礼暨学位授予仪式在学校奥林匹克体育馆举行

9 月 2 日，2021 级新生开学典礼在平乐园校区南田径广场和通州校区体育场举行

9 月 22 日，聂祚仁校长以《心怀“国之大者”担当青春使命》为题，为 2021 级新生讲授开学第一课

9 月 23 日，北京工业大学举办第十一届科技节开幕式暨科技成果展

10 月 15 日，北京工业大学学子在第七届中国国际“互联网 +”大学生创新创业大赛中获两金三铜，主赛道金奖数量居北京高校第二

12 月 16 日，北京工业大学召开 2021 年研究生教育工作会议总结会

nature nanotechnology ARTICLES
https://doi.org/10.1038/s41565-020-00833-9

nature nanotechnology

Explore content ⌄ Journal information ⌄ Publish with us ⌄

nature › nature nanotechnology › articles › article

Article | Published: 21 January 2021

Graphene oxide membranes with stable porous structure for ultrafast water transport

Wen-Hai Zhang, Ming-Jie Yin, Qiang Zhao, Cheng-Gang Jin, Naixin Wang, Shulan Ji, Cody L. Ritt, Menachem Elimelech ✉ & Quan-Fu An ✉

Nature Nanotechnology (2021) | Cite this article

Metrics

1 月 21 日，北京工业大学安全福教授团队在 *Nature Nanotechnology* 发表膜分离领域重要研究成果

nature energy

Explore Content ⌄ Journal Information ⌄ Publish With Us ⌄ Subscribe

nature › nature energy › articles › article

Article | Published: 08 February 2021

Identification of embedded nanotwins at c-Si/a-Si:H interface limiting the performance of high-efficiency silicon heterojunction solar cells

Xianlin Qu, Yongcai He, Minghao Qu, Tianyu Ruan, Feihong Chu, Zilong Zheng, Yabin Ma, Yuanping Chen, Xiaoning Ru, Xixiang Xu, Hui Yan, Lihua Wang, Yongzhe Zhang ✉, Xiaojing Hao, Ziv Hameiri, Zhi-Gang Chen, Lianzhou Wang & Kun Zheng ✉

Nature Energy **6**, 194–202(2021) | Cite this article

549 Accesses | **1** Altmetric | Metrics

2 月，北京工业大学“高效 SHJ 光伏电池”突破性研究成果在国际顶级学术刊物 *Nature Energy* 发表

3 月，《北京工业大学学报（社会科学版）》首次入选北京大学《中文核心期刊要目总览》；
4 月，《北京工业大学学报（社会科学版）》首次进入中文社会科学引文索引（CSSCI）来源期刊目录

3 月 24 日，北京工业大学举办“城市碳中和科技创新”专题学术沙龙

4 月 26 日，北京工业大学高学云教授团队科技成果“新冠肺炎治疗药物”项目与海南普利制药股份有限公司正式签约，实施成果转化

8 月 18 日，北京工业大学 149 个项目获 2021 年度国家自然科学基金资助

9 月 28 日，北京工业大学设计团队助力北京市首个“碳中和”主题公园落成开园

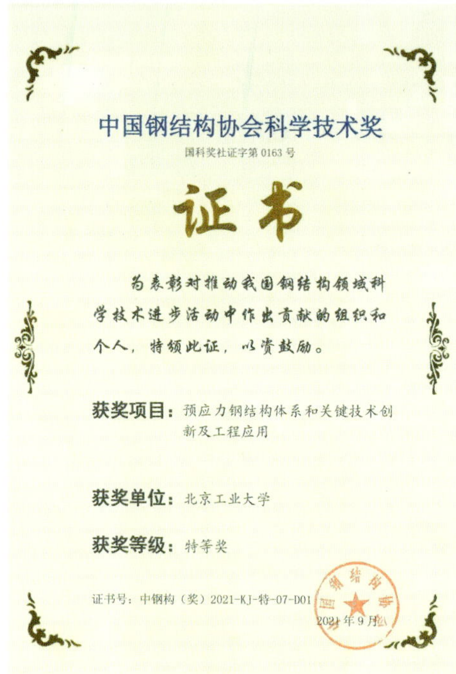

中国钢结构协会科学技术奖

国科奖社证字第 0163 号

证书

为表彰对推动我国钢结构领域科学技术进步活动中作出贡献的组织和个人，特颁此证，以资鼓励。

获奖项目： 预应力钢结构体系和关键技术创新及工程应用

获奖单位： 北京工业大学

获奖等级： 特等奖

证书号：中钢构（奖）2021-KJ-特-07-D01

2021 年 9 月

10 月 12 日，北京工业大学获中国钢结构协会 2021 年度科学技术奖特等奖

11 月 3 日，北京工业大学韩晓东教授作为第一完成人的项目“面心立方材料弹塑性力学行为及原子层次机理研究”获国家自然科学二等奖

11 月 3 日，北京工业大学彭永臻教授作为第二完成人的项目“污水深度生物脱氮技术及应用”获国家技术发明二等奖

1 月 11 日，“一带一路”中波大学联盟人才库上线

3 月 5 日，北京工业大学与爱尔兰国立都柏林大学举行在线会谈

3 月 8 日，首届北京工业大学—爱尔兰国立都柏林大学双边学术研讨会在线上开幕，共举办 6 个平行论坛

3 月 25 日，北京工业大学与巴基斯坦旁遮普大学召开视频会议，两校签署谅解备忘录

4月9日，北京工业大学召开奥波莱孔子学院及下设孔子课堂建设线上会议

5月13日，波兰驻华大使馆一等参赞嬴茉晏（Maria Wejs-Domzalska）一行访问北京工业大学

7月7日，教育部"平安留学"出国留学行前培训会北京工业大学专场召开

7 月 21 日，北京工业大学学召开 2021 年度“世界一流大学建设与大学内部治理”线上教师境外培训项目总结汇报会

9 月 2 日至 9 月 7 日，2021 年中国国际服务贸易交易会在京举行，北京－都柏林国际学院受邀参加线下教育专题展

9 月 8 日，爱尔兰驻华大使安黛文（Ann Derwin）一行访问北京工业大学并出席北京－都柏林国际学院 2021 级新生开学典礼

10 月 21 日，北京工业大学举行 2021 年度国际教育周启动仪式

12 月 1 日，2021 年度北京工业大学与爱尔兰国立都柏林大学联合管理委员会会议召开

2 月 5 日，北京工业大学与北京竞业达数码科技股份有限公司战略合作签约，加快推进教育信息化建设

3 月 31 日，北京工业大学校友、IBM 全球副总裁杨旭回到母校洽谈校企合作

4 月 12 日，北京工业大学与亦庄控股集团、亦庄控股知联会签署《科技创新战略合作协议》和《同心建桥战略协议》

5月10日，北京工业大学与北京金隅集团股份有限公司续签战略合作协议

6月5日，北京工业大学－华为技术有限公司产教融合创新实践课程启动

7月23日，北京工业大学与湖北汽车工业学院签署“京鄂对口协作”框架合作协议

9 月 3 日，天津市教委副主任郝奎刚（左排左三）一行到校，就京津冀教育协同创新发展工作进行调研交流

9 月 16 日，北京工业大学与内蒙古工业大学签订对口支持框架协议

9 月 24 日，北京工业大学与北京经济技术开发区管理委员会签署全面战略合作协议，共建区域碳中和产业研究院

10 月 20 日，北京工业大学 – 小米集团创新创业工作室揭牌

12 月 9 日，北京交叉科学学会成立，在北京工业大学召开会员大会

12 月 10 日，北京工业大学与北燃实业集团举行奖励金捐赠暨优质就业创业基地协议签约仪式

春节期间，北京工业大学组织丰富多彩的新春文化活动，为因疫情防控需要留校过年的师生送去温暖

3 月 20 日，城建学部 2020 级土木工程专业本科生胡枕冰在第七届中国大学生滑雪挑战赛中获高山女子大回转（双板）冠军

4 月 26 日，“青春心向党 筑梦新征程”北京工业大学第十一届校园文化节暨文化体育嘉年华开幕

4 月 28 日，北京工业大学举办第 46 届运动会

5 月 12 日，庆祝中国共产党成立 100 周年北京工业大学学生交响乐团“春之声”专场音乐会在校礼堂举办

5 月 22 日至 23 日，北京工业大学承办北京市第十五届“和谐杯”乒乓球比赛暨 2021 年首都高等学校乒乓球锦标赛

5 月 27 日，日新文化大讲堂举办“北京记忆”系列首场讲座，北京市社会科学院研究员、著名历史学家、央视《百家讲坛》主讲人阎崇年先生受邀主讲

7 月 12 日，北京工业大学举办“梦缘工大 记忆留夏”2021 届毕业歌会

7 月 31 日，2014 级经管学院毕业生，“双塔组合”李俊慧和刘雨辰，获东京奥运会羽毛球男子双打银牌

经管学院市场营销专业本科生于静瑶，于7月29日代表中国队参加东京奥运会女子200米蛙泳比赛，获得总排名第12名；于9月24日参加第十四届全国运动会，夺得北京游泳队首金，包揽女子100米蛙泳、200米蛙泳双冠

9月13日，“燃动青春 助力冬奥”北京冬奥宣讲团走进百所高校暨“青力冬奥”活动发布仪式在北京工业大学举行

10 月 12 日，2021 年国家网络安全宣传周北京市校园日宣讲活动在北京工业大学举行

11 月 20 日至 21 日，北京冬奥村（冬残奥村）组织开展场馆运行测试工作，
北京工业大学 200 余名志愿者参与志愿服务测试工作

目　　录

北京工业大学总述

学校综述

北京工业大学（以下简称“北工大”）本部位于北京市朝阳区平乐园100号。网络域名为www.bjut.edu.cn。

北工大创建于1960年。1961年，北京建筑工程学院、北京工业学院、北京师范大学部分学生转入北工大。1972年，北京工商管理专科学校并入北工大。1981年成为教育部批准的第一批硕士学位授予单位，1985年成为博士学位授予单位。1990年，北京联合大学经济管理学院并入北工大。1993年，北京计算机学院并入北工大。2000年，国家建材局管理干部学院（武汉工业大学北京研究生部）、华北水利水电学院北京研究生部和北京水利电力函授学院并入北工大。2005年，北京艺术设计职业学院整体划转北工大。

1993年，北工大在教育改革中成立实验学院，2000年至2004年由学校与民营企业合作办学，2004年7月调整为学校全资直属二级学院。2005年，北工大与北京市通州区人民政府签订协议，合作举办北工大实验学院。2017年，撤销北工大实验学院建制，建立通州校区。

1997年起，北工大经过多次学科结构性调整，对相关学科专业进行了调整、组合、撤并，逐步建立和完善校、院两级管理体制。

1996年12月，学校通过国家“211工程”预审，正式跨入国家21世纪重点建设的百所大学行列。确立“立足北京，服务北京，辐射全国，面向世界”的办学定位，紧紧抓住“211工程”建设和承办2008年北京奥运会赛事两个重大机遇，实现从教学型大学向教学研究型大学的转变，从工科大学向以工科为主，理、工、经、管、文、法、哲、艺术、教育相结合的多科性大学的转变，全面完成国家下达的“九五”“十五”“十一五”“十二五”“211工程”建设的各项任务。通过“211工程”连续支持，北工大重点建设新材料设计及其制备加工技术、激光与现代制造技术、城市抗震减灾与水环境恢复、新医药与生物工程、信息光电子技术与应用、智能交通技术与系统、环境与能源工程、计算机交互与智能软件、数字化和计量化的经济评价与管理咨询等学科，发展人文社会科学类学科，加强基础类学科建设，初步构建结构合理、特色鲜明、符合首都经济社会发展需求的多学科体系，实现学校事业发展的新跨越，成功跻身全国重点建设的高水平大学行列。2017年9月“现代城市建设与环境工程学科群”（核心学科包括土木、环境、交通工程）入选国家一流学科建设行列。8个学科跻身2020年QS世界大学排行榜前500名，位列QS2020年世界大学排名中国内地第32名，化学、材料科学、工程、环境与生态、计算机科学5个学科进入ESI前1%。

学校坚持和加强党对学校工作全面领导，全面提升党的建设质量。推动放管服改革，制定《政事权限清单》。将2015年、2019年巡视整改成效一体自查自检，制定《巡视整改成效“回头看”工作总体方案》，认真研究重点问题整改举措。全年向党委常委会上报全面从严治党工作相关议题11项，与党委组织部配合召开2次党的建设和全面从严治党工作领导小组会议、1次小组办公室会议。牵头拟制《二级党组织向学校党委请示报告重大事项清单》及参考模板，推动全面从严治党向基层延伸。坚持和完善党委理论学习中心组制度，制定党委理论学习中心组学习安排及主题教育方案，组织校党委理论学习中心组学习17次，党委常委会学习17次，编印《思想理论动态》8期10万余字。做好教职工理论学习，制定教职工理论学习计划，编印《教师思想政治学习材料》16期60余万字。组建党的十九届六中全会精神宣讲团，开展菜单式宣讲。以庆祝中国共产党成立100周年为主线，制定党史学习教育实施方案。举办“百年奋斗铸辉煌　为党育人谱华章”北京工业大学庆祝中国共产党成立100周年成果展。开设党史学习教育专题网站，推出《百个瞬间说百年》和《党史天天读》系列广播节目。举办庆祝建党100周年暨“七一”表彰大会，落实教育部“对标争先”建设计划，做好第三批教育部“双创”项目的申报工作与已入选单位的培育和管理工作，累计入选“双带头人”教师党支部书记工作室数量位列北京高校第6名、全国地方高校第1名。在北京市“三优一先”评选中获“北京市先进基层党组织”“北京市优秀党务工作者”称号。推进学校首批“双示范”党支部建设，组织开展党建引领“小微提升”计划。开展“党支部标准化规范化建设突出问题集中整改”和全校党支部“过筛子”，建立“党员校领导、二级党组织书记、职能部门干部”三级联系模式；1个党组织获“北京市先进党组织”称号，1名党员获“北京市优秀党务工作者”称号。做好发展党员和教育管理工作。2021年共发展党员2300名。出台《关于加强在优秀青年教师和高层次人才中发展党员的实施方案》，做好在青年教师和高端人才中发展党员工作。坚持全面从严治党首先从政治上看，不断提高政治判断力、政治领悟力、政治执行力，从严落实《党委（党组）落实全面从严治党主体责任规定》，深入推进全面从严治党主体责任、监督责任落实落细。

高水平编制“十四五”规划，以深化改革攻坚推进“双一流”建设。继续推进《关于统筹推进北京高等教育改革发展的若干意见实施方案》落地实施，完成学校《“十四五”时期发展建设规划（2021—2025年）》编制工作，确定建设“高水平研究型大学”的发展定位，以一流党建为引领，重点打造“七个一流”。组织编制初步完成15个学部（院）规划，11个专项规划。圆满完成学校《综合改革方案（2021—2035年）》编制工作，从改革基础、改革思路、改革任务、实施保障等四大方面系统阐述以学科科研为引领的综合改革规划。发布规划编制指南，成立工作专班，召开“十四五”规划、专项规划和学部（院）规划推进会，组织15个二级教学科研机构和7个职能部有序展开规划编制工作。积极谋划“十四五”时期学科建设工作，全面开展33个一级学科“十四五”时期学科建设规划编制工作。系统总结“十三五”发展建设完成情况，编写《“十三五”规划整体完成情况报告》，系统分析学校15个二级教学科研机构、7个专项规划“十三五”目标完成情况。持续推进“双一流”建设，编制新一轮“双一流”建设方案并上报北京市和教育部，在方案中专门开辟章节进行基础学科建设规划设计，谋划交叉学科，以一流学科为引领提升学科建设整体水平。完成第五轮学科评估工作，完成31个参评学科801项信息核查和公示异议结果反馈。启动4个高精尖学科中期考核评估工作，均获评优秀，占全市优秀高精尖学科总数的21%。深化与央属高校学科共建工作，推进共建方案落地实施，材料科学与工程学科与北京科技大学材料学院共建教学团队，机械工程学科与清华大学机械工程学科开展共建，控制科学与工程学科与清华大学自动化系共建，三个学科共建均取得阶段性进展。

深化人事人才制度改革。强化师德师风建设，制定《北京工业大学关于进一步加强和改进新时代师德师风建设的若干措施》《北京工业大学开展师德专题教育的工作方案》。落实人才分类综合评价制度。制定25个学科分类评价标准和多维度人才遴选指标，推进Tenure-track制度，坚持多维评价和综合考察。多措并举，创新教师评价模式。深化代表性成果制度改革，健全完善外部专家评估的制度。改革职称评聘，首次设置“教书育人”和“揭榜挂帅”绿色通道。持续扩大高端人才引育力度。2021年已公示拟聘的高端人才及副高以上补充师资32人，新增校内培育高端人才26人。做好各级各类人才项目申报推荐。2021年入选中国工程院院士1人、教育部重大人才项目1人、北京学者3人、教育部重大青年人才项目1人。已入选北京市自主认定项目167人，占全市1/10，成为朝阳区凤凰计划首批自主认定单位。加强博士后队伍建设。本年招收博士后120人，入选“创新人才计划”等国家及北京市博士后人才项目6人，获得各类博士后基金80项。落实《深化新时代教育评价改革总体方案》要求，深化师生评价制度，推进“质性评价+定性评价”模式，优化本科课堂教学过程性评价。深化人事制度改革，完善校内人才梯队建设，推进人才分配激励机制和学校—学部（院）—学科三级人才引培责任体系及工作机制。持续深化校—部（院）治理体系改革，加强运行体制机制创新，推动学部科学有序发展。编制《北京工业大学关于学部运行的实施意见（试行）》，规范构建学部基层治理体系。将学术诚信引入科技评价，建立以代表性成果的政治立场、理论创新、学术贡献和社会影响多元评价机制。持续完善学术委员会校内咨询专家库建设，完成第二批71名校内专家入库遴选工作。

全面落实立德树人根本任务，努力培养德智体美劳全面发展的社会主义建设者和接班人。录制研究生思政课网络课程，提升课程建设水平。完善教师挂牌授课制度，组织完成2021级新生“思想道德与法治”“中国近现代史纲要”的“教师挂牌授课”选课工作。3016人次学生参与14名教师共开设的36门课程。发布《北京工业大学2021年学生党员“三力教育”工程实施方案》，组织各学部、学院按要求加强学生党支部规范化建设，提高党员教育培训质量。深化教师“青马班”建设，召开教师“青马班”1—6期总结大会，组织教师“青马班”学员开展“知四史 践初心”主题调研。打造升级版学生“青马工程”，完善金字塔结构贯通式学生干部培养体系，培育学生“青马班”第七期“学生骨干计划”154人和第五期“新生英才计划”301人。编制并出台《北京工业大学教材管理办法》，组织完成马工程教材统一使用情况报送，法学教材摸底排查、教材排查“回头看”工作，重点检视“外国语言类教材”和“其他学科专业类境外教材”两类教材。持续推进“三全育人”综合改革。完成第二批“三全育人”重点团队培育项目结题和第四批立项工作。参与北京高校“三全育人”优秀成果评选，两个项目分获工作案例类一等奖、调研报告类二等奖。制定《大国首都》思政课设计方案。遴选研究生课程思政示范课程15门，教学名师和团队15个，资助“研究生思政教育进科研团队”探索项目38项。规范教学质量检查与督导。校本科教学督导专家采用线上随机听课的方式对教学质量进行检查，2020—2021学年第二学期与2021—2022学年第一学期累计听课2500门次。组织本科教学督导专家对各学部（院）所开课程的教学档案进行了100%抽查，覆盖学部（院）所有专业。基本完成督导专家评课信息化工作。深化专业内涵，组织推荐19个专业申报北京市级一流专业，16个专业申报国家级一流专业。重视“金课”建设，推荐24门优秀课程进入市级评审环节，12门课程获批北京市推荐教育部第二批国家级一流本科课程资格。立项建设21门课程思政示范课程，1门课程及团队获得教育部首批“国家级课程思政示范课程、教学名师和团队”称号。完成第二批、第三批校级课程思政优秀教学案例征集遴选，144个优秀案例入选。完成5门“慕课”课程视频制作，“理论力学”课程获“2021年北京市优质课程”称号，获批北京高校“优质本科课程”4项，北京高校“优质本科教材课件”4项。组织完成教育部第二批“新工科”研究与实践项目的开题任务和中期检查工作。立项校级虚拟仿真实验教学项目23项，加强虚拟仿真实验教学项目平台建设，已完成9个项目对接。积极服务北京高精尖新产业人才需求，优化招生专业。新增人工智能、化学生物学专业。优化“双培”计划、“外培”计划。出台就业创业先进评选、基层就业奖励评选办法、创新创业奖学金实施办法三项重要制度，建设优质就业创业基地和创新创业实训基地“双百”基地，搭建就业实习实践和创新创业实训的平台，学部（院）设置就业创业工作办公室及就业创业专员，从制度上保障高质量就业创业。将国家大学生文化素质教育基地整体纳入北工大素质教育学院，以美育为特色，持续推进学生素质教育工作改革，组织五一、国庆劳动实践课程，进一步完善五育课程体系。落实《北京工业大学本科生第二课堂管理办法》，通过第二课堂系统审核校级课程认定，进行课程和学分管理，目前有校级164门、院级618门课程。

参与第十一届“挑战杯”首都大学生课外学术科技作品竞赛，获得特等奖2项、一等奖3项、二等奖5项、三等奖3项，获“优胜杯”和优秀组织奖，获得第十七届“挑战杯”全国大学生课外学术科技作品竞赛三等奖3项。开展第二十二届“星火基金”立项工作，立项469项。开展2021年度“国家级大学生创新创业训练计划”立项工作，立项100项。开展北京工业大学第七届“鼎新杯”学生创意创新创业竞赛。516支团队参加第七届中国国际“互联网+”大学生创新创业大赛，获得全国金奖2项、铜奖3项，北京赛区一等奖7项、二等奖27项、三等奖44项，其中主赛道金奖数量位居北京地区高校第二。首次承办全国大学生电子商务“创新、创意及创业”挑战赛校级赛，获北京赛区一等奖1项、二等奖1项。开展专创融合课程的建设开发工作，联合华为技术有限公司首次面向全校本科生开设产教融合创新实践课程——“昇腾创新实践课：AI图像语音算法实践”。增设北工大创新实践课（科技竞赛类）28门。

举办庆祝中国共产党成立100周年北京工业大学第十一届校园文化节艺术展演活动及学生舞蹈团、学生交响乐团、学生话剧团专场演出。开展“高雅艺术进校园”等艺术教育普及活动，组织开展“国家大剧院周末音乐会”3场、“国家大剧院艺术微课堂”5场、“国家大剧院经典艺术讲堂”14场。举办“青春心向党　筑梦新征程”北京工业大学第十一届校园文化节暨文化体育嘉年华，举办艺术、文化、体育三大类共计27场校级活动，覆盖全校师生万余人。各学部（院）积极开展院级品牌特色活动数十场。持续推进冬奥志愿服务工作，已经完成志愿者的招募选拔、领域培训、提前上岗、运行测试工作。持续建构四级心理危机防护体系，探索学部（院）“心理工作站”，实行“一三七一”追踪制度，开展全员和新生普查，其中全员普查学生参测率99.97%，新生普查参测率100%，并对筛出人群进行一对一约谈，面向全体大一新生开设必修课课堂25个，心理采访和心理剧实践类活动各270余项，举办“525大学生心理健康宣传月”活动。加强情报服务平台建设，设立知识产权图书角，与中关村知识产权促进中心及其他5所高校成立共建联盟，开展红色文献资源展、恢复建设首图分馆、创建“日新文化大讲堂”。

以科技创新引领对外合作与交流，打造服务北京北工大品牌。积极服务国际科技创新中心建设，高能同步辐射光源在新型催化产氢材料和技术研究方面相继取得重要突破。聚焦城市碳中和，重点推进“城市碳中和关键技术高精尖创新中心”申请工作。把中心建设作为推动科研创新机制与模式创新的发力点，形成“中心—综改—学科”的“点面体”三维立体协同发展新模式。落实中央扩大经费包干制实施范围改革举措，申请成为北京市基金“包干制”第一批试点单位，制定《北京工业大学通用财政科研项目经费使用“包干制”管理办法（试行）》，实行“包干制”项目240项。优化科技奖励申报的流程，落实奖励培育计划。在项目申报、奖励申报等环节推行负责人科研诚信承诺制。提升科研管理系统信息化水平，完善科研项目预算调整、科研绩效审核、数据统计等功能。通过装备承制单位资格生产性质扩项现场审查和装备质量管理体系2021年度监督审核。2021年完成科技成果评价10项，省部级奖励申报145项，比去年同期增长40.1%。积极推进国家工程实验室优化整合工作，启动“工业大数据应用技术国家工程实验室”验收工作，顺利通过教育部B类重点实验室建设验收。

深度融入北京及区域经济社会发展。精简服务北京工作委员会成员，召开2次委员会工作会议。与经开区对接，形成5大类18项合作内容，完成区校全面战略合作协议的签署。促进京津冀协同发展项目64项，其中成果转化项目7项。联合京津冀三地高校知识产权转化相关部门共同发起成立京津冀高校知识产权运用联盟。联合成立“区域碳中和产业研究院”，与北京浦丹光电股份有限公司成立“集成光学联合实验室”，实现学校为企业创新提供稳定支撑和服务的产学研创新之路。与北京竞业达公司、北京金隅集团、小米基金会、北银金融租赁公司等深度合作。以科技成果赋权改革为契机，重构学校科技成果转化管理与服务链条，在全国率先出台以赋权改革为核心的科技成果管理办法。实现两项超1000万级成果转化。高学云教授团队研发的科技成果“金络合物在制备治疗新型冠状病毒肺炎的药物中的应用”项目在杭州与海南普利制药股份有限公司正式签约，共同研发推进产业转化落地，将为中国乃至全球新冠病毒治疗作出贡献。完成“高功率半导体激光技术”科技成果转化方案，为今后学校科技成果转化落地科技园公司提供了宝贵经验。深化校企改革，出台《参股企业管理办法》，加强制度化建设和过程监管，确保国有资产的保值增值，吸收合并智源公司、时代创新公司。出台《北京工业大学国家大学科技园入孵企业管理办法》，制定众创空间、孵化企业的优惠政策。与经开区开展合作，2021年成功申报“经开区人才联合培养基地”项目。与北京股权交易中心签订战略合作协议，共建北京市大学生创业板孵化培育基地，建立高校与大创板的有效连接，完善学校创业孵化服务链条。扩展校外内实训资源，成立100+校内外创新创业实训基地，联合小米集团共同打造小米集团在全国落地的首家创新创业工作室——“北京工业大学-小米创新创业工作室”，承载推动产教融合新工科建设、打造学生校内多元校园文化、赋能学生就业、孵化创新创业项目等多种职能。

开展高水平国际交流合作。发布《北京工业大学因公出国管理办法》《北京工业大学关于进一步加强因公出国监督管理工作实施细则》，逐步实现自主审批的一定的出访来访团组申报、审批全流程线上管理。持续增强国际交流主动性，与全球34个国家和地区的187所机构建立伙伴关系，共计签署298份合作协议，其中，2021QS世界大学前100强合作伙伴院校19所，前500强合作伙伴院校63所，较2020年底分别增长10.5%和7.2%。持续推进“UPS”三位一体工作体系，大力推动“一带一路”科研合作与人才培养，申报中国－中东欧高校教育联合项目2项，获批1项。编制并发布中英双语版《2017—2020年“一带一路”中波大学联盟建设白皮书》，设立对外文化交流项目，资助开展对波兰地区教育、经济的研究以及建设高水平汉语课程。完善《在校生长期境外交流项目手册》，长期交流项目增至78个，其中QS排名前500的项目30个。选派369名学生参加各类长短期境外交流学习，同比2020年实现翻倍。设立英国、爱尔兰、韩国、欧洲地区、波兰及中东欧地区等5个境外联络处，为夯实全球交流与合作提供了重要支撑。持续强化外专引智体系顶层设计和资源统筹，推进一流学科群国际科研合作平台建设，历史获批国家级引智基地达到4个，位列市属高校前列。获批2021年北京市高层次外籍人才资助计划2项。搭建多层次教师国际科研合作体系，共立项引智培育项目10项、种子基金项目62项、台北科技大学校际科研合作项目6项。获中国教育国际交流协会颁发的来华留学质量认证，严把录取质量关，实行国际本科生入学考试“一试、双面、三审”。深化与爱尔兰国立都柏林大学的多层次合作，召开2021年度北工大与爱尔兰国立都柏林大学两校联合管理委员会，续签办学合同，并申请机构延期10年。组织召开转隶后首次“孔院及下设孔课建设会议”，探索“一院三课”的课堂建设、师资队伍建设、财务运行机制，制定转隶后相关管理文件。2021年度派出3位公派教师、2位公派志愿者。

以大学文化建设提升办学软实力。丰富大学文化载体，拍摄吉祥物燕小北主题系列动画片《记忆》，发布燕小北冬奥版微信表情包，升级《北京工业大学视觉形象识别手册》，完善校园导视系统建设，采集“口述历史”视频资料，整理3万余字文稿。更新学校宣传片，设计发布宣传折页和宣传册，推出建校61周年校史教育主题系列海报，召开学校2021年语言文字工作会议，开展“北工大师生迎冬奥，规范文字啄木鸟行动”等推普周特色活动。举办诗词分享会，选派师生参加“中国诗词大会”“中华经典诵写讲大赛”等活动。在学校“十四五”规划中明确通州校区办学定位，将通州校区打造成为北京国际化办学示范校区，按拟定容积率1.4、建筑规模15万平方米的指标要求，启动国际化办学示范校区校园规划方案设计工作。加强校史宣讲队伍建设，招募20名学生志愿讲解员，开展了以校史校情和讲解技能为内容的10次培训，全年为校内外1400多人提供讲解。以建校61周年为契机，开展返校活动服务。

统筹发展与安全，提升学校治理体系和治理能力现代化水平。坚持不懈做好日常防控工作，组织师生集中开展疫苗接种累计3.5万人次，目前学生新冠疫苗接种率超过90%。完善常态化防疫网络，组织协调拉网式全覆盖环境卫生大检查、应急处置全要素演练，完善学校、部（院）、班级、师生员工四级常态化防控网络，维护校园正常教学生活秩序。通过“工大学生树”新媒体矩阵，向师生发布疫情实时情况与政策动态，提供出、入校申请，离京、出境申请，异常情况上报等功能。通过疫情通和企业微信数据统计分析，建立数据监控，根据各级疫情数据核查要求，实时在线协同排查，及时反馈学生动态情况。持续推进“健康工大”建设，通过固定活动场地、减免场地使用费用、设置免费健身时段、延长夜间照明时间等多种方式，为师生健康提供更好的锻炼平台，鼓励师生积极参与体育锻炼。修订《突发公共卫生事件应急预案》，完善《北京工业大学传染病防控应急预案》《校医院新型冠状病毒感染的肺炎防控工作应急预案》等，全年接诊门、急诊发热学生418人次，完成新冠风险暴露人群的健康监测及管控634人，风险暴露相关人员管理5336人次，提供防疫医疗保障服务7次，完成传染病个案管理40例，个案调查处理率达100%，全年无传染病漏报。深化国家安全人民防线建设，坚持每季度召开一次国家安全人民防线建设小组例会，落实“月会商、季研判”安稳工作机制，落实校园安全专项整顿工作。深化科技创安，依法依规推行人脸识别入校，筑牢校园疫情防线。围绕“消防宣传月”主题，举办消防培训、高层楼宇和宿舍疏散演练活动26次，参与人数8000余人；开展“一警六员”消防技能实操实训、电子模拟灭火体验、开展消防安全知识和技能培训等。面向处级及以上领导干部组织意识形态专题培训2场，每季度就意识形态领域情况编发《意识形态工作简报》，开展意识形态工作专项督查。

深入开展“服务质量提升年”活动，制定并发布《北京工业大学服务质量提升年工作方案》，制定校级层面办实事清单17项，机关各部门上报实事清单48项，机关100余名中层干部共上报实事清单120余项。加强职能部门联动，建立并落实职能部处长联席会及支部书记例会制度，举办首批机关党员责任区、示范岗授牌仪式。深化“接诉即办”工作体系，强化信息通报机制，每月对响应率、解决率和满意率情况进行通报，对诉求办理情况、阶段性难点热点问题和群众突出诉求进行汇总分析，推动从“有一办一、举一反三”向“主动治理、未诉先办”转变。加强与学校“接诉即办”工作专班办公室的协同联动，建立健全监督工作机制。持续打造“学生一站式服务大厅”业务升级工程，开设通州校区服务大厅，新增特色功能2项、线下窗口业务8项、线上服务3类。依托学生数据管理平台，优化学生数据质量，实现学生在校关键数据的实时联动。推进绿色校园建设，制定《北京工业大学绿色学校创建行动实施方案》。持续优化学校档案管理体系，印发《北京工业大学建设项目档案管理办法》，开通邮件查询申请服务，全力推进历史档案数字化，年底前完成扫描著录档案达到350万页。推进通州校区规划方案实施，落实通州校区基础设施改造项目分年度实施计划及改造需求。积极支持乡村振兴工作，与密云区大城子镇张泉村和密云区巨各庄镇查子沟村结对，推进消费扶贫。

机构与队伍

北京工业大学 2021 年校级领导干部及常委、校长助理

党委书记 谢　辉
校　　长 柳贡慧（2021 年 1 月 5 日免）　聂祚仁（2021 年 1 月 5 日任）
党委副书记 聂祚仁　李四平
纪委书记 杨建新
副 校 长 吴　斌　刘建萍（女）　杜修力　乔俊飞　郭　福（2021 年 12 月 21 日免）
党委常委 王文杰（2021 年 5 月 11 日任）　刘幸菡（女，2021 年 5 月 11 日任）
王　普（2021 年 5 月 11 日任）
校长助理 李国俊　王　普

中共北京工业大学第十一届委员会

党委委员（按姓氏笔画排序）

马立民（满族）　王　普　王文杰　王丽梅（女）
乔俊飞　刘幸菡（女）　刘建萍（女）　孙治荣（女）
李　悦　李四平　杨建新　吴　斌
邱晓飞（女）　祖占良　聂祚仁　郭　福（2021 年 12 月 7 日免）
彭永臻　韩晓东　谢　辉（满族）

党委常委（按姓氏笔画排序）

王　普（2021 年 5 月 11 日任）　王文杰（2021 年 5 月 11 日任）　乔俊飞
刘幸菡（女，2021 年 5 月 11 日任）　刘建萍（女）　李四平　杨建新
吴　斌　聂祚仁　郭　福（2021 年 12 月 7 日免）　谢　辉（满族）

纪委书记 杨建新
纪委副书记 王立勇（2021 年 3 月 20 日任）
纪委委员（按姓氏笔画排序）

叶红玲（女）　江飒英（女）　李　娟（女）　李国俊
杨建新　宋晓艳（女）　张　欣（女）　张忠占
张彦军　夏海州　傅立新（女，满族）

（组织部）

各专门委员会

北京工业大学全面深化改革领导小组

组　　长：党委书记、校长

副 组 长：协助负责规划工作的校领导

成　　员：负责组织、国资、财务、人事工作的校领导，改革与发展规划处处长

下设办公室，办公室主任由改革与发展规划处处长担任，办事机构设在改革与发展规划处。

全面深化改革领导小组下设二级机构：

1. **服务北京工作委员会**

主　　任：党委书记

常务副主任：校长

秘 书 长：负责对外交流合作工作校领导

成　　员：对外合作联络处处长、党委办公室主任、校长办公室主任、科学技术发展院常务副院长、人事处处长、改革与发展规划处处长、学生处处长、就业创业指导中心主任

委员会下设办公室，对外合作联络处处长兼任办公室主任。

2. **内部控制领导小组**

组　　长：校长

副 组 长：负责发展规划、财务工作的校领导，纪委书记、总会计师

成　　员：财务处处长、审计处处长、校长办公室主任、改革与发展规划处处长、纪委副书记

办事机构设在财务处。

内部控制领导小组下设机构：

内部控制建设小组

组　　长：负责财务工作的校领导

副 组 长：财务处处长

成　　员：审计处处长、纪委副书记

办事机构设在财务处。

内部控制体系评价监督小组

组　　长：总会计师

副 组 长：审计处处长、监察专员办公室主任

成　　员：校长办公室主任、人事处处长、改革与发展规划处处长、科学技术发展院常务副院长、基建修缮处处长、国有资产与实验室管理处处长、财务处处长、信息化建设与管理中心主任

办事机构设在审计处。

3. **成果转化（知识产权）工作小组**

组　　长：校长

副 组 长：主管科研的校领导

成　　员：科学技术发展院常务副院长、党委组织部部长、人事处处长、财务处处长、国有资产与实验室管理处处长、研究生院常务副院长、图书馆馆长、北京北工大投资管理有限公司总经理

办公室主任：科学技术发展院常务副院长

办公室副主任：科学技术发展院主管成果转化及知识产权副院长

成　　　员：科学技术发展院成果转化办公室人员

办事机构设在科学技术发展院。

4. **科技园工作小组**

组　　　长：负责科研工作的校领导

成　　　员：科学技术发展院常务副院长、人事处处长、国有资产与实验室管理处处长、财务处处长、就业创业指导中心主任、北京北工大投资管理有限公司总经理

办事机构设在科学技术发展院。

北京工业大学"双一流"建设领导小组

组　　　长：党委书记、校长

副　组　长：负责"双一流"、学科建设的校领导

成　　　员：负责研究生、科研、人事、财务工作的校领导，一流学科建设办公室主任

办公室主任由一流学科建设办公室主任担任。

办事机构设在一流学科建设办公室。

北京工业大学党的建设和全面从严治党工作领导小组

组　　　长：党委书记

副　组　长：党委副书记、纪委书记

成　　　员：党委办公室主任、纪委副书记、监察专员办公室主任、纪委办公室主任、党委巡察工作办公室主任、党委组织部部长、党校常务副校长、党委宣传部部长、党委统战部常务副部长、党委教师工作部部长、学生工作部（处）部（处）长、党委研究生工作部部长、保密委员会办公室主任、保卫部（处）部（处）长、离退休工作处处长、人事处处长、国有资产与实验室管理处处长、财务处处长、审计处处长、校工会常务副主席、校团委书记、马克思主义学院党委书记

办事机构设在党委办公室、党委组织部、纪委办公室。

党的建设和全面从严治党工作领导小组下设二级机构：

1. **干部工作领导小组**

成　　　员：党委书记、校长、负责干部工作的校领导、纪委书记、党委组织部部长

2. **干部教育工作小组**

组　　　长：党委书记、校长

副　组　长：负责干部、人事工作的校领导

成　　　员：党委组织部部长、党校常务副校长、人事处处长、党委宣传部部长、党委教师工作部部长、党委统战部常务副部长、机关党委书记、高层次人才工作办公室主任、教务处处长、研究生院常务副院长、科学技术发展院常务副院长、国际交流合作处处长、马克思主义学院党委书记

办事机构设在党委组织部。

3. **巡察工作领导小组**

组　　　长：党委书记

副　组　长：校长、纪委书记

成　　　员：党委副书记、党委组织部部长、党委巡察工作办公室主任

办事机构设在党委巡察工作办公室。

4. **党风廉政建设和反腐败工作协调小组**

组　　　长：纪委书记、监察专员

副　　组　　长：纪委副书记

成　　　　　员：纪委办公室主任、党委巡察工作办公室主任、党委组织部部长、党委统战部常务副部长、党委教师工作部部长、人事处处长、审计处处长、财务处处长

办事机构设在纪委办公室。

北京工业大学依法治校工作领导小组

组　　　　　长：党委书记、校长

成　　　　　员：其他校领导、党委常委、校长助理、总会计师

办事机构设在党委办公室、校长办公室。

依法治校工作领导小组下设二级机构：

1. 校（党）务公开工作委员会（信息公开工作领导小组）

主　　　　　任：负责学校办公室工作的校领导

委　　　　　员：党委办公室主任、校长办公室主任、党委组织部部长、党委宣传部部长、人事处处长、招生办公室主任、研究生院常务副院长、党委学生工作部部长、党委研究生工作部部长、国有资产与实验室管理处处长

办事机构设在党委办公室、校长办公室。

2. 学生申诉处理工作委员会

主　　　　　任：负责学生工作的校领导

副　　主　　任：校团委书记

委　　　　　员：校办分管副主任、监察专员办公室分管副主任、校团委分管副书记，法律教师 1 人，教师代表、学生代表各 2 人

办事机构设在校团委。

3. 教职工申诉受理委员会

主　　　　　任：校工会主席

常务副主任：校工会常务副主席

副　　主　　任：教代会分委员会主任

委　　　　　员：教代会代表 3 人、法律教师 2 人及校办工作人员 1 人

办事机构设在校工会。

北京工业大学意识形态工作领导小组

组　　　　　长：党委书记

副　　组　　长：党委副书记、纪委书记

成　　　　　员：党委宣传部部长、党委办公室主任、党委组织部部长、党委统战部常务副部长、纪委副书记、党委教师工作部部长、教务处处长、学生工作部（处）部（处）长、研究生院常务副院长、党委研究生工作部部长、国际交流合作处处长、保卫部（处）部（处）长、后勤党委书记、校工会常务副主席、校团委书记、马克思主义学院党委书记

办事机构设在党委宣传部。

北京工业大学思想政治工作领导小组

组　　　　　长：党委书记、校长

副　组　长：负责思想政治工作的校领导

成　　　员：党委宣传部部长、党委办公室主任、党委组织部部长、党委统战部常务副部长、纪委副书记、党委教师工作部部长、教务处处长、学生工作部（处）部（处）长、研究生院常务副院长、党委研究生工作部部长、国际交流合作处处长、保卫部（处）部（处）长、校团委书记、马克思主义学院党委书记

办事机构设在党委宣传部。

思想政治工作领导小组下设二级机构：

思政课程和课程思政建设工作小组

组　　　长：党委书记、校长

副　组　长：负责思想政治理论课建设、本科教学、学位与研究生教育的校领导

成　　　员：马克思主义学院院长、党委办公室主任、党委组织部部长、党委宣传部部长、改革与发展规划处处长、人事处处长、教务处处长、学生工作部（处）部（处）长、研究生院常务副院长、党委研究生工作部部长、科学技术发展院常务副院长、财务处处长、校团委书记

办事机构设在党委宣传部。

北京工业大学安全稳定工作委员会

主　　　任：党委书记、校长

副　主　任：负责安全稳定、后勤、学生工作的校领导

委　　　员：校长助理、保卫部（处）部（处）长、党委办公室主任、校长办公室主任、保密委员会办公室主任、党委组织部部长、党委统战部常务副部长、党委宣传部部长、党委教师工作部部长、人事处处长、教务处处长、学生工作部（处）部（处）长、研究生院常务副院长、党委研究生工作部部长、科学技术发展院常务副院长、国际交流合作处处长、基建修缮处处长、国有资产与实验室管理处处长、通州校区管理中心主任、后勤保障处处长、校工会常务副主席、校团委书记、信息化建设与管理中心主任、校医院院长、北京北工大投资管理有限公司党总支书记、场馆中心主任、继续教育学院院长、国际学院院长、耿丹学院党委书记

下设办公室，主任由保卫部（处）部（处）长兼任，副主任由保卫部（处）副部（处）长担任，办事机构设在保卫部（处）。

安全稳定工作委员会下设二级机构：

1. 安全生产委员会

主　　　任：校长

副　主　任：负责国有资产、实验室、安全稳定、后勤、基建工作的校领导

委　　　员：国有资产与实验室管理处处长、学生工作部（处）部（处）长、研究生院常务副院长、党委研究生工作部部长、科学技术发展院常务副院长、基建修缮处处长、财务处处长、保卫部（处）部（处）长、后勤保障处处长、信息化建设与管理中心主任、场馆管理中心主任、校办分管副主任

下设办公室，主任由国有资产与实验室管理处处长兼任，副主任由国有资产与实验室管理处、科学技术发展院、基建修缮处、后勤保障处、北京北工大投资管理有限公司、场馆管理中心分管安全工作领导担任，办事机构设在国有资产与实验室管理处。

2. 信访工作委员会

主　　　任：负责办公室工作的校领导

副　主　任：负责组织、工会工作的校领导

委　　　员：党委办公室主任、校长办公室主任、人事处处长、教师工作部部长、教务处处长、党委学生工作部部长、研究生院常务副院长、党委研究生工作部部长、后勤保障处处长、校工会常务副

主席

下设办公室，主任由校长办公室主任兼任，副主任由校长办公室分管副主任兼任，办事机构设在校长办公室。

3. 防汛工作委员会

主　　　任：负责后勤工作的校领导

副　主　任：负责安全稳定工作的校领导

委　　　员：后勤保障处处长、基建修缮处处长、国有资产与实验室管理处处长、财务处处长、保卫部（处）部（处）长、通州校区管理中心主任、校医院院长、继续教育学院院长、场馆管理中心主任、北京北工大投资管理有限公司总经理

下设办公室，主任由后勤保障处处长兼任，副主任由北京北工大投资管理有限公司总经理、后勤保障处分管副处长担任，办事机构设在后勤保障处。

4. 国家安全人民防线建设小组（按实际工作需要确定人员组成）

北京工业大学学生工作指导委员会

主　　　任：党委书记、校长

副　主　任：负责学生、本科教学及招生、学位与研究生教育工作的校领导

委　　　员：学生工作部（处）部（处）长、党委研究生工作部部长、党委办公室主任、校长办公室主任、党委组织部部长、人事处处长、教务处处长、招生办公室主任、研究生院常务副院长、就业创业指导中心主任、国际交流合作处处长、财务处处长、保卫部（处）部（处）长、后勤保障处处长、校团委书记、国际学院院长

办事机构设在学生工作部（处）。

学生工作指导委员会下设二级机构：

1. 招生工作小组

组　　　长：校长

常务副组长：负责本科教学及招生工作的校领导

副　组　长：负责学位与研究生教育工作的校领导

成　　　员：招生办公室主任、教务处处长、研究生院常务副院长、校长办公室主任、学生工作部（处）部（处）长、财务处处长、纪委办公室主任、监察专员办公室主任、继续教育学院院长、国际学院院长

下设办公室，办公室主任由招生办公室主任兼任，办事机构设在招生办公室。

2. 学籍指导委员会

主　　　任：负责本科教学工作的校领导

副　主　任：负责学生、学位与研究生教育工作的校领导

委　　　员：教务处处长、学生工作部（处）部（处）长、党委研究生工作部部长、继续教育学院院长、国际学院院长、研究生院分管副院长、校长办公室分管副主任

下设办公室，主任由教务处处长兼任，副主任由研究生院分管副院长兼任，办事机构设在教务处。

3. 就业创业工作小组

组　　　长：校长

常务副组长：负责学生工作的校领导

副　组　长：负责本科教学及招生、学位与研究生教育工作的校领导

成　　　员：就业创业指导中心主任、党委办公室主任、校长办公室主任、教务处处长、学生工作部（处）部（处）长、研究生院常务副院长、党委研究生工作部部长、校团委书记、对外合作联络处

处长、北京北工大投资管理有限公司总经理

办事机构设在就业创业指导中心。

北京工业大学人事人才工作委员会

主　　任： 党委书记、校长

副 主 任： 负责干部、人事工作的校领导

委　　员： 其他校领导、党委常委、校长助理、人事处处长、高层次人才工作办公室主任、党委办公室主任、校长办公室主任、党委组织部部长、党委统战部常务副部长、改革与发展规划处处长、教务处处长、研究生院常务副院长、科学技术发展院常务副院长、国际交流合作处处长、基建修缮处处长、国有资产与实验室管理处处长、财务处处长、后勤保障处处长

办事机构设在人事处。

人才工作委员会下设二级机构：

1. **人才工作小组**

组　　长： 党委书记、校长

成　　员： 负责干部、人事工作的校领导，人事处处长

办事机构设在人事处。

2. **教职工奖励（处分）工作委员会**

主　　任： 党委书记、校长

副 主 任： 负责干部、人事工作的校领导

委　　员： 校长助理、人事处处长、党委办公室主任、校长办公室主任、党委组织部部长、党委宣传部部长、改革与发展规划处处长、教务处处长、学生工作部（处）部（处）长、研究生院常务副院长、党委研究生工作部部长、科学技术发展院常务副院长、国际交流合作处处长、财务处处长、纪委副书记、监察专员办公室主任、校工会常务副主席

办事机构设在人事处。

3. **福利管理委员会**

主　　任： 负责人事工作的校领导

副 主 任： 负责工会、教代会工作的校领导

委　　员： 人事处处长、校长办公室主任、党委组织部部长、财务处处长、纪委副书记、离退休工作处处长、校工会常务副主席、校医院院长

办事机构设在人事处。

4. **人事工作小组**

组　　长： 校长

副 组 长： 负责人事工作的校领导

成　　员： 党委组织部、人事处、规划处（一流办）、教务处、研究生院、科发院等部门负责人（可根据议事范围增加列席人员）

办事机构设在人事处。

5. **薪酬保障工作小组**

组　　长： 分管人事工作校领导

成　　员： 人事处、财务处、国有资产与实验室管理处、党委组织部、校工会等部门负责人

办事机构设在人事处。

6. **考核工作小组**

组　　长： 党委书记、校长

常务副组长：负责党建与思想政治工作、人事、干部工作的校领导

副　组　长：其他校领导

成　　　员：党委常委、校长助理、人事处处长、党委办公室主任、党委组织部部长、党委宣传部部长、改革与发展规划处处长、教务处处长、学生工作部（处）部（处）长、研究生院常务副院长、党委研究生工作部部长、科学技术发展院常务副院长、国际交流合作处处长、财务处处长、纪委副书记、监察专员办公室主任、校工会常务副主席

办事机构设在人事处。

北京工业大学国际化推进工作领导小组

组　　　长：党委书记、校长

常务副组长：负责国际交流与合作工作的校领导

副　组　长：负责人事、科技、学位与研究生教育、本科生教育工作的校领导

成　　　员：国际交流合作处处长、改革与发展规划处处长、人事处处长、教务处处长、研究生院常务副院长、科学技术发展院常务副院长、国际学院院长、北京-都柏林国际学院院长

办事机构设在国际交流合作处、港澳台事务办公室。

北京工业大学学校文化建设工作领导小组

组　　　长：党委书记、校长

副　组　长：负责大学文化建设工作的校领导

成　　　员：党委宣传部部长、党委教师工作部部长、学生工作部（处）部（处）长、党委研究生工作部部长、国际交流合作处处长、基建修缮处处长、国有资产与实验室管理处处长、财务处处长、对外合作联络处处长、后勤党委书记、档案馆（校史馆）馆长、校工会常务副主席、校团委书记、艺术设计学院院长

办事机构设在党委宣传部。

学校文化建设工作领导小组下设二级机构：

语言文字工作小组

组　　　长：负责语言文字工作的校领导

成　　　员：党委宣传部常务副部长、校长办公室主任、教务处处长、研究生院常务副院长、党委教师工作部部长、人事处处长、学生工作部（处）部（处）长、党委研究生工作部部长、财务处处长、校团委书记、科学技术发展院常务副院长、文法学部主任

办事机构设在党委宣传部。

北京工业大学统战工作领导小组

组　　　长：党委书记、校长

副　组　长：负责统战、安全稳定、人事、学生、国际交流与合作工作的校领导

成　　　员：党委统战部常务副部长、党委办公室主任、校长办公室主任、党委组织部部长、党委宣传部部长、党委教师工作部部长、人事处处长、学生工作部（处）部（处）长、党委研究生工作部部长、国际交流合作处处长、保卫部（处）部（处）长、离退休工作处处长、校团委书记、国际学院院长、马克思主义学院党委书记

办事机构设在党委统战部。

统战工作领导小组下设二级机构：

1. **民族宗教工作小组**

组　　　　长：负责统战、学生工作的校领导

成　　　　员：党委统战部常务副部长、党委办公室主任、校长办公室主任、党委组织部部长、党委宣传部部长、党委教师工作部部长、人事处处长、教务处处长、学生工作部（处）部（处）长、党委研究生工作部部长、科学技术发展院常务副院长、国际交流合作处处长、离退休工作处处长、保卫部（处）部（处）长、校团委书记、后勤党委书记、马克思主义学院党委书记、北京–都柏林国际学院党委书记、图书馆党总支书记、国际学院院长、学报编辑部主任、出版社社长

办事机构设在党委统战部。

2. **港澳台侨工作小组**

组　　　　长：负责国际交流与合作、统战工作的校领导

成　　　　员：党委统战部常务副部长、党委办公室主任、校长办公室主任、党委组织部部长、党委宣传部部长、党委教师工作部部长、人事处处长、教务处处长、学生工作部（处）部（处）长、研究生院常务副院长、党委研究生工作部部长、国际交流合作处处长兼港澳台事务办公室主任、保卫部（处）部（处）长、离退休工作处处长、校团委书记、马克思主义学院党委书记、国际学院院长

办事机构设在党委统战部。

北京工业大学离退休工作领导小组

组　　　　长：党委书记、校长

副　　组　　长：负责老干部、人事工作的校领导

成　　　　员：离退休工作处处长、党委办公室主任、校长办公室主任、党委组织部部长、党委宣传部部长、党委教师工作部部长、人事处处长、学生工作部（处）部（处）长、党委研究生工作部部长、财务处处长、后勤保障处处长、校工会常务副主席、校医院院长

办事机构设在离退休工作处。

北京工业大学财经工作委员会

主　　　　任：校长

成　　　　员：负责财务、改革与发展规划、人事工作的校领导，总会计师，财务处处长

办事机构设在财务处。

财经工作领导小组下设二级机构：

1. **收费管理工作小组**

组　　　　长：负责财务工作校领导

成　　　　员：财务处处长、校长办公室主任、国有资产与实验室管理处处长

办公室主任：财务处主管收费工作副处长

办事机构设在财务处。

2. **预算工作小组**

组　　　　长：负责财务工作校领导

成　　　　员：总会计师、财务处处长、改革与发展规划处处长、人事处处长

办公室主任：财务处主管预算工作副处长

办事机构设在财务处。

北京工业大学体育运动委员会

主　　　任：负责体育工作的校领导

委　　　员：体育教学部主任、校长办公室主任、党委宣传部部长、教务处处长、学生工作部（处）部（处）长、党委研究生工作部部长、后勤保障处处长、保卫部（处）部（处）长、校工会常务副主席、校团委书记、校医院院长、信息化建设与管理中心主任、场馆管理中心主任

办事机构设在体育教学部。

北京工业大学后勤工作领导小组

组　　　长：党委书记、校长

副　组　长：负责后勤、人事工作的校领导，总会计师

成　　　员：后勤保障处处长、校长办公室主任、人事处处长、学生工作部（处）部（处）长、党委研究生工作部部长、基建修缮处处长、国有资产与实验室管理处处长、财务处处长、校工会常务副主席

办事机构设在后勤保障处。

后勤工作领导小组下设二级机构：

1. **节能工作小组**

组　　　长：负责后勤工作的校领导

副　组　长：总会计师、国有资产与实验室管理处处长

成　　　员：后勤保障处处长、党委宣传部部长、教务处处长、学生工作部（处）部（处）长、党委研究生工作部部长、科学技术发展院常务副院长、基建修缮处处长、财务处处长、校团委书记

办事机构设在后勤保障处。

2. **控烟工作小组**

组　　　长：负责后勤工作的校领导

副　组　长：校长办公室主任

成　　　员：后勤保障处处长、党委宣传部部长、学生工作部（处）部（处）长、党委研究生工作部部长、国际学院院长、校医院院长、北京北工大投资管理有限公司总经理、人事处分管副处长、保卫部（处）分管副部（处）长

办事机构设在后勤保障处。

3. **学生食堂价格平抑资金及食品安全管理工作小组**

组　　　长：校长

副　组　长：负责学生、后勤和财务工作的校领导

成　　　员：校长办公室主任、学生工作部（处）部（处）长、党委研究生工作部部长、财务处处长、后勤保障处处长、通州校区管理中心主任

下设办公室，主任由负责后勤工作的校领导担任，副主任由负责财务工作的校领导担任，成员由财务处处长、后勤保障处处长、通州校区管理中心主任组成，办事机构设在后勤保障处。

4. **学生公寓工作小组**

组　　　长：负责后勤工作的校领导

副　组　长：负责学生工作的校领导

成　　　员：后勤保障处处长、校长办公室主任、党委宣传部部长、党委学生工作部部长、党委研究生工作部部长、保卫部（处）部（处）长、通州校区管理中心主任、各学院分管学生工作副书记

办事机构设在后勤保障处。

5. 生活垃圾分类工作小组

组　　　长：校长

常委副组长：负责后勤工作校领导

副　组　长：负责学生、国有资产工作校领导

成　　　员：后勤保障处处长、校长办公室主任、党委宣传部部长、党委学生工作部部长、国有资产与实验室管理处处长、财务处处长、北京北工大投资管理有限公司总经理、通州校区管理中心主任、继续教育学院院长

办事机构设在后勤保障处。

6. 基础设施改造工作小组

组　　　长：负责基建工作的校领导

副　组　长：负责财务工作的校领导、总会计师

成　　　员：基建修缮处处长、改革与发展规划处处长、财务处处长、国有资产与实验室管理处处长、信息化建设与管理中心主任、保卫处处长、后勤保障处处长

办公室主任：基建修缮处处长

办事机构设在基建修缮处。

北京工业大学网络安全和信息化委员会

主　　　任：党委书记、校长

副　主　任：负责信息化建设、保密、安全稳定和宣传工作的校领导

委　　　员：信息化建设与管理中心主任、党委办公室主任、校长办公室主任、保密委员会办公室主任、保卫处处长、党委宣传部部长、党委学生工作部部长、党委研究生工作部部长、人事处处长、财务处处长

下设办公室，办公室设在信息化建设与管理中心，信息化建设与管理中心主任兼任办公室主任。

北京工业大学国有资源管理委员会

主　　　任：校长

副　主　任：负责国有资产工作的校领导

成　　　员：国有资产与实验室管理处处长、校长办公室主任、科学技术发展院常务副院长、改革与发展规划处处长、财务处处长、后勤保障处处长、信息化建设与管理中心主任、北京北工大投资管理有限公司负责人

办公室主任由国有资产与实验室管理处处长兼任。

办事机构设在国有资产与实验室管理处。

国有资源管理委员会下设二级机构：

1. 招标采购工作小组

组　　　长：负责国有资产工作的校领导

副　组　长：负责基建修缮工作的校领导

成　　　员：国有资产与实验室管理处处长、基建修缮处处长、改革与发展规划处处长、科学技术发展院常务副院长、财务处处长

办公室主任由国有资产与实验室管理处负责采购工作的副处长担任。

办事机构设在国有资产与实验室管理处。

2. **住房管理工作小组**

组　　　　长：负责国有资产与实验室管理工作的校领导

成　　　　员：国有资产与实验室管理处处长、校长办公室主任、人事处处长、高层次人才工作办公室主任、财务处处长

办公室主任由国有资产与实验室管理处负责住房管理工作的副处长担任。

办事机构设在国有资产与实验室管理处。

3. **公用房管理工作小组**

组　　　　长：负责国有资产与实验室管理工作的校领导

成　　　　员：国有资产与实验室管理处处长、科学技术发展院常务副院长、改革与发展规划处处长、一流学科建设办公室主任、财务处处长

办公室主任由国有资产与实验室管理处负责公房管理工作的副处长担任。

办事机构设在国有资产与实验室管理处。

4. **国有经营性资产管理委员会**

主　　　　任：负责校办产业工作的校领导

副　主　任：北京北工大投资管理有限公司负责人

成　　　　员：国有资产与实验室管理处处长、财务处处长、北京北工大投资管理有限公司党组织书记

办公室主任由北京北工大投资管理有限公司负责人兼任。

办事机构设在北京北工大投资管理有限公司。

5. **大型仪器设备工作小组**

组　　　　长：负责国有资产与实验室管理工作的校领导

成　　　　员：国有资产与实验室管理处处长、科学技术发展院常务副院长、一流学科建设办公室主任、研究生院常务副院长、后勤保障处处长、基建修缮处处长

办公室设在国有资产与实验室管理处，办公室主任由国有资产与实验室管理处负责大型仪器管理工作的副处长担任。

北京工业大学审计工作领导小组

组　　　　长：党委书记、校长

副　组　长：负责组织工作的校领导、负责纪检监察工作的校领导、负责财务工作的校领导

成　　　　员：审计处处长、党委办公室主任、校长办公室主任、党委组织部部长、人事处处长、纪委办公室主任、监察专员办公室主任、财务处处长、北京北工大投资管理有限公司总经理

领导小组下设办公室，办公室设在审计处，审计处处长兼任办公室主任。

北京工业大学师德建设委员会

主　　　　任：党委书记、校长

副　主　任：负责思想政治工作、人事工作的校领导

委　　　　员：党委教师工作部部长、党委办公室主任、党委组织部部长、党委宣传部部长、人事处处长、教务处处长、研究生院常务副院长、科学技术发展院常务副院长、学生工作部（处）部（处）长、党委研究生工作部部长、纪委副书记、监察专员办公室主任、离退休工作处处长、校工会常务副主席

办事机构设在党委教师工作部。

北京工业大学学术道德与学风建设委员会

主 任 委 员：党委书记、校长

副主任委员：校学术委员会主任，负责人事、科技、教学工作的校领导

委　　　员：校学术委员会学术道德专门委员会主任、党委组织部部长、党委宣传部部长、党委教师工作部部长、党委研究生工作部部长、学生工作部（处）部（处）长、人事处处长、科学技术发展院常务副院长、教务处处长、研究生院常务副院长、国际交流合作处处长

办事机构设在校学术委员会办公室。

北京工业大学档案校史工作委员会

主 任 委 员：负责档案校史工作的校领导

委　　　员：档案馆（校史馆）馆长、校长办公室主任、党委组织部部长、党委宣传部部长、人事处处长、教务处处长、财务处处长、研究生院常务副院长、学生处处长、就业创业指导中心主任

委员会办公室设在档案馆（校史馆），办公室主任由档案馆（校史馆）馆长兼任。

中共北京工业大学委员会保密委员会

（按实际工作需要确定人员组成）

北京工业大学专业技术职务聘任委员会

（按实际工作需要确定人员组成）

（党办）

北京工业大学2021年专业技术职务聘任委员会

主　　　任：谢　辉　聂祚仁

委　　　员：王　丹　王　伟　王　普　司鹏搏　乔俊飞　刘建萍　杜修力　李四平　李国俊　李建荣　杨建新　吴　斌　郭　福　彭永臻

北京工业大学2021年专业技术职务评聘学部评议组名单

一、理工一部（17人）

组　　　长：杜修力

成　　　员：马东辉　许成顺　李小军　李　冬　张永祥　张金喜　张　健　陈艳艳　郑　宏　赵之枫　赵衍刚　赵耀华　荣　建　陶连金　韩　强　戴　俭

二、理工二部（19人）

组　　　长：聂祚仁　吴　斌　郭　福

成　　　员：王金淑　王　璞　石照耀　刘海滨　严　辉　杨庆生　吴玉锋　宋晓艳　张　伟　陈树君　季凌飞　范晋伟　席晓丽　崔素萍　隋曼龄　韩晓东

三、理工三部（13 人）
组　　长：乔俊飞　侯义斌
成　　员：冯士维　阮晓钢　孙艳丰　李建强　李晓理　杨　震　肖创柏　贾克斌　徐　晨　鲍长春　冀俊忠

四、理工四部（17 人）
组　　长：彭永臻　孙治荣
成　　员：马雪梅　刘中良　刘有军　纪常伟　李建荣　吴水才　吴玉庭　汪夏燕　陈标华　夏国栋　高学云　郭　航　程水源　曾　薇　戴洪兴

五、理工五部（9 人）
组　　长：翟天瑞
成　　员：王　术　邓金祥　刘有明　李云章　宋晏蓉　张忠占　张新平　徐大川

六、社科一部（9 人）
组　　长：李四平
成　　员：王文娟　李东松　肖　念　何　忠　邹　锋　胡建国　唐　军　崔希福

七、社科二部（9 人）
组　　长：李国俊
成　　员：刘亭立　李双杰　李泉林　李　健　迟远英　赵立祥　黄鲁成　潘家华

八、综合学部（13 人）
组　　长：刘建萍　李四平
成　　员：王　丹　王　伟　王　普　司鹏搏　刘增华　安哲锋　李国俊　李建荣　肖　念　赵　明　胡振梅

九、教学为主型学部（9 人）
组　　长：吴　斌
成　　员：王　丹　刘振卿　李　欣　李东松　杨庆生　唐　军　蒋宗礼　翟天瑞

（郑　琎　王朝辉）

北京工业大学 2021 年党政组织机构设置及负责人

党　委　机　关

党委办公室	主任	马立民
纪检监察办公室	主任	王立勇（2021 年 4 月 13 日免）
		杨　蕾（2021 年 4 月 13 日任）
党委组织部	部长	王文杰
党委统战部	部长	李四平（兼）（2021 年 6 月 24 日免）
		王　普（2021 年 6 月 24 日任）
	常务副部长	朱　静（2021 年 3 月 20 日免）
		王　普（2021 年 3 月 20 日任，2021 年 6 月 24 日免）
机关党委	书记	张　欣（2021 年 3 月 20 日免）
		肖　念（2021 年 3 月 20 日任）
党校	常务副校长	夏海州（2021 年 3 月 20 日免）
		王文杰（2021 年 3 月 20 日任）

党委宣传部	部长	李四平（兼）（2021 年 6 月 24 日免）
		刘幸菡（2021 年 6 月 24 日任）
	常务副部长	刘幸菡（2021 年 6 月 24 日免）
党委教师工作部	部长	刘幸菡（兼）（2021 年 12 月 28 日免）
		李东松（2021 年 12 月 28 日任）
党委学生工作部	部长	安哲锋（2021 年 1 月 5 日任）
人民武装部	部长	安哲锋（2021 年 1 月 5 日任）
党委研究生工作部	部长	刘　冰
党委安全稳定工作部、党委保卫部	部长	李　曾
离休与机关退休干部党委	书记	石　勤（2021 年 3 月 20 日免）
		张　欣（2021 年 3 月 20 日任）
离退休工作处	处长	石　勤（兼）（2021 年 3 月 20 日免）
		张　欣（2021 年 3 月 20 日任）
党委巡察工作办公室	主任	马立民（兼）
保密委员会办公室	主任	范　明（2021 年 3 月 20 日免）
		江飒英（2021 年 3 月 20 日任）

行　政　机　关

校长办公室	主任	张彦军（2021 年 3 月 20 日免）
		杨登才（2021 年 3 月 20 日任）
改革与发展规划处	处长	李　悦（2021 年 3 月 20 日免）
		张　健（2021 年 3 月 20 日任）
人事处	处长	王　伟（2021 年 4 月 13 日免）
		司鹏搏（2021 年 4 月 13 日任）
高层次人才工作办公室	主任	王　伟（兼）（2021 年 4 月 13 日免）
		司鹏搏（兼）（2021 年 4 月 13 日任）
教师学院	院长	郭　福（兼）
	常务副院长	王　伟（兼）（2021 年 4 月 13 日免）
		司鹏搏（兼）（2021 年 4 月 13 日任）
教务处	处长	王　丹
招生办公室	主任	王　丹（兼）
研究生院	院长	杜修力（兼）
	常务副院长	孙治荣（2021 年 3 月 20 日免）
		李建荣（2021 年 3 月 20 日任）
一流学科建设办公室	主任	李　悦（兼）（2021 年 3 月 20 日免）
		张　健（兼）（2021 年 3 月 20 日任）
科学技术发展院	院长	聂祚仁（兼）
	常务副院长	韩晓东（2021 年 3 月 20 日免）
		王　伟（2021 年 3 月 20 日任）
学生处	处长	安哲锋（2021 年 1 月 5 日任）
学生发展指导中心	主任	安哲锋（兼）（2021 年 1 月 5 日任）
学生数据管理与服务中心	主任	安哲锋（兼）（2021 年 1 月 5 日任）
就业创业指导中心、创新创业学院	主任、常务副院长	高学金

国际交流合作处、港澳台事务办公室处长、主任		刘赵淼
财务处	处长	傅立新
国有资产及实验室管理处	处长	赵　明
基建修缮处	处长	齐宗林
对外合作联络处	处长	刘　伟（2021 年 4 月 13 日免）
		骆　琪（2021 年 4 月 13 日任）
后勤党委	书记	刘　佳
后勤保障处	处长	祖占良
通州校区管理中心	主任	王　普（2021 年 3 月 30 日免）
		李　悦（2021 年 3 月 30 日任）
	党总支书记	蔡立佳
保卫处	处长	李　曾（兼）
综合治理办公室	主任	刘　鹏（2021 年 3 月 30 日任）
监察专员办公室	主任	叶红玲（兼）（2021 年 3 月 20 日免）
审计处	处长	廖宏伟
新闻中心	主任	刘幸菡（兼）
信息化建设与管理中心	主任	闫健卓（2021 年 3 月 20 日免）
		张彦军（2021 年 3 月 20 日任，2021 年 7 月 20 日免）
信息化处	处长	张彦军（2021 年 7 月 20 日任）
校学术委员会办公室	主任（副处级）	蔡　朔

各院、部、直属单位负责人

材料与制造学部	党委书记	王丽梅
	党委副书记、主任	陈树君
信息学部	党委书记	杜　峰
	党委副书记、主任	李晓理
城市建设学部	主任	杜修力（兼）（2021 年 4 月 13 日免）
	党委书记	高春娣
	党委副书记、主任	许成顺（2021 年 4 月 13 日任）
环境与生命学部	党委书记	赵曙东（2021 年 12 月 7 日免）
		党　杰（2021 年 12 月 7 日任）
	党委副书记、主任	李建荣（2021 年 3 月 20 日免）
		孙治荣（2021 年 3 月 20 日任）
理学部	党委书记	周洪芳
	党委副书记、主任	翟天瑞
文法学部	党委书记	李　娟（2021 年 3 月 20 日免）
		范　明（2021 年 3 月 20 日任）
	党委副书记、主任	唐　军
经济与管理学院	院长	李国俊（兼）
	党委书记	高　原
马克思主义学院	党委书记	党　杰（2021 年 12 月 7 日免）

单位	职务	姓名
	党委副书记、院长	李东松
艺术设计学院	党委书记	黄　韬
	院长	邹　锋
北京-都柏林国际学院	党委书记	贾克斌（2021年3月20日免）
		吴文英（2021年3月20日任）
	院长	吴文英
国际学院	院长	刘增华（2021年4月13日免）
		杨　庆（2021年4月13日任）
继续教育学院	党委书记	雷碧莲
	党委副书记、院长	金　峰
体育教学部	党总支书记	吴　勇
	党总支副书记、主任	刘振卿
樊恭烋荣誉学院	院长	王　丹（兼）（2021年4月13日免）
		孙立山（2021年4月13日任）
素质教育学院	常务副院长	赵曙东（2021年12月7日任）
北京工业大学耿丹学院（外派）	党委书记	白志强

群团组织、直属单位负责人

单位	职务	姓名
校工会	主席	刘建萍
	常务副主席	季景书
校团委	书记	余乙兵
图书馆	党总支书记	王燕霞
	馆长	刘增华
网络与信息技术中心	主任	张彦军（兼）（2021年7月20日任）
档案馆（校史馆）	馆长	杨　茹（2021年3月20日免）
		夏海州（2021年3月20日任）
北京工业大学医院	院长	胡振梅（2021年4月13日任）
北工大投资管理有限公司	党总支书记	刘　鹏（2021年3月20日免）
	党总支书记	王　晶（2021年3月20日任，2021年9月14日免）
	党委书记	王　晶（2021年9月14日任）
	总经理	王　晶（2021年3月20日免）
	党委副书记、总经理	刘　伟（2021年9月14日任）
场馆管理中心	主任	吴　勇
出版社	社长（副处级）	余　立

（组织部）

重要会议（两会）综述

北京工业大学2021年党委常委会会议综述

2021年，北京工业大学根据学校党建工作计划、年度工作要点和总体工作进程需要，共召开常委会会议44次（详见表1－1）。

党委常委会坚持把政治建设摆在首位，全面贯彻落实党的教育方针政策，深刻认识“两个确立”的决定性意义，增强“四个意识”，坚定“四个自信”，做到“两个维护”。召开第十一届委员会第八次、第九次全体（扩大）会议，把党的领导贯穿办学治校、教书育人全过程。不折不扣落实中央、市委部署要求，及时传达学习《中共中央关于加强对“一把手”和领导班子监督的意见》，审议通过了学校政事权限清单、关于完善学校领导班子成员“八联系”制度的实施办法、关于坚持和完善党委领导下的校长负责制的实施细则。切实担负起党的政治建设工作主体责任，审议通过了党史学习教育专题民主生活会方案、“不忘初心、牢记使命”主题教育专题民主生活会整改方案落实情况、党史学习教育专题民主生活会领导班子对照检查材料、党史学习教育专题民主生活会领导班子整改方案及学校领导班子工作总结。

党委常委会深入学习贯彻习近平新时代中国特色社会主义思想，深化党史学习教育。传达学习了习近平总书记在全国脱贫攻坚总结表彰大会、两院院士大会及庆祝中国共产党成立100周年大会等19个重要讲话、回信精神。强化理论武装，审议通过了2021年党委理论学习中心组学习安排的意见与教职工理论学习安排的意见，将学习贯彻习近平总书记系列重要讲话精神作为理论学习中心组学习、教职工理论学习和党支部学习的重要内容。深入学习贯彻十九届六中全会精神，解读六中全会公报，审议通过了中共北京工业大学委员会关于认真学习宣传党的十九届六中全会精神的实施方案。深入贯彻习近平总书记关于党史学习教育的重要讲话精神，审议通过了学校党委关于深入开展“四史”学习教育的工作方案、开展党史学习教育的实施方案，带领广大师生党员深刻认识开展党史学习教育的重大意义，扎实推进党史学习教育取得成效。

党委常委会压紧压实全面从严治党主体责任，推进全面从严治党向纵深发展。传达学习了《中共北京市委贯彻〈党委（党组）落实全面从严治党主体责任规定〉的分工方案》《2020年北京市全面从严治党（党建）工作考核和政治生态分析研判工作情况通报》《一体推进2021年北京市全面从严治党（党建）工作考核和政治生态分析研判工作的实施方案》精神，落实2021年北京教育系统全面从严治党工作会议暨警示教育大会精神，通报了2020年全面从严治党（党建）工作考核结果暨政治生态分析研判问题清单的反馈意见，审议通过了学校党委2020年度全面从严治党主体责任清单、2020年全面从严治党（党建）工作考核结果暨政治生态分析研判问题清单反馈意见整改工作方案、2021年落实全面从严治党年度任务安排、2021年北京工业大学全面从严治党（党建）工作考核和政治生态分析研判工作方案及全面从严治党（党建）工作考核和政治生态分析研判情况自我评估报告，持续提升全面从严治党工作实效。

党委常委会坚持党建引领，围绕中心工作抓党建促发展。压紧压实二级党组织主体责任、党组织书记第一责任、党组织全体委员的工作责任，扎实推进基层党组织标准化规范化建设，审议通过了2021年度党组织书记抓基层党建述职评议考核和党支部考核工作实施方案，“书记抓书记”基层党建责任制度，二级党组织书记、行政负责人定期沟通制度。研究了部分二级党组织换届工作，完成8个二级党组织换届工作。综合运用党支部负面清单和评价指标，听取全校党支部“过筛子”工作情况汇报。全面深化示范创建和质量创优，激发基层党建活力效能。审议通过了开展纪念中国共产党成立100周年暨“七一”评选表彰工作方案。听取了学校服务保障中国共产党成立100周年庆祝活动进展情况及相关工作汇报，充分发挥了党支部的战斗堡垒作用和党员的先锋模范作用。

党委常委会高水平编制“十四五”规划，以深化改革攻坚，推进“双一流”建设。审议通过了北京工业大学“十四五”时期发展规划，明确了坚持以高质量党建引领和保障高质量发展，打造“7个一流”的实施方案，审议通过了“双一流”建设学校整体建设方案、土木工程一流学科建设方案，听取了“十四五”规划批复情况汇报。持续深化学部制改革，审议通过了关于学部运行的实施意见，持续推动管理重心向学部（院）下移。扎实推进综合改革，审议了学校综合改革方案，通过了继续教育学院、校医院综合改革方案，专题研究了耿丹学院转设事宜。

党委常委会重视人才培养，持续抓好忠诚、干净、担当的高素质专业化干部队伍建设。传达学习了习近平总书记在中央党校（国家行政学院）中青年干部培训班开班式上的重要讲话精神、上级有关领导干部及时报告个人有关事项文件精神、市委人才工作会议等精神。审议通过了岗位聘任工作方案，完成第四轮第一批岗位聘任工作。高度重视高层次人才工作，审议通过了关于召开人才工作会的工作方案，审议了2020年度高层次人才考核、续聘及人才项目推荐事宜。研究了离退休干部工作，宣布干部任职决定1次，研究干部有关工作19次，审议干部兼职事宜7次。重视发挥考核“指挥棒”作用，专题研究了2020年度学校领导班子和领导干部考核测评结果，审议通过了2020年度考核结果、2021年度考核工作方案。加强培育管理，审议通过了领导干部经济责任审计实施办法，听取了干部人事档案专项审核认定工作汇报。健全师德师风长效机制，审议教职工师德失范行为处理意见，审议通过了开展师德专题教育的工作方案、关于进一步加强和改进新时代师德师风建设的若干措施。

党委常委会抓紧抓牢思想政治工作生命线，深入落实立德树人根本任务。传达学习了《关于新时代加强和改进思想政治工作的意见》，传达学习了北京高校思想政治理论课“质量提升年”工作推进会会议精神，审议通过了学校加强新时代马克思主义学院建设提升思想政治理论课质量行动计划。高度重视毕业生就业工作，传达学习了北京高校毕业生就业创业工作会议精神、2022届全国普通高校毕业生就业创业工作网络视频会议精神，听取了2022年推荐优秀应届本科毕业生免试攻读研究生工作方案汇报，多次听取了2021届、2022届预毕业生就业进展情况汇报，审议通过了2021届毕业生就业质量报告。深入推进学生社团改革，审议通过了关于推动学生会（研究生会）深化改革的实施方案及第二十二次学生代表大会、第十七次研究生代表大会的召开方案。

党委常委会努力提高学校服务经济社会发展能力，打造服务北京北工大品牌。审议通过了高学云教授团队科技成果转化项目方案及合同、“高功率半导体激光技术”科技成果转化方案、纳米硬质合金技术成果转化工作方案。全力做好重大活动服务保障工作，听取了学校服务保障中国共产党成立100周年庆祝活动进展情况及相关工作的汇报，审议通过了学校冬奥志愿服务工作领导小组及赛事指挥体系成员名单。助力美丽乡村建设，做好帮扶工作，听取了北京市教育委员会关于做好市属高校与农村集体经济薄弱村结对“引智帮扶”有关工作汇报，听取了关于2016—2020年学校精准帮扶工作的汇报。

党委常委会重视意识形态工作，科学规划“十四五”时期平安建设工作。高度重视意识形态工作，筑牢意识形态安全防线，研究了学校落实“中央第十一巡视组意识形态工作责任制专项检查组对北京市委落实意识形态工作责任制情况反馈意见的整改工作部署会”相关要求，传达了“北京教育系统落实中央巡视整改意识形态工作责任制专项任务调度会”精神，审议通过了学校意识形态责任制文件与北京工业大学新闻发布与新闻发言人制度实施办法。听取了学校“十三五”时期“平安校园”建设工作及“十四五”平安校园建设总体规划、2020年度市属高校“平安校园”建设工作考核结果及“平安校园”建设整改方案的汇报。审议通过了学校国家安全人民防线建设小组2021年度工作计划。听取了学校2021年网络安全工作汇报。毫不放松抓好常态化疫情防控工作，听取了北京高校疫苗接种工作专题会议精神落实情况汇报，审议通过了2022年寒假期间疫情防控工作方案与疫情防控预算追加申请。严格落实安全稳定工作责任制，听取了校园安全排查情况、安全隐患集中清查整治工作、花园村校区三虎桥南路17号东院2号楼危改项目汇报，审议通过了校园安全专项整顿工作方案、任务及检查点分解方案。

党委常委会持之以恒正风肃纪，努力营造风清气正的政治生态。传达学习了市纪委落实中央八项规定精神纠“四风”树新风工作推进会精神，研究了深入贯彻落实中央八项规定精神工作。坚决扛起巡视整改政治责任，深入贯彻落实中央和市委对巡视整改工作的要求，研究了巡视整改相关事宜，健全了巡视巡察上下联动和长效化监督机制，审议通过了学校巡视整改成效“回头看”工作总体方案，听取了巡视整改退款上缴情况汇报。听取了校纪委纪律审查等相关工作的汇报，完善了二级纪委工作机制，审议了成立四个学部纪委事宜。审议了第七轮巡察工作实施方案及第六轮、第七轮巡察工作报告。不断加强作风建设，牢固树立“以人民为中心”的发展思想，审议通过了“我为群众办实事”实践活动实施方案、服务质量提升年工作方案。

表 1－1　2021 年党委常委会会议主要议题表

时间	会议	主要议题
1 月 5 日	十一届党委常委会第 138 次会议	研究干部有关工作，研究调整通州校区办学定位事宜，审议 2021 年预算追加项目申请
1 月 12 日	十一届党委常委会第 139 次会议	听取“不忘初心、牢记使命”主题教育专题民主生活会整改方案落实情况汇报，审议 2020 年度领导班子工作总结，研究 2020 年度民主生活会领导班子对照检查材料，听取 2021 年发展党员工作专题汇报，研究疫情防控工作，听取 2016—2020 年学校精准帮扶工作汇报，审议继续教育学院综合改革方案，审议校医院综合改革方案
1 月 19 日	十一届党委常委会第 140 次会议	审议 2020 年决算情况，审议疫情防控预算追加申请，传达学习《中共北京市委贯彻《〈党委（党组）落实全面从严治党主体责任规定〉的分工方案》，审议学校党委 2020 年落实全面从严治党主体责任情况报告，审议学校党委 2021 年落实全面从严治党年度任务安排，研究学校 2021 年工作要点，审议党委十一届八次全会（扩大）召开方案，审议《中共北京工业大学委员会关于深入开展“四史”学习教育的工作方案》，审议学校“十四五”分类发展专项规划，听取学校“十三五”时期“平安校园”建设工作及“十四五”平安校园建设总体规划汇报，审议 2020 年度考核结果，听取近期高层次人才工作汇报
2 月 24 日	十一届党委常委会第 141 次会议	传达学习习近平总书记在党史学习教育动员大会上的重要讲话精神，传达上级会议精神，审议学校 2021 年工作要点，审议党委常委会 2020 年工作报告，审议党委常委会 2020 年抓党建工作报告，听取北京市就业创业工作先进集体申报工作汇报，研究国家级表彰教育系统提名人选推荐事宜，专题研究校领导班子民主生活会及巡视整改相关事宜
3 月 2 日	十一届党委常委会第 142 次会议	传达学习习近平总书记在全国脱贫攻坚总结表彰大会上的重要讲话精神，传达全市组织部长会议精神，听取国家级表彰提名人选推荐工作汇报，研究耿丹学院理事会理事变更事宜，研究校友总会理事长、学校理事会理事变更事宜，听取巡视整改退款上缴情况汇报，研究学校落实“中央第十一巡视组意识形态工作责任制专项检查组对北京市委落实意识形态工作责任制情况反馈意见的整改工作部署会”相关要求，研究 2021 年度北京学者推荐事宜，听取近期高层次人才工作汇报，研究干部有关工作
3 月 9 日	十一届党委常委会第 143 次会议	传达学习习近平总书记在中央党校（国家行政学院）中青年干部培训班开班式上的重要讲话精神，审议《北京工业大学 2021 年主要工作任务分解》，审议学校党委 2020 年度全面从严治党主体责任清单，审议《中共北京工业大学委员会关于 2021 年党委理论学习中心组学习安排的意见》，审议《中共北京工业大学委员会关于 2021 年教职工理论学习安排的意见》，审议第六轮校内巡察工作实施方案，审议《关于推动北京工业大学学生会（研究生会）深化改革的实施方案》
3 月 20 日	十一届党委常委会第 144 次会议	研究干部有关工作，审议学校《巡视整改成效“回头看”工作总体方案》，传达上级会议精神，听取支出超 500 万元项目使用情况汇报，听取奥波莱孔子学院中方院长选派工作汇报
3 月 23 日	十一届党委常委会第 145 次会议	研究 2021 年学校离退休干部工作，听取第九届教职工代表大会、第十四届工会会员代表大会第一次会议筹备工作汇报
3 月 30 日	十一届党委常委会第 146 次会议	研究干部有关工作，审议《北京工业大学开展党史学习教育的实施方案》，听取北京市“三优一先”评选表彰人选推荐工作汇报，审议《2021 年贯彻落实全面从严治党、党风廉政建设和反腐败工作任务分工》，听取北京高校疫苗接种工作专题会议精神落实情况汇报

续表

时间	会议	主要议题
4月6日	十一届党委常委会第147次会议	审议科技成果转化项目方案及合同，研究干部有关工作，听取民盟北京工业大学委员会换届工作汇报，审议《北京工业大学学生社团建设管理办法》，听取学生参与重大活动工作汇报，审议投资公司下属企业捐赠事宜，审议2020年预算执行和追加事宜，研究落实2021年北京教育系统全面从严治党工作会议暨警示教育大会精神
4月13日	十一届党委常委会第148次会议	传达学习习近平总书记在福建考察期间重要讲话精神，研究干部有关工作，听取基层党组织按期换届自查整改专项工作汇报，听取第九届教代会、第十四届工代会第一次会议筹备进展情况汇报，传达落实“北京教育系统落实中央巡视整改意识形态工作责任制专项任务调度会”精神，听取2021届预毕业生就业进展情况汇报
4月21日	十一届党委常委会第149次会议	研究干部有关工作，学习、落实习近平总书记视察清华大学讲话精神，通报2020年全面从严治党（党建）工作考核结果暨政治生态分析研判问题清单的反馈意见，听取第四批“三全育人”教师团队重点培育项目立项评审情况汇报，听取2020年度市属高校“平安校园”建设工作考核结果及学校“平安校园”建设整改方案的汇报，听取管庄校区北楼利用规划汇报，听取2021年教育部高端人才推荐工作汇报
4月25日	十一届党委常委会第150次会议	研究市纪委、市监委反馈2020年度领导班子民主生活会问题整改措施，研究重大活动服务保障事宜
4月27日	十一届党委常委会第151次会议	传达学习《2020年北京市全面从严治党（党建）工作考核和政治生态分析研判工作情况通报》《一体推进2021年北京市全面从严治党（党建）工作考核和政治生态分析研判工作的实施方案》，审议《2020年全面从严治党（党建）工作考核结果暨政治生态分析研判问题清单反馈意见整改工作方案》，审议《北京工业大学服务质量提升年工作方案》，审议开展纪念中国共产党成立100周年暨“七一”评选表彰工作方案，审议第九届教职工代表大会、第十四届工会会员代表大会选举结果，传达市纪委落实中央八项规定精神纠“四风”树新风工作推进会精神，听取支出超500万元项目使用情况汇报
5月11日	十一届党委常委会第152次会议	专题研究2020年度学校领导班子和领导干部考核测评结果
5月11日	十一届党委常委会第153次会议	研究干部有关工作，审议干部兼职事宜，传达学习习近平总书记在广西考察时的重要讲话精神
5月18日	十一届党委常委会第154次会议	通报党委书记2020年抓基层党建工作述职评议考核结果，审议2021年北京工业大学破除“唯论文”导向专项整治工作报告，审议2021年北京工业大学全面从严治党（党建）工作考核和政治生态分析研判工作方，审议第六轮巡察工作报告，听取近期高端人才推荐工作汇报，审议2017—2021年度北京市优秀德育工作者、德育工作先进集体和优秀辅导员推荐人选，听取2021届预毕业生就业进展情况汇报
5月25日	十一届党委常委会第155次会议	研究深入贯彻落实中央八项规定精神工作，研究巡视整改有关问题，审议2021年预算追加事宜，审议2021年银校合作信息化建设项目，听取近期人事人才工作汇报，审议2020年平安建设考核奖励分配方案，听取学校2020年度北京市属高校“平安校园”建设工作考核通报的整改报告
6月3日	十一届党委常委会第156次会议	传达学习习近平总书记在两院院士大会上的讲话精神，听取全校党支部“过筛子”工作情况汇报，审议校纪委关于纪律审查等相关工作，审议2020年度高层次人才考核、续聘及人才项目推荐事宜，传达学习2021年北京市外事和港澳台工作会议精神
6月3日	十一届党委常委会第157次会议	专题研究耿丹学院转设事宜
6月8日	十一届党委常委会第158次会议	传达学习中办发电〔2021〕13号文件精神，研究干部有关工作，审议《中共北京工业大学委员会关于巩固深化“不忘初心、牢记使命”主题教育成果的工作方案》，审议《北京工业大学开展“我为群众办实事”实践活动的实施方案》，传达学习《中共中央关于加强对“一把手”和领导班子监督的意见》及陈雍同志在工作部署会上的讲话精神，传达上级就业创业工作会议精神暨2021届预毕业生毕业去向情况汇报，听取学校服务保障中国共产党成立100周年庆祝活动进展情况及相关工作汇报，研究某境外媒体驻华机构与学校对接报道需求相关事宜

时间	会议	主要议题
6月15日	十一届党委常委会第159次会议	听取学校“七一”评选表彰工作情况汇报，审议《北京工业大学开展师德专题教育的工作方案》，听取学校素质教育中心改革情况汇报，听取支出超500万元项目使用情况汇报
6月24日	十一届党委常委会第160次会议	传达学习习近平总书记给北京大学留学生们的回信精神，传达学习中共中央办公厅关于印发《关于加强新时代马克思主义学院建设的意见》的通知精神，研究党史学习教育巡回指导相关工作，听取关于一次性核增绩效工资总量分配方案的汇报，宣布干部任职决定，研究干部有关工作，审议干部兼职事宜，研究巡视整改工作
6月29日	十一届党委常委会第161次会议	传达学习《关于认真学习贯彻习近平总书记在青海考察期间重要讲话精神的通知》的通知精神，研究校领导班子分工调整事宜，审议《中共北京工业大学委员会关于坚持和完善党委领导下的校长负责制的实施细则（修订）》，听取北京市教育委员会关于做好市属高校与农村集体经济薄弱村结对“引智帮扶”有关工作汇报，审议第六届北京市人民教师奖推荐候选人名单，听取党外知识分子联谊会工作汇报，研究干部有关工作
7月6日	十一届党委常委会第162次会议	研究学习贯彻习近平总书记在庆祝中国共产党成立100周年大会上的重要讲话精神相关工作，听取《关于加强新时代全国教育系统关心下一代工作委员会工作的意见》文件精神和学校关工委工作汇报，审议《北京工业大学国家安全人民防线建设小组2021年度工作计划》，研究干部有关工作
7月15日	十一届党委常委会第163次会议	学习习近平总书记近期重要讲话精神，审议《北京工业大学新闻发布与新闻发言人制度实施办法》，听取信息化建设与管理中心机构调整工作汇报，审议学校意识形态责任制文件
7月20日	十一届党委常委会第164次会议	研究近期校企改革工作，传达《关于新时代加强和改进思想政治工作的意见》，听取关于中共北京工业大学第十一届委员会第九次全体（扩大）会议暨2021年中层干部培训班召开方案的汇报，听取2021年上半年预算执行情况及2022年校内预算编制原则汇报，听取支出超500万元项目使用情况汇报，审议预算追加事宜，听取近期高层次人才工作汇报，审议一站式服务建设计划，审议近期师德失范行为的处理意见，研究干部有关工作，审议干部兼职事宜
7月29日	十一届党委常委会第165次会议	研究领导班子平时考核事宜，审议干部兼职事宜
8月24日	十一届党委常委会第166次会议	传达学习习近平总书记在西藏考察期间重要讲话精神，听取2021年上半年工作完成情况汇报并研究本学期主要工作安排，审议选举朝阳区人大代表工作方案，审议《“十四五”时期发展规划（2021—2025）》，审议《综合改革方案（2021—2035）》，审议《关于学部运行的指导意见（试行）》，审议新一轮“双一流”建设方案及主干学科名单，听取近期高层次人才工作汇报，听取第九届校学术委员会主任届内调整情况汇报，研究干部有关工作
8月31日	十一届党委常委会第167次会议	传达学习习近平总书记中央民族工作会议重要讲话，审议关于完善学校领导班子成员“八联系”制度的实施办法（修订），听取城镇污水深度处理与资源化利用技术国家工程实验室优化整合情况汇报，听取纳米硬质合金技术成果转化工作汇报，听取支出超500万项目使用情况汇报，审议一站式学生社区综合管理模式建设试点工作计划，研究干部有关工作，审议干部兼职事宜
9月14日	十一届党委常委会第168次会议	传达学习习近平总书记近期重要讲话及回信精神，听取近期突发事件处理情况汇报，听取2022年推荐优秀应届本科毕业生免试攻读研究生工作方案汇报，审议成立四个学部纪委事宜，听取花园村校区三虎桥南路17号东院2号楼危改项目汇报，审议共青团北京工业大学委员会兼职副书记候选人建议人选，审议《中共北京工业大学委员会关于进一步加强和改进新时代师德师风建设的若干措施》，审议成立中共北京工业大学投资管理有限公司委员会事宜，研究干部有关工作，听取关于教工委近期安稳情况的通报并传达学习相关会议精神
9月28日	十一届党委常委会第169次会议	审议“高功率半导体激光技术”科技成果转化方案，传达学习北京高校思想政治理论课“质量提升年”工作推进会会议精神，研究2021年部分二级党组织换届工作，审议《北京工业大学组织员队伍建设实施办法》，听取近期校园安全排查情况汇报，听取安全隐患集中清查整治工作汇报，审议第七轮巡察工作实施方案

续表

时间	会议	主要议题
10月12日	十一届党委常委会第170次会议	传达学习习近平总书记近期重要讲话精神，审议学校2022年部门预算事宜，审议校关工委换届名单，听取学校2021年网络安全工作汇报，听取近期高层次人才工作汇报
10月17日	十一届党委常委会第171次会议	审议第四轮岗位聘任（第一批）工作方案，贯彻警示教育大会要求，研究全面从严治党相关工作，听取区人大代表选举工作进展情况汇报，审议《北京工业大学综合改革方案（2021—2035年）》，审议《北京工业大学“双一流”建设学校整体建设方案》《北京工业大学土木工程一流学科建设方案》，审议第二十二次学生代表大会、第十七次研究生代表大会召开方案
10月26日	十一届党委常委会第172次会议	审议《北京工业大学章程》修订情况，听取民盟北工大委员会、北工大侨联委员会换届工作汇报，研究干部有关工作，审议干部兼职事宜
11月2日	十一届党委常委会第173次会议	传达学习习近平总书记在陕西榆林考察时的重要讲话精神，传达市委领导工作部署要求，研究学校科研体制改革工作，审议校园安全专项整顿工作方案、任务及检查点分解方案，审议2021年预算追加事宜，听取支出超500万元项目使用情况汇报
11月9日	十一届党委常委会第174次会议	审议学生综合服务中心、逸夫图书馆改扩建工程决算事宜，听取学校2020年预算执行审计情况汇报，听取人大代表选举情况汇报，传达学习上级有关领导干部及时报告个人有关事项文件精神
11月16日	十一届党委常委会第175次会议	学习贯彻十九届六中全会精神，解读六中全会公报，审议干部兼职事宜
11月23日	十一届党委常委会第176次会议	传达学习市委人才工作会议精神，审议基层党组织建设相关工作制度和实施方案，听取2021年部分二级党组织换届工作情况汇报，听取校园安全专项整顿第一阶段自查自改情况汇报，听取推荐2021年全国三八红旗手。评审情况的汇报，审议《北京工业大学大中小幼一体化德育体系建设方案》，传达2022届全国普通高校毕业生就业创业工作网络视频会议精神，听取学校2022届预毕业生基本情况汇报
11月30日	十一届党委常委会第177次会议	审议近期师德失范行为的处理意见，听取耿丹学院转设工作进展情况汇报，审议《中共北京工业大学委员会关于认真学习宣传党的十九届六中全会精神的实施方案》
12月7日	十一届党委常委会第178次会议	传达学习习近平总书记在全国宗教工作会议上的重要讲话精神，审议2021年预算追加事宜，审议2022年校内预算安排，审议《北京工业大学领导干部经济责任审计实施办法（修订）》，审议《北京工业大学党委落实第27次全国高校党的建设工作会议精神的工作方案》，听取学校第七轮巡察情况汇报，听取关于2022年全国硕士研究生招生考试组考安全工作方案的汇报，审议银行资金存放额度评分结果，审议学校冬奥志愿服务工作领导小组及赛事指挥体系成员名单，审议2021年度考核工作方案，研究干部有关工作
12月14日	十一届党委常委会第179次会议	传达学习中央经济工作会议精神，审议《北京工业大学全面从严治党（党建）工作考核和政治生态分析研判情况自我评估报告》
12月23日	十一届党委常委会第180次会议	传达学习市委全会精神，审议国际教师薪资调整方案，听取“十四五”规划批复情况汇报，审议《中共北京工业大学委员会2021年度党组织书记抓基层党建述职评议考核和党支部考核工作实施方案》，审议组织工作制度文件，听取近期高层次人才工作汇报，听取干部人事档案专项审核认定工作汇报，审议《关于中共北京工业大学委员会召开人才工作会的工作方案》
12月28日	十一届党委常委会第181次会议	审议《北京工业大学2021届毕业生就业质量报告》，审议北京市哲学社会科学研究基地换届及建设规划事宜，研究重大活动保障费用结算事宜，听取应收款清理情况汇报，审议《北京工业大学政事权限清单》，审议《2021下半年整改工作进展情况的报告》，审议《2021年度学校领导班子工作总结》，审议《中共北京工业大学委员会党史学习教育专题民主生活会方案》，审议《北京工业大学加强新时代马克思主义学院建设提升思想政治理论课质量行动计划》，审议2022年寒假期间疫情防控工作方案，听取全面从严治党、党风廉政建设和反腐败工作情况汇报，传达北京高校毕业生就业创业工作会议精神，听取2022届毕业生就业进展情况汇报，研究干部有关工作

（王　琳　康　娜）

北京工业大学2021年校长办公会议综述

根据学校年度党政工作要点和总体工作进程，2021年召开校长办公会议36次（详见表1-2）。

办公会持续推进全面深化改革工作。及时传达上级文件精神，审议通过《北京工业大学分类发展经费管理办法》（修订）、《北京工业大学预算制定及管理办法》（修订）、《北京工业大学预算管理实施细则》（修订）、《北京工业大学财政专款项目管理办法》（修订）。全面推进依法治校，听取《北京工业大学章程》修订情况汇报。不断完善财务管理制度体系，听取内部控制手册修订情况汇报，审议通过《北京工业大学内部控制手册（2021修订）》《北京工业大学财务报销管理办法》《北京工业大学服务社会收入管理办法》。切实提高内部控制风险防控水平，促进学校事业持续健康发展，审议通过《北京工业大学内部审计质量控制办法》。

审议通过学校2021年高等教育事业统计报表。研究落实市委编办《关于做好事业单位法人登记清理规范工作的通知》工作方案，同意成立清算工作小组，通过小组成员组成及清算工作方案，严格按照法律程序推进后续工作。不断提高都柏林学院办学质量和国际声誉，研究都柏林国际学院申请启动中外合作办学机构认证事宜。听取关于事业单位法人登记清理规范工作进展的汇报。研究校企改革工作。

办公会持续推进人才培养模式改革创新。坚持五育并举，审议通过《北京工业大学关于新时代劳动教育实施意见》《北京工业大学关于加强新时代美育教育工作实施意见》《北京工业大学关于加强新时代体育工作实施意见》《北京工业大学学生管理内部控制规范手册》。审议通过2021年北京高校优秀本科育人团队、北京高校优秀教学管理人员推荐人选名单。深入推进教育教学改革，审议通过2021年北京市高等教育教学成果奖推荐事宜。发挥教学名师示范引领作用，听取2021年度北京市高等学校教学名师奖推荐情况汇报，听取第一届北京工业大学教师教学创新大赛获奖人选暨第一届北京高校教师教学创新大赛推荐人选情况汇报，审议通过2021年北京工业大学优秀教育教学成果奖评审结果、2021年度北京工业大学优秀青年主讲教师奖评选结果。发挥学校教学指导委员会在教育教学中的重要作用，审议通过北京工业大学教师教学发展中心组织机构调整事宜。审议通过校教学指导委员会及其分委员会名单调整方案。听取2021年贯通培养工作情况、新一轮审核式评估预申请时间安排、一流本科专业建设点推荐申报工作的汇报。立足工大特色，持续提高生源质量，听取北京工业大学2024年本科招生专业选考科目要求报送工作汇报。听取关于深化优质生源基地建设及“北京工业大学-樊恭烋学院实验班”授牌工作的汇报，不断推动与中小学共建工作，听取樊恭烋荣誉学院拟扩招工作的汇报，原则通过扩招方案，持续提升学校的影响力和生源质量。审议原则通过《北京工业大学本科生实习、实践合同实施细则（试行）》，确保学校和学生的利益不受损害。高度重视实验教学示范中心建设，审议通过《北京工业大学国家级实验教学示范中心运行管理实施细则》及成立北京工业大学国家级实验教学示范中心建设和运行管理委员会事宜。健全完善教材管理机制，审议原则通过《北京工业大学教材管理办法》，管理办法。审议通过2021年北京高校“优质本科课程”和“优质本科教材课件”推荐名单。加强关键指标的分析研判，审议通过2021年高等教育质量监测数据，2020—2021学年本科教学质量报告。严格落实就业工作“一把手工程”，健全就业质量与招生工作、专业建设的协同联动机制，听取2021届预毕业生就业进展情况及教育部毕业生就业工作第二次调度会精神汇报，听取《北京工业大学2021届毕业生就业质量报告》汇报，审议通过2021年1月本科毕业及学位授予名单，2021年9月本科毕业及学位授予名单。研究2021届夏季毕业生离校工作日程安排，听取2021届高职毕业生情况汇报。高度重视学生出国（境）管理，审议通过《北京工业大学在校生出国（境）交流管理办法》《北京工业大学学生公派出国（境）学习奖学金管理办法》。

办公会不断深化研究生教育改革发展。进一步加强研究生创新能力培养，全面提升研究生教育质量，听取2020年北京工业大学研究生教育发展质量年度报告汇报，审议原则通过《北京工业大学博士生导师招生资格年度审核与学科招生指标分配办法（暂行）》。进一步完善研究生培养成本分担机制，审议通过《北京工业大学研究生奖助学金管理办法》。深入推进我校研究型大学的建设，审议原则通过《北京工业大学关于招收与培养本科直博研究生、硕博连读研究生的实施办法》，审议通过北京工业大学第十三届学位评定委员会组成人员调整名单、专业学位研究生教育指导委员会委员推荐人选。审议通过2021年7月北京工业大学学生毕业和学位授予名单。做好研究生思想政治工作，听取2021年北京高校课程思政示范课程、教学名师和团队推荐工作汇报，听取关于教育部推免生招生专项工作的汇报。

办公会持续深化人才制度改革。持续推进破“五唯”，强化人才培养质量导向，着力构建科学的评价体系，听取2021年度专业技术职务评聘工作汇报，审议原则通过北京工业大学专业技术职务评聘学部评议工作方案，审议通过学校2021年度“优培计划”招聘工作事宜，听取2020年度校内优秀人才遴选工作汇报，听取开展哲学社会科学研究评价中“唯论文”不良导向专项整治工作的汇报。面向“十四五”发展持续深化人事制度综合改革，构建多梯度人才发展路径，研究第四轮岗位聘任（第一批）工作方案、审议通过第四轮岗位聘任（第一批）聘任结果，审议通过2018—2021年聘期考核（第一批）、（第二批）工作方案，审议2018—2021年聘期考核（第一批）考核结果，审议通过2020年度教学科研突出贡献奖励方案，听取2022年度“优培计划”招聘及2021年度接收安置转业军官工作汇报。加大高层次人才队伍建设力度，审议通过兼职教授、兼职客座教授聘任事宜，研究引进第四层次人才事宜，审议高层次人才工作事宜，研究短期专家聘期考核工作，听取2021年度中国博士后科学基金特别资助（站中）申报工作汇报，研究文法学部教师破格申报专业技术职务事宜。加大人才引进力度，听取2021年教师岗位招聘工作汇报，启动教师岗位公开招聘（第二批）工作，研究管理（含辅导员）、其他专技岗位公开招聘事宜，审议通过2021年第二批公开招聘拟聘人员名单、2021年第三批公开招聘拟聘结果、2021年专业技术职务评聘拟聘人员名单、2022年公开招聘工作方案。审议通过自主设置教师岗位招聘拟聘结果、退休延聘人员名单。

办公会持续推进“双一流”建设和科技创新工作。聚焦国家和北京市重大战略需求，切实优化学科生态体系，听取第五轮学科评估工作总结汇报，持续增强服务北京的能力和水平，推动特色学科发展。审议北京工业大学第九届学术委员会委员调整事宜，研究北京市哲学社会科学研究基地换届及建设规划事宜。听取学校近期“碳中和”组织工作进展汇报，审议成立未来城市碳中和高精尖创新中心（筹）事宜，同意成立城市碳中和高精尖创新中心筹备组，全力推进高精尖中心申报与筹备建设工作。以科技创新驱动学校事业高质量发展，听取2020年高校科技/社科统计年报工作汇报，听取关于2020年度北京市科技奖提名项目异议情况的汇报，审议通过2021年北京市社会科学基金青年学术带头人项目推荐名单。听取推荐申报“中国高等学校十大科技进展”的工作汇报，审议通过教育部战略研究基地申报方案，听取2021年度北京工业大学国军标质量管理体系运行情况汇报。以赋予科研人员职务科技成果所有权或长期使用权试点单位建设为契机，不断提高学校科技成果质量，审议原则通过《北京工业大学科技成果（知识产权）转化管理办法》，研究“高功率半导体激光技术”科技成果转化方案，审议原则通过《北京工业大学通用财政科研项目经费使用“包干制”管理办法（试行）》，审议通过《北京工业大学专利管理实施细则》《北京工业大学科技成果使用、处置和收益管理规定》。审议通过《北京工业大学国家大学科技园建设与实施办法》，全面提升大学科技园建设水平。

办公会持续推进对外交流与合作。深度融入北京及区域经济社会发展，加强与北京重点企事业单位的战略合作，审议通过与工业和信息化部工业文化发展中心等单位战略合作协议、与北京金隅集团股份有限公司战略合作框架协议、与北京京城机电控股有限责任公司等单位合作协议、与北京亦庄投资控股有限公司战略合作框架协议、与北京经济技术开发区全面战略合作协议，通过学校与北京京城机电控股有限责任公司战略合作框架协议、与国家电投集团综合智慧能源科技有限公司战略合作协议、与湖北汽车工业学院“京鄂对口协作”框架合作协议、与京能集团合作协议。加强制度保障，持续提升学校国际化办学水平，听取北京工业大学2021年国际及港澳台教师聘任工作汇报，审议通过《北京工业大学因公出国管理办法（修订）》《北京工业大学关于进一步加强因公出国监督管理工作实施细则》，研究国际教师薪资调整方案。持续提升合作办学质量，听取北京工业大学合作办学情况汇报。不断强化帮扶举措，审议通过北京工业大学与内蒙古工业大学对口支持框架协议。切实加强校友与学校的联系，原则通过北京工业大学校友之家建设方案。

办公会持续推进条件保障工作。落实科研经费“放管服”改革要求，审议原则通过《北京工业大学科研类项目差旅费、会议费、专家咨询费管理办法》，研究北京工业大学落实科研经费“放管服”精神的实施方案，确保科研经费“放得开，接得住，管得好”。听取2020年部门决算情况汇报，听取2022年部门预算上级文件精神及我校预算收支测算情况汇报，研究2022年校内预算方案。研究学生综合服务中心、逸夫图书馆改扩建工程决算事宜，研究学校食堂和幼儿园银行开户申请事宜，审议原则通过《北京工业大学公费医疗管理办法》，听取关于开通“数字人民币”对公钱包银行业务的汇报。审议原则通过《北京工业大学校属技术转移服务企业科技成果转化实施细则》，审议通过《北京工业大学建设项目档案管理办法》《北京工业大学房屋出租出借管理细则》《北京工业大学建设工程项目全过程审计实施办法》。审议通过北京工大京天加油站改制事宜，听取北京工业大学绿色学校创建行动实施方案汇报，听取通州新城北关大道新建需通州校区退线情况汇报。

办公会持续推进改善民生工作。听取图书馆电子资源建设情况汇报，为教学科研、人才培养提供保障。听取花园村校区家属院危楼改建等工作进展汇报，研究北区运动场改造方案，不断优化改善校园育人环境。进一步规范和加强学校高等学历继续教育工作，审议通过《北京工业大学高等学历继续教育学生学籍管理规定》。听取校园网计费策略调整工作汇报、2021年上半年国家法定假日及运动会安排、2021年暑假及新生入校安排，通过中秋国庆节日放假安排、2022年元旦、寒假等假期安排。

表1－2　2021年校长办公会议主要议题表

时间	会议	主要议题
2021年1月5日	第1次校长办公会议	审议学校2021年度“优培计划”招聘工作事宜
2021年1月12日	第2次校长办公会议	审议2021年1月本科毕业及学位授予名单，审议研究生退学事宜，审议与工业和信息化部工业文化发展中心等单位战略合作协议
2021年1月19日	第3次校长办公会议	审议《北京工业大学专利管理实施细则》，审议《北京工业大学科技成果使用、处置和收益管理规定》，听取第一届北京工业大学教师教学创新大赛获奖人选暨第一届北京高校教师教学创新大赛推荐人选情况汇报，听取拟引进第四层次人才工作汇报，审议2021年7月—12月退休延聘人员名单，审议《北京工业大学在校生出国（境）交流管理办法》，审议《北京工业大学学生公派出国（境）学习奖学金管理办法》，听取2020年部门决算情况汇报
2021年3月2日	第4次校长办公会议	听取关于调整北京工业大学第十三届学位评定委员会主席的汇报，听取2020年度校内优秀人才遴选工作汇报，听取学校近期“碳中和”组织工作进展汇报
2021年3月9日	第5次校长办公会议	听取开展哲学社会科学研究评价中“唯论文”不良导向专项整治工作的汇报
2021年3月20日	第6次校长办公会议	听取2020年高校科技/社科统计年报工作汇报，研究落实市委编办《关于做好事业单位法人登记清理规范工作的通知》工作方案，听取第五轮学科评估工作总结汇报，审议《北京工业大学分类发展经费管理办法》（修订），审议《北京工业大学预算制定及管理办法》（修订），审议《北京工业大学预算管理实施细则》（修订），审议《北京工业大学财政专款项目管理办法》（修订），审议北京工业大学与北京金隅集团股份有限公司战略合作框架协议
2021年3月23日	第7次校长办公会议	听取2020年北京工业大学研究生教育发展质量年度报告汇报，听取2021届预毕业生就业进展情况及教育部毕业生就业工作第二次调度会精神汇报，听取2021年上半年国家法定假日及运动会安排汇报，审议学校与北京京城机电控股有限责任公司等单位合作协议

续表

时间	会议	主要议题
2021 年 3 月 30 日	第 8 次校长办公会议	审议《北京工业大学博士生导师招生资格年度审核与学科招生指标分配办法》
2021 年 4 月 6 日	第 9 次校长办公会议	审议《北京工业大学本科生实习、实践合同实施细则》，听取关于深化优质生源基地建设及“北京工业大学-樊恭炼学院实验班”授牌工作的汇报，听取 2021 年度中国博士后科学基金特别资助（站中）申报工作汇报，研究管理（含辅导员）、其他专技岗位公开招聘事宜，研究科技成果转化项目方案及合同
2021 年 4 月 13 日	第 10 次校长办公会议	审议《北京工业大学博士生导师招生资格年度审核与学科招生指标分配办法》，审议北京工业大学与北京亦庄投资控股有限公司战略合作框架协议
2021 年 4 月 21 日	第 11 次校长办公会议	审议教职工处分解除事宜，听取 2021 年教师岗位招聘工作汇报，听取 2021 年度专业技术职务评聘工作汇报，听取关于 2020 年度北京市科技奖提名项目异议情况的汇报，听取樊恭炼荣誉学院拟扩招工作的汇报
2021 年 4 月 27 日	第 12 次校长办公会议	审议《北京工业大学服务社会收入管理办法》
2021 年 5 月 11 日	第 13 次校长办公会议	审议 2021 年北京市社会科学基金青年学术带头人项目推荐名单，审议 2021 年北京工业大学优秀教育教学成果奖评审结果，审议《北京工业大学关于新时代劳动教育实施意见》，审议《北京工业大学关于加强新时代美育教育工作实施意见》，审议《北京工业大学关于加强新时代体育工作实施意见》，研究北区运动场改造方案，审议北京工业大学第十三届学位评定委员会组成人员调整名单，审议教职工处分解除事宜
2021 年 5 月 18 日	第 14 次校长办公会议	听取 2021 年贯通培养工作情况汇报，听取 2021 年度北京市高等学校教学名师奖推荐情况汇报，研究学校食堂和幼儿园银行开户申请事宜，研究 2021 届夏季毕业生离校工作日程安排，听取北京工业大学 2021 年国际及港澳台教师聘任工作汇报，审议《北京工业大学高等学历继续教育学生学籍管理规定》
2021 年 6 月 3 日	第 15 次校长办公会议	审议《北京工业大学科技成果（知识产权）转化管理办法》，审议《北京工业大学校属技术转移服务企业科技成果转化实施细则》，审议北京工大京天加油站改制事宜，听取北京工业大学绿色学校创建行动实施方案汇报，研究文法学部教师破格申报专业技术职务事宜，审议兼职客座教授聘任事宜
2021 年 6 月 15 日	第 16 次校长办公会议	听取 2021 年暑假及新生入校安排汇报，听取 2021 届高职毕业生情况汇报，审议北京工业大学专业技术职务评聘学部评议工作方案
2021 年 6 月 24 日	第 17 次校长办公会议	审议北京工业大学第九届学术委员会委员调整事宜，审议 2021 年北京高校优秀本科育人团队、北京高校优秀教学管理人员推荐人选名单，审议 2021 年北京高校“优质本科课程”和“优质本科教材课件”推荐名单，听取北京工业大学合作办学情况汇报
2021 年 6 月 29 日	第 18 次校长办公会议	审议《北京工业大学教材管理办法》，审议《北京工业大学因公出国管理办法（修订）》《北京工业大学关于进一步加强因公出国监督管理工作实施细则》，听取近期人事人才工作汇报
2021 年 7 月 6 日	第 19 次校长办公会议	审议《北京工业大学国家级实验教学示范中心运行管理实施细则》及成立北京工业大学国家级实验教学示范中心建设和运行管理委员会事宜，听取图书馆电子资源建设情况汇报，听取花园村校区家属院危楼改建等工作进展汇报，审议 2022 年 1—6 月退休、延聘人员名单，审议《北京工业大学研究生奖助学金管理办法》，审议 2021 年 7 月北京工业大学学生毕业和学位授予名单
2021 年 7 月 15 日	第 20 次校长办公会	审议 2021 年第二批公开招聘拟聘人员名单
2021 年 7 月 20 日	第 21 次校长办公会	审议高层次人才工作事宜，审议教职工行政处分事宜，审议 2021 年度北京工业大学优秀青年主讲教师奖评选结果，审议北京工业大学教师教学发展中心组织机构调整事宜，审议校教学指导委员会及其分委员会名单调整方案，审议《北京工业大学科研类项目差旅费、会议费、专家咨询费管理办法 》修订情况，听取学校食堂和幼儿园银行开户情况汇报，听取通州新城北关大道新建需通州校区退线情况汇报，研究近期校企改革工作
2021 年 8 月 24 日	第 22 次校长办公会	听取关于教育部推免生招生专项工作的汇报，审议 2021 年第三批公开招聘工作方案

续表

时间	会议	主要议题
2021年8月31日	第23次校长办公会	听取北京工业大学2024年本科招生专业选考科目要求报送工作汇报，审议专业学位研究生教育指导委员会委员推荐人选，审议《北京工业大学公费医疗管理办法》，审议2021年专业技术职务评聘拟聘人员名单，审议自主设置教师岗位招聘拟聘结果，审议2018—2021年聘期考核（第一批）工作方案，审议人才引进工作事宜，审议北京工业大学与北京经济技术开发区全面战略合作协议
2021年9月14日	第24次校长办公会	审议《北京工业大学国家大学科技园建设与实施办法》，研究中秋国庆节日放假安排，审议2021年9月本科毕业及学位授予名单，审议研究生退学事宜，审议高层次人才工作事宜，审议北京工业大学与内蒙古工业大学对口支持框架协议
2021年9月28日	第25次校长办公会议	听取新一轮审核式评估预申请时间安排的汇报，审议高层次人才工作事宜，研究“高功率半导体激光技术”科技成果转化方案
2021年10月12日	第26次校长办公会议	审议2018—2021年聘期考核（第一批）考核结果，审议解除教师行政处分事宜，审议2021年第三批公开招聘拟聘结果，听取内部控制手册修订情况汇报，听取2022年部门预算上级文件精神及我校预算收支测算情况汇报
2021年10月19日	第27次校长办公会议	审议成立未来城市碳中和高精尖创新中心（筹）事宜，审议《北京工业大学建设项目档案管理办法》，听取短期专家聘期考核工作汇报，研究第四轮岗位聘任（第一批）工作方案
2021年10月26日	第28次校长办公会议	审议教职工行政处分事宜，审议2020年度教学科研突出贡献奖励方案，审议高层次人才工作事宜，听取推荐申报“中国高等学校十大科技进展”的工作汇报，审议教育部战略研究基地申报方案，研究都柏林国际学院申请启动中外合作办学机构认证事宜，审议学校2021年高等教育事业统计报表，听取《北京工业大学章程》修订情况汇报
2021年11月9日	第29次校长办公会议	审议高层次人才工作事宜，听取2021年度北京工业大学国军标质量管理体系运行情况汇报，审议《北京工业大学通用财政科研项目经费使用“包干制”管理办法（试行）》，审议2021年高等教育质量监测数据，审议2020—2021学年本科教学质量报告，听取一流本科专业建设点推荐申报工作汇报，审议《北京工业大学房屋出租出借管理细则》，审议《北京工业大学财务报销管理办法》，研究学生综合服务中心、逸夫图书馆改扩建工程决算事宜
2021年11月16日	第30次校长办公会议	审议《北京工业大学关于招收与培养本科直博研究生、硕博连读研究生的实施办法》修订情况，听取校园网计费策略调整工作汇报，听取学校2021年国际及港澳台教师聘任工作汇报（第二批）
2021年11月23日	第31次校长办公会议	研究2022年元旦、寒假假期安排，听取2021年北京高校课程思政示范课程、教学名师和团队推荐工作汇报
2021年11月30日	第32次校长办公会议	听取“数字档案馆系统建设项目”解除合同事宜的汇报，研究北京工业大学落实科研经费“放管服”精神的实施方案，听取北京工业大学校友之家建设方案汇报，听取2022年公开招聘工作方案汇报
2021年12月7日	第33次校长办公会议	审议2018—2021年聘期考核（第二批）工作方案，审议《北京工业大学内部审计质量控制办法》，审议《北京工业大学建设工程项目全过程审计实施办法》，听取关于开通“数字人民币”对公钱包银行业务的汇报，听取关于补缴6月发放综治奖个人所得税的汇报，研究2021年预算追加事宜，研究2022年校内预算方案
2021年12月14日	第34次校长办公会议	听取关于“北京高等教育本科人才培养质量提升行动计划（2022—2024）”及北京市属高校本科人才培养质量提升促进会会议精神的汇报，审议2021年北京市高等教育教学成果奖推荐事宜，审议北京工业大学校办企业领域腐败风险专项清理整顿工作方案，审议高层次人才工作事宜，审议第四轮岗位聘任（第一批）聘任结果，听取2022年度“优培计划”招聘及2021年度接收安置转业军官工作汇报
2021年12月23日	第35次校长办公会议	审议教职工行政处分事宜，审议2022年学生军训工作安排，听取关于事业单位法人登记清理规范工作进展的汇报，研究国际教师薪资调整方案
2021年12月28日	第36次校长办公会议	研究北京工业大学关于博士学位论文抽检质量问题的整改方案，审议学生违纪处分事宜，审议学校与京能集团等3家企业的合作协议，审议《北京工业大学学生管理内部控制规范手册》，听取《北京工业大学2021届毕业生就业质量报告》汇报，研究北京市哲学社会科学研究基地换届及建设规划事宜，听取重大活动保障费用结算进展汇报

（刘典华　钟嶷盛）

2021年学校事业发展统计数据

【概况】 2021年，北京工业大学占地面积96.0151万平方米，学校产权校舍建筑面积104.6567万平方米、非产权校舍建筑面积5.9326万平方米。全年教育经费投入237943.68万元，其中，国家拨款197874.30万元，占83.16%；自筹经费40069.38万元，占16.84%。固定资产总值73.52亿元，其中，教学、科研仪器设备总值34.03亿元。图书馆建筑面积4.9575万平方米，藏书377.9367万册，其中，纸质图书208.6828万册、电子图书169.2539万册。拥有计算机20570台。学校信息化经费投入1583万元，多媒体教室座位28390个，信息化设备资产54590.21万元，网络信息点数47575个，校园网出口总带宽36000 Mbps，电子邮件系统用户30583个，上网课程4171门，数字资源量8435 GB，管理信息系统数据总量4647000 GB。

设有7个校区，设置17个学部（院）；开设本科专业70个，研究生专业覆盖34个学科（含1个自设交叉学科），18个专业学位类别；具有一级学科博士学位授权点20个，一级硕士学位授权点33个；博士专业学位授权类别4个，硕士专业学位授权类别18个；博士后流动站18个，其中，出站61人、进站124人、在站302人。国家重点学科3个，北京市重点学科21个，北京市重点建设学科18个。拥有国家工程实验室2个，“111计划”引智基地3个，国家级产学研中心1个，国际合作研究中心1个，省部共建国家级重点实验室培育基地1个，教育部工程研究中心3个，教育部重点实验室5个，北京市级科研基地45个，行业重点实验室4个，省部共建协同创新中心1个，北京市级协同创新中心3个，北京高校高精尖创新中心1个。定期出版专业刊物2种。

教职工3307人，其中，专任教师2139人，包括正高职称459人、副高职称785人；博士生导师657人，硕士生导师1509人（含专业学位和学术学位硕士生导师），中国工程院院士9人，中国社会科学院学部委员1人。“国家杰出青年科学基金”获得者等领军人才28人，“国家自然科学基金优秀青年科学基金”获得者等卓越人才23人，国家有突出贡献专家18人，享受政府特殊津贴专家52人，“北京市人才引进支持计划”入选者167人。境外教师100人，其中，教授17人，副教授5人。

毕业生6683人，其中，学历教育学生中全日制研究生2378人（博士毕业生275人、硕士毕业生2103人），非全日制研究生312人（博士0人，硕士生312人）；普通本专科生3333人（本科生3321人、专科生12人）；成人教育本专科生575人（成人本科毕业生572人、专科生3人）；留学生毕业85人（博士24人，硕士24人，本科37人），获学位77人（博士21人、硕士19人、本科37人）。本科生毕业去向落实率95.11%，研究生毕业去向落实率97.55%。

招生7709人，其中，学历教育学生中全日制研究生3318人（博士生489人、硕士生2829人），非全日制研究生299人（博士生0人、硕士生299人），普通本专科生3628人（本科生3628人、专科生0人），成人教育录取416人，均为专升本层次（业余341人、函授75人）；非计划招生高等教育学生中在职人员攻读硕士学位11人；留学生37人。高考北京地区提档线010－不限选考科目专业组589分、020－物理必考专业组585分、030－物理/化学（选考一门）专业组578分、040－不限选考科目（中外合作办学）专业组579分、050－物理必考（中外合作办学）专业组573分。

在校生25479人，其中，学历教育学生中全日制研究生9400人（博士生1715人、硕士生7685人），非全日制研究生816人（博士生0人、硕士生816人），普通本专科生13589人（本科生13589人、专科生0人），成人教育本专科生1120人（本科生1119人、专科生1人）；非计划招生高等教育学生中在职人员攻读硕士学位128人；留学生426人（学历生420人，非学历6人）。

学校网址：www.bjut.edu.cn。

北京工业大学 2021 年办学条件

<table>
<tr><td colspan="2">学校占地面积</td><td>915879.78 平方米</td><td>属学校产权</td></tr>
<tr><td colspan="2">学校占地面积</td><td>44271.39 平方米</td><td>非学校产权</td></tr>
<tr><td colspan="2">学校建筑面积</td><td>1046567.25 平方米</td><td>属学校产权</td></tr>
<tr><td colspan="2">学校建筑面积</td><td>59325.89 平方米</td><td>非学校产权</td></tr>
<tr><td colspan="2">图书馆建筑面积</td><td>49575.02 平方米</td><td>属学校产权</td></tr>
<tr><td rowspan="2">图书馆藏书</td><td>纸质</td><td>208.6828 万册</td><td rowspan="2">包括校图书馆（含本校区各单位资料室）、艺术学院、通州校区、继续教育学院等单位的图书馆藏书</td></tr>
<tr><td>电子图书</td><td>169.2539 万册</td></tr>
<tr><td colspan="2">固定资产总值</td><td>73.52 亿元</td><td rowspan="2">属学校产权</td></tr>
<tr><td colspan="2">其中：教学科研仪器设备资产值</td><td>34.03 亿元</td></tr>
</table>

北京工业大学 2021 年教学科研机构

直属院（部）、研究院（所）	17 个
国家工程实验室	2 个
“111 计划”引智基地	3 个
国家级产学研中心	1 个
国际合作研究中心	1 个
省部共建国家级重点实验室培育基地	1 个
教育部工程研究中心	3 个
教育部重点实验室	5 个
北京市级科研基地	45 个
行业重点实验室	4 个

北京工业大学 2021 年学科、专业设置

国家重点学科	3 个
北京市重点学科	21 个
北京市重点建设学科	18 个
博士后流动站	18 个
学术学位博士授权点	21 个
一级学科博士授权点	20 个
二级学科博士授权点	0 个
自设交叉学科博士授权点	1 个
专业学位博士授权类别	4 个

续表

学术学位硕士授权点	34 个
一级学科硕士授权点	33 个
二级学科硕士授权点	0 个
自设交叉学科硕士授权点	1 个
专业学位硕士授权类别	18 个
本科专业	70 个

北京工业大学 2021 年教职工情况

教职工总数	3307 人
（1）教师岗位人员	2139 人
（2）其他专技岗位人员	389 人
（3）管理岗位人员	653 人
（4）工勤岗位人员	126 人
其中：1. 中国工程院院士	9 人
2. 中国社会科学院学部委员	1 人
3. “国家杰出青年科学基金”获得者等领军人才	28 人
4. “国家自然科学基金优秀青年科学基金”获得者等卓越人才	23 人
5. 国家有突出贡献专家	18 人
6. 享受政府特殊津贴专家	52 人
7. “北京市人才引进支持计划”入选者	167 人
境外教师	100 人
其中：教授	17 人
离退休人员	退休 2925 人、离休 50 人

北京工业大学 2021 年教职工及专任教师职称、学历结构

		教职工		专任教师	
		人数（人）	比例（%）	人数（人）	比例（%）
职称结构	正高职称人员	490	14.82	459	21.46
	副高职称人员	970	29.33	785	36.70
	中级职称人员	1317	39.82	660	30.86
	初级职称人员	72	2.18	1	0.05
	无职称人员	458	13.85	234	10.94

续表

		教职工		专任教师	
		人数（人）	比例（%）	人数（人）	比例（%）
学历结构	研究生学历	2554	77.23	1953	91.30
	其中：博士	1866	56.40	1769	82.70
	本科学历	581	17.57	185	8.65
	专科及以下	172	5.20	1	0.05

北京工业大学2021年学生情况

	毕业生数（人）	招生数（人）	在校学生数（人）
合计	6683	7709	25479
一、研究生	2690	3628	10344
1. 全日制研究生	2378	3318	9400
1.1 博士生	275	489	1715
1.2 硕士生	2103	2829	7685
2. 非全日制研究生	312	299	816
2.1 博士生	0	0	0
2.2 硕士生	312	299	816
3. 在职研究生	0	11	128
3.1 博士生	0	0	0
3.2 硕士生	0	11	128
二、普通本专科生	3333	3628	13589
1. 本科生	3321	3628	13589
2. 专科生	12	0	0
三、成人教育本专科生	575	416	1120
1. 本科生	572	416	1119
2. 专科生	3	0	1
四、留学生	85	37	426

北京工业大学直属院（部）、科研院（所）设置

序号	机构全称	简称
1	材料与制造学部	材制学部
2	信息学部	信息学部
3	城市建设学部	城建学部
4	环境与生命学部	环生学部
5	理学部	理学部
6	经济与管理学院	经管学院
7	文法学部	文法学部

续表

序号	机构全称	简称
8	体育教学部	体育部
9	艺术设计学院	艺设学院
10	继续教育学院	继续教育学院
11	马克思主义学院	马克思主义学院
12	国际学院	国际学院
13	北京-都柏林国际学院	都柏林学院
14	樊恭烋荣誉学院	樊恭烋学院
15	创新创业学院	创新创业学院
16	北京人工智能研究院	人工智能研究院
17	素质教育学院（国家大学生文化素质教育基地）	素质教育学院

北京工业大学二级非教学科研机构设置

序号	机构全称	简称
1	党委办公室、党委巡察工作办公室	党办、巡察办
2	校长办公室	校办
3	保密委员会办公室	保密办
4	党委组织部（党校办公室）	组织部（党校办公室）
5	机关党委	机关党委
6	党委统战部	统战部
7	党委宣传部（新闻中心）	宣传部（新闻中心）
8	党委教师工作部	教工部
9	纪检监察办公室	纪检办
10	党委学生工作部、学生处、人民武装部、学生数据管理与服务中心	学工部、学生处、人民武装部、学生数据中心
11	学生发展指导中心	学发中心
12	党委研究生工作部	研工部
13	党委保卫部、保卫处、安全稳定工作部、综合治理办公室	保卫部、保卫处、安稳部、综治办
14	离退休工作处	离退休处
15	改革与发展规划处、一流学科建设办公室	规划处、一流学科办
16	人事处、高层次人才工作办公室、教师学院	人事处、高层次人才办、教师学院
17	教务处、招生办公室	教务处、招生办
18	研究生院	研究生院
19	科学技术发展院（含学报编辑部）	科发院（含学报编辑部）
20	就业创业指导中心	就创中心
21	国有资产与实验室管理处	国资处
22	国际交流合作处、港澳台事务办公室	国际处、港澳台办
23	财务处	财务处
24	基建修缮处	基建处
25	审计处	审计处
26	信息化处	信息化处

续表

序号	机构全称	简称
27	对外合作联络处	外联处
28	后勤保障处	后勤处
29	中蓝校区管理中心	中蓝管理中心
30	校学术委员会办公室	学术办
31	通州校区管理中心	通州管理中心
32	网络与信息技术中心	信息中心
33	校工会	校工会
34	共青团北京工业大学委员会	校团委
35	图书馆	图书馆
36	档案馆（校史馆）	档案馆（校史馆）
37	首都医科大学附属北京友谊医院合作单位（北京工业大学医院）	校医院
38	场馆管理中心	场馆中心
39	北京北工大投资管理有限公司（含北京工业大学出版社有限责任公司）	投资公司（含出版社）

北京工业大学2021年重点学科情况

类别	学科
国家重点学科（3个）	光学工程（一级）
	材料学
	结构工程
交叉学科北京市重点学科（3个）	资源、环境及循环经济
	纳米科学与技术
	信息安全
一级学科北京市重点学科（8个）	材料科学与工程
	管理科学与工程
	生物医学工程
	机械工程
	土木工程
	环境科学与工程
	计算机科学与技术（培育）
	交通运输工程（培育）
二级学科北京市重点学科（10个）	机械制造及其自动化
	机械设计及理论
	微电子学与固体电子学
	防灾减灾工程及防护工程
	交通运输规划与管理
	热能工程
	环境工程
	凝聚态物理
	计算机应用技术
	光学

续表

一级学科北京市重点建设学科（2 个）	仪器科学与技术
	化学工程与技术
二级学科北京市重点建设学科（16 个）	工程力学
	机械电子工程
	电路与系统
	信号与信息处理
	检测技术与自动化装置
	模式识别与智能系统
	市政工程
	道路与铁道工程
	概率论与数理统计
	应用数学
	计算机软件与理论
	国际贸易学
	数量经济学
	建筑设计及其理论
	社会学
	高等教育学

北京工业大学 2021 年博士后流动站情况

学科门类	流动站名称	所属二级机构
理学	数学	理学部
理学	物理学	理学部
理学	统计学	理学部
工学	力学	材料与制造学部
工学	机械工程	材料与制造学部
工学	光学工程	材料与制造学部
工学	材料科学与工程	材料与制造学部
工学	软件工程	信息学部
工学	电子科学与技术	信息学部
工学	控制科学与工程	信息学部
工学	计算机科学与技术	信息学部
工学	化学工程与技术	环境与生命学部
工学	动力工程及工程热物理	环境与生命学部
工学	环境科学与工程	环境与生命学部
工学	生物医学工程	环境与生命学部
工学	交通运输工程	城市建设学部
工学	土木工程	城市建设学部
管理学	管理科学与工程	经济与管理学院

北京工业大学2021年学术学位博士授权一级学科

学科门类	一级学科名称	学科代码	所属学部（院）
经济学	应用经济学	0202	经济与管理学院
	资源环境与循环经济	0202J1	经济与管理学院
理学	数学	0701	理学部
	物理学	0702	材料与制造学部、理学部
	统计学	0714	理学部
工学	力学	0801	材料与制造学部
	机械工程	0802	
	光学工程	0803	材料与制造学部、理学部
	材料科学与工程	0805	材料与制造学部
	资源环境与循环经济	0805J2	
	动力工程及工程热物理	0807	环境与生命学部
	电子科学与技术	0809	信息学部
	控制科学与工程	0811	
	计算机科学与技术	0812	
	土木工程	0814	城市建设学部
	化学工程与技术	0817	环境与生命学部
	交通运输工程	0823	城市建设学部
	环境科学与工程	0830	环境与生命学部
	生物医学工程	0831	
	城乡规划学	0833	城市建设学部
	软件工程	0835	信息学部
管理学	管理科学与工程	1201	经济与管理学院

北京工业大学2021年博士专业学位授权类别

类别代码	专业学位类别
0855	机械
0856	材料与化工
0857	资源与环境
0859	土木水利

北京工业大学2021年学术学位硕士授权一级学科

学科门类	一级学科名称	学科代码	所属学部（院）
经济学	应用经济学	0202	经济与管理学院
	资源环境与循环经济	0202J1	
法学	社会学	0303	文法学部
	马克思主义理论	0305	马克思主义学院

续表

学科门类	一级学科名称	学科代码	所属学部（院）
教育学	教育学	0401	文法学部
文学	外国语言文学	0502	
理学	数学	0701	理学部
	物理学	0702	材料与制造学部、理学部
	生物学	0710	环境与生命学部
	化学	0703	
	统计学	0714	理学部
工学	力学	0801	材料与制造学部
	机械工程	0802	
	光学工程	0803	材料与制造学部、理学部
	仪器科学与技术	0804	材料与制造学部
	材料科学与工程	0805	
	资源环境与循环经济	0805J2	
	动力工程及工程热物理	0807	环境与生命学部
	电子科学与技术	0809	信息学部
	信息与通信工程	0810	
	控制科学与工程	0811	
	计算机科学与技术	0812	
	建筑学	0813	城市建设学部
	土木工程	0814	
	水利工程	0815	
	化学工程与技术	0817	环境与生命学部
	交通运输工程	0823	城市建设学部
	环境科学与工程	0830	环境与生命学部
	生物医学工程	0831	
	城乡规划学	0833	建筑与城市规划学院
	软件工程	0835	信息学部
	网络空间安全	0839	
管理学	管理科学与工程	1201	经济与管理学院
	工商管理	1202	
艺术学	设计学	1305	艺术设计学院

北京工业大学2021年硕士专业学位授权类别

类别代码	专业学位类别	所属学部（院）
0251	金融	经济与管理学院
0252	应用统计	理学部
0351	法律	文法学部
0352	社会工作	
0451	教育	

续表

类别代码	专业学位类别	所属学部（院）
0851	建筑学	城市建设学部
0853	城市规划	
0854	电子信息	信息学部、材料与制造学部、环境与生命学部
0855	机械	材料与制造学部、艺术设计学院
0856	材料与化工	材料与制造学部、环境与生命学部
0857	资源与环境	环境与生命学部
0858	能源动力	
0859	土木水利	城市建设学部
0861	交通运输	
1251	工商管理	经济与管理学院
1252	公共管理	经济与管理学院、文法学部
1253	会计	经济与管理学院
1351	艺术	艺术设计学院

北京工业大学2021年本科专业设置

序号	专业代码	专业名称	学制	学位	所在学部（院）
1	080201	机械工程	4年	工学	材料与制造学部
2	080301	测控技术与仪器	4年	工学	材料与制造学部
3	080701	电子信息工程	4年	工学	信息学部
4	080702	电子科学与技术	4年	工学	信息学部
5	080703	通信工程	4年	工学	信息学部
6	080801	自动化	4年	工学	信息学部
7	081001	土木工程	4年	工学	城市建设学部
8	081002	建筑环境与能源应用工程	4年	工学	城市建设学部
9	081003	给排水科学与工程	4年	工学	城市建设学部
10	081104T	水务工程	4年	工学	城市建设学部
11	081802	交通工程	4年	工学	城市建设学部
12	080501	能源与动力工程	4年	工学	环境与生命学部
13	080503T	新能源科学与工程	4年	工学	环境与生命学部
14	082502	环境工程	4年	工学	环境与生命学部
15	082503	环境科学	4年	理学	环境与生命学部
16	070302	应用化学	4年	工学	环境与生命学部
17	070102	信息与计算科学	4年	理学	理学部
18	070202	应用物理学	4年	理学	理学部
19	071202	应用统计学	4年	理学	理学部
20	080901	计算机科学与技术	4年	工学	信息学部
21	080904K	信息安全	4年	工学	信息学部
22	080905	物联网工程	4年	工学	信息学部
23	080401	材料科学与工程	4年	工学	材料与制造学部

续表

序号	专业代码	专业名称	学制	学位	所在学部（院）
24	081303T	资源循环科学与工程	4年	工学	材料与制造学部
25	082601	生物医学工程	4年	工学	环境与生命学部
26	082702	食品质量与安全	4年	工学	环境与生命学部
27	071002	生物技术	4年	理学	环境与生命学部
28	080902	软件工程	4年	工学	信息学部
29	080906	数字媒体技术	4年	工学	信息学部
30	082801	建筑学	5年	建筑学	城市建设学部
31	082802	城乡规划	5年	工学	城市建设学部
32	080205	工业设计	4年	工学	城市建设学部
33	120102	信息管理与信息系统	4年	管理学	经济与管理学院
34	120201K	工商管理	4年	管理学	经济与管理学院
35	120202	市场营销	4年	管理学	经济与管理学院
36	120203K	会计学	4年	管理学	经济与管理学院
37	120701	工业工程	4年	管理学	经济与管理学院
38	020102	经济统计学	4年	经济学	经济与管理学院
39	020301K	金融学	4年	经济学	经济与管理学院
40	020401	国际经济与贸易	4年	经济学	经济与管理学院
41	030101K	法学	4年	法学	文法学部
42	030301	社会学	4年	法学	文法学部
43	030302	社会工作	4年	法学	文法学部
44	050103	汉语国际教育	4年	文学	国际学院
45	050303	广告学	4年	文学	艺术设计学院
46	050201	英语	4年	文学	文法学部
47	050207	日语	4年	文学	文法学部
48	050209	朝鲜语	4年	文学	文法学部
49	130310	动画	4年	艺术学	艺术设计学院
50	130502	视觉传达设计	4年	艺术学	艺术设计学院
51	130503	环境设计	4年	艺术学	艺术设计学院
52	130504	产品设计	4年	艺术学	艺术设计学院
53	130505	服装与服饰设计	4年	艺术学	艺术设计学院
54	130402	绘画	4年	艺术学	艺术设计学院
55	130507	工艺美术	4年	艺术学	艺术设计学院
56	081806T	交通设备与控制工程	4年	工学	城市建设学部
57	120210	文化产业管理	4年	管理学	经济与管理学院
58	070101	数学与应用数学	4年	理学	理学部
59	080704	微电子科学与工程	4年	工学	信息学部
60	071201	统计学	4年	理学	理学部
61	130403	雕塑	4年	艺术学	艺术设计学院
62	130508	数字媒体艺术	4年	艺术学	艺术设计学院
63	080803T	机器人工程	4年	工学	信息学部
64	080413T	纳米材料与技术	4年	工学	材料与制造学部

续表

序号	专业代码	专业名称	学制	学位	所在学部（院）
65	080213T	智能制造工程	4年	工学	材料与制造学部
66	081008T	智能建造	4年	工学	城市建设学部
67	082803	风景园林	4年	工学	城市建设学部
68	080705	光电信息科学与工程	4年	工学	理学部
69	080717T	人工智能	4年	工学	信息学部
70	070303T	化学生物学	4年	理学	环境与生命学部

北京工业大学校区设置

校区名称	地址	学校产权占地面积（平方米）	非学校产权占地面积（平方米）	学校产权校舍建筑面积（平方米）	非学校产权校舍建筑面积（平方米）	邮编
北京工业大学平乐园校区（校本部）	朝阳区平乐园100号	647956.23	0	839881.96	0	100124
北京工业大学惠新东街校区	朝阳区惠新东街8号	37500.00	0	53689.63	0	100029
北京工业大学通州校区	通州区潞苑南大街89号	105807.07	27393.47	0	59325.89	101101
北京工业大学管庄校区	朝阳区管庄西里20号	57480.00	0	17903.54	0	100024
北京工业大学花园村校区	海淀区车公庄西路35号	54573.44	0	41082.59	0	100044
北京工业大学琉璃井校区	东城区永定门外琉璃井路41号	0	4660.96	5535.81	0	100075
北京工业大学中蓝校区	朝阳区平乐园西大望路27号	12563.04	12216.96	88473.72	0	100124

北京工业大学科研机构和重点实验室

序号	实验室名称	批准部门	一级学科	英文
1	城镇污水深度处理与资源化利用技术国家工程实验室	国家发改委	环境科学与工程	National Engineering Laboratory of Urban Sewage Advanced Treatment and Resource Utilization Technology
2	工业大数据应用技术国家工程实验室	国家发改委	材料科学与工程	National Engineering Laboratory for Industrial Big - data Application Technology
3	北京市交通工程重点实验室——省部共建国家重点实验室培育基地	科技部、北京市教委	交通运输工程	Beijing Key Laboratory of Transportation Engineering, Candidate of State Key Laboratory Constructed by Province and Ministry
4	新型功能材料教育部重点实验室	教育部	材料科学与工程	Key Laboratory of Advanced Functional Materials, Ministry of Education
5	传热强化与过程节能教育部重点实验室	教育部	动力工程与工程热物理	Key Laboratory of Enhanced Heat Transfer and Energy Conservation, Ministry of Education
6	光电子技术教育部重点实验室	教育部、北京市教委	电子科学与技术	Key Laboratory of Optoelectronics Technology, Ministry of Education
7	城市与工程安全减灾教育部重点实验室	教育部、北京市教委	土木工程	Key Laboratory of Urban Security and Disaster Engineering, Ministry of Education
8	跨尺度激光成型制造技术教育部重点实验室	教育部	光学工程	Key Laboratory of Trans - scale Laser Manufacturing Technology, Ministry of Education

续表

序号	实验室名称	批准部门	一级学科	英文
9	数字社区教育部工程研究中心	教育部	控制科学与工程	Engineering Research Center of Digital Community, Ministry of Education
10	汽车结构部件先进制造技术教育部工程研究中心	教育部	机械工程	Engineering Research Center of Advanced Manufacturing Technology of Automotive Structural Parts, Ministry of Education
11	智能感知与自主控制教育部工程研究中心	教育部	控制科学与工程、计算机科学与技术	Engineering Research Center of Intelligent Perception and Autonomous Control, Ministry of Education
12	智慧环保北京实验室	北京市教委	控制科学与工程	Beijing Laboratory for Intelligent Environmental Protection
13	可信计算北京市重点实验室	北京市科委	计算机科学与技术	Beijing Key Laboratory of Trusted Computing
14	固体微结构与性能北京市重点实验室	北京市科委	物理学	Beijing Key Laboratory of Microstructure and Properties of Solids
15	博物馆展陈设计与空间实现北京市重点实验室	北京市科委	设计学	Beijing Key Laboratory of Museum Display Design and Originality Space
16	计算智能与智能系统北京市重点实验室	北京市科委	控制科学与工程	Beijing Key Laboratory of Computational Intelligence and Intelligence System
17	机械结构非线性振动与强度北京市重点实验室	北京市科委	力学	Beijing Key Laboratory of Nonlinear Vibrations and Strength of Mechanical Structures
18	区域大气复合污染防治北京市重点实验室	北京市科委	环境科学与工程	Beijing Key Laboratory of Regional Air Pollution Prevention and Control
19	绿色催化与分离北京市重点实验室	北京市科委	化学工程与技术	Beijing Key Laboratory of Green Catalysis and Separation
20	绿色建筑环境与节能技术北京市重点实验室	北京市科委	土木工程	Beijing Key Laboratoy of Green Building and Energy Saving Technoloy
21	北京市污水脱氮除磷处理与过程控制工程技术研究中心	北京市科委	环境科学与工程	Beijing Engineering Research Center of Nitrogen and Phosphorus Removal with Process Control in Wastewater
22	北京市物联网软件与系统工程技术研究中心	北京市科委	软件工程	Beijing Engineering Research Center of Software and Systems of IOT
23	北京市激光应用技术工程技术研究中心	北京市科委	光学工程	Beijing Engineering Research Center of Laser Technology
24	北京市生态环境材料及其评价工程技术研究中心	北京市科委	材料科学与工程	Beijing Engineering Research Center of Ecomaterials and LCA
25	北京市城市交通运行保障工程技术研究中心	北京市科委	交通运输工程	Beijing Engineering Research Center of Urban Traffic Operations
26	北京市精密测控技术与仪器工程技术研究中心	北京市科委	仪器科学与技术	Beijing Engineering Research Center of Precision Detention & Instrument Engineering
27	北京市高层和大跨度预应力钢结构工程技术研究中心	北京市科委	土木工程	Beijing Engineering Research Center of High – rise and Large – span Prestressed Steel Structure
28	北京市数字化医疗 3D 打印工程技术研究中心	北京市科委	光学工程	Beijing Engineering Research Center of Digital Medical 3DP
29	北京市历史建筑保护工程技术研究中心	北京市科委	建筑学	Beijing Engineering Research Center of Historic Buildings Protection

续表

序号	实验室名称	批准部门	一级学科	英文
30	抗病毒药物北京市国际科技合作基地	北京市科委	生物学	Beijing International Science and Technology Cooperation Base of Antivirus Drug
31	污水生物处理与过程控制技术北京市国际科技合作基地	北京市科委	环境科学与工程	Beijing International Science and Technology Cooperation Base of Biological Wastewater Treatment and Process Control
32	碳基纳米材料北京市国际科技合作基地	北京市科委	材料科学与工程	Beijing International Science and Technology Cooperation Base of Carbon – based Nanomaterials
33	脑信息智慧服务北京市国际科技合作基地	北京市科委	信息与通信工程	Beijing International Collaboration Base on Brain Informatics and Wisdom Services
34	机械结构非线性振动与强度北京市国际科技合作基地	北京市科委	力学	Beijing International Cooperation Base for Science and Technology of Nonlinear Vibration and Strength of Mechanical Structure
35	数字化医疗3D打印北京市国际科技合作基地	北京市科委	光学工程	Beijing International Cooperation Center of 3D Printing for Digital Medical Health
36	精密测控技术与仪器北京市国际科技合作基地	北京市科委	仪器科学与技术	Beijing International Science and Technology Cooperation Base of Precision Measurement Technology and Instruments
37	城市与工程抗震减灾技术北京市国际科技合作基地	北京市科委	土木工程	International Scientific and Technological Cooperation Base for Urban Anti – seismic and Disaster Relief Techniques, Beijing
38	超显微学北京市国际科技合作基地	北京市科委	物理学	Beijing International Science and Technology Coorperation Base of Ultramicroscopy
39	智能化生理测量与临床转化北京市国际科技合作基地	北京市科委	生物医学工程	Intelligent Physiological Measurement and Clinical Translation, Beijing International Base for Scientific and Technological Cooperation
40	工程抗震与结构诊治北京市重点实验室	北京市教委	土木工程	Beijing Key Laboratory of Earthquake Engineering and Structural Retrofit
41	水质科学与水环境恢复工程北京市重点实验室	北京市教委	水利工程	Beijing Key Laboratory of Water Quality Science and Water Environment Recovery Engineering
42	交通工程北京市重点实验室	北京市教委	交通运输工程	Beijing Key Laboratory of Transportation Engineering
43	环境与病毒肿瘤学北京市重点实验室	北京市教委	生物学	Beijing Key Laboratory of Environmental and Viral Oncology
44	先进制造技术北京市重点实验室	北京市教委	机械工程	Beijing Key Laboratory of Advanced Manufacturing Technology
45	多媒体与智能软件技术北京市重点实验室	北京市教委	计算机科学与技术	Beijing Key Laboratory of Multimedia and Intelligent Software Technology
46	传热与能源利用北京市重点实验室	北京市教委	动力工程与工程热物理	Beijing Key Laboratory of Heat Transfer and Energy Conservation
47	激光先进制造北京高等学校工程研究中心	北京市教委	光学工程	Beijing Higher Institution Engineering Research Center of Laser Advanced Manufacturing
48	环境友好新材料技术北京高等学校工程研究中心	北京市教委	材料科学与工程	Beijing Higher Institution Engineering Research Center of Environmentally – friendly New Materials Technology
49	北京现代制造业发展研究基地	北京市教委、北京市哲学社科规划办	管理科学与工程	Research Base of Beijing Modern Manufacturing Development

续表

序号	实验室名称	批准部门	一级学科	英文
50	北京社会管理研究基地	北京市教委、北京市哲学社科规划办	社会学	Research Center for Beijing Social Management
51	首都工程教育发展研究基地	北京市教委、北京市哲学社科规划办	教育学	Capital Development Research Center of Engineering Education
52	北京市习近平新时代中国特色社会主义思想研究中心北京工业大学研究基地	北京市委宣传部	马克思主义理论	Xi Jinping Thought on Socialism with Chinese Characteristics for a New Era Beijing Research Center （Beijing university of technology research base ）
53	木结构古建筑安全评估与灾害风险控制国家文物局重点科研基地	国家文物局	建筑学	Key Scientific Research Base of Safety Assessment and Disaster Mitigation for Traditional Timber Structure, State Administration for Cultural Heritage
54	机械工业重型机床数字化设计与测试重点实验室	机械工业联合会	机械工程	The Key Laboratory of Machinery Industry Heavy Duty Machine Tool Digital Design and Test Technology
55	机械工业精密测控技术与仪器重点实验室	机械工业联合会	机械工程	Machinery Industry Key Laboratory of Precision Measurement & Control Technology and Instruments
56	机械工业印刷装备数字化技术重点实验室	机械工业联合会	机械工程	Machinery Industry Key Laboratory of Printing Machine Digitization Technology
57	中德激光技术中心	科技部	光学工程	Chinese – German Center of Laser Technology
58	国家产学研激光技术中心	国家经济贸易委员会、教育部、中国科学院	光学工程	National Center for Laser Technology
59	嵌入式系统北京市重点实验室	北京市教委、北京市科委	电子科学与技术	Beijing Key Laboratory of Embedded System
60	北京激光技术实验室	北京市科委	光学工程	Beijing Laboratory of Laser Technology
61	北京市光电子技术实验室	北京市科委	电子科学与技术	Beijing Laboratory of Opto – electronics Technology
62	北京市焊接设备研究与开发中心	北京市科委	机械工程	Beijing Welding Equipment Research and Development Center

年度重点关注

北京工业大学2021年度十大新闻

1. 北京市委市政府任命聂祚仁同志为北京工业大学党委副书记、校长

1月12日，北工大召开干部会议，宣布市委市政府关于聂祚仁同志、柳贡慧同志职务任免的决定。聂祚仁同志任北京工业大学党委副书记、校长，免去柳贡慧同志北京工业大学党委副书记、常委、委员、校长职务，调市人大常委会工作。市委常委、教育工委书记王宁同志出席会议并讲话，希望北工大在旗帜鲜明讲政治上走在前、作表率，在践行“为党育人、为国育才”初心使命上走在前、作表率，在着力建设高质量教育体系上走在前、作表率，在统筹发展与安全上走在前、作表率，以更高的站位、更宽的视野、更大的力度，谋划和推动学校建设与发展，更好回馈市委的期待和厚望。

2. 北工大圆满完成庆祝中国共产党成立100周年服务保障工作，奏响“请党放心，强国有我”最强音

7月1日，庆祝中国共产党成立100周年大会在天安门广场隆重举行。97名北工大师生担任合唱团和献词团成员，用高昂的歌声与深情的献词把最美的祝福送给党；170名学生志愿者在四惠交通枢纽为5000余名天安门广场观礼嘉宾提供安检服务。在7月1日晚播出的庆祝中国共产党成立100周年文艺演出《伟大征程》中，280名师生参与现场互动合唱，向全世界展示史诗般的时代画卷。北工大艺术设计学院团队主创的雕塑作品亮相“不忘初心、牢记使命”中国共产党历史展览。文法学部教师杨嵘作为文艺演出《伟大征程》执行导演参加中国共产党成立100周年庆祝活动总结会议，受到习近平总书记亲切接见。学校组建先进事迹宣讲团，将参与服务保障工作转化为“大思政课”，不断强化师生的政治认同、思想认同、情感认同，努力在新征程上争取更大荣光。

3. 北工大杜修力教授当选中国工程院院士，“十四五”人才队伍建设实现“开门红”

11月18日，中国工程院公布2021年院士增选结果，城市建设学部杜修力教授增选为土木、水利与建筑工程学部院士，这是2015年以来学校通过自主培养产生的第三位院士。本年度，学校人才工作取得显著成效，自主培养产生1名中国工程院院士、2名国家杰出青年科学基金获得者、3名“北京学者”、3名国家优秀青年科学基金获得者，3人入选教育部重大人才项目、2人入选中组部国家领军人才。彭永臻院士进入“全球顶尖前10万科学家排名”环境学科国内学者前10名。人才队伍建设实现“十四五”良好开局。

4. 北工大新增9个国家级一流本科专业建设点，国家级一流本科专业达20个

2月22日，教育部办公厅印发2020年国家级和省级一流本科专业建设点名单，北工大9个专业获批国家级一流本科专业建设点，5个专业获批北京市级一流本科专业建设点。自2019年教育部启动一流本科专业建设“双万计划”以来，北工大已有20个专业入选国家级一流本科专业建设点，5个专业入选北京市级一流本科专业建设点。本年度，学校持续做强一流本科、建设一流专业、打造一流课程，新增3个本科专业，“工程力学”入选首批国家级课程思政示范项目，4门课程、4部课件获评2021年北京高校“优质本科课程”和“优质本科教材课件”。

5. 北工大充分发挥人才智力科技优势，全力以赴做好北京冬奥会冬残奥会服务保障工作

11月20至21日，北京冬奥村（冬残奥村）组织开展场馆运行测试工作，北工大200余名志愿者参与志愿服务测试工作，为赛时提供高质量志愿服务工作打好基础。学校成立冬奥工作专班，统筹协调干部选派、科研攻关、志愿者招募等多项服务保障工作。信息学部2019级计算机技术冬奥班25名研究生为冬奥场馆邀请赛、测试赛提供技术保障，为赛事正式开始前故障归零、问题清零树立“北工大标准”；城市建设学部、艺术设计学院等单位多位教师参与冬奥相关课题的科研攻关及技术研发，研究成果成功运用于赛会多个领域。随着北京冬奥会冬残奥会的临近，全校师生期盼冬奥、喜迎冬奥的氛围日渐浓郁。

6. 北工大扎实开展党史学习教育，推动“学党史、悟思想、办实事、开新局”取得明显成效

3月31日，北京工业大学召开党史学习教育动员大会，深入学习贯彻习近平总书记关于党史学习教育的重要讲话精神，把党史学习教育作为贯穿全年的重要政治任务抓紧抓好。组建师生宣讲团，形成90个主题的宣讲菜单；统筹校内外资源开展宣讲798场，覆盖4.58万人次；开展红色实践活动566次，覆盖2.25万人次；举办“百年奋斗铸辉煌 为党育人谱华章”成果展，在全校营造学史明理、学史增信、学史崇德、学史力行的浓厚氛围。开展“转作风、办实事”三部曲，将2021年确定为“服务质量提升年”，学校层面完成五大工程56项具体措施，中层干部完成347件实事，将“服务基层、服务师生”的理念转化为将实事办好、将好事办实的效果。作为教育系统唯一代表，在全市“我为群众办实事”实践活动工作推进会上作交流发言。

7. 北工大作为牵头单位首次获得国家自然科学奖，多项科技成果助力“十四五”开好局、起好步

11月3日，2020年度国家科学技术奖励大会在人民大会堂隆重召开。材料与制造学部韩晓东教授作为第一完成人的项目“面心立方材料弹塑性力学行为及原子层次机理研究”荣获国家自然科学二等奖，这是学校作为牵头单位首次获得国家自然科学奖项。环境与生命学部彭永臻院士作为第二完成人的项目“污水深度生物脱氮技术及应用”荣获国家技术发明二等奖。本年度，学校国家自然科学基金立项再创新高，获北京市科学技术奖8项、国际合作中关村奖2项、自然科学奖3项，实现两项超千万级成果转化。

8. 北工大成立碳中和城市科技创新研究院，成为我国高校首个聚焦城市碳中和的科技创新平台

3月2日，学校召开2021年第4次校长办公会议，研究成立北京工业大学碳中和城市科技创新研究院，整合能源、环境、化工、材料、城市建设、循环经济等多学科优势资源，打造我国高校首个聚焦城市碳中和的科技创新平台。本年度，学校先后举办“城市碳中和科技创新”专题学术沙龙、“碳中和实现路径与政策选择”学术研讨会、“迈向碳中和目标”学术研讨会、“碳中和纳入生态文明整体布局”座谈会；成立城市碳中和高精尖中心筹备组，以“碳中和”为牵引，形成“中心-综改-规划”点线面协同发展新模式。聂祚仁院士担任科技部专家组组长编制《中国碳中和技术发展路线图》，指导编制《北京市碳中和科技创新行动方案》。多位学者集体发声、协同攻关，为北京率先实现“双碳”目标提供有力支撑。

9. 《北京工业大学学报（社会科学版）》影响力持续提升，首次入选中文核心期刊要目和CSSCI来源期刊目录

3月，《北京工业大学学报（社会科学版）》首次入选北京大学《中文核心期刊要目总览》。4月，首次进入中文社会科学引文索引（CSSCI）来源期刊目录。10月，在发布的《中国学术期刊影响因子年报》2021版中，2020年综合影响因子为2.344，较上一年度提高30.08%，复合影响因子3.992，较上一年度提高40.91%，各项指标创历史新高。本年度，学校加快推动新时代学校哲学社会科学繁荣发展，作为唯一市属高校获批北京市社科基金项目研究阐释党的十九届五中全会精神专项重大项目资助，获批北京市社科基金项目19项，年度立项数量在北京高校中位列第四。

10. 北工大“十四五”发展规划获批，面向2025年重点打造“七个一流”

12月7日，北京市教委批复《北京工业大学“十四五”时期发展规划（2021—2025年）》（以下简称《规划》）。《规划》以高质量党建引领和保障高质量发展，重点打造一流学科发展体系、一流拔尖创新人才、一流卓越师资队伍、一流科技创新成果、一流国际化新格局、一流大学精神文化、一流内部治理体系，实施7大方面，25个行动计划，7个重点突破专项，实现“十四五”高质量发展。本年度，学校编制新一轮“双一流”建设学校整体建设和一流学科建设方案，研究制定综合改革方案，在北京高校首批高精尖学科中期考核评估中，4个入选学科全部获评优秀。

北京工业大学圆满完成服务保障中国共产党成立100周年庆祝活动工作任务

7月1日上午8时整，庆祝中国共产党成立100周年大会在天安门广场隆重举行。伴随着100声礼炮的隆隆回响，伟大的中国共产党迎来了百年华诞。在庆祝大会现场，北京工业大学合唱团、献词团104名师生以挺拔的身姿与饱满的精神向党献上了青春的礼赞。

8小时前，在距离天安门广场十余公里的四惠交通枢纽站远端集结点，北京工业大学170人志愿服务团队圆满完成超过五千人次观礼嘉宾的安全转运任务，为保证庆祝大会观礼嘉宾的顺利集结贡献了青春的力量。

7月1日晚，庆祝中国共产党成立100周年文艺演出《伟大征程》播出。演出现场，北京工业大学互动合唱团280名师生用嘹亮的歌声诉说着对党的热爱之情。

自2021年3月接到服务保障建党百年庆祝活动工作任务，学校党委高度重视，多次召开专题会议研究、审议相关工作，并成立工作专班。在学校党委的坚强领导下，北京工业大学共计554名师生顺利完成服务保障建党百年庆祝活动工作任务。

心中有信仰　脚下有力量

3月28日至7月1日，近百个日日夜夜，参与活动师生一同秉持“不息为体 日新为道”的校训精神，不畏辛劳、砥砺前行。庆祝大会合唱团和献词团共进行13次校内专业训练、11次体能训练、17次外出集中训练；志愿者队伍进行2天骨干培训、2天通用培训；文艺演出合唱团进行12次校内训练、6次鸟巢联排及演出，演练时间最长跨度接近24个小时。师生们一次次凌晨集结，一次次挥汗训练，只为能以最好的姿态迎接党和人民的检阅，为党献上最真挚的祝福。

奋斗正青春　青春献给党

训练质量的稳步提升离不开坚实的后勤保障工作。按照上级指挥部疫情防控要求，学校组织参与活动师生全部完成两针新冠疫苗接种；每72小时进行一次核酸检测，共计检测5908人次；62人应急接种水痘疫苗。

为减轻参与活动学生学业与训练的双重压力，学校还为每一位学生制订了专门的教育教学方案，采取协调课程安排、申请延期考试等方式，形成“一生一策”的教育教学保障方案，确保学生全身心投入服务保障建党百年庆祝活动当中。

学校领导深入学生开展日常激励慰问。工作专班靠前指挥，积极协调浴室、宿舍开放时间，保障训练用餐、用水及防疫物资等，并配备辅导员、心理教师、思政课教师，定期与学生深入谈心谈话。

历史川流不息　精神代代相传

做好服务保障工作是最生动、最实际的党史学习教育。经学校党委常委会研究决定，成立中国共产党成立100周年庆祝活动北京工业大学临时党委，将党史学习教育贯穿服务保障工作的全过程。定期组织开展主题党团日活动；在训练间隙通过领学党史知识、领讲红色故事、领唱经典曲目、领诵红色经典，把党史学习教育落在日常；深入开展党史知识竞赛，给革命先烈写封信，为参与活动党员师生过“政治生日”，定期召开“青年思想汇”等特色活动；精心布置“红色读书角 青年加油站”，设立光荣榜、倒计时牌，营造党史学习教育氛围。引导参与师生在服务保障建党百年庆祝活动这堂特别的“思政大课”中学党史、听党话、跟党走，切实增强对党的深厚感情。

筚路蓝缕创伟业　初心不忘再出发

6月26日，中国共产党成立100周年庆祝活动北京工业大学服务保障誓师动员大会在校礼堂热烈召开。“我志愿加入中国共产党，拥护党的纲领，遵守党的章程……”参与活动师生一起重温入党誓词。庄重的誓言、激昂的歌声展现着工大青年永远跟党走的坚定决心与不竭动力。在近百天的训练中，历经过烈日暴晒与疾风骤雨的师生们无惧艰险，胸怀坚定理想信念的师生们初心不改。生逢盛世的新时代工大青年必将以实现中华民族伟大复兴为己任，用行动践行初心，以实践担当使命，不负时代，不负韶华，不负党和人民的殷切期望，弘扬伟大建党精神，努力为党和人民争取更大光荣。

（校团委）

全面推进“双一流”建设，助力学校高质量发展

2021 年，“双一流”建设进入全新周期，是北工大全面落实《统筹推进世界一流大学和一流学科建设总体方案》《北京城市总体规划（2016—2035 年）》《首都教育现代化 2035》《北京市国民经济和社会发展第十四个五年规划和二〇三五年远景目标纲要》《北京市“十四五”时期教育改革和发展规划（2021—2025 年）》，开启下一个甲子、进入“三步走”战略目标第二阶段、构建“世界一流大学框架”的关键起步期。学校始终坚持“突出重点、创建一流、科学发展、优化结构”的指导思想，秉持“以人才培养为根本，以建设一流学科为标准，以高水平人才队伍建设为抓手，以国家级平台、团队建设为措施，以深化体制机制改革为动力，以学科发展和人才培养的国际化为推手”的发展思路，充分发挥学科建设在学校事业发展中的龙头与核心作用。

通过首轮“双一流”建设，学校在服务首都经济社会发展中成绩显著，在首都高素质人才培养、京津冀城市基础设施建设、蓝天碧水工程、智慧城市与先进制造等领域作出突出贡献。师资队伍建设、资源条件建设、体制机制改革等方面有较大进展。整体办学实力显著提升。软科排名由首轮“双一流”建设初期的第 79 名上升至 2021 年的第 59 名，综合实力位居全国地方工业大学第一，地方高校前列。2021 年，生物学与生物化学新晋 ESI 全球前 1% 学科，ESI 全球前 1% 学科数增加至 6 个。

一、“双一流”建设及高精尖学科建设成效显著

学校以北京城市战略定位和京津冀协同发展需求为导向，持续深化以土木工程学科为龙头，以环境、交通工程为核心，以先进材料和新一代信息技术为两翼的“现代城市建设与环境工程”一流学科群建设；同时，扎实推进材料科学与工程、控制科学与工程、机械工程、光学工程等北京市高精尖学科发展。

2021 年，学校“双一流”建设取得重要进展。人才培养方面，获批 4 个博士专业学位授权点；1 门课程入选首批国家级课程思政示范项目；全国普通高校大学生竞赛排行榜提升至 53 名、北京地区高校第 5 名，创历史佳绩。师资队伍建设方面，实现一流学科自主培养中国工程院院士 1 人；同时学校新增国家杰出青年基金获得者 2 人、国家优秀青年基金获得者 3 人、教育部重大人才项目 1 人、北京学者 3 人、教育部重大青年人才项目 1 人。科学研究方面，首次牵头获得国家自然科学奖二等奖 1 项，实现历史突破；以第二完成单位获得国家技术发明二等奖 1 项；获北京市科学技术奖 8 项。持续推进一流学科群国际科研合作平台建设，新增“基础设施工程抗震韧性与减灾学科创新引智基地”1 个。

2021 年，高精尖学科中期评估取得优异成绩。根据北京市教育委员会《关于开展北京高校高精尖学科建设中期考核评估工作的通知》（京教函〔2021〕142 号）要求，于 4 月开展材料科学与工程、控制科学与工程、机械工程及光学工程高精尖学科中期评估工作。各学科在充分梳理学科建设现状、财政经费投入及使用情况、中期建设目标及完成情况、下一步建设计划等基础上对学科建设情况进行总结，撰写《北京高校高精尖学科建设中期考核自评报告》及《北京高校高精尖学科建设中期对标计划任务情况表》，召开相关领域专家评审会。4 个高精尖学科建设成效均得到相关领域专家的认可，专家认为各学科建设工作进展顺利，建设成效显著，在人才培养、师资队伍、科学研究、文化传承、国际交流、服务北京四个

中心建设和经济社会发展等方面均取得了一系列重要成果，达到了中期建设目标。经过北京市教委委托第三方评估机构评估，学校4个高精尖学科均获评优秀，优秀率100%，占全市优秀高精尖学科总数的21%。

二、开启新一轮“双一流”建设新征程

根据教育部办公厅《关于开展新一轮“双一流”建设方案编制工作的通知》（教研厅函〔2021〕6号），学校于2021年8月启动《北京工业大学“双一流”建设高校整体建设方案》及《北京工业大学一流学科建设方案》编制工作。

学校高度重视新一轮“双一流”建设方案编制，成立新一轮“双一流”建设方案编制工作领导小组，全面负责方案编制工作的统筹与协调。成立包含主要职能部处及相关学部（院）在内的新一轮“双一流”建设方案编制工作组，负责方案编制材料的收集提供、撰写等工作。方案编制期间，多次召开领导小组及工作组会议专题讨论，并经专家咨询和学科意见征集，确定了学校新一轮“双一流”建设的总体思路及主要任务。

学校以新一轮“双一流”建设为契机，进一步加强学科建设顶层设计，优化布局，凝练特色。通过扎实推进“双一流”建设，持续构建一流学科发展体系。土木工程、环境科学与工程、交通运输工程作为一流学科群协同建设，结合“双碳战略”“国际一流的和谐宜居之都建设”“京津冀协同发展”等国家和区域重大发展战略需求，与新材料与新一代信息技术相关学科交叉融合，辐射城乡规划、建筑、艺术、社会、经济、管理等相关学科，为超大城市建设提供全链条的理论与技术支撑。高精尖学科聚焦北京高精尖产业发展的重大需求，面向新一代信息技术、智能装备、节能环保、人工智能等领域前沿理论，抢先布局未来前沿科技，服务北京高质量发展，促进学科建设实现新跃迁。学校拟通过实施学科分类与交叉机制、推进基础理科夯基筑本、凝练人文社科艺术学科特色，形成一批具有世界一流发展潜力的高峰学科、一批冲击国内一流的高原学科、一批固本强元的基础性学科和潜力特色学科，逐步推动实现学科内涵、特色、差异化发展，实现学科建设高质量发展。

学校于2021年10月15日召开新一轮“双一流”建设方案专家论证会，会议由哈尔滨工业大学欧进萍院士担任专家组组长，重庆大学杨永斌院士担任专家组副组长，石家庄铁道大学杜彦良院士、长沙理工大学郑健龙院士、北京航空航天大学宫声凯院士等10位校外专家参与论证。专家组对学校整体建设方案给予了肯定，认为学校新一轮“双一流”建设整体建设方案充分体现了学校以“双一流”建设带动学校“十四五”发展规划和实施的总体思路；专家组同时对一流学科建设方案给予认可，认为新一轮一流学科建设方案目标明确、任务具体、措施有力、实际可行，对学校相关学科的建设和发展具有带动和促进作用。

三、推动学科分层分类发展，启动一级学科建设规划编制

“十四五”时期是学校实现“三步走”战略的重要起步期，科学谋划新时期学科建设发展规划，进一步推动开展有组织、有目标的学科建设工作是实现学校学科建设高质量发展、深入开展“双一流”建设的重中之重。

学校以第五轮学科评估为契机，前瞻第六轮学科评估，坚持有所为有所不为，推进学科分层分类建设，将33个一级学科分为一流学科及一流储备学科、基础和支撑学科、特色学科三个类别，全面启动“十四五”时期一级学科建设规划编制工作。2021年9月22日，学校召开北京工业大学“十四五”时期学科建设规划编制工作推进会，会议由杜修力副校长主持。会上，校党委副书记、校长聂祚仁结合首轮“双一流”建设成效评价和第五轮学科评估开展情况深入剖析学科建设面临的问题、瓶颈与成因，详细解读了“十四五”时期学科建设规划编制思路及要点，要求各学部（院）和一级学科认真梳理发展现状、分析问题与不足，合理定位、聚焦方向、明确目标、明晰路径，编制有高度、有目标、可实施的学科建设规划。谢辉书记在总结讲话中指出，全校上下要充分认识到目前学科建设存在的问题与不足，树立强烈的紧迫感，用改革的思路加强学科建设。各一级学科于10月中旬完成学科建设规划初稿，并继续结合学部（院）及学校“十四五”规划持续完善。

（徐笑然　郎建垒　张　健）

深化改革，砥砺奋进，助力首都人才高地建设

2021年9月，习近平总书记在中央人才工作会议上发表重要讲话，深刻阐述了新时代人才工作的一系列重大理论和实践问题，明确了指导思想、战略目标、重点任务、政策举措，为新时代人才工作指明航向、注入动力。2021年11月，北京市委召开人才工作会议，市委书记、市委人才工作领导小组组长蔡奇发表重要讲话，强调要以首善标准抓好人才工作，力争率先建成高水平人才高地。为深入学习贯彻习近平总书记重要讲话精神，坚决落实党中央和市委市政府的决策部署，2021年12月，北京工业大学召开人才工作会议，牢固确立人才引领发展的战略地位，立足服务北京国际科技创新中心建设和高水平人才高地建设，助力“四个中心”功能定位，大力实施人才强校战略，全方位引进、培养、用好人才。

一、布局高地建设、优化政策保障，促进全球英才汇集

近年来，学校结合首都发展需要和自身优势，重点布局“现代城市建设与环境工程”一流学科群，带动新材料、新一代信息技术、智能制造等支撑学科人才队伍建设，促进人才集群与学科集群的深度融合，形成建设人才创新高地的生动实践。

一是服务首都建设，扩大人才发展格局。近年来学校积极探索新型科研组织机制，并勇于承接国家、首都重大任务，吸引凝聚大批有志青年，服务首都建设。成立人工智能研究院、区块链研究中心等新型研发机构，助力北京建成“2441高精尖产业体系”；紧抓国家“双碳”建设契机，筹备建设城市碳中和高精尖中心，引领带动北京低碳产业升级转型；彭永臻院士团队建立城镇污水深度处理与资源化利用技术国家工程实验室，为解决国家污水脱氮除磷达标排放和节能降耗两大难题做出重大贡献；聂祚仁院士团队在难熔金属、铝合金等方面取得系列原创性和工程应用成果，解决社会民生和国家多项工程技术难题；杜修力院士团队针对强震区能源和交通等重大工程抗震设计关键科技难题，作出了重大和创造性的成就与贡献。

二是尊重人才价值，建立有吸引力的薪酬体系。学校尊重人才价值、提高人才待遇，是首个实施高层次人才百万年薪制的市属高校，努力解决人才及家庭在住房、子女教育等方面的实际困难，吸引外部人才、稳定内部人才。

三是内外措施并举，大力构筑人才“蓄水池”。学校积极推进“走出去、引进来”，连续举办五届国际青年学者“日新论坛”，吸引2000位海内外人才关注报名，先后赴海外组织12场引才招聘会，扩大学校知名度；与北京海外学人中心联合引进国家级海外高层次人才26名、北京市海外高层次人才167名，超过全市海外高层次人才入选总量的10%。

二、优化培养体系、拓宽成长渠道，营造创新人才生态

“十四五”开局之年，学校人才工作取得显著成效。通过自主培养新增中国工程院院士1名，国家杰出青年科学基金获得者等同级别领军人才4名，北京学者3名，以及国家优秀青年科学基金获得者等同级别卓越人才8名。

一是积极探索各级各类人才分类发展模式。学校以首善标准落实好北京市人才发展战略布局，申请开展人才发展体制机制综合改革试点。积极探索专业技术、管理、服务等各支队伍分类改革路径，构建有尺度、有梯度、有温度的人才发展体系，全面激发队伍活力。构筑由战略科学家、领军人才、卓越人才、优秀人才组成的进阶式高层次人才发展体系，与国家级、市级、区级人才项目相衔接，通过自主认定、联合培养等方式，搭建起多条中青年人才发展的快速通道。截至2021年，学校以自主认定方式，与北京市海外学人中心联合引进海外高层次人才达167人，占全市入选总人数的1/10；2021年学校成为首批朝阳区凤凰计划自主认定单位，与市科委联合培养科技新星5名，科技新星总人数达139人，均成为学校

各学科骨干力量。

二是持续完善学校—学部（院）—学科三级人才发展机制。激发学部（院）、学科内生动力，以氛围吸引人、以制度激励人、以资源保障人，营造识才、爱才、敬才、用才的良好生态环境。学校成立高层次人才工作办公室，采用“以才引才”“一人一策”等措施，支持团队建设，灵活考核模式等措施，在事业发展、人才成长、安居生活等方面为人才提供专属服务，保障各项人才待遇落实。

三是深入优化“职涯全周期”人才培养体系。学校为青年人才构建引培衔接、纵向贯通的“职涯全周期”人才支持体系，包括新教师 Tenure-track 支持体系、教学导向的“优秀—高级—特级主讲教师”支持体系，以及由讲席教授领衔的四个层次杰出人才支持体系，并在进一步积极探索构建准聘—长聘—专聘体系，有效拓宽人才发展通道。“十三五”期间，学校依托“青年教师发展计划”累计选拔培养京华人才 43 人、青年百人 87 人、日新人才 174 人。其中，京华人才有 12 人入选国家级人才项目，37 人入选省部级人才项目；青年百人有 8 人入选国家级人才项目，78 人入选省部级人才项目；日新人才有 7 人入选国家级人才项目，81 人入选省部级人才项目。

三、深化机制改革、分类人才评价，激发人才队伍能效

一是探索人才机制改革。近年来，学校坚持向改革要动力、用改革增活力，坚决破除各种体制机制障碍，加快形成具有吸引力和国际竞争力的人才制度体系。全面实施以“岗位聘任、绩效分配、人才评价”为核心的人力资源框架管理，稳步推进人事制度综合改革，激发人才创新活力。

二是改革人才评价体系。学校在充分考虑学科、科研阶段及科研产出差异性的基础上，通过调研 25 个学科，破立并举构建“学科分类定制式”的多元化人才评价标准，力求人才各得其所、尽展其长；实行新入校人才三年考核保护期，让人才静心科研、出好成果；推行人才质量评价，依托第三方专业机构遴选小同行专家评价人才代表性成果，重视评价研究成果的内容、贡献及影响力。

三是健全人才激励措施。学校建立“以知识价值为导向、以工作业绩为核心”的分配制度，突出品德、能力和业绩，分配制度既体现岗位任务完成情况，又反映对知识增值和学校事业发展的贡献，将学校发展目标与教师个人发展紧密联系在一起，良性循环、齐头并进。

国以才立，政以才治，业以才兴。学校将持续深入学、联系实际悟、真抓实干做，把习近平总书记的重要讲话贯彻落实到人才工作全过程；将中央人才工作会议精神转化为做好人才工作的强大动力，转化为推动人才队伍高质量发展的思路举措，转化为加快建设人才强校战略的生动实践，不断壮大人才队伍、增强人才效能、积累人才优势，开创学校“十四五”人才工作新局面。

（刘珍君　刘美荣　金　浏）

科学编制“十四五”规划　绘制高质量发展蓝图

“十四五”时期（2021—2025 年）是北京工业大学全面落实《统筹推进世界一流大学和一流学科建设总体方案》《北京城市总体规划（2016—2035 年）》《首都教育现代化 2035》《北京市国民经济和社会发展第十四个五年规划和二〇三五年远景目标纲要》《北京市“十四五”时期教育改革和发展规划（2021—2025 年）》，开启下一个甲子，进入“三步走”战略目标第二阶段，构建“世界一流大学框架”的关键时期。抓住发展机遇，科学谋划学校“十四五”时期的发展，意义重大。

一、高质量推进“十四五”规划编制工作

站在建校 60 周年新的历史起点上，学校的发展面临着全新的机遇，也面临着前所未有的竞争和挑战。党的十九大报告指出，要“加快一流大学和一流学科建设，实现高等教育内涵式发展”。《中华人民共和国国民经济和社会发展第十四个五年规划和 2035 年远景目标纲要》明确提出要“推进高等教育分类管理和高等学校综合改革。分类建设一流大学和一流学科，支持发展高水平研究型大学”。这为学校改革发展带来了新机遇，为实现学校中长期发展战略目标确立了新坐标。

“十四五”时期，学校要坚持“立足北京、服务北京、辐射全国、面向世界”办学定位，建设“高水平研究型大学”，突出“高质量发展”主线，充分认识新发展阶段的新特征和新要求，坚持社会主义办学方向，贯彻新发展理念，深化改革攻坚，以系统观念构建新发展格局、以立德树人建设高质量教育体系、以创新突破服务国家重大战略和首都发展需求、以主动变革激发内生动力，以更高的站位、更宽的视野、更大的力度谋划和推动学校改革与发展。在对发展的内外部环境科学分析的基础之上，历时一年多，学校顺利完成“十四五”规划编制工作。

系统分析“十四五”发展的基础。系统分析学校“十三五”发展的成绩与不足，提出学校进一步发展存在的瓶颈问题，分析“十四五”面临的形势与任务，提出“十四五”发展的思考与对策，主要包括：坚持社会主义办学方向，立足服务国家和首都北京发展，以系统观念构建新发展格局；把握发展机遇，加快学科科研、专业结构和管理方式的优化升级，推进高质量发展；遵循高等教育规律，以点带面推进结构性的变革，保持定力，向质量提升转变。

整体推进规划编制进程。“十四五”规划编制是一项系统工程。学校成立了规划编制领导小组，统一领导和协调编制工作以及重大问题的研究决策；成立整体规划编制组负责学校整体规划的编制和各专项规划的协调；成立了11个分专项规划编制组负责各专项规划的编写；15个学部（院）位也成立了本单位规划编制小组，负责本单位的规划编制工作。

设定规划编制的工作机制。通过分阶段召开规划编制专题会议，逐步完成规划编制的任务；明确规划编制的原则，即“12345原则”：坚定一个目标——建设高水平研究型大学；用好两个支撑——“双一流”建设与综合改革；落实三步走战略——进入第二阶段“构建世界一流大学框架”的关键时期；突出四个策略——创新驱动、人才强校、开放办学、需求导向；学好五组材料——《统筹推进世界一流大学和一流学科建设总体方案》《北京城市总体规划（2016—2035年）》《首都教育现代化2035》《北京市国民经济和社会发展第十四个五年规划和二〇三五年远景目标纲要》《北京市“十四五”时期教育改革和发展规划（2021—2025年）》。

注重发动群众智慧，集思广益。向学校离退休老领导、北京市委办局、教育部相关管理机构、工会教代会等各类群体广泛征求规划编制意见和建议，以设置规划意见箱、召开主题沙龙等形式广泛征集师生的建议，经过自上而下、自下而上几轮反复，达到了以规划编制工作凝心聚力的效果，使“十四五”规划文本真正成为广大教职员工的规划，反映民意、汇聚民声。

精心编写“十四五”规划文本。为科学推进规划编制工作，编写了《北京工业大学“十四五”发展建设规划编制指南》，开展了深入细致的“十四五”规划调研分析工作，撰写了“十四五”规划指标的引导性分析报告。于2021年底完成了“十四五”规划的编制工作，具体包括完成1个整体规划，11个专项规划，15个学部（院）规划编制工作，并获得了教委的批复。整体规划分为序言、发展基础、发展思路、建设重点、保障措施、规划实施、结语等七个部分，共22个小节，近3万字，凝聚了全校师生的智慧，是指导学校“十四五”建设的纲领性文件。“十四五”时期，学校的发展目标是坚持“立足北京、服务北京、辐射全国、面向世界”的办学定位，建设“高水平研究型大学”，综合实力提升至国内50+，国际影响力明显提升，整体办学实力显著增强，为实现学校中长期发展目标奠定坚实基础。以“一个引领、七个一流”作为总体实施方案。

统筹专项和学部（院）规划编制。在整体规划的统筹下，专项规划和学部（院）规划同步展开编制工作。11个专项规划包括党的建设专项规划、人才培养专项规划、学科建设专项规划、师资队伍建设专项规划、科技创新专项规划、国际化发展战略专项规划、大学文化专项规划、社会服务专项规划、信息化发展专项规划、资源统筹与可持续发展专项规划、财务运行与资金保障专项规划。这些专项规划是学校各个领域发展建设的工作指南，具体指导各个领域的工作实施。15个学部（院）规划是学校“十四五”规划的重要组成部分，各二级教学科研单位成立了规划编制小组。此外，33个一级学科还制定了一级学科发展规划，与学部（院）规划和学校学科专项规划有效衔接，保障了学科专项规划和学部（院）规划的落地实施。

通过学校审议并上报北京市主管部门。2021年8月24日，中共北京工业大学第十一届党委常委会第166次会议审议通过了《北京工业大学“十四五”发展建设规划（2021—2025年）》（以下简称《规划》）并上报北京市教委。2021年12月7日，北京市教委下达了《关于对北京工业大学“十四五”时期发展规划（2021—2025年）的批复》，认为《规划》深入学习贯彻习近平总书记关于教育的重要论述和对北京重要讲话精神，全面贯彻党的教育方针，加强党对学校工作的全面领导，全面分析了学校的发展基础和机遇挑战，明确了办学方向、发展目标和任务措施，符合国家和北京市相关规划的精神和要求，对引领学校高质量发展具有重要意义。

二、“十四五”规划主要内容

“十四五”规划分为序言、正文和结语三个部分。其中，正文部分又分为发展基础、发展思路、建设重点、保障措施和规划实施等五大板块。

在发展基础部分，肯定了学校在“十三五”时期所取得的成果，梳理了学校与国内外一流高水平大学存在的差距，提出学校发展面临的形势与任务，提出思考与对策。

在发展思路部分，明确了以习近平新时代中国特色社会主义思想为指导，突出高质量要求、领跑分类发展和坚持服务北京，继续推进落实“三步走”战略，提出了“十四五”时期建设高水平研究型大学的发展目标，制定了“十四五”发展的主要量化指标体系，以创新驱动、人才强校、开放办学、需求导向为发展策略，提出以高质量党建为引领，重点打造一流学科发展体系、一流拔尖创新人才、一流卓越师资队伍、一流科技创新成果、一流国际化新格局、一流大学精神文化和一流内部治理体系的实施方案。

在建设重点部分，聚焦7大方面，25个行动计划，7个重点突破专项，全面加强党的建设、学科建设、人才培养、队伍建设、科技创新、国际化、大学文化建设等各项工作。具体体现在：一是思想铸魂，加强党建引领，提出深化全面从严治党主体责任、思想引领强基固本、基层党建示范创优、干部政治素质和治理能力提升、青年师生思政工作提质增效等五个行动计划。二是一流牵引，带动学科发展，提出推进“双一流”建设、学科分类与交叉机制建设、统筹优化学科布局、基础理科夯基筑本、人文社科艺术提升等五个行动计划和打造前沿交叉学术特区的重点突破专项。三是育人为本，提升培养质量，提出一流本科、研究生培养量质齐升、创新创业能力提升等三个行动计划和打造教育教学标志性成果的重点突破专项。四是人才为先，强化队伍建设，提出“1453”人才工程和打造人才发展新生态两个行动计划和引培1—2支院士团队的重点突破专项。五是需求导向，引领科学研究，提出高水平大项目提升、专利转化落地北京、深度融入“三城一区”、深入推进军民融合等四个行动计划和助力北京碳达峰碳中和发展、布局“企业＋研究院”、打造国家级创新平台等三个重点突破专项。六是开放办学，拓展国际影响，提出国际知名度与影响力提升、国际科研合作项目提升、国际化人才培养体系、教师队伍国际化发展体系等四个行动计划和北京-都柏林国际学院布局城市副中心重点突破专项。七是厚植卓越，涵养工大品格，提出大学文化内涵提升和校园文化品质提升两个行动计划。

在保障措施部分，从制度建设，信息互联，办学空间、资金保障、公共平台建设等资源统筹以及民生工程等四大领域发力，打造建设“高水平研究型大学”的保障体系。

三、全力推进规划战略落地实施

学校从完善规划实施机制和加强规划实施评估监控两个方面发力，共同推进“十四五”发展建设规划的落地实施。

完善规划实施机制。建立总体规划、专项规划、院系规划相互衔接的有机体系，统筹规划实施，确保各类规划相互支撑、有机衔接，形成规划“一张图”，实施“一盘棋”。增强规划与资源配置的联动性，建立信息共享和资源协同保障机制，实现规划与人、财、物、管、控有机联动，增强规划的可实施性。

加强规划的评估监测。以提升建设绩效为目标，按照期中、期末两个阶段，建立“诊断式”监测评估制度。动态监测总体规划、专项规划、学部（院）规划的实施进度，与规划目标进行达成度、实现度比对，将评估结果纳入规划修订程序，及时调整和完善规划目标、任务及举措，提升规划的执行力和时效性。定期监测年度计划实施进展情况，调整修订规划实施方案，根据规划确定下一学期工作重点，编制下一年度工作计划。通过委托方、实施方和参与部门多方合作的方式进行综合评估。委托第三方机构参与数据统计、分析和测评，从根本上保障规划评估的独立性和公正性。

进行“十四五”规划指标分解。制定“十四五”规划目标分解的具体方案，形成规划实施的路线图和时间表，落实主体责任，将目标任务纳入年度考核体系，将规划目标的完成情况作为各级领导班子和干部考核的重要内容，建立健全规划实施责任落实机制。

“十四五”时期是学校建设成为高水平研究型大学的关键阶段，实现“十四五”规划，任务繁重、前景光明。学校将立足新发展阶段，贯彻新发展理念，服务新发展格局，切实增强推动学校事业高质量发展的思想自觉和行动自觉，以钉钉子的精神，前瞻十五年、干好这五年、奋斗每一年，在探索构建新发展格局的有效路径中改革创新、扎实工作，向着建设一流高水平研究型大学、迈入世界一流大学行列的百年梦想奋力前行！

（胡　波　高阿娜　张　健）

深入开展“服务质量提升年”活动

落实全面从严治党主体责任，深入开展“服务质量提升年”工作。根据《2020 年全面从严治党（党建）工作考核结果暨政治生态分析研判问题清单反馈意见整改工作方案》《中共北京工业大学委员会 2021 年贯彻落实全面从严治党、党风廉政建设和反腐败工作任务分工》等文件精神，制定《北京工业大学服务质量提升年工作方案》，以为基层减负为重点，坚持以人民为中心的发展思想，注重从思想观念、工作作风和领导方法上找根源、抓整改，坚决克服形式主义、官僚主义。着力针对不担当、不作为、慢作为的各种表现，如工作中以会议落实会议，以文件落实文件，做表面文章、过度留痕、缺乏实际行动和具体措施，不担当不作为不负责，回避问题和矛盾，上推下卸责任等，突出解决机关工作中存在的服务意识不强、服务能力不足、服务水平不高等问题，巩固和提升基层减负实际效果，力求达到服务质量进一步提升、部门协同进一步改善、作风建设进一步加强的目标。把机关服务质量提升年工作与党史学习教育、“我为群众办实事”实践活动、巡视整改成效“回头看”、疫情防控常态化等 2021 年学校主要工作相结合，以党建引领机关服务质量提升，引导广大党员、干部把学习教育的成效转化为干事创业的动力，转化为为师生群众办实事、解难题的具体行动，不断增强师生群众的获得感、幸福感、安全感。

建立职能部处长联席会制度，提高工作的统筹性、计划性。由机关党委牵头，建立职能部处长联席会制度，加强机关党建工作与职能部门业务工作之间的协同联动，解决机关检查考核过多过滥、频次多、表格多、材料多等问题，推进机关党建与行政工作的相融相促。以机关文化建设为抓手，加强职能部门配合协调联动，提高工作的统筹性、计划性、协调性，打通工作中的堵点、断点和盲点，做到管理无缝衔接不推诿，内部流程再造与部门间有效沟通相促进，治理能力与治理水平得到双提升。机关党委建立并落实职能部处长联席会及支部书记例会制度，加强机关党建与业务工作之间的协同联动。5 月，召开首次联席会，学习传达上级有关“我为群众办实事”实践活动精神并作动员，各职能部处负责人结合工作实际，交流研讨为师生办实事工作思路；7 月，20 多个部门共同聚力《深化新时代教育评价总体方案》，深入清理规章制度，梳理工作分工衔接，形成工作合力；9 月，各部门负责人及支部书记深入交流为群众办实事的思路做法、存在问题以及取得的阶段性成果；11 月，各部门负责人及支部书记学习党的十九大六中全会精神，围绕“支部工作法”“学党史办实事”开展经验交流，举办首批机关党员责任区、示范岗授牌仪式。职能部处长联席会议制度，搭建了高效务实的交流平台，有力促进了机关工作的协同推进，将作为常态工作机制不断深化巩固。

加强信息化服务水平，提升“一网通办”效

能。由信息化建设与管理中心牵头相关部门配合，优化和完善网上办事流程，针对师生办事的难点和堵点问题，进一步简化线上流转环节，实施分类管理，推进流程标准化和规范化建设，打造“一网通办”工作平台，巩固提升学校信息化工作效能。截止目前，网上办事服务大厅共发布流程128项，其中在线办理96项，办事指南32项，流程业务累计办理151000余次；2021年新上线毕业生离校、创新创业实践项目申请、电子邮件扩容等流程28项，业务办理57000余次，办理次数比2020年同期增长1.5倍；同时对已上线流程进行优化完善，使流程建设更加标准化、规范化。学生处以生为本，持续打造“学生一站式服务大厅”业务升级工程。2021年共开展公费医疗报销单据审核6656人次，补办学生证523份，办理火车磁条3562份，完成宿舍购电服务720间，开具奖学金获奖证明84份，线上共推出服务类推送110篇，总浏览量115246人次，依托企业微信开展一对一线上答疑350余人次；同时开设通州校区服务大厅，新增研究生奖学金证明自助打印、一卡通圈存充值及数据查询等功能。

开展“我为群众办实事”实践活动，实行公示服务清单制度。以师生诉求和实际问题为中心，主动治理与“接诉即办”相结合，坚持源头治理、创新治理、长效治理，精准补短板、强弱项，创新体制机制和工作方法，解决一批长期存在、高频易发和群众反映强烈的难点问题。各二级机构围绕提高服务能力和水平进行专题调研，将部门工作与调研需求、问题研判、沟通协调、推动工作结合起来，问计问需于师生，精准定位、了解需求、制定措施，通过抓具体、抓细节、抓落实、见实效解决实际困难，让师生群众感受到机关管理服务工作的新变化、新气象。落实职能部门党员负责人联系学部（院）师生党支部工作机制，以更好地了解需求、找准问题、服务师生。全体中层干部带头率先落实“我为师生办实事”实践活动，每名中层干部结合岗位实际和自身特点为师生“办一件实事”。基层党支部积极组织开展“我为群众办实事”主题党日活动。各职能部门集思广益为师生办实事，30多个单位共上报实事清单50余项，内容涉及服务质量提升、解决师生诉求、学生成长发展等方面，通过明确目标、作出承诺、师生评价、接受监督，把工作抓具体、抓细节、抓落实、见实效，将服务质量提升不断引向深入。

发挥机关党建引领、保障和示范作用，促进服务质量提升。机关党委持续开展党员先锋岗志愿服务，各支部设置党员责任区、示范岗。3月、4月，机关党员干部支援学校教职工新冠肺炎疫苗接种工作50余人次；11月，支援学校新冠病毒疫苗加强免疫接种工作14人次；12月，支援学校硕士研究生入学考试服务工作30余人次。党史学习教育开展以来，党员参与志愿服务703人次。经各支部申报，首批设置党员责任区32个，党员示范岗90个，激励党员、干部在服务质量提升年各项工作中作表率、树标杆，切实发挥模范带头作用。加强机关党建文化建设，在各楼宇设置个性化党建文化墙，营造浓厚的机关党建文化氛围；开展党建引领“小微提升”计划，促进党建工作与业务工作深度融合，机关各支部共申报成果类项目4项，培育类项目10项，经过上级评选，共立项计划成果类项目2项、精品项目1项，1个支部评为“优秀支部工作法”；推荐1个支部申报教育部示范支部，2个支部申报北京市党建优秀成果；在学校“七一”表彰中，机关党委8个支部被评为先进基层党组织，13人获优秀共产党员称号，有突出贡献党员团队7支。

（吴　莹　肖　念）

2021 年大事记

1月

4日至8日　北工大完成2020年度本科教学质量评估工作。教学评估指标体系在原有基础上增加两方面内容：一是进一步落实立德树人根本任务，加强“课程思政”内容评价；二是强化过程评价，加强“教学档案”检查。

11日　“一带一路”中波大学联盟人才库上线。中波大学联盟网站增设“共建合作平台”栏目，包含“联盟人才库”和“科研合作资源”两部分内容。

12日　北工大召开干部会议，宣布北京市委市政府关于北工大党委副书记、校长职务任免的决定：聂祚仁同志任北工大党委副书记、校长，免去柳贡慧同志北工大党委副书记、常委、委员、校长职务，调市人大常委会工作。

12日　北工大召开应急抢险工作布置会。分析和总结近期极端寒冷天气险情处置及险情发生原因，组织各部门进行应急抢险桌面推演。

14日　北工大召开2020年度二级党组织书记抓基层党建工作述职评议考核会。

14日　北工大与岭南大学签署《学生交换协议》《商学院本硕衔接项目协议》《商学院研究生自费项目协议》3项校际合作协议。

20日　北工大校级领导班子召开2020年度民主生活会。市委第六督导组第二督导小组副组长吴斌同志对这次民主生活会召开情况给予肯定并对学校领导班子提出四点要求。

27日　北工大召开“实现碳中和目标的政策和技术”第一次研讨会。与会专家们围绕碳中和目标的提出背景与重大意义、实现碳中和目标的政策与技术路径、北工大在碳中和科技研发方面的主要优势以及北工大建设“绿色校园”的构想等方面进行交流研讨。

2月

5日　北工大与北京竞业达数码科技股份有限公司战略合作签约。校企双方签署《北京工业大学与北京竞业达数码科技股份有限公司战略合作框架协议》。竞业达公司向北工大捐建3间智慧标准化示范教室。校企双方共建的“教育信息化协同创新研究中心”揭牌。

10日　教育部应对新冠肺炎疫情工作领导小组副组长，教育部党组成员、副部长钟登华率队到北工大调研寒假疫情防控和留校学生服务保障等工作。

22日　北工大9个专业获批“2020年度国家级一流本科专业建设点”，5个专业获批“2020年度北京市级一流本科专业建设点”。

23日至25日　北工大举办局级领导干部学习贯彻党的十九届五中全会精神专题研讨班。

24日　北工大党委理论学习中心组集中学习2021年北京两会精神。市委组织部政法教育干部处副处长荣鸿悦参加指导。

25日　北工大召开2020年度校级领导班子和领导干部年度考核、“一报告两评议”、党建述职评议考核测评会。谢辉代表学校领导班子作2020年度述职报告。

25日　中共北京工业大学第十一届委员会第八次全体（扩大）会议召开。全会审议通过常委会工作报告、常委会抓党建工作报告和学校2021年工作要点。

3月

1日　北工大深入贯彻落实教育部及北京市教委关于“停课不停教、停课不停学、停课不停管”指示精神，开展线上教学。

2日　北工大成立碳中和城市科技创新研究院。研究院整合学校能源、环境、化工、材料、城市建设、循环经济等多学科优势资源，为学校虚体研究机构，接受学校科发院业务指导，研究院设管理委员会、学术委员会。

3日　北工大召开2021年工作布置会。聂祚仁回顾学校2020年工作完成情况，梳理北京工业大学2021年工作要点，并强调旗帜鲜明讲政治、持之以恒抓好疫情防控、谋划好“十四五”开局、着力建设高质量教育体系、服务北京经济社会发展、积极回应师生关切六方面工作重点。

4日　北工大党的建设和全面从严治党工作领

导小组2021年第一次会议召开。会议研究《北京工业大学2021年党建工作计划》、《2020年落实全面从严治党主体责任检查反馈意见及问题清单》和《2021年落实全面从严治党主体责任清单》，对2021年学校党建领域各项工作进行部署。

5日　北工大与爱尔兰国立都柏林大学举行在线会谈。双方回顾近十年来两校交流历史、总结办学成果，表示进一步加强在科研和师生交流等领域全方位、高层次合作。

8日　北工大召开2021年“三八”国际妇女节女教职工代表座谈会。重点介绍教职工体检、教职工子女入学入园等方面工作。

8日　首届北京工业大学－爱尔兰国立都柏林大学双边学术研讨会（1st BJUT－UCD Research Symposium）在线上开幕。研讨会有6个平行分论坛在线上召开，涉及城市建设、信息技术、先进制造与材料科学、经济与社会科学、生物工程、光学与微电子工程等领域，涵盖20场研讨交流和117个学术报告，近1000人次参会。

9日　北工大召开2020—2021学年第二学期本科招生及教学工作布置会。会议结合学校2021年工作要点，对本科招生及教学工作的总体思路和重点工作进行介绍，对招生、教学运行及学籍管理、教学质量保障、教学改革、实践教学等方面工作进行具体部署。

10日　北工大举行中层干部学习贯彻党的十九届五中全会精神专题研讨班暨干部治理能力专题培训大讲堂（第九期）报告会。教育部高等学校社会科学发展研究中心主任王炳林教授以“新发展阶段和新发展格局——学习党的十九届五中全会精神”为题作主题报告。

10日　北工大与北京市第二十中学签约建立优质生源基地。授牌仪式上，两校就优质生源基地建设、学生培养方向等事宜进行交流。

11日　北工大召开2021年二级党组织书记第一次工作例会。校领导分别就分管领域党建工作的重点任务和具体工作作详细部署。

11日　北工大召开2020—2021学年第二学期学位与研究生教育工作布置会。会议回顾2020年研究生教育工作完成情况并对2021年研究生教育工作进行部署。

11日　北工大召开《关于推动新时代哲学社会科学繁荣发展的行动计划》征求意见座谈会。会上介绍推动新时代学校哲学社会科学繁荣发展的重大意义、总体要求和主要任务。

11日　北工大召开学生工作系统会议。总结2020年学生工作，布置2021年新学期学生工作，对学校学生工作先进单位、五四红旗团委、辅导员年度人物以及优秀辅导员进行表彰。

12日　首届北京工业大学－爱尔兰国立都柏林大学双边学术研讨会（1st BJUT－UCD Research Symposium）收官。

15日　北工大党委第六轮巡察部署暨集中培训会召开。会议传达学习中央和北京市委巡视巡察工作新精神，宣布十一届学校党委第六轮巡察组授权任职及任务分工。

17日　北工大召开中层干部集中调整聘任工作动员会。会议从工作原则和思路、基本条件与资格、工作步骤、组织领导和工作要求等方面对中层领导班子换届和中层干部集中调整聘任工作进行部署。

18日　北工大召开2021年春季学期国际化工作推进会。介绍学校国际化工作的推进成果，梳理“十三五”时期工作完成情况与“十四五”时期目标任务，分析2021年春季学期工作，就“书院制”创新模式进行说明。

18日　北工大召开2021年新学期统战工作座谈会。会议对《中国共产党统一战线工作条例》进行导学，通报2021年全国和北京市统战部长会议精神，总结学校2020年统战工作，布置学校2021年统战工作要点。

18日　校工会召开2021年新学期工会全委会及二级分工会主席工作会。会议回顾2020年学校工会教代会工作，布置2021年学校工会教代会重点工作，围绕建党百年校工会系列活动方案、工会教代会换届、职工之家建设方案、教职工子女入学、慰问品遴选发放、健康工大建设、职工体检、消费扶贫和精准帮扶等议题作具体介绍。

22日　北工大党委第六轮巡察动员会召开。会议传达学习中央和北京市委巡视巡察工作新精神，通报第六轮校内巡察的巡察重点、总体安排和工作要求。

23日　科技部副部长徐南平，中国21世纪议程管理中心主任黄晶、副主任陈其针，社会发展科技司二级巡视员徐俊等一行8人到北工大，北京市科委副主任许心超陪同，围绕碳中和主题展开调研。

23日　北京市朝阳区委常委、宣传部部长黄晓伟一行5人到访北工大，围绕区校合作、理论中心组联合学习等议题开展调研交流。

24日　北工大举办“城市碳中和科技创新”专题学术沙龙，设置主旨学术沙龙及3个分专题学术沙龙。聂祚仁、潘家华分别作主旨学术报告。

24日　北工大党委理论学习中心组开展扩大学习，主题为“学习贯彻2021年全国两会精神”。第十三届全国人大代表秦飞教授，第十二届、第十三届全国政协委员王璞教授分别作报告。

25日　北工大与巴基斯坦旁遮普大学召开视频会议，两校签署谅解备忘录。

28日　北工大举办碳中和实现路径与政策选择学术研讨会，分三场举行：第一场聚焦“碳中和的能源方案”主题，第二、三场聚焦“碳中和的实践路径”主题。

31日　北工大召开党史学习教育动员大会。谢辉作题为“学好百年党史 凝聚信仰力量”的动员讲话；聂祚仁在主持讲话中强调，开展党史学习教育是贯穿全年的一项重大政治任务；李四平介绍《北京工业大学开展党史学习教育的实施方案》，具体部署学校开展党史学习教育的目标要求、重点任务、方法路径、组织实施和计划安排。

31日　北工大校友，IBM全球副总裁、中国区金融事业部总经理杨旭，IBM大学合作部部长谢青到校就校企合作事宜展开座谈交流。与会双方围绕人才定制化培养、产学研合作、设立奖学金、组织科技学术活动、共建联合实验室等方面展开探讨。

31日　北工大党史学习教育专题网站（https：//dsxxjy.bjut.edu.cn/）正式上线。网站共设置“重要部署”“通知公告”“进展成效”“先进典型”“媒体关注”“光辉历程”“学习资料”7个栏目。

4月

1日　北京银行城市副中心分行行长张永利一行到校座谈交流。与会双方就签订全面战略合作协议以来开展的合作情况进行回顾，就未来合作前景深入交流。

1日　北工大召开2021年离退休工作布置会。会议传达中央组织部全国老干部局长会议、北京市老干部工作会议精神以及北京教育系统2021年离退休干部工作要点及要求，总结学校2020年离退休工作，部署学校2021年离退休工作重点工作。

1日　北工大举办2021年首场毕业生双选会。共54家企事业单位到场参会，提供就业岗位2300余个。

1日　北京海外学人中心宣传联络部部长关长海、外国人来华工作事务部部长许京鸿等一行4人到校调研交流。关长海表示，通过调研了解来华留学生在就业转化过程中存在的问题和难点，为相关政策制定提供依据。许京鸿围绕外国人才引进手续审批的优化政策、简化流程等方面进行详细介绍和解读。

6日　北工大举办党史学习教育大讲堂（第一讲），邀请中国人民大学马克思主义学院教授辛逸作以“中国共产党波澜壮阔的奋斗史”为题的专题报告。

7日　北工大召开2021年全面从严治党工作会议。谢辉作题为“坚定不移推动全面从严治党向纵深发展 引领保障‘十四五’事业高质量发展起步开局”的报告。

7日　北工大第十五期青年教师教学能力培训班开班。培训包括专家讲座、教学基本功、教学实践等环节。

8日　北工大召开2021年国际科研合作培育项目启动交流会。会议总结梳理2018年种子基金项目成果，解读2021年国际科研合作培育项目的申报情况及相关政策要求，介绍学校科研概况和参与国际科技合作项目的途径。

9日　北工大召开奥波莱孔子学院及下设孔子课堂建设线上会议。会议主题为“中外协同 创新发展”。

12日　北京市委常委、教育工委书记夏林茂到校开展专项调研。市委教育工委常务副书记郑吉春，市委教育工委副书记李奕，市委教育工委委员、市纪委市监委驻市委教育工委纪检监察组组长曹文军陪同调研。

12日　北工大与北京亦庄投资控股有限公司签署战略合作协议。北京市委常委、统战部部长孙梅君参加会议并讲话。李四平代表学校同亦庄控股集团、亦庄控股知联会签署《科技创新战略合作协议》和《同心建桥战略协议》。

14日 北工大举行2021年“科学精神与学术规范”教育宣传月启动仪式暨专题报告会。

14日 北工大开展党史学习教育读书班第一次集中学习，共分成11个学习小组集中封闭学习。

14日 北工大举办“中国载人航天工程”专场报告会暨党史学习教育大讲堂（第二讲），邀请中国载人航天工程副总设计师陈善广教授作专题报告。

14日 北工大与北京高校毕业生就业指导中心联合举办2021年春季综合双选会。邀约200家单位到场参会，提供就业岗位20000余个，共1580余名学生参加双选会。

15日 北工大召开2021年体育运动委员会第一次会议。会议介绍2021年学校体育工作的整体思路、体育竞赛及活动安排，重点解读《北京工业大学关于加强和改进新时代体育工作的实施意见》，部署学校第46届运动会相关安排。

16日 北工大召开教育基金会第六届理事会第四次会议。大会听取并审议通过教育基金会2020年工作总结及财务决算、2021年工作计划及财务预算。

16日 北工大理论学习中心组赴中国空间技术研究院（航天五院）开展党史学习教育实践活动，中国空间技术研究院党委书记赵小津参加活动。

19日 北工大召开离退休老领导党史学习教育政治学习会。会议传达全国老干部局长会议和北京市老干部工作会议精神，介绍北京教育系统2021年离退休工作要点，汇报学校2021年离退休工作计划与要点及党史学习教育具体安排。

20日 北工大举办首届“课程思政”教学设计大赛。大赛分两组同步进行，包括说课、授课展示和专家评审三个环节。经过评委综合评定，2位老师获得大赛特等奖，10位教师获得一等奖，8位教师获得二等奖，8个单位获得优秀组织奖。

21日 谢辉在北京市研究生教育线会议上作交流发言。

21日 北工大第一届《国家学生体质健康标准》测试赛在北工大学生体质健康检测与监测中心举行。

21日 北工大第九届教职工代表大会、第十四届工会会员代表大会第一次会议开幕。大会主题：建功“十四五”奋进新征程，为实现学校高质量发展作出新贡献。北京市教育工会主席宋丽静参加会议。聂祚仁作题为“建功‘十四五’奋进新征程 为学校‘双一流’建设和事业发展作出新贡献”的学校工作报告。刘建萍作题为“开启新征程 勇担新使命 为实现学校高质量发展谱写新篇章”的教代会、工会工作报告。

22日 北工大召开思想政治工作领导小组会暨思政课程和课程思政建设工作小组会。会上相关部门就学校思政课质量保障工程实施方案、学校课程思政建设与辅导员队伍建设的具体举措、重点任务、难点问题及未来发展方向等内容进行专题汇报。

22日 北工大举行2019—2020学年小米奖助学金颁奖仪式。10人获得小米特等奖学金、40人获得小米奖学金、20人获得小米助学金。

25日 北工大第九届教职工代表大会、第十四届工会会员代表大会第一次会议闭幕。大会闭幕式上，宣布新当选北工大第十四届工会委员会委员名单、第十四届工会经费审查委员会委员名单和第九届教代会执委会委员名单，全体代表审议通过《北京工业大学第九届教职工代表大会、第十四届工会会员代表大会第一次会议决议（草案）》。

25日 北工大党委理论学习中心组以“汲取百年党史奋进力量，以科技创新破解‘卡脖子’问题”为主题进行专题学习研讨。

25日 北工大召开党史学习教育领导小组会。党史学习教育领导小组办公室就学校党史学习教育总体部署情况、当前开展情况、存在不足和下一步工作安排进行汇报。

26日 北工大党委组织开展全面从严治党（党建）工作考核及基层党建述职评议工作集体约谈。被约谈二级党组织书记针对2020年度全面从严治党（党建）工作考核、抓基层党建工作述职评议整改思路进行汇报。与会校领导从共性问题、个性问题、整改措施、工作计划等方面进行细致点评。

26日 北工大高学云教授团队科技成果“新冠肺炎治疗药物”项目与海南普利制药股份有限公司正式签约，实施成果转化。

27日 北京冬（残）奥会京外、境外志愿者住宿驻地联合工作组到北工大调研。

29日 《北京工业大学学报（社会科学版）》首次入选中文社会科学引文索引（CSSCI）来源期刊目录。

5月

4日 北京市“永远跟党走”歌曲传唱活动走进北京工业大学暨“弘扬五四精神 传承红色基因”纪念五四运动102周年活动成功举办。

4日 北工大学生艺术团赴央视参加《奋斗正青春——2021年五四青年节特别节目》录制。

4日 市委教育工委委员、市纪委监委驻市委教育工委纪检监察组组长曹文军一行来校督导检查工作。曹文军对学校春季开学以来各项工作给予肯定，强调要进一步强化主体责任，落实上级要求，推动各项工作稳步开展。

8日 北工大团委获得共青团北京市委员会授予的2020年度“北京市五四红旗团委”称号。

8日 市总工会、市教育工会领导来北工大调研指导工作。调研由市总工会职工服务工作部部长廖志华，市教育工会副主席张洋带队。

8日 北工大启动“互联网+”创新创业大赛集训暨师生共创加速营，帮助学生了解赛事规则，提高项目团队参赛水平，助推科研成果转化落地。

10日 北工大“工程力学”入选首批国家级课程思政示范项目。

10日 北工大与北京金隅集团股份有限公司续签战略合作协议。聂祚仁从学科发展、科研合作、人才培养、服务社会四个方面介绍校企合作情况。校企双方签署《北京工业大学-北京金隅集团股份有限公司战略合作框架协议书》。

11日 市科委、中关村管委会二级巡视员赵清一行到校围绕“碳达峰、碳中和”开展座谈调研。聂祚仁介绍目前国内“碳达峰、碳中和”相关领域的研究现状和技术难题，及学校相关研究进展、下一步科研攻关计划等。

12日 北工大召开庆祝中国共产党成立100周年暨青年马克思主义者培养工程班（教师）总结大会。大会分为“酝酿”“成长”“收获”“传承”四篇章。市委教育工委副书记李奕参加大会并作讲话。

13日 波兰驻华大使馆一等参赞嬴茉晏（Maria Wejs - Domzalska）一行2人访问北工大。会上介绍北工大与波兰高校间交流合作情况，并就中波教育、文化、农业及经贸交流合作交流讨论。

14日 谢辉率队赴李大钊烈士陵园开展“祭先烈、忆初心、学党史”主题党史学习教育实践活动。

14日 北工大召开学习习近平总书记给《文史哲》编辑部全体编辑回信精神专题座谈会。与会人员结合实际工作，交流研讨对习近平总书记回信精神的学习心得。

17日 国家机关事务管理局节能司监督考核处处长邢丽峰率队“十三五”公共机构节约能源资源评估评价工作组到北工大调研指导工作。北京市机关事务管理局副局长刘汉柱及市教委相关工作负责人陪同调研指导。

17日 国际科创中心建设专题培训班在北工大开班。副市长、市政府秘书长靳伟出席开班式并作专题辅导报告。市科委、中关村管委会党组书记，市科委主任许强主持开班式。谢辉作开班致辞。市科委、中关村管委会党组成员、副主任刘晖参加开班式。

17日至19日 北工大完成建筑环境与能源应用工程专业评估（认证复评）工作。专家组就专业认证体系各方面进行反馈，对学校在专业建设方面所作工作给予肯定，并提出意见建议。

19日 谢辉从明确党史学习意义、重温百年奋斗史诗、汲取党史精神力量和推动学校事业发展四个方面讲授《学好百年党史 开启伟大奋斗新征程》专题党课。

20日 北工大召开校级党委理论学习中心组（扩大）学习。谢辉导学《中国共产党普通高等学校基层组织工作条例》，李四平导学《中国共产党统一战线工作条例》。

20日 北工大召开2021年统战工作领导小组暨民族宗教工作小组、港澳台侨工作小组会议。王普传达中央和北京市委统战工作精神，导学《北京市宗教事务条例》，汇报统战工作要点。王文杰汇报党外干部队伍建设工作。聂祚仁、李四平、郭福、刘建萍等分别发言，谢辉作总结讲话。

21日 北工大组织2021年无偿献血活动。共有277人符合献血指标并成功献血，累计献血55350毫升。

22日 北京高校毕业生就业工作经验交流座

谈会在北京航空航天大学举行。副市长卢彦，市教委主任刘宇辉、二级巡视员葛巨众，以及8所高校代表参加会议。郭福在交流发言中汇报北工大2021届毕业生就业工作的进展、难点及思考。

22日至28日　2021年全国科技活动周暨北京科技周主场活动在中关村国家自主创新示范区展示中心举行，北工大微特电机科技博物馆参加主场活动。

24日　北工大召开校友总会第八届理事会第二次会议。会议听取审议并表决通过2020年校友总会工作报告、2020年校友总会财务报告和2021年校友总会工作计划要点。郭福担任新一任北工大校友总会理事会理事长。

25日　北工大召开第九届学术委员会2021年第一次全体委员会议。会议听取关于学校“十四五”总体规划的报告。

25日　北工大召开2021年语言文字工作会议。会议传达2021年全国全市语言文字工作会议精神。

26日　聂祚仁讲授《学党史 知使命，开创学校“双一流”建设新局面》专题党课。

26日　北工大围绕“青春心向党 筑梦新征程”主题，举办庆祝中国共产党成立100周年第十一届校园文化节艺术展演。

26日　北工大举办“双碳”控制目标下北方城镇节能型低温供暖新模式研讨会。清华大学、天津大学、中国建筑科学研究院和中国城镇供热协会专家分别作主旨发言。北工大专家作关于“双碳”控制目标下北方城镇节能型低温供暖新模式研究进展的报告。

27日　《百家讲坛》主讲人阎崇年先生做客日新文化大讲堂，主讲“北京文脉的历史记忆”，从北京文脉的历史特征、北京文脉的历史发展和北京文脉与个人修养三个方面进行讲解。

27日　北工大召开第九届教代会第一次会议提案及意见建议交付会。

6月

1日　北工大2021年度“世界一流大学建设与大学内部治理”线上教师境外培训班开班。会议介绍北工大教师境外培训背景概况以及2021年培训项目基本信息，解读课堂要求与学习任务安排。

1日至3日　2021年北京高校辅导员“学业辅导”专题培训在北工大举办。

2日　“全社会反诈总动员”北京市防范电信网络诈骗犯罪集中宣传活动启动仪式在北工大举行。北工大启动校园防范电信网络诈骗宣传教育周活动。杨建新代表学校到会致辞。

3日　北工大举办2021年党外代表人士培训。

4日　市委党建工作领导小组办公室专职副主任田涛一行来校就学校党建工作情况进行调研并召开座谈会。李四平汇报学校党建工作情况，杨建新介绍学校纪检监察工作情况。

5日　北工大-华为技术有限公司产教融合创新实践课程“昇腾创新实践课：AI图像语音算法实践”启动。

7日　北京经济技术开发区工委书记王少峰率队到北工大调研。区校双方就未来在科研平台建设、科技成果转化、科创产业发展、人才联合培养等多领域深入合作进行充分交流。

10日　北工大召开学报第一届青年编委会成立仪式暨迈向碳中和目标学术研讨会。聂祚仁院士、彭永臻院士出席会议并致辞。

15日至16日　北工大召开消防安全隐患集中排查整治部署会并开展校园消防安全大检查。

16日　北工大研究生宣讲团举行党史宣讲汇报会。

16日　北工大举办干部治理能力专题培训大讲堂（第十一讲）。

17日　北工大召开新任中层副职干部集中宣布会。谢辉作总结讲话。

17日　《北京工业大学学报（社会科学版）》创刊20周年暨迈向碳中和目标学术研讨会召开。

18日　北京市委组织部任命王文杰、刘幸菡、王普为中共北京工业大学委员会委员、常委。

21日　北工大举办第十五期青年教师教学能力培训结业典礼。

23日　北京市科协双创服务工作校园行之导师“一带一”进校园活动在北工大举办。

25日　首都教育系统“永远跟党走”主题宣讲团在北工大举办首场宣讲报告会。

28日　“百年奋斗铸辉煌 为党育人谱华章”北工大庆祝中国共产党成立100周年成果展启动。

展览重点展示十八大以来，党建引领和保障学校事业发展取得的成绩，专门设置中国共产党党史内容，精选近百张历史图片构成时空隧道。

30日　北工大召开庆祝中国共产党成立100周年暨“七一”表彰大会。对入选教育部高校党建“双创”培育创建单位的基层党组织、北京市级“两优一先”集体和个人、学校“三个一百”集体和个人进行集中表彰，为学校基层党建示范创优项目和突出贡献党员团队授牌，为“光荣在党50年”和“在党逢十”党员代表分别颁发纪念章和纪念牌，集体庆祝“政治生日”。谢辉作总结讲话。

7月

1日　北工大组织师生集中观看庆祝中国共产党成立100周年大会直播，学习领会习近平总书记在建党100周年大会上重要讲话精神。

1日　北工大发布“十三五”时期建设成就白皮书（英文版）。立足学校“人才强校、创新驱动、开放办学”三大发展战略，围绕一流拔尖创新人才、一流学科共生体系、一流卓越师资队伍、一流科技创新成果、一流国际化新格局、一流内部治理体系等方面展示学校“十三五”时期办学成果。

2日　党史学习教育北京教育系统第二指导组对北工大进行第一轮督导。指导组组长、北京电影学院原党委书记侯光明一行4人到校，通过听取工作汇报、召开调研座谈、进行干部访谈、查阅材料、实地考察等方式对学校开展党史学习教育情况进行督促指导。

4日　北工大入选中国研究生院院长联席会会员单位。

5日　北工大党委理论学习中心组围绕习近平总书记“七一”重要讲话精神开展专题学习研讨。

5日和7日　谢辉、聂祚仁分别召开2021届毕业生座谈会。

7日　北工大举行2020级学生军训开营仪式。

7日　教育部“平安留学”出国留学行前培训会北工大专场召开。

8日　北工大召开外派干部交流座谈会。会上，外派干部分别介绍外派期间开展精准帮扶、教育支援的工作情况，分享个人收获和体会。

8日至10日　北工大与多家单位共同主办第14届建筑物理学术大会。大会主题为“绿色、健康、低碳、智慧”，旨在响应我国“健康中国战略”号召，努力实现“2030年前碳达峰，2060年前碳中和”的气候行动目标。大会邀请8场主旨报告，121位专家学者作口头报告，其中32位为特邀报告，收录论文365篇，共720余位代表现场参会。

9日　北工大党委理论学习中心组围绕习近平总书记“七一”重要讲话精神开展第二次专题学习研讨。

11日至12日　北京工业大学在第七届中国国际“互联网+”大学生创新创业大赛北京赛区决赛中获佳绩。

12日　北工大在2021年中美创客大赛（北京赛区）获2个特等奖、2个一等奖和1个二等奖。

12日　北工大举行2021届毕业生赴西部、基层就业出征仪式。市教委高校学生处处长王栋参加出征仪式并致辞。

12日　北工大举办“梦缘工大 记忆留夏”2021届毕业歌会。

12日　北工大举行第五期校友荣誉讲堂暨2021届校友联络员聘任仪式。

12日　北工大举行第八届研究生支教团总结分享会暨第九届研究生支教团、2021年西部计划志愿者出征仪式。

13日　北工大2021年学生毕业典礼暨学位授予仪式在学校奥林匹克体育馆举行。

14日　北工大青年马克思主义者培养工程班（学生）第七期“学生骨干计划”开班仪式暨第六期“学生骨干计划”结业仪式举行。

17日　北工大举办“学习习近平总书记‘七一’讲话精神暨百年大党与中国特色社会主义现代化道路研究”学术研讨会。国家教育行政学院原常务副院长、党委书记黄百炼教授，全国党建研究会特约研究员、北京市委党校姚桓教授两位专家分别作报告。

17日　北京工业大学举行2020级学生军训团检阅式暨闭营典礼。

21日　北工大第七期教师“青马班”开展“知四史 践初心”社会调研交流。

21日　北工大召开2021年度“世界一流大学

建设与大学内部治理”线上教师境外培训项目总结汇报会。

22 日　北京工业大学第八期青年马克思主义者培养工程班（教师）开班。

22 日　北京工业大学举行“双百”基地授牌暨 2022 届毕业生就业创业启动仪式。北京市教育委员会高等教育处处长刘霄致辞。

22 日　北工大成立党外知识分子联谊会（以下简称“知联会”）。市委统战部党外知识分子工作处处长张猛参加成立大会。

23 日　北工大与湖北汽车工业学院签署“京鄂对口协作”框架合作协议。

23 日　北京市外办二级巡视员李龙杰、因公出入境管理处副处长吴焕强一行 5 人到校针对一定的出访来访外事审批权落实工作开展调研交流。

26 日　北京工业大学举行 2019 级学生军训检阅式暨闭营典礼。

24 日至 25 日　北工大 2021 年新提任中层干部培训班学员分赴井冈山和延安开展党性教育实践。

24 日至 28 日　北京工业大学第七期青年马克思主义者培养工程班（教师）赴革命圣地延安开展党性教育。

24 日至 28 日　北京工业大学第八期青年马克思主义者培养工程班（教师）赴革命圣地井冈山开展党性教育。

27 日至 28 日　北工大 2021 年新提任中层干部培训班在延安、井冈山两地举行党性教育实践结班仪式。

29 日　北京工业大学与金隅集团开展党委理论学习中心组联合学习。

8 月

18 日　国家自然科学基金委员会公布 2021 年度国家自然科学基金部分项目评审结果。北工大 149 个项目获资助，其中重点项目 4 项、面上项目 80 项、青年项目 60 项、杰出青年科学基金项目 2 项、优秀青年科学基金项目 3 项，直接经费合计 8608.7 万元。

24 日　北工大举行 2021 年秋季学期学生入校应急演练。

24 日　北工大开展 2021 年秋季开学校园疫情防控工作检查。

25 日至 26 日　中共北京工业大学第十一届委员会第九次全体（扩大）会议暨 2021 年中层干部培训班召开。会议主要任务是：总结上半年工作完成情况、部署本学期重要工作，研究学校“十四五”规划、“双一流”建设以及深化综合改革的思路和任务。

30 日　北工大召开 2021 年选举朝阳区人大代表工作布置会。

31 日　北工大迎来 7500 余名 2021 级新生。

9 月

1 日　北工大召开新学期工作布置会。聂祚仁从五方面回顾学校上半年工作完成情况，下半年着力推进 10 项重点工作。谢辉做总结讲话，强调要推动学校“十四五”时期各项事业高质量发展。

2 日　北工大 2021 级新生开学典礼举行。

2 日至 7 日　北工大参加 2021 年中国国际服务贸易交易会。

3 日　天津市教委副主任郝奎刚等到北工大调研京津冀教育协同创新发展工作。

3 日　国务院第八次大督查第一督查组组长、人力资源和社会保障部副部长李忠率调研组来校调研就业工作。

8 日　北工大召开 2021 年教师节庆祝大会。大会对过去一年里市级及以上突出奖励获得者进行表彰，并向教龄满 30 年教职工致敬。

8 日　北工大召开 2021 年秋季学期国际化工作推进会。

8 日　爱尔兰驻华大使安黛文（Ann Derwin）一行访问北工大并出席北京-都柏林国际学院 2021 级新生开学典礼。

9 日　北工大作为教育系统唯一代表在全市“我为群众办实事”实践活动工作推进会上作交流发言。市委组织部副部长徐颖主持并作总结讲话。

9 日　北工大教育基金会第六届理事会召开第五次会议。经理事会审议和表决同意增补骆琪、王卉为基金会理事，选举骆琪为基金会新任秘书长，聘任王卉为基金会副秘书长。

13日　“燃动青春 助力冬奥”北京冬奥宣讲团走进百所高校暨“青力冬奥”活动发布仪式在北工大举行。

15日　《北京大学学报》（哲学社会科学版）常务副主编刘曙光应邀来到北工大日新大讲堂，为学校师生作题为“期刊编辑视角下的学术论文写作”的学术讲座。

15日　受北京市民政局委托，2021年基金会等级评估组到访北工大，对教育基金会开展现场评估。

15日　北工大举行2021年秋季新学期党外人士座谈会。

15日　北工大“三全育人”教师团队第二批重点培育项目结题答辩会举行。

16日　北工大与内蒙古工业大学签订对口支持框架协议。内蒙古工业大学党委副书记、校长姚德参加签约仪式。

17日　北工大举办2022届毕业生首场线下双选会。

18日　北工大党委理论学习中心组召开2021年第十三次专题学习会，围绕“深入学习贯彻党的教育方针，推动全国、北京高校党的建设工作会议精神落地见效”主题开展学习研讨。

22日　聂祚仁以“心怀‘国之大者’担当青春使命”为题，为2021级新生讲授开学第一课。

22日　北工大召开“十四五”学科建设规划编制工作推进会。

22日　北工大生态文明研究院召开碳中和纳入生态文明整体布局暨生态文明研究院成立周年座谈会。

23日　中国科技评估与成果管理研究会理事长郭向远，科技部成果与区域司副司长黄圣彪，北京市科委、中关村管委会党组成员、副主任刘晖等到北工大调研赋予科研人员职务科技成果所有权或长期使用权的相关工作。

23日　第十一届北工大科技节开幕式暨科技成果展启动仪式在北工大举行。科技节主题是“建树一流、勇毅创新、日新盛德、启航梦想”。市委教育工委宣教处处长寇红江参加仪式。

23日　北工大生态文明研究院院长潘家华当选第四届国家气候变化专家委员会副主任委员，聘期为2021年8月至2025年8月。

24日　北工大祝合良教授以“新发展格局新在哪里”为题在《人民日报》发表理论文章。

24日　北工大与北京经济技术开发区签署全面战略合作协议。

25日　2021中关村论坛举行全体大会，颁发北京市科学技术奖，北工大获得8个奖项，包括国际合作中关村奖2项和科研成果奖6项。6项科研成果奖项中，北工大作为牵头单位获得奖项4项，作为参与单位获得2项。

25日　第十一届中国技术未来分析论坛成功举办。论坛由北工大承办，以“数字转型与双碳环境下的技术未来分析、创新政策工程与健康创新”为主题。论坛评审出11篇优秀论文，优秀论文作者获优秀论文证书。颁发中国企业管理研究会新兴技术未来分析与管理专业委员会常务理事和理事任职证书。

28日　北工大设计团队助力北京市首个“碳中和”主题公园落成开园。

29日　北工大服务保障中国共产党成立100周年庆祝活动总结会议暨宣讲启动仪式举行。

30日　北工大召开2021年二级党组织换届工作培训会。

10月

12日　北工大获得中国钢结构协会2021年度科学技术奖特等奖。

12日　2021年国家网络安全宣传周北京市校园日宣讲活动在北工大逸夫图书馆报告厅举行。

13日　九三学社北京工业大学支社获评九三学社北京市委成立70周年参政议政先进基层组织。

14日　《北京工业大学学报》入选世界期刊影响力指数（WJCI）报告（2020科技版），在159种工程综合类期刊中位列第47名，进入Q2区。

16日　北工大召开校友代表大会。审议通过校友总会工作报告、财务报告以及监事会工作报告。

16日　北工大理事会会议召开。会议介绍理事会人员变动情况和学校深化综合改革方案。谢辉为新任理事颁发聘书。

19日　北工大党委第七轮巡察动员会召开。会议传达学习中央和北京市委巡视巡察工作新精神和学校党委相关部署要求，通报第七轮校内巡察的主要任务和工作安排。

20日　北工大举办2022届京津冀地区毕业生联合双选会。

20日　北京工业大学-小米集团创新创业工作室正式揭牌。北工大校友、小米集团合伙人、总裁王翔参加揭牌仪式。

20日　北工大召开第四轮岗位聘任（第一批）工作动员大会。

21日　北工大举行2021年度国际教育周启动仪式，为33位2021年学生国际化发展青年导师颁发聘书。2021年度国际教育周以“全员参与国际教育”为主题，策划五大篇章、23项主题活动、60余场系列报告。

21日　北工大党委理论学习中心组以“深入学习贯彻习近平总书记在中央人才工作会议上的重要讲话精神，奋力开创人才工作新局面”为主题召开第十四次集体学习会。中国人民大学党委宣传部部长、劳动人事学院院长杨伟国教授应邀作专题辅导报告。北京市委教育工委宣教处处长寇红江到会巡听。

22日　共青团中央组织部部长张传慧一行来校调研学校“青马工程”、推优入党等相关工作情况。

26日　北京工业大学-英国诺丁汉大学、宁波诺丁汉大学“世界一流大学高等教育教学研究实践”教师境外培训班开班。

29日　北工大侨联第三届代表大会召开。北京市侨联党组副书记、副主席李冬娟，社会工作部部长陈赞兴参加会议。

11月

3日　2020年度国家科学技术奖励大会在北京人民大会堂召开。北工大韩晓东教授作为第一完成人的项目“面心立方材料弹塑性力学行为及原子层次机理研究”获得国家自然科学二等奖。彭永臻教授作为第二完成人的项目“污水深度生物脱氮技术及应用”获得国家技术发明二等奖。

5日　北工大组织师生完成朝阳区人大代表换届选举工作。经朝阳区选举委员会审查，确认第182选区2021年11月5日投票选举结果有效，刘赵淼、杜峰当选为朝阳区第十七届人民代表大会代表。

8日　中国民主同盟北工大第四届委员会成立大会召开。

9日　北工大举办2021年“落实消防责任 防范安全风险”消防宣传月系列活动。

10日　北工大新增机械、材料与化工、资源与环境、土木水利4个博士专业学位授权点。是学校首次获批博士专业学位授权，是学校专业学位研究生教育的突破。

13日　2021中国智能机器人格斗及竞技大赛在北工大开幕。

15日　北工大与北京经济技术开发区启动“北京经济技术开发区校园专场招聘会——北工大站（空中综合双选会）”。经开区工委书记王少峰、经开区管委会副主任袁立洪线上观摩专场招聘会。

16日　北工大召开党委常委会会议，专题传达学习党的十九届六中全会精神。

16日　北工大2021年度“世界一流大学治理能力提升与科研成果转化”线上教师境外培训班开班。

18日　中国工程院公布2021年院士增选结果，杜修力增选为土木、水利与建筑工程学部院士。

19日　北工大组织参加2022届全国普通高校毕业生就业创业工作网络视频会议。

22日　北工大“从产品到服务——工业设计学术周”开幕。邀请柳冠中、汤重熹、何颂飞、童慧明、辛向阳五位嘉宾，分别从设计逻辑、设计基础、可持续设计、设计驱动型品牌、服务设计等话题进行探讨。

23日　北工大党委理论学习中心组走进北京冬奥村开展专题学习。北京冬奥组委奥运村部部长沈千帆、北京冬奥组委志愿者部副部长张秀峰及相关部门负责人陪同参加学习。

24日　北工大举办2021年在职教工党支部书记、党务干部培训班。

24日至25日　北工大组织开展校园安全专项整顿工作督导检查。

26日　北工大学生会当选北京市学生联合会第十三届委员会及主席团单位。

12月

1日　聂祚仁与2021年校长奖学金获得者座

谈交流。

1日　2021年度北工大与爱尔兰国立都柏林大学联合管理委员会会议召开。

2日　北工大获准成为北京市自然科学基金项目经费使用“包干制”首批试点单位。

3日　北工大教育基金会获评4A级社会组织。

3日　朝阳区委常委、副区长暴剑，朝阳区副区长舒毕磊带队到北工大调研交流大学生创新创业工作。暴剑主持会议。

3日　北工大成功承办北京市社会学学会学术前沿论坛暨学会成立40周年纪念大会。会议主题为“中国式现代化与中国社会学的新发展”。

4日　北工大召开第二十二次学生代表大会、第十七次研究生代表大会。

4日　北工大举办“深入学习十九届六中全会精神暨新时代、新成就、新经验”学术研讨会。

7日　北京市学习贯彻党的十九届六中全会精神宣讲团北工大报告会举行。谢辉作宣讲报告，党史学习教育北京教育系统第二巡回指导组成员支斌、苏珊出席报告会。

9日　北工大在奥林匹克体育馆举行以“弘扬爱国精神，共赴冰雪之约”为主题的纪念“一二·九”运动升国旗仪式。

9日　北工大与北京民用联合航空有限公司签署校企合作协议。

9日　北工大召开首批“双引领”计划启动会。朝阳区委组织部副部长李强、北京经济技术开发区组织人事部副部长李大业参加会议。

9日　北京交叉科学学会会员大会在北工大召开。

10日　北工大与北燃实业集团举行奖励金捐赠暨优质就业创业基地协议签约仪式。

16日　北工大召开2021年研究生教育工作会议总结会。聂祚仁作“立德树人、创新发展、继往开来、追求卓越，全面推进北工大研究生教育高质量发展”主题报告。

23日　聂祚仁赴北京城市排水集团有限责任公司开展交流。北京排水集团党委书记、董事长张建新，党委副书记、总经理张荣兵，副总经理蒋勇等接待聂祚仁一行。

24日　彭永臻院士团队曾薇教授作为项目负责人的“污水生物处理前沿技术研发与示范”项目，获批立项“十四五”国家重点研发计划（第一批）。

25日　北京市大学生体育协会高校体育思政研究会在北工大成立。

25日至27日　北工大完成2022年全国硕士研究生招生考试工作。

29日　北工大举行第七期青年马克思主义者培养工程班（教师）结业仪式。

29日　北工大召开2021年“以案为鉴、以案促改”警示教育大会暨师德师风警示教育大会。

29日　北京第二外国语学院党委常委、副校长郑承军来北工大调研交流。

30日　中共北工大委员会人才工作会召开。聂祚仁以“深入学习贯彻中央和市委人才工作会议精神，开启人才引领高质量发展新征程”为题作报告。

30日　北京市科协副主席刘晓勘一行来北工大调研科协工作情况。

党史学习教育

党史学习教育动员大会的讲话

学好百年党史 凝聚信仰力量

校党委书记 谢 辉

同志们：

大家下午好！今天我们在这里隆重召开党史学习教育动员大会，目的就是要深入学习贯彻习近平总书记在党史学习教育动员大会上的重要讲话精神，全面落实北京市委关于开展党史学习教育的相关要求，对我校党史学习教育工作进行安排部署，动员全校党员干部学百年党史、传红色基因、聚奋进力量，以更加昂扬的精神状态和奋斗姿态投身于全面建设社会主义现代化国家新征程。

今年2月20日，习近平总书记在党史学习教育动员大会上发表了重要讲话，他首次提出“树立正确党史观”的重大要求，用“三个必然要求”（在全党开展党史学习教育，是牢记初心使命、推进中华民族伟大复兴历史伟业的必然要求，是坚定信仰信念、在新时代坚持和发展中国特色社会主义的必然要求，是推进党的自我革命、永葆党的生机活力的必然要求）深刻阐述了开展党史学习教育的重大意义，用“六个进一步”（进一步感悟思想伟力、进一步把握历史发展规律和大势、进一步深化对党的性质宗旨的认识、进一步总结党的历史经验、进一步发扬革命精神、进一步增强党的团结和集中统一）深刻阐明了党史学习教育的重点任务，对新时代学习党的历史、弘扬党的传统、开启新的征程、创造新的伟业做出重要部署，为全党开展好党史学习教育指明了前进方向，提供了根本遵循。

3月1日，北京市召开了党史学习教育动员大会，市委书记蔡奇强调，要深入学习贯彻习近平总书记在党史学习教育动员大会上的重要讲话精神，坚持首善标准扎实开展党史学习教育，切实把学习成效转化为工作动力和成效。全校各级党组织和广大党员干部要把思想和行动统一到中央和市委的决策部署上来，扎扎实实开展好党史学习教育，确保取得实实在在成效。

刚才四平同志介绍了学校开展党史学习教育的实施方案，明确了我们开展党史学习教育的目标要求、重点任务、方法路径。下面，我再讲三点意见。

一、提高政治站位，理解“为什么学”，充分认识开展党史学习教育的重大意义

我们党历来重视党史学习教育。党的十八大以来，习近平总书记多次强调要加强党史、新中国史、改革开放史、社会主义发展史的学习教育，并做出了一系列重要论述。习近平总书记指出，“历史是最好的老师”“中国共产党的历史是一部丰富生动的教科书”。在庆祝中国共产党百年华诞的重大时刻，在“两个一百年”奋斗目标历史交汇的关键节点，以习近平同志为核心的党中央决定在全党开展党史学习教育，具有重大的政治意义、历史意义、时代意义、现实意义。

第一，开展党史学习教育，就是要坚定理想信念。对共产主义的信仰，对中国特色社会主义的信念，是共产党人的政治灵魂，是共产党人经受住任何考验的精神支柱。党的百年历史是一部鲜活的教科书，生动展示了中国共产党人对马克思主义的坚定信仰、对中国特色社会主义的坚定信念和对中华民族伟大复兴的执着追求。据新中国成立之初的普查，从中国共产党成立的时候算起，全国为革命牺牲的共产党员和仁人志士达到2100万人，他们用鲜血和生命捍卫了共产主义远大理想和社会主义坚定信念，挺起了共产党人的“精神脊梁”。开展党史学习教育，就是要教育引导全校党员干部深刻认识到红色政权来之不易、新中国来之不易、中国特色社会主义来之不易，进一步坚定理想信念，激发爱党、爱国、爱社会主义的巨大热情，增强“四个意识”、坚定“四个自信”、自觉做到“两个维护”，不断提高政治判断力、政治领悟力、政治执行力。

第二，开展党史学习教育，就是要砥砺初心使命。中国共产党的百年历史，是一篇带领全国各族人民艰辛奋斗、矢志前行的壮丽史诗。百年的奋斗历史表明，我们党始终把为中国人民谋幸福、为中华民族谋复兴作为自己的初心和使命，并一以贯之体现到党的全部奋斗历程之中。在中国共产党的领导下，经过几代人接续奋斗，久经磨难的中华民族迎来了从站起来、富起来到强起来的伟大飞跃，迎来了实现中华民族伟大复兴的光明前景。习近平总书记多次强调，“中华民族的伟大复兴，绝不是轻轻松松、敲锣打鼓就能实现的”。从学校发展来看，全校上下正在奋力推进建设高水平研究型大学的新征程，我们既面临难得机遇，也面临严峻挑战，迫切需要用初心使命激扬奋斗伟力。开展党史学习教育，就是要教育引导全校广大党员以史为镜、以史明志，把党的初心和使命铭刻于心、践之于行，建功新时代、奋进新征程，努力办好首都人民满意的高等教育。

第三，开展党史学习教育，就是要深化自我革命。一百年来，我们党之所以能一次次纠正错误、转危为机，一次次历经磨难、永不服输，从一个胜利走向另一个胜利，很重要的原因就在于我们党始终保持着勇往直前的自我革命精神。从八七会议、古田会议、遵义会议到十一届三中全会拨乱反正，再到党的十八大以来的全面从严治党，都是我们党自我革命的生动实践。近年来，我们先后组织开展“两学一做”学习教育、“不忘初心、牢记使命”主题教育，实现了党的自我净化、自我完善、自我更新和自我提高。但是，一些弱化党的先进性、损害党的纯洁性的问题仍然不同程度存在，不收手不收敛、顶风违纪违法的问题还时有发生。开展党史学习教育，就是要教育引导全校各级党组织和广大党员，以祛病疗伤、激浊扬清的自我革命精神，驰而不息推进全面从严治党，在自我革命中提振精气神，在复杂严峻的斗争中经风霜、历坎坷、尝苦难、长才干、壮筋骨，推动党风政风和政治生态持续好转，把全校各级党组织都建设得更加坚强有力。

第四，开展党史学习教育，就是要抖擞精神再出发。蔡奇同志在全市党史学习教育动员大会上强调，要从党的百年伟大奋斗历程中汲取继续前进的智慧和力量。北京作为最早创立共产党组织的城市之一，曾经培育形成了五四精神、“一二·九”精神、北京奥运精神等伟大精神。北京工业大学作为北京市重点支持建设的高校，肩负着为首都经济社会发展提供智力支撑和人才保障的历史使命。回望来时的路，看清脚下的路，坚定前行的路，今年既是建党100周年，也是学校初步建立世界一流大学构架，实现“三步走”战略第二阶段目标的开局之年，我们有责任以开展党史学习教育为契机，更加奋发有为地以高水平研究型大学为坐标，交出“双一流”建设合格答卷，为推动新时代首都新发展凝心聚力、奋勇拼搏。

二、把握目标要求，弄清楚“学什么”，高标准高质量开展党史学习教育

我们要认真学习领会习近平总书记重要讲话精神，准确把握中央决策部署和市委工作要求，结合学校实际，坚持目标导向，确保我们的学习教育方向正、思路清、措施实。

一是要准确把握学习教育的目标要求。做到学史明理、学史增信、学史崇德、学史力行，要以学党史为载体，以悟思想为根本，以办实事为重点，以开新局为目标，全面把握、统筹推进，全力推动党史学习教育取得更好效果。

二是准确把握学习教育的重点任务。习近平总书记在党史学习教育动员大会上提出了“六个进一步”的总体要求，这是我们开展学习教育的主攻方向，必须一以贯之、紧抓不放。具体来说就是要结合实际，聚焦八个方面开展党史学习教育：第一深刻感悟我们党百年奋斗的光辉历程；第二深刻认识我们党为国家和民族做出的伟大贡献；第三深刻领会我们党始终不渝为人民的初心宗旨；第四系统掌握我们党推进马克思主义中国化形成的重大理论成果；第五学习传承我们党在长期奋斗中铸就的伟大精神；第六深刻领会我们党成功推进革命、建设、改革的宝贵经验；第七深入学习贯彻习近平总书记对北京工作的重要指示要求和对教育工作的系列重要论述；第八要有针对性地解决学校事业改革发展中的实际问题。

三是准确把握学习教育的科学规律。只有科学把握党的历史发展的主题主线和主流本质，才能紧紧抓住学习教育的目标要求，才会起到提纲挈领、纲举目张的作用。准确把握党的历史的主流本质，要深刻认识到党的历史，是党领导全体同志和全国各族人民不断为实现民族独立、人民解放和国家富强、人民幸福而不懈奋斗的历史；是党坚持把马克思主义基本原理同中国具体实际相结合、不断探索适合中国国情的革命和建设道路，推进改革开放和社会主义现代化建设，推进马克思主义中国化、推进理论创新的历史。

三、加强组织领导，把握“怎么学好”，凝聚推动学校事业高质量发展的强大合力

开展好党史学习教育是我们必须坚定扛起的政治责任。全校各级党组织要深化思想认识，把党史学习教育作为当前和今后一个时期的重要政治任务，精心组织、周密部署，立足实际、守正创新，确保学习教育推进有力、落实有效。

一是要强化责任落实。学校党委已经成立了党史学习教育领导小组，由我和聂祚仁同志担任组长，宣传部、组织部牵头负责，领导小组办公室设在宣传部，具体负责日常工作。领导小组全体成员要协同配合，形成工作合力，充分发挥好领导小组总协调、总调度、总监督职能。各二级党组织要承担起抓好党史学习教育的主体责任，抓紧成立相应的领导机构和工作机构，主要负责同志要履行好第一责任职责，率先垂范，带头学、亲自抓，带动广大党员干部全身心投入，真正做到学有所思、学有所悟、学有所得。要完善督导机制，通过采取巡回指导、随机抽查、调研访谈等方式加强监督检查、传导责任压力。

二是要精心安排部署。围绕提高学习质量的总要求，把深入开展党史学习教育，与“四史”宣传教育、“永远跟党走”主题教育活动相结合。组织好个人自学，用好指定学习材料，各二级党组织要尽快为本单位全体党员发放《习近平新时代中国特色社会主义思想学习问答》；组织好集中学习研讨，通过开展理论学习中心组封闭学习，深入交流研讨，真正学深、学透、学出成效；组织好主题宣讲，宣讲团成员要深入师生群体开展菜单式宣讲；组织好主题党课，中层以上党员领导干部要以上率下，“七一”前后讲一次专题党课，确保全校党员学得好、悟得深、见行动；开展好组织生活会，要深入开展党性分析，提高党性觉悟，要注意把党史学习教育与落实立德树人根本任务结合起来，与全面加强和改进思想政治工作结合起来，与学习贯彻习近平总书记关于教育的重要论述结合起来，推动党史学习教育融入教学、科研、管理和服务等各个方面；加强研究阐释，组织哲学社会科学相关学科教师，集中精力开展党史专题研究，努力产出一批有影响的理论成果；加强新闻宣传，充分运用各类宣传平台、主流媒体和新兴媒体，大力宣传学习教育过程中涌现出来的好做法、好经验，营造浓厚学习氛围。

三是要注重知行合一。坚持把党的政治建设摆在首位，以钉钉子精神抓好学习教育任务落实；坚持把党史学习教育同巩固深化“不忘初心、牢记使命”主题教育成果相结合；坚持把开展好“我为群众办实事”实践活动，同“服务质量提升年”相结合，坚决杜绝形式主义，防止学习和工作“两张皮”。检验党史学习教育成效的一个重要标准就是“我为群众办实事”实践活动开展得好不好。什么是实事？实事就是实实在在的事情。一线教师认真上好每一堂课，认真回答学生的每一个问题，这是实事；科研人员多出一项成果，多发表一篇高质量文章，这也是实事；管理服务部门的同志们帮助师生解决实际困难，切实回应师生所需，这更是实事。实事不一定都是大事，但一定是能够体现学校人文情怀、体现教育温度的事。我们每一个人特别是领导干部要埋头苦干、真抓实干，切实增强一抓到底的勇气和魄力。做实事不怕小，要克服盲视、漠视和习惯成自然的心态和做法，从那些真正关系师生切身利益又容易被忽视的“小事”做起、改起。对师生关心关注，又能尽快解决的问题，要做到立行立改、限时整改；对师生反映强烈的突出问题，要紧盯不放，坚决改到位、改彻底。

去年，在全校师生员工共同努力下，我们夺取了疫情防控与事业发展的双胜利，向社会交出了“十三五”满意答卷。今年，是学校实现高质量发展的关键之年，要结合学校重点，把党史学习教育贯穿2021年全年，组织引导广大党员干部集中精力、真学实学、务求实效。《中华人民共和国国民经济和社会发展第十四个五年规划和二〇三五年远景目标纲要》提出了到2035年建成教育强国的奋斗目标，明确了“十四五”时期建设高质量教育体系的战略任务。北京市第十二届委员会第十五次全体会议明确提出，到2035年率先基本实现社会主义现代化，努力建设好伟大社会主义祖国的首都、迈向中华民族伟大复兴的大国首都、国际一流的和谐宜居之都。面向“十四五”，我们要有时不我待的历史担当，迈出只争朝夕的时代步伐。

同志们，开展党史学习教育，责任重大、意义深远，全校各级党组织和广大党员干部要更加紧密地团结在以习近平同志为核心的党中央周围，牢记初心使命、传承红色基因，学出干事业的精气神，学出抓落实的执行力，学出改作风的新形象，切实把党史学习教育转化为做好各项工作的强大动力，真正做到学党史、悟思想、办实事、开新局，努力推动学校各项工作走在首都高校的前列，为办好首都人民满意的高等教育、为建设国际一流和谐宜居之都，为全面建设社会主义现代化国家做出新的更大的贡献，以优异成绩庆祝建党100周年！

（郝　佳　谢桂生　刘幸菡）

党史学习教育总结

从百年党史中汲取智慧和力量　全力办好首都人民满意的高水平研究型大学

自2021年3月启动党史学习教育以来，北京工业大学党委深入贯彻习近平新时代中国特色社会主义思想和习近平总书记关于党史学习教育的重要讲话精神，不折不扣落实中央和市委工作部署，在党史学习教育指导组的有力指导下，紧密结合学校实际，把党史学习教育作为贯穿全年的重要政治任务抓紧抓好，推动“学党史、悟思想、办实事、开新局”取得了积极成效。

一、坚持首善标准，高质量完成党史学习教育各项目标任务

在全党开展党史学习教育，是以习近平同志为核心的党中央立足党的百年历史新起点、统筹中华民族伟大复兴战略全局和世界百年未有之大变局、为动员全党全国满怀信心投身全面建设社会主义现代化国家而做出的重大决策。学校党委深刻认识开展学习教育的重大意义，高站位扛起主体责任，高质量抓好学习组织，以坚定的思想自觉、政治自觉、行动自觉，周密部署、精心安排，着力提升学习教育的力度、广度、深度、温度和热度，让学史明理、学史增信、学史崇德、学史力行在北工大校园蔚然成风。

1. 加强组织领导，确保学习教育有力度。学校党委常委会先后15次专题学习传达习近平总书记关于党史学习教育的重要讲话精神、中央和市委有关要求，及时成立党史学习教育领导小组，制订党史学习教育实施方案，召开全校动员大会，推动各项工作落实落细。校党史学习教育领导小组先后召开4次会议，听取工作进展汇报，研究部署每一阶段的工作任务。组建4个校内指导组，对19个二级党组织开展巡回指导，全面了解情况，严格督导把关，对发现的问题及时提醒，对好的经验做法进行总结推广。截至12月31日，开展巡回指导142次，为党史学习教育的顺利开展提供了坚实保障。

2. 发挥头雁效应，确保学习教育有广度。坚持领导干部带头学、带头讲，带动全校师生认真开展自学、集体学习和交流研讨，打好学习教育“组合拳”。校党委理论学习中心组开展学习18次，组织处级及以上干部开展为期2天的封闭式集中研讨读书班。举办“党史学习教育大讲堂”“干部治理能力专题培训大讲堂”等专题培训11场。校领导班子成员带头到分管领域或基层单位讲授专题党课、宣讲党的十九届六中全会精神15场，全校中层及以上干部于“七一”前后全部完成专题党课讲授。全校师生认真研读习近平《论中国共产党历史》《中国共产党北京历史》等学习材料，通过“学习强国”等平台开展“党史天天读”“每日北京党史”等自学活动，依托理论学习中心组学习、教职工理论学习、党支部学习、主题党团日活动等进行集中学习研讨。成立师生宣讲团，设置90个党史主题的宣讲菜单，在校内外开展广泛宣讲；组建服务保障建党百年庆祝活动先进事迹宣讲团，推荐1人入选首都教育系统宣讲团。截至12月31日，全校共开展党史宣讲798次，覆盖4.5万余人次。组织师生参加“首都百万师生同上一堂党史课”“全国大学生同上‘四史’思政大课”等线上学习7场，开展京津冀三地工业大学联合学习4场，推出“周末讲堂”微课57期，有效实现了学习教育的全覆盖。

3. 创新学习形式，确保学习教育有深度。注重用好北京红色资源，积极组织开展红色实践。校党委理论学习中心组成员先后赴中国空间技术研究院、李大钊烈士陵园等地开展实践活动；组织广大师生前往中国共产党历史展览馆、香山革命纪念馆、中国人民抗日战争纪念馆等地参观学习；师生“青马班”学员和新任处级干部赴井冈山、延安等地接受党性教育；近百支实践团、近千人次学生参与社会实践。截至12月31日，全校共开展实践活动566次，覆盖2.2万余人次。同时，聚焦青年群体，以“永远跟党走”为主题，组织开展“百名党员话百年”、“四史”微党课、“诵读红色家书 缅怀革命先烈”主题党团日活动、“重走长征路”主题拉练、红色经典微电影翻拍、“学百年党史 绘百年伟业”艺术书法作品展等活动，教育引导青年学子弘扬革命精神、传承红色基因。以庆祝党的百年华诞为主题，举办交响乐团、话剧团、舞蹈团专场演出、校园文化节艺术展演等各类红色文艺活动130余场。

4. 坚持人民至上，确保学习教育有温度。在2019年“机关管理服务年”、2020年“机关作风建设年”的基础上，学校将2021年确定为“服务质量提升年”。校领导班子成员带头深入一线联系师生，精准问计问需，开展调查研究140余次。党委常委会研究制定“我为群众办实事”实践活动实施方案，围绕教育评价改革“托举工程”、服务社会“品牌工程”、服务师生“暖心工程”、为基层减负“满意工程”、优化内部治理“提升工程”，制定包含17项内容、56个具体措施的校级办实事清单，所有项目已全部完成。持续抓好校内“接诉即办”，回复率100%，解决率和满意率为99.18%。各二级党组织聚焦师生急难愁盼问题，推出“宿舍学导制”精准辅导、职业发展困难专项帮扶等办实事项目，全体中层干部办结347件实事。启动实施“小微提升”计划，充分发挥基层党组织战斗堡垒作用，在党员干部中推行亮清单、亮承诺、亮形象“三亮行动”，共设立党员责任区180个、党员先锋岗687个，参与志愿服务15213人次。全校422个党支部以“学党史悟思想、明宗旨找差距、立足本职办实事”为主题召开专题组织生活会，全体党员校领导、党员处级领导干部均以普通党员身份参加所在党支部的专题组织生活会，认真查摆问题、明确整改承诺，让专题组织生活会开出了新气象好效果。

5. 深化宣传阐释，确保学习教育有热度。学校党委多措并举营造浓郁的党史学习教育氛围，及时上线党史学习教育专题网站，深入宣传学校工作进展和特色亮点，在微信公众号设置专题专栏，推出“历史上的今天·党史回眸”“百年辉煌”等系列主题推送，集中讲述党史故事。北京市习近平新时代中国特色社会主义思想研究中心（北京工业大学研究基地）组织专家学者积极开展研究阐释，召开“学习习近平总书记‘七一’重要讲话精神暨百年大党与中国特色社会主义现代化道路研究”学术研讨会、“深入学习十九届六中全会精神暨新时代、新成就、新经验”学术研讨会，在“三报一刊”发表《从党史中汲取伟大斗争新胜利的智慧和力量》等多篇理论文章。学校党史学习教育相关工作信息被《北京教育信息（党史学习教育专报）》刊发16次，其中“我为群众办实事”实践活动、服务保障建党百年庆祝活动、筑牢三个阵地培根铸魂等工作三次被专刊采用；经验做法、典型事例先后登上《北京日报》半版、整版，被新华网、人民网、央视网、中国青年网，V思想等多家媒体平台报道65次；“学习强国”平台报道“北京工业大学庆祝中国共产党成立100周年成果展启动”，阅读量近63万，点赞超过2万。学校作为教育系统唯一代表在全市“我为群众办实事”实践活动工作推进会上做了交流发言。

二、坚持守正创新，在党史学习教育中不断探索总结好的经验做法

心有所信，方能行远；学有所悟，而后笃行。学校党委认真吸收借鉴历次党内集中教育的好做法好经验，立足党史学习教育的特点和学校党员干部的实际需求，将书本学、实践学、现场学结合起来，以“四个紧密结合”推动学习教育走实走深，进行了积极探索、积累了宝贵经验。

1. 紧密结合重大活动服务保障，持续奏响“强国有我、请党放心”最强音。学校党委将服务保障建党百年庆祝活动作为最生动、最实际的党史学习教育，成立临时党委强化政治引领，开展领学党史知识、领讲红色故事、领诵红色经典、领唱经典曲目的“四领”活动，依托政治生日会、青年思想汇，引导青年学生厚植对党的深厚情感。北工大教师主创的雕塑作品亮相“不忘初心、牢记使命”中国共产党历史展览，参与执导的《伟大征程》文艺演出在国家体育场完美上演；280 名师生在演出现场互动合唱；170 名学生志愿者在四惠交通枢纽提供安检服务；97 名师生走上天安门广场，把最美好的祝福献给党。学校党委深刻认识举办北京冬奥会、冬残奥会的重大意义，成立服务冬奥工作专班，选派 13 位干部和教师、500 余名学生志愿者参与服务保障冬奥工作，21 名师生志愿者代表在现场聆听了习近平总书记在北京考察 2022 年冬奥会、冬残奥会筹办备赛工作时的重要讲话，发自内心地喊出“冬奥有我 一起向未来”的青春誓言，点燃了全体师生喜迎北京冬奥、共赴冰雪之约的热情。

2. 紧密结合重要时间节点，持续激发继续前进的奋斗热情。五四青年节之际，邀请北京市“永远跟党走”歌曲传唱活动走进校园，举办“弘扬五四精神 传承红色基因”纪念活动，开展“诵读红色经典 传承红色基因”主题党团日活动。“七一”之际，组织开展习近平总书记“七一”重要讲话精神专题学习 110 余次；隆重召开全校表彰大会，选树“三个一百”先进典型；举办“百年奋斗铸辉煌 为党育人谱华章”庆祝建党百年成果展，接待参观超过 2000 人。“十一”期间，倡导师生 7 天做 7 件“小事”，唱一首红歌、看一次升旗、听一场朗诵、写一篇文章、学一个模范、观一场红色电影、访一处革命旧址，汇聚起爱党爱国爱社会主义的磅礴力量。“一二·九”之际，举行纪念“一二·九”运动 86 周年升国旗仪式，以丰富的史料和动情的讲述带领青年师生缅怀先烈、追忆历史，号召全校青年勤于修学问、敏于修德行、善于修心性，让红色旗帜永不褪色，让红色江山代代相传。

3. 紧密结合首都特色优势，持续挖掘“大思政课”的生动素材。作为地处首都北京的高校，学校党委充分用好区位优势，着力讲好身边的党史故事，让首都的红色资源火起来、红色人物亮起来、红色基因传下来。围绕“北京在建党中的地位与作用”，录制“讲红色京华故事，忆百年辉煌党史”系列微课 6 期；组织党员师生重走红色背篓路，前往陶然亭公园、马栏村抗战纪念馆等地现场讲授微党课，开展“行走中的党课”实践活动。邀请北京新四军研究会谭晓光同志回顾新四军历史，邀请北京音乐家协会李姗同志讲述《没有共产党就没有新中国》《唱支山歌给党听》等红色歌曲的创作过程。研究出台相关行动计划，将党史学习教育深度融入思政课程和课程思政建设，将思政小课堂和社会大课堂相结合，教育引导青年学生深刻体会红色政权来之不易、新中国来之不易、中国特色社会主义来之不易，让信仰之基更加牢固，精神之钙更加充足。

4. 紧密结合学校事业发展，持续推动学习成果向工作实效的转化。学校党委坚持把学习党史同总结经验、观照现实、推动工作相结合，立足行业实际和主责主业，统筹抓好疫情防控和学校事业发展，积极服务构建新发展格局。研究制定“十四五”规划和综合改革方案，编制新一轮“双一流”建设学校整体建设和一流学科建设方案，在北京高校首批高精尖学科中期考核评估中 4 个入选学科全部获评优秀。圆满完成新一轮中层领导班子换届和集中调整。人才培养质量稳步提高，“工程力学”获教育部首批国家级课程思政示范课程、教学名师和团队称号，学生代表队获“互联网 +”全国金奖 2 项、铜奖 3 项，北京赛区一等奖 7 项，本科深造率超过 50%。召开党委人才工作大会，全方位培养、引进、用好人才，通过自主培养产生 1 名中国工程院院士、2 名国家杰出青年科学基金获得者、3 名“北京学者”、3 名国家优秀青年科学基金获得者，3 人入选教育部重大人才项目、2 人入选中组部国家领军人才。聚焦“双碳”目标成立碳中和城市科技创新研究院，国家自然科学基金立项再创新高，首次作为牵头单位获得国家自然科学奖，推动学校事业发展在“十四五”开局之年迈上了新的台阶。

三、坚持久久为功，不断巩固拓展党史学习教育成果

在过去一年的党史学习教育中，广大党员、干部受到了一次全面深刻的政治教育、思想淬炼、精神洗礼，历史自觉、历史自信大大增强，全校上下干事创业、创先争优的氛围进一步浓厚。党史学习教育是一项长期任务，学好党史、用好党史是每一名党员干部的终身课题，要再学习、再领悟、再对标，从党的百年奋斗历程中汲取智慧和力量，努力在新的赶考之路上交出优异答卷。

1. 坚持不懈推动党史学习教育常态化长效化。以学习贯彻党的十九届六中全会精神为重点，把党史学习教育融入日常、抓在经常，推动领导班子和领导干部带头学党史、经常学党史，将以党史为重点的“四史”作为必学内容固化在党委理论学习中心组学习、干部教育培训、教职工政治理论学习、党支部“三会一课”的学习安排中，教育引导广大党员干部知史爱党、知史爱国，从党的百年奋斗中看清楚过去我们为什么能够成功、弄明白未来我们怎样才能继续成功，弘扬伟大建党精神，让正确党史观更深入、更广泛地树立起来，让正史成为全社会的共识。

2. 坚持不懈强化理论武装。坚决拥护“两个确立”，持续在学懂弄通做实习近平新时代中国特色社会主义思想上下功夫，更加自觉运用习近平新时代中国特色社会主义思想武装头脑、指导实践、推动工作，把增强“四个意识”、坚定“四个自信”、做到“两个维护”落实到为党育人、为国育才的具体行动上，用好课堂主渠道，深化思政课程和课程思政创新发展，围绕习近平新时代中国特色社会主义思想在京华大地的生动实践，积极打造“大国首都”精品课程，推动理论学习真正走深走实、理论宣传真正入脑入心、理论贯彻真正落地见效。

3. 坚持不懈打赢党的政治建设攻坚战。牢牢把握办学正确政治方向，毫不动摇坚持和加强党对学校工作的全面领导，把党的领导贯穿办学治校、教书育人全过程。深入贯彻落实新时代党的建设总要求和新时代党的组织路线，聚焦基层治理能力提升和机关作风建设，进一步推进“小微提升”计划，促进党建工作与业务工作深度融合，深化“三全育人”综合改革，把各级党组织锻造得更加坚强有力。进一步严明党的政治纪律和政治规矩，严肃党内政治生活，不断推进自我革命，持续推动全面从严治党向纵深发展，营造风清气正的政治生态和育人环境。

4. 坚持不懈践行“以人民为中心”的发展思想。牢记初心使命，谨记习近平总书记“民之所忧，我必念之；民之所盼，我必行之”的教诲，牢固树立正确政绩观，走好新时代党的群众路线，进一步完善“我为群众办实事”长效机制，固化每年为师生办5—10件民生大事的举措，落实好校领导班子成员“八联系”制度，积极了解和回应大家的新要求新期待，持续解决急难愁盼问题，搭建听民意、解民忧的“暖心桥”，确保领导班子始终同师生群众想在一起、干在一起，切实增强师生群众的获得感、幸福感、安全感，推动学校事业高质量发展行稳致远。

集中学习教育有期限，但共产党人践行初心使命的接续奋斗没有完成时。全校各级党组织、全体党员干部将切实把思想和行动统一到习近平总书记、党中央决策部署上来，坚决贯彻落实习近平总书记重要指示精神，把党史总结、学习、教育、宣传不断引向深入，牢记中国共产党是什么、要干什么这个根本问题，更好把握和运用党的百年奋斗历史经验，团结带领全校师生从胜利走向新的胜利，为办好首都人民满意的高水平研究型大学、加快建设教育强国、实现中华民族伟大复兴的中国梦做出新的贡献，以优异成绩迎接党的二十大胜利召开！

（郝　佳　谢桂生　刘幸菡）

下足“我为群众办实事”硬功夫

将解决师生关心关切贯穿党史学习教育始终
——北京工业大学“我为群众办实事”实践活动年度工作总结

北工大党委认真贯彻党中央北京市委关于开展“我为群众办实事”实践活动决策部署，自觉把学习党史与总结经验、观照现实、推动工作、解决实际问题结合起来，把开展“我为群众办实事”实践活动作为落实立德树人根本任务、办好人民满意的教育的重要举措。一年来，集中发布了一批有利于师生民生的制度文件，推出了一批惠及师生便利师生的实招硬招，实施了一批直接造福于师生的暖心服务工程，解决了一批关系师生群众切身利益的矛盾纠纷。让全体师生、广大党员、干部受到了一次全面深刻的政治教育、思想淬炼、精神洗礼，让师生群众切实感受到实践活动带来的新气象、新成效，在学史明理、学史增信、学史崇德、学史力行上取得了显著成效。

一、主要做法

1. 下足“察民情、听民声”硬功夫，找准“需求点”，始终同师生站在一起

一是坚持人民至上，强化组织保障。利民之事，丝发必兴。学校党委高度重视，把开展党史学习教育作为重大政治任务，一手抓学习教育、一手抓事业发展，切实加强组织领导，成立党史学习教育领导小组，组建“我为群众办实事”实践活动专班，不断健全完善工作体制机制，围绕“5 +1”项重点任务，开展分类实施，制定实践活动实施方案，精心组织实施、有力有序推进，在全校范围内形成了各级党组织聚焦聚力、广大党员积极行动、师生群众踊跃参与的生动局面。

二是坚持脚步为亲，找准师生“急难愁盼”问题。学校党委坚持校领导班子成员“八联系”制度，修订《北京工业大学关于完善学校领导班子成员“八联系”制度的实施办法》。校领导班子成员带头、各职能部门深入一线联系师生，开展调查研究 140 余次，精准问计问需。围绕师生反映集中的共性需求和普遍性问题，发现亟待解决的痛点难点问题，长期未解决的民生历史遗留问题，制定师生关切的 6 个方面、17 个项目、56 个具体措施的校级办实事清单，建立并定期更新工作台账，明确推进措施、牵头领导、责任部门、完成时限，接受师生群众的检验和监督。截至目前，校级办实事清单 17 个项目、56 个具体措施已全部完成，切实增强了广大师生的获得感、幸福感、安全感。

三是坚持民有所呼、我有所应，打通师生诉求“最后一公里”。学校党委切实加强组织领导，针对校内师生的诉求，研究出台“接诉即办”工作方案、落实 12345 市民热线“接诉即办”工作措施，建立接诉即办工作专班，建立 1 个校级领导小组和 48 个二级单位工作组。在统筹校长信箱、校领导接待日等传统信访渠道的基础上，建立校内“接诉即办”和大信访平台，开通二级单位受理平台，完善“知民情、汇民智、解民忧”通道，推动为师生群众办实事常态化。截至目前，接诉即办接到问题共 122 件，解决 121 件，回复率 100%，解决率和满意率均为 99. 18%，确保师生诉求事事有回音、件件有着落。

四是坚持主动作为，推动“接诉即办”向“未诉先办”的转变和深化。校领导班子立足当下、着眼长远，努力减存量、遏增量，采取校领导挂牌督办的方式，各责任部门主动牵头，相关部门积极配合，信访办公室协调督办，通过拉网式排查建立疑难复杂问题台账。建立定期分析研判机制，主动查找工作薄弱环节，加强前瞻性研

究和风险预判，开展政策出台前的风险评估，既做好“减法”又做好“加法”。截至目前，62件矛盾纠纷隐患问题共办结55项。

五是坚持党建引领，让党旗在基层一线高高飘扬。充分发挥基层党组织战斗堡垒作用，实施“小微提升”计划，开展党支部“校区共建、校企共建”114项，在学生党支部广泛开展红色“1＋1”活动，全校399个党支部组织开展“我为群众办实事”主题党日活动，成为群众的“主心骨”。充分发挥广大党员的先锋模范作用，在全体党员中推行亮清单、亮承诺、亮形象的“三亮行动”，共设立党员责任区180个、党员先锋岗687个，在党史学习教育中参与志愿服务15213次，切实做到平常时候看得出来、关键时刻站得出来、危急关头豁得出来。充分发挥党员领导干部引领示范作用，围绕深化“四诉四办”机制，在学生一站式服务大厅设立领导干部“你问我答”接诉窗口，在线同步解答学生疑问，全校中层干部共计完成347件实事，切实解决了一批师生反映强烈的“急难愁盼”问题。

2. 下足“解民忧、纾民困”硬功夫，找准“发力点”，始终同师生想在一起

一是围绕贯彻新发展理念办实事，打造新时代教育评价改革“托举工程”。认真落实《深化新时代教育评价改革总体方案》，在教育评价上突出立德树人根本导向，专门面向潜心教学、教学质量优秀的公共基础课教师特设“教书育人”职称评聘绿色通道，努力培养出能教善育的“四有”好老师。深化教师“青马班”建设，不断健全师德师风闭环管理体系，在办实事中助力教师成长发展。

二是围绕全面推进乡村振兴办实事，创新推进服务社会“品牌工程”。持续支持派驻第一书记开展精准帮扶工作，建立泉村长效帮助机制。不断丰富张泉村红色教育资源，联合校内党支部与张泉村党支部进行支部共建活动；组织校内及校友企业、校外企事业单位，赴张泉村及周边地区开展红色教育活动；帮助开展农产品和特色民宿宣传，助力村集体企业建设和产业发展，推进村集体企业农产品进校园；校领导带头调研洽谈，吸引社会资源推进帮扶，已吸引并落实相关企业对张泉村捐款10万元，用于村基础设施建设等工作。

三是围绕保障基本民生需求办实事，建立健全服务师生“暖心工程”。针对广大教职工子女中小学入学难问题，学校主动作为，与朝阳区深度合作共建，不断拓展优质中小学资源。针对教职工反映校医院体检设备陈旧、检查项目偏少的诉求，增加教职工体检经费投入，遴选校外专业体检机构、增加多项重点项目，为教职工的健康保驾护航。针对教职工居住难问题，修订《北京工业大学临时性周转房租住管理工作方案（试行）》，建设管庄教师周转房。出台非在编人员入工会工作方案和配套措施，目前已有700多名非在编人员完成入会。针对跨校区教学问题，增设跨校区教师午间休息室和课后答疑辅导专用场所。建立“北京工业大学法律咨询平台”，为30多位师生提供免费的专业法律咨询服务，切实增强广大师生的获得感。及时回应市民反映问题，开展“拒绝逆行、文明出行”学生专项行动，保障安全的同时缓解北工大周边的交通压力。

四是围绕深化放管服改革便民利民办实事，研究制定基层减负“满意工程”。学校党委将2021年确定为“服务质量提升年”，研究制定工作方案，不断强化服务意识，提升管理服务质量和水平。深化放管服改革，全面梳理各类检查、考核、评比项目，从95项精简至30项。加快建设“智慧工大”，推动“一站式”服务网上平台建设，2021年网上办事大厅服务事项新上线流程25项，总数增至92项，今年线上业务办理5.7万余次，办理次数比2020年同期增长1.5倍。有效利用线上及新媒体工具搭建立体化新生教育平台，面向大一新生特别设立“户籍办理、财务补助信息登记查询、公费医疗报销线上审批”业务，为新生顺利入校保驾护航。在全校各楼宇安置财务自助投递机，实现全天候报账，从细微之处为师生办好事。

五是围绕推进基层治理体系和治理能力现代化办实事，优化规范内部治理“提升工程”。针对学部制改革后基层反映学部内部运行机制不够明确的问题，学校专题调研、广泛征求意见，制定《关于学部运行的实施意见（试行）》，明确了学部的职责、决策机制，为建强基层学术组织，拓展学科之间交叉融合提供了坚实保障。以学科建设为纽带，多次召开研讨会，编写《“十四五”时期学科建设规划编制工作解读》，将学科规划、学校规划、学部（院）规划的指标进行梳理，推进“十四五”时期学科建设规划编制工作。

3. 下足“顺民意、赢民心”硬功夫，找准“着眼点”，始终同师生干在一起

一是着眼国家重大需求，彰显服务首都北工大担当。做好师生服务首都“四个中心”功能建设和国家重大战略的服务保障，学校瞄准北京实现碳达峰、碳中和的重大需求，整合多学科优势资源，成立北京工业大学碳中和城市科技创新研究院，与北京经开区共建碳中和产业研究院，承担朝阳区碳中和课题研究，为北京“双碳”目标提供人才和科技支撑。

二是着眼一站式服务大厅建设，打造学生服务工作“任意门”。建设学生一站式服务大厅，实时更新学生学习生活息息相关的重要资讯内容、政策类文件。联动相关部门提供与学生学业生活密切相关的解答合集。通过“小百科”客服及“协同育人”版块，点对点解答学生疑问。大厅共推出“想你知道”推送89篇，总浏览量近10万人次；推出“你问我答”推送13篇，总浏览量16000余人次；开展公费医疗报销单据审核13302份；补办本科学生证1392份；办理火车磁条3801份；完成宿舍学生购电服务502间。

三是着眼“青马班”品牌建设，构建课程思政大平台。举办教师“青马班”主题论坛，围绕学科建设、人才培养、青年教师能力培养、科研创新、课程思政建设等师生关注较高的话题深入研讨。开展“青马面对面”活动，加强师生互动的同时助力学生更好适应大学生活。探索大中小思政一体化建设，组织召开提升思政课质量专题座谈6场，学院参与活动的思政教师累计70余人次。举办“课程思政”教学设计大赛建立“一课一案”教师分享交流平台。挖掘思政元素，打造九大主题课程思政案例库。课程思政大平台建设已取得初步成效：获得北京市第十一届思政课教师教学基本功比赛一等奖1项；北京市高校第十二届青年教师教学基本功比赛（文科类）二等奖1项；2021年北工大优秀教育教学成果奖特等奖1项；2021年度北京工业大学优秀青年主讲教师奖1项。

四是着眼科研创新，营建科技成果转化“生态园”。学校以职务科技成果赋权改革试点单位为契机，改革学校成果转化政策，首推职务科技成果混合所有制改革，激发教师科技成果转化积极性。张跃明教授研发的RV减速器打破日本企业30年的垄断，成功解决“卡脖子”技术难题，被《光明日报》头版头条报道并引发社会广泛关注。高学云教授团队研发的“新冠肺炎治疗药物”项目已与海南普利制药股份有限公司签约实施成果转化，有望在新冠治疗类药物方面率先实现突破。建设北工大技术转移中心－管庄共享服务平台，与中关村朝阳国际创投集聚区及区内优质企业建立对接洽谈平台，为学校科技成果提供新型研发机构以及中试基地建设条件。

二、存在问题

一是制度化、规范化、科学化水平有待进一步加强，办实事的长效机制需要进一步完善。

二是信息反馈渠道有待进一步丰富，辐射引领示范作用有待进一步提高，对于全方位了解师生实际需求还有欠缺，需要进一步挖掘对接师生需求。

三是服务师生工作有待进一步精细化，仍需持续完善学生一站式办事大厅业务功能，探索“学生党建＋一站式大厅”“劳动教育＋一站式大厅”“素质教育＋一站式大厅”“校园移动式大厅”等运行新模式，提高服务育人的主动性、创造性。

三、下一步工作打算

下一步，北工大将总结好这次党史学习教育的成功经验，推动“我为群众办实事”实践活动不断走向深入：

一是持续加强顶层设计，积极回应“十四五”时期广大师生新要求新期待。坚持从师生最盼望的事情做起，从师生反映最强烈的问题抓起，进一步拓宽服务领域，创新服务载体，提高服务时效，打造特色专业化服务品牌。

二是充分汲取党史“教科书”力量源泉，将“问题清单”变为“满意答卷”。建立常态化、长效化制度机制，把为师生群众办实事贯穿党史学习教育始终，把“服务基层、服务师生”的理念转化为“将实事办好、将好事办实”的成效，不断激发内生动力。

三是全力推动学校事业高质量发展，以实际行动迎接党的二十大胜利召开。通过党史学习教育和实践活动让党员干部受教育、师生群众得实惠，切实增强广大师生的获得感、幸福感、安全感，全力推动学校事业高质量发展，以强烈的历史主动精神奋进新征程、建功新时代，以实际行动迎接党的二十大胜利召开。

专　文

在中共北京工业大学第十一届委员会第八次全体会议上的工作报告

谢　辉

（2021 年 2 月 25 日）

受党委常委会委托，我向全会报告工作。分两个部分。

第一部分　2020 年工作回顾

2020 年是全面建成小康社会和“十三五”规划收官之年，是学校建校 60 周年。在市委、市政府坚强领导下，常委会坚持以习近平新时代中国特色社会主义思想为指导，深入贯彻党的十九大和十九届二中、三中、四中、五中全会精神，认真落实习近平总书记对北京重要讲话精神和关于教育的重要论述，以党的政治建设为统领，以巡视整改为契机，全面推进学校党的各项建设，紧扣“十三五”目标完成、“十四五”规划制定，团结带领全校师生员工奋力拼搏，夺取了疫情防控与事业发展的双胜利。

一年来，常委会坚持稳中求进工作总基调，充分发挥领导核心作用，不折不扣落实中央、市委各项决策部署和工作要求，不断提高管党治党、办学治校的能力和水平，重点抓好了五件大事：

第一，坚持把党的领导贯穿疫情防控全过程，全力以赴打赢疫情防控阻击战。严格落实“坚定信心、同舟共济、科学防治、精准施策”总要求，迅速成立校疫情防控工作领导小组，全年共召开全体会议 21 次，出台文件 37 项。54 个二级机构成立本单位防控小组，建立全天候全方位全链条防控体系，各级党组织压紧压实疫情防控主体责任，开展党员先锋志愿行动，领导干部示范引领，全体党员响应号召，共同守护校园安全，实现了全体师生零感染、零疑似、零确诊。共组织集中核酸检测 3 次，涉及师生 4000 余人次。落实“停课不停教、停课不停学”要求，顺利完成 3384 门课程线上授课。落实“一把手”工程，加大指导帮扶力度，确保毕业生高质量就业，本科生深造率达 46.87%，再创历史新高。

第二，坚决扛起巡视整改政治责任，以整改实际成效推动学校改革发展。把抓好巡视整改作为践行“两个维护”的集中体现和深化“不忘初心、牢记使命”主题教育成果的具体行动，认真落实市委书记蔡奇同志来校督促指导巡视整改工作指示精神，坚持“从校级改起，从自身改起，从现在改起”，成立巡视整改工作领导小组，构建“1 +2 +13 +54”的整改工作格局，推动巡视反馈 45 个问题及意识形态、选人用人 2 个专项检查反馈意见整改落实。坚持举一反三、标本兼治，把巡视的压力变为发展的动力，将巡视整改与全面深化改革、全面推进“十三五”圆满收官和“十四五”良好开局相结合，为学校事业改革发展提供坚强保证。

第三，坚持内涵、特色、差异化发展，持续推进全面深化改革。落实《关于统筹推进北京高等教育改革发展的若干意见》，全面总结“十三五”规划完成情况，认真谋划构建 1 个总体规划、11 个专项规划、15 个学部（院）规划的“十四五”规划体系。大力推进都柏林学院、国际学院、投资公司、财务和后勤等综合改革。成立理学部、环境与生命学部，完成城建学部、材料与制造学部实体化，推进学部（院）提升内部治理水平。大力实施一流学科建设高校建设方案，高质量完成“双一流”建设周期总结。以第五轮学科评估为契机，加强学科动态管理和跟踪评价，构筑良好学科生态。6 个学科位列全球 ESI 前 1%行列，8 个学科跻身 QS 世界大学学科排名前 500，学校首次跻身 2020 软科世界大学学术排名全球 500 强。

第四，创新人才培养机制，高素质创新型人才培养工作取得新进展。深化“三全育人”综合改革，成立素质教育学院，推进研究生教育内涵发展，开展本硕博贯通培养机制试点改革，推动构建德智体美劳全面培养的教育体系。7 门课程人选首批国家级一流本科课程，获评北京高校优秀本科育人团队1个。疫情期间，约5000名学生主动报名参与社区（乡）一线联防联控，200余名学生主动无偿献血。工大学子获第六届中国国际“互联网+”大学生创新创业大赛总决赛金奖，实现市属高校在该项赛事中金奖零的突破；获第十二届“挑战杯”中国大学生创业计划竞赛全国金奖2项、铜奖4项，实现市属高校首捧“挑战杯”中国大学生创业计划竞赛“优胜杯”的夙愿。1名学生获得东京奥运会参赛资格。

第五，以建校60周年为契机，凝心聚力促进学校事业新发展。举行“甲子工大正青春”纪念建校60周年系列活动，发挥全校师生和全球校友之力，全员参与、全面总结、全方位展示60载办学成果，120万人次在线收看建校60周年创新发展大会直播。发布校花、校树、吉祥物及建校60周年视觉形象识别系统，完成青春版校歌制作，打造校园立体导视系统。优化全球交流合作网络，与33个国家或地区的179所合作伙伴院校保持密切联系，新设爱尔兰境外联络处，加入中国－中东欧国家高校联合会，持续推进中波大学联盟建设，顺利承办IREG国际学术排名与卓越协会2020北京会议。

在抓好以上大事的同时，常委会紧密围绕年度工作要点，先后召开48次会议进行研究部署，研究推动并顺利完成以下四个方面的主要任务。

一、坚持以政治建设为统领，将党的领导贯穿办学治校、教书育人全过程

常委会坚持将抓好党建作为办学治校基本功，坚决落实“看北京首先要从政治上看”的要求，以钉钉子精神打好党的政治建设攻坚战，推进全面从严治党向纵深发展，把“九个坚持”要求落实到学校工作各方面。

一是全面加强党的政治建设。坚持和完善党委领导下的校长负责制。认真落实重大事项请示报告制度和重要批示指示督查督办制度，制定向市委请示报告重大事项清单、学校党务公开实施细则，修订落实加强高校党的政治建设若干措施任务清单。严格落实学院（部）党政联席会议制度。修订巡察规划，深化政治监督，完成第四轮、第五轮校内巡察，完善巡察整改监督机制。抓好民主生活会整改方案落实，推进“8＋2”专项整治89项整治措施落地见效，配合做好市委主题教育“回头看”工作。

二是不断夯实思想理论根基。将学习贯彻习近平总书记系列重要讲话精神作为理论学习中心组学习、教职工理论学习和党支部学习的重要内容，组织校级理论中心组学习16次，教师集中学习400余次，编印理论学习材料64万字，推动党的创新理论学习宣传贯彻向纵深发展。班子成员带头宣讲十九届五中全会精神，开展专题调研10余场。加强理论宣传研究阐释，学校宣讲团开展五中全会精神线下线上宣讲190余场，累计近9万人次参加学习。持续推进北京市习近平新时代中国特色社会主义思想研究中心研究基地、北京高校中国特色社会主义理论研究协同创新中心建设，发表“三报一刊”理论文章9篇，其中头条文章4篇，受到市委宣传部肯定和表扬。

三是加强中层领导班子和干部队伍建设。建立中层干部政治素质考察实施办法、考察清单，在提任考察、干部培训中增加政治理论测试环节，强化对干部政治素质和担当作为的考察。全年任免中层干部147人次。多种方式培养历练干部，实施“干部治理能力提升培训计划”，举办8期干部治理能力专题培训大讲堂，选调6名干部服务冬奥筹办工作，选派处级干部到密云区低收入村担任村第一书记，选派科级干部赴新疆和田师范专科学校开展援疆工作。修订《中层干部日常管理规定》《处级领导干部兼职管理办法》，严格干部请销假审批、出入国（境）和兼职管理，从严做好干部有关事项报告和核查。制定《中层干部平时考核档案管理细则》，做好中层干部年度考核、试用期满考核、任期考核。

四是增强基层党组织政治功能和组织力。完善“四位一体”的组织体系建设，落实年度基层党建工作50项重点任务。巩固深化主题教育成果，开展整改落实情况“回头看”自查工作。结合学部制改革，做好基层党组织设置等工作。加强规范化建设，开展党务知识“送课上门”，坚持“一月一学院、一周一支部”党建工作调研。加强示范化建设，培育创建10个“一院一品”党建工作品牌，评选10个优秀主题党日。高质量落实教育部“对标争先”建设计划，1个二级党组织、2个党支部入选第二批全国党建工作标杆院系和样板支部创建名单，1个党支部获评教育部第二批“双带头人”教师党支部工作室，1个党支部入选北京高校教师党支部工作法试点支部，1名党员获评北京市抗疫先进个人和优秀共产党员，2个党支部、2名党员、1名党务工作者获北京高校“两优一先”表彰。基层党建质量创优取得的成绩在北京高校位居前列。

五是推进全面从严治党向纵深发展。贯彻《党委（党组）落实全面从严治党主体责任规定》，深化落实“两个责任”。健全党委常委会总负责，全面从严治党工作领导小组统筹协调的工作格局，常委会研究全面从严治党工作相关议题11项。召开学校全面从严治党工作会议，部署年度全面从严治党、党风廉政建设和反腐败工作。制定校院两级主体责任清单，构建落实主体责任完整链条。召开警示教育大会，对2019年6月以来给予党纪政纪处分、诫勉处理等情况通报，以案为鉴，以案促改。强化政治监督，深化纪检监察体制改革，加强信访和问题线索处置，强化执纪审查力度。全年收到信访举报74件次，立案6件，给予党内严重警告3人次（含内部审理意见）、党内警告2人次、行政降级1人次、行政记过4人次、行政警告2人次，诫勉谈话3人次、批评教育17人次、谈话提醒1人次、约谈函询13人次。紧盯重要时间节点，采取“四不两直”方式，对重点领域关键环节开展自查自纠、突击检查、随机抽查。开展疫情防控监督检查600余次。

六是全力维护校园安全稳定。严格落实安全稳定工作责任制，推进国家安全和科技创安工作。持续推进安全隐患集中清理专项整治工作。将意识形态工作纳入党委重要议事日程，常委会7次专题研究意识形态工作。强化阵地管理全覆盖，制定实施《关于进一步加强对论坛、讲坛、讲座、年会、报告会、研讨会等阵地管理的意见》《新媒体管理办法》，严格落实“一会一报”和“一会一审批”制度，将线上教学和网络直播纳入阵地管理范畴。加强户外阵地监管，每天不低于3次对校园公共区域进行巡查。开展学校实验室安全自查自纠，上线运行实验室安全准入考试系统、巡检系统。加强归口管理，落实保密工作责任制。认真落实民族宗教政策，有效防范校园宗教渗透。

二、深入落实立德树人根本任务，努力培养担当民族复兴大任的时代新人

常委会全面贯彻落实党的教育方针，坚持社会主义办学方向，不断深化思想政治教育，全面提高人才培养质量和立德树人实效，努力构建德智体美劳全面培养的育人体系。

一是大力推进“三全育人”综合改革。落实《北京工业大学“三全育人”综合改革建设方案》，进一步改进学部（院）建设方案，制定“三全育人”工作考核评价标准，建立校院两级“三全育人”综合改革建设评价体系。将“三全育人”纳入党委常委集体学习、校院两级理论中心组学习和教职工理论学习内容。加强师德师风教育，挖掘选树“三全育人”团队建设典型案例。已完成第一批8支“三全育人”教师重点团队培育工作，总结推广建设经验，组织第二批团队中期检查，完成第三批团队立项评审工作。

二是深化思政课改革和课程思政建设。把思政课建设作为党的建设和意识形态工作的标志性工程摆上重要议程，常委会定期研究思政课建设工作，党委书记、校长带头落实思政课建设第一责任人的责任，带头上讲台讲授思政课，对思政课建设予以重点支持、优先保障。出台深化新时代思想政治理论课改革创新的实施方案，开设“习近平新时代中国特色社会主义思想概论”课程，获批市级重点建设马克思主义学院。制定落实《高等学校课程思政建设指导纲要》的实施方案，开展“最美课堂”评选，遴选首批课程思政案例69个。

三是推动人才培养模式创新。召开第六次教育教学大讨论总结大会，制定关于加快建设高水平本科教育全面提高人才培养能力的实施意见，完成人才培养方案修订。推荐14个本科专业申报一流本科专业建设点。新增智能建造和风景园林2个本科专业，5个项目入选教育部第二批新工科研究与实践项目。深化以学生评教为中心、督导专项评价为补充、学生评选“最喜爱教师”为检验的课堂教学评价体系。修订本科生创新创业学分实施办法，提升学生实践与创新创业能力。召开研究生教育工作会议，开展新时代研究生教育改革发展研讨月活动，广大师生围绕6个方面30个议题开展集中研讨51场、座谈会18场、调研16次、活动论坛6次，为推动学校研究生教育再上新台阶提供思想保证。立足学科特色与优势，加强校企合作与产学研联合培养专业学位研究生示范基地建设。完成2020年冬奥组委赛时实习生招生录取。学生在各级各类科技竞赛中获得省部级及以上奖项385项。

四是加强和改进素质教育。成立素质教育学院，推动构建德智体美劳全面培养的教育体系。建设北京工业大学第二课堂管理系统，对接第一课堂，提升本科生综合素质教育。构建“四主体四维度”心理援助服务体系。获新冠疫情期间高校学业辅导工作优秀成果一等奖。建设体育教学网络资源数据库。举办“筑梦六十载 绽放新时代”第十届校园文化节，开展“文化节云展播”线上展示8期、“高雅艺术进校园”等线上艺术教育普及活动29场。工大学子弘扬志愿服务精神，积极投身疫情防控志愿服务，1名学生党员在九华山庄核酸检测阴性人员集散地奋战13天，22名学生圆满完成市防控办紧急核酸检测志愿服务任务。

三、坚持创新驱动发展，不断提升服务国家和首都经济社会发展成效

常委会深入学习《深化新时代教育评价改革总体方案》文件精神，落实分类发展要求，坚持内涵、特色、差异化发展，努力提升服务首都“四个中心”功能建设能力。

一是提升服务北京的力度和效果。大力推进国家级科研平台建设，“城市重大基础设施工程国家重点实验室”通过市科委推荐至科技部。成立北京人工智能研究院、城市公共空间提升研究促进中心，与北京市文物局共建首个文物保护领域重点科研基地，重点服务北京“三城一区”建设，获批科技部赋予科研人员职务科技成果所有权或长期使用权试点单位、市教委北京高校科技成果转移转化促进中心、智慧环保北京实验室。设立抗击疫情科研攻关与预研专项，学校教师研发的冠状病毒深紫外LED消毒设备、氢氧雾化呼吸机，在抗疫中发挥了积极作用。重大科技项目攻关能力显著提升，RV减速器打破日企30年的垄断，实现主要核心元器件国产化，在改变我国工业机器人核心技术依赖外国进口的探索上做出积极贡献。学校获得国家科学技术奖2项、省部级奖14项，其中牵头国家自然科学二等奖1项；获国家自然科学基金创新研究群体资助1个、国家“杰青”2项、“优青”1项。

二是完善人才队伍建设引育机制。加强“破五唯”评价导向，建立健全以立德树人为根本的分类评价学术体系，将教职工的师德评价贯彻到人才引进、职称晋升、岗位聘任的全过程，严格执行师德“一票否决制”。成立教师学院，构筑全过程、全覆盖、分阶段、多维度教师能力提升工作体系。全年引进全职高端人才27人，新增中国社会科学院学部委员1人，国家级人才引进计划青年项目1人、国家级百千万人才工程1人，青年北京学者3人，北京市级人才引进计划25人、市级百千万人才工程3人、科技新星5人、宣传思想文化系统“四个一批”人才1人。

三是提升国际化办学水平。主动适应疫情常态化形势，探索国际交流合作新模式。稳步推进国际交流合作，签署各类合作协议278份，其中QS前500合作伙伴院校56所。依托高水平“281”国际交流网络，不断完善“长短结合、形式灵活”的多层次国际化人才培养体系。2020年，全校共有192名学生参加各类线上线下长短期境外交流学习。修订《在校生出国（境）交流管理办法》《学生公派境外学习奖学金管理办法》。推荐新申报“111”引智基地1项。推荐并成功获批高端外国专家引进计划5项，其中国家级4项。推进实施教师国际化能力提升计划，深化与爱尔兰国立都柏林大学的多层次合作，学校新版英文官网正式上线。

四、提高服务保障水平，推进内部治理体系和治理能力现代化建设

常委会坚持依法治校，推进教育治理体系和治理能力现代化建设，坚持深入基层一线，切实为师生办实事、解难题，不断提升服务保障水平。

一是完善现代大学制度体系建设。深入落实党的十九届四中全会精神，强化制度执行力度，提升依法治校水平。着力构建以大学章程为核心的现代大学制度体系，形成《北京工业大学章程》修正草案，加强标本兼治的长效机制建设，全年新立或修订各类制度87个，做好规章制度之间相互衔接、配套支撑和可执行性。完成校院两级预算管理改革，激发校院两级办学活力。健全内控体系和审计制度体系，认真做好经济责任审计整改工作。

二是深化国有资源配置和管理方式改革。全面清理核实学校国有资产存量，规范资产管理，确保资产安全。继续推进公用房核算及缴费工作。加强校区资源利用，完成通州校区土地划转，研究调整通州校区办学定位，重新规划管庄校区功能。加大各学部（院）实验室资源整合力度，深化大型仪器开放共享平台建设，优化资源配置。加强电子文献建设力度，推进经典阅读文化品牌建设，充分发挥图书馆育人功能。

三是深入开展“机关作风建设年”。加强和改进领导干部深入基层联系师生工作，领导班子成员坚持“八联系”制度，带头深入一线开展调查研究，联系服务师生，问计问需基层，挂账督办推进62件矛盾纠纷事项。在校院两级机关开展“改作风 办实事”行动，推进解决师生的难点痛点堵点问题，41项办实事清单落地见效，让师生群众感受到切实变化。持续整合简化机关检查评比考核项目。加强部门联动与工作统筹，精简议事协调机构25个。努力精简会议改进会风。

四是不断提升师生获得感幸福感。加强信息化建设，开通线上学生业务协同运行系统，“智慧工大”移动平台上线运行，网上办事大厅服务事项增至70项，办事指南33项，全年办理33483次，切实为师生减负。将接诉即办与主动治理结合，启用校内接诉即办平台，受理事项约70件次，响应率、解决率、满意率均为100%，努力解决好群众身边的操心事、烦心事、揪心事。支持“高参小”工作和北京工业大学实验学校建设，办好幼儿园，为教职工子女提供基础教育资源。推进“母婴关爱室”建设。持续提升校园环境。成立学生数据管理与服务中心，构建学生注册管理与服务新机制。学生一站式服务大厅升级服务模式，为学生提供更完善、便捷的服务。

一年来，常委会高度重视加强自身建设，坚持和加强党对高校的全面领导，牢牢把握办学正确政治方向，提升管党治党、办学治校的能力和水平。带头增强“四个意识”、坚定“四个自信”、做到“两个维护”，切实将全校师生思想和行动统一到中央和市委决策部署上来。常委会严格落实“三重一大”制度，全年研究议题263项，其中重大决策事项164项、重要人事任免事项24项、重大项目安排事项2项、大额度资金使用事项20项，所有议题均由常委或校领导汇报，均按照“集体领导、民主集中、个别酝酿、会议决定”的原则做出决策，并通过督查督办推进各项决策落地见效。常委会不断规范议题申报工作，同时，邀请师生代表列席重要议题，促进班子科学、民主、依法决策。常委会严格落实主体责任，全年研究党建相关议题152项，约占常委会议题总数的58%。定期召开二级党组织书记工作例会，层层压实管党治党政治责任。

以上为一年来常委会的主要工作。这些工作的开展和各方面成绩的取得，是中央和市委坚强领导、亲切关怀的结果，是广大党员干部和全体师生员工不懈奋斗、砥砺前行的结果。各位委员和与会同志对学校事业发展高度关注，坚守岗位、担当奉献，对我们的工作给予了大力支持，在此表示衷心感谢。

在总结工作的同时，常委会也深刻认识到，学校的建设发展与市委市政府要求、与广大师生期盼相比，还存在很多不足，包括：在新思想、新时代、新境界的学深悟透、弄通做实方面还有待进一步提升，思想政治工作和阵地管理有待加强，师德师风建设、学生的思想引领还存在薄弱环节；立德树人、“三全育人”还有待落细落实；办学资源、环境等方面发展不平衡不充分的问题依然突出；服务北京“四个中心”功能建设力度还有待加强；班子成员的工作合力还需要进一步提升，攻坚克难的精神还有待增强；基层党组织建设的质量还不够高，主体责任落实仍存在不平衡现象，党员干部的政治定力和政治担当仍有所缺失，敢于碰硬、善于斗争的本领需进一步提高，贯彻落实上级方针政策的自觉性和力度有待加强，等等。针对这些问题，学校党委高度重视，将采取切实有效措施，认真加以解决。

第二部分　2021年工作思路

2021年是中国共产党成立100周年，是实施“十四五”规划、开启全面建设社会主义现代化国家新征程的第一年，也是学校初步建立世界一流大学的构架，实现“三步走”战略目标第二阶段的开局之年。

年初，教育部召开全国教育工作会议，强调“十四五”时期，我国教育进入高质量发展阶段，教育改革发展的外部环境和宏观政策环境已发生深刻变化，面临着新形势、新阶段、新理念、新格局、新目标、新要求；2021年是具有特殊重要性的一年，要为“十四五”时期教育高质量发展开好局、起好步，会议部署了教育系统六个方面的年度重点工作。学校领导班子于上学期末集中召开10次专题务虚会，并先后召开2次常委会会议，就拟推进的年度工作要点进行了研究，明确2021年学校工作的总体要求是：坚持以习近平新时代中国特色社会主义思想为指导，深入贯彻党的十九大和十九届二中、三中、四中、五中全会精神，认真落实习近平总书记对北京重要讲话精神和关于教育的重要论述，坚持稳中求进工作总基调，以落实立德树人为根本，以推动高质量发展为主题，以改革创新为动力，更好统筹发展和安全、统筹疫情防控与事业发展，高质量推动学校“十四五”发展开好局、起好步，为办好人民满意的高等教育提供坚强保证，以优异的成绩庆祝中国共产党成立100周年。

在这一总体要求下，《北京工业大学2021年工作要点》拟定为五个方面共20项任务。学校党委将以年度工作要点为遵循，突出抓工作落实，推动高质量发展，在工作中重点把握好以下几点。

一、毫不放松抓好常态化疫情防控

在疫情防控常态化的背景下，必须始终保持紧张战斗状态，领导干部要靠前指挥、毫不放松、从严从快、精准有效做好各项工作。春节期间，全国疫情防控形势平稳向好，北京取得疫情防控工作重大战略成果，但是境外疫情依旧肆虐，零星散发病例和境外输入病例时有发生，疫情变化仍存在很大的不确定性。必须坚决贯彻落实中央、市委关于疫情防控的各项部署、要求，提前做好各项工作预案。春季开学，实行如期开学、延迟返校、先线上后线下教学方式，要继续严格校园封闭管理，围绕师生“学、食、住、行”加强日常防控，不断提高突发事件应急处置能力。待全体学生返校后，还要高度关注师生心理健康，加强教育引导。目前，北京市已经有序开展疫苗接种工作，各单位要把底数摸清，为师生接种疫苗做好准备。在落实防疫工作的同时，要牢牢守住政治安全、意识形态安全、日常校园安全底线，狠抓责任落实，深化平安校园建设，确保校园持续安全稳定。

二、统筹兼顾抓好整改成效“回头看”

过去一年，学校坚持以“钉钉子”精神抓好市委巡视反馈意见整改，取得了阶段性成果。但通过持续整改和自我检视，我们更加清醒地认识到，巡视整改虽有阶段性，但整改成效的巩固深化未有终止时，必须把整改落实作为一项长期的政治任务抓紧抓实抓好。认真反思，目前巡视整改仍存在以下不足，需要各位务必予以高度重视：一是巡视整改的措施还不够全面、彻底，尤其是对于历史遗留问题处理和校办产业、新型科研机构的建设缺乏有效手段；二是巡视整改的成效还有待进一步深化。学校深刻认识到，在加强思政课程和课程思政建设、干部选拔任用、“三全育人”综合改革、科研经费管理、酬金管理、“高参小”管理、校属企业体制改革等方面存在短板，去年着重于通过自查自纠立行立改，抓好建章立制堵塞漏洞，但成效还有待在坚持中不断巩固深化。各二级单位，尤其是巡视整改任务牵头部门，绝不能有纠正了反馈问题、出台了几项制度就松懈的思想，必须深刻汲取教训，执行好各项制度，坚持思想不松、要求不降、力度不减，继续以高度的政治自觉，巩固深化整改成效，持续推动巡视整改措施落实落地。学校党委将在本学期开展巡视整改成效“回头看”工作，统筹推进巡视及审计反馈问题、民主生活会查找问题的整改落实，各单位要坚持高标准、严要求，查实情、问实效，严肃认真开展自查自纠，推动整改融入日常工作，以更大的勇气和力度，努力解决制约学校发展的深层次矛盾和隐患，切实将整改压力转化为学校发展的动力。为做好整改的“后半篇文章”，学校将进一步强化政治监督，完善监督机制，对于整改不到位、老问题反弹、新问题滋生的单位和个人，给予严肃追责问责。

三、认真抓好“十四五”规划高水平编制

上学期，学校通过召开党委常委会会议、理论中心组学习、领导班子务虚会，多次研究学校“十四五”总体发展规划和11个专项规划，并结合十九届五中全会精神专题调研，推动学部（院）规划制定。规划是学校未来五年发展的蓝图，在编制中要注重把握以下四个方面。一是要正视发展问题。可以说，总结“十三五”规划完成情况，制定的指标任务有的已经超额完成，有的指标数据却不尽如人意，这就需要系统研究、深挖根源，进一步凝练特色与优势，找准差距与不足，将工作反思融入到“十四五”规划的制定过程中。二是要瞄准发展机遇。“十四五”期间，进入新发展阶段，面临构建新发展格局的新契机，要继续深入学习贯彻落实十九届五中全会精神，贯彻新发展理念，准确把握教育改革发展面临的新形势新任务，对标对表中央和市委要求，在规划制定过程中认真思考如何深化改革实现新突破，如何高质量推进“双一流”建设，如何让全体师生共享改革发展的成果。三是要强化系统观念。在编制总体规划和11个专项规划过程中，要结合学校“三步走”战略部署，科学确定未来五年的发展框架，坚持以首都城市战略定位和京津冀协同发展需求为导向，以人才培养、科学研究、学科建设、人才队伍建设为主线，落实《深化新时代教育评价改革总体方案》精神，进一步优化管理服务模式，落实经费保障，改革评价制度，加强统筹协调，增强规划实施推进的系统性、协同性。四是要突出发展优势。坚持围绕国家重大战略需求和首都定位，围绕2030年“若干学科进入世界一流行列”目标，深化学部制改革成果，推进学科交叉融合，激发新的学科增长点。目前学部制的基本形态已经成形，还需要继续花大力气研究推动学部实体化发展，深化学部（院）办大学理念，提高学部（院）治理能力和水平，职能部门也要依据学科发展需要配置资源，提高资源利用效率。要以一流学科建设为牵引，立足学科前沿，在碳中和、区块链、人工智能、先进材料、智慧城市、污染治理等领域优化布局，找准对接点和着力点，全方位融入国家和首都发展进程，取得更多标志性成果，并力争实现重大突破，推动“双一流”建设结出高水平成果，为建设世界一流大学打下坚实基础。

四、全力抓好创新型人才培养质量提升

检验学校一切工作的根本标准是立德树人的成效。只有培养出一流人才的高校，才能够成为世界一流大学。为此，学校党委始终坚持办学正确政治方向，在提高人才培养质量和立德树人成效上下真功夫。通过第六次教育教学大讨论，学校确定了培养高素质创新型人才的本科人才培养的总目标，进一步完善了德智体美劳全面发展的课程体系，形成了加快建设高水平本科教育全面提高人才培养能力的实施意见（共十方面30条）。通过召开研究生教育工作会议，开展新时代研究生教育改革发展研讨月活动，进一步凝聚了研究生教育改革发展的共识，并将制定学校加快新时代研究生教育创新发展行动计划，启动新版研究生培养方案修订工作。人才培养质量的提升绝非一朝一夕之功，是需要全员全过程全方位投入的长期的系统工程。今年，要进一步强化育人导向，加强一流师资队伍、一流专业、一流课程建设力度，健全教师激励机制和薪酬保障体系，加强特色和优势专业建设，推进思政课程和课程思政教学改革，推进创新创业教育融入人才培养全过程。深化“三全育人”综合改革，在师生中广泛深入开展“五育”理念宣传教育，加强学生、教师、科研等评价改革制度建设，修订校院两级相关文件，突出师德、育人、质量、多元评价元素，引导教师把更多的精力投入到人才培养上，鼓励部门把更多的资源聚集到人才培养上，提高各方面育人的主动性、积极性、创造性，在德智体美劳全面发展的高素质创新型人才培养方面取得更多进展和成效。

五、持续抓好高素质专业化干部队伍建设

各级领导干部作为“关键少数”，是学校事业发展的重要力量。站在“两个一百年”奋斗目标的历史交汇点上，站在新甲子新征程的新起点上，迫切需要干部带头实干，担当作为！今年3月开始，学校将在全校范围内开展新一轮中层领导班子换届和中层干部集中调整工作，在选人用人过程中，将坚持把政治过硬摆在首位，严格落实好干部标准，严把导向、严格标准、严明程序、严守纪律，努力选拔一支政治立场坚定、懂得高等教育规律、能够较好地履行管理职责、适应学校治理能力和治理体系现代化要求的忠诚干净担当的高素质专业化干部队伍。全体中层干部要切实提高政治站位，正确对待个人进退留转，以实际行动支持换届和集中调整工作，确保各项工作正常运转不断线。在做好干部选拔调整的同时，学校将继续加强干部培训，严格干部管理，制定干事创业狠抓落实的“正面清单”和不担当不作为的“负面清单”，着力解决干部思想懈怠、本领恐慌、奉献精神缺失等问题，不断提高党员领导干部的政治判断力、领悟力、执行力，提升在服务国家重大需求和首都发展中谋划推动学校发展的政治智慧和工作能力，为学校事业发展建设提供坚实保障。

六、以庆祝建党一百周年为契机，强化基层组织的政治功能和组织力

习近平总书记指出，基层党组织是贯彻落实党中央决策部署的“最后一公里”。加强党的基层组织建设，关键是从严抓好落实。学校党委坚持把抓好党建作为办学治校基本功，牢固树立大抓基层的鲜明导向。但是，从巡视巡察和各项日常监督检查反馈问题看，学校基层党组织建设还存在薄弱环节，“上热中温下凉”“中梗阻”“最后一公里”等难题还没有得到彻底解决，影响了各项工作落实落地的成效。今年是中国共产党建党100周年，2月20日，习近平总书记在党史学习教育动员大会上强调，在全党集中开展党史学习教育，正当其时，十分必要，全党同志要做到学史明理、学史增信、学史崇德、学史力行。学校党委将以迎接建党100周年为主线，在全体师生中深入开展以党史为重点的“四史”宣传教育，开展“我为群众办实事”实践活动，学党史、悟思想、办实事、开新局，高标准高质量完成学习教育各项任务。举办好庆祝建党100周年主题展览，深化理论研究阐释，加强理论宣讲，推动干部师生深刻把握党的百年奋斗史中蕴含的历史逻辑、理论逻辑和实践逻辑，筑牢听党话、跟党走的思想根基，扎实做好发展党员和“七一”评优表彰工作，营造共庆百年华诞、共创历史伟业的浓厚氛围。启动基层党建“小微提升”计划，开展部分二级党组织换届工作，以党建引领推进基层治理效能提升。在继续推进支部规范化建设的基础上，一方面抓好“双带头人”“双示范”党支部等先进典型培育，一方面开展全校党支部“过筛子”工作，推进基层党组织全面进步、全面过硬。各基层党组织书记要落实第一责任人职责，牢固树立“抓好党建是最大的政绩”的意识，进一步落实质量建党要求，结合本单位实际情况和特色，围绕学校中心工作，推动党建工作和业务工作深度融合。学校党委将继续加强日常监督检查力度，将日常表现和年度考核相结合，努力提升党建工作质量，为学校事业发展提供坚强组织保障。

七、深化落实“两个责任”，坚定不移推进全面从严治党向纵深发展

习近平总书记在十九届中央纪委五次全会上强调，要深入贯彻全面从严治党方针，充分发挥全面从严治党引领保障作用，确保“十四五”时期我国发展的目标任务落到实处。全面从严治党是学校事业发展的引领和保障，各单位要继续严格执行《党委（党组）落实全面从严治党主体责任规定》，把党的政治建设摆在首位，更加主动地把全面从严治党放在“两个大局”的背景下去思考和谋划，坚决把思想和行动统一到中央和市委的决策部署上来，把党对高校的领导落实到把好办学方向、深化综合改革、推进依法治校、促进内涵发展的全过程。全面从严治党，关键在“严”。去年领导班子民主生活会征求的意见建议，很多反映的是部门之间推诿、协调不够、解决历史遗留问题不主动、作风建设需要加强问题，今年学校将继续坚持“严”的主基调，持续加强作风建设，在机关管理服务年、机关作风建设年的基础上，深入开展“服务质量提升年”活动，切实为群众办实事解难题，力戒形式主义、官僚主义，重点解决部门协调不够、作风不实等群众反映强烈的问题，推动“改作风 办实事”取得更多实效。同时，要突出高质量发展主题主线，持续推进纪检监察体制改革，严明政治纪律和政治规矩。以更严更细的标准贯彻落实中央八项规定精神，绷紧纪律之弦，落实应尽之责。持续加强师德师风长效机制建设，对师德失范行为依法依规严肃惩处。持之以恒正风肃纪反腐，深化巡视巡察上下联动，坚持以案为鉴、以案促改，营造风清气正的良好政治生态，引导全校师生切实增强“四个意识”、坚定“四个自信”、做到“两个维护”，坚守“为党育人、为国育才”的初心使命，积极把讲政治的要求从外部要求转化为内在主动，培养德智体美劳全面发展的社会主义建设者和接班人。

各位委员、同志们，让我们更加紧密地团结在以习近平同志为核心的党中央周围，坚持以习近平新时代中国特色社会主义思想为指导，继续深入贯彻党的十九大和十九届历次全会精神，牢固树立首都意识，坚持首善标准，保持政治定力，强化政治担当，以优良作风营造干事创业良好氛围，高质量推动学校“十四五”开好局、起好步，向着迈入世界一流大学行列的百年梦想奋力前行！

坚定不移推动全面从严治党向纵深发展 引领保障“十四五”事业高质量发展起步开局

——在北京工业大学2021年全面从严治党工作会议上的报告

谢 辉

（2021年4月7日）

同志们：

下面，我代表学校党委报告2020年全面从严治党工作情况和2021年重点工作任务。

一、2020年主要工作

2020年，在市委市政府的领导下，在市纪委市监委的指导下，学校党委以习近平新时代中国特色社会主义思想为指导，不折不扣落实中央和市委各项决策部署要求，以党的政治建设为统领，以巡视整改为契机，一以贯之、坚定不移推进全面从严治党，为学校“双一流”建设和打赢疫情防控阻击战提供了坚强政治和组织保证。

一是全面加强党的政治建设，切实增强“两个维护”的政治自觉。坚持和完善党委领导下的校长负责制，制定向市委请示报告重大事项清单，修订落实加强党的政治建设若干措施任务清单，高质量完成“8+2”专项整治任务，以钉钉子精神打好党的政治建设攻坚战。坚决扛起巡视整改政治责任，构建“1+2+13+54”的整改工作格局，推动巡视反馈45个问题及2个专项检查反馈意见整改落实，以整改实际成效推动学校改革发展。坚持把党的领导贯穿疫情防控全过程，形成一办七组架构，全力以赴打赢疫情防控阻击战，实现全体师生零感染、零疑似、零确诊。

二是压紧压实主体责任，不断完善全面从严治党工作格局。贯彻落实《党委（党组）落实全面从严治党主体责任规定》。健全常委会总负责，领导小组统筹协调的全面从严治党工作格局。指导二级党组织按照“三结合两跟进”要求修订主体责任清单。修订巡察规划，开展两轮校内巡察，持续深化政治监督。动态化考核二级党组织履责成效，加强日常工作交流，校领导带队开展现场督查。强化考核结果运用，开展集体约谈。召开全面从严治党工作会议和警示教育大会，督促各级党组织和党员领导干部切实担负起管党治党政治责任。

三是巩固深化主题教育成果，推动党的创新理论学习宣传贯彻向纵深发展。强化思想引领，建立学习长效机制。分层分类举办中层干部学习贯彻党的十九届四中全会精神专题培训、新任中层干部培训、入党教育培训。校级中心组集中学习16次。加强对二级党组织理论中心组学习的监督指导。学校宣讲团开展五中全会精神线下线上宣讲190余场。率先开设“习近平新时代中国特色社会主义思想概论”必修课程，获批市级重点建设马克思主义学院。

四是切实发挥党管干部政治优势，着力加强干部队伍建设。严把选人用人政治关，制定中层干部政治素质实施办法、考察清单，强化对干部政治素质和担当作为的考察，强化对年轻干部的政治历练和实践锻炼。加强干部管理监督，修订《中层干部日常管理规定》《处级领导干部兼职管理办法》，制定《中层干部平时考核档案管理细则》，严格干部请销假审批、出入国（境）和兼职管理，从严做好干部有关事项报告和核查。

五是坚持抓基层打基础，全面增强基层党组织政治功能和组织力。完善“四位一体”的组织体系建设，认真落实年度基层党建工作重点任务清单50项。严格执行学部（院）党组织会议和党政联席会制度，将学部（院）中心工作完成情况纳入党建工作绩效考核。加强党支部规范化建设，制定教工、学生党支部建设关键评价指标和负面清单，开展党支部工作自查整改“回头看”，督促“三会一课”等制度落实落细。设立“党员先锋岗”，发挥基层党组织在重大任务落实中的战斗堡垒作用。

六是严格落实意识形态工作责任，筑牢思想

政治工作生命线。完善校院两级意识形态阵地管理相关制度，强化阵地管理全覆盖。制定实施《关于进一步加强对论坛、讲坛、讲座、年会、报告会、研讨会等阵地管理的意见》《新媒体管理办法》，严格落实“一会一报”和“一会一审批”制度。加强思想动态摸排和舆情监管，及时发现处置苗头性问题。全口径摸排师生开设自媒体账号情况，加强学生社团管理，推进北京高校网络思想政治工作中心建设。加强党的宗教政策宣传与培训，有效防范宗教渗透。

七是坚持“以人民为中心”的发展思想，推动作风建设不断取得新成效。深入开展“机关作风建设年”，在校院两级机关开展“改作风 办实事”行动，推动41项实事清单落地，推进网上办事服务大厅建设，为师生提供更便捷的服务。严格落实中央八项规定精神，持续整治形式主义、官僚主义，从源头上控制和减少发文数量，大力改进会风，精简议事协调机构。校领导包案推进解决历史遗留问题和长期存在的矛盾纠纷，校内接诉即办平台受理事项的响应率、解决率、满意率均为100%。

八是强化权力运行监督制约，保持惩治腐败高压态势。深化纪检监察体制改革，调整纪检监察机构内部设置。进一步完善内控体系，制定《自筹经费支出管理办法》《酬金管理办法》《关于教职工经商办企业与学校经济往来风险防控的实施方案》。强化执纪审查力度，有效践行监督执纪“四种形态”，全年收到信访举报74件次，立案6件，给予党内严重警告3人次（含内部审理意见）、党内警告2人次、行政降级1人次、行政记过4人次、行政警告2人次，诫勉谈话3人次、批评教育17人次、谈话提醒1人次、约谈函询13人次。给予违反疫情防控工作规定全校通报批评11人次。

同志们，在过去的一年里，学校党委带领全体师生自觉对标对表中央精神，持续提升政治站位，不断增强落实全面从严治党主体责任的政治自觉、政治担当，统筹抓好责任落实，推进全面从严治党向纵深发展。但是，我们要清醒地看到存在的问题和不足，主要表现在：主体责任落实不平衡、层层递减现象还依然存在；干部队伍的政治定力和政治担当仍有所欠缺，敢于担当、敢于碰硬、善于斗争的本领需进一步增强；部分基层党组织建设的质量还不够高，“上热中温下凉”“中梗阻”“最后一公里”等难题还没有得到彻底解决；聚焦监督执纪问责主责主业仍需深入推进，重点领域和关键环节的监督方式方法需拓展，监督合力没有完全形成，等等，这些问题需要我们高度重视，在今年的工作中进一步加以改进和完善。

二、2021年重点任务

2021年是中国共产党成立100周年，是实施“十四五”规划、开启全面建设社会主义现代化国家新征程的第一年，也是学校初步建立世界一流大学的构架，实现“三步走”战略目标第二阶段的开局之年。

1月22日，习近平总书记在十九届中央纪委五次全会上强调，今年是实施“十四五”规划、开启全面建设社会主义现代化国家新征程的第一年，所有工作都要围绕开好局、起好步来展开。要深入贯彻全面从严治党方针，充分发挥全面从严治党引领保障作用，确保“十四五”时期我国发展的目标任务落到实处。2月5日，市纪委十二届六次全会召开，蔡奇书记在会上强调，要以推动高质量发展为主题，坚定不移全面从严治党，并从七个方面对做好纪检监察工作作出部署。在教育部和市委教育工委先后召开的2021年教育系统全面从严治党工作视频会议上，陈宝生部长和夏林茂书记分别就教育系统全面从严治党工作进行了部署，要求教育系统各级党组织和党员干部要切实把思想和行动统一到习近平总书记的重要讲话精神和党中央决策部署上来，推动教育系统全面从严治党向纵深发展。

根据中央、市委的工作部署和要求，结合学校年度工作要点，学校党委于上周发布了贯彻落实2021年全面从严治党、党风廉政建设和反腐败工作的任务分工，希望各单位认真贯彻落实，重点抓好以下几个方面的工作。

一是坚持以党的政治建设为统领，推动“两个维护”具体化走深走实。全面从严治党是党中央作出的重大战略部署，在“四个全面”战略布局中具有关键性作用。习近平总书记深刻指出，尽管党风廉政建设和反腐败斗争取得了历史性成就，但形势依然严峻复杂。在去年全市警示教育大会上，蔡奇书记指出，高校在加强党的政治建设、贯彻党的教育方针、坚持正确的办学方向、落实全面从严治党战略部署等方面，存在一些突出问题。市委巡视了29所市属高校，其中，有25所都存在党的领导弱化问题。我们要深刻领会“全面从严治党首先要从政治上看”的要求，始终将党的政治建设摆在首位，坚定社会主义办学方向不动摇，不断提高政治判断力、政治领悟力、政治执行力，高标准、高质量推进学校落实加强高校党的政治建设若干措施任务清单年度任务，以钉钉子精神打好政治建设攻坚战。我们要深刻领会“两个维护”是党的最高政治原则和根本政治规矩，是具体的、实践的，不能光喊口号，必须落实在行动上，体现在工作中。学校党委将加强对习近平总书记重要指示批示精神落实情况的督促，严格执行重大事项请示报告制度和重要批示指示督查督办制度，健全二级单位请示报告制度，把党规党纪教育作为理论学习中心组、支部学习的重要内容，引导师生遇到问题首先从政治上判断，清醒辨别是非，增强抵御风险挑战的能力，不断增强“四个意识”、坚定“四个自信”、做到“两个维护”。要结合修订学部（院）党组织会议和党政联席会议议事规则工作，推动基层党组织在重大办学问题、重要事项上把好政治关，经常对标对表，确保全面从严治党责任落实到位。

巡视是加强政治监督、促进政治建设的重要抓手，抓好巡视整改落实，是践行“两个维护”的具体行动。去年，学校党委落实市委第一巡视组反馈意见整改工作取得了阶段性的进展，但并不意味着整改已经结束。目前，我们有一项需长期整改的任务正推进落实，其他问题的整改成效还需要在日常工作中巩固深化。上个月，经学校党委研究，已正式启动巡视整改成效“回头看”工作，确定了七个重点深化专项，第一个专项是持续深化思政课改革创新和课程思政教育教学改革，落实“三全育人”综合改革；第二个专项是解决科研经费规范使用问题，全面梳理科研经费使用情况，继续完善制度，不定期开展抽查和自查；第三个专项是解决违规发放津补贴问题，全面梳理津补贴发放情况，既要解决遗留问题，又要避免新问题出现；第四个专项是解决大学科技园建设问题，严格落实上级要求，完善相关制度，理顺管理体制；第五个专项是解决新型研发机构后续发展的问题，制定发展建设规划，明确功能定位，完成与上级部门的工作对接；第六个专项是解决党支部规范化建设问题，加强基层党组织建设，深入开展干部队伍综合分析研判，锻造忠诚干净担当的高素质专业化干部队伍；第七个专项是跟踪推进“中蓝公寓、花园村校区、惠新东街校区”巡视整改未完成措施，持续推动需长期整改问题取得新进展。各单位务必以强烈的政治担当，高度的政治自觉，根据学校总体方案要求，做好自查自纠工作，继续扎实做好巡视“后半篇文章”，教育引导全体师生切实把讲政治的要求从外部要求转化为内在主动，不断将巡视整改成效转化成为推动学校事业发展的正能量。

二是继续强化创新理论武装，统筹开展好以党史为重点的“四史”学习教育。上周三，我们在这里召开了党史学习教育动员大会，对党史学习教育进行了安排部署。开展党史学习教育，是我们党推进自我革命，永葆生机活力的必然要求，我们要通过学党史、悟思想、办实事、开新局，进一步坚定全面从严治党的信心和决心。党员领导干部要带头认真学习贯彻习近平新时代中国特色社会主义思想和党的十九大，十九届二中、三中、四中、五中全会精神，认真阅读必读书目，坚持边学习、边工作、边总结、边提升。既要通过眺望“奋进路”，深刻领悟“新发展阶段、新发展理念、新发展格局”要求，学懂弄通党的创新理论，提高应对风险挑战的能力，加强在“两个大局”中对全面从严治党时代内涵和发展规律的把握；也要通过系统回首“来时路”“奋斗路”，从党史、新中国史、改革开放史、社会主义发展史中，汲取全面从严治党的智慧和力量，坚定理想信念，增强党性修养，传承红色基因；更要将学习与工作实践紧密结合，强化责任担当，在“我为群众办实事”等实践活动中，笃行实干，力戒形式主义、官僚主义，解决好师生的操心事、烦心事、揪心事，巩固拓展为基层减负成果，持续提升师生群众获得感、幸福感、安全感，通过固本培元，激扬斗志，凝聚人心，为推动学校“十四五”高质量发展打下坚实思想基础和群众基础。

三是着力构建高质量党建责任体系，全面加强基层组织和干部队伍建设。基层党组织是学校全部工作和战斗力的基础，发挥着政治核心作用。近年来，学校党委树立大抓基层鲜明导向，强化分类指导，从严从实推动标准化建设，不断增强政治功能和组织力。但是，从巡视巡察和专项检查考核中可以看到，学校基层党组织的“基本功”仍然不够扎实，主体责任落实仍存在不平衡现象，“三会一课”等组织生活制度落实不到位、工作手册记录不规范问题逢查必现，二级党组织对把好发展党员质量关、做好学生的思想引领还存在薄弱环节，等等，这些问题在一定程度上弱化了党的先进性，根源在于相关党组织在管党治党责任落实方面还抓得不严不细。今年，学校党委将组织贯彻落实好新修订的《中国共产党普通高等学校基层组织工作条例》，深入实施党支部规范化建设工程，督促基层党组织进一步规范党内政治生活，严格落实“三会一课”等组织生活制度。开展全校党支部“过筛子”工作，实施基层党建“小微提升”计划，促进党建工作与业务工作融合促进，进一步推进基层治理效能提升，把基层党组织打造成为坚强的战斗堡垒，为服务国家需求和首都事业发展，落实立德树人根本任务提供强大组织保证。

管住“关键少数”，全面从严治党才能落到实处。今年3月，学校党委启动了中层领导班子换届和中层干部集中调整工作，这是学校深化综合改革、加快一流大学建设的需要，也是打造风清气正政治生态，推进全面从严治党向纵深发展的重要举措。各级干部在换届和调整工作中，要严格遵守工作纪律，经受住组织考验，不辜负组织信任。学校党委也将继续坚持好干部标准，树立正确的选人用人导向，选优配强讲政治、懂教育、善管理的干部，尤其要把具有担当精神、奉献精神，在吃劲岗位、关键时刻，顶得住、扛得住的干部选拔出来；加强对干部队伍的监督管理，激发干事创业的热情，切实发挥“关键少数”作用，示范引领带动“绝大多数”。此次疫苗接种工作就是对党员干部是否讲政治的检验，我们绝大多数干部能够从“党的号召、国家需要”的高度，从“两个大局”的高度，认识疫苗接种工作的重要性，以身作则，带头接种，可以讲，党员干部接种疫苗总的结果是好的。但是，在前期疫苗接种工作中，有少数干部未能严于律己、身先士卒、起到应有的表率作用，有的对师生接种疫苗工作不够重视、组织不力，有的尽管符合接种条件，但由于各种原因在几次督促提醒下才前去接种，在疫苗接种这个“关键时刻”，未能交出让群众和组织满意的答卷，种种表现，暴露出的是政治站位不高，政治敏感性不足，对自己的要求有所放松，希望大家认真反思，引为镜鉴。

四是将严的主基调长期坚持下去，深入推进“两个责任”落实落细。十九届中央纪委五次全会上，习近平总书记深刻阐述了全面从严治党的新形势新任务，强调要“坚定政治方向，保持政治定力，做到态度不能变、决心不能减、尺度不能松”。三个“不能”，为我们坚持全面从严治党一以贯之、一抓到底、不折不扣，指明了方向。学校党委今年将继续在加强全面从严治党工作顶层设计和整体推进上下功夫，严格落实《党委（党组）落实全面从严治党主体责任规定》，持续健全党委常委会总负责、领导小组统筹协调的全面从严治党工作格局。继续统筹做好全面从严治党（党建）工作考核，对学校各级班子成员落实主体责任加强过程督促、日常督导，深化结果运用，更加有效地推动各级党组织主体责任落实落细。

学校将着力健全巡视巡察上下联动和巡视巡察整改长效化的监督工作机制。2018年至今，学校党委已经完成第五轮校内巡察，累计发现问题227个，通过发现问题解决问题，形成了有效震慑。目前，第六轮巡察工作已经开展。学校党委将继续紧盯巡视巡察、日常监督等发现的突出问题，加强对共性问题的分析，围绕立德树人和学校发展，加大督促整改力度，强化成果运用，充分发挥治本作用。校纪委要继续严格落实监督责任，开展经常性的政治体检，发挥好监督保障执行、促进完善发展作用，积极支持协助党委落实主体责任，把监督工作贯穿党领导学校事业发展的全过程，融入到业务工作之中。

五是坚决整治师生身边腐败和作风问题，持之以恒推动正风肃纪长效化。优良作风是党的性质和宗旨的体现，严明的纪律是显著的政治优势，是伟大事业取得胜利的重要保障。纵观百年建党历史，从1921年初的50多名党员，到2021年9191.4万名党员、468.1万个基层党组织，我们党始终能够长期执政，重要因素就是具有优良的作风和铁一般的纪律。进入新发展阶段，为了实现高质量发展，我们必须更加重视作风建设和纪律建设。今年，学校党委将继续坚决贯彻习近平总书记关于进一步纠正“四风”、加强作风建设重要批示精神，锲而不舍落实中央八项规定及其实施细则精神，加强对群众反映强烈问题的集中整治，纠治“四风”弘扬正气，巩固扩展集中整治成果，对执纪审查对象的“四风”问题，先于其他问题查处和通报。同时，要把师德师风作为教师评价的第一标准，严把教师入口关，持续加强师德师风长效机制建设。继续深化“以案为鉴、以案促改”警示教育，充分发挥警示教育的震慑作用。

加强师德师风建设，持续净化校园风气，是推进学校事业发展的根本保障。2021 年北京教育系统全面从严治党工作会议暨警示教育大会上，夏林茂书记就北京高校败坏师德师风、违法犯罪问题进行了通报曝光，体现了市委惩治腐败的坚定决心和鲜明态度，虽然没有点到我校的案例，但其中涉及的问题，比如学术不端、学术造假，生活作风败坏，疫情防控中违规违纪问题等，在我校警示教育案例中也都有不同程度体现。党风、校风、师风、学风互为影响，共同作用，形成校园政治生态基本面貌。违反师德师风问题，我在去年 11 月的警示教育大会上已进行了通报。需要引起高度重视的是，近几年我校每年都开展警示教育，但是教师因论文抄袭、发表不当言论、违规使用科研经费、违反生活纪律等问题，严重违反师德师风要求，逾越纪律红线，受到党纪政纪处分、组织处理及诫勉的案例仍时有发生，既对当事人自身发展造成不同程度的损失，也对学校的社会声誉造成了恶劣的影响。归根结底，这些都是政治意识和规矩意识淡薄，全面从严治党意识不强，工作要求落实不到位产生的问题。

学生违规违纪问题也请大家务必高度注意。近年来，学生骑自行车逆行、乱停乱放等问题，一直没有得到有效解决，我们的学生还有因为受到治安管理处罚，情节严重、性质恶劣被开除的事件。去年疫情期间，也出现个别学生因违反疫情防控规定，受到通报批评处理情况。说明我们相关管理部门、学部（院）、班主任、导师在对学生的警示教育、正面引导工作方面还需要加强。

六是持续推进学校内部控制体系建设，强化提升制度约束力执行力。制度建设是全面从严治党的基石。习近平总书记强调，“推进全面从严治党，既要解决思想问题，也要解决制度问题”。“善除害者察其本，善理疾者绝其源。”铲除不良作风和腐败现象滋生蔓延的土壤，根本上要靠法规制度。2020 年至今，党中央印发了包括《中国共产党中央委员会工作条例》《党委（党组）落实全面从严治党主体责任规定》《中国共产党地方组织选举工作条例》《中国共产党组织处理规定（试行）》等十余部重要法规文件。制度建设是我们党提高长期执政能力，保持先进性、纯洁性的重要保障。各职能部门要在顶层设计上加强制度研究，着力增强制度供给，增强制度的可操作性，不断健全廉政风险防控体系，持续推进学校内部控制体系建设向教学、科研、管理延伸，加强重点领域风险监控力度。

提高法治思维能力对于提升学校治理现代化水平意义重大，是增强履职尽责科学性、预见性、主动性的有效路径。去年，学校新立、修订了 87 个制度，今年要在此基础上，全面梳理校内规章制度。党员领导干部要带头加强政策学习研究，强化制度执行，提高运用法治思维和法治方式开展工作的能力，使各项纪律规矩真正成为“带电的高压线”，防止出现“破窗效应”。

七是切实增强监督治理效能，维护风清气正的校园政治生态。进入“十四五”快速发展时期，要确保稳定发展，必须把监督摆在突出位置，切实发挥好监督发现问题、防范风险、推动改革、促进治理的作用。学校将进一步强化政治监督，完善巡视巡察与纪律监督、审计监督等其他监督融合、衔接，推动各类监督有机贯通、相互协调，形成全面从严治党工作合力。重点查处违反中央八项规定精神、师德师风、科研经费管理、招生转学、基建工程等领域违纪违法问题。在干部选聘的关键时间节点上，要针对重点领域和关键环节开展专项监督，进一步严明纪律，推动监督落实落地，发挥好群众参与监督的重要作用，完善权力运行和制约机制。要加强监督执纪问责，以“零容忍”态度严肃查处腐败问题。深化运用“四种形态”，对党员干部的苗头性、倾向性问题早发现、早提醒、早处置，精准规范开展问责，一体推进不敢腐、不能腐、不想腐。

学校各级党组织要层层压实全面从严治党主体责任。主要负责人要将抓好党建作为办学治校的基本功，全力以赴当好“第一责任人”，班子成员要落实职责范围内的领导责任，强化“一岗双责”。加强正面典型宣传和负面案例警示教育，切实提升师生思想教育、纪律教育成效，推动全面从严治党向纵深发展，为落实立德树人根本任务营造良好政治生态。

同志们，全面从严治党永远在路上！让我们紧密团结在以习近平同志为核心的党中央周围，立足新发展阶段、贯彻新发展理念、构建新发展格局，以钉钉子的精神，以滴水穿石的韧劲，久久为功，纵深推进全面从严治党，引领保障“十四五”时期学校事业高质量发展良好开局、稳健起步，以优异成绩庆祝建党100周年。

建功“十四五” 奋进新征程 为学校“双一流”建设和事业发展做出新贡献

——在北京工业大学第九届教职工代表大会暨第十四届工会会员代表大会第一次会议上的报告

聂祚仁

（2021年4月21日）

各位代表、老师们、同志们：

大家好！

2021年是中国共产党成立100周年，是实施“十四五”规划、开启全面建设社会主义现代化国家新征程的第一年，也是学校初步建立世界一流大学的构架，实现“三步走”战略目标第二阶段的开局之年。站在“两个一百年”奋斗目标的历史交汇点上，迫切需要我们认真总结成绩和不足，集思广益谋划学校事业的新发展。

受学校委托，下面我从三个方面向大会作工作报告，请与会代表审议。

一、“十三五”时期学校主要工作进展

在“十三五”建设期间，学校坚持以习近平新时代中国特色社会主义思想为指导，深入贯彻党的十九大和十九届二中、三中、四中、五中全会精神，全面落实国家和北京市中长期教育改革和发展规划纲要的要求，牢记为党育人、为国育才使命，坚持“立足北京，服务北京，辐射全国，面向世界”办学定位，坚守立德树人立身之本，坚定不移深化综合改革，持续推进学校治理体系和治理能力现代化。五年来，在市委市政府的正确领导和大力支持下，在学校领导班子的团结带领下，经过全校师生员工的共同努力，学校综合实力位居全国地方高校前列，核心竞争力和国际化水平显著增强，整体办学水平大幅度提升，已经初步建成国际知名、有特色、高水平的研究型大学。

一是以党建为引领，为事业发展提供坚强保证。

全面加强党的领导，坚持和完善党委领导下的校长负责制，进一步健全党委统一领导、党政分工合作、协调运行的工作机制。探索建立“横向到边、纵向到底、双向交叉”的基层党建责任体系。推进“一院一品”和“双示范”支部建设，确保教学科研管理服务工作的政治方向。抓住领导干部“关键少数”，突出政治标准和政治考核。推进全面从严治党向纵深发展，营造风清气正的政治生态和育人环境。建立健全校内巡察制度。以首善标准和“钉钉子”精神坚决做好巡视“后半篇文章”。牢牢掌握意识形态工作领导权、管理权、话语权，加强思政课程和课程思政建设，统筹推进“三全育人”综合改革试点，1个二级党组织入选教育部第二批“三全育人”综合改革试点院（系）；2个二级党组织、3个党支部入选全国党建工作“标杆院系”和“样板支部”，1个党支部入选全国高校“双带头人”教师党支部书记工作室，1个党支部入选“百个研究生样板党支部”。

二是构建特色学科生态体系，学科建设水平快速提升。

学校以“双一流”建设为契机，统筹推进学科平台、人事制度、科研管理、人才培养、体制机制等各个领域的改革创新。在学科布局中突出“京味”，体现“京韵”，着力解决首都北京在城市建设、环境污染、交通拥堵、高精尖经济结构调整等方面的现实问题，基本形成了“一流工科、优势理科、特色文管、精品艺术”的特色学科生态体系。“十三五”建设期间，学校进入国家一流学科建设高校行列，重点建设“现代城市建设与环境工程学科群”，入选国家“双一流”建设学科；在教育部第四轮学科评估中，土木工程学科获评A，环境科学与工程获评A⁻，计算机科学与技术等7个学科获评B⁺。机械工程、材料科学与工程、控制科学与工程、光学工程共4个学科入选了北京市高校高精尖建设学科。计算机科学与信息系统、土木与结构工程、电子与电气、机械工程、物理学、数学、材料学、化学共8个学科进入QS全球学科前400名。化学、材料科学、工程学、环境与生态、计算机科学共5个学科进入ESI前1%。学校整体办学实力显著提升，首次跻身软科世界大学学术排名全球500强，位列2021年QS世界大学排名中国内地第32位，为历史最佳。

三是坚持立德树人根本任务，人才培养质量不断提高。

“十三五”建设期间，学校以国家和首都建设发展对人才培养的需求为导向，深化人才培养体制机制改革，构建多层级、多模式的高水平创新型人才培养体系。持续优化学科专业结构，聚焦一流专业建设，大力推进本科教育培养模式改革。创新研究生培养模式，完善“五位一体”国际化人才培养体系。坚持科教融合、科研育人。大力加强和改进素质教育，学生综合素质显著提高。与高水平研究型大学建设相适应的人才培养体系建设成效突显。研究生招生规模提升至与本科生相当，本科生深造率由31.0%提升至46.87%，超过“十三五”既定目标。新增13篇行业优博论文（含提名）。新增国家级实验教学示范中心或国家级虚拟仿真实验中心3个。通过工程教育专业认证及行业专业评估专业15个。新增6个交叉复合本科专业。

四是坚持引育并举，高水平师资队伍建设成效显著。

加强师资队伍建设，坚持引育并举，大力实施“人才强校”战略，坚持“强高端、优结构、重改革、增活力”的工作导向，努力构建一支与学校事业发展相适应的、高水平、国际化人才队伍。加强师德师风建设，持续深化人事制度改革，逐步形成了较为完善的激励评价机制和人才发展体系。“十三五”建设期间，学校共有专任教师1995人，其中每年引进海外博士33人。学校共新增两院院士2人、社会科学院学部委员1人，完成了“十三五”规划的总目标。新增国家自然科学基金创新研究群体2支、教育部创新团队1支。引进和培养教育部重大人才工程特聘教授、国家杰出青年基金获得者等各类领军人才共15人。

五是整体科技实力大幅提升，服务国家重大战略及首都“四个中心”城市战略定位能力增强。

创新体制机制，完善学术科研评价，探索科学合理的多元化科研评价体系。改革科研管理模式，推行“基地+”科研新生态，提升科技创新能力，成为首都创新驱动发展的新引擎。“十三五”建设期间，实现了国家级基地零的突破，新增城镇污水深度处理与资源化利用技术和工业大数据应用技术国家工程实验室2个；承担国家级重大重点科技任务71项；以第一/通讯单位在*Science/Nature*子刊发表论文12篇；到校科研经费24.29亿元，位居全国高校第32名；完成技术成果转让2.65亿元。服务全国科技创新中心建设，参与怀柔科学城“纳米生物医药精准诊断子平台”建设，自主研发成果RV减速器在亦庄开发区落地并产业化，获批怀柔科学城重点项目“车载电子用高可靠互连材料关键制备技术及产业化”。构建智慧北京智能化管理与安全监控系统，服务城市副中心菜篮子工程。精准服务北京市十大高精尖产业，筛选科技服务需求500余项，已完成服务对接50余次。健全服务北京和京津冀工作机制，成立服务北京工作委员会，出台《服务北京行动计划》框架。成立北京城市副中心研究院。搭建京津冀创新联盟组织架构，推进重大服务项目落地。构建社会参与机制，“十三五”建设期间收到社会捐赠5375.76万元。

六是坚持文化育人、以文化人，传承创新大学文化新局面。

全方位推进大学文化建设进程，开展建校60周年纪念活动，生动讲好工大故事，大力弘扬工大精神。丰富大学文化载体，发布学校校花、校树、吉祥物。加强学校全媒体平台建设，展示学校形象和特色文化。推动校园立体化导视系统建设，提升环境育人功效。秉持爱国荣校传统，实施文化提升工程，弘扬中华传统文化，积极传承红色基因，推进文化育人工作，传承发扬“工大精神”。4000余名师生独立组成“建国伟业”方阵，圆满完成国庆70周年群众游行、彩车设计制造、志愿服务、文艺晚会排练保障等各项任务，“‘千荷泻露’北关大道跨北运河桥梁设计”荣获第十三届全国美术作品展中国美术奖银奖。开展国家艺术基金“燕京八绝”等项目，完成冬奥会和冬残奥会展示中心、世园会中国馆、冬奥会吉祥物等设计。

七是积极提升国际化水平，国际交流合作深度发展。

深入实施由“北京工业大学的国际化向国际化的北京工业大学”战略转型，全方位服务于北京“国际交往中心”建设。“十三五”建设期间，学校坚持构建高质量国际化人才培养体系，加强国际化人才培养项目建设和“留学工大”品牌建设。不断完善高水平国际交流合作网络，强化国际合作基地建设。持续推进师资队伍国际化，构建外专引智体系，完善多层次教师国际化能力提升项目体系。积极响应国家“一带一路”倡议，加快推进“一带一路”中波大学联盟、京港大学联盟建设。持续推进北京-都柏林国际学院（BDIC）示范性中外合作办学机构品牌建设。截至目前，学校已在5个国家和地区设置了境外联络处，与全球33个国家或地区的176所院校建立合作伙伴关系，签署涉外协议273份。新增2个“111”引智基地。“十三五”期间，年度最高派出在校生1009人次出国（境）开展长短期交流学习，突破1000人次关口；在校各类来华留学生数达到1091人次，外籍教师在校人数达到103人。

老师们，同志们，“十三五”期间各项任务的圆满完成和成绩的取得，离不开市委市政府的坚强领导和大力支持，离不开全体师生员工的凝心聚力、奋力拼搏。在此，我代表学校向大家表示衷心的感谢和崇高的敬意！

在总结成绩的同时，我们也应该清醒地看到，学校事业发展与市委市政府、首都人民对优质高等教育的殷切期盼相比，与国内外一流高水平大学相比，在部分方面仍然存在着差距：一是学科整体优势和高峰学科数量不足，学科整体水平与世界一流还存在不小差距；二是创新型人才培养模式有待进一步完善，立德树人、“三全育人”还有待落细落实；三是支撑学校高水平发展的高层次人才总量不足，在国家重大战略需求领域和国际学术前沿领域的高层次创新人才较为缺乏，高水平的创新团队数量不多，优秀青年人才储备不够；四是科技成果转化能力仍不足，作为市属高校的“领头羊”“排头兵”，服务北京“四个中心”功能建设力度还有待提高；五是办学资源、环境等方面发展不平衡不充分的问题依然突出，教职工、学生等多项民生问题需要持续加以改善；六是学校内部治理结构还需要进一步完善，治理能力需要进一步提高；七是学校国际影响力需要进一步提升；等等。

二、当前学校事业发展面临的形势和任务

第一，中华民族伟大复兴战略全局和世界百年未有之大变局为学校事业发展提供了新坐标。

2021年是中国共产党成立100周年，我国开启了全面建设社会主义现代化国家新征程。立足中华民族伟大复兴战略全局和世界百年未有之大变局，高等教育要心怀“国之大者”，为服务国家富强、民族复兴、人民幸福贡献力量。十九届五中全会提出了“加快构建以国内大循环为主体、国内国际双循环相互促进的新发展格局”的重大战略部署。在加快构建新发展格局中，科技创新是关键。近些年来，党和国家对科技创新工作的高度重视前所未有。十九届五中全会强调“坚持创新在我国现代化建设全局中的核心地位，把科技自立自强作为国家发展的战略支撑”，并对科技创新专章部署，放在了规划任务的首位，这在我们党研究制定国民经济和社会发展五年规划的历史上还是第一次。2021年中央经济工作会议部署了八大重点任务，摆在首位的就是“强化国家战略科技力量”。今年3月，习近平总书记在福建考察时发表讲话，指出：“我们国家进入科技发展第一方阵要靠创新，一味跟跑是行不通的，必须加快科技自立自强步伐。要坚持创新在现代化建设全局中的核心地位，把创新作为一项国策，积极鼓励支持创新。创新不问‘出身’，只要谁能为国家作贡献就支持谁。”北京也提出要率先探索构建新发展格局的有效路径，在紧要处落好五个“子”，包括集中力量推进国际科技创新中心建设、“两区”建设、数字经济、以供给侧结构性改革引领和创造新需求、京津冀协同发展等工作。

前几天，习近平总书记在清华大学考察时强

调“党和国家事业发展对高等教育的需要，对科学知识和优秀人才的需要，比以往任何时候都更为迫切”。高等学校特别是高水平研究型大学，其使命就是通过基础研究和应用导向的基础研究，实现教学科研与人才培养相统一，基础性、原创性成果的重大突破，并在这一进程中培养高水平人才。“一流大学是基础研究的主力军和重大科技突破的策源地”，从全世界范围来看，历史中基础研究领域的重大突破基本都是在高水平大学中产生的，高校在基础研究突破中责无旁贷。作为以服务北京为己任的市属高校“排头兵”，学校也必须致力于服务首都经济社会发展重大需求，积极融入国家战略科技力量，主动发挥科技创新主力军作用。

近期的碳中和科技工作值得大家关注。今年3月15日，习近平总书记主持召开中央财经委员会第九次会议，强调要坚定不移走生态优先、绿色低碳的高质量发展道路，把碳达峰、碳中和纳入生态文明建设整体布局，拿出抓铁有痕的劲头，如期实现2030年前碳达峰、2060年前碳中和的目标。碳中和不仅仅是一个环境问题，它所带来的很可能是我国产业结构的深刻变革甚至是一次工业革命。在碳中和目标的约束下，我们的能源系统，工业、交通、建筑等领域，乃至我们未来的生活方式都将发生翻天覆地的变化，而实现这一目标的关键就在于科技创新。科技部等国家部委已经迅速行动起来，日前，科技部部长王志刚主持召开专门会议，强调要把加快碳中和科技创新作为科技部当前的重要任务，抓紧研究形成《碳达峰碳中和科技创新行动方案》，加快推进《碳中和技术发展路线图》编制，推动设立“碳中和关键技术研究与示范”重点专项。我校的学科专业与碳中和中的科学技术问题高度契合，因此我们必须紧紧抓住这个重大机遇，推动相关学科的发展。

第二，新时代加快推进教育现代化、建设教育强国为学校事业发展提供了新挑战。

建设教育强国是中华民族伟大复兴的基础工程。“十三五”期间，党中央高度重视教育工作，召开全国教育大会，对教育现代化和教育强国作出重大战略部署，教育面貌发生了格局性变化。截至2020年，我国教育现代化取得重要进展，高等教育已迈入普及化阶段，全国各类高等教育在学总规模达到4002万人，高等教育毛入学率51.6%。

根据习近平总书记关于教育的系列重要论述和十九大的教育战略部署，党中央、国务院印发了《中国教育现代化2035》，提出“到2035年，总体实现教育现代化，迈入教育强国行列”。国家“十四五”规划和2035年远景目标纲要制定了到2035年基本实现社会主义现代化的远景目标，要求届时建成教育强国，同时明确了“建设高质量教育体系”的政策导向和重点要求。前天习近平总书记在清华大学考察时指出，“一个国家的高等教育体系需要有一流大学群体的有力支撑，一流大学群体的水平和质量决定了高等教育体系的水平和质量”。在建设中国特色世界一流大学的进程中，锚定2035年总体实现教育现代化、建成教育强国的目标，高等教育改革发展面临许多新机遇和新挑战，高校特别是一流大学要牢记为党育人、为国育才使命，“把发展科技第一生产力、培养人才第一资源、增强创新第一动力更好结合起来”，积极、主动探索与之相适应的教育模式、质量标准和治理体系等，努力在高等教育强国建设中开新局、立标杆。

第三，加快推进“双一流”建设对学校事业发展提出了新要求。

党的十九届五中全会提出了“提高高等教育质量，分类建设一流大学和一流学科”要求。根据市委教育工作领导小组印发的《北京市属公办本科高校分类发展方案》，北工大被确定为“高水平研究型大学”这一类别。在去年“双一流”建设周期总结专家评议会上，专家评议组对学校“双一流”建设周期工作成效给予充分肯定。这是个好消息，因为评价结果将作为下一轮“双一流”建设资源配置和动态调整的重要依据。然而，这只是“双一流”建设的阶段性成绩。

作为地方高校和市属高校的“领头羊”和“排头兵”，北工大必须要瞄准国家需求和区域经济社会需要，坚持内涵、特色、差异化发展，打造“北京的清华、中国的一流、世界的亮点”这一工大品牌，领跑市属高校分类发展改革，以事业的高质量发展加快推进“双一流”建设。我们要思考的，不仅仅是自己能做什么，更是国家和北京迫切需要我们工大做什么事情、拿出什么成果、达到什么水平。过去，老校长李晨提出了

"踮起脚，够得着"的务实进取精神；现在，我们更要将这种进取精神发扬光大，以更加昂扬向上的姿态"跳一跳，够得着"，用主动融入的态度、勇于担当的工大行动，在服务首都"四个中心"功能建设和"两区""三平台"建设中发挥出研究型大学的优势，为首都建设和京津冀协同发展提供高素质的创新人才支撑和高水平的科技创新支撑。

三、"十四五"时期学校发展建设的基本构想

"十四五"是我校开启"三步走"战略第二步的关键起步期。学校将坚持"立足北京、服务北京、辐射全国、面向世界"的办学定位，坚持高质量发展、强化特色发展、领跑分类改革发展，建设"高水平研究型大学"，为建成世界一流大学构架奠定坚实基础。

（一）指导思想

坚持以习近平新时代中国特色社会主义思想为指导，全面贯彻党的十九大和十九届二中、三中、四中、五中全会精神，认真落实习近平总书记对北京重要讲话精神和关于教育的重要论述，准确把握新发展阶段，深入贯彻新发展理念，加快构建新发展格局，以立德树人为根本，以高质量发展为主题，以改革创新为动力，以提高治理体系和治理能力现代化水平为途径，进一步强化价值引领、转变发展方式、提升发展效益、厚积大学文化、增强办学实力，不断追求卓越，为首都建设、国家发展、民族复兴做出更大贡献。

（二）发展战略

坚持开放办学、人才强校、创新驱动三大发展战略，大力提升学校的社会影响力、核心竞争力和综合办学实力。

一是坚定不移实施开放办学战略。积极拓展国内国外两种资源：一方面用好国家、行业、区域发展红利，布局碳中和、数字经济等新领域，用外部增量资源带动内部存量优化；一方面强化国际交流与合作网络，提升学校的国际影响力。

二是坚定不移实施人才强校战略。人才是事业发展的第一资源。坚持引进、培育并重，以用为本，加大高层次人才引进力度，培育高层次人才领衔的学术创新团队，打造多元评价、人尽其才的环境氛围，营造尊重、爱护、成就人才的良好生态。

三是坚定不移实施创新驱动战略。面向世界科技前沿、面向经济主战场、面向国家重大需求、面向人民生命健康，对接国家和区域创新体系，以前沿和关键性问题为导向，发挥学部制优势，承接大项目，搭建大平台，开展跨学科研究，实现重大科技创新和突破。

（三）发展目标

为实现学校的使命愿景及近期目标，学校提出"十四五"期间着力打造"6个一流"的设想，以促进一流大学建设。

一流拔尖创新人才。着力建设高质量教育体系，优化人才培养规模与结构，建好一流专业，建强一流课程，建优一流拔尖创新人才培养基地。

一流学科共生体系。凝练方向，突出特色，持续加快一流学科建设。创新突破，推进学科交叉融合，激发新的增长点。

一流卓越师资队伍。激发人才创新活力，健全以创新能力、质量、实效、贡献为导向的科技人才评价体系，激励高层次人才发挥引领效应，鼓励优秀的青年人才勇挑重担。

一流科技创新成果。立足新发展阶段，以国家重大需求为导向，产出一批对国家和首都经济社会发展有贡献的重大标志性成果，在国际科技创新中心建设中贡献工大智慧。

一流国际化新格局。构建学校国际化发展内外双循环新格局。在国内，推进北京-都柏林国际学院深度布局北京城市副中心；在国外，持续拓展和深化全球交流合作网络。

一流内部治理体系。全面推行依法治校，完善学校内部治理体系，深化学部制改革成果，提高学部（院）治理能力和水平，构建新的发展格局，其核心还是以特色学科为支撑的高质量发展，高水平内部治理是保障。

（四）发展措施

1. 加强党对学校工作的全面领导

坚决落实"看北京首先要从政治上看"的要求，坚持和完善党委领导下的校长负责制。充分发挥全面从严治党引领保障学校事业发展作用，推动"落实和监督两个责任"贯通联动，一体推进不敢腐、不能腐、不想腐。实施基层党组织规范化工程、示范创优工程，全面提升基层党组织建设的质量和效能。始终把政治过硬摆在首位，选优配强干部队伍，着力提升干部治理能力。强化思想政治教育协同育人，打牢铸魂育人理论支撑，加快"课程思政"典型课程建设，打造一批可示范可推广的示范课程。深化“青马”品牌建设，拓展思政育人实施途径。

2. 突出学科特色发展

把握“双一流”建设重大机遇，瞄准国家发展重大需求、科技前沿和关键领域，以第五轮学科评估为契机，以一流学科为引领，分层级布局学科体系，打造高峰学科凸起、高原学科林立、特色与基础学科稳固的纺锤形学科生态结构。提升一批具有世界一流潜力的高水平学科，强化一批具备冲击国内一流的储备学科，培育一批具有一定发展基础和潜力的特色学科，夯实一批固本强根的基础性学科。对标北京市到2025年“建设成为全球新型智慧城市的标杆城市”目标，持续优化学科布局，找准对接点，在人工智能、智慧城市、绿色智能、材料制造、新时代人文社科、新基建、新经济等领域打造交叉学科群，进一步体现“京味”“京韵”。

学科建设方面的重点是：持续加强“双一流”建设。持续加强一流学科群建设，以一流学科的高质量发展带动学校整体学科水平提升。加强高精尖学科建设和学科结对共建工作，强基础、补短板，提升学校储备一流学科实力。

3. 构建高质量人才培养体系

近年来，高等教育发展由关注数量转变到更加关注结构质量。“十四五”期间，学校的人才培养结构将持续优化，本科生规模基本保持稳定或略有削减，硕士研究生规模有所增加，博士研究生和国际留学生规模呈一定比例扩大，切实打造与“双一流”发展、与“高水平研究型大学”市属高校分类发展定位相匹配的高水平的人才培养结构。同时，人才培养将更加突出质量和特色。学校将不断深化“三全育人”综合改革，推动育人方式改革创新，实施一流本科行动计划和高水平研究生培养行动计划，加强特色和优势专业建设，加快思政课程改革创新，发挥一流课程引领示范作用。深入推进产教融合、科教融合，打造促进教育链人才链与产业链、创新链有机衔接的产教融合新基地。不断完善教学能力培训体系，拓展教师荣誉体系。实施高水平研究生培养行动计划，推进学位授权点有特色高质量发展，促进研究生导师队伍高质量发展，优化研究生结构与生源质量。

人才培养方面的重点是：教育教学标志性成果打造工程。积极推动教育教学改革，加强精品课程、教材课件团队的引导、培育和传承，力争实现国家级教育教学成果奖、国家教材奖的新突破。

4. 打造一流卓越人才队伍

实行更加开放的人才政策，全面提升学科带头人和学术骨干的学术水平。积极营造良好的发展环境，坚持优质服务导向，充分发挥高水平人才队伍实效作用。完善高端人才引进和培育体系，以用为本，构筑由战略科学家、领军人才、卓越人才、优秀人才组成的进阶式人才引进体系，由工大学者、京华人才、青年百人、日新人才组成的进阶式人才培育体系，与国家级和省部级人才项目相互衔接，形成校内外并行的人才支持体系，为校内中青年骨干教师成长营造良好氛围。用好职称、绩效、考核等指挥棒，持续破除“五唯”痼疾，构建多维度的人才评价与发展体系，构建有尺度、有梯度、有温度的各类人才发展体系，完善薪酬激励保障机制，全面激发队伍活力。

人才队伍建设方面的重点是：引进培育更高水平的人才队伍。聚焦自然科学前沿领域和北京科技创新战略新兴产业，对接学校学科布局，瞄准关键学术领域，在优势学科领域探索引入若干院士或领军人才团队，夯实一流师资队伍建设基础。

5. 以科技创新提升服务首都发展的能力水平

聚焦国家重大战略和国际科技创新中心建设需求，加强顶层设计与战略部署，瞄准关键核心技术，开展重大任务攻关，切实破解“卡脖子”难题。提升科技创新能力和治理能力，实施高水平大项目提升行动计划，深度融入“四个中心”“三城一区”“两区”建设。产出一批对国家和首都经济社会发展有贡献的重大标志性成果，建立引导专利转化落地北京的政策支持和绩效奖励机制，以地方研究院等形式全面布局京津冀等发达城市群。深入推进军民融合行动计划。

科技创新工作方面的重点有三个：

一是积极贡献北京城市碳达峰碳中和科技创新。依托北京工业大学碳中和城市科技创新研究院，整合学校多学科优势资源，综合施策、创新突破，助力北京在实现碳达峰碳中和上争当“领头羊”，为北京“率先探索形成新发展格局”贡献工大力量。

二是科技创新和人才培养的国家级平台建设。紧跟形势变化，加强顶层设计，加大培育力度，依托学部（院）统筹资源分配，全力推进科技创新、教育教学等国家级平台建设。

三是布局“地方+研究院”模式。探索建设一批人才培养型、科学研究型和成果转化型地方研究院。持续布局国家大学科技园，进行科技成果孵化。继续做实做细技术转移转化工作，助力区域产业转型升级。

6. 构建北工大国际化发展内外双循环新格局

实施学校国际知名度与影响力提升计划，持续推进校部（院）两级协同，完善全球交流合作网络，增强“工大特色”的国际形象和知名度。探索建设国家级中波大学联盟，深化“一带一路”沿线国家和地区交流合作。增强国际科研合作种子基金的引导作用，深化高水平国际科研创新合作。持续完善“长短结合、类型丰富”国际化人才培养体系，做强“留学工大”计划。构建“100+N外专引智体系”，完善“有整有零、类型丰富”的教师国际化能力建设体系。

国际交流合作方面的重点是：北京-都柏林国际学院落地城市副中心行动计划。坚持世界眼光、国际标准、中国特色、高点定位，北京-都柏林国际学院布局北京城市副中心，建设在地国际化示范校区，打造北京国际化办学的示范窗口。推行“1+N”办学模式，形成以北京-都柏林国际学院为主导，与国际顶尖高校、优势学科多边合作的办学格局，探索建设成为高水平中外大学合作项目，助力首都国际交往中心建设。

7. 大力加强大学文化建设

实施大学文化内涵提升行动计划，涵养开放、包容、追求卓越的北工大特色文化品质。广泛开展爱国主义教育，培育首都情怀，推进校史校情教育，引导师生将小我融入大我，将个人成长融入到首都和国家的发展大局中。大力弘扬工大精神，面向教师实施“引领”“助力”“标准”“融入”四大工程，面向学生实施“思想”“文化”“创新”“实践”四大工程，引领师生凝聚价值共识。持续提升校园文化品质，完善校园文化载体，形成特色工大文化名片。建设智慧型图书馆，打造高水平图文信息中心。科学规划校园环境文化功能，打造校训标识物、校歌墙等精品、特色人文景观，形成特色文化符号，提升文化育人实效。

8. 完善学校治理体系提升保障能力

进一步完善内部治理体系，实现从管理到治理的转变，坚持和完善党委领导下的校长负责制，进一步理顺校部（院）两级管理体制，全面完善学部治理机制，构建有利于学校教学科研、学科建设发展的内部治理结构。提升资金筹措能力，积极拓展并完善多元化筹资渠道，保障办学经费持续增长。开源节流与提高效益有效结合，依法聚财、科学理财、有效用财，确保学校收入持续增长。积极发挥校友会、理事会、教育基金会作用，吸引校友及大学理事资源，推进基金会筹资，着力提升大额募捐水平。（在这里需要强调的是财务工作和内控工作。4月初，清华大学官网公布了2021年度部门预算，收支总预算约为317.28亿，从结构上看，一般公共预算拨款约为43.65亿，占收入预算的19.08%；非财政拨款性收入约为184.3亿，占收入预算的80.55%。）同时，我们要强化红线和底线意识，深化内控体系建设，在经费使用中不仅要做到“花得对不对”，还要思考“花得好不好”，切实提高资金使用绩效。

建设智慧校园，应用信息技术为教育赋能。全面开展“智慧工大”建设，推进教育治理信息化和教育教学信息化，构建信息资源开放共享体系。将信息化深植于教学、科研、管理和生活的各个方面，全面构建智慧校园。优化整合一校多区办学资源，加强校园基础设施建设，更加重视系统化、智能化、精细化、协同化治理，推进学校大物业改革，全面提升后勤管理水平和服务质量，建设更高水平平安校园，不断优化育人环境。大力实施民生工程，不断改善师生生活和工作环境，建设绿色学校，稳步推进管庄校区教师周转用房项目，努力解决教职工就医及子女享受高质量基础教育的问题，解决好师生身边的操心事、烦心事、揪心事，提升师生幸福感及获得感。

各位代表、同志们，站在两个“一百年”历史交汇点上，学校的事业发展面临着全新的机遇，也面临着更多的挑战。希望大家前瞻十五年、干好这五年、奋斗每一年，积极参与到学校重大事项的研究、论证和决策中来，多出思路、多提意见，为学校发展凝聚智慧、攻坚克难，在新起点上共同谋划实现学校“十四五”建设的新篇章！

谢谢大家！

深入学习贯彻中央和市委人才工作会议精神 开启人才引领高质量发展新征程

聂祚仁

（2021 年 12 月 30 日）

老师们，同志们：

大家下午好！

千秋基业，人才为本。党的十八大以来，以习近平同志为核心的党中央高度重视人才工作，今年9月27日至28日召开了首次中央人才工作会议，习近平总书记发表重要讲话，强调要深入实施新时代人才强国战略，全方位培养、引进、用好人才，加快建设世界重要人才中心和创新高地。11月15日，北京市委召开人才工作会议，市委书记、市委人才工作领导小组组长蔡奇发表重要讲话，强调要以首善标准抓好人才工作，力争率先建成高水平人才高地，为我国建设世界重要人才中心和创新高地提供战略支撑。

今天，我们隆重召开中共北京工业大学委员会人才工作会议，旨在深入贯彻领会中央人才工作会议和北京市委人才工作会议的精神内涵，准确把握实践要求，推动新时代人才强校战略落地生效，为学校“双一流”建设和首都高质量发展提供坚实有力的人才支撑。这既是学校全面推进“十四五”规划事业发展的客观需要，也是学校坚持党管人才，坚持人才引领高质量发展，坚持面向世界科技前沿、面向经济主战场、面向国家重大需求、面向人民生命健康，建设高水平创新型人才队伍的职责和使命。在此，我代表学校，向长期以来努力工作在教学、科研、管理、服务一线的广大教职员工表示衷心的感谢！并对你们为学校事业发展所做出的贡献致以崇高的敬意！

北京工业大学建校61年以来，始终坚持社会主义办学方向，坚持中国特色社会主义教育发展道路，全面贯彻党的教育方针，牢记为党育人、为国育才使命，落实立德树人根本任务。始终把人才工作摆在首位，坚持人才引领高质量发展，在人才培养、学科建设、科研创新、社会服务等方面取得了卓越成绩，学校整体实力不断攀升，办学特色不断彰显，已初步建成“国际知名、有特色、高水平研究型大学”，人才队伍水平稳步提升，人才发展生态持续优化。新时代新形势下，学校的人才队伍建设既面临前所未有的发展机遇，也面临前所未有的严峻挑战。下面，我将在总结过去几年来学校人才队伍建设成效基础上，结合中央、北京市对人才工作的要求和学校发展目标的需要，分析我们存在的不足，就未来三年如何深入推进人才强校工作提几点改革思路和举措，与大家分享讨论。

一、顶层设计，优化布局，适宜人才发展的制度和生态环境持续优化

近年来，在学校党委的正确领导下，围绕北京“四个中心”功能定位和京津冀协同发展战略布局，实施“人才强校”战略，坚持“强高端、优结构、重改革、增活力”的发展思路，深化人事制度改革，激发各级各类教师活力，人才队伍水平稳步提升，人才发展生态持续优化。

一是党管人才工作格局不断完善。学校持续加强党对人才工作的全面领导。校党委书记、校长亲自挂帅，担任人才工作领导小组组长，及时研究人才工作中出现的新情况新问题。党委常委会定期听取人才工作汇报，结合新任务新要求修订、出台人才政策，健全完善配套措施。院系层面建立严格的人才工作领导责任制，由一把手负总责。做好人才工作，不仅是校院两级党委书记党建述职和人才工作领导小组成员单位述职评议的重要内容，也是学校年度绩效考核的重要指标，更是领导班子评价、干部考核使用的重要依据。

二是高端人才集聚效应逐渐显现。学校大力实施“1352”人才工程，出台《北京工业大学高端人才队伍建设计划（试行）》《北京工业大学高端人才队伍建设计划实施细则（试行）》，提高人才待遇，吸引外部人才、扶持优势学科，稳定内部人才、激发个体活力，构建层次清晰、相互衔接的人才引进和培育体系，人才数量和质量均得到显著提高。学校累计自主培养产生中国工程院院士 3 名，国家自然科学基金委创新研究群体 3 个。目前，学校有中国工程院院士 9 人、社科院学部委员 1 人，日本工程院院士 1 人，教育部重大人才项目 11 人、国家有突出贡献专家 18 人、享受政府特殊津贴专家 52 人，国家杰出青年基金获得者 17 人，中组部国家级人才项目入选者 8 人。全职在校高端人才引培数量逐年提升，现有全职在校高端人才 175 人。特别是 2021 年，学校通过自主培养产生了 1 名中国工程院院士、2 名国家杰出青年科学基金者获得者、3 名国家优秀青年科学基金者获得者、3 名“北京学者”，3 人入选教育部重大人才项目、2 人入选中组部国家领军人才，实现了“十四五”良好开局。

三是人才队伍整体结构持续优化。专任教师队伍规模与比例稳步增长，从 2015 年的 1588 人，占比 53.53%，提升至 2021 年的 2138 人，占比 64.69%。专任教师队伍综合竞争力明显提升，专任教师博士化率从 2015 年的 68.2%提升至 2021 年的 82.69%，具有一年及以上国外、境外经历的占 23.9%，较“十二五”末提升 6.9 个百分点。专任教师中具有正高级职称者 461 人，较“十二五”末增长 37.20%；副高级职称 785 人，较“十二五”末增长 27.85%。学校全面推行长聘教轨制度，实施“能进能出”的用人机制，以提升业绩竞争力为标准，通过明确的“门槛要求”和“出门条件”持续优化师资队伍结构。

四是深化改革激发人才队伍活力。近年来，学校全面实施以“岗位聘任、绩效分配、人才评价”为核心的管理模式，持续激发人才创新活力。实施以岗位为核心的用人制度，将师德表现和岗位任务作为核心内容，实施分类考核，重视教学育人成果评价，执行新入校教师三年“保护期”免考核措施，让新教师安心工作、潜心研究，最大限度发挥人才效益、激发人才活力。落实以业绩为核心的分配制度，推进绩效分配制度改革，建立了“以知识价值为导向、以工作业绩为核心”的分配制度，避免简单以学术头衔、人才称号确定岗位薪酬待遇、配置学术资源的倾向，突出品德、能力和业绩。将绩效工资分配与工作业绩紧密挂钩，既体现岗位职责任务完成情况，又反映出对知识增值和学校事业发展的贡献。改革使绩效工资成为纽带，将学校的发展目标与教师个人的发展紧密联系在一起，良性循环、齐头并进。

五是稳步推进人才评价制度改革。在人才引进方面，尊重学科发展差异及不同科研阶段成果的差异性，分类制定 25 个学科人才评价标准，重点从学术经历和学术成果、代表性成果的质量和水平、开展科学研究的创新能力和发展潜力、研究工作的创新性和可行性等方面进行综合评价，让各类人才尽显其才。在专业技术职务评聘方面，2021 年度推进多维度评价，面向潜心教学、教学质量突出的公共基础课教师开设“教书育人”绿色通道，面向取得重大基础研究和前沿技术突破、解决重大工程技术难题、在经济社会各项事业中做出重大贡献的科研人员开设“揭榜挂帅”绿色通道。一大批青年学者由此脱颖而出。

六是搭建平台激发青年教师活力。学校完善“青年教师发展计划”，打造人才成长的梯度培养体系。修订《“京华人才”支持计划、“青年百人”提升计划和“日新人才”培养计划》（工大发〔2017〕19 号），构建年龄层次清晰、内外支持并举的中青年教师发展通道，逐步造就一批学术中坚力量。“十三五”期间，学校累计选拔培养京华人才 43 人，青年百人 87 人、日新人才 174 人。其中，京华人才有 12 人入选国家级人才项目，37 人入选省部级人才项目；青年百人有 8 人入选国家级人才项目，78 人入选省部级人才项目；日新人才有 7 人入选国家级人才项目，81 人入选省部级人才项目。博士后队伍作为青年教师的重要补充途径，修订和实施《北京工业大学博士后管理办法》（工大人〔2021〕3 号），建立了科学、合理、规范的博士后分类评价机制，博士后规模和质量都明显提升，充分发挥了高端人才蓄水池的作用。目前在站 290 人，近三年获得各级各类基金 305 项、人才项目 34 项，1 支团队获得“全国博士后创新创业大赛”揭榜领题赛金奖。作为首个实施高层次人才年薪制的北京市属高校和首批市级海外引才自主认定试点单位，学校充分用好自主权，多措并举提高青年人才待遇，让人才潜心教学科研、实现厚积薄发。连续举办五届国际青年学者“日新论坛”，吸引 2100 位海内外人才参加。2011 年以来与北京海外学人中心联合引进 167 名人才，占北京市自主认定项目人才总量的 10%。

在总结工作的同时，我们也认识到，当前学校正处在实施“十四五”规划、实现“三步走”战略目标、加快构建世界一流大学构架的关键阶段，对照国家人才工作新形势新任务新要求以及学校整体发展目标，需要我们更加深刻认识和分析学校人才队伍建设存在的不足。从服务国家和首都需求层面，学科布局还有待进一步优化，人才集群与学科集群的深度融合有待进一步加强；从学校的发展目标来看，人才队伍规模和质量还有待进一步提升，人才发展体制机制有待进一步完善，学校人才政策还存在对引进人才支持较多，对自主培养的人才重视不足的现象；在全方位培养、引进、用好人才方面的政策还不够完善；人才的聘用、晋升、流转通道不够健全；激励机制有待进一步完善，等等。知不足方能谋发展，针对当前人才工作中存在的这些问题，学校将牢牢把握人才工作正确方向，不断完善党管人才的工作格局，采取切实有效措施认真加以解决。

二、深化改革，激发潜能，下大气力全方位的培养、引进、用好人才

习近平总书记在中央人才工作会议上提出了做好人才工作的“八个坚持”：一是坚持党对人才工作的全面领导，二是坚持人才引领发展的战略地位，三是坚持面向世界科技前沿、面向经济主战场、面向国家重大需求、面向人民生命健康，四是坚持全方位培养用好人才，五是坚持深化人才发展体制机制改革，六是坚持聚天下英才而用之，七是坚持营造识才爱才敬才用才的环境，八是坚持弘扬科学家精神。这“八个坚持”是我们做好人才工作的根本遵循。

未来，学校将秉承聚天下英才而用之的理念，深化人才发展体制机制改革，下大气力全方位的培养、引进、用好人才，努力营造识才爱才敬才用才的良好生态。学校新时期人才工作的重点将以自主培养为主，引育相互促进相结合。围绕国家和首都战略需求，为发展做增量，为未来做储备，有目标有计划有力度地选拔培养后备人才，锻造解决真问题、真解决问题的顶尖人才方阵。完善战略科学家领衔的高端人才培育发展体系。坚持稳定一批、吸引一批、激励一批和培育一批的原则，以建设一流学科和一流研究团队为目标，统筹考虑学校发展定位和学科建设任务，统筹规划、科学设岗、明晰标准，加强服务，努力打造一支与学校发展目标相适应的高水平师资队伍。致力于为人才搭建起职业生涯全周期支持体系。将学校发展目标与教师个人发展紧密联系在一起。特别是，针对过去对引进人才支持政策较多、对自主培养的人才重视不足的现象，我们要旗帜鲜明地让自主培养的人才享受和引进人才同等的支持，真正凝聚人才、培养人才、激活人才，形成有利于各类人才脱颖而出的局面，为北京建设国际科技创新中心、率先建成高水平人才高地贡献北工大力量。将人才集群与学科集群的深度融合作为发力点。依托“双一流”建设，让学科搭好台，让人才“唱大戏”，充分发挥二级机构作为用人主体的主观能动性，通过学科平台建设，做大做强做优人才成长的载体，使之真正成为吸引人才的“磁场”、自主培养人才的“摇篮”和人才各尽所能、各展其才的“舞台”。

学校将加大教师选聘、考核、激励、发展机制的改革力度，建立适应世界一流大学建设需要的教师队伍建设体系。学校将通过细化教师队伍分系列管理制度，建立突出质量贡献绩效导向、符合人才培养和科技创新规律的教师分类体系；推进教师“预聘 - 长聘 - 专聘”制度改革。本着“明晰路径、综合评价、重视保障”的基本原则，科学制定选聘标准，加强评价和激励机制改革，建立教师聘任、晋升、流转通道，健全人才选拔、激励机制，完善教师发展路径。各学科可根据发展需要设置 PI（Principal Investigator）岗位，逐步建立人才特区，充分给予人才相对独立的学术、人事、财务自主权。学校将完善教师管理、评价考核组织形式，推进专业技术职务评聘改革，落实科学评价导向，推进多维度评价，让更多热衷于到生产一线搞创新的人才被社会了解、被国家认可，让更多创新人才培养的“栽树人”、源头创新的“挖井人”在工大脱颖而出，成为新时代推进和实现科教融合、产业报国的主力军。学校将不断完善分类分岗位的激励保障机制。在绩效工资的基础上进一步深化分配制度改革，完善以岗位绩效工资为主体，年薪制、协议工资等多元化工资体系。探索各系列教师跨部门、学校兼职开展学科交叉，支持学部（院）多渠道筹集教师薪酬。逐步建立规范化薪酬调标机制。根据不同系列岗位职责，实施分系列支持模式。加大公共课教学补贴投入，充分保障教学系列教师的收入水平。探索新型分配模式，研究系列探索项目工资制。

老师们，同志们，在前期广泛调研、充分研究的基础上，人事处起草了关于深化“人才强校”战略的“1 + N”系列文件，提交本次大会讨论，郭福副校长将对这些文件进行解读。各二级机构党委也将会组织召开本部门的人才工作会，学习传达本次会议精神，研究部署各部门人才工作。希望大家认真学习讨论、积极建言献策、凝聚智慧、汇集力量。

让事业激励人才，让人才成就事业。步入新甲子的北京工业大学将坚定教育自信，始终坚持“立足北京、服务北京、辐射全国、面向世界”办学定位，自觉肩负起实现高水平科技自立自强和创新人才自主培养的时代责任，扎根京华大地，奋力谱写出人才引领高质量建设的新篇章，在建设中国特色世界一流大学的新征程上迈出坚定步伐。

党建和思想政治工作

落实全面从严治党主体责任

【概况】 2021年，学校党委严格落实《党委（党组）落实全面从严治党主体责任规定》要求，常委会专题研究全面从严治党工作11次，党的建设和全面从严治党工作领导小组召开2次领导小组会议、1次小组办公室会议，部署全面从严治党、党风廉政建设和反腐败工作，开展政治生态分析研判2次，从严落实党委书记“第一责任人”职责和班子成员“一岗双责”。动态修订学校党委年度任务安排，制定《中共北京工业大学委员会2021年贯彻落实全面从严治党、党风廉政建设和反腐败工作任务分工》，修订全面从严治党责任清单，执行责任清单审查备案，学习党内法规，汇编制度76项，推动管党治党制度落实。

制定《2021年北京工业大学全面从严治党（党建）工作考核和政治生态分析研判工作方案》《2020年全面从严治党（党建）工作考核结果暨政治生态分析研判问题清单反馈意见整改工作方案》，修订考核《检查手册》、更新工作台账，向二级党组织发送工作提示，配合上级单位到校开展动态抽查，配合做好北京市全面从严治党（党建）工作考核民意调查。全年对9个二级党组织统筹开展动态抽查。年底校领导到二级党组织开展全面从严治党（党建）工作，深入督查14个单位，全面普查19个二级党组织。制定《北京工业大学关于学习贯彻全市警示教育大会精神的工作方案》，召开学校警示教育大会暨师德师风警示教育大会，推动全面从严治党向基层延伸。

党的政治建设。制定落实全国高校党的建设工作会议精神工作方案，落实加强高校党的政治建设若干措施任务清单。坚持党委领导下的校长负责制，开展党委领导下的校长负责制执行情况自查，修订《中共北京工业大学委员会关于坚持和完善党委领导下的校长负责制的实施细则》。落实重大事项请示报告和重要批示指示督查督办制度，把传达学习习近平总书记重要指示精神作为党委常委会会议首要议题和二级党组织会议重要议题，制定《二级党组织向学校党委请示报告重大事项清单》及参考模板，健全学校议事协调机构议事规则和会议制度。修订完善学校领导班子成员“八联系”制度的实施办法，落实领导干部谈心谈话制度和深入基层联系师生工作。

巡察制度机制建设。深入贯彻落实党中央关于加强巡视巡察上下联动、关于加强“一把手”和领导班子监督的《意见》和市委若干措施要求，严格落实市委巡视办、市委教育工委具体要求，健全完善巡察制度并深入落实。科学统筹谋划，实现十一届学校党委任期内巡察全覆盖目标。健全巡察工作机制，加强巡察制度建设，每轮巡察制定工作实施方案，印制巡察组工作手册，规范巡察流程要求，推进巡察监督规范化建设。围绕“三个聚焦”监督重点，结合学校实际和基层特点制定《北京工业大学巡察“三个聚焦”监督重点细化清单》，明确监督重点、细化监督标准。

巡察整改与成果运用。健全巡察整改促进机制和监督链条，建立重点问题整改动态管理台账，建立整改情况当面汇报机制，由被巡察党组织主要负责人就巡察整改落实情况向巡察工作领导小组当面汇报。推进巡察监督与其他监督有机衔接、贯通融合。制定学校《关于健全巡察与纪检监察协作配合机制的实施办法（试行）》。结合实际积极探索创新，强化巡察成果运用。加强对巡察整改成效典型案例的收集宣传，总结整改成效，发挥巡察政治引领作用。

（刘延畅　张　英　马立民）

【巡视整改“回头看”工作】 将2015年、2019年巡视整改成效一体自查自检，一体巩固深化。聚焦八个方面制定《巡视整改成效“回头看”工作总体方案》，召开专项会议，认真研究重点问题的整改举措。与全面从严治党（党建）工作考核和政治生态分析研判相融合，同步落实民意调查、反馈意见等问题整改。与校内巡察监督工作相结合，重点加强对八个专项内容整改落实成效的监督，巩固深化巡视整改成效。严格执行制度规定，防止老问题复发、新问题出现，杜绝风险隐患。

（王　琳　康　娜　马立民）

【开展第六、第七轮校内巡察】 印发《北京工业大学第六轮巡察工作实施方案》，2021年3月至5月开展第六轮校内巡察。组建5个巡察组和1个专项组分别对材料与制造学部党委、理学部党委、后勤党委、离休与机关退休干部党委、投资公司党总支5个二级党组织开展常规巡察和经费管理使用情况专项监督检查。印发《北京工业大学第七轮巡察工作实施方案》，2021 年 9 月至 12 月开展第七轮校内巡察。组建 5 个巡察组分别对城市建设学部党委、环境与生命学部党委、耿丹学院党委、通州校区管理中心党总支 4 个二级党组织开展常规巡察，对城市建设学部党委、环境与生命学部党委、通州校区管理中心党总支 3 个二级党组织同时开展“基层治理体系和治理能力建设专项巡察”，对国际交流合作处、港澳台事务办公室、基建修缮处、对外合作联络处、国际学院、樊恭烋荣誉学院、创新创业学院 6 个二级机构开展“党史学习教育暨主责主业专项巡察”。两轮巡察共发现问题 117 个，提出意见建议 46 条，并向校纪委移交相关问题线索。

（季娟娟　葛卫华　马立民）

组织工作

【概况】 2021 年，学校共有 16 个基层党委、4 个党总支，其中投资管理有限公司党委于 2021 年 9 月 14 日成立，同时撤销原中共北京工业大学投资管理有限公司总支部委员会。有基层党支部 465 个，其中在职教职工党支部 150 个、离退休党支部 55 个、学生党支部 259 个、师生混合党支部 1 个。学校共有党员 10981 人，占全校总人数的 30.86%。专任教师及教辅人员党员 1711 人，占该类人员总数的 61%；管理人员党员 719 人，占该类人员总数的 96.12%；工人党员 82 人，占该类人员总数的 27.06%；学生党员 7137 人，占学生总数的 24.83%；离退休党员 1332 人，占离退休人员总数的 44.74%。专任教师党员中，具有教授职称的党员 279 人，占教授总数的 69.58%；具有副教授职称的党员 429 人，占副教授总数的 67.56%；具有讲师职称的党员 338 人，占讲师总数的 61.34%；其中 35 岁以下的青年教师党员 498 人，占 35 岁以下青年教师总数的 71.04%。学生党员中，研究生党员 4881 人，占研究生总数的 47.75%；本科生党员 2256 人，占本科生总数的 12.18%。

1 月 5 日，北京市人民政府发文任命聂祚仁为北京工业大学校长，免去柳贡慧的北京工业大学校长职务。5 月 11 日，中共北京市委组织部发文任命王文杰、刘幸菡、王普为中共北京工业大学委员会委员、常委。12 月 7 日，市委决定免去郭福北京工业大学副校长职务，调北京联合大学工作。同日，中共北京市委组织部发文免去郭福中共北京工业大学委员会常委、委员职务。12 月 21 日，北京市人民政府发文免去郭福的北京工业大学副校长职务。

截至 12 月 31 日，全校共 231 名中层干部，其中正处级干部 74 人，副处级及聘任制副职 157 人。平均年龄 44 岁，正处级干部平均年龄 48 岁，中层副职干部平均年龄 43 岁。35 岁以下干部共 22 人；40 岁左右干部共 64 人，占全体干部的 28%，其中正处级干部 15 人，占本类干部的 22%。具有博士和硕士学位的人数分别占中层干部总数的 44% 和 52%；具有高级专业技术职务的人数占总数的 68%；女干部占总数的 47%。

2021 年共开展函询 5 人次，批评教育 1 人次，诫勉 3 人次，提醒 7 人次。

基层党组织规范建设。加强制度建设，指导学部（院）党组织制定《党组织会议和党政联席会议议事规则》，制定《基层党组织书记工作例会制度》《二级党组织书记、行政负责人定期沟通制度》《“书记抓书记”基层党建责任制度》；实施党支部规范化建设工程，指导各基层党组织严格落实“三会一课”等组织生活制度，开展党组织书记述职、党支部考核、组织生活会和民主评议党员等工作，推进基层党组织设置调整和按期换届，完成 8 个二级党组织的换届工作，指导全校党支部按期换届；建立长效机制，制定党支部《负面清单》《关键评价指标》，开展“党支部标准化规范化建设突出问题集中整改”和党支部“过筛子”，确定重点联系党支部，建立“党员校领导、二级党组织书记、职能部门干部”三级联系模式，分类晋级提升。组织申报北京高校党建研究会研究课题，《高校教师党支部分类发挥作用机制研究——以北京工业大学为例》获批 2021 年度北京高校党建研究会课题。组织学校 2019 年度 23 项党建研究课题结题工作，所有项目顺利完成结题。组织学校 2021 年度党建研究课题的立项和开题，共计立项课题 26 项，其中委托课题 4 项、重点课题 8 项、面上课题 14 项。

严把选人用人政治关。强化党委的领导和把关作用，全面实施政治素质考察办法，修订完善《北京工业大学干部选拔任用工作纪实实施细则》，注重全面考察、严格把关，重点考察干部在疫情防控、改革攻坚等重点任务中的表现。建立健全调研谈话、政治素质测评、政治理论测试、纪检信访师德师风意见征求、二级党组织和基层支部双签字的“五环节”政治素质考察机制，确保选出的干部政治过硬、德才兼备、有良好群众基础。

激励干部担当作为。进一步理顺健全干部人事档案工作机制，制定《北京工业大学干部人事档案管理办法》，按期完成干部人事档案专项审核全覆盖工作。启动编制领导班子和中层干部任期目标责任书。实施“干部治理能力提升培训计划”，举办“干部治理能力专题培训大讲堂”，举办全体中层干部培训班、新提任中层干部培训班。将关心关爱干部落实落细落到位，对在扶贫脱低攻坚第一线援派挂职干部和急难险重岗位上工作的干部给予更多理解和支持，切实保障援派干部福利、待遇。结合中层干部集中调整工作，把政治教育、工作支持、待遇保障、人文关怀贯通起来，进一步健全完善干部激励保障机制。

党员发展管理。2021 年共发展党员 2300 名，其中教职工 38 名，学生 2262 名；根据上级文件要求和工作实际，修订《北京工业大学发展党员工作手册》，进一步规范党员发展流程，提升党员发展质量；建立处级专职组织员、特邀党建组织员、院级专职组织员、院级兼职组织员四位一体的党员发展工作队伍；到基层指导党员发展工作，核查党员发展材料，列席发展会和转正会，建立反馈和整改机制，实现工作全覆盖；出台《关于加强在优秀青年教师和高层次人才中发展党员的实施方案》，实行优秀青年教师年度发展计划单列，建立校院两级领导班子成员、党员学科带头人联系优秀青年教师常态机制，做好在青年教师和高端人才中发展党员工作；2021 年 10 月 20 日，迎接市委组织部发展党员工作专项检查；全覆盖开展“在党逢十——我的政治生日”主题党日活动；组织开展“共产党员献爱心”活动，组织“七一”和春节困难党员帮扶慰问工作，2021 年共帮扶关怀了 3 位北京市困难党员和 69 位校级困难党员；更新全校党支部信息台账，加强党员 E 先锋系统的使用与信息维护；细致做好党内统计工作，学校获北京市高校 2020 年度党内统计报表优秀单位。开展近 5 年来党费收缴使用和管理情况自查工作，通过自查强化责任担当，抓紧抓好党费收缴使用和管理工作。

干部日常监督管理。进一步严格干部外出请销假审批、因私出国（境）管理和干部兼职管理，完成领导干部在高校、科研院所兼职、干部出国（境）和兼职管理自查等专项工作。办结处级以上干部外出请销假 1013 人次。完成干部统计年报工作。上报局级领导个人有关事项报告。1 月，面向全体填报对象召开领导干部报告个人有关事项工作部署暨填报培训会，按时完成处级干部个人有关事项集中报告、录入和抽查核实工作。2021 年共报告个人有关事项 151 人次，抽查核实 57 人次，其中包括随机抽查 13 人、重点查核 44 人。建立健全及时报告个人有关事项的长效工作机制，完成 2021 年度补充报告工作、领导干部个人有关事项报告专项整治重新自查工作。

干部考核。2 月 25 日，召开 2020 年度校级领导班子和领导干部年度考核、“一报告两评议”、党建述职评议考核测评会，80 余人参加会议并作测评。完成 2020 年度中层干部年度考核。应用干部考核系统，按照撰写述职报告、公布述职报告、确定考核结果、公示与归档等程序进行。以分级评价优秀推荐提名为基础，综合正处级干部互评结果、二级党组织书记基层党建工作述职测评结果、机构考核结果、正处互评、全面从严治党责任制检查、综合治理检查等结果和全校性专项工作完成情况，以及安全稳定责任、师德师风、个人事项未如实报告在内的违规违纪等情况，提出干部年度考核结果。2020 年度中层干部年度考核优秀 49 人，称职 158 人，基本称职 1 人。

完成中层领导班子和领导干部任期考核工作。领导班子任期考核以分级评价优秀推荐提名为基础，综合考虑正处级干部提名结果、群众满意度测评结果、“十三五”目标完成情况、工作实绩、违规违纪和重大失误等情况，确定领导班子任期考核结果。任期考核优秀领导班子 10 个，良好 33 个。

中层干部任期考核以分级评价优秀推荐提名为基础，综合考虑本任期内年度考核结果、正处级干部互评结果、群众满意度测评结果、“十三五”目标完成情况、工作实绩、任期内长期请假情况、纪检信访意见、违规违纪和重大失误等情况，确定中层干部任期考核结果。中层干部任期考核优秀43人，称职165人。9月开展中层领导班子和领导干部2021年度平时考核工作。12月修订《北京工业大学2021年度中层干部考核实施细则》，并组织开展2021年度中层干部年度考核工作。

做好各类培训调训。根据市委组织部的干部教育培训计划，配合完成局级学习贯彻党的十九届五中全会精神专题研讨班；全年共组织处级以上领导干部6名参加市委组织部等组织的各类培训班，其中1名校级领导干部参加北京市第21期局级领导干部研修班，选派5名中层正职参加了市委组织部中青年干部培训班。推荐1人参加京津冀高层次人才国情研修班，推荐3人参加北京市国家治理青年人才培养计划选拔，推荐1人参加联合国工业发展组织选派初级专业人员选拔。5月17—21日，学校党校作为首批北京市干部教育培训高校基地，承办市委组织部、市科委“国际科创中心建设专题培训班”。

举办培训班。党校结合学校实际研究制定《中共北京工业大学委员会党校工作细则》；开展《2019—2023年全国党员教育培训工作规划》实施情况中期评估，完成中期评估报告。为进一步强化理论武装，制定并实施《北京工业大学党校2021年培训工作方案》《北京工业大学2021年度在职教工党员教育培训工作指导性计划》，分层分类开展培训，全年开展16类线上线下培训。3月10日至12日举办中层干部学习贯彻党的十九届五中全会精神专题研讨班，207名中层干部参加培训；5月26日至8月15日241名二级党组织书记、教工和学生党支部书记参加全国高校基层党组织书记党史学习教育专题网络培训；7月22日至28日举办新提任中层干部培训班，65名新任中层干部参加培训并赴革命圣地井冈山开展党性教育；8月25至26日举办中层干部培训班，校领导、全体中层干部共221人参加培训；11月24日举办在职教工党支部书记、党务干部集中培训班，229名党务工作者参加培训；实施“干部治理能力提升培训计划”，全年共举办“干部治理能力专题培训大讲堂”7讲，培训1484人次；全年共开设18期学生和教工入党积极分子、发展对象、预备党员培训班，共培训4876人次。利用“学习强国”、“北京党员教育”、“党员E先锋”、党旗飘飘入党教育培训系统等平台，统筹教职工理论学习、党员干部讲党课等资源，结合“三会一课”、主题党日组织党员开展“四史”学习教育，党风廉政和警示教育。

（严　英　刘　巍　王文杰）

【庆祝中国共产党成立100周年暨“七一”表彰大会】 6月30日，组织召开庆祝中国共产党成立100周年暨“七一”表彰大会，集中表彰入选教育部高校党建“双创”培育创建单位的基层党组织、北京市级“两优一先”集体和个人、学校“三个一百”（100个先进党组织、100名教工优秀共产党员和100名学生优秀共产党员）集体和个人，颁发“光荣在党50年”纪念章，为学校“基层党建示范创优项目”和“突出贡献党员团队”授牌，集体庆祝“政治生日”。

（张　茜　袁　文　王文杰）

【开展“我为群众办实事”活动】 在党史学习教育中走在前、做表率，全校党支部召开“学党史悟思想、明宗旨找差距、立足本职办实事”专题组织生活会，开展“我为群众办实事”主题党日活动，共建立党员责任区180个、党员先锋岗687个，组织党员办实事2681件，党员参与志愿服务15213次。在全校中层干部中开展“我为师生办实事”实践活动，聚焦解决师生诉求、服务质量提升、教师成长发展、学生成长发展、带头纠正“四风”等五个方面，结合岗位实际和自身特点为师生办实事347件。

（张　茜　刘　巍　王文杰）

【推进基层党组织示范建设】 落实教育部“对标争先”建设计划，1个党支部入选第二批高校“双带头人”教师党支部书记工作室，推荐1个二级党组织和5个党支部申报第三批教育部“标杆院系”“样本支部”，做好已入选单位的培育和管理工作，推进学校首批“双示范”党支部的日常指导和验收工作；推进党建与业务工作深度融合，组织开展党建引领“小微提升”计划，共申报成果类46个、培育类80个，选树10个精品项目，《北京新闻》做专题报道，选树10个“优秀党支部工作法”，开展党支部“双共建”活动114项；1个党组织荣获“北京市先进党组织”，1名党员荣获“北京市优秀党务工作者”，入选《光荣在党50年——北京百名党员风采录》1篇，入选北京卫视《档案——“我志愿”栏目》专题片1个。

（张　茜　袁　文　王文杰）

【完成中层领导班子换届】 从3月开始，在全校范围内开展新一轮中层领导班子换届和中层干部集中调整工作。强化考核结果运用，在分析研判中充分运用干部上一任期内年度考核、任期考核、平时考核、专项考核和群众满意度测评的结果，坚持考用结合，考核结果较好的直接委任或优先提任，对考核结果较差或不适宜担任现职的领导干部进行调整。严格落实选任程序，强化交流轮岗锻炼。共组织民主推荐会30场，召开干部工作领导小组会议7次，提交党委常委会讨论7次。加大平级交流力度，注重增加中层干部多岗位历练的经历。本次干部集中调整工作中留任原岗105人，平级交流66人，新提任55人（其中20人是从教学科研岗位提任）。加强基层工作力量，健全完善进退机制。通过配备专职处级组织员、处级辅导员，进一步加强二级教学科研机构党员发展、党员教育、学生辅导等工作力量。根据二级纪委建设需要，任命7个二级纪委书记。领导干部能上能下、能进能出机制也得到进一步完善。在中层干部集中调整工作后，还根据工作需要和部分二级职能机构设置，对相关干部进行了交流调整，对个别空缺岗位进行了干部选任。

2021年中层干部任免共352人次。正处级干部任免共130人次，其中任命84人次（提任11人），免职46人次。中层副职干部任免共222人次，其中任命165人次（提任48人），免职57人次。

（于思化　张　英　王文杰）

【年轻干部队伍建设】 配合市委组织部完成优秀年轻干部库动态调整。启动新一轮校内优秀年轻干部集中调整工作。围绕国家和北京市需求，实施青年学术骨干教师业务与管理双专长引领计划，推动与北京经济技术开发区和朝阳区的干部人才交流合作，遴选23名青年学术骨干教师到校内外中层管理岗位实岗锻炼，平均年龄36岁。注重在重大活动中培养锻炼干部，选派16名干部和教师服务冬奥筹办，新派出参加实践锻炼、借调干部14人，推荐1名干部担任密云区石匣村驻村第一书记，2名优秀年轻干部任朝阳区、密云区乡镇副职。学校有关优秀年轻干部培养工作研究获北京市党建自选课题一等奖。

（于思化　张　英　王文杰）

统战工作

【概况】 2021年，学校共有6个民主党派基层组织，包括民革支部、民盟委员会、民建支部、民进支部、致公党支部和九三学社支社。学校有民主党派成员290人，其中民革13人、民盟120人、民建22人、民进18人、农工党15人、致公党13人、九三学社89人。学校还有侨界联合会、归国留学人员联谊会、党外知识分子联谊会、女教授协会等人民团体。

党外知识分子工作。 截至2021年年底，学校共有党外高级知识分子464人。1月8日，北京亦庄投资控股有限公司总经理、亦庄控股知联会会长杨文良，北京市委统战部党外知识分子工作处处长张猛等一行就校企合作来校交流座谈。7月22日，召开党外知识分子联谊会成立会议，市委统战部党外知识分子工作处处长张猛，市委教育工委统群处副处长薛健，谢辉、李四平、王普出席会议，王璞当选北京工业大学党外知识分子联谊会第一届理事会会长。

党外代表人士队伍建设。 加大工作力度落实党外代表人士队伍建设实施意见，完善部（院）两级联谊交友机制，充分发挥党外代表人士在参政议政、参与社会建设和学校事业发展中的引领作用。6月3日，举办党外代表人士培训，王普出席会议，学校担任各级人大代表、政协委员中的党外人士，党外中层干部，党外优秀年轻干部，民主党派基层组织领导班子及成员代表，党外高层次人才，侨联、留联会、女教授协会等统战团体的党外理事参加培训，校党史宣讲团专家、马克思主义学院副院长丁云教授作《协商建国与中国新型政党制度的形成》专题报告。推荐材料与制造学部秦飞教授担任北京市人民监督员。

民主党派工作、无党派人士工作。 6月，学校推荐参加市委教育工委举办的北京高校党外人士网络理论培训班11人次。7月6日，九三学社北京工业大学支社组织社员参观学校庆祝中国共产党成立100周年成果展。9月15日，召开“学党史、聚共识，积极助力新发展”党外人士网络理论培训班学员座谈会，王普出席会议，11名参加培训的党外人士参加座谈交流。11月8日，中国民主同盟北京工业大学委员会举行换届选举会议，民盟北京市委秘书长严为，组织部部长帅远霞，民盟朝阳区委副主委陈巴黎，秘书长王铮出席会议，杨金福当选民盟北工大第四届委员会主委。11月19日，民革北京工业大学支部组织学习贯彻十九届六中全会精神。11月19日，民盟北工大委员会召开全体委员会议，学习十九届六中全会精神。12月3日，民盟北工大委员会组织盟员到朝阳区城市管理指挥中心参观调研，并与盟区委领导班子座谈交流。

民族宗教工作。以习近平总书记关于民族宗教工作的重要讲话精神、《中国共产党统一战线工作条例》为遵守，发挥学校民族宗教工作领导小组统筹协调作用，落实校部（院）两级党委工作主体责任，加强党的民族宗教政策宣传，坚持送课上门，进一步落实新生入校新教师入职培训和调研工作，动态更新“十个一”工作台账，加强对信教师生引导与管理，有效防范校园宗教渗透，持续巩固民族宗教工作常态化机制。9月17日，朱丛琳为离休与机关退休干部党委党支部书记作题为“树立正确宗教观 抵制宗教渗透”的专题报告；10月21日，王普为新入职教师作题为“以最大公约数画出最大同心圆”的专题报告；10月21日，邀请中央民族大学乌小花教授为师生作题为“铸牢中华民族共同体意识，学习领会中央民族工作会议精神”的专题报告。

港澳台侨、归国留学人员工作。加强与学校港澳台侨工作领导小组成员单位间的合作，稳步开展学校港澳台侨师生工作，逐步推进建立统战、学生工作、教师工作和港澳台等部门的联动机制，增强校级层面工作合力。6月30日，举办第三届“侨桥家论坛”，以“侨心向党心，百年爱国情”为主题开展党史学习大讲堂，庆祝中国共产党建党100周年。8月，协助市委教育工委组织10人次完成归国留学人员问卷调查。10月29日，北京工业大学侨界联合会举行换届选举会议，北京市侨联党组副书记、副主席李冬娟，社会工作部部长陈赞兴出席会议，李静当选为北京工业大学侨联第三届委员会主席。12月9日，举办“科技领航，侨青筑梦”系列活动之起航活动“国基金申报大家谈”，邀请清华大学朱永法教授作题为“国家自然科学基金申请要点和心得”的专题辅导报告。

获奖情况。民革北工大支部主委崔铁宁获评民革市委反映社情民意信息先进个人，崔铁宁撰写的《关于生活垃圾分类制约因素与优化路径的调研报告》获评民革参政议政优秀成果奖；民盟北工大委员会主委杨金福获“中国人工智能学会优秀工作者”称号，盟员石照耀获“民盟北京市优秀盟员”称号，林健获全国大学生金相技能大赛十周年一级荣誉勋章、“2021京津冀大学生电装技术创新大赛优秀指导教师”；民建北工大支部会员刘洁萍撰写《用碳中和节能技术解决北京冬奥会鸟巢等场馆冬季恒温采暖问题的建议》信息，被市委蔡书记批示；致公党北工大支部主委李云燕获致公党北京市委优秀党员、致公党朝阳区委优秀党员和先进个人，李云燕负责并执笔撰写的致公党北京市委调研课题“关于全面评估北京市生态涵养区生态系统服务价值，健全完善生态保护补偿机制的对策建议”，被评为致公党北京市委2020年度优秀调研成果；九三学社北工大支社获九三学社北京市委成立70周年参政议政先进基层组织，社员杜修力获中国工程院院士，张金喜获九三学社北京市委成立70周年优秀社务干部，张延庆、刘赵淼获九三学社北京市委成立70周年组织和思想建设工作优秀个人，韩宇翃获九三学社北京市委成立70周年参政议政优秀个人、中国工程机械协会国际工程机械设计大赛金奖，九三学社北工大支社获评朝阳区委优秀支社，韩宇翃获评优秀社员，张延庆获评宣传工作优秀个人，张文利获评组织工作优秀个人，张娟、盛静、张爱莉获评社会服务工作优秀个人，王文思获中关村集团/北京市科委中关村国际前沿科技创新大赛医疗器械赛道三强、获张家港市市委/张家港市人民政府2021苏州·张家港全国创新创业大赛医疗器械行业专场赛亚军；北工大侨联志愿服务队获评“首都最佳志愿服务组织”，侨联张伟教授入选全球顶尖前10万科学家名单，李静等撰写的《首都高校留学归国人才创新工作面临问题及对策研究》获全国侨联系统2020年度优秀调研课题成果一等奖，陶庆华、李静等撰写的《新时代侨情变化及应对策略研究》获2020年度北京市侨联优秀调研课题成果（侨务工作类）二等奖，李登新、李四平、李静、陶庆华等撰写的《后疫情时代海外侨务工作战略助力公共卫生安全治理的研究》获2020年度北京市侨联优秀调研课题成果（侨务工作类）三等奖，李登新、李静、李四平等撰写的《建言“十四五”规划：推动军民融合战略实施》获2020年度北京市侨联优秀调研课题成果（建言献策类）二等奖。

（张洪彬　朱丛琳　王　普）

【女教授协会举办会议】 6月16日，召开女教授协会第六届理事会会议，传达2021年首都女教授协会工作要点，介绍我校女教授协会工作思路，参观“众心向党，自立自强——党领导下的科学家”云上主题展。12月28日，召开首都女教授协会主办，北京工业大学女教授协会、科学技术发展院、环境与生命学部共同承办的“巾帼绽放新时代——青年女教师创新发展论坛”，首都女教授协会会长何海燕线上出席会议。

（张洪彬　朱丛琳　王　普）

【新学期统战工作座谈会】 3月18日，召开新学期统战工作座谈会，谢辉、李四平出席会议，各级人大代表和政协委员中的党外代表人士、各民主党派基层组织负责人、党外年轻干部代表、党委统战部负责人等参加会议，学习《中共中央统一战线工作条例》，与会代表结合学习心得，围绕参政议政、履职尽责、党派建设等进行交流发言。

（张洪彬　朱丛琳　王　普）

【统战工作领导小组暨民族宗教工作小组、港澳台侨工作小组会议】 5月20日，召开统战工作领导小组暨民族宗教工作小组、港澳台侨工作小组会议，谢辉、聂祚仁、李四平、刘建萍、郭福、王普出席会议，学校统战工作领导小组、民族宗教工作小组、港澳台侨工作小组成员单位负责人参加会议，传达中央和北京市委统战工作精神，学习《中共中央统一战线工作条例》，汇报学校统战工作要点、党外干部队伍建设工作等。

（张洪彬　朱丛琳　王　普）

【新学期党外人士座谈会】 9月15日，召开新学期党外人士座谈会，谢辉、王普出席会议，各级人大代表和政协委员中的党外人士代表、各民主党派基层组织负责人、统战团体负责人、党外中层干部及党外年轻干部代表出席会议，通报新学期统战工作要点，与会代表结合自身工作实践，围绕学校统战队伍建设及沟通交流平台建设建言献策，就学校学科交叉融合、人才培养等方面进行交流，提出建设性意见和建议。

（张洪彬　朱丛琳　王　普）

宣传工作

【概况】 2021年，学校宣传思想文化工作在思想政治建设、意识形态管理、新闻宣传、大学文化建设等方面做到有创新有成效，为推动学校事业发展做出贡献。

思想政治建设。组织校党委理论学习中心组学习18次、党委常委会学习17次。制定《中共北京工业大学委员会关于2021年党委理论学习中心组学习安排的意见》，面向二级党组织提供理论学习材料，落实理论学习中心组巡听旁听制度。编印《思想理论动态》8期，10万余字。牵头实施党建与思想政治工作年度考核，组织思政工作研究课题等成果类申报、首都市民学习之星等活动评选。入选2022年高校思想政治工作精品项目1项；入选2021年度北京高校思想政治工作研究课题重点课题1项、一般课题2项、支持课题3项；1名教师入选北京市网络教育名师培育支持计划。推动理论研究阐释，相关教师在《光明日报》等核心刊物上发表文章。

意识形态工作主体责任。落实中央和市委关于意识形态工作决策部署，修订学校意识形态工作责任制实施细则。明确职能部处、二级党组织意识形态工作责任清单，更新并重新签订意识形态工作责任书。先后召开4次党委常委会、5次意识形态工作领导小组会、5次研判会专题研究意识形态工作，编发4期《意识形态工作简报》，开展2场意识形态工作专题培训。将意识形态工作责任制落实情况纳入学校全面从严治党工作考核和巡察工作，开展意识形态工作专项督查。严格落实报告会、研讨会、讲座、论坛“三级审查”机制，开发线上申报审查系统，切实加强对报告人个人背景、学术观点、讲座内容的“三审”职责。通过师生思想动态情况线上报送系统，及时掌握师生思想状况。围绕重要节点开展师生思想动态调研和滚动调查。加强对学校网络舆情的监测与监控，全年共监测到舆情数据158394条。

网络思政中心建设。完善网络思政工作机制，研究制定《北京高校网络思想政治工作中心新媒体平台管理办法》。开通“京小园”微博账号，形成媒体矩阵。组织召开北京高校网评员培训会，加强日常培训管理。组织2022年度“高校网络教育名师培育支持计划”（北京高校）评选工作，探索建立网络思政中心特聘专家库。推进校园网络文化建设，制作第四届全国大学生网络文化节北京地区宣传展板、视频，组织开展第五届全国大学生网络文化节、“微话六中全会”短视频作品征集展示等系列网络文化活动。加强网络舆情监测，建立负面敏感舆情日报机制。推动多功能大厅改造升级，探索可视化系统建设，逐步搭建网络文章评价系统。

新闻宣传工作。依托学校全媒体平台，做好新闻宣传和舆论氛围营造工作。中文门户网全年发稿459篇、访问3688967人次，新闻网发稿907篇、访问584150人次。官方微信公众号全年发布推送346条，粉丝数量突破10万人，总阅读量超过313万。官方微博全年发布微博1520条，粉丝数量突破150万，单条微博平均阅读量1.5万，月平均阅读量310万，17条微博阅读量突破10万。《北京工大报》出版10期，完成《北京工大报》年审工作。加强校园新媒体管理，创新学生记者团管理模式。巩固巡视整改成果，建立新媒体建设与管理责任清单制度，夯实校部（院）两级新媒体管理责任，加强校园新媒体管理；创新学生记者团管理模式。

大学文化建设。丰富大学文化载体，展示学校形象和特色文化。升级《北京工业大学视觉形象识别手册》，丰富学校标识文化。更新学校宣传片，设计发布宣传折页和宣传册。继续推进“口述历史”工作，凝练工大精神。采访任福田、王树森，采集“口述历史”4个小时视频资料，整理3万余字文稿。完善校园文化建设，提升环境育人功效。围绕教师节、校庆、绿色校园创建等节点开展特色鲜明的校园文化氛围营造。完善校园导视系统建设，建立4处广场标识景观，安装12处学部标识、1处楼宇大字与5栋楼宇内部导视系统，完成3栋楼宇命名。开展语言文字工作，传承创新中华优秀文化。召开学校2021年语言文字工作会议，开展“北工大师生迎冬奥，规范文字啄木鸟行动”等推普周特色活动；举办诗词分享会，选派师生参加中国诗词大会、中华经典诵写讲大赛等活动，获市级奖励7项。

（邵长伟　刘今朝　刘幸菡）

【组织开展党史学习教育】 制定党史学习教育实施方案，组织召开学校党史学习教育动员大会和领导小组会议。组织校级专题学习和实践，其中校党委理论中心组学习研讨5次、实践活动3次、读书班2天，组织1300余名教师赴中国共产党历史展览馆参观。组建党史宣讲团，宣讲130余场。成立校内指导组，推动二级单位落实各项任务。及时总结报送党史学习教育特色亮点工作，被《北京教育信息（党史学习教育专报）》刊发10次。学校作为教育系统唯一代表在全市“我为群众办实事”实践活动工作推进会作交流发言。

（郝　佳　刘　潇　谢桂生　刘幸菡）

【贯彻党的十九届六中全会精神】 发布学习贯彻党的十九届六中全会精神的通知，制订实施方案。成立“北京工业大学党的十九届六中全会精神宣讲团”，面向全校师生提供34个主题的菜单式辅导报告。市委宣讲团成员、校党委书记谢辉围绕学习贯彻党的十九届六中全会精神宣讲。

（郝　佳　刘　潇　谢桂生　刘幸菡）

【推进思政课程和课程思政建设】 党委常委会3次研究马克思主义学院和思政课建设工作，制订加强新时代马克思主义学院建设提升思想政治理论课质量行动计划，先后召开思想政治工作领导小组会2次、思政课程和课程思政建设工作小组会2次，筹建《大国首都》校级思政课。

（郝　佳　刘　潇　谢桂生　刘幸菡）

【做好新闻宣传和氛围营造】 以庆祝中国共产党成立100周年、党史学习教育、“十四五”开局之年、迈向碳中和、共同战疫、相约冬奥、绿色学校建设等主题为宣传重点，全面展现学校2021年各项事业发展成果。开设党史学习教育专题网站，持续宣传党史学习教育特色活动，展现学校各层面开展“我为群众办实事”实践活动系列报道；“共同战疫，北工大人在行动”专题网站持续宣传学校上下织牢疫情防控防护网；拍摄学校“碳中和”主题宣传片、党建宣传片《百年奋斗铸辉煌　为党育人谱华章——北京工业大学庆祝中国共产党成立100周年》、冬奥主题曲宣传片《一起向未来》等原创视频。

（吕　洋　张　超　刘幸菡）

【加强社会媒体宣传报道】 《光明日报》头版头条刊发解决“卡脖子”技术难题相关报道，中央电视台、北京电视台等社会重要媒体全方位报道学校师生积极参与服务保障中国共产党成立100周年庆祝活动、北京2022年冬奥会和冬残奥会各项服务保障工作。《北京日报》陆续推出《奏响“请党放心 强国有我”最强音》（整版报道）、《北京工业大学党史学习教育出真招见实效》（半版报道）、《谱写人才引领高质量发展新篇章》（整版报道），央视《开讲啦》、北京电视台《选大学 挑专业》《高校明星课》等栏目多次邀请北工大教师作为嘉宾参与节目录制，扩大学校社会影响力。

（吕 洋 张 超 刘幸菡）

【打造融媒体矩阵】 着力建设以“两网、两微、三新、一报、一台”为发力点的学校官方媒体平台，陆续入驻央视频、人民号、北京号、澎湃新闻等各大媒体平台。其中，官方微信公众号首次获“2020—2021年度中国大学官微百强”，《青春之声！天安门前，北工大人向党致敬！》原创推送阅读量突破10万。

（吕 洋 张 超 刘幸菡）

【营造庆祝中国共产党成立100周年主题氛围】 举办“百年奋斗铸辉煌 为党育人谱华章”北京工业大学庆祝中国共产党成立100周年成果展，精选400余张图片和20余件实物，引领全校师生坚定理想信念，汲取奋进力量。校园设置7个主题拍照区、9块主题展板、1个电子互动体验区、7条大型横幅，主干道布置道旗，全方位营造主题教育氛围。

（祖 志 刘今朝 刘幸菡）

【推进大学文化规范化多元化特色化发展】 制定《北京工业大学校园宣传阵地网格化管理方案》，规范校园宣传区域功能与责任划分。推动“一主六辅”校区宣传阵地协同共建、文化产品资源共享、主题宣传同频共振。推出《百个瞬间说百年》和《党史天天读》系列广播节目。拍摄吉祥物燕小北主题系列动画片《记忆》，生动讲述建校初期历史。推出建校61周年校史教育主题系列海报，激发师生校友爱校荣校情怀。

（祖 志 刘今朝 刘幸菡）

【推进迎冬奥文化氛围建设】 设计发布燕小北冬奥专题微信表情包，通过电子海报、石磡彩绘、主题宣传等形式引领全校师生积极参与到冬奥会、冬残奥会中，推动冰雪运动发展和知识普及。拓展校园宣传文化产品育人功能，围绕燕小北IP形象推出冬奥、新春主题系列文化产品，包括新春玩偶、主题窗花、大型公仔、手机壁纸、冬奥徽章等，营造浓厚的冬奥文化氛围，上好冬奥“大思政课”。

（祖 志 刘今朝 刘幸菡）

纪检监察工作

【概况】 **政治监督。** 坚持政治引领，探索构建“1+N+X”监督格局，即制订1项关于政治监督的重点任务清单，围绕重大活动、巡视整改、意识形态、纠治四风、政治生态、“一把手”和领导班子等重点领域形成N个专项监督工作方案并不断拓展，建立X项监督检查工作机制，推进政治监督具体化、常态化，将政治监督融于日常。督促推动党史学习教育走深走实，聚焦建党百年重大活动承办工作和冬奥会任务承办工作深入监督，第一时间成立专项监督组，并在学校党委常委会上积极建言在重大活动临时党委设立纪检委员。

日常监督。 坚持靶向发力，结合学校实际突出监督重点，开展日常监督检查百余次，发现并督促整改问题34个。围绕学生心理健康教育、科研经费规范使用、违规发放津补贴问题等中央和市委巡视整改完成情况加强监督检查，对苗头性问题给予批评教育1人次。聚焦“一把手”和领导班子深入监督，制订专项监督工作方案，监督发现二级单位领导班子成员违纪问题给予立案审查1件，校纪委书记、监察专员通过个别谈话与集体谈话相结合的形式与二级党组织书记谈心谈话12次。针对意识形态工作责任制落实情况、理论学习开展情况、思想政治工作重点任务深入开展监督检查，梳理7个主责单位3个方面15条主要职责，层层压实责任。坚持将疫情防控工作作为重点，根据实际情况及时调整监督方案，慎终如始开展监督检查，发现并督促整改问题14个。紧盯招生就业、基建采购、经费使用、人才招聘、干部任免等重点领域和关键环节加大监督检查力度，坚决防止以权谋私、弄虚作假等问题。

信访举报与执纪审查。 畅通“信、访、网、电”信访举报渠道，对信访举报登记实行统一管理，专人负责。规范问题线索管理，全年共受理信访举报37件，其中自收件23件。坚持对信访举报和问题线索集体研判，召开纪委全会6次、纪委书记办公会7次、纪检监察工作会22次。深化运用监督执纪“四种形态”，全年共立案9件，处置案件11件（含2020年立案的2件），共结案10件，给予10人党纪处分、1人取消预备党员资格的处理意见；对于苗头性问题，批评教育2人。进一步规范执纪审查各环节程序，制发纪律检查建议书3份，出具廉政意见或进行廉政情况的查询、审核等266人次，动态维护领导干部廉政档案58卷。

作风建设。制定并落实学校《2021年锲而不舍落实中央八项规定精神 纠“四风”树新风专项监督工作方案》，督促校内各级党组织切实履行作风建设主体责任。承担北京市“四风”观测点任务，细化“四风”问题六类23个方面动态观测指标，对全校35个点位开展观测工作，月均分析数据500余条，针对可能存在的问题开展监督检查18次，坚持日常观测与重点纠治一体推进。开展违规发放津补贴或福利、违规收送名贵特产和礼品礼金、违规吃喝、违规配备使用公务用车四类问题专项整治，加强节假日期间专项监督，强化对“接诉即办”工作的监督，加强协同联动，健全工作机制，推动责任落实。

宣传教育。筑牢思想防线，对新提任的58名中层干部进行集体廉政谈话，组织签订廉政承诺书。深化纪律教育，举办纪律教育宣讲报告会6场，“清风工大”微信公众号发布纪律教育、典型案例推送109篇。联合相关部门开展科研经费规范使用及管理政策宣讲与自查自纠工作，在年底前做到全校从事科研工作人员全覆盖。协助党委召开学校警示教育大会，督促二级党组织和党支部落实“四查三会两书”工作，深挖问题根源，加强案例剖析，深化警示教育。

队伍建设。结合党史学习教育深入开展理论学习与实践锻炼，校纪委书记、副书记分别参加北京市局级领导干部研修班、青年干部培训班，2名专职纪检监察干部参加中国纪检监察学院培训班；开展校纪委委员、党风廉政监督员、二级纪委和党委纪检委员培训8次；纪检监察办公室3名处级干部、1名专职纪检监察干部先后借调至市纪委市监委相关部门参与工作。加强干部监督工作，督促全校纪检监察干部依规依纪依法行使权力，尽职尽责正风肃纪反腐。

（裴　朵　杨　蕾）

【成立4个二级纪委】 9月成立材料与制造学部纪委、城市建设学部纪委、环境与生命学部纪委、理学部纪委。截至2021年年底，学校共在7个学部（院）设立二级纪委，将监督的触角不断向基层延伸。进一步选优配强二级纪委干部，与组织人、人事部门共同酝酿、考察二级纪委书记、副书记人选，在二级两委换届中充分听取师生对二级纪委委员候选人的评价，严格纪检干部队伍准入标准。进一步明确二级纪委工作职责和要求，强调二级纪委接受所在学部（院）党委和校纪委的双重领导，将工作重点放在监督上。

（裴　朵　杨　蕾）

机关党务工作

【概况】 2021年，机关党委落实《北京工业大学服务质量提升年工作方案》，拓展“机关管理服务年”“机关作风建设年”成效，以开展党史学习教育、深入开展基层调研、建立职能部处长联席会制度、优化和完善网上办事流程为举措，与“我为群众办实事”实践活动紧密结合，以党建引领机关服务质量提升。

机关党委共有24个党支部，其中在职教工党支部22个、学生党支部1个、师生混合党支部1个。党员443人，其中在职党员393人、学生党员50人。全年发展党员40人，转正28人。20个支部完成换届工作，新成立1个支部。开展党建引领“小微提升”计划，各支部共申报成果类项目4项，培育类项目10项，经评选，立项计划成果类项目2项，精品项目1项；1个支部获评“优秀支部工作法”。

（吴　莹　肖　念）

【开展“服务质量提升年”活动】 积极开展“我为师生办实事”实践活动。6月、10月，组织中层干部落实“我为师生办实事”实践活动，机关100余名中层干部共上报120余项实事清单；7月，24个党支部组织开展“我为群众办实事”主题党日活动；12月，机关各部门总结凝练实事清单50项，内容涉及服务质量提升、解决师生诉求、学生成长发展等方面。落实机关党员正职部门负责人联系学部（院）师生党支部工作机制，共计30

名党员正职部门负责人与师生党支部建立定点联系。

（吴　莹　肖　念）

【建立职能部处长联席会及支部书记例会】 5月，召开机关部处长首次联席会，重点传达上级有关为群众办实事工作要求，各职能部处负责人结合办实事开展交流研讨；7月，20多个部门参与研讨《深化新时代教育评价总体方案》；9月，各部门（支部）深入交流为群众办实事的思路做法、存在问题以及取得的阶段性成果；11月，学习党的十九大六中全会精神，围绕“支部工作法”“学党史办实事”开展学习交流，举办首批机关党员责任区、示范岗授牌仪式。

（吴　莹　肖　念）

【开展“党员志愿先锋行动”】 3月、4月，机关党员干部50余人参加学校教职工新冠肺炎疫苗接种服务工作；11月，机关党员干部14人参加学校教职工新冠肺炎疫苗加强免疫接种服务工作；12月，机关党员干部30余人参加学校硕士研究生入学考试服务工作。

（吴　莹　肖　念）

【举办“机关大讲堂”】 4月，举办“忆京华烟云 念初心使命——北京在建党中的地位和作用”专题报告；6月，举办“学机关党建百年历史 做高校党建时代先锋”主题党课；10月，举办“思想入党与思想建党——学习七一讲话精神，做合格党员，建设强大基层党组织”线上主题宣讲。

（吴　莹　肖　念）

保密管理工作

【概况】 保密委员会办公室（以下简称“保密办”）在学校党委和保密委员会的工作部署下，积极推进落实保密工作责任制，认真履行保密指导、监督检查职责，强调归口管理，规范工作流程，强化保密教育培训和保密监督检查，持续推进学校“大保密”管理体系建设。截至12月底，保密办专职编制4个，主任1人、兼职副主任3人、专职保密干部3人。

保密工作责任制。按照上级部门“党管保密”“依法治密”“归口管理”的要求，进一步落实保密管理与业务工作同计划、同部署、同检查、同总结、同奖惩。在指导涉密二级机构保密自查和保密全面检查的过程中，明确提出各涉密二级机构保密工作主体责任，加强工作协同，促进业务与保密工作相融合。5月，结合学校中层干部调整实际，指导涉密二级科研机构及时调整保密工作领导小组成员，完成学校保密委员会成员调整。9月，组织涉密二级机构签订个性化的保密工作责任书，层层压实保密工作责任。

保密管理制度化建设。及时制定（修订）保密管理制度，进一步完善学校保密管理工作制度体系。3—9月，新增工作秘密管理；新修订学校国家秘密载体管理、密品管理、保密工作奖励与违纪处理等4项保密制度。11月，更新制作学校保密管理工作制度汇编70册，汇总整理了学校现行保密管理制度供校内涉密二级机构组织保密制度学习和工作参考。

涉密人员管理与保密教育培训。严格涉密人员上岗、在岗、离岗全过程管理。5月，保密办会同人事处对学校涉密岗位、涉密人员基本情况开展梳理、统计、核查，并报送上级部门备案。6月，协同组织部、人事处，完成重要级涉密人员复审。全年办理新进涉密岗位人员60人、脱离涉密岗位人员38人、变更调整涉密岗位11人，因私出国（境）审批1人次。及时发放涉密人员保密工作补贴。

牵头组织多种形式的保密教育培训，通过组织涉密人员参观保密教育实训平台，举办定密知识讲座、新入职教师保密教育，组织大学生（研究生）观看保密警示教育片，制作宣传展板、校内信息门户轮播宣传图，组织专题学习《北京市保密国家秘密条例》，参与上级部门组织的庆祝中国共产党成立100周年保密宣传教育作品征集评选活动，开展保密知识竞赛活动等多种形式，对学校师生开展保密教育活动。此外，保密办购置并发放10余种保密知识书籍、宣传册，分别向保密委员会委员、新入校研究生、本科生、教师以及业务归口管理部门提供具有针对性的保密宣传教育资料。全年牵头组织（参加）的保密教育培训15次，共计64学时。

定密管理。明确涉密科研事项及党政事项定密管理流程，根据学校部门负责人任免情况及时调整指定定密责任人，发布《北京工业大学定密责任人及其职责范围的规定（2021 修订）》。9 月，组织定密知识培训及定密责任人签订《指定定密责任人授权书》，建立了规范授权、培训和动态管理机制。全年确定国家秘密事项 141 件。

工作秘密管理。为贯彻落实上级文件精神，做好学校工作秘密管理工作，制定《北京工业大学工作秘密管理实施细则》（工大密〔2021〕5 号），明确工作秘密保密管理要求。1—3 月，保密办协同研究生院、科发院、图书馆、档案馆开展研究生“标密”学位论文（1998—2012 年）梳理和解密审核工作，加强研究生涉密学位论文管理。

涉密载体和保密要害部位管理。严格执行涉密载体的制作、借阅、使用、保存、传递、复制和销毁工作的审批登记制度，严格管理密级文件收发，控制密级文件的知悉范围，对于非涉密人员知悉少量国家秘密事项，及时组织签订保密承诺书。全年协同科发院完成信息导入导出（载体制作）近 700 份；协同党办、国资处等部门对学校涉密载体敏感资料和信息设备集中送销 1 次，销毁涉密载体 582 份。加强保密要害部位管理，动态调整授权人员。全年，接收备案非授权人员进入保密要害部位 55 件。

保密科技管理。会同信息中心完成涉密计算机、内部机、互联网计算机的定期检查工作，定期撰写安全审计报告、风险评估报告。3 月，协同信息化处制定密标系统部署工作方案；9—11 月，完成 28 台国产化涉密计算机专用密标系统的采购、安装工作。全年启用国产化涉密计算机 6 台（含涉密便携式计算机 1 台）、涉密打印机 1 台，做好安全保密防护保障。全年提供外借便携式信息设备 57 次，送销涉密信息设备、存储设备 63 件。

专职队伍建设。保密办专职人员 2021 年度参加上级组织的业务培训 1 人次；发表 2 篇期刊论文；2 项保密工作相关课题分别通过校级教育教学研究课题、教育管理研究课题中期验收，1 项保密工作相关课题通过校级党建研究课题结题验收。

（孟宪婷　谷　峰　江飒英）

【保密指导、监督和检查常态化】 对重点部位和关键环节定期开展全面检查、专项检查和抽查，并监督涉密二级机构季度自查。3 月、5 月，根据上级部门对北京市电子政务内网终端设备保密管理及涉密领域国产化替代工作要求，对党办、组织部、纪检办开展终端设备保密管理专项检查和需求调研，并跟进工作进度。6—7 月、12 月，按照《机关、单位保密自查自评工作办法》文件要求，组织开展保密全面检查；检查采取“拉网式”自查同现场检查相结合的方式，具体指标涉及 11 大项 34 小项；对检查存在的问题提出改进工作建议，并督促整改落实。10—11 月，开展涉密人员自查、手机保密管理及专项任务自查，以“自查”强化涉密人员日常保密管理要求。12 月，对国家和北京市公务员考试、硕士研究生招生统一考试命题等进行校内全过程保密指导和监督检查。全年共组织保密全面检查 2 次，专项检查 6 次（含建党 100 周年庆祝活动专项任务保密检查），专项自查 3 次。

加强涉密会议管理监督检查，严格落实涉密会议审批制度，监督会议承办单位在使用设备、涉密载体发放与回收等方面是否符合保密规定。全年接收涉密会议备案和开展监督检查 7 场次。

指导监督归口管理部门对外宣传保密审查，严格学校官网、微博、微信公众号信息发布管理；加强论文发表、申报材料等对外交流材料的保密审查。全年完成外送材料（论文、著作、申报材料）保密审查 183 件。

（孟宪婷　谷　峰　江飒英）

【“两件大事”保密服务保障】 3 月至 6 月，根据上级部门工作部署，保密办牵头，严格落实参加中国共产党成立 100 周年庆祝活动单位的保密自查，并“一对一”地开展保密教育培训、交流指导。9 月，对庆祝活动的相关涉密人员、载体、设备开展收尾工作。制定学校 2022 年冬奥会和冬残奥会保密工作方案，确保冬奥运行保障保密工作万无一失。

（孟宪婷　江飒英）

【保密委员会会议】 全年召开 2 次保密委员会会议。3 月 22 日下午，学校召开年度第 1 次保密委员会会议，会上总结“十三五”学校保密工作完成情况，展望“十四五”重点工作，审议 2021 年学校保密工作和保密教育培训工作要点。此外，保密办汇报了 2020 年清理规范研究生“标密”学位论文相关工作及学校 2020 年专项巡察保密工作主责主业情况，对拟新增和修订保密管理制度情况作了说明。涉密学部就 2020 年保密工作履职情况进行现场述职；会议还组织评选 2020 年度保密工作先进个人 15 人。9 月 22 日上午，学校召开年度第2次保密委员会会议，会上传达上级保密文件精神，部署学期保密工作重点；听取了上半年保密工作全面检查情况汇报。会议还审议了保密管理制度，组织签订保密责任书、定密责任人授权书等。

（孟宪婷　江飒英）

安全稳定工作

【概况】 2021年，学校安全稳定工作委员会坚持“月会商、季研判”工作机制，组织召开5次工作会议，逐级落实安全稳定工作责任；细化安全管理责任，与49个二级单位签订安全稳定工作责任要点；制定专项工作方案，部署落实重要保障时期和各敏感节点校园稳定措施，组织开展校园安全稳定专项治理，针对重大矛盾纠纷、重大安全隐患开展全面排查整治，做好重点关注群体基础信息维护和重点人员教育管控，实现重要保障时期和各敏感节点零事端。

安稳保障。做好安稳工作信息搜集、研判和基础数据梳理维护，配合公安部门、国家安全部门调查案件6起，核查人员信息21件，提供各类信息27件；开具无犯罪记录和政审证明29人次；编发4期《保卫通讯》。落实24小时校内巡查制度，对教学楼、图书馆、宿舍以及校园环境等重点部位巡查，整治11件长期隐患；加强校内大型活动监督管理，完成开学典礼、毕业典礼、大型考试安全保障任务，全年校内举办200人以上大型活动105场次，活动涉及46563人次，累计出动安保人员215人次；按校园疫情防控要求，备案外来人员预约入校4万单、6万余人次；完成劳务派遣人员身份背景核查1470人。

消防安全。强化消防安全基础工作，坚持日常消防巡检，加强节假日、重要时期、冬春季专项检查。以电、气、火、放射源、化学危险物品、人员密集场所等部位为重点，组织开展消防安全专项检查11次，消除安全隐患和问题。筑牢消防安全防线，围绕“消防宣传月”主题，举办消防培训、高层楼宇和宿舍疏散演练活动26次，参与人数8000人；开展“一警六员”消防技能实操实训7次，参与人数1100人。开展电子模拟灭火体验14场，参与师生4800人；利用暑假军训对2019级、2020级6000名新生开展消防安全知识和技能培训；继续坚持新生全员覆盖、高层建筑疏散演练全覆盖的常态化工作机制。积极推进电动自行车充电桩建设，全力为师生提供安全、便捷的充电条件，在美食园北侧、第四教学楼西北侧和西区基础楼西北侧建成三个电动自行车充电站，共计44个充电接口，2021年7月1日投入使用。

校园交通整治。调整机动车禁行区域，将春华路和日行路中间段改设为步行道，优先保障师生行人的路权；更换和新增限速牌13块，车位画线32个，新增热熔胶限速标10个，补画车位线等，优化校园道路通行环境；禁止燃油摩托车进入校园核心区域，校内师生的燃油摩托车可以在学校东南门和校医院北侧指定停车区域内停放；结合《道路交通标志和标线》相关规范，将校园内机动车限速调整为20公里/小时；线上办理师生机动车出入证3500车次（含教职工第二辆车548车次）；完成每日校外来访预约车辆的备案和车辆信息录入、每日入校人员白名单的汇总；完成《北京工业大学校园停车管理服务项目》遴选评审，与北京市海安停车管理有限责任公司签署3年合作协议。

户籍管理。落实全国第七次人口普查工作要求，清理整顿162名师生滞留户口；协调解决教职工国外出生儿童落户、应届毕业生户口恢复等难点问题11件次；办理居住证明50人次；为师生办理日常迁入（出）手续1308人次、借阅320件次；集中办理2087名新生落户审批和880名毕业生户籍迁出手续。户籍窗口列为“人才引进和学生就业落户服务党员责任区”。

其他事项。处理和协助处理非正常死亡事件2起，冲闯校门2起，清理非授权校外人员入校12人，调阅监控录像260人次，抓获盗刷一卡通人员2人，发还捡拾物品39件，挽回损失1.5万元，为公安部门提供录像资料45小时，配合公安部门处理各类矛盾纠纷8起。

（周树文　姜志勇　李　曾）

【疫情防控期间校园安全管理】 完善校园及楼宇通行管理软件和硬件建设，维护楼宇门禁、认证比对道闸，完善校门人脸及一卡通验证系统，进行3次集中人脸数据补录，确保校门、主要楼宇通行人员信息可验证、人员身份经授权、人员通行有记录；实行校外人员进校线上申请审批，严格实行校园封闭管理；加强日常巡查力量，联合南磨房地区政府加强对校园周界、校门环境和秩序治理；按月进行楼宇制高点检查，及时发现封堵漏洞，跟踪检查49次楼宇制高点施工，人员147人次；签订《校内施工安全责任书》21份。

（张　明　苑敬雅　李　曾）

【**安全技术防范系统建设**】　完成通州校区监控主干网建设，确保校园安防监控覆盖率达标。筑牢校园疫情防线，开通校内网人脸数据补录系统，推行人脸识别入校。西校门闸机通道设施升级扩容，由原5路通道改造成9路通道，安装遮雨棚2套。完成艺术楼、财务楼、档案馆监控点位增设，老干部中心监控设备安装，安装摄像头17台、拾音器15套、敷设光缆350米。做好校内、保密要害部位技防系统和消防监控系统维护，维修382处，调整摄像机角度28次。做好校门楼门识别通道日常运行维护，排除障碍40次，维修更换电机35次、门扇47次。

（周树文　李　曾）

【**“平安北工大”微信平台建设**】　丰富管理服务方式，畅通沟通交流渠道，专人专责，更新部门微信公众号平台工作内容，累计发布32期、53篇。设立校园安全、校园交通、保卫工作3个栏目，发布办事指南及工作通知，以信息推送的形式发布治安提示和校园交通提示，随时接收安全隐患报告及违规停车信息上报，对收到的信息及时反馈。

（苑敬雅　李　曾）

【**开展安全宣传教育**】　组织开展师生员工安全宣传教育和培训，提高师生员工安全防范意识、应对突发事件和遇到不法侵害时的自护自救能力。结合“国家安全教育日”“119消防月”“安全生产月”主题宣传教育，邀请国安、消防、公安等领域专家进校开展国家安全、消防安全、交通安全、防毒禁毒等专题培训；组织开展新教师入职培训、新生入学教育安全教育专题培训内容；坚持安全课程送课上门，根据师生需求有针对性开展宣传教育。围绕“防范电信网络诈骗、非法集资、交通安全、食品安全、医疗卫生安全、消防安全”主题，面向全校师生组织开展“关注安全生命至上”安全宣传月系列活动；结合实际，在校园网、“平安北工大”微信公众号平台、邮箱发布警情通报及安全提示13次，在校内主要公共区域、学生公寓张贴“治安安全防范提示”，及时做好治安防范宣传；联合学生处开展治安防范宣传教育，提高师生防范意识，有效控制发案率。

（苑敬雅　李　曾）

【**开展校园安全专项整顿**】　根据2021年10月26日上级部门关于开展校园安全专项整顿工作会议精神，10月28日至11月2日，安全稳定工作部牵头拟定工作方案、指标体系并汇报学校党委常委会审议通过。11月3日，校园网发布《北京工业大学校园安全专项整顿工作方案》，组织召开安全稳定工作委员会（扩大）会议，部署专项整顿工作并启动二级单位自查与整改。11月15日，各二级单位上报安全专项自查隐患问题台账，学校上报北京市委教育工委安全稳定工作处《北京工业大学校园安全专项整顿工作方案》。11月17日，专项整顿工作小组召开会议研究各单位自查上报的各类隐患，梳理确定分级分类、明确整改责任单位和要求。11月19日，上报北京市委教育工委安全稳定工作处《安全隐患台账》统计表。11月24日至25日，在第一阶段学校各二级单位自查自改工作基础上，启动第二阶段各单位互查和学校专项督导检查，学校党委副书记李四平、副校长刘建萍、副校长乔俊飞、副校长郭福分别带队，聚焦常态化疫情防控、网络安全、矛盾排查化解和校园周边安全治理、消防、交通、危化品管理、隐患排查整治等重点工作领域，围绕在账隐患及前阶段自查阶段发现的问题，对疫情防控措施落实情况，办公场所、实验室、学生公寓、食堂、高层建筑、地下空间等重点部位隐患整治、稳控措施落实情况进行督导检查，推进问题解决。截至12月1日，学校各二级单位完成互查并向被检查单位及学校校园安全专项整顿工作领导小组提交互查情况简报。2022年，在安全归口部门日常检查和专项检查的基础上，学校将实施常态“飞行检查”和暗查暗访，督促各单位落实常态化安全管理要求。

（苑敬雅　李　曾）

【**安全隐患集中清理专项整治**】　持续推进安全隐患集中清理专项整治，推进3处彩钢板房拆除工作，对拟保留的28处彩钢板房，逐一与使用单位和使用人签署安全承诺书，写入年度《安全稳定工作责任要点》《实验室安全生产责任书》，落实安全自查、定期督查和专项检查。截至2021年11

月，完成学校西区基础楼 D101 被占房间清理工作和地下人防空间安全隐患集中整治工作。

（苑敬雅　李　曾）

离退休工作

【概况】　学校离退休工作领导小组统筹协调指导全校离退休工作。北京工业大学关心下一代工作委员会、北京工业大学老教授协会、北京工业大学老教育工作者协会在离退休工作处的支持下，结合实际，在老有所学、老有所为、老有所乐方面开展工作。学校共有离退休人员 2974 人，其中离休干部 50 人、退休人员 2924 人。离退休党支部共 55 个，党员 1375 人，各种老同志兴趣团队 18 个。全年新退休人员 71 人，去世 61 人（其中离休 6 人、退休 55 人）。

2021 年学校关工委委员刘秀兰同志获“全国关心下一代工作先进工作者”称号。学校关工委获得北京教育系统关工委 2021 年“读懂中国”活动优秀组织奖，学校提交的《星星之火，可以燎原》《“读懂中国”之深入交流老党员》获得“读懂中国”活动征文三等奖；微视频作品《讲好入党故事，传承红色基因》《不忘入党初心，为党旗增光添彩》分别获得“读懂中国”活动微视频二等奖和三等奖。11 月，学校关工委完成换届并召开退休委员交流会。

退休教职工服务管理。5 月，参加北京市教工委举办的 2021 建党百年主题活动，离退休老同志踊跃上交书画、征文、微视频等作品；6 月，离休与机关退休干部党委退休第九党支部、环生学部党委退休党支部与学生党支部开展“永远跟党走”主题党日暨老少共建活动；10 月，离退休老同志 2021 年金秋趣味运动会顺利举行；12 月，召开 2021 年新退休教职工欢迎会；积极做好 60 岁以上离退休人员接种新冠疫苗宣传工作，保障老同志安全健康。年底，全体校领导、党委常委、校长助理看望慰问离退休老同志代表。完成年统、年报工作，全年编印《常青藤》期刊，寄送 700 册，编印《工大要闻简讯》10 期、寄送 700 份。

离退休干部“三项”建设。4 月，召开学校离退休工作领导小组会、全校离退休工作布置会，研究部署 2021 年离退休工作。4 月，副校长刘建萍与老领导座谈交流，向老领导通报学校 2021 年中层领导班子换届和中层干部集中调整工作情况；9 月，校党委书记谢辉到离退休工作处调研指导工作；10 月，在中国传统节日重阳节来临之际，校党委副书记、校长聂祚仁看望参加集体政治学习的离退休局级老领导，向老领导通报学校近期工作并听取意见和建议。深入开展党史学习教育，6 月，副校长刘建萍到离退休工作处讲“党史学习教育专题”党课；承办北京教育系统“永远跟党走”主题宣讲团北工大首场宣讲报告会，王德珍作为宣讲团成员作报告；举办“老少同心筑梦，献礼建党百年”座谈会暨 2021 年“研究生走近老教授”活动；组织老同志参加全国离退休干部网上专题报告会 4 次、市离退休干部理论学习班 1 次；向市委教育工委报送“在党 50 年访谈”1 篇、“百年百人”老党员访谈视频 2 部、“老少同行跟党走”风采展示短视频 1 部，参加北京市老干部局组织的“老党员入党志愿书陈列展”。全年开展学校离退休党支部书记培训 2 次、140 人次参加，组织离退休局级干部理论学习 2 场，20 余人次参加。做好北京市离退休干部工作领导责任制考核迎检、党建引领老干部工作向基层延伸试点工作。

机关退休工作。截至 12 月底，机关职能部门退休人员 492 人，其中党员 291 人。接受学校党委第六轮巡察、全面从严治党现场督查，做好党建基本标准自查。开展“永远跟党走”主题党日活动，参观中国共产党历史展览馆、首钢园“北京冬奥会和冬残奥会展示中心”等。“七一”表彰评选中，5 个党支部荣获校级先进党组织、7 人荣获校级优秀共产党员称号。组织“七一”共产党员献爱心，213 名党员捐款 21745 元。4 月，开展建党百年知识问答，351 人参加。疫情期间，以多种形式开展线上党史学习教育，5 月，举行党史学习教育宣讲活动暨“初心讲堂”线下专题讲座。6 月，举行我看建党百年新成就专题调研座谈会暨“光荣在党 50 年”纪念章颁发仪式，为 102 位老党员颁发“光荣在党 50 年”纪念章、23 名老党员荣获“在党逢十”纪念牌。9 月，召开机关党支部书记培训会暨新学期工作布置会，30 余人参加。9 月，组织“七一”重要讲话精神知识问卷活动，366 人参加。10 月，组织喜庆冬奥会倒计时 100 天知识竞答活动，219 人参加。11 月，老同志热议党的十九届六中全会精神；全年慰问机关退休党员、困难职工 65 人次。

（王　琢　杨　龙　张　欣）

【离休“一对一”精准服务】 截至 2021 年底，全校共有离休干部 50 人，平均年龄 92 岁，全部进入“双高期”。2021 年去世离休干部 6 人。离退休工作处对离休干部实行“一对一”精准服务工作的意见要求，为离休干部提供服务。加强日常沟通联络，建立工作人员固定联系离休干部制度，定期电话联系问候。坚持定期订阅《北京日报》等有关报刊，寄送相关学习材料。坚持对离休干部节日、生病住院、家庭变故的慰问制度。组织离休党员开展“向党说句心里话”主题活动。“七一”和“两节”上门慰问离休干部 109 人次，发放慰问金和慰问品 13 万余元，医疗补助金 2 万元。

（马忠涛　张　欣）

【关心下一代工作委员会完成换届】 11 月，学校关工委完成换届工作。刘建萍宣读了《关于调整北京工业大学关心下一代工作委员会组成人员的通知》。第四届关工委主任委员马志成代表关工委作任期工作报告，程晓琦副主任委员代表新一届委员会发言。

（王　琢　温　涛　张　欣）

【离退休职工西区活动站暨老党员之家正式揭牌启用】 落实我为群众办实事，西区离退休人员活动站暨老党员之家于 4 月正式启用。站内设施包括读书读报阅览区，多功能会议区，棋牌活动区，乒乓球、台球活动区等。能在开展体育活动的同时，满足召开小型会议、支部活动、兴趣班以及文艺活动等需要。活动站非疫情期间能够全天开放，设专人保洁。

（王　琢　温　涛　张　欣）

【开展“执手话情深，偕老忆初心”敬老活动】 为金婚、钻石婚老同志免费上门拍照是离退休工作处针对学校离退休教职工开展的敬老活动，旨在表达学校对离退休老同志诚挚的关心和祝福。校领导亲自登门为老同志送上见证着相濡以沫爱情的纪念照，他们的脸上洋溢着幸福的笑容。重阳节期间，为全校每位老同志定制并发放了新款书包，受到普遍欢迎。

（王　琢　温　涛　张　欣）

【制作 2021 年版《北京工业大学离退休教职工服务手册》】 为了给离退休教职工提供更好的服务，在副校长刘建萍的悉心指导下，经过广泛调研和征求意见，由离退休工作处、人事处执笔，经 16 个部门通力合作，于 12 月完成《北京工业大学离退休教职工服务手册》的修改。手册主要内容包括离退休相关事宜办理、待遇与福利、离退休生活与服务、信息分享等六部分。

（任永方　张　欣）

工会、教代会工作

【概况】 2021 年，校工会下设 18 个二级分工会，工会会员 3889 人，其中女会员 1973 人。共召开执委会会议五次。4 月 25 日，会议选举北京工业大学第九届教代会执委会主任、副主任；7 月 22 日，会议讨论并审议通过《北京工业大学“十四五”时期发展规划（2021—2025 年）》；10 月 13 日会议讨论并审议通过《北京工业大学章程》；10 月 13 日，会议讨论并审议通过《北京工业大学岗位聘任办法（2021 年修订）》和《北京工业大学管理岗位聘任实施细则（2021 年修订）》；12 月 6 日，会议讨论并审议通过《北京工业大学考核办法（试行）》和《北京工业大学考核实施细则》。

2021 年度通过遴选及采购扶贫产品的方式，共为全校教职工采购并发放节日慰问品 119 万余元，其中采购扶贫产品 80 余万元。校工会为全体教职工继续投保《在职职工重大疾病互助保障》、《在职女职工特殊病互助保障》和《在职职工意外伤害互助保障》项目，截至 12 月，学校共有 15 位教职工通过互助保险得到理赔，理赔金额为 11 万余元。收集整理困难职工档案 82 户，发放慰问金 14.4 万元；慰问转街道职工 7 户，发放慰问金 3500 元。根据《北京工业大学在职教职工重大疾病补助办法》，慰问患有重大疾病的教职工 10 人，支付慰问金 10 万元。

健康工大各项活动。4 月 6 至 8 日在职工之家组织教职工趣味运动会，共有千余名教职工参加，比赛有颠羽毛球、颠乒乓球、跳绳、踢毽子、沙包抛接及高歌一曲六个项目，按照个人总积分的高低，设置了“趣味全能”奖、集体奖和组织奖。4 月 28、29 日组织北京工业大学第 46 届田径运动会，本届运动会共有近 500 名教职工参赛。材制学部一队荣获团体第一名，机关一队荣获第二名、信息学部一队荣获第三名，理学部、材制学部二队、经管学院、城建学部一队、后勤保障处分获第四至第八名。5月26日至6月4日，组织2021年“工大杯”教职工羽毛球联赛，本次比赛分团体赛和个人赛，共设置男单、女单、男双、女双、混双5个项目。共有23支参赛球队的260多名运动员参加比赛。城建学部一队荣获冠军、经管学院队荣获亚军、校直机关一队荣获季军。王振宇荣获男子单打冠军、张娟荣获女子单打冠军、包振山、吴强荣获男子双打冠军，韩天玉、彭丽荣获女子双打冠军，徐世东、李勇荣获混合双打冠军。9月29日，组织2021年北京工业大学教职工游泳比赛。共有11个单位、近100名运动员参与比赛。材制学部、城建学部和校医院获得优秀组织奖。10月26、28日，组织举办教职工“健康工大——云健身”活动，全校1200余人参加此次活动。2021年秋季开学，校工会组织开展教职工健身舞蹈培训。培训在5个会场同步进行，经管学院李梅老师领舞，共有200多名教职工参加。6月17日，在职工之家举办2021年北京工业大学“庆祝中国共产党成立100周年”主题歌会暨教职工歌咏比赛，共有32首比赛曲目参加此次比赛。材制学部、理学部、马克思主义学院、图书馆获得优秀组织奖。

女教职工线上活动。2021年，按照疫情期间防控要求，有针对性地在“三八”妇女节期间组织了“建党百年妇女权益保护”知识问答、“奋进‘十四五’ 巾帼展风采”主题征文活动、“魅力女性，内外兼修”女职工幸福课堂等丰富多彩的线上活动。

中小学入学政策宣讲。做好有子女入学需求的教职工信息摸排，邀请相关中学负责人、朝阳区教委工作人员举办线上入学政策宣传会，做好教职工子女入园入学的信息报送和协调工作。最终，共有13名教职工子女成功入学垂杨柳中心小学，9名教职工子女上报初中入学需求信息至工大实验学校，3名教职工子女成功入学工大附中，1名教职工子女成功入学北大附中朝阳未来学校。

工会宣传。在“北京工业大学工会”微信公众号发布推送110篇，在校内信息平台发布通知51条，工会工作信息53条，继续在“北京工业大学工会”微信公众号为教职工提供包括购车优惠、手机资费、优秀舞剧等在内的多项优惠福利资源。在信息处协助下，推进并完成工会网站改版建设。重点做好“双代会”换届大会宣传工作，在“北京工业大学”官方微信公众号上发布《建功“十四五”，奋进新征程！北工大“双代会”开幕！》《凝心聚力再出发！北工大“双代会”闭幕！》等，多次在北工大新闻网发布校工会新闻报道。《劳动午报》、“北京工人”新媒体报道学校“双代会”。校工会新闻、教职工风采及其作品在北京电视台、《工会博览》《北京教工》等校外媒体均有报道。在庆祝中国共产党成立100周年系列活动中，结合党史学习教育，组织如“方寸之间 百年征程”邮票影像展、“学党史 悟思想 办实事 开新局”党史知识答题、“奋进‘十四五’巾帼展风采”主题征文、“全国节约用水知识大赛”线上答题等宣传教育学习活动。

（张亚红　季景书）

【校第九届教代会第十四届工代会第一次会议】 会议于4月21日、25日在校礼堂召开，北京市教育工会主席宋丽静，学校领导、第九届教职工代表大会代表、第十四届工会会员代表大会代表出席会议，学校副高级职称以上教师，副处级以上领导干部，民主党派、青年教师、学生代表等列席会议。大会的主题是：建功“十四五”奋进新征程，为实现学校高质量发展作出新贡献。4月21日大会开幕式，校党委副书记、校长聂祚仁作题为“建功‘十四五’奋进新征程 为学校‘双一流’建设和事业发展作出新贡献”的学校工作报告，刘建萍副校长作题为“开启新征程 勇担新使命 为实现学校高质量发展谱写新篇章”的教代会、工会工作报告。开幕式结束后，各代表组按照议定日程，围绕校长工作报告、教代会工会工作报告、学校财务工作报告等大会有关文件进行了分组讨论。4月25日，召开换届选举会议及闭幕式。选举产生新一届教代会执委会、工会委员会和工会经费审查委员会。大会通报提案征集情况，审议通过大会决议，副校长、校工会主席刘建萍作大会总结讲话，对新一届工会教代会委员提出希望，并对如何更好地发挥教代会、工会的积极作用提出要求。

（杨　巍　季景书）

【参加北京高校第十二届青年教师教学基本功比赛】 5月至6月，北京高校第十二届青年教师教学基本功比赛举行。学校推荐学校青教赛各组第一名选手参加比赛，城建学部王超、孙蕊蕊，理学部高红丽，文法学部张蕾参赛，马克思主义学院赵聪聪参加“北京高校思想政治理论课教学基本功大赛”获得优胜并被推荐参赛。

最终，王超获得工科类A组二等奖，高红丽获得理科类A组二等奖，张蕾、赵聪聪获得人文科学类A组二等奖，孙蕊蕊获得工科类A组三等奖，学校参赛青年教师同时斩获了2个最佳教案奖。

（潘财炳　张洪亚）

【参加首届北京高校系统管理岗位青年教职工职业能力竞赛】 10月11日，首次组织北京工业大学管理岗位青年教职工职业能力竞赛暨北京高校系统管理岗位青年教职工职业能力竞赛校内选拔赛。本次比赛共有城市建设学部、文法学部、艺术设计学院、经济与管理学院共4个参赛团队参加。由文法学部陈晨、柴晶晶和城建学部袁小彭三位老师组成的参赛团队在北京高校系统管理岗位青年教职工职业能力竞赛中获得A组二等奖。

（潘财炳　张洪亚）

【组织教职工开展线上联谊活动】 组织单身教职工开展或参加线上线下单身青年联谊活动，其中组织线上单身联谊活动5次。5月28日，举办“在一起·遇见你——525爱我特别版”单身青年线上联谊活动，有来自北京工业大学、北京大学医学部、中国交通建设集团、北京市科学技术研究院等多家企事业单位的近200名单身青年参与。

（潘财炳　张洪亚）

【举办2021年新教师“认家门”活动】 10月22日，与人事处、教师学院共同主办新教师“认家门”活动，活动融入新教师岗位培训，来自各学院（部）及职能部处的180余名入校新教职工参加活动。活动环节包含工会工作介绍、社团协会招新、参观北工大幼儿园、参观后勤食堂米饭生产线等。

（潘财炳　张洪亚）

【教职工书法培训】 教职工书法培训是校工会举办多年的品牌活动，目的是为了促进学校教职工职业能力提升，提高教育教学水平和综合素养。校工会于上半年组织教职工线上硬笔书法培训，于下半年组织教职工软笔书法培训，共计200多人次参加培训。

（潘财炳　张洪亚）

【张泉村及其他结对村持续发展】 2021年，学校精准扶贫工作小组2次到张泉村调研。继续支持张泉村集体企业，在符合规定的基础上，通过组织工会活动购买奖品、在兄弟院校和其他企事业单位帮助推广相关产品等方式助力张泉村集体企业持续发展。根据市教委关于市属高校“引智帮扶”集体经济薄弱村的工作部署，北京工业大学与密云区大城子镇张泉村和密云区巨各庄镇查子沟村结对，对两个村的集体经济工作进行帮扶。10月9日，学校精准扶贫工作小组组织专家赴密云区巨各庄镇查子沟村和北京云梦园科技有限公司开展乡村振兴工作调研。

（潘财炳　季景书）

【落实消费扶贫工作】 2021年，通过扶贫双创中心采购元旦教职工节日慰问品新疆和田鸭25.4万元、和田大枣17.98万元；通过吉林省白城市通榆县新洋丰现代农业服务有限公司采购“五一”教职工节日慰问品22.05万元，同时，通过内蒙古星华源公司采购产品15.10万元；通过内蒙古星华源公司采购“十一”教职工节日慰问品6.21万元；合计86.74万元。通过开展“妇女权益保护”知识答题活动、“健康工大——云健身”活动、“乡村振兴 助力冬奥”知识答题活动、“共建绿色校园 同筑温暖之家”教职工有奖知识答题活动及其他教职工文体活动，采购山楂（7640元）、红薯（66650元）、南瓜（24000元）、苹果和核桃（127951元）等农产品作为活动奖品，共计采购22.62万元。学校后勤保障处采购帮扶农产品共计330万余元。校工会及后勤全年累计采购扶贫产品总额达439万余元。

（潘财炳　季景书）

【获评先进职工小家、暖心驿站】 先进职工小家4个，分别是马克思主义学院分工会、校医院分工会、材制学部分工会、城建学部分工会；职工暖心驿站12个，分别是艺术设计学院分工会、后勤保障处分工会、文法学部分工会机关工会小家、理学部分工会统计与数据科学工会小家、机关分工会校工会小家、图书馆分工会通州校区工会小家、校医院分工会内科工会小家、城建学部分工会机关工会小家、环生学部分工会机关工会小家、信息学部分工会机关工会小家、马克思主义学院分工会联合工会小家、图书馆分工会咨询部工会小家。

（朱　红　季景书）

教育教学

本科教育

【概况】 截至2021年12月31日，普高本科在校生人数为13589人，其中：樊恭烋荣誉学院137人，材料与制造学部1451人，信息学部3567人，城市建设学部1792人，环境与生命学部1259人，理学部585人，文法学部666人，经济与管理学院1400人，艺术设计学院1412人，北京-都柏林国际学院1320人。

教师队伍建设。2021年4月至6月，完成第十五期青年教师教学能力集中培训，9个教学单位122名新任专任教师参加教学能力培训课程及实践环节，经学校试讲考评与学院考核，取得培训合格证书，其中有23位学员获得优秀学员称号。

2021年4月，信息学部刘鹏宇教学团队、城市建设学部薛飞教学团队分别荣获“推动教学创新，打造一流课程”第一届北京高校教师教学创新大赛副高组、中级及以下组二等奖。完成2021年北京工业大学优秀教育教学成果奖评选，获奖成果56项，其中特等奖10项，一等奖15项，二等奖31项。落实《北京工业大学班主任工作管理办法》文件。完成2020—2021学年班主任工作考核。完成2021届毕业班优秀班主任标兵评选工作，评选标兵奖6人、标兵提名奖9人。2021年9月，组织“我和我的班主任”征文活动；2020年度立德树人优秀班主任评选工作，评选优秀班主任111人。依托教师教学发展中心，各学部（院）邀请校外专家为教师做教学能力提升方面讲座，2021年开展“名师工作坊”15场。为进一步提高本科生的工程素质，拓展本科生的工程视野，活跃校园学术氛围，举办工程大师论坛98场。

高职学生工作。2017年9月，学校接手高职学生人才培养，历时4年，在执行高职人才培养方案过程中，对高职学生出现的问题早发现、早预防、早规划；做细学生课程冲抵、技能证书等核查工作，不留漏洞，保证学生如期毕业；四届毕业生共计721人，办理退学16人、休学25人、复学81人，毕业率一直为100%。

教学运行管理工作。做好后疫情时代教学运行管理工作的科学规划和实施，实现教学平稳运行、高效运行，确保线上教学平稳有序，线上线下及时切换、无缝衔接；做好特殊培养类型学生教学运行工作，如“双培”、“外培”、港澳台侨学生；完成2020版教学计划教学运行对接工作和2020级学生校选专业课的排课、选课及考试工作；完成2020级辅修学生自主选课工作，整理各项教学运行数据统计，做好重大活动的教学运行保障工作；开通休学、保留学籍、复学等学籍异动网上办理功能，将异动数据录入教务管理系统。

教学竞赛及毕业设计。做好2021年各级别本科生科技竞赛的组织、协调和服务工作；继续加强科技竞赛过程管理，加大对本科生学科竞赛的引导与管理，突出学科竞赛在“学训赛创”一体化实践教学模式中的纽带作用；加强毕业设计管理工作，探索多样化的提高毕业设计（论文）质量的有效途径；制定《北京工业大学学士学位论文（毕业设计）抽检办法》；根据教育部和市教委安排，组织学校各国家级示范中心、虚拟仿真中心做好评估前期准备工作。

优化与完善“一条主线、三个阶段”、“学期检查、学年评估”以及“常规与专项相结合”的校内教学质量监控模式，加强校、部（院）二级督导的组织建设，完善“校院两级管理、部（院）为重点的本科教学质量保障体系；进一步强化班主任队伍建设，优化工作流程，充分发挥班主任的引导与示范作用，强化班主任队伍建设；深化监控数据分析，及时上报和公开教育数据，完成2020—2021学年本科教学状态数据采集工作；凝练和培养近年来学校教师在教育教学改革方面取得的教学成果，促进优秀教育教学成果的应用与推广，完成2021年北京市高等教育教学成果奖的推荐申报工作，提高人才培养质量；根据学校职称评聘办法，完成申报晋级高级职称教师教学考核工作，为2022年教师职称评聘做好准备。

专业建设。一流专业申报，共23个本科专业申报2021年度北京市级和国家级一流专业，最终推荐19个专业申报北京市级一流专业、16个专业申报国家级一流专业。优化专业结构，根据国家新兴产业发展需求，申报焊接技术与工程、大数据管理与应用2个新专业。住建部专业评估和工程教育认证，5月17—19日，建筑环境与能源应用工程专业接受并通过住建部专业评估（复评）。9月22—24日，软件工程专业接受工程教育认证进校考察。

课程建设。2021 年，强化课程思政和专业思政，修订课程教学大纲和课程简介。贯彻党的德智体美劳全面发展方针，优化美育课程体系，完善 2021 级各专业人才培养方案修订。突出专业培养目标的特色，强调与学校人才培养目标的契合度。拓宽专业口径，推进学科大类培养；落实一流专业内涵建设，注重建设实效；组织做好工程专业认证，提升工程教育质量；继续开展“双培”、“外培”和贯通培养合作，加强学校与专业层面与央属高校、北京市高校和境外名校的合作与联系，促进优质资源共享，积极探索改革方向，提升学校专业办学水平；引进并依托优质教学资源，做好在线开放课程日常运行管理，不断推进混合式教学模式改革；开展课程思政典型案例征集、遴选活动不断推进课程思政建设。将“思政”元素融入到课程内容安排之中，推进专业教育、通识教育和“思政”教育相融共进。

组织各学部（院）完成课程思政建设规划编制；组织全校专业教师参加以“深化课程思政质量建设，提升高校立德树人成效”“教学有道 铸魂育人”为主题的课程思政专题网络培训、高校教师课程思政教学能力培训网络会议、“国家级课程思政示范课程”报告会；组织第二批课程思政示范课程培育项目遴选，立项培育 37 门课程；组织开展第二、三批课程思政优秀案例征集活动，分别产生 40 个、104 个优秀案例；组织校级首届课程思政教学设计大赛，评选出特等奖 2 名、一等奖 10 名、二等奖 8 名、优秀组织奖 8 个；启动第一、二批优秀案例汇编出版工作；“工程力学”课程获得教育部首批“国家级课程思政示范课程、教学名师和团队”称号；“理论力学”“土力学与基础工程”“微观经济学”“大学物理”“水质工程学-2”5 门课程获得“北京市课程思政示范课程、教学名师和团队”称号。在线开放课程建设。持续落实《北京工业大学本科重点建设课程规划和实施办法》，以“慕课”建设及混合式教学模式改革为抓手，不断加强在线开放课程建设，完成 5 门“慕课”课程制作，部分课程已在“中国大学 MOOC”平台上线运行，启动 5 门“慕课”课程视频制作工作，目前共自建“慕课”课程 26 门；推荐“半导体物理学”“操作系统原理”“弹性力学”“大学物理”“大学体育-游泳”5 门“慕课”课程参加 2021 年国家级一流课程评选。优质课程建设。12 门课程获得北京市教育委员会推荐参评国家级一流本科课程资格；4 门课程入选 2021 年北京市“优质本科课程”，其中重点课程 1 门、一般课程 3 门；组织完成新开通识教育课程申报审核工作，全年新增通识教育课程 51 门。

教材管理制度建设。制定发布了《北京工业大学教材管理办法》，根据相关要求组织各学部（院）开展教材规划工作并制定实施细则。教材选用编写培训。组织教师参加本科教材建设专题讲座会；组织相关任课教师参加教育部第十三期马工程重点教材使用培训。教材使用情况排查。2020—2021 学年，全校选用教材 1079 部。组织开展涉及 55 门课程的马工程教材统一使用情况报送工作；排查法学教材 46 部、外语类教材 75 部、其他专业类境外教材 197 部。教材建设项目结题和立项。组织 2019 年本科重点建设教材项目结题，其中新编教材项目 31 项、修订教材项目 17 项；组织 2021 年本科重点建设教材申报评审，立项新编教材项目 27 项、修订教材项目 4 项。优质教材课件建设。入选 2021 年北京高校“优质本科教材课件”4 部，其中重点教材 1 部、一般教材 3 部。

课程与考务工作。2020—2021 学年第二学期，教务处共排课 2650 个课堂，其中校本部 2088 个课堂、通州校区 562 个课堂；两校区必修课及专业选修课课堂数为 2283 个，校开公共选修课 293 个课堂，单开辅修 48 个课堂，周末重补修单开班 26 个课堂。11996 名学生参与选课，选课人次数 115287，学生人均上课门次数为 9. 6 门。组织补考科目 220 门，共设 49 个考场，有 1617 人次（1040 人）参加补考。单开班重修班课程考试，共设 11 个考场。期末考试周内考试涉及校本部和通州校区，校本部考试科目 161 门，安排 465 个考场，13744 人次（5132 人）参加考试。通州校区考试科目 33 门，安排 248 个考场，8609 人次（2544 人）参加考试。其中境外留学生线上考试科目 43 门，安排线上考场 40 个，166 人次（80 人）参加考试。2021—2022 学年第一学期，教务处共排课 2997 个课堂，其中校本部 2453 个课堂，通州校区 544 个课堂。两校区必修课及专业选修课课堂数为 2665 个，校开公共选修课 265 个课堂，单开辅修 45 个课堂，周末重补修单开班 22 个课堂。11798 名学生参与选课，选课人次数 125473，学生人均上课门次数为10.6门。落实2020版培养方案，为2020级学生开设校选专业课28门（30个课堂），342人名学生参与选课，选课人次357。组织补考科目199门，共设51个考场，有1580人次（1003人）参加补考。单开班重修班课程考试，共设4个考场。期末考试周内考试涉及校本部和通州校区，校本部考试科目171门，安排583个考场，17944人次（5993人）参加考试。通州校区考试科目26门，安排286个考场，9655人次（2669人）参加考试。其中境外留学生线上考试科目33门，线上考场28个，139人次（57人）参加考试。

教学质量与评价管理。规范教学质量检查与督导。校本科教学督导专家采用线上随机听课的方式对全校第一周线上教学运行状况及教学质量进行了检查。2020—2021学年第二学期校本科教学督导专家组，听课共计1178门次；2021—2022学年第一学期校本科教学督导专家组，听课共计1322门次。

学生评选“最喜爱教师”为检验的课堂教学评价体系建设。2020—2021学年第二学期的本科学生评教率为96.86%，2021—2022学年第一学期的本科学生评教率为96.78%，稳定在96%以上。

加大领导干部听课力度，完善教学质量评价。落实《北京工业大学关于领导干部听课的规定》（工大党发〔2012〕4号），9月教务处联合马克思主义学院设计“北京工业大学领导干部听课评价表（思政课专用）”。2021—2022学年第一学期校领导听课15学时（其中思政课12学时），中层干部［学部（院）副职除外］听课306学时（其中思政课136学时）。

开展课程教学档案检查和评价，2021年组织本科教学督导专家对2020—2021学年第一学期和2020—2021学年第二学期各学部（院）所开课程的教学档案进行了100%抽查，覆盖学部（院）所有专业。

完成2021年高等教育质量监测数据填报，组织编撰《北京工业大学2020—2021学年本科教学质量报告》，上报北京市教委，并在网上向社会公布，完善了教育质量报告制度；完成2021年度高等教育学校（机构）统计报表工作。继续实施第三方独立开展的社会评价，完成2020届毕业生满意度调查报告《北京工业大学社会需求与培养质量年度报告（2021）》和《北京工业大学应届毕业生培养质量综合分析报告（2021）》，完成2014—2015届毕业生中期调查报告《北京工业大学2014届—2015届毕业生培养目标达成与职业发展评价报告》。

创新学分工作。完成2021年毕业生创新学分的收录工作；完成2022年预计毕业学生创新学分第一轮收录工作。以科技竞赛校内训练、选拔为基础，扩大竞赛参与人数和拓宽创新创业学分获取渠道，2021年共计开设创新实践课（科技竞赛类）28门，2283名本科生成功选课并参加培训。

大型考试组织。完成2021年北京市中小学教师资格考试组考工作，共设70个考场，其中上半年146场、下半年198场，10171人次考生参加考试。完成全国大学英语四、六级考试组考工作，报考考生共计15783人，其中上半年考试考生8227人、下半年考试考生7556人；共设考场529个（四级考场178个、六级考场351个）。

大学支持中学建设。2021年5月，龙英同志接替周刚同志任实验学校副校长；6月，教务处党支部与实验学校党史教育活动，共听北工大原副书记冯培教授为实验学院师生作《百年风华的青春密码》党史学习教育专家报告；9月，吴斌副校长、王丹处长一行与工大实验领导班子座谈交流，指导工作；9月，2021级3名工大子弟入学实验学校；9月，北工大马克思主义学院在工大实验学校设立社会实践基地；10月，北工大2021级教育硕士研究生在实验学校完成见习任务；10月，实验学校历史性突破，荣获2021年“朝阳区初中教育教学质量工作优秀学校”的荣誉称号，北京工业大学实验学校（初中）进入了朝阳区优质校行列。

2021年，教务处加大了对实验学校重点工作、教师能力提升、课题申报、学生社团建设、学生科技竞赛等各方面的指导，实验学校也为学校育人方面加大了社会实践基地方面的支持力度，双方的合作更加深入和密切。2021年，实验学校各项工作取得历史性突破，中考平均分600分，超过朝阳区平均587分13分，最高分（645分）入朝阳区前100强（中考满分660分），总分630分以上的学生11名，总分600分以上的学生63名，整体平均优秀率达95.41%，高出朝阳区（80.81%）14.6%，获得朝阳区中考优秀校奖杯，获得朝阳区拔尖人才培养专项奖励。同时实验学校也首次获得朝阳区考评良好校。

（罗　琳　魏中华　王新球　龙　英）

【为3330人颁发毕（结）业证书，授予学士学位】 3321人毕业，9人结业，为3330名毕（结）业学生进行学历证书电子注册。授予3328人学士学位（含往年毕业今年恢复学士学位授予资格8人），其中工学学士1988人，建筑学学士53人，理学学士204人，经济学学士267人，管理学学士231人，文学学士109人，法学学士118人，艺术学358人。将学士学位授予信息年报数据报送至北京市学位办。授予470名本科毕业生荣誉学士学位，其中工学学士282人，建筑学学士4人，理学学士27人，经济学学士62人，管理学学士30人，文学学士14人，法学学士13人，艺术学学士38人。

（李志波　罗　琳　董哲宇）

【启用新版毕业证书样式】 自2021届毕业生起，启用由艺术设计学院设计的新版本科毕业证书样式。新版毕业证书以楼体的庄正典雅、朴实敦厚来表现学校严谨的办学精神与求学态度，彰显北京工业大学构建高质量、特色内涵差异化发展的一流大学建设。同时将中英文校名以防伪浮雕的形式分布在画面之上，既保证防伪效果又进一步丰富证书的视觉感受。

（李志波　董哲宇）

【3071名学生通过毕业设计（论文）环节】 2021年全校共有3123名本科生参加了毕业设计（论文），通过毕业设计（论文）环节的学生3071名，通过率98.33%。指导教师1312人，其中高级职称教师占比65.63%，中级职称教师占比34.15%，初级职称占比0.23%。入选校优秀毕业设计论文摘要选编的共110篇，其中33篇校级特优毕业设计（论文），31篇本科生毕业设计（论文）被评为北京市优秀本科生毕业设计（论文）。加强毕业设计内涵建设，自2021年起对本科生毕业设计（论文）进行查重检测；强化课程思政与毕业设计相结合，启动本科生论文内容智能审读系统。

（宋广清　雷　飞）

【3门课程获推荐参评国家级一流虚拟仿真实验教学课程】 立项校级虚拟仿真实验教学项目23项，其中“工业互联网漏洞攻防虚拟仿真实验”“空间站微重力流体管理虚拟仿真实验”“水泥生产热工系统物质流/能量流测试与计算实验”3门获推荐参评第二批国家级一流本科课程。加强虚拟仿真实验教学项目平台建设，推进新技术与实验教学的深度融合，平台已完成了9个项目对接（国家级2项、北京市级2项、校级5项）。

（李　浩　雷　飞）

【利用“学习通App”做好本科课堂教学过程性评价】 2020—2021学年第二学期继续开展课堂教学监控过程性评价，作为多维度教学质量评价的一部分。2020级本科生在课程结束后都会在“学习通App”中收到“课堂状况反馈表”，学生从“课堂总体情况”、“学生状态”、“教师状态”以及“其他”四个方面对本堂课进行评价和建议。2020—2021学年第二学期共收集124772条课堂教学监控数据，撰写每周课堂教学监控报告，形成周报告13份、学期报告1份。2021—2022学年第一学期参与群体扩展到2020级和2021级两个年级。每个教学周后，收集、统计数据，完成2020级和2021级课堂教学监控简报各1份。

（金　鑫　刘会强　董哲宇）

【大学生科技竞赛】 2021年共组织参加大学生竞赛92项，其中A类30项、B类17项、C类39项、D类6项，近14930人次参加了各级、各类科技竞赛，并在多项大赛中取得成果。据统计，共获得省部级及以上级别奖项707项，其中国际奖104项、国家奖125项、省部级奖478项。3月，中国高等教育学会发布《2020年全国普通高校大学生竞赛排行榜》，北京工业大学排行稳步提升，位列53名，北京地区高校位列第5名、北京市属高校位居第1名。修订完成《北京工业大学本科生科技竞赛认定目录》（2021版），认定A类赛48项、B类赛54项、C类赛105项、D类赛7项，同时完成所有竞赛的组织开展及实施细则制订工作。

（吴　琼　雷　飞）

【推进产教融合建设】 以《卓越工程师教育培养计划》（2.0版）等文件精神为依据，持续深化工程教育改革，打造产教融合、校企合作的良好生态。立项校级产教融合协同育人品牌基地建设项目16项，涉及6个学部（院），覆盖27个专业。持续推进产学合作协同育人项目建设，2021年获批教育部高等教育司立项45项，优质的项目资源为专业建设、课程建设提供了新的平台和契机，有利于进一步探索多样化的产学合作模式。

（李　浩　雷　飞）

【教学改革与研究】 协同推进五育并举。出台《北京工业大学关于加强和改进新时代体育工作的实施意见（试行）》《北京工业大学关于加强新时代美育教育工作的实施意见（试行）》《北京工业大学关于加强新时代劳动教育的实施意见（试行）》；以“揭榜挂帅”方式立项“体育教育”“美育教育”“劳动教育”改革专项33项；组织完成北京市教育委员会2021年高等学校美育发展状况调查及教育部美育教指委委员入校调查工作；组织完成教育部大中小学劳动教育推进情况调研评估工作。

教育教学研究课题立项。获批教育部首批新文科研究与改革实践项目3项；获批北京市学校美育改革创新优秀案例5项，其中荣获二等奖3项、荣获三等奖2项；获批北京高等教育“本科教学改革创新项目”4项，其中重点项目1项、一般项目3项；组织完成2020年北京工业大学教育教学研究课题中期检查工作，通过中期检查128项。

（陈　明　罗　琳）

【推动国家级实验教学示范中心可持续发展】 学校出台《关于加强北京工业大学国家级实验教学示范中心建设与管理的实施细则》，成立北京工业大学国家级实验教学示范中心建设和运行管理委员会，明确学校作为示范中心建设和运行管理主体的职责，为示范中心发展提供制度与组织保障。完成新一届国家级实验教学示范中心和国家级虚拟仿真实验教学中心主任、教学指导委员会的聘任工作。

（李　浩　雷　飞）

【完成2021年贯通培养转段考试】 依据北京市教育委员会《关于开展高端技术技能人才贯通培养试验的通知》（京教职成〔2015〕5号）、《关于做好北京市高端技术技能人才贯通培养试验项目专升本转段工作的通知》（京教函〔2019〕537号）文件要求，学校顺利完成2021年贯通培养试验项目专升本转段考试方案制订、政策宣讲、命题组织、考试组织、预录取名单公示等各环节工作，最终拟录取377人，实际报到377人，其中校本部学习318人、北京理工大学北京学院学习59人。

（李　浩　雷　飞）

【加强本科教学建设专项管理】 顺利完成了各建设专项的组织申报、专家评审、督促执行等管理工作。上级批复财政专款项目6项，分类发展专项9项，共计3345.39万元，涉及外培计划、国际合作与交流、学生资助、一流专业建设和全国第十四届学生运动会北京代表团奖励经费等项目。申报分类发展定额经费50项，共计2450.99万元，主要包括公共课建设、人才培养模式改革、专业建设、课程与教材建设、教师队伍建设、实践教学、教研与成果奖、教学运行、本科招生改革和建设、就业创业能力提高、大学生素质教育、体育部运行经费和教委指定等项目。

（李　浩　雷　飞）

学位与研究生教育

【概况】 2021年，召开学校研究生教育工作会议总结会，提出《北京工业大学推进新时代研究生教育改革发展行动计划》，深化培养体系改革，完善制度体系建设，理顺校（部）院两级治理机制，全面推进研究生教育高质量发展。

截至2021年12月31日，学校在读研究生共计10219人（包含3名保留学籍学生，不含国际研究生），其中全日制研究生9403人（博士研究生1715人；硕士研究生7688人，其中学术学位硕士研究生3524人、专业学位硕士研究生4164人），非全日制硕士研究生816人。另有在职攻读硕士学位学生128人。

2021年学校毕业研究生共2691人，其中全日制研究生2379人（博士毕业生275人、博士结业生1人；硕士毕业生2103人，其中学术学位硕士毕业生960人、专业学位硕士毕业生1143人），非全日制硕士研究生312人。

研究生培养。落实“停课不停教、停课不停学”要求，搭建网络慕课平台，全年开设课程1721门，教师人数约1110人，研究生上课人数约7000人。全年审核完成2690名毕业生成绩单。2021年学校共完成5415名硕士、1255名博士的学年注册工作；完成3112名硕士、482名博士的新生电子注册工作。全年办理学籍异动500余人次，完成2415名硕士毕业生、276名博士毕（结）业生的毕业资格审核—学历证书电子注册—毕业证书签发—学籍档案归档，完成3084名2022届预毕业生图像信息采集，对46名硕生、104名博士发放学业预警提醒通知单。服务北京，保障34名冬奥赛时实习生的培养工作，对接冬奥组委完成赛时实习生日常管理、配岗、上岗和就业单位对接。

课程思政建设与教材建设。全面推进课程思政建设，组织学部（院）开展或参加课程思政专题培训学习。开展2021年度“研究生思政教育进科研团队”探索项目，资助项目38项。学部（院）开展“材思堂论坛”“交通强国思政大讲堂”等各具特色的活动。评选校级研究生课程思政示范课程15门、研究生课程思政教学名师和团队15个；研究生课程思政优秀案例一等奖10个、二等奖15个；研究生课程思政示范课程培育项目9门。开展首届学校研究生思政教育进科研团队主题教育活动。获评2021年北京高校研究生课程思政示范课程、教学名师和教学团队项目3项，分别是“结构动力学”“复合材料力学”“高级计算机系统结构”。发挥精品课程示范引领作用，组织25项2019年度研究生课程建设项目的结题验收和29项2020年度研究生课程建设项目的中期检查工作。组织出版“北工大研究生创新教育系列教材”28册；加强研究生课程使用教材的排查工作，先后排查法学教材32本、其他专业类境外教材115本、外语类教材5本，经任课教师自查、教学单位复查、研究生院抽查，所查教材全部满足摸底排查工作的重点要求。

专业实践建设。2021年学校新增校级产学研基地28家，学校各类产学研基地达309家。

专业学位改革。2021年，学校新增电子信息（软件工程）硕士专业学位授权点，将技术转移方向列入2021年研究生培养方案。

本硕博贯通培养改革。对国内代表性高校本硕博贯通实施情况开展广泛调研和专家研讨，形成《北京工业大学本硕博贯通式人才培养模式改革调研总结报告》；继续资助土木工程、材料科学与工程、数学、物理学、统计学等五个学科开展本硕博贯通人才培养模式改革试点探索。

研究生国际化。继续组织申报国家建设高水平大学公派研究生项目和创新型人才国际联合培养项目；2021年培养28名国际博士研究生、28名国际硕士研究生毕业并获得相应学位，办理国际研究生学籍异动140人次。持续开展来华留学生培养体系改革，进一步将来华留学生管理纳入整体教育教学体系。梳理攻读学位留学研究生学位管理环节，以国际科研合作双向协同带动国际化创新人才培养，扎实推进多渠道国际联合人才培养，推动研究生国际化培养体系建设和研究生培养模式改革。通过“建设国际化课程体系、打造国际化师资队伍、营造国际化教育氛围、拓展国际交流平台，深化国际联合培养”，形成了“五位一体”的研究生国际化人才培养体系。2021年继续加强国家建设高水平大学公派研究生项目的宣传工作、规范选拔和派出管理流程，组织完成了国家留学基金委高水平建设大学项目攻读博士学位和联合培养博士项目申报工作，获批攻读博士学位项目3名，获批率100%，获批率创历史新高；获批联合培养博士研究生31名，获批率为75.6%，获批人数创历史新高。2021年累计派出24名研究生出国（境）参与各类型的联合培养。同时强化项目宣传，提升研究生国际交流积极性，举办国家公派留学研究生专题宣讲会、国别类项目宣讲会及研究生出国境主题沙龙活动等10余场次，累计400余人次参与。

国际化基地建设。2021年新增获批“土木工程硕博连读创新型人才国际合作培养项目”1项，实现了该类型项目连续第三年获批。积极拓展校际联合培养研究生基地，2021年与比利时布鲁塞尔自由大学签署完成研究生联合培养协议，双方在硕士生、博士生联合培养及学生赴外攻读学位等方面达成合作伙伴关系。

国际化科研软实力建设。2021年与爱尔兰国立科克大学语言中心合作举办“学术英语与英文科研论文写作”课程，研究生院及国际交流合作处共同资助16名已获得公派留学资格的研究生参与该项目，通过互动式融合教学手段，提升学校研究生的英文学术论文写作、文献资料信息获取、科研团队合作沟通以及学术演示实用技巧等科研软实力。

研究生管理信息化。加强“学生成绩管理系统”一体机运行与管理，2021年服务师生打印成绩证明共计3263份；升级维护研究生管理系统以支持培养方案修订和全流程管理；拓宽线上办理业务，实现研究生学籍异动的休学申请、复学申请、延期毕业的线上申请办理。完成疫情期间和重点信息安全防护时期研究生招生系统和研究生管理信息系统的漏洞扫描和渗透测试等测试校验工作。

学位点建设与评估。2021 年 10 月，应全国工程教指委邀请，学校推荐研究生院常务副院长李建荣作为全国工程专业学位研究生教育指导委员会华北区域协作组委员。启动 2020—2025 年学位授权点周期性合格评估工作，学校 18 个学术学位博士授权点、11 个学术学位硕士授权点及 8 个专业学位硕士授权点参评。制定《北京工业大学学位授权点自我评估工作方案》。根据国务院学位委员会工作要求，完成博士、硕士学位授权点基本状态信息表意见征求工作。

导师队伍建设。2021 年，新增博士生导师 108 人（含兼职 14 人），学术学位硕士生导师 97 人、专业学位硕士生导师 349 人（含兼职 186 人），续聘兼职专硕导师 95 人，解聘 46 人。认定调整招生学科导师 94 人次。完成教育部博士生导师数据采集 413 人；完成全国研究生教育评估监测专家库更新，报送专家 584 人，较上年增长 31.53%。

学位论文前盲审与优秀学位论文。2021 年，学校实现全部博士学位论文、至少 20% 硕士学位论文和所有申优学位论文参加答辩前盲审。经第十三届学位评定委员会第二次会议表决，评出 2021 年北京工业大学优秀博士学位论文 28 篇、学术学位硕士优秀学位论文 165 篇、专业学位硕士优秀学位论文 138 篇。2021 年获评行业学会优秀博士学位论文 2 篇（含提名）：材料与制造学部光学工程学科王璞教授指导的 2019 届博士生高寿飞的博士学位论文《高性能、低损耗反谐振空芯微结构光纤设计、制备及应用》，入选 2021 年度中国光学学会优秀博士学位论文。材料与制造学部材料科学与工程学科崔素萍教授指导的 2019 届博士生隗陆的博士学位论文《MnO_X/TiO_2 低温 SCR 脱硝催化反应机理及中毒研究》，入选中国硅酸盐学会第四届优秀博士学位论文提名奖。

学位授予。学校获评“2020 年度北京地区学位授予信息报送工作先进单位”。组织召开第十三届学位评定委员会第一、二、三次会议。授予博士学位 287 人，其中：理学博士学位 33 人、工学博士学位 244 人、管理学博士学位 4 人、经济学博士学位 6 人。授予学术硕士学位 973 人，其中：经济学硕士学位 36 人、法学硕士学位 29 人、教育学硕士学位 12 人、文学硕士学位 12 人、理学硕士学位 139 人、工学硕士学位 690 人、管理学硕士学位 41 人、艺术学硕士 14 人。授予全日制硕士专业学位 1140 人，其中：工程硕士学位 971 人、应用统计硕士学位 24 人、工商管理硕士学位 17 人、建筑学硕士学位 35 人、社会工作硕士学位 16 人、教育硕士学位 13 人、艺术硕士学位 24 人、城市规划硕士学位 19 人、金融硕士学位 21 人。授予非全日制硕士专业学位 367 人（含单证 54 人），其中：工程硕士学位 240 人、工商管理硕士学位 59 人、公共管理硕士学位 40 人、建筑学硕士学位 14 人、社会工作硕士学位 14 人。

教学检查与质量督导。组织开展研究生教学检查工作，2021 年共组织抽查 200 余门课程，全部课程均准时开课。根据研究生教学安排及疫情防控要求，组织校部（院）两级研究生教育督导组对研究生课程教学、开题报告、中期报告及学位论文答辩等关键环节开展督导评价。2021 年，共督导研究生课堂教学 354 门次；通过听取报告、检查材料等形式督导开题报告 281 人次、中期考核 208 人次；通过现场听取答辩形式督导学位论文答辩 266 人次。组织督导专家座谈会，围绕研究生课程设置、校部（院）两级督导机制建设、研究生培养全过程质量监控、导学思政建设、课堂教学及学位论文质量提升举措等展开深入讨论，提出了系列建设性意见，进一步完善质量监督闭环管理机制。

研究生教育质量调查与质量年报。委托第三方专业机构麦可思公司，分别面向学校全体在校研究生、毕业一年研究生开展多维度的数据统计和调查回访，对学校研究生教育质量和培养体系进行多维立体的评价性描述和分析，并形成《北京工业大学 2020—2021 学年在校研究生成长评价报告》和《北京工业大学 2020 届毕业研究生就业与培养质量评价报告》。研究生院对学校 2020 年研究生教育发展状况进行全流程质量分析，完成《2020 年度北京工业大学研究生教育发展质量年度报告》。

（孙佳诺　邓积光　李建荣）

【推进新时代研究生教育改革发展行动计划】 12 月 16 日，学校召开研究生教育工作会议总结会。在对过去 40 年学校研究生教育进行充分讨论和分析的基础上，总结经验、厘清问题，提出《北京工业大学推进新时代研究生教育改革发展行动计划》：健全铸魂育人体系；提升导师育人能力；优化学科学位布局；深化招生机制改革；加强课程教材建设；创新人才培养模式；突出科教产教融合；推进国际合作培养；改进质量评价机制；提高教育管理效能。

（孙佳诺　邓积光　李建荣）

【入选中国研究生院院长联席会会员单位】 中国研究生院院长联席会于2021年7月组织召开接纳新会员加入院长联席会的专家评审会。决议一致通过：接纳北京工业大学研究生院等高校研究生院加入院长联席会，成为联席会会员单位。

（邓积光　李建荣）

【研究生课程资源共享】 向全国推广学校研究生课程，截至2021年12月，学校的“高级数据库系统”“有限元基础与软件应用”“复合材料力学”“生物医学图像编程实现技术”“计算机网络技术”“超短脉冲激光技术”课程全国在线选课约35000人次。

（纪登梅　焦峪波）

【启用研究生学位论文格式检测系统】 4月，启用学位论文格式检测系统。78%的2021届研究生共计2292人使用该系统完成了格式检测，检测合格率71%。极大节省了研究生修改论文的时间，提升了科研工作效率。

（闫玉萍　韩红桂）

【举办研究生导师培训】 4月1日至7月8日，2021年研究生导师培训成功举办。培训安排专题报告、政策解读、优秀导师经验分享等报告20余场。培训内容突出师德师风教育，加强岗位职责意识教育，新增专业学位研究生专题教育与实践基地建设、学术道德与科研诚信等内容，培训模块更加清晰，培训效果明显提升。330名导师按要求完成规定学时，通过培训考核，获得结业证书。

（闫玉萍　韩红桂）

【新增4个博士专业学位授权类别】 2021年11月，国务院学位委员会正式公布2020年学位授权审核结果，学校新增机械、材料与化工、资源与环境、土木水利4个博士专业学位授权类别。

（赵　展　韩红桂）

【学位论文抽检和评审】 国务院教育督导委员会办公室对2018—2019学年全国授予博士学位的论文进行随机抽检，并于11月返馈了抽检评议结果。学校共被抽检29篇博士学位论文，其中1篇被认定为“存在问题学位论文”。北京市教育委员会对2019—2020学年北京地区授予硕士学位的论文进行随机抽检，并于12月反馈了抽检评议结果。学校共被抽检226篇硕士学位论文，其中3篇被认定为“存在问题学位论文”。完成2021年学位论文后盲审工作。对2020年秋季、2021年春季和夏季授予学位的262名博士（100%比例抽检，含留学生15名）、262名学术学位硕士（27%比例抽检，含留学生13名）和359名专业学位硕士（25%比例抽检）进行了学位论文抽检，并完成《2021年研究生学位论文抽检报告》。

（宋　微　邓积光）

继续教育

【概况】 北京工业大学继续教育学院设5个三级管理机构：党务院务办公室、学历教育部、合作办学办公室、基地运行办公室、后勤服务中心，另外教学部、图书馆及计算中心由学历教育部统一管理。截至2021年12月31日，学院在职59人，其中教师30人（副高级职称6人，中级职称24人），离退休184人（含离休4人），长期临时工4人，劳务派遣22人。

党建工作。2021年，继续教育学院党委下设8个党支部，其中：教工党支部4个，离退休党支部4个。现有党员125名，其中：教工党员41名，离退休党员84名。

组织建设。学院党委制定和修订院级制度9项，提交校长办公会审议后发布校级制度2项：关于印发《北京工业大学继续教育学院综合改革方案》的通知（工大发〔2021〕3号）、关于印发《北京工业大学高等学历继续教育学生学籍管理规定》的通知（工大发〔2021〕30号）。完成全年党费收缴；组织1次党员捐款，72人捐款6480元；为1名教师党员发放重疾困难补助，为1名在职教师党员、1名离退休党员发放特级困难补助。

党员学习教育。认真开展党史、“四史”和十九届六中全会精神等学习教育。学院党委邀请学校专家宣讲团成员作专题党史宣讲报告5场，领导班子成员为全院教职工讲党课5次，组织全院外出参观学习活动3次。坚持学院党委理论学习中心组、基层党支部、三级部门三层全覆盖，学院领导班子成员、支部书记、支部委员、党员等讲党课15次，学院理论中心组开展集中学习32次，教师党支部开展集中理论学习76次，教学党支部开展集中理论学习47次，行政党支部开展集中理论学习46次，后勤党支部开展集中理论学习63次。组织十九届六中全会精神宣讲4次，组织全体教职工参加全院性专题教育19次。

加强党支部规范化建设和组织建设。持续推进“两学一做”“三会一课”“双带头人”，培育“一院一品”党建品牌等工作，召开支部书记例会4次，强化检查监督，完成民主评议党员、支部书记述职考核等工作。后勤党支部获评学校优秀党支部，郭萍、张楠、文然3位党员获评校级优秀党员。完成全部8个党支部换届，配强支部书记。

学历教育。2021年，学院成人学历教育在籍学生1119人；应届毕业生576人，实际毕业542人，144人获得学士学位，补毕业学生33人，补申学位56人；学校业余招生计划462人，实际录取445人，其中专升本层次404人，高起本41人；函授招生546人。学院东、西区21个班开设150个课堂，外聘教师13人次。组织毕业设计及论文答辩7个班458人；组织线上、线下各种考试333门次。学籍异动24人次，其中休学3人、复学3人、退学15人、转专业1人，转校区2人。全年对在京4个教学点的所有班级和教师进行2次教学检查。

全年共聘任6名在职教师和6名校内退休人员担任17个教学班班主任工作，协助学院学历教育部开展教学运行管理工作。整理学籍档案14卷，评选优秀毕业生35名、优秀学生干部12名；为新生办理校园一卡通283张。

出台《北京工业大学高等学历继续教育学生学籍管理规定》；顺利完成北京地区成人学士学位英语考试组织考试工作，设25个考场，746名考生报名参加。

学历教育改进线上线下混合式教学模式，完善空中课堂建设，提供在线咨询答疑和课程回放等功能，保证教学质量，提高学生在线学习效率。建设学历继续教育在线考试系统和班主任在线工作室。

合作办学与基地运行。2021年，北京工业大学国家级专业技术人员继续教育基地（以下简称“基地”）向国家人社部及北京市人社局申请高级研修班项3项，获批国家级1项，获得资助经费16.5万元；完成调研策划活动6次、专家策划会3次、项目研发专题会10余次；录制线上精品讲堂课程20门。加强与各级政府、行业（企业）、其他培训认证机构合作，引进高端培训项目，开拓培训市场，全年签署合作办学协议10项。全校完成在装备制造、信息、金融财会、能源资源、防灾减灾、现代交通运输、工业设计、现代服务业领域专业技术培训5724人。完善“国家级专业技术人员继续教育基地在线学习平台”“国家级专业技术人员继续教育基地资源共享服务平台”建设，利用“北工大国家继教基地”微信公众号宣传基地品牌，构建培训项目营销体系。

北工大留学人员创业园。截至2021年底，累计孵化海外人才企业124家，新增海外人才企业1家，目前在园海外人才企业9家；累计吸引147名海外人才在中关村创新创业，目前在园海外人才25人，其中：外籍华人2人，累计入选国家高层次人才2人，北京市高层次人才4人，中关村高层次人才2人；园区国家高新技术企业累计6家；园区累计授权知识产权320项，其中发明专利97项，新增知识产权3项；累计挂牌上市企业1家；京津冀协同发展项目3个。

校园环境与安全。2021年学院持续推进“平安校园”“绿色校园”“智慧校园”建设，精准有效做好常态化疫情防控，加强对学院所辖区域的安全卫生管理，落实校园封闭式管理、楼宇防控、体温检测、出入登记等制度；严格对合作单位和服务外包公司的管控要求，落实师生员工离返京工作方案；加强对保洁、保安等重点群体的防控管理，严防聚集性感染、疫情输入风险。

定期检修安防监控设备，健全安全应急预案，坚持每日24小时巡视制度，在重要节假日前进行全面安防检查。加强消防管理，进行“一警六员”消防能力培训，组织学生疏散演习和教职工消防知识竞赛。制定安全度汛期预案、加强汛期巡视、重点监测区设有专人值守，落实责任制度和责任区域、备齐抢险物资、健全抢险应急队伍。组织“师生健康中国健康”主题健康教育。扎实推进光盘行动、垃圾分类和“厕所革命”等工作，对家属区4块绿地进行树枝修剪、虫害消杀，改变绿地面貌。

做好基础设施改造修缮。学院出资6.2万元，切除地下废弃多年的带气天然气供气管道；修缮代管家属区2栋住宅楼屋面防水；更新1处居住平房供水系统；加装住户用水计量表；平房居住区新建1座化粪池，保障居民排水，减轻老旧市政管网排淤压力。

积极推进历史遗留问题的解决。综合楼问题已庭审3次。解决4个遗留问题。

“三园建设”。深化“平安校园”建设。更新留学人员创业园的安全指示和应急照明系统，新装火灾报警系统、防火门常闭控制系统，完善电梯火灾应急系统。建立社区微型消防站，扩大了学院消防管理覆盖半径。完成“绿色校园”一期建设。学院投资10万元专项整治校园环境，改善教学区环境绿化。推进“智慧校园”建设。学院投入近28万元新建校区停车场，面向社会开放，实施停车泊位有偿错时共享，实现停车场智能管理和静态交通动态管理，并配套安装新能源车和电动自行车充电设施。

（雷碧莲　金　峰）

【新增职业培训资格认定】 国家级专业技术人员继续教育基地被北京市职业技能鉴定管理中心认定为“北京市首批职业技能等级认定社会培训评价组织”，获批电子商务师、皮具设计师、室内装饰设计师和首饰设计师四个职业鉴定和培训资格。

（张莉萍　王　锋　金　峰）

【“经济学原理”被评为国家级继续教育课程思政示范课程】 课程负责人郭萍副教授被认定为国家级课程思政教学名师。《国际货运与“一带一路”》案例与《写作背后的哲学性和生命性》案例入选学校第三批优秀“课程思政”教学案例。杨丽霞“应用文写作”课程入选学校2021年度课程思政示范课程培育项目。

（丁凤梅　李晓琛　金　峰）

【继续教育社会影响力提升】 荣获“2021年北京高等学校继续教育大学生计算机设计应用竞赛”团体优秀奖，刘砚秋获应用开发组优秀指导教师；荣获“2021年第三届北京市大学生文创设计大赛”继续教育组二等奖1项、三等奖2项及优秀组织奖。荣获北京市成人教育学会评选的“北京市第十六届全民终身学习活动周”成功组织奖，全国高校现代远程教育协作组评选的“中国高校远程与继续教育优秀案例库”优秀案例奖2项。

（程迪南　金　峰）

【举办留学人员创业园推介宣讲】 与北理工、北师大、丰台留创园以线上云端形式联合承办留创园企业精品项目推介会（三三会）专场，推荐园区2家企业参与路演。作为“春晖杯”创业大赛的协办单位和创业基地参加2021海交会第16届春晖杯大赛线上参展活动。留学人员创业园与园区企业携手抗疫，协助企业复工复产，进行线上宣讲、创业培训等活动100余场。

（王　锋　金　峰）

留学生教育

【概况】 国际学院主要负责学校国际学生的招生、教学、生活、社团、奖学金及签证等管理工作，承担“汉语国际教育”专业建设，全校国际学生的公共必修课、文化素质课和汉语教学等任务。2021年，国际学生本科学位项目16个，硕士学位项目33个，博士学位项目22个。其中，两年制全英文硕士项目4个（信息类、材料与制造类、城市建设类和中国经济与社会类），覆盖学校6个学院（部）20个学科。2021年3月，学校获中国教育国际交流协会颁发的来华留学质量认证，有效期四年。

2021年，学校各类国际学生总计531人次，来自90个国家。受疫情影响，非学历生人数大幅减少，总计10人次，学历生总计521人次，其中本科生211人，硕士生108人，博士生202人。学历生前三位的学院：信息学院（145人）、城建学部（135人）、经管学院（82人）。奖学金生共计504人次，其中中国政府奖学金学生376人次、国际中文教师奖学金5人次、北京市奖学金123人次，奖学金生占国际学生总人数的95%。共有90名国际学生毕（结）业，其中24名国际博士研究生、24名国际硕士研究生、37名国际本科生毕业，2名国际博士生结业，3名非学历国际生结业。

2021年基本完成国际学生公寓综合改革，创新“书院制”国际学生生活学习社区管理模。推进国际学生自我管理，基本完成国际学生志愿者队伍组建。国际学生公寓共有宿舍318间，床位643个（12号楼宿舍112间，床位224个；西区宿舍206间，床位419个）。2021年共有来自58个国家的164人次国际学生住宿。2021年组织校内外103名国际学生完成新冠疫苗接种，开展了12次大规模的宿舍安全检查及消防安全培训。

国际学院党支部深入开展党史学习教育。严格执行“三会一课”组织生活制度，共召开党员大会4次，支委会12次，领导干部讲党课2次，主题党日活动12次，完成支部换届工作。共组织党员开展办实事活动16次，配合完成党史学习教育暨主责主业专项巡察。完成学院“十四五”发展建设规划及新一届领导班子任期目标编制，对学院中、英文网站的改版升级，学院微信公众号全年推送报道110篇。

国际学生入学质量。2021年，受全球新型冠状病毒影响，学校共招收国际学生35人（以实际完成线上、线下报到为准）。学历新生32人，研究生27人，本科生5人。2021年学校国际本科生入学考试增加了学历生入学面试环节，实现“一试、双面、三审”环节，共完成120场面试，提高生源入学质量。

国际学生荣誉与奖励。2021年，2人获教育部优秀来华留学生荣誉称号，2人获第七届中国互联网+大学生创新创业大赛（北京赛区）三等奖，国际学生CIE团队获得2021年国际自主智能机器人大赛二等奖。2人获第五届“我与中国”主题征文优秀奖。在2020“我与北京”留学生主题征文比赛中，1人获一等奖，2人获三等奖，6人获优秀奖。学校获最佳组织奖。2021中国－东盟教育交流周“同舟共济 未来可期 我的中国故事”征文比赛1人获优秀奖。

奖学金管理。244人获得中国政府奖学金；3人获得国际中文教师奖学金；80人获得北京市外国留学生奖学金；2人获得“一带一路”专项奖学金；6人获得“紫禁城”奖学金。

国际学生培养体系。出台《北京工业大学疫情防控期间国际学生学籍管理补充规定》（国际学院发〔2021〕3号），受理疫情期间休学申请70余份。编制《北京工业大学国际学院本科生“课程思政”建设发展规划》《国际学院本科教学质量工作计划书》《国际学院汉语系本科教材建设规划书》，落实执行《国际学院汉语国际教育专业毕业设计（论文）工作管理细则（2020版）》。

积极总结2020年线上教学经验，引入Classin线上教学平台，探索国际学生线上和线下相结合的教学模式。落实综改要求，将国际学生学历生教育纳入学校的教育质量保障体系，推进中外学生趋同管理，加强并完善校、院、教师三级质量监控体系，首次成立院级专家督导组，组织专家对毕业设计选题和24门课程档案进行检查。2名国际博士研究生获得北京工业大学优秀博士学位论文。

汉语国际教育系教师7人次获校级奖项，其中第二批本科生课程思政优秀案例5人，首届“课程思政”教学设计大赛二等奖1人，研究生课程思政教学名师1人。参加教育部中外语言交流合作中心主办的2021“汉教英雄会”华北区国际中文教学技能交流活动，获“风采教师团队”荣誉称号。承接教育部语言交流合作中心“汉语桥”线上交流团组项目4个。

（陆　媛　杨金福　杨　庆）

【国际学生国情教育】 通过新生教育、第二课堂、社会实践等多种渠道，立足传承中华传统文化和看见真实、立体、全面的中国两条主线，开展与第一课堂、与区域城市发展定位，与校内外竞赛活动相结合的国情教育活动，融国情教育和社会实践为一体，组织国际学生50余人次参加走进贵州遵义、走进北京延庆里炮村、参观中国共产党历史展览馆、参观华为北京展厅、观看红色电影等活动，助力国际学生了解红色中国发展、了解建党百年历程、走进社会主义新农村。赤道几内亚籍国际学生马努拉学习习近平总书记写给北大留学生的回信的感言被《培养更多知华友华、造福世界的优秀人才》一文引用，发表在2021年6月24日《光明日报》头版上。

（吴　丹　陆　媛）

【“书院制”与国际学生第二课堂课程建设】 2021年，国际学院以“书院制”内涵为导向，发展“线上＋线下”相结合的五育并举第二课堂课程建设。2021年累计开设第二课堂各模块选修课程43项，2020级、2021级在校国际学生参与率96%。推进课程优化，重点拓展志愿服务等劳育内容。

（刘洪利　陆　媛）

科研开发

科技工作

【概况】 2021年，学校科技工作聚焦国家战略需要，取得可喜成绩。据教育部统计口径，2021年学校累计拨入研发经费95900万元，包括科技经费91200万元，人文社科经费4700万元。在理工研发经费中，国家发改委、科技部专项费7031万元，国家自然科学基金项目到款9152万元，省、市、自治区专项费37928万元，企事业单位委托经费27812万元。

科研诚信和科技伦理治理。新成立材制学部科技伦理分委员会，完善伦理分委会信息备案和审批流程，按照“分委员会审核—校委员会盖章备案”的二级审核方式，2021年开展科技伦理审批50余项。

科研项目。国家自然科学基金项目：申请601项，获批159项。获批面上项目80项，青年科学基金项目60项，重点项目4项，优秀青年科学基金项目3项，国家杰出青年科学基金项目2项，国家重大科研仪器研制项目1项，重大项目（课题）1项，联合基金项目1项，重大研究计划项目1项，专项基金项目1项，外国学者研究基金项目1项，国际（地区）合作与交流项目1项。获资助直接经费11137.70万元，项目获批数和资助金额创近五年新高。详见表8－1。国家重点研发计划项目：获批牵头项目4项，承担课题10项，获批经费14506万元。科技创新2030重大项目，首次牵头项目1项，承担课题3项，获批经费1250万元。北京市自然科学基金项目：申请336项，获批48项。获批面上项目30项，青年项目12项，联合基金类项目5项，北京市杰出青年科学基金项目1项。获批经费967.4万元。技术转移类项目：新增技术转移类项目1142项，合同额共计31198万元。105个项目免税，技术转移类合同获退税，实际退税金额累计82万元。10万元以上项目情况见表8－2。

表8－1　北京工业大学2021年度国家自然科学基金项目批准情况一览表（金额单位：万元）

	材制学部		城建学部		环生学部		信息学部		理学部		经管学院		项目数汇总	经费数汇总
	项目数	经费数	项目数	经费数	项目数	经费数	项目数	经费数	项目数	经费数	项目数	经费数		
面上项目	26	1534	19	1109	15	882.70	10	584	6	325	4	192	80	4626.70
青年科学基金项目	20	600	15	450	6	180	10	300	6	180	3	90	60	1800
重点项目	1	300	1	290	1	300	0	0	1	252	0	0	4	1142
优秀青年科学基金项目	1	200	0	0	2	400	0	0	0	0	0	0	3	600
国家杰出青年科学基金	0	0	0	0	1	400	1	400	0	0	0	0	2	800
国家重大科研仪器研制项目	0	0	0	0	1	830	0	0	0	0	0	0	1	830
重大项目（课题）	0	0	1	300	0	0	0	0	0	0	0	0	1	300
联合基金项目	0	0	0	0	0	0	1	264	0	0	0	0	1	264
重大研究计划项目	2	365	0	0	0	0	1	80	0	0	0	0	3	445
专项基金项目	1	30	0	0	0	0	0	0	0	0	1	240	2	270
外国学者研究基金项目	0	0	0	0	0	0	0	0	1	20	0	0	1	20
国际(地区)合作与交流项目	1	40	0	0	0	0	0	0	0	0	0	0	1	40
总计	52	3069	36	2149	26	2992.70	23	1628	14	777	8	522	159	11137.70

表 8－2　2021 年度各学院签订 10 万元以上项目情况一览表

（金额单位：万元）

单位	10 万元以上		其中					
			100 万元以上		50 万元—100 万元		10 万元—50 万元	
	项目数	合同额	项目数	合同额	项目数	合同额	项目数	合同额
总计	632	29204	57	12453	93	6239	482	10512
材制学部	176	9327	17	4601	32	2115	127	2611
信息学部	124	5649	13	2455	21	1296	90	1898
城建学部	210	9524	18	3723	27	1975	165	3826
环生学部	62	3121	9	1674	6	406	47	1041
理学部	10	337	0	0	2	143	8	194
经管学院	21	579	0	0	3	165	18	414
文法学部	9	199	0	0	1	62	8	137
艺术学院	15	292	0	0	0	0	15	292
马克思主义学院	0	0	0	0	0	0	0	0
其他	5	176	0	0	1	77	4	99

人文社科。国家级项目批准、立项合计 11 项，其中，国家社科基金项目 7 项，教育部人文社科项目 4 项。批准、立项金额共计 192 万元。市级项目获批 37 项，其中北京市社科基金项目批准 19 项，教委人文社科计划项目批准 13 项，北京市教育科学规划项目批准 4 项，合计批准经费 342.6 万元。2021 年作为唯一一所市属高校，获批北京市社科基金“研究阐释党的十九届五中全会精神专项”重大项目资助。获批北京市社科基金项目 19 项，立项数在北京高校位列第四，创历史新高。

稳步推进新型智库建设。广泛调研凝练北京人文社会科学研究中心建设方案，组织跨学科申报“国家科技创新高地建设”教育部战略研究基地，完成北京市哲学社会科学研究基地换届和制定五年建设任务书。2021 年智库建设取得的成果有：校长聂祚仁院士、材制学部崔素萍教授、吴玉锋教授提交的《关于碳中和认识的几个误区》获中办采纳；材制学部吴玉锋教授参与研究和起草国家发展和改革委员会的《饮料纸基复合包装生产者责任延伸制度实施方案》文件；经管学院李云燕教授撰写的《关于推进京津冀城市群绿色发展的提案》获致公党常务副主席批示；经管学院王宛秋教授撰写的《关于加快制定北交所 ESG 信息披露指引的建议》报告被市社科联、市规划办成果要报收录，并得到市领导批示。

人文社科处被评为“2020 年度北京市社会科学基金项目优秀二级管理单位”。

科研基地。聚焦城市碳中和，重点推进“城市碳中和关键技术高精尖创新中心”申请工作。截至 2021 年年底，拥有各类级别科研基地 62 个，原“地方高水平大学发展战略研究中心”不再列入教育部科技委战略研究基地序列。

科技成果与获奖。获各类科技奖励 43 项，其中国家奖 2 项，省部级奖 18 项，地市厅级奖 2 项；国家办登记社会力量奖及具有重大影响力的一级学会/协会奖等 21 项。其中，韩晓东教授作为第一完成人的“面心立方材料弹塑性力学行为及原子层次机理研究”项目获国家自然科学二等奖，这是学校作为牵头单位首次获得国家自然科学奖项，实现了历史性突破。获奖名单见表 8－3。

表 8－3　北京工业大学 2021 年获奖名单

序号	获奖完成人	单位排名	奖励名称	成果名称	获奖等级
1	韩晓东，王立华，郑坤	第 1	国家自然科学奖	面心立方材料弹塑性力学行为及原子层次机理研究	二等奖
2	彭永臻	第 2	国家科学技术发明奖	污水深度生物脱氮技术及应用	二等奖
3	张亮，彭永臻，曾薇，杜睿，王淑莹	第 2	北京市科学技术奖（科学技术进步）	污水厌氧氨氧化高效脱氮技术体系创建与产业化应用	一等奖

续表

序号	获奖完成人	单位排名	奖励名称	成果名称	获奖等级
4	陈艳艳，熊杰，翁剑成，赖见辉	第1	北京市科学技术奖（科学技术进步）	大数据驱动下的多方式公共交通协同优化关键技术研究及应用	二等奖
5	尉海军，郭现伟，王琳，林志远	独立	北京市科学技术奖（自然科学）	先进电池材料微区结构调控与性能优化	二等奖
6	崔玲丽	第1	北京市科学技术奖（自然科学）	机械装备智能诊断与预测理论和方法	二等奖
7	冯士维，张亚民，郭春生，朱慧，谢雪松	第1	北京市科学技术奖（技术发明）	半导体芯片结温与系统热阻构成无损检测关键技术及应用	二等奖
8	崔晶	第2	北京市科学技术奖（自然科学）	空间机器人全局刚柔耦合动力学理论与控制方法	二等奖
9	ALTOUNIAN ZAVEN	独立	北京市科学技术奖国际合作中关村奖	北京市科学技术奖国际合作中关村奖	个人奖
10	EI NAGGAR MOHAMED HESHAM	独立	北京市科学技术奖国际合作中关村奖	北京市科学技术奖国际合作中关村奖	个人奖
11	彭宏伟	第5	北京市第十六届哲学社会科学优秀成果奖	重读马克思：文本及其思想（十二卷本）	一等奖
12	何宗樾	第2	北京市第十六届哲学社会科学优秀成果奖	Understanding Chinese GDP	二等奖
13	李易	第2	高等学校科学研究优秀成果奖	高层建筑结构体系的动力倒塌模型和灾变控制理论	一等奖
14	李小军，荣棉水，王玉石	第2	中国地震局防震减灾科学成果奖	非基岩场地核电厂结构抗震性能试验与数值模拟研究	二等奖
15	李小军，王玉石	第2	中国地震局防震减灾科学成果奖	近断层强地震动特性及其破坏作用	二等奖
16	彭永臻，杜睿，张亮，王博	第2	广西科学技术奖	城镇污水深度处理关键技术及再生利用一体化装备开发与应用	一等奖
17	黄婷，肖荣诗	第2	宁夏回族自治区科学技术进步奖	新体系高能比锂离子电池电极材料的制备、性能调控及产业化关键技术	二等奖
18	贾俊峰，许维炳，白玉磊，杜修力，金浏	第2	河南省科学技术奖	曲线梁桥结构灾变防控与服役效能提升技术及应用	二等奖
19	王煜	独立	“一带一路”国际美术工程入选奖	自由之路——坦赞铁路	入围
20	李升，陈锋	第2	北京市优秀调查研究成果	北京城乡社区治理调查研究	优秀奖

说明：表中20是2020年奖项。

学术论文。2020年度北京工业大学发表且被《中文社会科学引文索引》（CSSCI）收录的论文208篇；在《人民日报》《光明日报》《经济日报》发表文章共11篇，其中发表在理论版的头条文章共4篇。据中国科学技术信息研究所公布的2021年中国科技论文统计结果，在全国高等院校中，北京工业大学2020年发表且被《科学引文索引》扩展版（SCI）收录论文1832篇，国内高校排名62位；《工程索引》核心部分（EI）收录期刊论文2097篇，排名38位；《科技会议录引文索引》（CPCI－S）收录论文222篇，排名30位；《中国科技论文与引文》数据库（CSTPCD）收录论文1125篇，排名57位；作为第一作者国际合著论文（据SCI统计）367篇，排名68位。

知识产权。知识产权申请和授权情况。2021年全年以北京工业大学为申请人共申请专利1933项，其中发明专利1793项，实用新型115项，外观设计25项。获得专利授权1301项，其中发明专利1138项，实用新型132项，外观设计31项，登记软件著作权635项。申请国外专利24项，PCT（Patent Cooperation Treaty，专利合作协定）24项，授权国外专利28项。各学部/院申请/授权情况见表8-4。

表8-4　各学部/院2021年度知识产权申请/授权情况一览表

	专利申请			专利授权			软件著作权登记
	发明	实用新型	外观设计	发明	实用新型	外观设计	项目数
总计	1793	115	25	1138	132	31	635
信息学部	645	20	1	367	18	0	353
城建学部	270	28	1	141	48	1	92
材制学部	571	31	6	400	24	7	147
环生学部	282	30	0	214	32	0	29
文法学部	0	0	3	0	0	3	0
理学部	17	4	0	13	5	0	2
马克思主义学院	0	0	0	0	0	0	0
艺术设计学院	4	2	8	3	4	14	0
经管学院	3	0	0	0	0	0	6
继续教育学院	0	0	0	0	0	0	0
北京-都柏林学院	1	0	0	0	1	0	0
国际学院	0	0	0	0	0	0	0
樊恭烋学院	0	0	0	0	0	0	2
体育部	0	0	0	0	0	0	0
其他	0	0	6	0	0	6	4

知识产权资助金。2021年北工大共获得各类知识产权资助金267.53万元，其中自筹100万元，国家知识产权局北京代办处资助金142.53万元，北京市朝阳区市场监督管理局资助金25万元。

知识产权转化。2021年北京工业大学共转让专利242项，转让金额981.77万元。实施许可专利12项，许可金额910万元。

2021年4月，京津冀高校知识产权运用联盟由北京市知识产权局、天津市知识产权局、河北省知识产权局联合倡议成立。北京工业大学作为理事长单位，于2021年9月召开京津冀高校知识产权运用联盟第一次理事会，北京市知识产权局、11家理事单位代表以及国家知识产权运营公共服务平台等代表参加会议。

科技成果推广。参加成果推广与对接交流会近50场，赴企业洽谈项目40余次，接待企业代表来访交流30余次，通过电话、邮件等方式处理企业需求近700项。在第二十四届科博会上，都市水泥低环境负荷设计与制备关键技术及应用、服务北京“蓝天”专项、城市污水处理过程智能优化控制关键技术及应用、服务北京顺畅交通等一批由我校组织的绿色低碳项目参展，北京工业大学获得最佳展示奖。2021年度先后举办7场科技成果转化主题讲座，受训人数800余人。以“揭榜挂帅”为路径，有组织地引领科研团队聚焦到北京市重点产业布局和重大需求研究方向，在校内形成了踊跃的揭榜创新氛围。

科技成果转化。在全国范围内签订成果转化项目254项，共计1892万元，其中落地北京131项，共计580万元。2021年出台《北京工业大学科技成果转化管理办法（试行）》《北京工业大学专利管理实施细则（试行）》等规章制度，其中明确“先赋权后转化”的转化路径及奖励比例，增加了对技术经纪人的奖励制度。配套出台了《办法解读》《成果转化流程手册》等指南文件细化成果转化流程文件，完善学校成果转化体系。推动“高功率激光器”团队，以作价入股方式赋权转化工作。推动“氢敷料技术”团队以技术秘密方式转化赋权买断工作。推动学校与经济技术开发区联合成立区域碳中和产业研究院，加强了科技成果转化基地建设。

校科协举办活动及所获奖项。校科协组织申报与参加一系列项目和活动，如“2021北京市科学实验展演大赛”“2021年首都科普联合行动”“第二十二届北京青年学术讲演比赛”“全国科技工作者日”等。陈树群、赵鸣、徐飞、杨宇光获“第十六届北京青年优秀科技论文”，校科协获“第十六届北京青年优秀科技论文征集组织优秀单位”。梁国强、李兰、齐书宇、张超、张鹏杨、贾强入围2021年度“高端科技创新智库青年项目”。孙树文获批2021年“北京优秀青年工程师创新工作室”。戚伟康获“2021北京市科协金桥工程种子资金”资助。10月，校科协加入朝阳区科技创新联盟。

（谭　歌　史幼骢　陈树君）

【碳中和城市科技创新研究院成立】 3月4日，北工大整合能源、环境、化工、材料、城市建设、循环经济等多学科优势资源，成立北工大碳中和城市科技创新研究院，打造我国高校首个聚焦城市碳中和的科技创新平台，将为北京率先实现“碳达峰”“碳中和”目标提供支撑。

（王金国　李洪义）

【大学科技园】 9月27日，印发《北京工业大学国家大学科技园建设与实施办法》（工大发〔2021〕47号）。大学科技园工作小组规范议事制度，先后4次召开专题会议，研究讨论大学科技园工作。10月，科技部会同教育部公布了委托第三方专业评估机构对115家国家大学科技园进行绩效评价的结果，北工大国家大学科技园评价结果为“合格”。

（刘显武　闫健卓）

【北京工业大学学报】 《北京工业大学学报》为月刊，现为中文核心期刊（2020年版）、中国科技核心期刊、2021—2022年度中国科学引文数据库（CSCD）来源期刊、RCCSE中国核心学术期刊（A+），被荷兰《文摘与引文数据库》（SCOPUS）、英国《科学文摘》（*INSPEC*）、美国《化学文摘》（*CA*）等数据库及德国《数学评论》（*ZMATH*）等出版机构收录。

在CNKI发布的《中国学术期刊影响因子年报（自然科学与工程技术）》（2021版）中，学报2020年的期刊综合影响因子为0.901，在143种工程技术综合期刊中排名第23位。学报入选《世界期刊影响力指数（WJCI）报告（2020科技版）》目录。学报编辑部入选“2021年度中国高校科技期刊建设示范案例库·团队案例”。

出版《北京工业大学建校60周年土木学科纪念专刊》《人工智能研究院成立专刊》《土木专刊》《人工智能专刊》等。

2021年6月10日举办《北京工业大学学报》第一届青年编委会成立仪式暨迈向碳中和目标学术研讨会。校长、学报编委会主任聂祚仁院士，学报主编彭永臻院士出席会议。2021年10月18日，召开2020年度主编工作会议，学报主编彭永臻院士等出席会议。

完成《学报》第十二届编委会换届工作及第一次（2021年）会议工作报告。

《北京工业大学学报（社会科学版）》（以下简称“社科版”）为双月刊，逢单月10日出版。现为《中文核心期刊要目总览》（2020年版）核心期刊、中国人文社会科学期刊AMI综合评价A刊核心期刊、《中文社会科学引文索引》（CSSCI）来源期刊（2021—2022）、中国科技核心期刊等；分别被国家哲学社会科学学术期刊数据库、中国期刊全文数据库等数据库或出版平台收录。

2021年，社科版共发文63篇，刊发《庆祝中国共产党成立100周年》专题研究6篇，增设《碳达峰碳中和目标研究》栏目。

CNKI数据显示，社科版2020年综合影响因子为2.344，复合影响因子为3.992，分别比2019年的1.802、2.833提高了30.08%、40.91%，影响力各项指标均创历史新高。

2021年，社科版先后入选北京大学《中文核心期刊要目总览》（2020年版）核心期刊、南京大学中文社会科学引文索引（CSSCI）来源期刊目录（2021—2022），取得历史性的突破。入选北京工业大学2021年度十大新闻。

2021年5月14日，召开学习习近平总书记给《文史哲》编辑部全体编辑回信精神专题座谈会，校党委副书记、社科版主编李四平同志出席座谈会。2021年6月17日，召开“庆祝中国共产党百年华诞暨《北京工业大学学报（社会科学版）》创刊20周年：迈向碳中和目标学术研讨会”。

完成社科版第四届编委会换届工作及第一次（2021年）会议工作报告。

（宋国恺　吕小红　李世红）

科技产业

【概况】 北京北工大投资管理有限公司（以下简称投资公司）是北京工业大学下属的国有独资有限公司，2009年12月由北京工大金天企业管理中心改制而成，注册资本为人民币5000万元。投资公司经北京工业大学授权，对学校经营性资产行使出资人的权利，承担学校资产保值增值的责任。

2021年，投资公司增强和提高校办企业的管理水平，深化落实全面从严治党主体责任，统筹做好校产改革发展稳定工作。投资公司及下属企业资产总额45839.75万元，负债总额18577.83万元，净资产总额27261.92万元，完成上交学校任务3601.00万元，超额300.00万元。

党建工作。获评学校先进党支部3个、优秀共产党员3人，融实支部获得街道、社区优秀共建党组织称号。

推进党支部规范化建设。4月—10月，督导所属8个党支部完成换届选举，支部书记由法人高管担任，支部委员由业务骨干担任，补充专职人员，开展对标示范特色培育活动，自查+核查，党委支部共同解决问题，“小微提升”立项3项、成果1项，从严培养发展党员，全年发展党员3人，转正2人，培养积极分子10人、发展对象4人，督促所属党支部严格落实“三会一课”制度、开展组织生活会和党员民主评议工作。

资产监管和内部控制。加强国有经营性资产监督管理工作，完善企业内部控制流程。新增《北京工业大学校属技术转移服务企业科技成果转化实施细则》《北京北工大投资管理有限公司请示报告制度》《北京北工大投资管理有限公司安全生产管理办法》《北京北工大投资管理有限公司经营管理与绩效考核管理办法》，修订完善《北京北工大投资管理有限公司总经理办公会议事规则》《北京北工大投资管理有限公司“三重一大”决策制度实施办法》《北京北工大投资管理有限公司党委会会议制度》《北京北工大投资管理有限公司财务管理制度》《北京北工大投资管理有限公司内部审计制度》《投资管理有限公司所属全资企业高级管理人员薪酬管理暂行办法》《北京北工大投资管理有限公司（本级）人力资源管理办法》《北京北工大投资管理有限公司档案管理办法》等，并指导下属全资企业制定、修订相关管理办法。进一步规范学校校办企业投资和经营行为，从而确保公司决策的规范高效和学校经营性资产保值增值，为完善现代企业管理体制和运营机制夯实基础。全年召开总经理办公会14次、党总支委员会/党委会32次、投资公司董事会12次、监事会1次，涉及重要事项议题63项/次；经资委会议11次，审议重要事项议题38项，通报议题1项；拟定校级发文及上报市教委的校级发文21件；上报并通过校长办公会、党委常委会的议题8次，涉及重要事项6项，全部形成决议。

成立疫情防控工作领导小组，形成由党委书记王晶、总经理刘伟任组长，副总经理刘永平任副组长，成员包括部门负责人和下属企业总经理，全员参与的工作格局，制订工作方案、应急预案，积极开展防控知识培训，坚决落实北京市和北京工业大学各项防控措施，确保投资公司及下属企业疫情防控工作零事故。

搭建服务平台促转化。2021年4月11日，《光明日报》头版头条刊发《源头创新解决“卡脖子”技术难题——一名工科教师翻越成果产业化“四座大山”的启示》，报道北京工业大学教授张跃明攻克工业机器人的“卡脖子”技术难题，将成果成功实现产业化的典型事例。通过校企合作、产学研相结合的模式，研究院和生产基地每年可以生产世界上最顶尖的工业机器人RV减速器8万套，产品供不应求。

依托环生学部专利成果，与上市公司共同推进产业转化落地。协助科研团队建立核心技术壁垒，对接社会资本，聘请专业领域知识产权专家、法务财税专家对合作模式、专利布局、法律风险等提前筹划。

科技园公司与经开区开展合作，争取相关补贴。2021年申报“经开区人才联合培养基地”项目，为科技园公司争取150万财政补贴，科技园公司在三年内将通过招收实习生形式，为学校培养优质的创新创业人才和高新技术人才。

（王茂春　刘　伟）

【校办企业体制改革工作基本完成】 根据2021年1月北京市教育委员会批复的《北京工业大学所属企业体制改革实施方案》，计入校企改革的54家企业，完成清理关闭、脱钩剥离、保留管理46家，视同完成6家，完成率96.3%。计入国资委系统的全民所有制企业公司制改革的企业3家，完成2家，视同完成1家，完成率100%。计入发改委系统“僵尸企业”处置工作的企业22家，完成18家，视同完成4家，完成率100%。

（王茂春　刘　伟）

【勘察设计院服务首都规划建设】 设计院与城建学部合作开展“面向实施的村镇规划”“新条件下的国土空间规划——青年创新论坛”“新型城镇化与乡村振兴”等学术活动，签署产学研基地和实践基地合作协议。申请成立北京工业大学建筑勘察设计实训基地，培养学生实践能力和创业精神，接收学生实习，推进规划、建筑等学科的产学研一体化发展。为北京城市核心区、城市副中心提供多项规划、设计和责任规划师服务，为首都规划建设和精细化治理保驾护航。先后获得北京市优秀城乡规划一等奖2项，二等奖3项，三等奖若干，北京市优秀工程勘察二等奖1项。北京市优秀责任规划师团队奖5项。积极服务首都乡村振兴，发挥自身技术优势，推动乡村公共服务设施建设工作，组织策划、规划、建筑设计团队合力，提出建设服务乡村生产、生活、生态功能的乡村社区中心的设计方案，提供“北工大力量”。完成密云区张泉村规划设计服务，为“美丽乡村”建设捐款10万元；援建门头沟区梁家庄村党群活动中心；党建引领，为延庆区西桑园村、通州区陈桁村提供村委会改造设计服务。

（王茂春　刘　伟）

【推进学校“大物业”改革】 融实物业公司发挥企业党建特色，抓好党建促发展，完成ISO系列认证，不断完善企业制度建设体系，实现制度控流程、制度管品质。完成原北京工大住宅维修中心分支机构北京工大住宅维修中心武圣东里供热站转换为北京工大融实物业管理有限公司分公司的工作；启用网上报修系统，报修总量11435次；增加“京小红”智能派送无人车，为师生提供安全稳定、及时响应的保障服务；强化安全意识，建立安全责任关联制度，把安全生产工作做到实处，各部门及品控部对公司的工作间、配电室、家属楼、地下室、周边环境等所管辖范围进行安全工作检查，对不符合安全标准的地方、存在的问题及隐患限期整改，避免发生安全责任事故；加强共享单车管理，规范画线区域，满足师生单车停放需求，增设电子围栏技术。

（王茂春　刘　伟）

【出版社优化产品结构】 出版社把好意识形态关，强化导向管理和质量管理，严把政治关、政策关、意识形态关，认真落实图书生产流程及规范，确保图书质量不出问题。

策划出版《世赛标准水处理技术项目教学》（一套4种）、《北京工业大学教育教学成果汇编》、《北京工业大学通识教育选修课》、《北京工业大学新生研讨课》；课程思政系列教材：《电子科学与技术专业课程思政设计与实践》《机器人工程新工科专业课程思政教育体系建设与实践》《自动化专业课程思政教育体系建设与实践》《思政为帆，引航学海》等；签约城建学部、材制学部、艺术学院、文法学部、经管学院、信息学部学术专著出版合同。

以出版品牌战略为引领，加强制度化、规范化建设，选题以突出主题出版与大学出版社定位为宗旨。《鬃人人生——白大成口述史》入选北京市宣传文化引导基金项目；2021年出版图书品种原创比例100%，“红色经典、献礼百年”主题系列活动中，“红色英模故事”系列丛书中的《八一勋章英模故事》《全军挂像英模故事》亮相北京西单图书大厦，被北京广播电视台、“北京阅读季”快手、抖音等平台同步直播，北京市新闻出版局官方宣传报道。

（王茂春　刘　伟）

【构建学校科技成果孵化、创新创业人才培养开放平台】 出台《科技园公司大学科技园入孵企业管理办法（试行）》及配套《入孵协议》《创新创业人才培养协议》等政策，制定众创空间、孵化企业的优惠政策，对相关楼宇进行分类改造，确保为孵化企业提供舒适的办公环境，与北京航天金税、北京银行、农业银行及相关机构建立平台合作关系，搭建平台，为入孵企业提供工商注册、财务、法律等各项咨询活动。

（王茂春　刘　伟）

学 生 管 理

本科招生工作

【概况】 2021年，学校计划招收本科生3100人（高中起点统招），其中：普通类2840人，艺术类260人；北京生源2141人，外省生源755人（含国家专项90人），按政策预留计划204人。北京生源中计划招收：普通类2011人（普通专业1829人，中外合作办学专业182人），艺术类130人。外省生源计划招收：普通类635人，艺术类120人。

2021年，学校共录取本科新生3628人，其中高中起点统招录取3161人，贯通培养专升本转段录取377人，本科起点第二学士学位录取90人。录取的高中起点统招学生中：普通类2901人，艺术类260人；北京生源2227人，外省生源934人（含内地新疆班31人，内地西藏班10人，新疆双语预科班24人，国家专项90人）。

北京生源中：普通类2091人（普通专业1909人，中外合作办学专业182人），艺术类136人。外省生源录取生中：普通类810人，艺术类124人。

表9-1 各专业志愿组北京生源录取分数及排名情况

专业组编号	选考科目要求	提档线	提档线市排名	平均市排名
010	不限选考科目	589	9653	8145
020	物理	585	10264	8015
030	物理/化学	578	11319	10409
040	不限选考科目（中外合作）	579	11162	9963
050	物理（中外合作）	573	12147	10852

表9-2 普通类专业京外生源录取分数及排名情况

省、市、自治区	普通专业		中外合作办学专业		国家专项	
	提档线	全省排位	提档线	全省排位	提档线	全省排位
安徽	614	9300	591	17700	610	10600
福建	608	7600	587	13800		
甘肃	543	6400			541	6700
广东	608	18700				
广西	579	7800				
贵州	561	7600	534	14200	563	7400
海南	670	2700			665	3000
河北	609	10000	579	23900		
河南	623	12900	604	23200	622	13300
黑龙江	550	7800	443	30000		
湖北	616	10500	595	18400	602	15500
湖南	609	8900	590	16000		
吉林	540	8200	528	9900		
江苏	593	10800				
江西	612	5800	589	11900	606	7200
辽宁	612	7900	585	14300		
内蒙古	519	10600	511	11960	499	13900
宁夏	472	5300				
青海	474	2800				
山东	600	16900	576	33400		
山西	583	7400	557	14000		
陕西	572	9200			570	9600
四川	620	11500			590	26100
天津	647	4700	629	7400		
西藏	544					
新疆	533				494	
云南	588	10300			595	8500
浙江	634	15100	628	18900		
重庆	616	9700			620	8700

注：表中数据对于非高考改革省、市、自治区对应科类为理工，对于“3+1+2”改革省、市、自治区对应科类为物理组。

2021年，学校修订了第二学士学位招生简章，最终录取90人，学校深造率首次突破50%。落实上级政策，共录取了377名贯通培养专升本转段学生。至此，学校本科招生共涵盖了包括普通类、艺术类专业、高水平运动队、高校专项计划、国家专项计划、地方专项计划、“双培”计划、“外培”计划、内地新疆班、内地西藏班、新疆双语预科班、新疆定向、港澳台侨联合招生、台湾地区免试、第二学士学位、贯通培养专升本转段在内的共16种录取类型，形成了较为完善的本科招生体系。

7月，完成北京市2021年单考单招全科网上评卷的组织工作。8月，完成了2021级各类型本科新生的录取工作，共录取高中起点统招新生3161人，增录61人，计划完成率101.97%。9月初，牵头组织完成了2021级本科新生的入学报到工作。

（郭载勋　王　丹）

【优化本科生源结构】　一是优化分专业招生计划数，专业结构更加合理。将艺术类专业招生规模由去年的280人下调为260人；普通类计划上调20人，顺应改革变化，对于文理兼招专业取消文史计划的招生；维持北京-都柏林国际学院招生计划总数不变，适当上调在京招生比例。二是优化分省招生计划数，适应京津冀协同发展战略需求，保障在天津和河北投放的招生计划。三是优化招生专业，积极服务北京高精尖新产业人才需求，新增人工智能、化学生物学两专业，停招了广告学专业，招生专业数共计46个，含11个招生大类，21个专业实验班，1个特色班。四是优化"双培"计划、"外培"计划，生源质量和对口培养更加顺畅。

（郭载勋　王　丹）

【构建本科招生宣传多维矩阵】　开展多形式、立体化、全方位的招生宣传和政策咨询工作。通过和权威平台、专业性强的社会媒体、网站以及其他新媒体平台合作，联动推广；组织10个学部（院）60余位专业负责人走进直播间，为考生和家长更全面地介绍学校、宣传专业，吸引优质生源报考；多次做客中国教育三频道、北京城市广播"教育面对面"栏目，人民网、《北京考试报》、央广网、央广广播等媒体进行政策宣讲、咨询解惑。以庆祝中国共产党成立100周年为契机，设计制作"建党百年"录取通知书。增加咨询互动形式，提高咨询互动体验。QQ群在线咨询，总计91天，1000余小时；网上高招办小程序后台在线咨询时长200余小时；咨询热线专家共接待25000余次电话咨询。高考知分后，以线上腾讯会议方式举办了旨在帮助考生和家长深度了解学部（院）和专业、填报学校和专业志愿的报考咨询日活动。依托招生宣传媒体，在京外25个省份的200所目标生源中学开展了"高校短视频进高中""高校展板进高中"活动，将学校人才培养和招生优势宣传至外省重点中学，吸引优质生源报考。各学部（院）在各自负责的北京优质生源基地中学积极开展招生宣传和基地建设活动，在录取的2227名北京生源中有71%来自优质生源基地校。

（郭载勋　王　丹）

【京内外生源质量获提升】　在京内，5个专业组中，4个组的录取排位实现以百位计的提升，尤其是物理组全市排位提升了1700余名；全校录取平均排位8300名，较去年提升了近300名。在京外，学校提档线高于当地重点线100分以上的省份达到了13个，招生工作收获了良好的生源和声誉。

（郭载勋　王　丹）

【开展业务指导和志愿填报辅导】　加强业务指导，通过线上腾讯会议的形式开展了面向全校范围的高招宣传咨询培训会，对2021年的各项高招政策进行了全面细致的解读。面向教职工子女开展了高招志愿填报辅导活动。针对学校20余名教工子女开展了集中的高招政策宣讲、志愿填报个性化辅导、录取结果的第一时间告知等工作。围绕高招改革，走访基层学院主动"送服务上门"。就推进各项招生改革工作多次走访各二级部门开展调研、政策宣讲工作。

（郭载勋　王　丹）

研究生招生工作

【概况】　2021年在疫情防控常态化的背景下，学校研招工作以"确保平稳底线，追求质量高线，筑牢制度阵线"为目标，实施"精细化"考务管理和研考疫情防控工作方案，营造严肃、公平的考试环境，完成各类国家级教育考试考务工作。

研究生招生计划及录取。2021年，北京市教委下达学校研究生招生计划共3623人，其中博士研究生招生计划493人（均为全日制学术学位，含科研博士计划95人）。硕士研究生招生计划3130人（含全日制学术学位招生计划1262人、全日制专业学位招生计划1567人、非全日制专业学位招生计划301人）。计划总数较上一年度增长210人，其中博士研究生招生计划增长60人，硕士研究生招生计划增长150人（全日制学术学位计划增长50人，全日制专业学位增长114人，非全日制专业学位减少14人）。

2021年，学校硕士研究生报考再创历史新高。硕士生报考总人数12692人，其中统考报名12295人，同比增长3.2%。全国统考考生的考录比为4.5∶1（其中全日制为4.55∶1），拟录取一志愿考生占比为93.3%（其中全日制为97.5%），较上一年度增长了3个百分点。最终录取硕士研究生3128人，较上一年度增长162人，增幅5.5%；其中，录取全日制学术学位硕士研究生1262人、全日制专业学位硕士研究生1567人，非全日制专业学位研究生299人；录取推荐免试研究生397人，同比增长33%。

2021年博士研究生招生共有875名考生报名初审合格，同比增长19%，为近年最大增幅且再创报考人数新高。从考生来源上看，博士生高质量生源人数（应届生，以及硕博连读、直博生）达558人（占比63.8%），五年增长121%。继续作为试点高校，参与教育部科研经费博士研究生专项招生计划。教育部共下达学校科研博士计划95人，2021年共录取科研经费博士生91人。

按照教育部、北京市教委关于"国家关键领域急需高层次人才培养专项招生计划"的工作部署，完成集成电路领域专项计划的专项下达与配套支持工作。

制度建设。制定《北京工业大学博士生导师招生资格年度审核与学科招生指标分配暂行办法》（工大发〔2021〕15号），将各学科年度博士生招生计划分为基础计划指标、动态调节计划指标两部分，明确增减清单，确立博士生招生指标分配动态调整机制。制定《北京工业大学关于招收与培养本科直博研究生、硕博连读研究生的实施办法（试行）》（工大发〔2021〕58号），明确本科直博研究生的招收与培养相关办法，将硕博连读生的招生工作与申请考核制考核统筹安排，从招生、培养、学籍与课程、学位申请、学生资助等各个环节进行了相应修订与制度细化，为学校拔尖创新人才的选拔与培养提供制度保障。

信息公开。2021年，学校继续按照上级单位有关政策要求，全面公开招生信息，健全完善监督机制，主动接受社会监督。在北京工业大学研究生招生网公布研究生招生的各类章程、学科目录、考试大纲、拟招生计划数、工作办法、实施细则、考点公考、初复试成绩、复试分数线、复试名单、拟录取名单等，总计公开共29类计22482条信息。

研究生招生复试。疫情期间，2021年硕博研究生复试工作继续采用在线远程方式进行。制定全流程《北京工业大学2021年硕士、博士研究生招生考试复试录取工作方案及应急预案》。复试工作遵循"一平台、两识别、三随机、四比对"的工作原则，基于"双机位、在线远程"的方式，提前做好复试考核全流程过程模拟演练、考生全覆盖模拟测试以及突发事件临时切换系统等三类模拟演练。精准划定各专业复试分数线，严格考生资格审查、加强过程规范管理，严防弄虚作假行为。强化舆情监控，成立突发事件应急处置工作小组，建立快速反应机制。2021年学校硕博研究生在线远程复试共完成模拟测试及实际复试800余场次，共有考生4500余人次、教职工1300余人参与其中。在线远程复试工作整体平稳有序。

考点工作。北工大考点共组织2913人参加了2021年硕士研究生招生考试初试，考生体量同比增长6%，连续六年创历史新高。其中，报考本校2532人，报考149个外招生单位381人；使用试题10272份，其中，统考科目22科，试题7810份；本校自命题75科，试题1993份；149个外招生单位自命题396科，试题458份；投入使用考场106个。

作为北京市全国同等学力人员申请硕士学位全国统一考试考点，5月23日，组织2021年同等学力人员申请硕士学位全国统一考试，设置考场60间、备用隔离考场2间，参考考生3600人次，接收和保存试卷3600份。

作为北京市最复杂的国家级考试考点之一，完善国家级考试考点内防疫工作方案和应急隔离处置流程，增设疫情防控副主考，专职负责涉疫常规工作和突发事件处置，建立了"1+2+3+5"的考生入场及指纹验证工作模式，组织全体考务人员进行核酸检测及防疫工作培训，在疫情防控常态化中完成各项考务工作，妥善处理发热考生考试、转运、隔离等相关工作。

自命题管理。根据教育部、北京市招考委对于研究生招生考试自命题工作的相关要求，2021年，学校继续遵循"五个固定"原则组织各学部（院）、各学科进行自命题的试题命制工作。所有工作在视频监控下进行并全程录像，试卷流转各环节均建立工作台账，签署《研究生招生考试自命题接收交接单》，做到无缝衔接、手续完备。涉考涉密人员均按照规定签订《涉密工作人员安全保密责任书》，命题组组长签订《研究生招生考试命题组长质量保证责任书》，严格落实自命题"三审制度”。2021 年硕士研究生自命题试卷收取共计有机要包裹 811 包 11550 份，分别来自全国 31 个省份 261 个城市 543 个考点，共有 400 余名专任教师及工作人员参与到自命题试卷整理和评卷相关工作中。自命题机要接收、清点、整理、评卷、核分等工作，正值国内部分地区再次发生新冠肺炎疫情的特殊时期。面对评卷工作零容错和疫情防控消杀的双重压力，学校一方面组织各学部（院）选派责任心强、学术水平高的专任教师参与评卷及核分工作，另一方面积极筹措防疫物资，对来自疫情防控重点区域的机要包裹及试卷采取重点措施。评卷工作严格执行回避制度，工作人员为当年无亲属或利益相关人员参加该科目考试的在职教师。评卷过程分题到人，流水作业，全程视频监控和录像。评卷结束后，各评卷小组又组织专人（2 人以上）进行评分尺度和成绩累加、登记录入的双复核工作，学校组织专门工作人员进行了多轮次复核。

（王新民　李雨竹）

【博士生招生“申请考核制”】 2021 年，学校对博士普通招考考生全面实行“申请考核制”，以考生的创新能力、科研潜力和已获得的学术成果为依据，选拔具有创新能力和学术专长的拔尖创新人才。经前期充分调研、反复论证，结合已有申请考核制工作经验，形成《北京工业大学 2021 年招收攻读博士学位研究生章程》及工作方案，提请学校招生工作领导小组、校长办公会审定后对外发布并执行。2021 年博士研究生招生考试“申请考核制”的考试方式分为“考生报名—科研基础审核—外语水平考核—复试”四个阶段。各博士招生学部（院）成立了正职领导任组长的研究生招生工作领导小组，设立研究生招生监督检查工作小组，制定了 2021 年博士研究生招生考试“申请考核制”实施细则，进行“申请考核制”招考工作的落实与监督。受新冠肺炎疫情影响，博士招生“申请考核制”中的“外语水平考核”环节采用在线笔试的形式进行，采用三机位监考，共有 603 名考生参加了外语水平考核在线笔试。

（王新民　李　彧　李雨竹）

【线上招生宣传及科技夏令营】 继续推进“学校—学部（院）—学科—导师—学生‘五位一体’研招宣传体系”建设，构建招生线上宣传队伍，保持相对稳定的研招宣传渠道。结合疫情防控常态化形势，采用云端在线形式举办 2021 年全国优秀大学生夏令营，共有 2871 名考生报名。除设计形式多样的学术活动外，还构建了一套完整的线上考核模式，严把夏令营考核质量关。对 2021 年研究生录取通知书进行创新改版设计，最终设计定稿“时光长河”录取通知书。该版录取通知书搭配校园立体纸雕，设置 3 款不同校园风景手绘的内页，体现了对校园文化和校园精神的集纳。

（吴媛媛　李雪娇　李雨竹）

学生工作（本科生）

【概况】 **党建工作。**加强学生党建引领与基层组织建设，充分发挥学生党支部战斗堡垒作用和学生党员先锋模范作用，为党的百年献礼。组织师生参与建党 100 周年庆祝活动。按照上级任务要求，组织学校 183 名观演人员参加建党 100 周年庆祝活动。通过精心筹划与科学方案，以最严格标准抓好疫情防控，确保学校建党 100 周年庆祝大会观礼任务安全、圆满完成。持续做好学生党员先锋社建设。发布《北京工业大学党员先锋社管理办法》，加强和改进学生党建组织领导、教育培养、党员管理、作用发挥和条件保障工作。学生工作部（处）指导的学生党员先锋社荣获“北京工业大学突出贡献党员团队”称号。牵头制定《北京工业大学大中小幼一体化德育体系建设实施方案》、牵头推进“一站式”学生社区综合管理模式建设试点工作。

辅导员队伍建设。截至 2021 年底，学校共有专职辅导员 105 人（其中聘任制 19 人），兼职辅导员 90 人，辅导员总人次为 135 人（专职 105 人次 + 兼职 30 人次），师生比为 1∶183。选拔 18 名优秀学生干部充实到学生工作队伍中；配合人事处完成 2021 年辅导员社会公开招聘工作，12 名新辅导员入校；2021 年共选拔 16 名思想政治理论课教师，分别兼任 10 个学部（院）的大学生政治辅导员；共配备 7 名心理中心教师纳入专职辅导员队伍；共选拔配备 47 名兼职社区辅导员分配到校本部、通州校区、中蓝社区各学生公寓。匹配新疆籍少数民族学生专职辅导员 3 名。经个人申请、学部（院）推荐、学校评审，评选出 9 名“优秀辅导员”和 2 名“辅导员年度人物”。辅导员获奖共计62人次，其中院级1项、校级45项，区级1项、市级及以上15项。辅导员发表文章32篇，出版专著1部，共涉及人数22人。

本科生奖学金评定。2020—2021学年共有9884名本科生参与奖学金评定，其中4500余名学生获得各级奖励，合计占参评人数45%。其中，校长奖学金获得者10人（含本科生3人，硕士研究生2人，博士研究生3人，项目2个）。校学习优秀奖获得者1925人、校优秀学生干部获得者582人、校励志奖获得者32人、校创新创业奖获得者556人、校三好学生获得者438人。校级各类集体奖共154个，其中优良学风班82个、先进班集体65个；标兵团支部15个、优秀团支部65个。

学生资助工作。国家奖学金25人，发放金额20万元；国家励志奖学金291人，发放金额145.500万元；国家助学金1087人，发放金额406.740万元；减免学费32人，减免金额11.500万元，为738名家庭经济困难学生办理学费缓缴377.000万元；安排1429人次勤工助学，发放勤工俭学经费56.690万元；下发教委拨款的学生伙食补贴、饮水通信补贴1087人次，发放金额20.091万元；为学生发放各类临时困难补贴、节日补贴、路费补贴、图书资料补贴共计50.130万元，其中疫情临时困难补助发放了176人共计15.050万元，洪涝灾害临时困难补贴发放了67人共计6.555万元；发放春蕾计划助学金、小米助学金等各类社会资助23.200万元；为1307名学生成功申请国家助学贷款，共计1206.310万元。

国防教育工作。完成2020级本科生军理课程学习任务，共2962人参与学习。7月份先后完成2020级、2019级本科生军训工作，共5964人参加训练。共有17名学生光荣入伍。同时，共有14名学生服役期满回本校报到复学。完成新生安全教育“国防与安全”第二课堂课程学习，共3217人参与249节微课学习。配合完成各阶段学生疫情安全防护教育工作。学校国旗护卫队承担了学校升国旗任务，并积极组织参与北京国防教育协会的各项活动，以国旗护卫队建设为载体，加强国防教育实效。国旗护卫队参加第十一届北京高校国旗护卫队队伍建设文化成果展示活动，获得三等奖。组织学生参加2021年“铸剑杯”定向运动普及赛、2021年北京高校定向运动积分赛年度总决赛。

（于　磊　黄荟宇　安哲锋）

【实施学生党员“三力教育”工程】 发布《北京工业大学2021年学生党员“三力教育”工程实施方案》，组织各学部、学院按要求加强学生党支部规范化建设，提高党员教育培训质量。开展“永远跟党走”学生主题教育系列活动，包括开展“共克时艰 学生党员‘再’行动”主题教育活动；举办第七届学生党史知识竞赛；开展“奋力开启新百年，砥砺前行谱新章”主题教育活动；开展“创文行动·行为习惯养成”主题教育活动；鼓励各学部、学院开展特色活动。组织京津冀三所工业大学开展形式多样的党史学习教育。

（潘财炳　安哲锋）

【举办第七届学生党史知识竞赛】 4月27日至5月11日举办“永远跟党走”——北京工业大学第七届学生党史知识竞赛。全校共5800余名同学参与初赛答题，最终评选出一等奖1项、二等奖2项、三等奖3项；举办2021年红色“1+1”活动，共67个学生党支部申报立项，组织推荐22个2021年北京高校红色“1+1”示范活动项目。北京工业大学荣获“知史爱党，知史爱国”北京市学生“四史”学习知识竞赛优秀组织奖，参赛团队在高校组团队赛中获得二等奖。2021年北京高校红色“1+1”示范活动，北京工业大学城建学部道桥工管硕士生党支部获得一等奖，北京工业大学获得优秀组织奖。

（潘财炳　安哲锋）

【举办学校青年马克思主义者培养工程班（学生）第七期“学生骨干计划”和第五期“新生英才计划”】 第七期“学生骨干计划”学员共计154名，第五期“新生英才计划”学员共301名。完善金字塔结构贯通式学生干部培养体系，打造升级版学生“青马工程”，通过集中理论培训、异地教学、实践锻炼、社会调查、班级日常培养等环节，提升学生骨干综合素质。

（潘财炳　安哲锋）

【实施2021级“彩虹桥”新生入学教育】 以“入学前、大一第一学期、大一第二学期、大一学年末”为时间轴划分四个阶段，着眼“行为养成、人格塑造、理想信念”三个层次开展新生教育工作，增进新生对学校建设发展的“价值认同、目标认同、社会认同”，集中开展理想信念、健康安全、知校爱校、专业认知、心理资助、综合素质等专题教育活动，覆盖2021级全体本科新生，引导新生顺利过渡，完成角色转变和环境适应。通过在新生中组织诚信宣传、主题班会、诚信考试承诺、诚信知识工大讲堂等多种形式，营造诚信氛围。针对新生开展校规校纪考试。同时，做好2020级本科学生发展状况追踪调查、2021级新生发展状况调研，探寻新生工作规律，为新生工作的开展和改进提供参考依据。

（潘财炳　安哲锋）

【构建辅导员培训体系】 构建基础培训、专题培训、专业化培训三级培训体系。做好辅导员培训统筹工作，加大对校内和校外新入职辅导员培训力度，举办北京高校辅导员“学业辅导”专题培训、北京高校（东片区）新上岗辅导员培训、北京工业大学2021年新上岗辅导员培训。疫情防控期间，组织学校全体专职辅导员参加全国高校辅导员网络培训，参与人数128人。同时，组织辅导员参加“党建与学生基层组织建设”“心理技能提升”“心理健康教育及辅导能力提升”“辅导员工作精细化”等线上专题培训。

（潘财炳　安哲锋）

【加强辅导员工作室建设】 学校共有23个辅导员工作室，主题涵盖学生党建，爱国主义教育，职业生涯规划，出国留学，考研，新疆、西藏籍少数民族学生培养，就业创业，学生科技，情感、网络思政，宿舍关系，学业辅导，国际学生成长发展等多方面。开展辅导员工作室年度考核及新辅导员工作室申请立项答辩会，从原有15个辅导员工作室中评选出5个优秀辅导员工作室，批准成立8个新辅导员工作室。

（潘财炳　安哲锋）

【加强少数民族学生管理与服务】 做好新疆籍少数民族学生基础信息整理工作，完成本科在校308名新疆籍学生“一人一册”工作，做到少数民族学生工作全覆盖。关注在校新疆籍少数民族学生思想动态，做好“一对一”深度辅导摸排谈话工作，学年累计谈心谈话220余人次。通过摸排分析，按照思想动态、学业困难、心理障碍三个方面定位重点关注学生16人，并落实重点学生“一人一组”“一人一策”包联机制。组织开展爱国主义教育、民族团结教育、宿舍安全教育、新生适应性教育、就业意向统计、征兵入伍政策讲解、学习经验交流等；通过召开线上线下专题座谈会、宣讲会、交流会16场，组织学生党员、学生骨干、专职辅导员及内派教师专项业务培训6场，组织校园文化活动，筑牢意识形态根基。注重培养少数民族学生骨干群体，树立少数民族学生榜样力量。在校新疆籍少数民族学生党员（含预备党员）共计19人，3名新疆籍维吾尔族本科学生参加中国共产党成立100周年文艺演出、献词合唱、志愿者团队。

（伊木然·伊孜木江　安哲锋）

【组织开展“百强示范班”建设和“十佳班集体”评选活动】 组织2021年“百强示范班”建设和第十届“十佳班集体”评选活动，发挥班集体在学生成长发展过程中的作用。由各学部（院）自主申报，培育102个百强示范班。开展第十届“十佳班集体”评选工作，评选出10个十佳班集体。其中城市建设学部190410茅以升班荣获北京高校十佳班集体荣誉称号。

（黄荟宇　安哲锋）

【开展“工大毕业季”系列活动】 通过毕业季推送、毕业生专访、推出《青春剪影·灯火工大》纸雕灯毕业礼物等形式，增强毕业生爱校情怀。6月，在本科生中共评选出161名北京市优秀毕业生、333名北京工业大学优秀毕业生，评选出“百佳毕业生”，其中本科生56人、研究生44人。2021年学生毕业典礼暨学位授予仪式分上午、下午两场，5745名2021届毕业生及1923名2020届毕业生代表共赴毕业盛典。2021年毕业典礼为北京工业大学历史上规模最大的毕业典礼，在线观看人数突破六万人次。

（黄荟宇　安哲锋）

【打造“工大学生树”品牌服务】 在“工大学生树”学生处官方微信公众号的基础上，延伸企业微信服务，为师生提供移动端信息服务，包括学生管理、学生服务、校园资讯等。同时，在学校疫情防控的要求下，接入日新学工系统，实现了疫情期间学生出校、走读、离京等审批功能便捷化。

（黄荟宇　安哲锋）

【加强学业辅导队伍建设】 2021年面向全校学生公开招募25名学生“学业朋辈讲师”，根据擅长领域，将辅导内容分为“课程辅导”“技能辅导”“成长辅导”等板块，促进学生全面发展。继续聘任10位退休教师担任专职学业咨询师。建立以学习委员为主的朋辈辅导队伍，开展学习委员专题培训。加强知行学社等学习类专业社团管理，通过加强队伍建设增强学业辅导，助力学生成长成才。

（傅若瑜　安哲锋）

【创新学业辅导平台建设】 依托“北工大学业中心”微信公众号和学业辅导平台，设立学业辅导通知、工作宣传、学生预约咨询、学业测评等板块。利用微信平台每周发布校内外讲座及活动信息，为学生提供学术交流的机会；通过学业发展测评，收集部分学生的学业发展数据，为今后开展精准化服务提供依据；学业辅导室预约板块，预约更便捷；期末礼包板块，帮助学生获取复习资料，克服考前畏难情绪。截至2021年12月，微信公众号关注人数超过5400人，发布推送200余篇，单日阅读量2000余次。

（傅若瑜　安哲锋）

【推进学业辅导“三大计划”】 2021年共申报杰出学子计划473人，其中雏鹰计划308人，起航计划165人。实施“学业困难学生帮扶计划”，为17名学困生建立《学困生档案》。实施“公共基础课辅导计划”，开展62场高等数学、线性代数、大学英语等公共基础课期末串讲及线上晚自习，发放复习资料，帮助学生做好考前复习规划，掌握各科目复习技巧与考试重点，顺利通过考试。

（傅若瑜　安哲锋）

【加强学业辅导联动机制】 适应疫情防控形势，线上线下相结合稳步推进各项学生学业辅导活动的实施；结合新生特点，联合各学部（院）举办5场“新生工作坊”；针对基础薄弱学生，开展78场“每周答疑”“英语学习工作坊”；结合学生兴趣，开展“百华杯”诗词大会活动；配合高教院，开展首届学生教学技能大赛；迎合新时期学生学习习惯，开展首届学生“课堂笔记”大赛，400余名学生报名参赛。通过学业辅导活动强化“学涯规划”，助力学生行稳致远。

（傅若瑜　安哲锋）

【举办北京高校辅导员“学业辅导”专题培训】 6月举办北京高校辅导员“学业辅导”专题培训，来自37所高校的近百名辅导员参加了这次培训，培训邀请了全国高校18位专家学者，从理论提升、技术应用、工作实务等7个维度，分享对学业辅导工作的探索与创新，提升了高校辅导员工作的精准化、专业化水平，为加强北京高校学业辅导队伍建设贡献力量。

（傅若瑜　安哲锋）

【举办“北京市高等教育学会学业辅导研究分会2021年学术年会暨‘一站式’学生社区学风建设论坛”】 12月举办“北京市高等教育学会学业辅导研究分会2021年学术年会暨‘一站式’学生社区学风建设论坛”，论坛采取线上线下相结合，多会场同步直播的方式进行。来自全国65所高校的近300名学业辅导工作者参加了线上会议。在“一站式”学生社区学风建设论坛中，从中西方教育、大学学习本质和导学工作经验的高阶视角带进行了探讨；从“一站式”学生社区综合管理模式改革、学生“学涯－生涯”发展需求、朋辈辅导、三全育人、优良学风建设机制等角度分享了不同高校对“一站式”学生社区学风建设的探索与思考。

（傅若瑜　安哲锋）

【开展全员和新生心理普查】 心理中心根据北工大辅导员心理工作队伍的架构，设计了心理普查管理系统各项功能，加大了对所有新生辅导员和专兼职心理咨询师的心理约谈培训力度，帮助学部（院）实现了学生心理普查和约谈进度动态化管理过程。此外，心理中心优化了心理普查量表条目，在2021级新生普查工作中增设了心理健康背景信息调查问卷。2021年，参加春季全员普查的学生达15784人，参测率为99.97%，筛出需要关注的学生1439人，实际约谈学生1422人，约谈率达98.82%。参加秋季学期新生普查的学生共6989人，参测率达100%，新生心理普查筛出需要关注的新生为814人，实际约谈814人，约谈率达100%。

（陈美林　安哲锋）

【拓展心理咨询服务力度】 为防范“疫后综合征”，响应学生日益增长的心理服务需求，心理中心重视心理咨询的及时性和全覆盖性。针对咨询排队严重的现状，中心采取了开拓咨询空间、扩大咨询师队伍、增加咨询排班班次、探索一次性单元咨询服务等一系列举措，迎合学生的咨询需求，保证预约同学都能够在学期内进入咨询。2021年，心理中心共接待来访学生5737人次，2020年全年该数字为3679人次，同比增长55.94%。在所有来访学生中，主动来访学生3249人次，心理普查约谈2236人次，危机接待252人次。

（陈美林　安哲锋）

【开展“茗心沙龙”危机案例研讨】 心理中心创新开展“茗心沙龙”研讨会，每学期组织疑难案例联席研讨和危机干预思路介绍。同时与学部（院）一起探索“心理工作辅导站”试点，以“1+1模式”（1名专职心理教师+1名学部/院入驻心理咨询师）在学部（院）配置心理专业人员。制定并通过《北京工业大学学生心理危机干预办法》，实行心理危机双轨负责制，从校院两级角度建立健全危机沟通和专项负责工作，并基于此实行心理危机值班制和心理中心专职教师联系学院制度，落实心理危机预警报告制度，对危机学生实行“一三七一”追踪制度。学校全年动态追踪心理危机学生620人，心理中心一年回访3100人次，完成即时的危机干预共252人次，切实做到了危机情况的及时发现与精准干预。

（陈美林　安哲锋）

【开设“大学生心理适应指导”必修课】 2021年学校大学生心理适应指导课由1学分提升到2学分，划分为课堂理论知识讲授和校园心理健康实践活动两部分，切实落实“理论+实践两条腿走路”的心理课程育人模式。在理论部分，将亲子关系主题引入课程内容，向学生讲解亲子关系中的常见困扰，同时配合校园安全建设需求，将“禁毒防艾”作为一个现实话题向学生进行科普。在实践部分，组织学生设计心理剧、进行心理采访，通过实践活动实现观点输出。2021年，面向全体大一新生和留学生开设心理必修课课堂25个，组织心理采访270余次，学生自编、自导、自演心理情景剧270余场。

（陈美林　安哲锋）

【开展心理健康宣传月系列活动】 以线上线下相结合的形式组织主题为“磨砺生命韧性、绽放青春光芒”的“5·25”大学生心理健康宣传月系列活动，共举办心理健康宣传月开幕式暨欢乐嘉年华大型心理游园会等十余项心理健康文化活动，近4000名学生参与活动。多项学生作品荣获首都大学生心理健康节二等奖、三等奖、优秀奖、最具正能量奖等，心理中心荣获2021年首都大学生心理健康节特色活动奖。此外，中心多渠道宣传心理健康工作，更新心理健康宣传折页和宣传卡贴，推出一系列心理健康系列科普读物，面向广大师生发放。同时加强心理中心微信公众平台建设，专栏化管理微信内容，目前平台的关注人数11000余人，全年累计发送推送200余篇，累计阅读量超12万人次。

（陈美林　安哲锋）

【建立“专业助人者—学院协同者—朋辈支持者”培训体系】 面向专业助人者，心理中心实行“专家督导体系”和“朋辈督导体系”的双体系培养模式，聘请多名专家为学校心理健康工作的专家顾问，定期开展督导，2021年共开展案例督导13次。面向学院协同者，心理中心与人事处、教师学院合作，联合麻省理工学院（MIT）心理健康心理咨询中心，一学年开展“教师心理技能提升培训课程”共计27学时。面向朋辈支持者，组织“阳光使者”心理委员系列培训和宿舍长培训，共提供培训24学时，共计900余人次在培训中获益。

（陈美林　安哲锋）

【打造“学生一站式服务大厅”业务升级工程】 2021年，大厅新增特色功能2项（研究生奖学金证明自助打印、一卡通圈存充值及数据查询）；新增线下窗口3类、业务8项（户籍服务、学生资助、学生退学手续办理等）；新增线上服务3类。本年度大厅共开展公费医疗报销单据审核6656人次；补办学生证523份；办理火车票磁条3562份；完成宿舍购电服务720间；开具奖学金获奖证明84份；线上共推出服务类推送110篇，总浏览量115246人次；依托企业微信开展一对一线上答疑350余人次。

（朱　笛　安哲锋）

【开设通州校区学生一站式服务大厅】 响应学校“服务质量提升年”号召，努力扩大服务受众的覆盖面、满意率。3月9日，赴通州校区开展调研，与新生辅导员深入交流，了解新生切实需求。4月7日起，学生一站式服务大厅在通州校区问渠楼大厅正式开办新窗口，结合前期调研需求“送服务上门”，在既有业务基础上，针对新生设立“户籍办理、财务补助信息登记查询、公费医疗报销线上审批”业务，为新生提供切实需要的服务。

（朱　笛　安哲锋）

【创新搭建线上服务平台】 依托企业微信精简梳理四类服务方式，实现“服务全方位”，让学生在同一平台完成“查找问”；汇总一览“校内通知”，看“想你知道”推送；随时获取“办事攻略”，查企业微信“一站百科”空间；持续收集“权威解答”，看“你问我答”推送。

（朱　笛　安哲锋）

【推进学生学籍异动数据核查常态化】 一是以月为单位开展学生学籍异动数据核查工作，确保数据口径统一：每月25日，以教务处、研究生院当月学生学籍异动数据为基础信息，相关职能部门核对修改，确认已完成相应工作（如退宿、补助停发、校园一卡通停用等），学生数据中心以线上形式完成督办、汇总、备案。二是引导各部门建立学生业务流程闭环，注重反馈机制，杜绝信息灰色地带：完成在校生数据协同项目分类梳理及流程图制作，涵盖新生报到注册数据协同项目9项、学生在校期间数据协同项目11项、学生毕业离校数据协同项目5项等。此后，将结合学校“一站式服务平台”，开展各类学生业务流程的督查督办。

（朱　笛　安哲锋）

【实施一站式学生社区综合管理模式建设试点工作】 2021年7月，学校作为教育部遴选的第二批新增21所试点高校之一，开启一站式学生社区综合管理模式建设试点工作，致力于将学生社区构建成为学生党建的前沿阵地、“三全育人”的实践基地、学生成长的温馨园地、校园文化的输出高地，建设党建引领、队伍协同、学生参与、全面保障的“四位一体”一站式学生社区综合管理模式。截至2021年12月31日，共完成常委会汇报1次；召开分工会、工作推进会4次；各成员单位根据任务分解要求制定具体措施；完成预算申报及分配；已按照思政司要求，完成初期项目进展情况展示、线上育人号维护。

（朱　笛　安哲锋）

【依托学生数据管理平台，优化学生数据质量】 与信息中心、教务处、研究生院、后勤保障处多部门召开工作协调会进行数据对接，统筹学生在校关键数据，开展数据治理和校对。

已实现学生数据“一张表”管理；实现学生在校关键数据实时联动；实现学生数据的应用。在疫情动态监管、失联学生核查、民族学生管理、隐性贫困分析等方面实践应用，完善了服务型学生工作体系及智能反馈机制，提升了精准服务水平，助力学校治理能力和治理体系现代化建设。开展2021级本科新生数据采集、新生大数据报告、数据月报、疫情数据日报、大数据核查监测等数据应用；改版更新年度大数据报告；建立数据保密协议和数据使用责任书制度。

（张　宇　安哲锋）

【改善学生工作信息化服务质量，提升使用便捷度】 融合升级原“学工系统平台”+“学生大数据平台”，新增“学生服务、数据管理、数据分析、协同育人”四个模块，整合信息化服务资源，与“工大学生树”企业微信进行融合搭建，全力开展学生服务与管理系统互联网建设，建设一体化学生应用移动端，提升使用便捷度。同时，打造学生工作信息门户网站，展示学生工作信息与数据；建立系统模块建设规范。注重网络安全防护，注重师生数据安全隐私保护。持续改善信息化服务质量，打造师生满意的服务应用。

（张　宇　安哲锋）

【素质教育学院成立】 6月15日成立素质教育学院，并将国家大学生文化素质教育基地整体纳入北京工业大学素质教育学院，一体建设一体推进。实施第二课堂学生能力提升工程，出台《北京工业大学本科生第二课堂管理办法》，制定《北京工业大学学生第二课堂劳动教育清单》《北京工业大学学生第二课堂美育清单》，持续完善第二课堂课程体系；启用第二课堂管理系统，进行课程审核和学分认定；在工大学生树企业微信开通“小树枝”。2021年开设校级164门、院级618门课程（活动）。推动素质教育品牌塑造，组织美育教学成果展示——“美”在工大之“小说大爆炸”。积极拓展校外影响，学院教师杨嵘在庆祝中国共产党成立100周年大型情景史诗《伟大征程》组织排演工作中表现出色，获得中华人民共和国文化和旅游部通报表扬。

（邓伊楚　赵曙东）

学生工作（研究生）

【概况】 *党建与思想政治教育*。组织学生党支部书记参加“全国高校基层党组织书记党史学习教育专题网络培训”，共208人参加培训。安排研究生新生入学教育内容，强化理论引导、校园安全、绿色环保、思想政治等主题，采用“日新学堂”线上学习方式，由研究生院和党委研究生工作部领导、学部（院）领导、学科带头人等进行政策解读和科研指导，引导新生“系好入学后的第一粒扣子”。开展“研途有您，我心中的好导师”征文活动，共征稿182篇，评选出特等奖6篇、一等奖16篇、二等奖25篇、三等奖35篇，讲述导师的治学与育人故事，歌颂导师的高尚品格。举办“我与师门合个影·导学营”活动，营造和谐导学关系，助力研究生成长成才。

加强研究生党建和思想政治教育宣传阵地建设。“北京工业大学研究生会”微信公众号全年发布推送354篇，着力宣传“研究生宣讲领学党史”“百校颂百年”系列活动，策划开展“学在微研”“工大风物志”等特色栏目。以“执新青年之笔，发北工大之声”为理念，开展校、部（院）、班三级联动，拓宽宣传渠道。

科技创新与实践活动。加强研究生创新实践系列大赛的培育与支持。修订《北京工业大学培育与支持中国研究生创新实践系列大赛参赛项目工作方案》，全年共支持81支研究生团队参赛，学生团队在中国研究生数学建模竞赛中荣获全国二等奖7项、三等奖7项；在中国研究生电子设计竞赛中荣获省部级一等奖2项、二等奖1项、三等奖2项，获全国决赛二等奖1项、三等奖1项。

9月23日至12月18日，举办第十一届北京工业大学科技节。科技节主要包括科技成果展、科技之星评选、特色立项活动等。其中，学生科技成果展于9月23日—9月29日在艺术楼一层视觉艺术馆举行，各学部（院）、工程实训室精选120件作品参展，《“铸梦”中国共产党建党百年辉煌成就文创设计》《格镭智图——双旋轴激光扫描仪》《照明卫士——隧道智慧照明系统引领者》等作品，吸引了《中国科学报》、北京时间等众多媒体的关注和报道。组织学生参加首都大学生创意集市，获银奖1项、优秀奖1项。科技节共评选出材料与制造学部、城市建设学部、环境与生命学部、文法学部、艺术设计学院5个优秀组织单位。根据疫情防控工作要求，科技节闭幕式暨学生年度颁奖典礼以图文推送形式在“北京工业大学研究生会”微信公众号分8期发布，表彰在文体活动、科技竞赛和学业发展等方面的优秀学生代表。

科学精神与学术规范教育。开展以“弘扬科学精神，恪守学术规范”为主题的“科学精神与学术规范”教育宣传月活动。通过组织主题报告、编写学习读本、开展线上测试、举办“博硕士风采论坛”等多种形式开展宣传教育活动。举办“博硕士风采论坛”“我与学术楷模谈学术规范”“研霸养成记”等系列学术活动30余场，挖掘宣传身边的师生典型，传承优良学风，覆盖研究生6000余人次，发布“学在微研”推送30余期。

校研究生会活动与改革。举办“研帆计划”学生骨干培训活动，在重要时间节点组织校部（院）两级研会骨干开展主题教育活动，带领校部（院）两级研会成员参观首都博物馆“伟大征程——庆祝中国共产党成立100周年特展”。举办“阳光训练营”系列活动，加强对研究生心理疏导，提升研究生心理素质。举办“工研杯”篮球赛、“奔跑吧，BJUTer”国庆主题跑步活动。参加北京义工联盟每月一次的“康梦园国际老年公寓”志愿服务活动。建立校部（院）两级研会主席团述职评议制度。定期召开校部（院）主席联席会，打造校、部（院）、班三级联动工作格局。依托原校研究生会学术部、办公室、宣传中心资源，成立北京工业大学研究生科学技术协会并已实体化运行。依托校研究生会宣传中心资源，筹建北京工业大学研究生记者团，实施独立工作组与招募专项志愿者相结合的工作模式。启用“智慧研会”信息化办公平台，办公系统将延伸至学部（院）研究生会。

12月4日，召开北京工业大学第十七次研究生代表大会。大会代表155人，代表数量和提案数量创历史新高。大会听取并审议通过《北京工业大学第十六届研究生会工作报告》《北京工业大学第十七次研究生代表大会提案工作报告》及《关于修改〈北京工业大学研究生会章程〉的报告》。通过无记名投票，选举产生北京工业大学第十七届研究生会第一任主席团成员：王婷婷（女）、姚雨非、郭秩铭、郭嘉琪、麻晓冉（女）。

奖、助学金管理。2021年研究生国家奖学金共166名研究生获奖，其中博士生42人、硕士生124人；北京高校马克思主义理论专业研究生双百奖学金评选中，1人获评“新生奖学金”，1人获评“学术奖学金”；评选出北京工业大学“科技之星”10人，“科技之星”提名10人。研究生校级奖学金共评选出：集体奖46个，其中先进班集体14个、优良学风班32个；个人奖2579项，其中学习优秀一等奖265项、学习优秀二等奖794项、社会工作奖659项、优秀研究生奖611项、励志奖250项。2021年北京工业大学校级研究生优秀毕业生共275人，其中博士生28人、硕士生247人。

从校级优秀毕业生中择优推荐132名研究生获评北京市优秀毕业生，其中博士生11人、硕士生121人。2021年度研究生学业奖学金共评选出1994人，其中博士研究生学业奖学金453人，硕士研究生学业奖学金（一等）514人，硕士研究生学业奖学金（二等）1027人。

2021年，研究生科技创新奖共评选出特等奖244项、一等奖1110项、二等奖991项、优秀奖1245项，共计3590项。其中，SCI（一区）收录论文229篇，SCI（非一区）收录论文1066篇，SSCI收录论文10篇，CSSCI收录论文78篇，EI收录非会议论文315篇，EI收录会议论文385篇，ISTP检索论文14篇，工大学报论文82篇，国内核心期刊论文257篇，科技期刊引证报告30篇；获得国际发明专利15项，国家发明专利（授权）498项，实用新型、外观设计专利授权59项，计算机软件著作权424项；参与撰写技术标准、专著、论著11部；获得省部级科技奖11项；获得国家级及以上科技竞赛奖37项，省部级科技竞赛奖37项，其他校外科技竞赛奖32项。

（韩天玉　李晨阳　刘　冰）

【全国高校研究生党建“双创”工作】 开展第二批全国高校研究生党建“双创”申报工作。城市建设学部硕士道桥工管党支部入选全国高校“百个研究生样板党支部”，信息学部2020级硕士研究生连欣康入选全国高校“百名研究生党员标兵”。学校指导入选的党支部和党员按照相关工作要求和创建标准，按计划、分步骤推进培育创建工作，充分发挥引领示范、辐射带动作用，推进研究生党建工作质量整体提升。硕士道桥党支部先进典型事迹在《中国研究生》专题刊发。

（王　峥　刘　玮）

【研究生宣讲团】 强化宣讲团指导建设，研究生宣讲团以党史教育为重点，结合党的创新理论、党史国史、国家发展战略、英雄事迹等内容，围绕“英雄”“复兴”“创新”“信念”四个主题，面向校内外师生党支部、学生班团、企事业单位等团体进行菜单式宣讲，带动师生同学从党史学习教育中汲取历史养分，以实际行动迎接建党100周年。全年开展校内外宣讲48场，听众累计近1400人，学校党史学习教育简报专题报道研究生宣讲团党史宣讲活动，研究生宣讲团获评学校“突出贡献党员团队”，并被学校推荐申报“2021年首都精神文明建设工作优秀案例”。

（王　峥　刘　玮）

【研究生党支部“我为群众办实事”系列活动】 指导研究生党员开展党史学习教育，推进研究生党支部“我为群众办实事”系列活动。研究生党支部带领学生党员走进群众、回应关切，结合专业、依托优势，发挥基层党支部战斗堡垒作用和党员先锋模范作用，包括开展实验室安全教育活动、清理公共研讨室、开展专项交通调研及撰写方案、解决研究生宿舍网络运行不稳定问题、成立反诈博士团开展反诈宣传、开展垃圾分类知识讲解和绿色出行打卡活动、与朝阳疾控中心走进社区开展病媒监测、承担小区广场美化工程任务等，被学校党史学习教育专题简报收录，并在中国教育网进行专题报道。

（王　峥　刘　玮）

【举办诚信教育系列活动】 2021年11月，学校成立诚信教育系列活动工作组委会，举办多场诚信主题教育活动。开展“首都大学生诚信演讲比赛”校内选拔赛，通过自荐报名、各学部（院）推选等方式，最终选出王婷婷、武政勋、佟宇暄三位同学代表学校参加首都大学生诚信演讲比赛；开展诚信案例推荐及宣传活动；邀请朝阳区检察院第三检察部副主任王天毅作专题讲座；结合普法宣传周进行两期普法暨诚信主题教育宣传，结合习近平新时代中国特色社会主义思想的深入学习进行两期诚信教育推送、多位学生发表学习感悟；以新生班级为单位，召开“优良学风、诚信考试、从我做起”主题教育班会，组织新生签署《北京工业大学大学生诚信考试承诺书》，号召广大在校生遵守学术诚信；依托“北京工业大学研究生会”等微信公众号开展普法宣传专题系列推送，举办法律知识专题线上竞答活动。学校被市委教育工委、市教委选作诚信建设工作采访高校。

（李晨阳　刘　玮）

【创建文明校园系列活动】 举办“创文”系列活动，围绕学术规范、文明出行、反诈宣传、绿色校园、文明离校等9个主题开展学校“创建文明校园”系列活动，组织学术应知应会问答、反诈骗知识答题、环保主题绘画、垃圾分类游戏、手绘文明出行路线等形式多样的文明环保宣传教育体验及知识问答竞赛活动，发布《致全校同学的

"创文"行动倡议书》。开展"文明交通"系列活动，组织研究生以班级为单位召开主题班会；组织学生签署《安全文明往返校本部与中蓝校区承诺书》；组织"拒绝逆行，文明出行"交通安全志愿者活动，带动校部（院）两级研会成员在北工大路与西大望路交叉的丁字路口有效疏通校园周边交通；联合城建学部研会，撰写1.5万字《北京工业大学中蓝公寓学生通学交通状况分析与改善建议》报告，推进中蓝公寓往返校本部逆行问题的解决。

（李晨阳 刘 玮）

【研究生奖助体系改革】 建立健全《北京工业大学研究生奖助学金管理办法》《北京工业大学研究生国家奖学金实施细则》《北京工业大学研究生国家助学金实施细则》《北京工业大学研究生学业奖学金实施细则》《北京工业大学研究生专项奖励评定办法》《北京工业大学博士研究生助研费实施细则》《北京工业大学研究生科技创新奖评选办法》等7项研究生奖助系列管理文件。研究生奖助新政策从2021级开始执行。

（韩天玉 刘 冰）

就业创业工作

【概况】 2021年，学校共有毕业生5975人。截至8月31日，2021届毕业生总体毕业去向落实率为96.20%，其中，本科生95.11%，研究生97.55%，专科生100%。本科生深造率50.72%。见表9－3。

表9－3 北京工业大学2021届毕业生就业情况统计

学历	毕结业人数	协议和合同就业数	灵活就业数	国内深造数	出国（境）深造数	毕业去向落实率	国内深造率	出国（境）深造率	深造率
博士生	256	175	72	0	3	97.66%	0.00%	1.17%	1.17%
硕士生	2396	1263	898	169	7	97.54%	7.05%	0.29%	7.35%
本科生	3312	544	926	947	733	95.11%	28.59%	22.13%	50.72%
专科生	11	0	0	11	0	100.00%	100.00%	0.00%	100.00%
总计	5975	1982	1896	1127	743	96.20%	18.86%	12.44%	31.30%

2021年，召开9次党委常委会、校长办公会专题研究2021届毕业生就业工作，出台就业创业先进评选、基层就业奖励评选办法、创新创业奖学金实施办法三项重要制度，学部（院）设置就业创业工作办公室及就业创业专员。结合党史学习教育激励毕业生奋进社会主义新征程，开展"成才观、职业观、就业观"就业育人主题教育，引导毕业生投身强国伟业，到西部、到基层、到祖国最需要的地方。

就业指导服务。举办"引航"就业创业大讲堂23期，参与学生累计3000余人次；开设求职加油站系列活动，邀请15名校内外专家为300余名毕业生提供线上、线下简历诊断与面试指导；利用大型双选会现场及主题活动平台，为700多人次学生提供支教、西部志愿者选拔、征兵入伍、就业创业等政策咨询及就业指导；开展百余场有关生涯、就业、创业的主题讲座与约500人次的个性化一对一咨询辅导。

岗位精准供给。围绕北京市国际科技创新中心建设、"两区"建设、全球数字经济标杆城市建设、京津冀协同发展等重点领域建设，多渠道开拓资源，联动校院两级、线上线下、校际之间、京内京外四个维度建立立体化就业市场。通过组织"西部就业"线上双选会、主动联系选调地区及人社部门等方式拓展选调生、军队文职、基层就业岗位等各类政策性岗位资源。发挥校园招聘主渠道优势，"线上＋线下"相结合，保证招聘岗位数量和质量的双提升。面向2021届毕业生举办113场线上线下大型综合和各学科专业门类中小型双选会、宣讲会，参会企业8000余家，提供岗位近47万个。

3月至9月，学校发布《北京工业大学就业创业通报》11期。12月，学校编写发布《北京工业大学2021届毕业生就业质量报告》并面向社会发布。

2022年度中央机关及其直属机构录用公务员

笔试、北京市各级机关录用公务员笔试、北京市定向选调和“优培计划”招聘笔试，分别在11月和12月举行，学校落实北京市疫情期间“高校毕业生考试不离校”原则，组织1400余名2022届毕业生在校考试。学校成立考试疫情防控工作领导小组，按照疫情常态化防控的各项要求开展工作。

创新创业教育。面向本科生开设“就业指导”“职业生涯规划”“创业基础”“创业市场调查”“创新工程实践”“创新创业思维”6门课程，2021年共开设70个课堂，37位教师参加课程教学，选课学生6539人次。面向研究生开设“创业基础”和“研究生职业发展与就业指导”2门公共选修课，共2个课堂，上课学生81人次。第一批5门“创新创业微课”上线，涵盖理、工、经管、艺术等各学科门类。第二批9门“专创融合”课程的建设开发工作已开展，并联合华为技术有限公司首次面向全校本科生开设产教融合创新实践课程——“昇腾创新实践课：AI图像语音算法实践”。

创新创业类品牌。学校打造了分层次、有特色、面向学生切实需求的创新创业类品牌活动，联合校外优质孵化基地、知名教育机构先后举办了“北京工业大学创新设计思维训练营第三期（通州专场）”“朝阳区科技创新课之产品训练营”“北京工业大学创新设计思维训练营第四期”，累计培训学员180余人。

就业创业师资队伍。2021年学校联合教委、北森、斯坦福以及校内外专家学者开展就业、创业师资培训9场，参加培训教师151人次，并带动河北工业大学、对外经济贸易大学、北京服装学院、北京石油化工学院等高校共同参加培训。遴选12名资深双创导师，搭建导师与学生进行“一对一”的辅导平台，通过线上线下形式，为学生提供创意、创新与创业等不同阶段的指导。

就业创业工作嘉奖。2021年，北京工业大学入选首批“全国高校毕业生就业能力培训基地”（北京地区三所高校之一），案例《聚焦立德树人根本任务培养新时代创新创业人才》入选全国普通高校毕业生就业创业工作典型案例，获首批北京高校就业指导课程教学大赛优秀组织奖。就业创业指导中心（创新创业学院）获“2018—2020年度北京市就业创业工作先进集体”（北京地区唯一获奖高校代表）。北京工业大学大学生创业园（G星系创客空间）在第一批北京高校大学生创业园高校分园绩效考核中获评优秀。“创业基础”获首批北京高校就业创业金课。章海燕、王彤、王策、蒋竹君获评北京高校毕业生就业促进会“2021年北京高校毕业生就业工作先进个人”，陈晨获评北京市就业指导课程教学大赛三等奖。

学校获第七届中国国际“互联网+”大学生创新创业大赛全国金奖2项（主赛道金奖数量位居北京地区高校第二）、铜奖3项；北京赛区一等奖7项、二等奖27项、三等奖44项，获第七届中国国际“互联网+”大学生创新创业大赛北京赛区优秀组织校。在北京地区高校大学生优秀创业团队评选中，获一等奖2项、二等奖1项、三等奖1项，获北京地区高校大学生优秀创业团队评选最佳组织奖。首次承办全国大学生电子商务“创新、创意及创业”挑战赛校级赛，获北京赛区一等奖1项、二等奖1项。赵艳获第七届中国国际“互联网+”大学生创新创业大赛（北京赛区）优秀指导教师。

（晋媛媛　赵　艳　高学金）

【教育部宏志助航计划】 2021年，学校获批教育部“全国高校毕业生就业能力培训基地”，作为北京地区首批培训基地之一，参与教育部、财政部部署开展的“宏志助航计划——低收入家庭毕业生就业帮扶项目”，负责对北京高校毕业生开展线下集中培训。参培学生392人，其中低收入家庭、残疾学生等重点关注群体约占50%。除本校外，培训辐射北京建筑大学、首都医科大学、北京联合大学、北京石油化工学院4所高校。

（廖满媛　晋媛媛）

【2021届毕业生赴西部、基层就业出征仪式】 7月12日，“庆建党百年 永远跟党走”北京工业大学2021届毕业生赴西部、基层就业出征仪式在学生综合服务楼四层多功能厅隆重举行。北京市教育委员会高校学生处处长王栋致辞，向毕业生提出坚守自己的初心和使命，坚持与群众心连心、同呼吸、共命运，守住廉洁自律底线的三点希望。赴西部、基层就业毕业生代表博士生袁传胜、本科生展翔分别发言。副校长郭福、北京市教育委员会高校学生处处长王栋为学校2021届赴西部、基层就业毕业生出征授旗。

（晋媛媛　高学金）

【“双百”基地授牌暨就业创业启动仪式】 7月22

日，学校举行“双百”基地授牌暨2022届毕业生就业创业启动仪式，与学校深度合作的130余家优质单位参加。副校长郭福致欢迎辞，强调在人才培养、产学研结合等方面开展多种形式的校企合作对国家建设及城市发展进程所发挥的重要作用。北京市教育委员会高等教育处刘霄处长、北京高校毕业生就业创业指导中心匡校震主任分别致辞，肯定学校在创新创业工作中取得的成绩及为北京高等教育改革发展做出的贡献，强调基地建设对于高校毕业生的社会适应性和就业创业能力提升的重要意义。学校就业创业工作小组领导及学部（院）领导为“双百”基地单位代表授牌。

（晋媛媛　赵艳　高学金）

【“金钥匙”工作室入选就业指导名师工作室】 2021年10月，副处级辅导员李芳担任负责人的“金钥匙”就业指导工作室顺利通过北京市教委开展的“北京高校市级就业指导名师工作室”遴选，成为首批16家市级就业指导名师工作室之一。“金钥匙”就业指导工作室围绕“以生为本、聚焦需求、精细服务、精准指导”的工作方针，针对毕业生尤其是就业困难毕业生的实际需求，开展有特色分层次的精准就业指导和就业帮扶工作。

（李　芳　晋媛媛　高学金）

【举办校园专场招聘会线上观摩会】 11月15日，学校与北京经济技术开发区联合启动“北京经济技术开发区校园专场招聘会——北京工业大学站（空中综合双选会）”。11月17日上午，学校举办招聘会的线上观摩会。校长聂祚仁简要介绍了学校2021届毕业生就业工作开展情况和2022届预毕业生的基本情况；北京经济技术开发区管委会副主任袁立洪介绍了北京经济技术开发区的历史沿革、发展现状；智联招聘大学生就业研究院大数据专家展示了本次双选会的线上可视化情况，并对2022届毕业生就业情况综合分析。两位2022届预毕业生和京东方科技集团股份有限公司副总裁、北京屹唐半导体科技有限公司企业发展副总裁分别进行线上互动交流。北京经济技术开发区工委书记王少峰发表讲话，学校党委书记谢辉总结。

（章海燕　晋媛媛　高学金）

【在创新创业赛事中取得多项突破】 4月—6月，学校组织516支项目团队参加第四届“工大杯”创新创业大赛暨第七届中国国际“互联网＋”大学生创新创业大赛预选赛，参赛师生达3400余人次。大赛启动前夕，创新创业学院逐一到各学部（院）进行大赛宣讲。5月8日举办“互联网＋”创新创业大赛集训暨师生共创加速营启动仪式，后续组织线上线下各类辅导20余场。6月6日顺利举办校赛选拔。7月11日—12日北京赛区比赛中，获评一等奖7项、二等奖27项、三等奖44项。10月全国总决赛中，获评全国金奖2项、铜奖3项，其中主赛道金奖数量位居北京地区高校第二。学校首次获该赛事师生共创赛组、研究生创意组金奖。学校组织57支团队参加北京地区高校大学生优秀创业团队评选，获一等奖2项，二等奖1项，三等奖1项。2021年学校首次承办全国大学生电子商务“创新、创意及创业”挑战赛校级赛，并于4月27顺利举办校赛选拔赛，我校推荐项目获北京赛区一等奖1项、二等奖1项。

（刘霄鹤　蒋竹君　赵　艳）

【“北京工业大学－小米”创新创业工作室建成】 10月20日，学校联合小米集团共同打造的“北京工业大学－小米”创新创业工作室正式揭牌签约。工作室坐落于学生综合服务楼三层创客空间，是小米集团携手国内高校建成落地的第一所创新创业工作室。11月24日，启动小米课堂，举办首期活动。

（刘霄鹤　赵　艳）

【大学生创业板孵化培育基地落地】 9月，学校与北京股权交易中心签订战略合作协议。12月9日，授牌仪式顺利举行，大学生创业板孵化培育基地正式落地北京工业大学。

（刘霄鹤　赵　艳）

【建成“100＋”校内外创新创业实训基地】 1月19日，创新创业学院举办创新创业实训基地负责人座谈会，围绕专创融合课程建设、创新创业竞赛以及创新创业学分政策等议题展开交流。6月增补校内创新创业实训基地8家，7月新增校外创新创业实训基地46家，建成“100＋”校内外创新创业实训基地，并于7月22日正式授牌。增强学生的创新实践能力，5月开展了首批创新创业实践项目建设工作，首批共有5个基地的10个项目入选，全校共86位学生报名参与。

（刘霄鹤　蒋竹君　赵　艳）

【创业团队培育与创客空间管理】 2021年面向创业团队开展“敢闯·会创”系列创新创业实务沙龙报告8期，组织路演活动。推进与北工大科技园公司在创新创业导师以及学生团队注册公司等工作的联动，与北京股权交易中心共建北京市大学生创业板孵化培育基地，助力优质学生创业企业上板。完成创客空间21个创业团队工位牌设计制作、创新创业学院荣誉墙设计制作，并形成创新创业学院整体介绍与优质学生创业团队风采展示宣传画册。加强创客空间安全管理、环境卫生管理，提升创客空间学生值班团队工作质量和工作效率。

（廖满媛　刘霄鹤　赵　艳）

共青团（学生会）工作

【概况】 2021年，校团委加强青年思想引领，夯实基层组织建设，以服务保障建党百年、2022年北京冬奥会（冬残奥会）等重大活动为抓手，从实践育人、文化育人、科技育人等方面为学校青年学生的成长成才提供保障。

组织架构。校团委设书记1人、副书记2人，工作人员6人，设综合办公室、学生实践工作办公室、艺术教育中心办公室，指导学生会、社团管理部、阳光志愿服务总团、本科生科学技术协会和艺术团管理委员会等学生组织开展工作。截至2021年年底，学校共设立分团委10个、团总支1个、基层团支部751个，全校共有共青团员18991人。

思想政治教育。以重大节日、纪念日为契机开展主题教育活动，全面提升团员青年的思想政治素质。举行纪念五四运动102周年系列活动，组织青年师生代表参加纪念五四运动102周年升国旗仪式，得到北京电视台的报道；组织全体团员青年参加“诵读红色经典，传承红色基因”主题团日活动。举行“弘扬爱国精神，共赴冰雪之约”北京工业大学纪念“一二·九运动”86周年升国旗仪式。广泛开展“请党放心，强国有我”“文明校园”“聚青春之力，扬冬奥精神”等主题团日活动，引领青年坚定理想信念，厚植爱国情怀，推广冰雪运动。完善校院两级团委理论学习制度，每月定期开展理论学习和青年意识形态研判工作。结合学习习近平新时代中国特色社会主义思想，开展研讨、座谈等学习实践活动。

基层组织建设与学生干部培养。落实“三会两制一课”、党史学习教育、推优入党等基础团建工作，深入推进团员、团支部规范化管理，新生团员、团支部全部在“北京共青团”系统注册，并及时关联“志愿北京”系统。毕业生团员团组织关系转接“学社衔接”率达100%；实施基层团支部“对标定级”，探索开展基层团组织星级创建评定工作，519个团支部100%完成“对标定级”工作；围绕庆祝中国共产党成立100周年开展党史专题主题团日活动，751个团支部完成率达到100%。校团委获评“第十五届北京市思想政治工作优秀单位”、2020年度“北京市五四红旗团委”；樊恭烋荣誉学院180001团支部获评2020—2021学年“全国高校活力团支部”。在全校范围内选拔100个优秀团支部作为“百强团支部”，实施“百强团建领航计划”，重点扶持和指导各团支部开展“诵读红色经典，传承红色基因”主题团日活动、团员教育评议、社会实践、志愿服务、科技实践、文体活动以及支部特色活动等，提升基层团组织生命力，展现基层团组织的青春风采；开展第三十二届“闪光支部·青春风采”活动，共计337个团支部的近4500名团员参与。材制学部180102团支部等20个团支部获评2020—2021年度首都大学、中职院校“先锋杯”优秀基层团支部，信息学部学生会获评优秀基层学生会组织；开展北京工业大学优秀、标兵团支部评选工作，共评选出了优秀团支部65个、标兵团支部15个；依托目标管理考核责任制，评选出信息学部、城建学部、理学部、经管学院、艺设学院5个分团委为2021年“五四红旗团委”。开展北京工业大学初级团校（校级学生组织）培训，共招生152人，培养对象为校级学生组织大一干事；开展北京工业大学高级团校，共招生80人，培养对象包含大二、研一校院两级团学骨干；3名同志借调冬奥组委，1名同志挂职团市委。

志愿服务。组织志愿者进行实名注册，截至2021年11月底，学校在册志愿者共计26425人。学校累计注册志愿者155638名、志愿服务项目1924项、志愿服务时长168274小时，其中，2021年度截至11月29日新增志愿服务项目38项、志愿服务时长19373.5小时。继续落实《北京工业大学志愿服务时长认证管理细则》，推动志愿者管理规范化，加强专业志愿者队伍建设。引导学生奉献青春热血，践行青年使命。组织277名师生参与2021年度无偿献血工作，共计献血55350毫升。引导学生在服务校园师生中厚植爱校情怀，践行“奉献 友爱 互助 进步”的志愿服务精神，组织32名志愿者参与校园文化节开幕式；组织108人次学生骨干志愿者服务开学迎新季；组织81名志愿者参与建校61周年校园开放日志愿服务工作。引导学生在校外志愿服务中弘扬志愿服务精神，累计组织50余人次志愿者参与支教、残障儿童陪伴、敬老院义讲等志愿服务活动，累计服务时长达260小时。

社会实践。组织72支团队参与暑期社会实践活动，重点辐射京津冀。开展“聚焦北京”社会实践、“赓续红色血脉，永葆初心使命”专题特色社会实践，把思政小课堂和实践大课堂有机对接，在实践中培养学生拥护核心的理论自觉和真情实感。获评“2021年全国大中专学生志愿者暑期‘三下乡’社会实践活动优秀单位”“2021年‘青年服务国家’首都大中专学生暑期社会实践先进单位”，6名教师被评为“2020年‘青年服务国家’首都大中专学生暑期社会实践先进工作者”，6支团队被评为“2020年‘青年服务国家’首都大中专学生暑期社会实践优秀团队”，6名学生被评为“2020年‘青年服务国家’首都大中专学生暑期社会实践先进个人”。组织13名学生参与“扬帆计划·中央和国家机关大学生实习”计划。开展就业创业见习活动，已建立就业创业见习基地66个，其中团中央级别见习基地2个、团市委级别见习基地3个，共计300余人次参与就业创业见习各个岗位的工作。持续加强对研究生支教团的组织与管理，第九届研究生支教团12名成员于8月赴青海省民和县、新疆生产建设兵团第七师开展为期一年的支教工作和各类扶贫志愿服务、公益活动；第十届研究生支教团完成组建，共选拔成员12人；继续开展北京工业大学“梦圆基金”募捐活动，已资助学校研究生支教团支教服务地品学兼优的贫困学生38人次，资助金额达16.5万余元。继续开设通识选修课“志愿服务与社会实践”，开设4个课堂，总计128学时，内容涉及志愿服务和社会实践两方面。

学生课外科技创新。组织开展第二十二届“星火基金”立项工作，共立项469项，其中重点项目176项、普通项目293项。组织开展2021年度“国家级大学生创新创业训练计划”立项工作，共立项100项，其中创新训练项目91项、创业训练项目6项、创业实践项目3项。开展北京工业大学第七届“鼎新杯”学生创意创新创业竞赛，竞赛共征集作品675项，其中学生创意大赛作品141项、学生课外学术科技作品竞赛403项、学生创业大赛作品131项，参与学生2038人次。经过初赛、校级复赛终审答辩，最终确定了“鼎新杯”学生创意大赛一等奖作品2项、二等奖作品2项、三等奖作品4项；学生课外学术科技作品竞赛特等奖作品3项、一等奖作品5项、二等奖作品6项、三等奖作品7项；学生创业大赛金奖作品2项、银奖作品2项、铜奖作品4项；“碳中和”优秀作品共15项。城市建设学部获得“鼎新杯”，材料与制造学部和信息学部获得“优胜杯”。选拔组织学校3项项目参加第十四届全国大学生创新创业年会进行交流展示，并分别入选学术论文项目、经验交流项目及创业推介项目三个不同类别进行展示。学生创业项目“‘盒声’共享自助声空间”获“最佳创业项目”，学校获得第十四届全国大学生创新创业年会优秀组织奖。组织参与“挑战杯”大学生课外学术科技作品竞赛。在2021年“挑战杯”首都大学生课外学术科技作品竞赛中荣获主赛道特等奖2项、一等奖3项、二等奖5项、三等奖3项，“红色实践”专项赛一等奖4项、二等奖5项、三等奖9项，“科技冬奥”专项赛一等奖2项、二等奖4项、三等奖5项，“揭榜挂帅”专项赛特等奖1项、二等奖1项、三等奖2项。同时，学校获得“优胜杯”和优秀组织奖，作为全国“挑战杯”竞赛发起高校获得6个最高国赛报送名额。在第十七届“挑战杯”全国大学生课外学术科技作品竞赛中拟获三等奖3项，3项作品入围终审决赛，将于2022年3月角逐第十七届全国“挑战杯”特等奖。另外，荣获“红色实践”专项赛三等奖1项，“揭榜挂帅”专项赛一等奖2项，“黑科技”专项赛恒星级作品1项、行星级作品5项。

艺术实践。坚持以体育人、以美育人、以文化人，深入推进学生艺术团建设，传播高雅艺术。组织学生艺术团参加2021年北京大学生艺术系列活动，荣获金奖3项、银奖3项、铜奖3项、纪念奖3项，首次在合唱、舞蹈、交响三大类中均获得金奖，获奖数量再创新高。同时，学校也荣获了2021年北京大学生艺术系列活动优秀组织奖。举办庆祝中国共产党成立100周年北京工业大学第十一届校园文化节艺术展演活动及学生舞蹈团、学生交响乐团、学生话剧团专场演出。学生合唱团、学生交响乐团参演央视《奋斗正青春——2021 年五四青年特别节目》。学生舞蹈团筹备参加第十七届北京舞蹈大赛，原创作品《筑・梦》入围总决赛并获得第十七届北京舞蹈大赛群文青少组表演三等奖。继续开展“高雅艺术进校园”等艺术教育普及活动，组织开展“国家大剧院周末音乐会”3 场、“国家大剧院艺术微课堂”5 场、“国家大剧院经典艺术讲堂”14 场，发布艺术教育相关推送内容 70 余篇。

学生会工作。学生会现有会员 13000 余人，秘书长 1 人，副秘书长 1 人，工作人员 58 人。召开北京工业大学第二十二次学生代表大会，正式代表 140 人，选举主席团成员 5 名，选举信息学部学生李泓颉为第二十二届学生会执行主席，聘任校团委副书记康晨为学生会秘书长。开办疫苗接种系列专栏。在新年期间，举办“年味工大”活动，让留校同学和老师一起迎接新年。组织开展权益路展宣传周、权益知识竞赛、提案大赛等活动，提高同学们维护自身权益的意识。举办第四届“诵读红色经典，读中华美文”诵读大赛、第十二届民俗文化节、“梦缘工大・记忆留夏”2021 届毕业歌会、“梦响工大・音你而在”第二十二届校园歌手大赛、“星河璀璨・犇赴冬奥”荧光夜跑、第七届“求新杯”辩论赛等活动。依托理论学习中心组织深入学习党的十九大和十九届二中、三中、四中、五中、六中全会精神，学习中央党的群团工作会议、北京学联十三大会议精神。

学生社团工作。建立健全《北京工业大学学生社团建设管理办法》（以下简称《管理办法》），依照《管理办法》组织开展 2020 年度学生社团年审以及 2021 年度学生社团注册登记工作；会同各相关部门及学生社团业务相关领域专家成立学生社团建设管理评议委员会，对学生社团注册登记及年审进行评议审核、建立学生社团指导教师选聘机制、评价考核与激励机制、指导教师库；配合学校党委定期组织开展学生社团意识形态、活动、媒体平台的排查工作；各社团实行全体成员大会制度并建立临时团支部，承担政治理论学习、党史学习教育、研究学生社团重要事项等职责。截至 2021 年 12 月，学校共有在册学生社团 66 个，涉及创新创业类、志愿公益类、文化体育类、学术科技类 4 大类别。开展十佳学生社团、十佳学生社团团支部、十佳学生社团指导教师等评优活动，围绕学校中心工作参与和开展特色活动、积极营造冰雪文化氛围，如校园文化节、“百团大战”、社团文化节和冬奥测试赛、“青力冬奥”启动仪式、主题曲录制等与 2022 年北京冬奥会相关的活动。

（陈　卓　康　晨　余乙兵）

【服务保障建党百年重大活动】 开展中国共产党成立 100 周年庆祝活动服务保障工作，组织学校青年参与庆祝建党百年服务保障工作，104 名师生服务保障庆祝大会合唱、献词任务，170 名师生服务保障庆祝大会志愿服务工作任务，280 名师生服务保障大型文艺演出合唱任务，共计 554 名师生，其中党员 306 名。成立学校庆祝活动临时党委，把党史学习教育贯穿全程，把庆祝活动服务保障工作作为对参与师生最生动、最实际的党史学习教育，服务保障工作得到北京日报整版报道。总结服务保障工作中涌现的先进典型，成立校内宣讲团，举办建党百年庆祝活动服务保障工作展览，把建党百年服务保障工作作为党史学习教育。2021 年 7 月 1 日，组织全校 170 名师生到四惠交通枢纽站完成中国共产党成立 100 周年庆祝大会远端集结服务保障工作，连续上岗时间超 8 个小时。

（陈　卓　康　晨　余乙兵）

【推进冬奥志愿服务工作】 选拔培训 400 余名冬奥志愿者服务保障北京 2022 年冬奥会和冬残奥会。自 2021 年 3 月起启动冬奥志愿者招募选拔，9 月开始开展志愿者培训工作，以线上线下相结合的方式开展通用培训、专业培训、场馆培训、岗位培训。10 月起，组织志愿者利用课余时间到北京冬奥村提前上岗，熟悉业务领域工作内容。11 月 20 日、21 日，组织学校 200 余名冬奥志愿者参与北京冬奥村（冬残奥村）场馆运行测试，涵盖北京冬奥村（冬残奥村）内 18 个业务领域。400 余名冬奥志愿者于 2022 年 1 月 23 日进入闭环开展服务。学校冬奥志愿者工作多次受到中央电视台、北京电视台和北京日报等主流媒体的宣传报道。成立北京工业大学冬奥宣讲团，依托校、院团委及团支部三级阵地，面向各学部（院）讲述冬奥及冰雪运动相关知识；引导冬奥宣讲团志愿者、冬奥储备志愿者、阳光志愿服务总团志愿者积极走进社区。

（陈　卓　康　晨　余乙兵）

人才队伍

人事管理

【概况】 学校人事人才工作遵循“强高端、优结构、重改革、增活力”的总体思路，坚持党管人才，优化人才队伍结构，培养高素质专业化创新型师资队伍。

落实人才分类综合评价制度，制定25个学科分类评价标准和多维度人才遴选指标，推进 Tenure-track 制度，坚持多维评价和综合考察。完善师德师风、学术道德、无犯罪记录等背景调查工作机制。优化校外高水平小同行专家送审制度，重点评价学术成绩、创新点及科学意义，健全评价意见反馈机制和结果运用。创新教师评价模式，深化代表性成果制度改革，健全完善外部专家评估制度。改革职称评聘，首次设置“教书育人”和“揭榜挂帅”绿色通道，以工作实绩作为代表性成果。完善分类考核评价体系，以注重过程管理、突出量化标准、强化分类考核为导向，修订考核实施细则；严把任务底线，反映工作实绩，优化考核管理，完成教职工年度考核工作。完善岗位管理，启动第四轮岗位聘任工作，实现全流程线上操作。

人事人才服务水平。9月8日，举办2021年教师节庆祝大会，表彰国家级、省部级奖项获得者及教龄满30年人员。深化人才人事制度改革，12月30日，召开中共北京工业大学党委人才工作会，深入学习贯彻中央和市委人才工作会议精神。规范人事档案管理，组织协调多部门人员，完成干部人事档案专项审核。宣传疫情防控知识，及时发布政策要求，完成全校教职工疫情防控数据更新和报送。实施入校白名单制，组织教职工集中接种疫苗，守护教职工健康安全。

教职工队伍状况。2021年学校有教职工3307人，其中专任教师2139人，专任教师中具有博士学位1769人，占总数82.70%；专任教师中具有高级职称1244人，占总数58.16%。

新增人员240人。按学位划分：具有博士学位204人，占总数85.00%；具有硕士学位36人，占总数15.00%。按来源划分：应届毕业生114人，占总数47.50%，其中博士96人、硕士18人；归国（境）人员35人，占总数14.58%，其中博士26人、硕士9人；京内外其他单位调入22人，占总数9.17%，其中博士13人、硕士9人；博士后出站到校工作55人，占总数22.92%；其他进站14人，占总数5.83%。

调离人员50人（含博士后出退站27人），其中副高级及以上专业技术职务7人、中级及以下专业技术职务43人。按学位划分，其中博士42人、硕士5人、其他3人。

2021年学校共招收博士后128人，其中师资博士后78人、团队博士后27人；外籍博士后4人；学科博士后2人；企业博士后16人；在职博士后2人。截至年底，学校博士后科研流动站共18个。目前，共有在站博士后299人，其中师资博士后为161人，团队博士后67人，外籍博士后9人，学科博士后2人，企业博士后40人，在职博士后20人。出站63人，退站6人。

扩大高端人才引育力度，加强引才宣传，拓宽引才渠道，落实引育责任体系，做好各级各类人才项目申报推荐。加强博士后队伍建设，修订博士后管理办法，建立科学、合理、规范的博士后管理体制。加强教师学院建设，构建全方位、全过程教师发展支持体系，全面提升教师队伍水平。完成第三轮教职工业绩绩效核定与兑现，起草各类岗位基础绩效调整草案，促进校院两级构建重实绩、重贡献的激励机制。探索建立多次集中招聘加多次补充的工作模式，试行高水平科研团队自主设立科研岗位。

专业技术职务聘任。2021年，学校聘任各类各级专业技术职务276人，其中正高级职务46人，副高级职务112人，中级职务104人，初级职务14人，其中经校人才工作领导小组认定任正高级职务5人，任副高级职务22人，另有在站博士后取得中级专业技术职务资格41人，并推荐2人参评北京市思想政治工作副高级专业技术职务评议。本年度进一步探索创新评价机制，设置两条绿色通道（教书育人绿色通道、揭榜挂帅绿色通道），注重教师的工作实绩，实行代表性成果评价机制，打通各类人才晋升渠道。

年度考核结果。根据《北京工业大学考核办法（试行）》（工大党政发〔2021〕9号）和《北京工业大学关于组织开展2021年考核工作的通知》（工大发〔2021〕61号），学校于2021年12月上旬组织开展教职工2021年年度考核工作。共有3349人参加年度考核，其中，优秀746人，合格2481人，基本合格6人，不合格2人，考核不确定等级114人。2021年度考核优秀教职工名单如下（按姓氏笔画排序）：

丁凤梅	丁　娜	丁淑杰	卜晓明	刁彦华	于乃功
于思化	才　智	万巧慧	万培元	门高磊	马立民
马　伟	马仲海	马志华	马利利	马国远	马　洋
马　赫	马鑫蕊	王一柏	王乃鑫	王云新	王少帆
王长昊	王　丹05988	王文杰	王文涛	王玉石	王　术
王丕光	王　扬	王　伟06657	王伟东	王兆明	王冰冰
王　军	王阳阳	王如志	王志涛	王丽君	王丽梅
王利辉	王秀红	王秀钢	王茂春	王卓峥	王　凯
王金国	王金淑	王京文	王宗侠	王宛秋	王　珍
王　玲	王　茜	王　虹	王晓懿	王　钰	王钰婉
王　涛04811	王　涛07788	王　浩	王海滨	王浚铭	王　娟06804
王梦然	王雪竹	王晨云	王　甜	王　猛	王　康
王　琳08833	王　超07935	王　超07947	王博岳	王惠敏	王雯宇
王雅晶	王　辉08337	王　鼎	王　晶07512	王景甫	王　策
王　焱	王　湛	王　婷	王　鹏06495	王新民	王　瑾07949
王毅强	戈　拯	牛宏生	毛圣成	公　备	文胜平
方晓惠	方　娟	计　彤	尹方龙	孔德文	孔德慧
邓玲玲	甘少君	艾小青	左　玥	石文焕	石学军
石照耀	龙连春	卢朝辉	叶乐志	叶丽琦	叶　青07748
田英良	田　雨	田金荣	田　鑫	史晓玉	史　鹏
史德富	付利华	代岩伟	代　斌	白玉磊	白鸣镝
白　洁	白　莹	仝　明	冯士维	冯玉霞	冯金超
冯　蓉	兰明章	兰　洋	司　农	边　扬	邢宇宙
邢李志	邢雅茹	戎　路	毕汝海	毕　敬	曲　丹
吕　洋	吕　鑫	朱占达	朱江淼	朱娜斐	朱贺玲
朱　浩08545	朱　浩05310	朱海云	朱　笛	乔崎云	乔　鑫
伍小龙	任雁明	任　静	庄春强	庄俊玺	刘友强
刘中良	刘凤艳	刘　冉	刘　四	刘立霞	刘　宁08574
刘永东	刘永胜	刘　扬	刘有军	刘　刚07492	刘　伟08266
刘　伟06540	刘延畅	刘　旭	刘旭东	刘　宇	刘阳思
刘秀成	刘宏涛	刘幸菡	刘雨溪	刘典华	刘忠宝

刘佩军	刘 泽	刘学春	刘春迪	刘 茜 05029	刘亭立
刘美凤	刘 莹	刘 晓	刘晓艳	刘晓燕 05007	刘 倩
刘海田	刘 超 07865	刘 辉 06431	刘 锋	刘 静 05599	刘 桤
刘霄鹤	刘燕辉	刘 檬	齐文强	闫秋实	关宝璐
江竹青	安全福	安 彤	安春秀	安 然	许启晓
许 坤	许家群	许 琰	许静静	那 力	孙大伟
孙玉荣	孙光民	孙宇娟	孙丽丽	孙 妍	孙国芹
孙治荣	孙树文	孙 逊	孙 磊	孙璞玉	阴东升
纪姝婷	纪常伟	纪登梅	花爱民	严 乐	严 英
严绍阳	严铮洸	严 辉	苏君红	苏林琴	苏毅敏
杜 江	杜 玮	杜金莲	杜胜利	杜晓林	杜 峰
杜家政	李 力	李小延	李云章	李 升	李丹丹
李文静	李双新	李玉芹	李玉卿	李平雪	李东旭
李 冬 07091	李冬伟	李 宁	李 永	李亚芳	李同飞
李 江	李 军	李进信	李志波	李 杨 04847	李迎亮
李君甫	李阿琳	李英英	李雨竹	李非凡	李国正
李国俊	李明爱	李 昂	李 欣 07858	李炎锋	李建婷
李春生	李战国	李俊梅	李 亮	李 娜	李 勇
李素珍	李振兴	李 哲	李晓莉	李晓萌	李 健 08502
李 健 06684	李 健 B0110	李 涛	李 浩	李海舰	李海雁
李 捷	李 萌	李 彬	李 梦	李硕朋	李跃娟
李翔宇	李 曾	李 强 06291	李 颖 08738	李 静 00902	李嘉锋
李蔚然	李 鑫 08517	杨士林	杨 龙	杨早立	杨 帆
杨旭东 05951	杨旭东 03481	杨松令	杨 明 04393	杨 波 08725	杨春兰
杨 洋 07250	杨 艳	杨倩倩	杨胶溪	杨海胜	杨淇善
杨 嵘	杨登才	杨 蓉	杨 煦	杨 漫	杨 璐
杨韡韡	肖创柏	肖 念	肖荣诗	肖 珺	肖 兢
吴元元	吴水才	吴 丹	吴文英	吴玉庭	吴玉锋
吴丽影	吴 劲	吴俊书	吴密霞	吴维彬	吴 琼 05293
邱小培	何东之	何祎金	何喜军	何 淼	余乙兵
邹 芳	邹丽玲	闵 慧	汪坚强	汪夏燕	汪 浩
汪硕峰	沈银澜	沈 震	宋广清	宋 芃	宋秀庆
宋国荣	宋 淼	宋新春	初旭新	迟远英	张乃龙

张文远	张文莹	张永祥	张亚楠	张　帆 05349	张　伟
张伟荣	张会清	张　旭 07146	张兴璞	张如平	张　红 08422
张红伟	张志红	张　芳	张　丽 06324	张丽娜	张良坪
张启艳	张　玥	张　昆	张明明	张忠占	张　岩 05867
张　泳	张建伟	张孟伊	张　亮	张彦彬	张　洪
张　勇	张　莉	张晓丹	张　倩 05581	张　健 04633	张爱香
张海涛	张海斌	张海燕	张祥银	张娉蕊	张　翀
张　硕	张　敏 PY094	张　敏 07531	张　琦	张　雯	张　婷
张　楠 06811	张　楠 08327	张微敬	张颖红	张　蕾 07932	陆帅冰
陆　媛	陈东升	陈仙红	陈永宝	陈华敏	陈华婷
陈　红	陈红生	陈　杰	陈　昕	陈建辉	陈树君
陈　亮	陈洪芳	陈　盈	陈　莎	陈　超	陈　喆
陈　强	邵长伟	邵　东	邵欣欣	邵　健	郈　枫
苗　宁	苗岩岩	苑苏萌	范青武	范金红	范晋伟
范爱丽	林兴桃	林　岚	林绍福	林　莉	林　健
林　琳	枣　林	尚洪涛	罗　琼	季凌飞	侍伟敏
岳　明	岳　珊	金冬月	金　浏	金雪云	金　蕾
周文智	周红波	周志伟	周志祥	周丽星	周晋军
周　莹	周　敏	周琴琴	周　晶	周　游	周　颖
郑　宏	郑晓英	郑　娟	郑　爽 06445	郑善文	郑榜贵
宗　斌	房恩静	孟宪婷	赵之枫	赵正艳	赵立祥
赵　宁 05961	赵亚珍	赵　旭 07358	赵　庆	赵志友	赵金良
赵　京	赵　冶	赵秋颖	赵洪武	赵　艳	赵素华
赵晓华	赵健磊	赵　航 08522	赵梦琳	赵雪锋	赵晨辰
赵　晶	赵　然	赵腾飞	赵　源	郝　佳	郝　蕊
荆　鹏	胡小玲	胡兆祥	胡江碧	胡安华	胡利明
胡岷山	胡建国	胡俊江	胡家曦	胡　鹏	胡靖靖
柯小行	相志磊	咸　峰	钟　华	钟紫蓝	侯玉斌
侯　莹	俞立芸	俞　敏	俞嘉梅	逄　燕	姜毅然
祖占良	祖　志	祖宝开	祝合良	姚传飞	姚郁卉
姚宝峰	姚振瑀	贺正冰	贺利婧	贺定勇	秦文斌
秦世新	袁　文	袁永科	袁亚丽	袁艳萍	袁　涛
耿淑琴	聂乔丹	聂孝红	晋媛媛	桂小春	索红莉

栗卓新　　贾润清　　贾嘉陵　　贾懋珅　　夏　阳　　夏佳宁
原安娟　　柴彬彬　　柴晶晶　　党永红　　党雅琴　　钱晓君
倪　爽　　徐大川　　徐世东　　徐刘宏　　徐　明　　徐晓斌
徐笑然　　徐　硕　　徐　瑾　　高　戈　　高　扬　　高向东
高红雨　　高宏建　　高　佳　　高学云　　高学金　　高春娣
高相胜　　高　原　　高　峰 07296　　高爱蕊　　高　靓　　高景峰
高　鹏　　高慧慧　　郭文君　　郭伟玲　　郭连杰　　郭　玮
郭金鑫　　郭星晔　　郭施宏　　郭美娟　　郭振英　　郭　航
郭　萍　　郭　猛　　郭　鸿　　郭翔鹰　　郭　煜　　席红福
席晓丽　　唐中君　　唐　军　　唐法威　　诸葛昌靖　　陶明法
黄　晖　　黄菊红　　黄惠雪　　黄　婷　　黄锦秀　　黄　静
黄　赛　　曹万林　　曹海梅　　曹　鹏 08729　　龚文静　　龚秋明
盛　望　　常　诚　　常　雷　　崔　丹　　崔有为　　崔　玲
崔玲丽　　崔　艳　　崔碧峰　　符寒光　　康　娜　　鹿院卫
章启军　　阎新龙　　梁文俊　　梁　音　　梁　毅　　尉海军
彭秀芳　　彭宏伟　　彭朝霞　　彭　锐　　葛廷武　　葛志远
董宏英　　董晓梅　　董　静　　蒋　凡　　蒋晓青　　韩　宇
韩昀峰　　韩俊艳　　韩　艳 05872　　韩　艳 07418　　韩　强　　嵇　灵
程小卫　　程昊淼　　程迪南　　程艳红　　程维虎　　稂时楠
傅安琪　　奥　顿　　鲁理平　　曾诗鸿　　曾晓晨　　曾程初
温伟民　　谢启伟　　谢林华　　谢桂生　　谢瑞山　　楚徐媛
楼逐虎　　赖英旭　　雷　飞　　简　萌　　詹　静　　鲍长春
鲍　勇　　解意洋　　窦雪萍　　窦慧晶　　蔡怀彧　　蔡轶珩
臧　青　　臧　维　　裴　朵　　廖含文　　谭柏平　　翟天瑞
翟东升　　熊明瑞　　樊晓燕　　潘　洁　　薛素铎　　薛留根
薛　鹏　　冀俊忠　　戴　俭　　戴洪兴　　戴　琳　　戴福初
戴　璐　　魏中华　　魏　午　　魏　佳　　魏莉霞　　魏　爽
魏然然　　瞿志学

薪酬保障体系。2021 年 6 月，完成第三轮（2021 年 7 月至 2022 年 6 月）教职工业绩绩效核定与兑现工作，业绩核定工作中，优化薪酬管理方式，将承担本部门以外学部（院）的课酬、学生指导费等人才培育相关绩效，按人才培养任务分解核算下达至承担培养任务教师所在学部（院），由承担培养任务学部（院）统筹全部工作业绩进行绩效分配。同时，进一步加大二级机构的绩效分配自主权，将绩效增资额度等进一步下达至二级机构，由二级机构根据自身特点制定分配方案并自主分配，促进校院两级管理体系建设，构建重实绩、重贡献的激励机制。

延聘审批。经校长办公会讨论通过，北京市教委审批同意学校2021年19位人员延长退休年龄。2021年上半年（10人）：高向宇、陈超、郝瑞霞、杨昌鸣、程水源、张永安、张延华、孙光民、阮晓刚、冯士维。2021年下半年（9人）：何存富、刘世炳、赵京、关宏志、邓宗才、赵中良、赵立祥、王丽、徐晨。

缴纳残疾人就业保障金。根据北京市安排残疾人就业的相关政策，各单位均应按照单位在职职工总数不少于1.5%的比例安排残疾人就业。未达到1.5%比例安排就业的单位，需缴纳残疾人保障金。学校2020年应安排残疾人就业人数48.17人，实际安排残疾人员12.83人，2021年9月实际缴纳残疾人就业保障金388.66万元。

（杨聪彬　王朝辉　司鹏博）

【启动第四轮岗位聘任】 第四次（第一批）管理岗位、其他专技岗位（非教学科研机构）、工勤岗位岗位聘任工作圆满完成，共计678人聘任上岗。其中，管理重点岗、其他专技责任（非教学科研机构）和重点岗原级认定122人、公开竞聘187人；管理一般岗、其他专技（非教学科研机构）一般岗、工勤技能岗位原级认定170人、公开竞聘199人。

本轮岗位聘任工作坚持“师德为先、科学设岗、分类施策、激发潜能”的原则，落实二级机构选人用人主体责任，破除“五唯”，充分发挥岗位聘任工作的导向作用，学校多个部门通力合作，充分发挥信息化系统优势，实现数据多跑路、教师少跑腿。

（任　静　马少雄　王朝辉）

【入选国家及北京市博士后人才项目共6人】 在站博士后入选国家及北京市博士后人才项目共6人，其中：博士后“创新人才计划”2人，博士后国际交流计划派出项目1人，博士后国际交流计划引进项目1人，北京市博士后国际交流培养资助派出和引进项目2人。

（任　静　马少雄　王朝辉）

【获各级各类博士后基金80项】 在站博士后共计获得各级各类博士后基金80项。获批国家级基金36人，其中：中国博士后基金第14批特别资助（站中）2人，第3批特别资助（站前）2人，第69批面上二等资助13人，第70批面上二等资助19人。获批北京市博士后科研资助44人。

（任　静　马少雄　王朝辉）

【13支团队报名参加首届“全国博士后创新创业大赛”】 2021年6月，首届“全国博士后创新创业大赛”开幕，北京工业大学共有13支团队报名参赛。经过北京市预选赛选拔，4支团队进入创新赛组总决赛，1支团队进入创业赛组总决赛，1支团队进入揭榜领题赛组总决赛，1支团队入围海外赛总决赛，最终取得揭榜领题赛金奖1枚，创新赛铜奖1枚的优异成绩，北京工业大学获得“表现突出的参赛组织”荣誉称号。

（任　静　马少雄　王朝辉）

【制定继续教育学院和校医院综合改革方案】 2021年1月12日发布《北京工业大学继续教育学院综合改革方案》（工大发〔2021〕3号）及《北京工业大学医院综合改革方案》（工大发〔2021〕4号）。

（郭　佳　王朝辉）

【干部人事档案专项审核全覆盖】 2月25日，按照《关于推进干部人事档案专项审核全覆盖工作的通知》的工作要求，人事处成立档案专项审核工作组，负责确定被审人员名单，协调档案初审，联系被审核人员、各二级机构完成后续阶段审核，对档案审核工作进行归档和总结等。3月20日，工作组制定《副高级及以上专业技术人员工作方案》，细化工作流程，组建审核工作组，明确审核方案、预算方案。4月26日起，根据工作方案，协调抽调政治素质好、责任心强、档案工作经验丰富的工作人员分成10组具体负责档案审核工作，实行“3+1”审核工作模式（三名初审人交叉审核，一名复审人审核），按照回避和不交叉的原则，负责完成档案初审、复审主体工作。本次干部人事档案核查分两批共1276卷，第一批次为管理重点岗人员档案141卷（2020年进行），第二批次为副高级以上人员档案1135卷。审档过程中，管理重点岗人员3人审档过程中调出，副高级以上人员7人档案审核过程中减员或退休，实际审档1266卷。12月23日，经前期整理填报、严格审核、调查研究，结合现有档案及教职工本人补充材料综合研判认定，完成1266份档案审核认定工作，其中1210卷档案未发现“三龄两历一身份”方面的重大问题，其中管理重点岗人员档案137

卷、副高级以上人员档案1073卷；存在出生日期不一致问题档案56卷，其中管理重点岗人员档案1卷、副高级以上人员档案55卷。

（刘　四　杨聪彬）

高层次人才工作

【概况】 2021年，学校继续实施“人才强校”战略，激发高层次人才集聚效应。“十四五”开局之年，学校通过自主培养新增中国工程院院士1人，北京学者3人，国家杰出青年科学基金获得者等同级别领军人才4人，国家优秀青年科学基金获得者等同级别卓越人才8人，北京工业大学自主认定项目入选者10人，北京市留学人员创新创业特别贡献奖2人，北京市高层次留学人才回国资助项目3人，北京市宣传文化高层次人才培养资助项目2人，北京市“科技新星”计划入选者5人。

名誉、兼职（客座）、顾问教授。加强院校、机构和企业间交流合作，实现高层次人才队伍专兼结合、资源共享。2021年，新聘名誉教授2人，兼职（客座）教授9人，顾问教授1人。

多措并举引才智。学校推进校—部（院）—学科三级人才引进宣传体系建设，各二级单位立足学科特色、平台资源、引才需求等，制作发布人才招聘专题微信，联合学校层面中英双语人才招聘宣传共同发布，发挥三级引才合力。与北京海外学人中心联合举办北京国际青年创新发展论坛现代城市建设平行论坛暨北京工业大学第五届国际青年学者“日新论坛”，为海内外青年学者争取更多享受市级奖励、服务保障的机会，共收到600余份海内外学者申请，参加主论坛670人；共组织7个学部（院）分论坛，邀请300余名青年学者以线上方式与学部（院）、学科深度对接。构建完善引才宣传渠道，与10余家专业招聘宣传网站、10余家优质海外学联构建长效合作机制，全年在各级各类公众号平台发布宣传推送78期。在疫情防控常态化背景下，共组织4场网络视频全球人才招聘会。

人才引进显成效。2021年通过公示拟聘高层次人才31人；通过公示拟聘人才队伍补充与支持计划人员6人，其中正高4人、副高2人，均已入职。引进人才中，一流学科（包含土木工程、环境科学与工程、交通运输工程）及北京市高精尖建设学科（包含材料科学与工程、机械工程、控制学科与工程、光学工程）通过公示拟聘22人，在2021年人才引进总数中占比71%。

（刘珍君　郭笑笑　金　浏）

【杜修力当选中国工程院院士】 11月18日，中国工程院公布2021年院士增选结果，我校城市建设学部教授杜修力增选为土木、水利与建筑工程学部院士，这是2015年以来学校通过自主培养产生的第三位院士。杜修力一直在一线从事教学科研工作，长期致力于工程抗震研究及工程实践，在结构—地基—围埋土体耦合抗震领域做出了重大贡献。

（刘珍君　金　浏）

师资培训

【概况】 教师学院围绕师德、科研、教学、国际化、信息化、业务技能和综合素养7种能力开设更具个性化与针对性的培训。其中，主办新教师培训，参训学员185人；与北京市高师中心、国家教育行政学院合作开展培训班20余个，参训学员达2700人次；配合和协助教务处、学发中心、校工会、文法学部、国际处等部门开展专题培训。2021年度，人事处统筹学校整体培训计划、结合各单位需求进行预算管理、绩效产出管理，共计支持34个项目，支持经费374.64万。

继续实施“筑基工程”。2021年，学校继续组织开展“筑基工程”，设立专项资金支持新入职教师（具有博士学位）启动科研工作，受资助人员66人，共计支持330万元。

国内、外访学情况。2021年7人获批国家留学基金管理委员会公派出国项目，受疫情影响，申请人数较去年降低80%，获批率保持在85%以上；2021年，学校依托基金委项目派出5人，目前未派出人员累计34人。2021年接受一般项目国内访问学者13人，单科进修1人。

教师资格认定。受理申请并完成认定148人高等学校教师资格。

（郑　琎　刘美荣　王朝辉）

教师思想政治与师德建设工作

【概况】 2021年，学校党委严格落实师德建设主体责任，切实加强教师思想政治工作，以正确的政治方向和价值导向引领教师思想政治素质、师德素养、业务能力全面提升。

教职工理论学习。研究制定《中共北京工业大学委员会关于2021年教职工理论学习安排的意见》，规划部署2021年教师理论学习。以迎接建党100周年为主线，强化以党史学习教育为重点的“四史”学习教育。深化学校党委—二级党组织—基层党支部的三级学习体系建设，以学校党委、理论学习中心组学习为示范牵引，统筹做好理论学习指导。编印《北京工业大学教师思想政治学习材料》18期65万余字，突出党史学习教育，重点学习习近平总书记“七一”重要讲话精神、十九届六中全会精神；结合学校“十四五”发展定位，增加生态文明、北京冬奥主题学习。完成党委教师工作部网站的改版升级和上线发布，设置“学习资料”专栏，及时更新发布理论学习材料，实现学习资源线上线下同步。督促二级党组织理论学习走深走实，结合全面从严治党督导、党建与思想政治工作考核，深入各二级党组织开展督导，重点督查实施方案及学习计划落实情况、每周一次集中学习和每月一次创新学习完成情况，夯实教师理论学习制度化、规范化。

教师思想动态调研。在新学期、两会期间、党史学习教育期间、建党百年、十九届六中全会等重要时段或敏感点，及时开展教师舆情动态调研，深入了解教师思想情况，开展正面引导，全年共开展教师舆情动态调研10次。

师德师风建设。制定《北京工业大学关于进一步加强和改进新时代师德师风建设的若干措施》（工大党发〔2021〕33号），将学习《新时代高校教师职业行为十项准则》作为必学必修内容，融入教师职业素质培养、教师教育教学全过程，分层开展《新时代北京工业大学教职工职业行为十项准则》的宣讲，做到全员知准则、守底线。强化过程管理与监督，做好人才引进、考核晋升、评优评先、人才计划评审等关键环节的师德把关，在项目申请、评奖评优过程中，协同各职能部门、二级党组织进行师德把关，全年出具师德鉴定1866份。严格落实师德月报制度，完善师德师风监督体系。制定《北京工业大学教职工年度师德考核实施细则》和《师德师风承诺书》，将签署《师德师风承诺书》融入教职工年度考核。修订《北京工业大学教职工年度师德考核实施细则》，完成2021年度师德考核。做好学校师德委员会办公室日常工作，拟定《校师德建设委员会工作职责及议事规则》，全年共召开校师德建设委员会会议2次。建立师德失范处理台账，依法依规依程序将教师违反师德规范的情况记入教职工档案。

（冯　浩　班　旻　李东松）

【实施高校师生服务首都“四个中心”功能建设“双百行动计划”】 落实高校师生服务首都“四个中心”功能建设“双百行动计划”。1月，3支市级团队和3支校级团队顺利完成结题工作，薛飞负责的“首都核心区滨水空间城市文化调研”、葛灵负责的“多渠道引入社会资本参与老旧小区改造研究”、张鹏扬负责的“新冠疫情、国内供应链与省域经济冲击调查研究”3个项目获评“北京市优秀示范项目”；9月，5支教师团队入选北京市项目，5支教师团队入选校级项目。

（冯　浩　班　旻　李东松）

【开展贯穿全年的师德专题教育】 制定《北京工业大学开展师德专题教育的工作方案》，开展面向全校教职工的师德专题教育。以教职工理论学习体系为依托，编发师德师风专题学习材料3期，学习习近平总书记关于师德师风的重要论述摘编、习近平给全国高校黄大年式教师团队代表的回信、“最美教师”先进事迹、师德警示教育案例等。在新入职教师中开展师德培训，组织全校760名教师参与“坚守教育初心 勇担育人使命，深化新时代师德师风建设”专题网络培训，举办中国载人航天工程专场报告会，发布学习贯彻习近平总书记给全国高校黄大年式教师团队代表重要回信精神的通知，遴选推荐2位教师参加“为党育人，为国育才”——第三届北京市大中小幼教师讲述我（我们）的育人故事活动。设计投放系列宣传海报，在教师节期间举办“为教师亮灯”活动，在全校范围内点亮电子屏幕、送上祝福。

（冯　浩　班　旻　李东松）

【健全师德违规分级通报制度体系】 参与2021年

“以案为鉴、以案促改”警示教育大会暨师德师风警示教育大会筹备工作。升级学校师德师风监督举报平台，设立师德失范曝光平台，定期通报教育部公开曝光的典型案例和学校处理的典型案例，10月首批通报学校2020年1月至2021年6月的师德失范案例，用“身边事”警示“身边人”。

（冯　浩　班　旻　李东松）

【“三全育人”工作在北京市优秀成果评选中获奖】 2021年7月，在北京高校“三全育人”优秀成果评选中，《基于广义工程观的工学类专业“1+X+N”课程思政建设模式》获工作案例类一等奖，《三全育人背景下理工类学院“课程思政”建设模式的研究与实践》获调研报告类二等奖。推进学校“三全育人”教师团队培育项目。2021年，第二批重点培育项目7支队伍结题，材制学部尉海军教授领衔的先进电池材料与器件科教育人团队获评优秀；第三批8支团队在建；第四批8支重点项目团队、8支一般项目团队获准立项。

（冯　浩　班　旻　李东松）

【召开青年马克思主义者培养工程班（教师）1—6期总结大会】 5月12日，学校召开庆祝中国共产党成立100周年暨青年马克思主义者培养工程班（教师）总结大会，落实《中共北京工业大学委员会关于深化青年马克思主义者培养工程班（教师）建设的意见》，将师德培育纳入“6+1”培养体系，以党史学习教育为主线，总结“青马班”建设经验，深化青年教师马克思主义工程班建设，推动青年教师思政工作守正创新。北京市委教育工委副书记李奕莅临指导并讲话，校党委书记谢辉等全体校领导出席，200余名历届“青马班”学员共同学习党的历史，坚定初心使命，点燃心中奋进“十四五”新征程的火种。教师“青马班”自2013年成立以来，至今已开设8期，累计培养289名学员。

（冯　浩　班　旻　李东松）

【第七期青年马克思主义者培养工程班（教师）结业】 做好第七期教师“青马班”培育工作。4—6月完成校内岗位实践、校外“知四史 践初心 迎七一”主题调研。7月21日晚，召开社会调研汇报交流会，校党委副书记、校长聂祚仁，校党委副书记、第七期“青马班”班主任李四平，导师代表及第七期“青马班”全体学员参加。7月24—28日，赴革命圣地延安开展党性教育，校党委副书记、校长聂祚仁，副校长刘建萍，党委常委、宣传部部长刘幸菡，“青马班”成长导师及理论课授课教师代表，第七期教师“青马班”全体学员参加。12月29日下午，举行结业仪式，校党委书记谢辉，第七期教师“青马班”班主任、校党委副书记李四平，辅导员、成长导师代表和全体学员参加结业仪式，校党委常委、宣传部部长刘幸菡主持结业仪式。自2020年11月开班，受疫情影响多次调整培养计划，37名学员最终完成理论学习、岗位实践、社会调研、党性教育等全部培养环节，顺利结业。

（冯　浩　班　旻　李东松）

【第八期青年马克思主义者培养工程班（教师）开班】 第八期“青马班”成班，选拔学员40人，其中专任教师27人、管理岗教师13人；党委副书记李四平任班主任，党委委员、宣传部部长刘幸菡和马克思主义学院党委书记党杰任辅导员，材制学部孙博学、经管学院高扬为班长。7月22日，第八期教师“青马班”举行开班仪式，校党委书记谢辉，校党委副书记李四平，校纪委书记杨建新，副校长郭福，党委常委、宣传部部长刘幸菡，第八期教师“青马班”班主任、辅导员、成长导师、理论课授课教师、课程思政指导教师和全体学员参加了开班式，刘幸菡部长主持开班式并介绍了学校教师“青马班”的发展历程及第八期培养方案。7月24日—28日组织员赴井冈山开展党性教育，校党委书记谢辉，校党委副书记李四平，党委常委、组织部部长王文杰，“青马班”成长导师及理论课授课教师代表，第八期教师“青马班”全体学员参加。9—11月组织开展为期八周的理论学习，重温马克思主义经典著作《共产党宣言》，学习习近平新时代中国特色社会主义思想等核心课程，开展课程思政学习交流。12月26日，教师“青马班”参与研究生招生考试志愿服务。

（冯　浩　班　旻　李东松）

开放办学

国内对外合作联络

【发展概况】 **高精尖产业**。2021 年，与北京竞业达数码科技股份有限公司、中交第一公路勘察设计研究院有限公司、北京金隅集团股份有限公司、国家电投集团综合智慧能源科技有限公司（国核电力规划设计研究院有限公司）、湖北汽车工业学院、内蒙古工业大学、北京经济技术开发区管理委员会、北京民用联合航空有限公司、国家电投集团氢能科技发展有限公司达成校级合作意向。推动相关学部（学院）、职能部处与朝阳区人民政府、航天宏图信息技术股份有限公司、北京京城机电控股有限责任、紫光集团有限公司、岳麓山大学科技城管理委员会、北京银行城市副中心分行、东方雨虹集团、北京排水集团、北京能源集团、北京外企人力资源服务有限公司、中国国际电子商务中心、天津市教育委员会、中恒安科技有限公司、南磨房街道等一批北京企事业单位的交流接洽，强化合作事项，谋求共同发展。

服务北京。瞄准三城一区发展目标、北京国际科技创新中心主平台建设和高精尖产业规划方向，开启学校与北京市经开区等单位的重大合作，组织服务北京工作委员会会议 2 场，立足高水平研究型大学的定位，积极融入北京国际科技创新中心建设，重点打造碳中和产业研究院成为服务首都高质量发展的高能级创新基地。搭建与朝阳区、通州区、亦庄经济技术开发区、市属国企、校友企业、新型研发机构等高端创新平台，实现基础研究到技术产业化突破的创新全流程融合、创新链上下游贯通发展，加速产出可在北京转化的科技成果和培养高层次创新人才，推进学校科技体制改革创新。继续强化集成电路制造和装备环节优势，确立北京经开区在全国集成电路全产业链发展的领导地位。构筑具有世界影响力的“中国芯”“网联车”“创新药”“智能造”，建设首都东南部战略性新兴产业基地和制造业转型升级示范区。

支援协作。推进京津冀协同创新联盟相关工作，重视教育支援对口协作工作，落实人才送教、接收师生学习、志愿服务和支教工作，深化教育协作。2021 年，为落实北京市与湖北省签署的《深化京鄂战略合作协议》，学校经过与湖北汽车工业学院历时 1 年半时间的 5 次高层领导互访和多次专家学者交流，确定与湖北汽车工业学院开展京鄂对口协作，工作集中在人才交流培养、师资培训、科技创新与转化，共同打造 1 +2 +1 模式联合培养本科生，现有对方学院 2 个专业共 10 名学生在北京工业大学进行学习。学校对内蒙古工业大学进行对口支持，在师资队伍建设、学科建设、科学研究、人才培养方面进行支援。

（方雯辉　马晓宇　骆　琪）

【与多家单位推进合作】 2021 年，与北京竞业达数码科技股份有限公司联合共建“教育信息化协同创新研究中心”和北工大 - 竞业达实习实践基地，公司为学校捐建 3 间总价值 130 万元的智慧标准化示范教室，用于支持学校教育发展。与金隅集团、国家电投集团氢能科技发展有限公司聚焦“碳达峰、碳中和”、生态环境修复治理、绿色建材产品、绿色制造技术、绿色智慧建筑与新材料研发等方向，继续在科技平台、人才培养和重大专项领域合作。与国家电投集团综合智慧能源科技有限公司建立科技创新合作平台，推动综合智慧能源、清洁高效火电、核电、电网和新能源领域的技术合作，建立青年博士教师“工程化”基地和开展“订单式”人才培养模式。与中交第一公路勘察设计研究院有限公司挂牌设立“北京工业大学中交一公院合作共建基地”。与北京民用联合航空有限公司成立“北京工业大学 - 航空教学基地”，以推动双方校企合作项目，开展民航服务、空中乘务、民航地勤、航空软件开发、航空 AI 人工智能、商务英语、自考助学、航空多媒体、艺术设计等民航领域的职业人才培训项目，突破学校在航空领域进行校企合作的空白。

（方雯辉　马晓宇　骆　琪）

【选派人才送教接收师生学习】 2021 年，接收山东省潍坊区委组织部选派的 1 名干部到学校科学技术发展院担任科技人才专员，时间 6 个月。信息学部学科与研究生办公室主任继续作为北京市对口支援新疆和田教师在和田师范专科学校挂职规划与科研处副处长。学校接收来自青海民族大学、内蒙古包头医学院、河南科技大学、贵州贵阳学院和河北工程大学等中西部与其他地区访问学者共计 13 名。在合作导师的指导下，访问学者参与课题组学术交流与讨论、开展课题研究；参加本专业相关课程听课、学习课程教学方法。目前，已有3名教师完成访学任务结业；10名教师通过中期考核，继续开展第二阶段的访学。

学校与青海民族大学、湖北汽车工业学院、山西大同大学签订联合培养协议。2021年度有青海民族大学（8名）、湖北汽车工业学院（10名）、山西大同大学（6名）等兄弟院校同学（共计24名）在学校材料类（实验班）、机械工程、计算机科学与技术、交通工程（实验班）（道路与轨道方向）、能源与动力工程、软件工程（实验班）（大数据）、土木工程（建筑工程方向）专业学习。

（方雯辉　马晓宇　骆　琪）

【研究生支教团开展志愿服务】 北工大第八届研究生支教团完成在青海省海东市民和回族土族自治县的民和一中、民和二中和新疆生产建设兵团第七师胡杨河市职业技术学校进行的支教志愿服务工作，教授数学、语文、英语、历史、信息技术、经济政治与社会、职业道德与法律、哲学与人生、国家通用语言培训课、街舞社团10个学科的课程，授课总时长达3715课时，累计教授66个班级2067名学生。在课余时间，支教团成员参加支教学校的各类党、团活动，加班加点为学生们开展单独辅导；同时，支教团成员在支教学校团委、政教处等部门兼职，为支教学校的管理工作带去新思想、新措施。第九届研究生支教团12名成员于2021年8月赴青海省海东市民和回族土族自治县、新疆生产建设兵团第七师继续开展为期一年的支教工作和各类扶贫志愿服务、公益活动。第十届研究生支教团完成组建，共选拔成员12人，为在赛时更好地起到学生骨干作用，现已作为提前上岗志愿者，参与到北京2022年冬奥会和冬残奥会非竞赛场馆北京冬奥村的前期工作中。

（方雯辉　马晓宇　骆　琪）

港澳台交流与合作

【概况】 2021年，学校与香港城市大学和岭南大学开展线上交流，并与岭南大学成功签署联合培养研究生和师资访学项目协议共3项。协办并邀请多位台湾地区专家参加“2021两岸高等教育（北京）高峰论坛”。推进匹配学校与港澳台地区高校教学科研人员合作意向，与台北科技大学共建合作项目。

学校落实港澳台师生有关工作要求，聘请3名港澳台地区教师入校工作，协调做好36名在校港澳台侨学生的线上线下国情教育和文化建设工作，推荐7名学生参加由教育部举办的2项文化赛事，推荐1名本科生赴香港岭南大学参加长期（三个月及以上）交流，组织学生参加由北京市港澳台侨学生教育管理研究分会开展的课程和文艺活动，并获2021年北京高校港澳台侨学生活动优秀组织奖。

（赵　然　樊　媛）

【与台北科技大学开展科研合作】 2021年，完成2022年度6个合作项目和21个合作意向的推荐；加强完善2021年度6个在建合作项目的共建（见表11－1），学校支持经费30万元。

表11－1　北工大2021年涉港澳台科研合作情况一览表

立项年份	合作课题名称	二级单位/负责人	对方地区	对方院校
2020	城市地下管线渗漏引发地面塌陷的机理研究	城建学部/张晓玲	中国台湾	台北科技大学
2021	基于多粒度临床信息表达的多模式病案发现方法研究	信息学部/李建强	中国台湾	台北科技大学
2021	高性能聚合物混合基质膜用于CO_2分离	环生学部/殷明杰	中国台湾	台北科技大学
2021	地聚物材料用化学外加剂的设计合成与性能调控	材制学部/刘晓	中国台湾	台北科技大学
2021	心血管疾病之智慧医疗互动教育系统	信息学部/贾懋珅	中国台湾	台北科技大学
2021	二维材料缺陷调控及其对光电元件性能的影响	材制学部/马洋	中国台湾	台北科技大学

（赵　然　樊　媛）

【协办2021两岸高等教育（北京）高峰论坛】 2021年11月3日，北工大协办“2021两岸高等教育（北京）高峰论坛”，邀请台湾地区高校和机构专家参会，开展学科发展及合作讨论。

（赵　然　樊　媛）

【获2021年北京高校港澳台侨学生活动优秀组织

奖】 2021年12月22日，北工大参加北京市港澳台侨学生教育管理研究分会年会，并获2021年北京高校港澳台侨学生活动优秀组织奖。

（赵　然　樊　媛）

【参加京港大学摄影比赛并获奖】 2021年3月23日，参加京港大学联盟工作会议暨京港大学摄影比赛颁奖典礼。北工大推荐作品获一等奖、二等奖和优异奖。

（赵　然　樊　媛）

国际交流与合作

【概况】 2021年，学校全年举办41场涉外交流活动，包括8场校级活动（详见表11－2）和33场院（部/处）级活动。其中，线下交流活动13场，接待57人次；线上交流活动28场，含与英国卡迪夫大学、英国诺丁汉大学、爱尔兰国立都柏林大学、德国亚琛工业大学等世界一流高校开展合作研讨。持续构建高水平全球交流合作网络，与36所院校和机构新签、续签46份涉外合作协议（详见表11－3、表11－4）；与爱尔兰国立都柏林大学续签中外合作办学机构协议。充分发挥"一带一路"中波大学联盟轮值主席职责，持续推进"学校—教授—学生"三位一体机制建设，推动"一带一路"科研合作，建设联盟人才库，编制联盟建设白皮书，更新联盟中英文官网。设立对外文化交流项目，资助开展对波兰地区教育、经济及高水平汉语课程建设等研究，立项9个。建立健全孔子学院及下设孔子课堂的教学和管理人力资源体系，加强"汉语＋"特色学分课与国际汉语精品慕课等教学资源体系建设。

2021年，学校派出369名学生参加境外交流学习，协办教育部"平安留学"出国留学行前培训会，完成300余名境外交流师生培训教育。学校提供长期交流项目78个，含130个免学费交流名额；与英国卡迪夫大学新签"数学""统计学"方向外培计划合作协议，与美国麻省理工学院、英国牛津大学、英国剑桥大学、新加坡国立大学、新加坡南洋理工大学等建立"专业定制化""成建制派出"短期项目。春季长期项目派出6人，秋季长期项目派出20人，寒假短团派出104人，暑假短团项目派出179人（详见表11－5、11－6、11－7、11－8）。

学校加强外专引智体系顶层设计和资源统筹，新增国家级引智基地1个，在建3个，历史获批共计4个，位列市属高校前列。2021年获批国家外国专家项目2项、北京市高层次外籍人才资助计划2项（见表11－9）。搭建多层次教师国际科研合作体系，立项引智培育项目10项。

2021年，学校统筹推进信息化建设，推动搭建外事及港澳台工作服务系统，破除"隐形门槛"，提升办事效率。全年派出因公出国（境）团组17个，共计17人次。其中，临时出访（90天以内）1人次，长期出访（90天及以上）16人次。长期出访中，国家公派9人次，学校公派7人次（详见表11－10）。学校举办国际会议8次（详见表11－11）。学校推进国际及港澳台教师薪酬体系改革，实施岗位分级分类管理，提高国际及港澳台教师薪酬水平。全年聘请国际及港澳台教师100人，其中全职类博士后和教师85人，占比85%。办理国际及港澳台教师工作类签证等各项手续30人次，涉及40份证件、500余份材料；完成50人次非聘用类短期境外专家邀请备案监管。

举办系列培训加强国际化师资队伍建设。2021年，学校完善"有整有零、类型丰富"教师国际化能力建设体系。6月1日至7月6日与新加坡南洋理工大学合作举办"世界一流大学建设与大学内部治理""世界一流大学治理能力提升与科研成果转化"两期线上教师境外培训，75名教研与管理骨干参训，10月26日至11月12日与英国诺丁汉大学合作举办"世界一流大学高等教育教学研究实践"线上境外教师培训，30名教研与管理骨干参训。11月16日至12月16日与新加坡南洋理工大学合作举办"世界一流大学治理能力提升与科研成果转化"线上教师境外培训班，40名教职员工参加。10月14日至12月30日开设教师英语能力提升班，设立专任教师与管理教师班，培训37名教师。

（王　苗　樊　媛　张　波）

表 11－2　2021 年校级涉外交流活动

序号	日期	参加校领导	对方院校/机构	外宾信息	会谈信息
1	3 月 5 日	聂祚仁 郭　福	爱尔兰国立都柏林大学	校长安德鲁·迪克斯（Andrew J. Deeks）、国际化副校长保罗·范宁（Paul Fanning）、北京－都柏林国际学院副教务长艾利什·奥哈洛兰（Ailish O'Halloran）	探讨两校科研合作、高层次人才联合培养
2	3 月 8 日	聂祚仁 郭　福	爱尔兰国立都柏林大学	校长安德鲁·迪克斯（Andrew J. Deeks）、国际化副校长保罗·范宁（Paul Fanning）、科学研究院艾妮·莫尔（Aine Moore）、科学研究院科林·托马斯（Colleen Thomas）、北京－都柏林国际学院副教务长艾利什·奥哈洛兰（Ailish O'Halloran）	首届北京工业大学—爱尔兰国立都柏林大学双边学术研讨会开幕式
3	3 月 22 日	谢　辉 聂祚仁 郭　福	澳大利亚莫纳什大学	澳大利亚技术科学与工程院院士与先进轻合金中心主任吴鑫华、苏州倍丰激光科技有限公司副总经理熊孝经	讨论科研合作
4	3 月 25 日	郭　福	巴基斯坦旁遮普大学	校长尼亚兹·艾哈迈德·阿赫塔尔（Niaz Ahmad Akhtar）、副校长穆罕默德·萨利姆·马扎尔（Muhammad Saleem Mazhar）、艺术及人文学院院长阿姆拉·拉扎（Amra Raza）、考古系系主任穆罕默德·哈米德（Muhammad Hameed）、国际处主任苏比亚·胡拉姆（Sobia Khurram）等	线上签订合作备忘录，探讨艺术考古等专业硕博联合培养合作
5	4 月 9 日	聂祚仁 郭　福	波兰奥波莱孔子学院及下设孔子课堂	波兰奥波莱省副省长祖扎纳·戈纳特－卡修拉（Zuzanna Donath－Kasiura）、奥波莱工业大学校长马尔辛·洛伦茨（Marcin Lorenc）、比亚威斯托克理工大学校长玛塔·科西尔－卡兹波鲁克（Marta Kosior－Kazberuk）、西里西亚大学校长里萨德·科齐奥莱克（Ryszard Koziolek）等	讨论孔子学院及下设孔子课堂建设工作
6	5 月 13 日	吴　斌 郭　福	波兰驻华大使馆	一等参赞赢茉晏（Maria Wejs－Domzalska）等	讨论孔子学院、中波大学联盟建设、中波高等教育交流合作
7	9 月 8 日	谢　辉 聂祚仁 郭　福	爱尔兰驻华大使馆	爱尔兰驻华大使安黛文（Ann Derwin）等	出席北京－都柏林国际学院开学典礼
8	10 月 26 日	郭　福	英国诺丁汉大学	英国诺丁汉大学常务副校长菲利普·希普韦（Philip Shipway）、英国诺丁汉大学亚洲知识分享部主任杰森·菲利（Jason Feehily）	“世界一流大学高等教育教学研究实践”线上教师境外培训班开幕式

表 11－3　2021 年与境外机构签署的涉外、涉港澳台协议清单

序号	协议名称	国家（地区）	合作机构	协议期限
1	北京工业大学与日本关西国际大学学术交流协议	日本	日本关西国际大学	3 年
2	北京工业大学与日本关西国际大学关于交换留学生的协议书	日本	日本关西国际大学	3 年
3	北京工业大学与意大利远程教育大学关于开展欧盟“Erasmus＋”本硕博教学能力提升项目的合作协议	意大利	远程教育大学	5 年
4	北京工业大学与意大利远程教育大学关于开展欧盟“Erasmus＋”本硕博教学能力提升项目合作协议补充协议	意大利	远程教育大学	3 年

续表

序号	协议名称	国家（地区）	合作机构	协议期限
5	北京工业大学与马来西亚博特拉大学谅解备忘录	马来西亚	博特拉大学	5年
6	北京工业大学与英国卡迪夫大学数学、统计学专业外培衔接协议	英国	卡迪夫大学	3年
7	北京工业大学与日本东北大学续签协议	日本	东北大学	5年
8	北京工业大学艺术设计学院与巴基斯坦旁遮普大学考古系谅解备忘录	巴基斯坦	旁遮普大学	5年
9	北京工业大学与西班牙瓦伦西亚工业大学谅解备忘录及学生交流协议续签协议	西班牙	瓦伦西亚工业大学	4年
10	北京工业大学与美国得克萨斯大学奥斯汀分校合作协议	美国	得克萨斯大学奥斯汀分校	3年
11	北京工业大学与美国布鲁克海文国家实验室非专有用户协议	美国	布鲁克海文国家实验室	5年
12	北京工业大学与新加坡南洋理工大学2021年度第一期线上教师培训项目协议	新加坡	南洋理工大学	单次
13	北京工业大学与巴基斯坦伊斯兰堡国立科技大学谅解备忘录	巴基斯坦	伊斯兰堡国立科技大学	5年
14	北京工业大学与新加坡国立大学关于合办“3+1+1”联合培养项目框架协议	新加坡	新加坡国立大学	5年
15	北京工业大学城市建设学部与英国谢菲尔德大学建筑学院“低碳绿色建筑工程暑期线上交流学习项目”协议	英国	谢菲尔德大学	3年
16	北京工业大学与法国塞尔吉巴黎大学学生双学位合作协议	法国	塞尔吉巴黎大学	单次
17	北京工业大学与爱尔兰国立都柏林大学关于续签合作办学机构的合同附录	爱尔兰	国立都柏林大学	15年
18	北京工业大学与新加坡南洋理工大学2021年度第二期线上教师培训项目协议	新加坡	南洋理工大学	单次
19	北京工业大学与英国诺丁汉大学教师培训项目协议	英国	诺丁汉大学	单次
20	爱尔兰国立科克大学语言中心与北京工业大学研究生院项目合作协议	爱尔兰	国立科克大学	1年
21	北京工业大学与荷兰阿姆斯特丹自由大学谅解备忘录	荷兰	阿姆斯特丹自由大学	5年
22	北京工业大学与荷兰阿姆斯特丹自由大学学生交流协议	荷兰	阿姆斯特丹自由大学	5年
23	北京工业大学城建学部与日本神户大学工程研究生院学术合作协议	日本	神户大学	长期
24	北京工业大学城建学部与日本神户大学工程研究生院学生交换协议	日本	神户大学	长期
25	北京工业大学文法学部和新西兰维多利亚惠灵顿大学语言学与应用语言学研究学院2021线上专业研修项目协议	新西兰	维多利亚惠灵顿大学	半年
26	北京工业大学教育基金会与美国能源基金会在碳中和背景下低碳消费模式和低碳社会建设研究合作协议	美国	能源基金会	1年
27	北京工业大学与捷克科希策技术大学科研合作协议书	捷克	科希策技术大学	2年
28	中国-中东欧国家联合教育项目协议	斯洛伐克	斯洛伐克工业大学	2年
29	北京工业大学文法学部与香港岭南大学研究生院合作协议书	中国香港	岭南大学	5年
30	北京工业大学与儿童投资基金会关于碳中和转型研究的拨款协议	英国	儿童投资基金会	2年
31	北京工业大学与比利时布鲁塞尔自由大学（荷语）学术与文化交流合作协议	比利时	布鲁塞尔自由大学（荷语）	4年
32	北京工业大学与新加坡南洋理工大学2022年度线上教师培训项目协议	新加坡	南洋理工大学	单次

表 11－4　2021 年与境内机构签署的涉外、涉港澳台合作协议清单

序号	协议名称	合作机构	协议期限
1	北京工业大学与英中发展中心学生短期（在线）境外交流项目	英中发展中心	单次
2	北京工业大学与上海罗客实业集团有限公司学生短期（在线）境外交流项目	上海罗客实业集团有限公司	单次
3	北京工业大学与上海安与教育科技有限公司 学生短期（在线）境外交流项目	上海安与教育科技有限公司	单次
4	北京工业大学与牛津全球发展与展望研究院 学生短期（在线）境外交流项目合作协议书	牛津全球发展与展望研究院	单次
5	北京工业大学与北京锐尔教育咨询有限公司 学生短期（在线）境外交流项目合作协议书	北京锐尔教育咨询有限公司	单次
6	“剑桥大学 AI 应用研究分析课程” 合作协议书	上海小猎教育科技有限公司	单次
7	“DTC（境内）牛津训练营” 合作协议书	山西英林国际文化交流有限公司	单次
8	美国哈佛大学线上研学课程（寒假）	北京锐尔教育咨询有限公司	单次
9	新加坡国立大学在线学术课程（寒假）	上海罗客实业集团有限公司	单次
10	麻省理工学院“机器学习＋” 在线项目	上海安与教育科技有限公司	单次
11	剑桥大学科研注册生项目	英中发展中心	单次
12	英国伦敦大学学院在线学术英语项目	海外学习基金会	单次
13	20221 年牛津展望计划寒假项目	牛津全球发展与展望研究院	单次
14	2021 冬季 CIS 高校联合科研项目	武汉研课教育科技集体	单次

表 11－5　在校本科生长期（三个月及以上）交流统计表

序号	派出国别（地区）	派往学校	项目人数	学生类别
1	爱尔兰	爱尔兰国立都柏林大学	3	本科生
2	爱尔兰	爱尔兰国立科克大学	6	本科生
3	美国	美国肯塔基大学	23	本科生
4	英国	英国诺丁汉大学	5	本科生
5	澳大利亚	澳大利亚国立大学	3	本科生
6	日本	日本名古屋大学	2	本科生
7	法国	法国南特中央理工大学	1	本科生
8	新加坡	新加坡国立大学	8	本科生
9	韩国	韩国建国大学	1	本科生
10	英国	英国曼彻斯特大学	2	本科生
11	日本	日本佐贺大学	1	本科生
12	美国	美国明尼苏达大学	1	本科生

表 11－6　在校研究生长期（三个月及以上）联合培养统计表

序号	派出国别（地区）	项目人数	派出类型	学生类别
1	爱尔兰	2	研究生 CSC 联培	博士研究生
2	德国	4	研究生 CSC 联培	博士研究生
3	加拿大	5	研究生 CSC 联培	博士研究生
4	中国香港	1	研究生 CSC 联培	博士研究生
5	新加坡	7	研究生 CSC 联培	博士研究生
6	意大利	2	研究生 CSC 联培	博士研究生
7	英国	3	研究生 CSC 联培	博士研究生

表 11－7　在校生短期境外交流统计表（寒假）

序号	派出国别（地区）	项目名称	项目人数	学生类别
1	线上项目	2021 冬季 CIS 高校联合科研项目	3	本科生
2	美国	美国哈佛大学线上研学课程	7	本科生、研究生
3	美国	美国麻省理工学院“机器学习＋”机器学习在线课程	20	本科生、研究生
4	新加坡	新加坡国立大学在线学术课程	42	本科生、研究生
5	英国	英国剑桥大学科研注册生在线项目	11	本科生、研究生
6	英国	英国牛津大学牛津展望线上课程	17	本科生
7	英国	英国伦敦大学学院在线学术英语项目	4	本科生、研究生

表 11－8　在校生短期境外交流统计表（暑期）

序号	派出国别（地区）	项目名称	项目人数	学生类别
1	美国	美国哈佛大学线上研学课程	28	本科生、研究生
2	美国	美国哥伦比亚大学“管理经济学对企业组织架构的优化”	1	本科生

续表

序号	派出国别（地区）	项目名称	项目人数	学生类别
3	英国	剑桥大学科研注册生在线项目	3	本科生
4	美国	美国麻省理工学院“机器学习+”项目	19	本科生
5	英国	英国牛津大学“牛津展望计划”线上课程	16	本科生、研究生
6	新加坡	南洋理工大学在线学术课程项目	3	本科生
7	新加坡	新加坡国立大学在线学术课程项目	28	本科生、研究生
8	英国	牛津大学研究院 DTC 训练营创新研修项目	29	本科生
9	美国	美国得州大学奥斯汀分校暑期课程	1	本科生
10	爱尔兰	爱尔兰科克大学“研究生学术英语与英文科研论文写作”课程	12	研究生
11	美国	美国密歇根州立大学动手区块链项目	1	本科生
12	英国	谢菲尔德大学“低碳绿色建筑工程”暑期交流学习项目	23	本科生
13	英国	英国剑桥大学“AI应用研究分析”课程	10	本科生、研究生
14	新加坡	新加坡国立大学“城市规划与设计”课程	5	本科生

表 11－9　北工大 2021 年国家外国专家项目和北京市高层次外籍人才资助计划一览表

立项年份	项目名称	二级单位/负责人	项目级别
2021	抗生素对土壤微环境二氧化碳和甲烷温室气体排放的影响	环生学部/陈莎	国家级
2021	新型超分子材料的可编程自组装与绿色环境催化	环生学部/于澍燕	国家级
2021	面向精神健康服务的知识图谱关键技术与应用研究	智慧城市研究院/林绍福	北京市级
2021	基础与交叉科学研究	理学部/李静	北京市级

表 11－10　2021 年教师因公出国（境）情况统计表

单位	临时出访（90 天以内）				长期出访（90 天及以上）		合计（人）
	国际会议学术交流	合作研究讲学	国际交流校际访问	培训进修	国家公派	学校公派	
合计	0	1	0	0	9	7	17
文法学部	0	0	0	0	1	3	4
城市建设学部	0	1	0	0	4	2	7
材料与制造学部（含北京古月新材料研究院）	0	0	0	0	2	0	2
理学部（含北京科学与工程计算研究院）	0	0	0	0	1	0	1
环境与生命学部	0	0	0	0	1	2	3

（黄晓琪　樊　媛）

表 11－11　2021 年度主办/承办国际学术会议清单

序号	国际会议名称	时间	主办二级机构	备注
1	首届北京工业大学-爱尔兰国立都柏林大学双边学术研讨会	3 月 8 日至 12 日	国际处	双边会议
2	奥波莱孔子学院及下设孔子课堂建设会议	4 月 9 日	国际处	双边会议
3	2021 年第十二届电子商务、管理与经济国际会议	7 月 17 日至 19 日	经管学院	多边会议
4	第三届中英储能论坛/第三届中英清洁能源利用研讨会	8 月 10 日至 12 日	环生学部	双边会议
5	2021 国际光电功能材料研讨会	10 月 18 日	材制学部	双边会议
6	2021 中荷智慧城市学术论坛	11 月 13 日	信息学部	双边会议
7	2021 年第二届计算机通信与信息系统国际会议	11 月 27 日至 29 日	信息学部	双边会议
8	2021 年第二届亚洲信号处理研讨会	11 月 27 日至 29 日	信息学部	双边会议

（黄晓琪　樊　媛）

【承接一定的出访来访外事审批权】 北工大被授予一定的出访来访外事审批权，市属高校中仅有两所获此权限。2021 年 7 月 28 日，市委外办、市政府外办复函同意北工大启动中层及以下人员因公临时出国审批工作，学校正式承接相应外事审批权；12 月 10 日，学校行使外事审批权的第一个团组——城建学部教师陈硕赴新加坡小组出访任务获批，批件号为北工大外出字〔2021〕0001 号。

（黄晓琪　樊　媛）

【完善因公出访制度】 修订发布《北京工业大学因公出国管理办法》（工大发〔2021〕31 号），更新指导思想管理定位，强调教学科研类任务与非教学科研类任务区别管理，提出保密前置审查等，强化校院两级协同联动。学校制定发布《北京工业大学关于进一步加强因公出国监督管理工作实施细则》（工大发〔2021〕32 号），详细说明因公出访审批原则、派出人员范围以及行前、事中、事后监管要求，规范因公出访申报、审批程序和经费使用要求等。

（黄晓琪　樊　媛）

【学校召开境外联络处工作研讨会】 2021 年 4 月 20 日，北工大召开境外联络专员工作考核暨地区国际合作研讨会，围绕相关地区校际伙伴关系搭建、师生国际项目运行、高层次人才引进、国际学生招生以及境外校友联络等方面开展专题讨论。境外联络处的布局与建设，是北工大实施教育对外开放和国际化发展战略的举措。按照“扩网络、重宣传、推合作、引人才、强服务、联校友”工作方针，结合学校师生赴境外交流深造热点分布、海外伙伴密集程度以及国际学生生源结构等因素，学校自 2019 年以来，分步骤在全球不同国家和地区推进设立境外联络处并配备联络专员，现已先后设立英国、欧洲地区、韩国、波兰及中东欧地区、爱尔兰等五个境外联络处。

（石伟男　张　波）

【“一带一路”中波大学联盟建设白皮书】 2021 年 9 月，北工大在中国国际服务贸易交易会上发布中英双语版《2017—2020 年“一带一路”中波大学联盟建设白皮书》，全面总结联盟自 2017 年成立以来取得的建设成果。联盟搭建了中波人才联合培养平台、科技创新平台和人文交流平台，扩充中波科研合作“人才库”，现已征集 74 位来自联盟成员单位的专家学者，其中中方 29 位、波方 45 位，研究方向涉及环境科学、计算机科学、材料科学、机械工程、化学、数学等多个学科领域。获中国教育电视台、《北京日报》等媒体广泛宣传。

（王　凝　张　波）

【孔子学院和孔子课堂建设实现逆势增长】 2021 年，北工大—波兰奥波莱孔子学院及下设孔子课堂注册学员人数达 1100 人，实现疫情期间逆势增长。孔子学院及下设孔子课堂面向大中小学和社区积极开展茶艺、书法、太极等多项中国文化体验、论坛和演出活动共计 26 次，参加人数 1520 人；招募海外志愿者 6 名，完成 4 名公派教师和 2 名汉语教师志愿者选拔、培训、考核及派出工作。

（王　凝　张　波）

【新增国家级引智基地】 2021 年，北工大城市建设学部杜修力教授团队申报的“基础设施工程抗震韧性与减灾学科创新引智基地”通过科学技术部、教育部联合评审立项，是学校获批的第 4 个国家级引智基地。

（赵　然　樊　媛）

【国际及港澳台教师薪酬体系改革】 依据《北京工业大学国际教师聘用及管理办法》（工大发〔2017〕4 号）等文件精神，按照趋同化管理、岗位分级分类管理原则，学校更新国际及港澳台教师薪酬待遇相关管理规定，提高国际及港澳台教师薪酬待遇水平。

（赵　然　樊　媛）

【外籍教师获北京市第 15 届“长城友谊奖”】 北工大外籍教师亨利·麦克劳格林（Henry Bernard McLoughlin）教授获 2021 年度北京市第 15 届“长城友谊奖”。2021 年 10 月 29 日，市委副书记、市长陈吉宁以视频方式为获奖者颁奖并座谈交流。

（赵　然　樊　媛）

【获批“中国—中东欧高校教育联合项目”】 2021 年 12 月 8 日，北工大材料与制造学部李红副教授主持申报的“中国—斯洛伐克材料加工制造领域科研合作与人才培养”项目，获批 2021 年度中国—中东欧国家高校联合教育项目立项。围绕先进材料加工制造技术在高等教育领域开展国际科研合作，推进中国与中东欧国家高校在先进材料加工制造领域的学生联合培养、教师联合科研、创新人才引进、英文课程建设等向更高水平发展。

（王　凝　张　波）

【举办第三届国际教育周】 2021 年 10 月 21 日至 27 日，北工大举办第三届国际教育周，以“全员参与国际教育”为主题，包含 5 大篇章、23 项主题活动、60 余场系列报告，全校近 3000 名中外籍师生参与，完成 2019 年国际化青年导师考核工作，评选出 5 位优秀青年导师，完成 2021 年国际化发展青年导师聘任工作，新聘青年导师 33 人，全年累计聘任 74 人。

（王　苗　张　波）

综合管理

校务管理

【概况】 2021年公文、合同、协议、法律文书、证书等用章5521次、6.3万份，提供法人证书复印件1026次、2601份，落实节假日校领导和中层干部在岗带班、值班员24小时在岗值班制度。全年起草、修改文字材料13.5万字。制定《2021年度二级非教学科研机构考核实施细则》，完成2021年二级非教学科研机构绩效考核。向市委教育工委、市教委上报《情况反映》11期，编发《北工大每周信息》41期、《北京工业大学简报》18期，被《北京教育信息（普刊）》录用稿件2篇。编发《北工大综合信息（领导参阅）》14期。完成《北京工业大学年鉴（2020）》三审三校并出版，共计92.6万余字、119幅图片。完成2021年高基表学校7套基表、37张综表及3张台账的上报。按时报送朝阳区统计局5大类例行报表28张。召开校（党）务公开工作委员会（信息公开工作领导小组）全体会议，制定《北京工业大学校（党）务公开工作委员会（信息公开工作领导小组）议事规则》。完成学校2020—2021年度信息公开工作报告和2016—2020年校务公开工作报告。对照高等学校信息公开事项清单（共10大类50条），主动在学校信息公开网上发布财务、基建等信息共计106条，同比去年增加71%。完成2020年度教育管理研究课题中期考核及2017年度教育管理研究课题延期结题。

2021年通过校长信箱、校领导接待日制度、日常信访（来人、来电、来信、来邮）、校园网咨询反馈、校内接诉即办受理平台等方式，拓宽畅通接诉即办和信访工作大平台，加大宣传力度，开展依法信访教育，全年共安排校领导接待日33次，办理各类信访和接诉即办件332件次，其中信访79件次，接诉即办件253件次。信访事项中日常信访62件次，市委教育工委和市教委等上级转办件17件次；接诉即办中北京市非紧急救助服务中心（12345热线）125件次，校内接诉即办128件次。发布《北京工业大学“接诉即办”工作通报》10期。加大校长信箱反映事项的督办力度，规定处理时限，及时化解矛盾，全年校长信箱接处各类问题318件次。2021年，协调相关单位联动治理复杂、共性问题，创新探索同类“疑难杂症”的有效解决路径，深化“接诉即办”工作体系，推动从“有一办一、举一反三”向“主动治理、未诉先办”转变，全年组织召开协调会7次、联合答复会8次。同时，继续做好矛盾纠纷排查化解工作，根据北京市教委《关于切实做好矛盾纠纷排查化解工作的通知》要求，梳理各类矛盾隐患和历史问题。截至年底，对矛盾纠纷暨接诉即办排查的62件矛盾纠纷隐患问题办结55项，已经完成进度占比为88.7%。

组织协调全校疫情防控工作，严格落实“三防”“四早”“九严格”的工作要求，加强校园管理，完善常态化防疫网络，组织协调拉网式全覆盖环境卫生大检查、应急处置全要素演练，定期对校园防控工作进行“体检”，改进工作中的薄弱环节。根据首都疫情防控形势和要求动态调整校园防控措施，严格落实校外人员进校审批程序，完善学校、部院、班级、师生员工四级常态化防控网络，维护校园正常教学生活秩序。学校疫情防控领导小组召开会议13次，组织师生集中开展疫苗及疫苗加强针接种累计3.5万人次，按要求每日统计汇总学校各部门疫情防控相关数据，并及时上报北京市教育两委。及时分析和研判疫情形势，提前做好开学、放假前的各项准备工作，强化组织领导，制订人性化离校、返校方案保障教学运行，开展弹性化教学工作。

组织开展2021年规章制度建设工作（行政类管理制度立项或变更共75项），跟踪督促立项制度完成情况。审查修改涉及人事、学生、科研、教务等院、部（处）及学校拟发规章制度38件。推进《北京工业大学章程》修订的相关工作，将《北京工业大学章程（核准稿）》及《北京工业大学章程》修正案上报北京市教育委员会核准。2021年，推进各单位制定和使用标准合同文本。通过OA审查合同82件，其中审查标准合同模板7件，多数法律意见被采纳。强化合同归口管理，坚持和完善对各单位的合同履行、完成情况等进行按季度检查和不定期抽查的动态监督机制，完成全年合同台账备案工作，2021年人事处、科发院、国际处、就业创业指导中心等8个归口部门及校章用章合同共9095项。推进合同管理信息化系统建设进程，构建了统一人事处、国资处、科发院、国际处、教务处、基建处、继续教育学院、就业创业指导中心8个合同归口管理部门与合同管理办公室一体化的合同管理系统框架。

2021 年共协调处理涉诉案件 12 件，其中已结案 5 件、在诉未结案件 7 件；协调处理非诉案件 10 件。强化依法治校法律风险防范和对学校重大决策的法律咨询和论证，在日常法律服务中及时提示相关部门法律风险点。

（凌　晨　钟巍盛）

【朝阳区人大代表换届选举】 11 月 11 日，北京市朝阳区选举委员会南磨房地区分会发布第 182 选区当选代表公告，经朝阳区选举委员会审查，确认第 182 选区 2021 年 11 月 5 日投票选举结果有效，刘赵淼、杜峰当选为朝阳区第十七届人民代表大会代表。根据北京市选举委员会统一部署，全校（不含通州校区）师生选民参加朝阳区选举委员会南磨房地区分会第 182 选区人大代表换届选举投票，本次选举北京工业大学独立选区登记选民共计 23068 人，参加投票选民 21197 人。学校党委高度重视此次朝阳区人大代表换届选举工作，认真研究部署、组织实施、积极协调，通过印发《北京工业大学关于选举朝阳区人大代表工作实施方案》，结合学校实际，细化工作流程，明确进度安排、职责分工和具体要求，在选举工作推进过程中，充分利用校园媒体，广泛宣传选举工作安排及候选人信息，保障选举工作顺利完成。

（凌　晨　钟巍盛）

【“我为群众办实事”实践活动】 成立党史学习教育领导小组，组建“我为群众办实事”实践活动专班，健全完善工作体制机制，制定《北京工业大学开展“我为群众办实事”实践活动实施方案》。修订《北京工业大学关于完善学校领导班子成员“八联系”制度的实施办法》，校领导班子成员带头、各职能部门深入一线联系师生，开展调查研究 140 余次。推进接诉即办“桥梁工程”、内部治理“提升工程”、评价改革“托举工程”、民生保障“暖心工程”、基层减负“满意工程”、智慧工大“建设工程”、科研创新“激励工程”、服务社会“品牌工程”，制定 6 个方面、17 项项目、56 个具体措施的校级办实事清单并全部完成。

（刘典华　钟巍盛）

【多形式推进法律服务】 继续通过依法治校专题网站——“工大说法”、法律咨询日、法律咨询热线、“法律咨询一站式线上申请”、校内外法律服务机构联合法律服务平台等多种形式。对“依法治校专题网”优化版面设计、联动法律咨询服务系统、实现流媒体嵌入式播放等功能。举办以“以习近平法治思想为引领 深入学习宣传宪法”为主题，“冬季法治读书节”、“宪法专题线上竞答”、“依法治校专题网”网站宣传、“线下校园宣传法律咨询展台”、“邀请常年法律顾问来校法律咨询”5 项“12・4”宪法宣传周系列活动。

（冯爱玲　王凯）

发展规划

【概况】 2021 年，总结学校“十三五”发展建设完成情况，高质量完成《“十四五”时期发展建设规划（2021—2025 年）》《综合改革方案（2021—2035 年）》《新一轮“双一流”建设方案》等编制工作；持续深化治理体系改革，加强运行体制机制创新，编制《关于学部运行的实施意见（试行）》，推动学部科学有序发展。项目绩效管理、机构绩效考核、“双一流”项目管理、教育部第五轮学科评估、北京市高精尖学科建设中期考核评估等以及其他日常工作进展良好。

机构撤销、设立与调整。 清理规范存在历史遗留问题的事业单位，协调推进清算工作进展。其中，北京工业大学艺术设计学院培训中心和北京工业大学培训中心、北京工业大学计算机学院卫生所已完成注销，北京艺术设计学院和北京中加工商专修学院正在推进。组织研讨 3D 打印研究中心的运行体制，初步完成其机构调整方案；对信息化建设与管理中心进行调整，成立信息化处，信息化建设与管理中心更名为网络与信息技术中心；将国家大学生文化素质教育基地整体纳入北京工业大学素质教育学院，新成立的北京工业大学素质教育学院（国家大学生文化素质教育基地）为学校所属二级教学科研机构；整合学校多学科优势资源，成立北京工业大学碳中和城市科技创新研究院，为学校所属的虚体研究机构。

校内项目绩效评价。 组织完成 2020 年度市教委预算管理的 62 个项目绩效自评工作，监测各单位年初设定目标的完成情况，完成自评报告；组织开展 2021 年预算绩效运行监控管理工作，对纳入 2021 年预算批复且已填报绩效目标的 50 个项目进行动态监控工作，完成绩效监控工作报告。

二级教学科研机构“行政工作”年度绩效考核。完成2020年度二级教学科研机构（行政）绩效考核工作，组织实施并启动2021年度的绩效考核工作，修订二级教学科研机构行政工作考核办法和考核指标体系，针对“十四五”规划等关系到学校整体发展的重点指标，制定相应的指标体系KPI，规范和简化考核流程，设置“人才培养”“师资队伍建设”“科技工作”“国际及港澳台工作”等四个一级指标，综合考量办学体量和办学效率。

国内外主流排行榜排名数据的填报。关注国内外主流排行榜的排名情况，参与QS、软科等大学排名的数据填报工作。为做好学校与国内各大高校的数据共享工作，对比分析学校在国内高校中的位置，为学校整体发展提供数据支持，参与软科2021年中国高校数据共享计划，组织各主管部门填报、整理和提交学校发展数据。

（胡　波　高阿娜　张　健）

【编制学校“十四五”时期发展路线图】　编制学校《“十四五”时期发展建设规划（2021—2025年）》。经过学术委员会、教代会、党委全委扩大会及全校师生研讨，确定学校“十四五”期间建设“高水平研究型大学”的发展定位，以一流党建为引领，重点打造“七个一流”，明确7大方面、25个行动计划、7个重点突破专项。组织编制完成15个学部（院）规划、11个专项规划，经过3轮自上而下自下而上修改过程，学部（院）规划和专项规划已经初步完成。组织15个二级教学科研机构和7个职能部处按时间表完成专项规划和学部（院）规划编制工作。

（高阿娜　张　健）

【编制学校新一轮“双一流”建设路线图】　根据教育部办公厅《关于开展新一轮“双一流”建设方案编制工作的通知》（教研厅函〔2021〕6号）要求，8月启动《北京工业大学“双一流”建设高校整体建设方案》及《北京工业大学一流学科建设方案》编制工作。成立新一轮“双一流”建设方案编制工作领导小组负责方案编制统筹与协调，成立新一轮“双一流”建设方案编制工作组负责材料收集提供与撰写。经专家咨询、多次领导小组会议讨论、学科意见征询，形成建设方案，于10月15日召开新一轮“双一流”建设方案专家论证会，与会专家对整体建设方案及学科建设方案均给予肯定。专家论证会后，经报北京市教委同意，形成上报方案，于10月20日上报教育部。

（郎建垒　高阿娜　张　健）

【谋划2021—2035年综合改革】　圆满完成学校《综合改革方案（2021—2035年）》编制工作，深入调研走访、综合分析、论证质询和广泛征询意见，制订完成学校综合改革方案。全文从改革基础、改革思路、改革任务、实施保障四大方面系统阐述以学科科研为引领的综合改革规划。

（郎建垒　高阿娜　张健）

【推进“十四五”时期一级学科建设规划编制】以第五轮学科评估为契机，前瞻第六轮学科评估，启动33个一级学科“十四五”时期学科建设规划编制工作。9月22日，召开北工大“十四五”时期学科建设规划编制工作推进会，结合首轮“双一流”建设成效评价和第五轮学科评估开展情况剖析学校学科建设面临的问题、瓶颈与成因，解读“十四五”时期学科建设规划编制思路及要点。各一级学科于10月中旬完成规划初稿，并结合学部（院）及学校“十四五”规划持续完善。

（徐笑然　郎建垒　张　健）

【深化学部制改革】　构建有利于学校教学、科研、学科建设、队伍建设的业务治理结构，配套协同持续推动管理重心向学部（院）下移。持续深化校—部（院）治理体系改革，加强运行体制机制创新，推动学部科学有序发展。深入二级机构进行学部制改革调研，梳理二级机构运行过程中的痛点和难点，编制学部制深化改革调查问卷。为进一步充分发挥学部主体作用，激发基层学术组织创新活力，增强学校综合实力和竞争力，深入调研、分析探讨、论证质询和征求意见，编制完成《北京工业大学关于学部运行的实施意见（试行）》，规范构建学部基层治理体系。指导意见规范学部组织管理和运行模式，实行“一部两级”制。通过明确学部内各类委员会等学术性咨询组织发挥教授治学平台效用，通过对学部基层行政组织单元、基层学术组织、基层党支部等的职责设定，明确学部基层组织的建设和作用。

（徐笑然　郎建垒　张　健）

【完成教育部第五轮学科评估材料填报】　根据教育部学位与研究生教育发展中心相关政策及通知，北工大于1月22日完成31个参评学科第五轮学科评估材料填报及相关工作。根据学位中心《关于开展第五轮学科评估信息公示的函》（学位中心〔2021〕13号）要求，各参评学科通过“学科评估信息管理系统”查看本学科范围内其他参评单位公示信息，于4月15日前完成信息公示异议提交。根据学位中心《关于第五轮学科评估信息核查与公示异议结果反馈的函》（学位中心函〔2021〕30号）要求，各参评学科针对信息核查和公示异议结果逐一反馈，于9月23日前在系统中完成审核并提交。

（徐笑然　郎建垒　张健）

【完成北京高校高精尖学科中期考核评估】 根据北京市教育委员会《关于开展北京高校高精尖学科建设中期考核评估工作的通知》（京教函〔2021〕142号）要求，材料科学与工程、机械工程、控制科学与工程及光学工程学科结合学科建设概况、财政经费投入及使用情况、中期建设目标及完成情况等对高精尖学科建设成效进行梳理与总结，撰写《北京高校高精尖学科建设中期考核自评报告》及《北京高校高精尖学科建设中期对标计划任务情况表》，分别召开相关领域专家评审会，中期成果得到相关领域专家认可。经过北京市教委委托第三方评估机构评估，4个高精尖学科均获评优秀，优秀率100%，占全市优秀高精尖学科总数的21%。

（徐笑然　郎建垒　张　健）

【编制通州校区整体规划】 整合、提升校本部北区建筑与环境空间，重塑空间秩序，打造优美校园环境和文化氛围。在学校“十四五”规划中明确通州校区办学定位，“十四五”期间通州校区将全力打造高水平国际化办学示范与新一代信息技术教研示范区，以高水平学科建设带动高水平国际化人才培养。高水平国际化办学示范区与国际化新一代信息技术教研示范区的高度融合，将极大发挥国际示范校区作用，有力提升城市副中心国际化水准，为北京国际交往中心和世界科技创新中心建设做出更大贡献。

（张力澄　高阿娜　张　健）

财务管理

【概况】 2021年学校全年事业收入总额为287114.02万元，比2020年减少8813.77万元，减少幅度为2.98%。2021年学校事业支出总额为282201.55元，比2020年增长28380.74万元，增长幅度为11.18%。2021年固定资产总额为735208.47万元，比2020年增长16216.70万元，增长幅度为2.26%。2021年学校财务收支状况详见表12－1、表12－2。

表12－1　北京工业大学总收入对比分析表（单位：万元）

项目	2020年		2021年		本年比上年增减额	本年比上年增减百分比
	金额	占总支出比重	金额	占总支出比重		
财政补助收入	194007.96	65.56%	193270.29	67.31%	－737.67	－0.38%
非财政收入	54394.13	18.38%	43826.14	15.26%	－10567.99	－19.43%
科研收入	47525.70	16.06%	49170.33	17.13%	1644.63	3.46%
基建拨款	0.00	0.00%	847.26	0.30%	847.26	—
合计	295927.79	100.00%	287114.02	100.00%	－8813.77	－2.98%

表12－2　北京工业大学总支出对比分析表（单位：万元）

项目	2020年		2021年		本年比上年增减额	本年比上年增减百分比
	金额	占总支出比重	金额	占总支出比重		
财政补助支出	185387.36	73.04%	201466.19	71.39%	16078.83	8.67%
非财政支出	32847.06	12.94%	37568.41	13.31%	4721.35	14.37%
科研支出	35586.39	14.02%	42319.69	15.00%	6733.30	18.92%
基建支出	0.00	0.00%	847.26	0.30%	847.26	—
合计	253820.81	100.00%	282201.55	100.00%	28380.74	11.18%

制度建设。制定和修订《北京工业大学票据管理办法》（工大发〔2021〕2号）《北京工业大学预算制定及管理办法》（工大发〔2021〕11号）《北京工业大学落实科研经费“放管服”精神的实施方案》（工大发〔2021〕59号）等文件10项，具体涉及预算管理、财务报销、服务性收入、票据管理、公费医疗等多个方面。规范学校收支行为，强化预算约束，理顺校部（院、处）两级预算管理职责；明确并细化费用标准；强调扩大科研经费管理自主权、加大科研人员激励力度、减轻科研人员事务性负担、改进科研管理模式；鼓励校内各二级单位依法合规开展有偿服务，多渠道筹集办学经费；加强公费医疗管理，合理使用医疗经费，保障享受公费医疗人员合法权益；明确报销要求，简化报销手续，完善报销内部控制的同时提高报销效率。

预算管理机制改革。做好2021年预算下达工作，首次实现校内预算下达与年初开账同步；建立“财务预算专管员”机制，为各二级单位解读预算政策并定期提供收支预算与执行数据，督促预算执行，指导使用并持续优化全面预算系统，推进校院两级预算管理机制改革；促进银校合作，确保学校资金的保值增值；结合学校预算管理现状以及北京市教育委员会要求，在校内加强上级政策宣讲并分解相关任务指标，学校在北京市教育委员会对市属25所高校2020年财务管理情况考评中荣获第一名并获基本经费250万元奖励额度纳入2022年部门预算。

收支核算工作。办理各项报销业务15万笔，形成会计档案近百万页；完成各类收费立项、核算、结算等超4亿元；及时完成教师人员待遇核算以及发放，全年发放在职人员工资4.90万人次，离退休人员离退休费3.65万人次；重点保障学生奖助学金核算以及发放，全年发放本科生生活补贴及奖助学金16.74万人次，研究生9.60万人次；在教育工会系统，率先尝试新中大工会财务软件网络版。完成校基金会、校友总会等4个部门和学会的财务核算、报表编制、票据管理工作。

部门决算方面。全面清理核实收入、支出和结转结余，严格对账，在按时完成年终结账的基础上编制财务决算；拓展决算数据分析利用，围绕学校事业发展重心分析学校财务决算数据，根据决算反映问题等情况调整以后年度校内预算安排，深入挖掘数据价值，主动共享财务数据，扩大应用范围，发挥决算服务决策和促进管理的作用；做好决算信息公开工作，做好舆情应对和依申请公开的准备工作。

科研经费管理。优化简化立项开票、预算调整、结题结项等业务流程，下放经费自主权；明确科研经费使用红线，提高科研人员底线意识；分类设定“项目模板”，精准对接经济科目与科研预算科目；明确科研经费统计口径，完成2021年统计；建立部门联动机制，聚焦解决广大科研人员诉求，优化财务系统与科研系统联动方式。

内控管理机制。设立内控与信息化办公室，推进完成学生管理内部控制规范手册建设，推动学校内部控制体系建设向教学管理延伸；组织完成2020年度内部控制报告填报，完成北京市教育委员会组织的内部控制外部评价整改完善工作，按照评价整改要求，修订《北京工业大学内部控制手册》（工大发〔2021〕50号）实现以评促建。

其他财务重点工作。组织完成2021年度“小金库”自查及建章立制、教育收费检查，完成迎接北京市发展改革委员会针对2018—2020年住宿费成本监审；受北京市教育委员会委托开展全市128家学校收费情况调研；配合北京市财政局进行2018—2020年市属高校高等教育成本测算；完成2017—2020年行政事业收费情况统计、2020年教育经费统计。

（刘　苏　傅立新）

【开展“财务处走基层”活动】 财务处领导班子到二级机构宣传学校财经工作最新政策、工作要求并听取师生意见和建议，个性化解决真问题；开通“学生医疗报销系统”，线上预先填写公费医疗报销单，便于学生查看财务到账信息进度；开通“党费分级查询”服务，各二级部门相关业务负责人可以线上上传党费上缴名单并实时查询本部门每月党费上缴进度，实现“信息多跑路，老师少跑腿”；上线“会计凭证影像化系统”，全面实现会计凭证影像化同时开通在线查阅功能；开展个人所得税汇算清缴新政培训，帮助师生顺利规范申报纳税信息，全面理解个人纳税政策；微信公众号推送多项在线服务，关注人数累计40739人，较去年同期增加8331人，微信咨询群全年解答相关问题10000次以上。

（刘　超　姜昕迪）

【逐步解决历史借款清理】 推进历史借款清理进度，协调相关部门组织具体清理工作，逐笔借款摸清情况，理清责任，截至2021年12月8日，2018年前形成应收款从校长书记经济责任审计时点的4.7亿元降至0.7亿元。

（武秀娟　任文隆）

审计工作

【概况】 2021年，全年完成审计项目92项，审计金额57.90亿元，提出建议60条。其中：预算执行与决算审计1项，经济责任审计28项，工程结算审计45项，全过程跟踪审计3项，重大政策落实情况审计1项，基建项目竣工财务决算审计1项、科研经费审计8项，财务收支审计2项，专项审计2项，其他审计1项。重点关注对权力运行、工程管理、预算管理、财务收支、疫情防控、科研经费、综合改革领域的审计监督。

学校领导重视并推动审计工作发展。学校党委常委会研究审议学校2020年预算执行与决算内部审计报告、审计制度等审计工作事项。审计工作领导小组召开2次会议，研究审议2021年审计工作计划、2020年预算执行与决算内部审计报告，审议通过3项审计制度，听取审计情况汇报等。党委书记谢辉对重要审计项目和审计事项高度关注，多次听取审计情况汇报，审阅审计制度和审计计划。校长聂祚仁分管审计工作，逐项审批审计报告，全年共审批审计报告43份。

审计制度健全。制定《北京工业大学内部审计质量控制办法》、修订《北京工业大学建设工程项目全过程审计实施办法》《北京工业大学领导干部经济责任审计实施办法》，完善学校审计制度体系。

审计整改。完成市审计局对我校党委书记、校长任期经济责任审计整改；认真落实聂祚仁校长对审计整改的批示精神，督促整改，严格执行“对账销号”制度。全年完成审计整改问题59个，整改率100%。审计过程中推行立行立改，针对二级部门管理薄弱环节提出建议，促进及时堵塞漏洞、完善内部管理。

审计队伍建设。定期开展教职工政治理论学习，提高审计人员政治站位。注重审计人员业务能力提升，全年组织参加业务培训68人次。

（李晓梅　廖宏伟）

【完成内部控制外部评价】 2021年11月4日，按照北京市财政局会计处《关于组织开展行政事业单位内部控制外部评价工作的通知》，市财政局组织专家组进校开展学校内部控制外部评价工作，学校总得分78.25分。专家组肯定学校内部控制建设取得的成果，指出存在的问题。学校组织召开整改协调推进会，分析问题产生的原因及可能存在的风险，制订整改方案，11月25日提交整改报告。

（李晓梅　廖宏伟）

【完成内部审计统计】 按照《北京市教育委员会关于开展2020年度内部审计统计工作的通知》（京教审〔2021〕1号）通知要求，组织开展学校及所属共14家单位2020年度、2021年度上半年内部审计统计工作，分别于2021年3月23日、2021年9月14日报送北京市教委。

（李晓梅　廖宏伟）

【加强内部联动，前移审计关口】 加强内部联动，向党委组织部提交经济责任审计结果报告28份、整改报告10份；与纪检办、科发院、财务处联合开展科研经费管理“送课上门”活动，促进科研经费规范管理；向学校第七轮巡察提供审计结果，实现以审助巡，借巡助审，推进审计整改。

前移审计关口，在新提拔中层干部培训班开展经济责任审计专题宣讲；配合党委组织部向新提任及转岗的领导干部发放经济责任告知书53份；梳理近两年审计发现问题，修订完成《领导干部经济责任重点风险提示清单》；全过程跟踪审计项目过程中及时出具审计意见书。

（李晓梅　廖宏伟）

通州校区管理中心

【概况】 2021年，通州校区管理中心完成学校8个学部（院）2414名2020级新生、2506名2021级新生的教育教学和生活服务保障任务，重点包括教学运行保障、学生思想政治教育组织管理、生活服务保障、校区日常运转及维护等。中心设置综合事务办公室、行政发展办公室、党总支办公室、安保办公室、师生服务与监察办公室、教学保障办公室、设施管理与运营办公室、宣传办公室、学生工作办公室、团委、学生公寓管理办公室、资产与环境管理办公室、餐饮超市办公室、后勤基建办公室14个三级机构，将原绿化保洁办公室与原总务办公室合并为一个部门，改名资产与环境管理办公室，新增宣传办公室和综合事务办公室。

党建工作。组织中层党员干部和支部书记讲党课、专家学者党史宣讲、“走进城市副中心”“云走长征路”等特色主题党日活动，校区新生育人举措被收入北京市党史学习教育简报第176期、北京教育系统党史学习教育专报第97期。完善党总支会、党政联席会和领导班子民主生活会制度，修订全面从严治党主体责任清单、党支部书记例会、党务公开等文件；出台《北京工业大学通州校区管理中心关于进一步加强对论坛、讲坛、讲座、年会、报告会、研讨会等阵地管理的意见》，建立集中讲座备案登记制度；出台《北京工业大学通州校区采购遴选工作实施细则》，规范经费支出项目管理，召开遴选会14次，对21个项目进行议价采购遴选；设置监察岗位，加强对工作落实和完成质量的监督检查。

人员管理。完成聘期考核、“三级机构”设置和职能调整及第四轮岗位聘任工作。全员参与岗位聘任，21人进行原级认定，其中重点岗7人、一般管理岗13人、工勤技能岗1人；人员流动5人，其中流出3人、流入2人。

综合服务。科学编制校区预算，2021年校拨经费使用率100%，校拨年度特殊工作任务经费使用率99.6%。深化接诉即办工作体系，推动从“接诉即办”向“未诉先办”转变，办结满意率100%。落实学校“十四五”发展规划要求，协调对接城市副中心建设，组织2390名师生完成通州区第59选区人大代表选举工作。9月，校区内网正式上线运行。通过官方微信平台发布推送104篇。完成校区电话改造，变更移动座机业务为联通座机业务，与学校本部6739局电话实现联网与内部通话。

召开安全工作专题研究和部署8次，开展常规检查、重要时间节点检查和特殊点位专项检查30余次，布置防汛工作12次，疏通1300余米雨水和污水管网，进行防雷检测295处。全年接办基础设施维修1800余次，教学生活设施维修1200余次，清洗空调1086台；更换食堂、体育馆照明灯具；学生公寓加装保温层和窗户封漏粉刷；完成超市门前路面整修、篮球场改造、步行砖整修、校区围栏低矮处加高处理等。强化食品安全，坚持每天食品检测至少2次，完成检验1051次；加大对食堂员工培训，提高主动服务意识；完成食堂一层招标；实现绿化服务外包，完成保洁与绿化、垃圾清运服务签约工作；严格资产清查与管理，完成1101项资产入账手续办理。

学生工作。发现并协助学部（院）处理突发事件7次，隔离区域安置发烧学生38人，安排夜间生病学生就诊28次，查处违禁物品103件；为68名家庭经济困难学生提供勤工助学岗。启动一站式学生社区服务，激活实践育人阵地，探索运河书院实践教育，开展学生党史学习教育5次，党史学习教育讲座2场；保障2020级学生完成军训，组织开展“学党史、铸铁军”主题系列活动，学生捐赠军训服装价值达82865元；拓宽新生国际视野，举办讲座4场、Workshop工作坊2场；开展“Two Hours新生晚自习”活动；协助完成第五期学生“青马班”“新生英才计划”部分实践类课程。调度课外安全使用教室1500余次；保障场馆教育教学1264场次，服务34700余人次；保障各类学生社团活动86团次，服务学生4312人次；保障各学部、团委、校医院、招生办组织的大小活动9次，服务3100人次；保障体育部6个训练队日常训练，服务700余人次。

文化建设。校区在“以史育人，以文化人”上下功夫，设计制作“中国共产党的百年光辉历程”主题展示墙等4处景观，推出“英雄模范”“民族精神”“学党史”“建校61周年”“冬奥会”等系列共83块展板和橱窗；加强网络教育服务平台建设，建立通州校区公众号，发布推送文章32篇；开展VR学党史和新生云端游校园活动，为两千余名新生提供通州校园线上全景VR展示服务，在校区门前、汲学楼等10处重要建筑分别设置展现延安精神、井冈山精神等虚拟红色地标，使新生在全视角“云游”校园实景过程中，“云览”红色地标，学习红色精神，新建迎新展墙、优秀学生代表展板、学校介绍海报、拍照墙等文化设施。

技防安防。针对校区部分消防、治安设备老化情况，校区先后改造高压泵房、消防泵房、学生公寓消防报警设备，购置小型消防车，建立微型消防站和电动自行车充电点，组织2500多名师生参加消防逃生演练，在人员训练、器械管理、设备养护等规范化管理方面加强与地方消防站合作与接受指导。协助校保卫处、基建处完成2021年度校区重点建设项目治安监控设备改造，安装分控6台、监控系统数字摄像机600台，可同时监测55个点位视频，实现重点区域、部位全覆盖。

（史晓军　张彦彬　李　悦）

【落实通州校区新冠肺炎疫情常态化防控】 做好防疫物资定量储备配发和公共区域消杀，设置隔离宿舍10间；重视新冠疫苗接种工作，协调属地社区卫生防疫部门入校服务，按照“知情、同意、自愿”原则，组织广大师生员工进行疫苗接种，做到“应接尽接”，其中教职员工接种率超97%；落实重点部位和人群定期核酸检测，每周对食堂、教室、浴室、宿舍等75处人员集中区域和重点部位进行环境采样1350余位次，每周对从事公共服务人员190余人定期核酸检测3420余人次；登记外来车辆及人员信息3860人（车）次，保障全国司法资格考试等大型活动四次，按照疫情防控要求对所有考生2600人次进行测温验码引导，保证考场秩序。

（穆怀勇　李国财）

【启动一站式学生社区建设】 开启一站式学生社区综合管理模式建设，推动思政力量、管理力量、服务力量下沉到学生“家里”。校区领导深入学生一线，与学生、辅导员开展“半月谈”和“午餐有约”座谈会5次，反馈解决学生需求18条。探索线上学生一站式服务，通过线上预约等方式做好两届新生搬迁及入住校区服务工作；开设“权益反馈直通车”小程序，定期征求意见建议，5个工作日内给予反馈，一对一解决学生权益问题28件，实现新生全覆盖。强化辅导员队伍建设，组织辅导员例会10次，辅导员沙龙分享2次和主题培训4次，为辅导员工作提供保障；完善辅导员工作管理规定，每月向各学部（院）反馈辅导员工作情况；探索网络思政教育深入学生社区，走近新生生活，每月以学生宿舍为单位，由辅导员指导新生宿舍制作两期符合新生学习教育特点“思政小课堂”，累计制作7期。

（苏　筱　许　菲）

【组织召开一线授课教师座谈会】 4月27日，校区组织一线授课教师召开座谈会，介绍校区教学组织运行情况，听取教师们对通州校区在教学运行保障、教学环境、服务教师等方面意见和建议。针对教师对校区部分教学设施老旧、多媒体设备老化亟须更新维护等问题，在汲学楼大厅新建教学研讨区，配备沙发、茶几及景观树池；新开辟授课教师午间休息室2间，修缮拓宽教室站台10间，教室配置时钟70个，改造建设城建学部专业教室6间，加固桌椅110余套，维修游泳馆地下水泵4台、测温仪1台，改造更新教室、场馆照明灯具。

（李　晗　裴福俊）

校学术委员会工作

【概况】 第九届校学术委员会由38名委员组成，聂祚仁任主任委员，彭永臻、邓中翰、刘加平任副主任委员；左铁镛任名誉主任；实行轮值/候任秘书长制度，由侯义斌、刘有军、张新平、杨庆生、季凌飞任秘书长，每位任职一年，按序进行轮值。杨庆生任2021—2022年轮值秘书长职务，负责指导秘书处工作。委员专业覆盖学校20个一级博士学位授权学科以及人文社科和艺术学科。校学术委员会下设教师发展与评价、学科建设与科学技术、学术道德3个专门委员会，常设工作机构是校学术委员会办公室。

学术道德与学风建设。通过邀请校学术道德专委会副主任专题宣讲《北京工业大学学术道德规范》、开展学风建设主题教育活动等多维宣传形式，将学术诚信和学术规范教育纳入研究生入学、教职工入职、新导师上岗的培训必修内容。通过多级联动方式，将学术道德规范贯穿教师职务职称晋升、科研项目申报、项目管理、人才评价全过程，建立基于项目评审、评奖评优等重要节点的校院两级学术诚信审核机制。2020年，成立学术道德与学风建设委员会作为学校一级议事机构，全面统筹学术道德和学风建设工作，构建集教育、预防、监督和惩戒相结合的学术道德与学风建设体系。12月6日，学术道德与学风建设委员组织召开工作会议，审议《北京工业大学学术道德与学风建设委员会议事规则》，通报2021年学术道德与学风建设相关工作情况，强化对学校学术道德规范宣传教育和引导力度，健全多部门协同工作模式和会商研判机制。坚守对学术不端行为“零容忍”，2021年共受理学术不端行为调查3起。

学术评价机制及制度规范。2021年重点推进学术评价机制完善工作，锚定破解“五唯”实施方略，重点发挥各学部（院）学术委员会作用，在职称评审、成果评议、引进人才等各类学术事项评价中落实以“质量和分类”为导向的学术评价标准，推进分类评价制度建设。走访相关学部（学院）学术委员会，加强对基层学术委员会履职指导，形成定期调研基层学术组织的工作机制，提升基层委员履职质量。配合学校处级干部调整，先后发布校级委员及基层学术委员会委员调整通知，按照学术委员会章程要求，完善校部（院）两级学术组织非换届期委员更换增补机制。启动完善基层学术组织运行机制建设工作，落实学术委员会例会制度，细化议事规则，规范会议记录、年度报告制度，提升学术治理工作公信力。组织召开1次全委会、3次主任会议、12次专委会会议，议题内容涉及校院两级学术委员会委员调整、学术道德、人才及重点科研项目评审等多方面重要事项，发挥学术委员会在学科建设、学术评价、学术发展和学风建设等工作中的重要作用。

学术组织主体作用。学术委员会在学校深化改革的大背景下，发挥学术共同体主体作用，发动校院两级委员，认真履行审议审定和学术咨询职责。2021年校院两级委员参与学校“十四五”发展建设规划及学科建设专项规制等重大战略论证与完善，提出有针对性建设举措和实施方法，把握学术发展方向。

（朱易玄　蔡　朔　杨庆生）

【“城市碳中和的科技创新”专题学术沙龙】 3月24日，校学术委员会、碳中和城市科技创新研究院联合主办“城市碳中和科技创新”专题学术沙龙。沙龙共设置主旨学术沙龙及3个分专题学术沙龙，涉及材料与制造、城市建设、环境与能源、循环经济、化工等多学科领域。校党委副书记、校长、校学术委员会主任聂祚仁院士和中国社会科学院学部委员、北京工业大学生态文明研究院院长潘家华教授分别作主旨报告。26位来自材料与制造学部、城市建设学部和环境与生命学部教师结合沙龙主题和研究领域，分享研究成果，交流研究心得。

（朱易玄　蔡　朔　杨庆生）

【发布学术道德与学风建设专题网站】 依托学校学术道德与学风建设委员会，创建学术道德与学风建设专题网站，包括“综合要闻”“规章制度”“警示案例”“专题学习”“他山之石”“友情链接”6个栏目，详细解读学术道德与学风建设相关政策。

（朱易玄　蔡　朔　杨庆生）

【汇编《学术道德与学风建设宣传教育手册》】 收集、整理近年来学术道德和学风建设方面重要讲话、文件和案例，汇编《学术道德与学风建设宣传教育手册》。宣传教育手册分为《领导讲话汇编》《相关文件汇编》《警示案例汇编》三册，主要收录摘编党的十八大以来习近平总书记关于弘扬科学家精神和师德师风建设的重要讲话、近年来国家（各部委）层面及学校有关学术道德和学风建设的重要文件以及2019—2021年国家自然科学基金委以及各高校对于学术不端行为调查处理决定。

（朱易玄　蔡　朔　杨庆生）

【第二批学术委员会校内咨询专家入库遴选】 经各学部（学院）学术委员会推荐，经第九届校学术委员会2021年第二次主任会议审议，于10月20日聘任材制学部王立华等71位教授为校学术委员会校内咨询专家库第二批入库专家。校内专家根据专委会工作需要，协助校学术委员会为校内专项学术事务审议、评定、咨询等事项提供智力支撑，细化专家学科分类和研究方向匹配。

（朱易玄　蔡　朔　杨庆生）

条件保障

资产管理

【概况】 **资产精细化管理**。截至2021年12月31日，学校在账资产总额79.98亿元（无形资产约6.46亿元）。新增固定资产17317台套，金额2.06亿元；校内资产调拨共计136条，总价值约1071.00万元。2021年度学校资产处置财务销账金额38476311.96元；2021年度学校资产处置上报金额为91916162.65元，经上级部门批复处置资产总价值3620768.00元，其中经教委审批处置资产价值3620768.00元；国有资产产权登记工作。按照北京市财政局、北京市教委的安排，开展为期两个月的产权登记工作。由国资处牵头，党委办公室、校长办公室、财务处、基建处、人事处、投资公司等多部门协同，对学校及所办各级企业的资产、负债、净资产、各类固定资产价值量，土地、房屋、汽车等资产权属情况，主要资产实物量以及对外投资、出租出借情况等进行逐一核实。产权登记2020年度检查资产总额为6609524285.60元，负债总额999438496.31元，国有资产总额5610085789.29元，固定资产总额7189917646.84元；2021年度资产累积折旧计提工作。截至2021年12月31日，北京工业大学所属资产净值为3526438355.99元，累计折旧4472030588.31元；完成了低值易耗品登记平台的建设。总结日常固定资产业务，自主研发低值易耗品管理平台，该平台实现低值易耗品的登记和统计，填补了学校该领域的空白。自2021年10月内测2个月以来，累计用户500余人，累计业务单据1100余条，累计价值2096余万元。

公用房使用。继续推进公用房核算及缴费工作。按照《北京工业大学公用房核算办法》和《实验室环境改善与发展基金管理办法》的精神，扎实开展公用房核算工作。出台《北京工业大学房屋、土地出租（出借）管理实施细则》，以工大发〔2021〕56号文发布施行。完成《北京市党政机关办公用房信息管理系统》数据更新维护，上传建筑180栋、图纸203张、权证22个。产权登记确权土地面积875183.79平方米，确权房屋面积288276.79平方米。2021年高等学校教育事业统计中上报七个校区房屋建筑面积1105893.25平方米，土地面积960151.17平方米。公用房管理信息系统上线运行，为各学部（院）分配账号试运行，并进行日常数据的修订和维护。智研楼完成改造，交付材料与制造学部使用。惠新东街设计大厦房产证变更为“京（2021）朝不动产权证0028098”。

实验室安全管理。加大实验室安全检查。2021年3次组织各学部（院）进行实验室安全自查，多次对实验室重点危险源进行专项检查，配合全校校园安全检查4次，2021年11月接待朝阳区治安支队对易制爆化学品使用存储情况进行检查和朝阳区质量技术监督局对特种设备使用及管理情况进行检查，2021年12月接待市教委专家组对实验室安全现场督查，及时整改发现的安全隐患，确保实验室安全。着力实验室安全文化建设。修订《北京工业大学实验室安全使用手册》，全校共发放2000余册。2021年3月组织实验室安全管理人员线上参加化学实验室建设与安全管理专题培训；4月邀请北京市公安局治安管理总队队长谷宝峰警官对学部（院）实验室安全管理人员进行易制爆危险化学品安全管理进行培训；7月邀请广州德标智能化工程有限公司专业培训讲师为实验室师生进行实验室气体使用安全讲座；12月邀请北京鼎元汇丰环保科技有限公司讲师进行实验室危险废弃物处置讲座和危险化学品泄漏应急处置演练。2021年9月至10月组织2021级新入校研究生进行实验室安全准入考试，参加人数为2860余人。注重实验室安全管理信息化建设。2021年对实验室化学品采购管理平台财务结算功能进行优化，缩短数据推送财务时间。汇总分析实验室安全准入考试系统正式上线运行后出现的问题，2021年对题库知识点进行分类优化，更新知识点题目，完善考试证书打印、考试结果查询及统计功能模块。条件保障方面，2021年上半年在东校区把理科楼M135建设成为易制爆、易制毒管控危险化学品临时存储室，并对西校区化学品库进行改造，用于存储易制爆、易制毒管控危险化学品，9月两校区同时启用。2021年上半年发放给材制、环生、城建及信息学部相关实验室108台试剂柜，规范危险化学品存储。

推进院级平台建设。2021年度学校大型仪器开放共享分析测试服务总收入为1183.00万元，其中校级大型仪器开放共享平台校内测试收入

832.00万元、校外测试收入13.00万元；部（院）级开放共享平台测试收入为338.00万元，与2020年相比增长了57%。截止到2021年12月31日校级大型仪器开放共享平台注册用户1784人，其中2021年新增注册用户467人。2021年度大型仪器设备考核工作。根据《北京工业大学大型仪器设备管理办法》（工大发〔2020〕31号）文件中的规定，国资处2021年11月启动全校大型仪器设备考核评估工作，考核采取学部自查、国资处抽查并整体考核评估的方式进行，主要涉及材制学部等五大学部总计2643台套大型仪器设备，其中40万元以上690台套；完成2022年大型仪器设备的申购论证工作。为保证《北京工业大学大型仪器设备管理办法》执行的有实效和可持续性，2021年7月15日完成2022年大型仪器设备申购论证，共37台套（40万元以上）大型仪器设备参与评审，总计预算6910.00万元。有效提高各学院（部）实验室间的资源整合力度；完成当年教育部高等学校实验室信息统计工作，包括各实验室基本情况和40万元以上设备使用情况汇总上报。完成科技部北京地方科技基础条件资源调查工作中关于大型仪器设备开放共享情况总结报告；推进校级大型仪器开放共享平台质量管理体系建设。2021年深化校级大型仪器开放共享平台质量管理体系建设，已完成编制平台实验室质量管理手册，包括质量方针与目标、管理技术和支持服务、人员岗位、职责和权力、人员检测能力和仪器标定/校准范围等，同时已完成包括文件控制和管理程序、服务和供应品控制程序、环境条件控制程序等相关程序文件编写，以及主要仪器设备的作业指导书内容，基本建立了校级大型仪器开放共享平台实验室的质量管理体系；根据《北京工业大学大型仪器设备管理办法》（工大发〔2020〕31号）文件中的规定，在2021年扩展校级分析测试服务功能，同时重点推动学部（院）级大型仪器开放共享平台，2021年5月10日正式启动校级高性能计算中心，由材制学部和理学部分别提供30节点和90节点校内高性能计算共享服务；成立固体所材料显微分析中心作为校级大型仪器开放共享平台的一部分进行共建；材制学部建立激光加工中心、机械加工与检测中心；城建学部建立工程结构共享服务中心。信息学部建立微电子分析检测中心，共计4个学部（院）级开放共享平台已完成测试费账户的设立、开放共享的开放设备以及测试技术人员方案，并正式对全校提供网上预约开放共享测试服务。

采购执行进度。完成采购金额38606.00万元，其中招标项目完成金额14491.00万元；协议采购完成5430.00万元；询价采购完成9165.00万元；自行采购完成9520.00万元；签署合同3073份，其中招标合同88份，自行采购合同2132份，协议采购合同255份，询价采购合同598份；办理进口免税设备23台件，金额3999.96万元；采购口罩、消毒液、额温枪、防护服等关键防疫物资15类，共计128.48万余元；顺利完成设备购置专款、促进内涵发展经费的执行和申报；按进度完成2021年设备购置专款和内涵发展项目经费的采购、合同签署、执行和支付，执行率100%。完成2022年设备购置内涵发展8个项目的申报评审，预算786.87万元，专款2个项目的申报和评审，预算882.5692万元；建立健全采购制度，完善内控体系，根据《北京工业大学招标采购管理办法》《北京工业大学货物和服务采购实施细则》等文件要求，梳理自行采购、询价采购、协议采购、招标采购、遴选采购、合同变更、合同签审、合同验收流程，对每个流程重点环节进行标注，对各风险点进行有效防控，完成《北京工业大学大学内部控制手册》政府采购和合同审签部分的修订。细化采购需求管理，落实《采购需求管理办法》。加强进口免税设备管理，逐台落实到位，2021年3月，按中关村海关要求整理2018至2020年进口免税设备材料，完成2020年进口免税设备年报工作，依据海关《中华人民共和国海关进出口货物减免税管理办法》（海关总署令第245号），2021年10月完成《“十四五”科技创新政策资质审核》办理；2021年10月到2021年11月期间，对2019—2021年海关3年监管期内的免税设备进行核查，严格按照监管规定逐台核查了5个学部的免税设备，共计168台件，对核查出的问题汇总后及时反馈给学部的设备负责人，并在问题反馈后核实了学院的整改情况，保证进口免税设备的信息准确。

教职工住房权益。完成教职工住房公积金汇缴13092.61万元，发放无房教职工住房补贴7399.23万元；根据《关于办理住房补贴存量资金提取有关工作的通知》，完成2310名教职工的销户工作，共计金额1.21亿元；完成195套周转房入住退出工作，收取周转房占用费311.35万元，周转房占用服务费90.25万元，临时性周转房占用费87.97万元；完成15个项目共计280.63万元执行工作，对2户拟变更承租人的家庭进行公示，收取承租公房住户租金4.96万元。发放教职工物业服务补贴1526.23万元、采暖补贴1521.61万元。完成支付校产住房的物业费80.66万元，供暖费67.65万元，维修费1.88万元。启动公共维修基金维修产权住宅楼，完成双龙206号楼3个项目。根据学校住房腾退工作要求，完成4套周转房的腾退工作。

管庄校区安保工作。加强安全管理，清理和校区无关车辆，对车辆、行人出入实行登记制度。顺利完成寒假、暑假、国家法定假期值班安排及值班工作，确保了校区安全；配合基建处和科发院完成校区改造的勘测、水电气改造的设计和进场施工；完成校区绿化保洁，垃圾清运、管网及设备设施维修、下水道疏通、煤气站调压托管、冬季供暖、临时工和固定资产管理、家属楼购电、水电费缴纳、采购报销等日常工作；完成管庄乡政府和建东苑街道居委会督办的绿化、卫生、安检工作。配合管庄乡物业完成暖气借道改造，并与之签署了承诺保证书。配合燃气公司和绿化办，对燃气站及古树进行定期检查管理。

（赵　明　初旭新　侯艳艳）

【低值易耗品登记平台建设】 加强低值易耗品的科学管理，通过对日常业务工作的总结，利用信息化手段，自行研制一套低值易耗品登记平台，填补低值易耗品的信息化管理空白。

（常　琳　李　俊　初旭新）

【建设管控危化品暂存室】 2021年上半年在东校区把理科楼M135建设成为易制爆、易制毒管控危险化学品临时存储室，并对西校区化学品库进行改造用于存储易制爆、易制毒管控危险化学品，9月两校区同时启用，国资处实验室安全管理办公室安排专人管理，降低学校实验室管控危险化学品存量，提高实验室安全。

（韩光宇　周　刚）

【开展临时性周转房申请工作】 为满足教职工临时性周转住房的需求，发挥学校房屋资源的综合保障作用，根据《北京工业大学临时性周转房租住管理工作方案（试行）》，开展临时性周转房申请工作。2021年共开展四批临时性周转房的申请工作，安排49名教职工入住，收取临时性周转房占用费87.97万元。

（郑建彬　李　玲　侯艳艳）

基本建设

【概况】 基建修缮处主要负责学校校园近期和中长期建设的规划、基本建设和基础设施改造修缮项目管理工作，下设综合事务办公室、工程前期办公室、分校区建设办公室、合同预算办公室和工程监理办公室5个科室。主要职能是：依照国家和地方的法律法规，落实学校校园总体规划，按照北京市政府和学校事业发展规划的要求，完成工程项目从前期立项、招投标、施工管理到竣工验收、结算、归档、保修、资产交付的全过程管理。

合同预算。严格履行财政部门预算管理规定，落实学部制改革和学校预算管理机制调整要求，支持学校事业发展，组织完成2021年度基础设施改造项目施工、监理、设计招投标工作25项，其中基建修缮处主管项目18项、二级单位管理项目7项；落实内控管理要求，履行基建和基础设施改造合同归口管理职责，完成各类施工、监理、设计、勘察合同及补充协议等审核签订211项，其中基建修缮处管理的财政资金和校内经费项目合同113项、二级单位管理的校内经费改造项目合同98项；严格执行资金支付审核流程，完成各类基建、基础设施改造项目资金支付1.61亿余元，清退工程质保金2137.00万元；配合审计部门实施3、4号宿舍楼抗震加固改造跟踪审计工作；完成财政资金和校内经费改造项目工程结算审计18项。

完成已竣工基建和基础设施改造项目各类工程、文书工程档案收集、整理434卷。向校档案馆移交214卷，包括：逸夫图书馆改扩建工程案卷80卷，学生综合服务中心案卷16卷，其他改造项目案卷117卷，文书档案1卷。

工程前期。完成2022年基础设施改造项目校外专家论证和基础设施工作小组评审，确定2022年基础设施改造项目库及年度实施项目计划并报市教委备案。完成经管学院办公用房改造等各二级单位基础设施改造自筹经费项目的立项审批管理工作，共计28项；完成主校区北区建筑物外立面规划设计方案、3号和4号宿舍楼室外管线及景观工程、校内周转房装修改造、学部公共空间改造、材料楼卫生间改造等共计14个基础设施改造项目的设计过程管理工作；配合财政部门完成1号、2号宿舍楼抗震加固改造项目事前绩效评审工作。

制度建设。完成《北京工业大学内部控制手册》有关工程管理流程及《基建修缮处关于落实“三重一大”决策制度的实施办法》修订，《北京工业大学基础设施改造项目申报管理办法》以及《北京工业大学基础设施改造项目申报实施细则》编制工作；完成基础设施改造自筹经费项目网上申报系统建设及系统培训工作。配合相关部门完成《北京工业大学建设项目档案管理办法》《北京工业大学建设工程项目全过程审计实施办法》修订工作。

项目管理。根据学校2021年基础设施改造计划，本年度完成3、4号学生宿舍楼抗震加固改造、北京人工智能研究院配套改造、校内用房防水改造、校本部电梯更新及中蓝校区电梯大修、学生宿舍卫生间改造等基础设施改造项目施工管理共计18项。其中：

（1）校内用房防水改造项目：2021年5月17日开工，2021年7月21日竣工。项目完成13幢楼宇屋面防水改造，改造面积共12719.44平方米，包括：2号宿舍楼116.43平方米，7号宿舍楼1513.42平方米，8号宿舍楼1513.42平方米，12号宿舍楼1308.84平方米，第一教学楼872.21平方米，第三教学楼902.37平方米，金工楼1620.76平方米，材料学院新材料研究开发中心494.66平方米，城建楼2214.95平方米，工大幼儿园1107.44平方米，留学生公寓东配楼及东南平房、东北平房610.43平方米，地震研究所243.51平方米，驾校小楼201平方米。

（2）校本部电梯更新及中蓝校区电梯大修项目：2021年1月18日开工，2021年5月7日竣工。项目完成校医院、第三教学楼、奥运餐厅货梯等3部电梯的更新，完成中蓝校区15部电梯的大修等内容。

（3）校园道路修复及空调机房改造项目：2021年5月17日开工，2021年7月21日竣工。项目拆除经管楼西北侧地热机房，完成采暖管道安装300米、沥青路面铺设1820平方米、透水砖拆除及恢复1200平方米、路沿石拆除更换900米等内容。

（4）美食园北侧道路改造抢修项目：2021年8月20日开工，2021年8月30日竣工。项目主要完成路基开挖无机料回填、沥青路面铺设775平方米、路沿石新做300米等内容。

（5）校内周转房装修改造项目：2021年5月17日开工，2021年7月21日竣工。项目完成周转房改造17套，改造主要内容包括房屋防盗门、木门、断桥铝玻璃门、断桥铝合金窗新做，木地板、地砖、墙砖新做，墙面喷刷涂料、天棚及吊顶新做；洗漱台、卫浴、散热片、灯具及电气配套管线设施更新等内容。

（6）学部公共空间改造项目：2021年5月6日开工，2021年9月15日竣工。包括数理楼、信息楼两个改造工程。其中数理楼工程主要包括3个天井区域玻璃采光天棚新做、空调罩新做、墙面喷刷涂料新做等内容；信息楼工程主要完成部分房间和公共空间装饰装修等内容。

（7）经管学院报告厅改造项目：2021年5月6日开工，2021年7月7日竣工。项目主要完成内容包括报告厅金属窗更新、地胶地面新做、墙面装饰新做、造型吊顶新做、配套电气改造等内容。

（8）数理楼6层公共区域改造项目：2021年11月6日开工，2021年11月30日竣工。项目主要完成数理楼六层墙面粉刷、天棚吊顶新做，部分实验室自流平地面新做、六层走廊GL地胶地面新做、板块吊顶更换、配套电气改造等内容。

（陈玉石　冀雅儒）

【编制“十四五”校园规划】配合完成“十三五”校园规划总结，“十四五”校园规划编制工作，并完成部门“十四五”规划编制工作。“十四五”期间，利用基础设施改造项目及抗震加固改造项目，提升校本部空间环境、完善校园整体空间秩序，“十四五”末，形成“一区、两线、三主题”规划目标，提升校园环境品质，凸显校园文化氛围。

“一区”：以人工智能研究院抗震加固改造为契机，结合1、2、3、4号学生宿舍抗震加固改造工程，对老校区建筑与空间环境进行整体安全、品质双提升，打造符合现代大学校园文化、符合现代大学生生活方式的活力生活休闲区。

“两线”：充分考虑西大望路沿线和北工大路沿线与城市界面的关系，结合基础楼、信息楼、经管楼外墙节能保温改造项目及人工智能研究院抗震加固改造，1、2、3、4号学生宿舍抗震加固改造工程，塑造西大望路沿线校园现代文化风景线、北工大路沿线校园历史记忆风景线，成为主校区面向城市的展示窗口。

“三主题”：以礼堂、数理楼、旧图书馆为核心，打造历史人文主题区；结合逸夫图书馆建筑风格，以知新园、三教、9号宿舍楼、信息楼为核心，打造文化交流主题区；以科学楼前广场为开端，延续完善“十三五”规划“文化礼仪轴”理念，结合其南北延长线，打造文化礼仪主题区。

（刘　剑　齐宗林）

【逸夫图书馆改扩建工程获国家优质工程奖】 2016年11月逸夫图书馆改扩建工程开工建设。该项目由北京工业大学建筑勘察设计院、华南理工大学建筑设计研究院有限公司联合设计，中铁建集团有限公司开工建设，北京远达国际工程管理咨询有限公司监理。2019年9月2日正式投入使用，开馆试运行。经中国施工企业管理协会专家评审，逸夫图书馆改扩建工程获2020—2021年度第二批国家优质工程奖。

（陈　延　齐宗林）

【提前交付3、4号学生宿舍抗震加固改造项目】 2021年3月22日3、4号宿舍楼抗震加固改造工程开工。项目内容包括1～5层改造和6层改造两部分，建筑面积11772.20平方米，层数均为地上6层，建筑高度20.85米，工程内容涉及拆除工程、结构加固、装饰装修工程等。2021年9月30日3、4号宿舍楼抗震加固改造工程竣工验收，11月23日移交使用管理单位，完成3号宿舍楼六人间161间、4号宿舍楼六人间160间的改造任务，改善1900余名学生住宿条件。此项目另包括周边绿化工程、北区浴室锅炉房改造和燃气改造3个配套项目，配套项目完成后优化了3、4号宿舍楼周边环境，并为每个宿舍楼新建配备28个喷头的浴室，方便本楼住宿学生洗浴。

（陈玉石　冀雅儒）

【完成人工智能抗震加固改造项目】 2020年1月9日开工建设人工智能研究院抗震加固改造工程，建筑面积3895.4平方米，地上2层，建筑高度11.56米。同时，本项目包括配套改造、消防设施改造以及配套环境改造3项工程；此项目于2021年5月10日竣工验收，5月27日移交使用管理单位。

（陈玉石　冀雅儒）

【实施管庄校区教师周转用房改造项目】 2021年9月13日，管庄校区教师周转改造项目，同时包括3项配套工程项目开工建设。改造面积7804.00平方米，地上5层，建筑高度17.20米，共计130套周转用房。2021年完成燃气报装手续、电力增容前期报装手续，并取得电力局高压供电方案。目前已经完成建筑主体加固改造工程、外立面装修工程、室内粗装修、样板间制作等工作，完成室外消防水池土建施工1座。同时，开建室外管线改造、燃气及电力配套工程，为2022年竣工验收打下基础。

（陈玉石　冀雅儒）

【完成学生综合服务中心、逸夫图书馆改扩建巡视整改审计】 落实经责审计、巡视整改工作，推进学生综合服务中心、逸夫图书馆改扩建两个基建项目决算工作。学生综合服务中心项目获得市教委、市发改委竣工决算批复；完成逸夫图书馆改扩建工程结算和竣工财务决算审计工作，项目竣工决算通过学校“三重一大”决策审议并于2021年11月17日上报市教委审批。按要求完成审计整改工作。

（常红丽　赵　宁）

【推进“厕所革命”】 2021年完成5、6、9号学生宿舍楼卫生间改造、材料楼卫生间改造、中蓝公寓二期卫生间和盥洗室改造及信息楼等楼宇卫生间改造，共计改造卫生间104间、盥洗室64间。改造内容包括地面、灯具、洁具、管道、暖气片更换，通风系统更新、门窗更新等，提升校园卫生间的整体品质。

（陈玉石　冀雅儒）

场馆管理与服务

【概况】 2021年，场馆管理做好学校体育教学、训练、大型活动和师生活动服务保障工作。学校场馆管理中心管理场地14个，包括体育馆比赛馆（含18片羽毛球场地）、体育馆热身馆（含8片羽毛球场地）、体育馆健身房、游泳馆、地下训练馆（含篮球、排球场地各 1 片）、乒乓球馆（含 24 个球台）、礼堂、篮球场（含 10 片全场、6 片半场）、排球场（含 4 片场地）、网球场（含 13 片场地）、南田径场、北田径场、形体礼仪教室、健美教室。

场馆管理中心完成体育教学场地安排总课时 24864 小时，学生训练场地安排 5144 场地小时数，教工训练场地安排 1064 场地小时数，师生文体活动免费健身场地安排 7056 场地小时数。体育馆接待市级领导和单位以及学校各学部（院）和职能部处组织的各类参观 2 场次，体育馆承接庆祝中国共产党成立 100 周年大会服务保障和广场活动筹备工作、庆祝中国共产党成立 100 周年大会献词合练场地保障工作、朝阳区人大代表选举投票、毕业典礼等活动 22 个，礼堂承接校内活动 20 个，田径场承接开学典礼、毕业生就业双选会等活动 9 个。场馆各类健身项目对校内开放共计 33591 场地小时数。

（吴　洁　吴　勇）

信息化建设与管理

【概况】 7 月，经学校十一届党委常委会第 163 次会议研究决定，成立信息化处，原信息化建设与管理中心更名为网络与信息技术中心，分别履行管理与服务职责。信息化处作为学校行政职能部门，网络与信息技术中心为学校二级机构，依托信息化处提供信息技术保障工作。

网络安全保障。 制定《网络安全工作人员管理规定》，修订《北京工业大学网络与信息安全管理办法》《信息系统建设安全管理规定》《信息系统变更安全管理规定》《网络安全漏洞风险管理规定》等管理制度。完成 2021 年度信息系统等级保护备案，新增 7 个二级系统、18 个一级系统，变更 5 个、撤销 1 个二级系统，独立备案二级信息系统 33 个。开展“双非”系统网站清理和“挖矿”清零的专项治理，组织 53 个二级单位 115 个系统开展网络安全自查。《网络与信息安全责任书》《网络安全员责任书》签署率 100%。

“2021 年内涵发展”项目。 批复预算 2283 万元（含图书馆文献资源购置 1300 万元）。其中 983 万元用于信息中心负责信息化建设，签署合同 25 个，执行率为 99.7%；完成运维经费执行工作，年度预算 501 万元，签署合同 16 个，执行率 100%。

网络基础设施。 新增有线信息点 231 个、无线 AP75 个，将部分核心设备升级到双引擎。新增 30G 带宽出口，为学生宿舍加装无线光猫 3500 多个。暑期完成三教无线网络升级，新增 WIFI6 无线 AP182 个，使 AP 细粒度提升 3 倍，用户平均吞吐量提升 4 倍。新增网络信息点 4040 个，其中无线网络信息点 3819 个；校园网在 6.8Gbps 专线出口带宽基础上，新增 10Gbps 聚合带宽，总出口带宽增幅为 147%。

数据共享共建。 持续建设数据共享交换平台，进行数据清洗、梳理、对接、利用等工作，与国资处、人事处、研究生院等数据库进行互通。为日新学堂等网上教学平台、一卡通、保卫处闸机等系统提供人员信息。新增学工系统、新教务系统的数据采集，更新教务系统数据视图，向体育管理系统共享本科生选课数据，向学工系统共享图书借阅等数据。建设统一数据库系统，集中建设公共数据库、人事招聘数据库、宣传部工大官网与新闻网数据库。

“互联网 +”教育信息化服务。 新上线网上办事大厅服务流程 30 项，业务办理 65816 次。举办“我为师生办实事”系列活动 5 次。门户累计登录 9265477 次。网站群新建及迁移发布上线站点 34 个；建设统一身份认证与单点登录系统，新增图书馆 CALIS 等 7 个系统，对接系统 85 个；统一消息平台建设，发送通知短信 38 万条。完成信息中心高速内网核心项目的招标、部署实施工作，将数据中心内网核心带宽提升到 40G，提高内部数据交换速率，继续为校内各部门业务系统提供云主机与存储空间服务。新增云主机 28 台。

多媒体教学环境。 更新二教 27 间多媒体教室的计算机、投影机、中控全套设备，更新三教 73 套投影机，更新校本部南区教学楼 89 套教室摄像头，更新一教 79 间教室的计算机、投影幕等。建设 3 间新型智慧教室。丰富教学视频资源。拍摄和制作课程、学术、活动等各类视频 332 个。完成开学典礼、校长第一课等重要活动视频直播 10 余次。

（郭　煜　张彦军）

【编制“十四五”信息化专项规划】 11 月，通过线上线下行业内调研与校内广泛征询师生需求，完成学校“十四五”信息化专项规划编制。专项规划分为六个部分，紧密围绕学校顶层设计和总体规划，分析发展面临的机遇与挑战、目前存在的问题与不足，明确信息化发展总体思路与建设思路、战略目标与核心目标、总体框架与重点任务、工作措施，致力打造数据驱动的智慧校园。

（宋　亮　张彦军）

【完成建党100周年网络安全保障】 落实“两会”“五一”“高考”“建党100周年”“国庆”“十九届六中全会”等重点保障时期网络安全各项工作任务。在“七一”重保期间，严格执行“四个一”行动方案，制定《北京工业大学关于庆祝建党100周年活动网络安全应急专项预案》，开展全校网络安全检查，加强漏洞检测预警，实施网络访问三级策略和7×24小时值班值守，组织网络安全专项培训和应急演练，实现建党100周年网络安全“万无一失”。

（路　萍　郭　煜）

【参加教育部网络安全攻防演练】 9月15日至28日，教育部组织开展全国教育系统网络安全攻防演习。北工大组织专业教师带队参加市教委的红方攻击队，市教委队取得总分全国第一，其中北工大得分最高。市教委在表扬信中，对学校在演习中“表现突出，取得重大战果，作出重大贡献”给予肯定。

（路　萍　郭　煜）

【承办2021年国家网络安全宣传周北京“校园日”宣讲活动】 10月12日，承办第八届国家网络安全宣传周北京“校园日”宣讲活动。活动面向全市大中小学师生，通过现场采访报道、网上直播等形式，进行网络安全整体态势、网络安全法律法规和防护技能的解读与演示，为全市教育系统网络安全宣传教育工作作出示范。

（路　萍　郭　煜）

【获评2021年国家网络安全宣传周活动表现突出个人】 12月28日，北工大信息化处路萍同志获评“2021年国家网络安全宣传周活动表现突出个人”。《关于通报表扬2021年国家网络安全宣传周活动表现突出单位和个人的决定》（中网办通字〔2021〕26号）由中央网络安全和信息化委员会办公室、中央宣传部、教育部、工业和信息化部、公安部、中国人民银行、国家广播电视总局、全国总工会、共青团中央、全国妇联联合下发，北京市网信办转发该文件，并对“在活动中，市属高校北工大信息化处路萍同志主动作为，积极创新，扎实推动各项工作落地落实”给予通报表扬。

（郭　煜　张彦军）

【新建机房专用配电室】 4月，建设机房专用配电室，使中心机房具备更加可靠稳定的市电输入。将中蓝公寓每个区域到核心的链路、本部—通州校区一卡通专网链路和人文楼上联链路升级成双链路；将校园网边界核心、科学楼区域核心和奥运场馆核心升级到双引擎，提高设施可靠性。

（张　杰　刘鹏宇）

【调整网络资费标准】 12月1日，新网络资费标准正式启用。此前，基于数据和行为分析，调整校园网资费策略，响应师生教研学需求，调整方案得到学校最终确定。新资费标准包括5个套餐，除保留原来30GB免费流量套餐外，增加10元50GB、20元100GB、30元150GB和100元300GB流量套餐。新资费标准启用后，校园网出口的峰值流量较调整前至少增加100%，大大降低师生网费支出，为广大师生利用网络开展教学科研提供有力支持。

（张　杰　刘鹏宇）

【“一站式服务平台”建设】 7月，北工大成立一站式服务工作小组，启动“一站式服务平台”建设工作。在校党委领导下，线上线下调研8所高校，确立“通过门户重构、流程优化和数据同步，实现多方式统一身份登录、PC与移动终端信息数据同步、校内业务APP聚合唯一、全流程消息及时提醒、全业务流程能上尽上”的建设目标，明确三个阶段的建设任务，已初步完成服务事项的梳理和指南制定工作。

（刘鹏宇　张彦军）

【获评“一平三端”智慧教学示范基地】 12月，北工大获评超星集团“一平三端”智慧教学示范基地，在“2021青岛高等教育博览会智慧教学论坛”作主题报告交流，宣传北工大线上教学经验成果。2021年度“日新学堂”建设线上课程3522门，上传资源量5T，上传课程资料28340个，建设题库试题数86965个，课程页面访问量超过2700万次，保障了1768名教师、18214名学生的教学工作。支持在线考试858次，参加考试学生20530人次。在疫情防控时期，实现全部课程、全体师生进入平台，做到“不让一个学生落下”。

（徐世东　宋　亮）

【启动新版校园“一卡通”建设】 完成校园一卡通服务工作。全年累计发卡补卡18000多张，其中新办卡8600余张。修改校园卡密码3000多人次，修改绑定银行账号3900多人次。10月，梳理现有校园“一卡通”系统业务及数据，启动新版“一卡通”建设。新版“一卡通”以建设“虚卡为主、虚实结合”的系统为目标，对系统和终端、物联设备进行升级和更换。建设内容包括新系统的需求方案，系统建设方案、实施方案、运维方案等，建成后将使得校园卡使用更加便捷，相应商户管理、应用管理、资产管理更加明确、清晰和规范。

（王凤珍　宋　亮）

【推出覆膜校园卡解决方案】 7月，针对校园卡卡面个人信息磨损问题，推出新型证卡打印机和覆膜色带的解决方案，提高卡面耐磨度和制卡速度。暑期，采用覆膜校园卡一次成型工艺共制作新生校园卡7155张，有效提升师生用卡体验，扎实推进“我为群众办实事”主题实践活动。

（王凤珍　宋　亮）

档案（校史）工作

【概况】 北京工业大学档案馆成立于2005年，其前身为1984年成立的文书科技档案室，1990年更名为综合档案室。2014年学校建立校史馆，与档案馆合署办公，档案馆（校史馆）调整为正处级建制单位。档案馆（校史馆）既是学校开展档案管理与利用、校史宣讲与传播、微特电机展示工作职能部门，又是本校档案、校史和微特电机发展历史研究专门机构。档案馆（校史馆）现有人员12人，其中高级职称4人、中级职称8人，硕士7人、大学本科5人，北京市档案收集鉴定领域业务骨干1人。档案馆现为“科技事业单位档案管理国家二级”单位。

北京工业大学档案馆共有7个全宗。其中，北京工业大学全宗（1960年—　）共有全校党政管理（文书）档案、教学档案、科研档案、基建档案、出版物档案、设备档案、财会档案、实物档案等294474卷（件）。另有北京联合大学经济管理学院全宗（1978—1990年）2240卷，北京外贸学院分院全宗（1979—1983年）133卷，北京计算机学院全宗（1978—1993年）4013卷，北京艺术设计学院全宗（1958—2005年）1372卷，华北水利水电学院全宗（1971—2000年）687卷，国家建材管理干部学院全宗（1980—2000年）1182卷。

2020年6月，北京工业大学档案校史工作委员会成立，是学校一级议事协调机构，负责领导学校档案校史工作。2021年9月29日召开档案校史工作委员会2021年全体会议，会议对新修订的《中华人民共和国档案法》及上级精神和工作要求进行解读，总结2021年上半年档案校史工作完成情况，研究部署下半年工作安排，并研究拟出台相关文件和当前工作中存在的瓶颈问题。

截至2021年底，档案用房2553平方米，密集架长度5446米；校史馆展厅建筑面积626平方米；微特电机科技博物馆展厅面积700余平方米。档案馆（校史馆）凭借基础业务工作、管理方式、服务模式，为学校的教学、科研、管理等各项工作的开展提供信息的支持和专业的服务。

2021年，档案馆（校史馆）领导班子编制《任期目标责任书（2021年1月—2024年12月）》，构建档案工作新格局。推进以适应档案信息化建设为重点的馆内机构改革，设置档案综合业务办公室、数字档案室、档案编研室、校史业务办公室、微特电机业务办公室，构建“三馆五室”新型机构模式。档案馆（校史馆）牵头编制并由学校发布《北京工业大学建设项目档案管理办法》（工大发〔2021〕55号）文件，进一步提高学校建设项目档案管理工作的标准化规范化科学化建设水平。11月，编制并在校园网发布《北京工业大学档案校史工作主要流程》《北京工业大学学生档案应知应会手册》，分别明确22项档案工作流程和学生档案11个事项解答，归纳总结档案工作标准化规范化制度化建设成果和典型做法，提高档案校史工作的精准服务和利用效率。

综合服务。2021年，接收13459卷（件）档案，转出6226份人事档案。其中，文书档案1406卷（件），学籍档案（含本硕博）3062卷，基建档案113卷，科研档案1192卷（件），北工大学报66册，实物档案813件，光盘20张、电子照片618张，学生人事档案接收6063份、转寄6190份，教职工人事档案接收106份、转出36份，接收零散材料16262份。2021年，利用档案9186卷（件）、3153人次，处理邮件1872封，开具各类档案证明885份，接听电话2491次，查阅借阅教职工人事档案涉及2729卷。

数字档案室建设。推进历史档案数字化，年底前完成扫描著录档案达到350万页。积极推进数字档案室系统软件建设，主动到清华大学档案馆、校史馆学习，平时投入大量人力和时间督促项目进展。

档案安全体系建设。分别成立安全稳定工作领导小组及工作小组、网络安全领导小组。编制安全管理制度及各馆安全应急预案。积极参加学校安全稳定工作会议，加强安全工作研判。明确全馆所有房间及库房的安全责任人和联系信息并上墙。在重点区域新加装高清摄像头，并把档案馆大门门禁纳入学校信息化管理。坚持每周五下午特别是节假日前和重大活动期间馆长或副馆长带队进行全馆安全检查，建立安全台账。落实学校保密制度及工作要求，将档案保密工作要求与日常工作要求同步落实，严格做好学校涉密档案管理。

志愿讲解队伍建设。2021年，根据学校发展适时更新校史馆展板和讲解词。继续推进志愿讲解员队伍建设，招募20名学生志愿讲解员，开展校史文化和专业技能培训，提升“说、写、讲、穿”四个维度的能力，全年为校内外1400多人提供志愿讲解服务，并配合做好新教师入职培训和新生入学教育，发挥校史馆教育基地和学校形象展示窗口作用。

档案校史编研工作。牵头全校各职能部门完成《北京工业大学志（1991—2020年）》编纂，认真记录北工大30年发展史；深入挖掘学校档案中的红色基因，撰写《赓续红色血脉 传承爱国精神——北京工业大学与“一二·九”运动纪念亭》，同时组织校史学生讲解员贾雨崎录制《樱桃沟深处的纪念亭》视频，参加“2021全国高校博物馆优秀讲解案例展示”，得到专业评委认可，并荣获一等奖，张彩会老师被评为优秀指导教师；档案编研成果《李晨与北京工业大学初期校风建设》获《北京档案》杂志社第六届“讲述档案背后的故事”征文优秀奖；探索研究校史文化育人功能，实践并撰写《发挥校史文化育人功能 构建“3个1”思政教育平台》，获北京工业大学第四届思想政治教育工作实效奖二等奖；以学校历次党代会“极简史”为基础的编研成果，为“北京工业大学庆祝中国共产党成立100周年成果展”提供了大量档案史料。

科普宣传。2021年，微特电机科技博物馆全年接待校内外师生和国际国内各界人士800余人。在实践教学、科普宣传、科学研究及对外学术交流、基础设施建设等方面开展相关工作。微特电机科技博物馆致力于服务教育教学，拓展学校本科生、研究生专业教育实践功能、学术研究和科学传承，以增强理工科大学专业优势、特色和水平，作为本科生和研究生第二课堂，为理学部、材料与制造学部、信息学部相关专业近500名学生提供实践教学服务。微特电机科技博物馆强化科普宣传，参加多场科普宣传活动，包括2021年全国科技活动周暨北京科技周主场活动、2021年首都科普联合行动。微特电机科技博物馆申报并获批中国自动化学会科普教育基地（2022—2023年度）。

（志　伟　夏海州）

【干部人事档案专项审核】 2021年，协助组织部、人事处做好干部人事档案专项审核工作，主要负责干部人事档案提供、现场运行和安全保障等各项工作，并选派两组4名专职档案员参与专审。12月，根据《北京工业大学干部人事档案管理办法》（工大党发〔2021〕59号）第二十四条规定：“干部人事档案工作由党委组织部牵头负责，具体负责学校中层干部的人事档案管理工作，建立健全有关规章制度和工作机制。人事处负责聘用到管理岗位和专业技术岗位事业编制人员的人事档案管理工作。”第十九条规定：“干部死亡5年后，其人事档案由党委组织部或人事处移交学校档案馆保存，按同级国家档案馆接收范围的规定进馆。”

（李春莲　志　伟　夏海州）

图书管理与服务

【概况】 北京工业大学图书馆始建于1960年，现有逸夫图书馆、通州校区图书馆、中蓝公寓自习室3处馆舍，提供藏借阅一体开放式服务。逸夫图书馆于2019年9月完成改扩建工程并投入使用，建筑总面积40463平方米，提供阅览座位3000余个；通州校区图书馆，面积2600平方米，提供阅览座位692个；中蓝公寓自习室，面积1011平方米，提供座位400个。截至2021年底，纸本资源总量208.6828万册，电子图书169.2539万册。图书馆设有综合办公室、资源建设部、信息技术部、阅读推广部、情报服务部、读者服务部和通州校区分馆7个部门。现有教职工63人，其中，研究生学历30人（博士学位6人），本科学历30人，大专学历3人；正高职称4人，副高职称14人，中级职称35人，初级及以下职称10人；事业编制62人，非事业编制1人。2021年，通过社会化评审取得副高资格3人；完成面向社会公开招聘馆员1人；完成第四轮岗位聘任（第一批）工作。李振堂、何义兰两位馆员退休。在专业技术职务评聘中，聘任万云芳为研究馆员。

党建工作。图书馆党总支现有党支部6个，包括教工党支部4个和退休党支部2个。党员72人，其中在职党员39人，退休党员33人。12月17日，图书馆党总支换届大会在逸夫图书馆报告厅举行，通过无记名投票方式差额选举产生第五届总支部委员会委员5人：王燕霞、刘增华、郭振英、贾舒敏、刘明丽；王燕霞任党总支书记。完善议事决策机制，修订《图书馆党总支会议议事规则》《图书馆党政联席会议议事规则》。加强党风廉政教育，组织开展科研经费管理与使用宣讲6场，召开全馆警示教育大会。落实意识形态和安全稳定工作责任制，制定《图书馆意识形态通报、会商和研判工作制度》，修订《图书馆应急管理预案》，建立图书馆联防联控工作机制。

组织党史学习教育96场次；联合马克思主义学院、艺术设计学院共建“习近平新时代中国特色社会主义思想”专柜并举办“阅红色经典，忆百年风华”红色文献资源展；组织开展“建党百年，峥嵘岁月”21天打卡学习、“四史”专题书单推介和“建党百年，红色观影”等活动；组织开展党建引领“小微提升”计划4项、“光荣在党50年”纪念章颁发仪式和“共产党员献爱心”捐款活动；组织班子成员、各部门和党支部落实办实事25项。图书馆第一党支部、图书馆第二党支部获学校“先进党组织”称号，王燕霞、贺利婧被授予学校“优秀共产党员”称号。

建设“党员之家”“职工之家”“图书馆文化墙”；组织馆员工间操、瑜伽和乒乓球等健体运动；打造书香与运动一体化暖心驿站，获批2个三级小家暖心驿站。走访慰问和困难帮扶8人次，发放慰问金7800元。走访慰问老同志15人次，发放慰问金6300元。推荐李玉红担任北京工业大学党外知识分子联谊会第一届理事。

基本运行。组织系列图情学术讲座6次，包括《立足本职，守正创新——以清华大学图书馆‘十四五’信息化规划为例》《敏捷型组织结构的建立》《高校图书馆文献资源建设与评估思路——以清华大学为例》《敏捷型泛在化新型学科服务的探索与实践》《利用文献资源提高图情学术素养》《如何撰写课题设计论证》，助力“十四五”规划编制、岗位聘任、学术研究。3月，图书馆学术委员会改选，刘增华任学术委员会主任。3月10日，修订完成《图书馆学术委员会章程》等一系列馆内科研制度。3月16日，召开2021年度第一次学术委员会会议，讨论并投票评选出5项2021年度予以资助的馆内项目。11月，图书馆获批北京高校图书馆研究基金项目5项，超过近10年来图书馆在该项目获批的总和。

图书馆全年开馆361天，时长5415小时，到馆1427759人次，其中逸夫图书馆到馆1320419人次，通州校区分馆到馆107340人次。7月20日，恢复开放首都图书馆北工大分馆。全年借出图书共62465册，其中逸夫图书馆借出54739册，通州校区借出4728册，艺术学院借出2998册。全年还回图书64283册，其中通州校区还回4721册，艺术学院还回3015册。新增阅览椅238个、书架凳385个、书柜8个、边桌10组、图书杀菌机4台及静音书车17台。成立北京工业大学学生读者委员会，制定《北京工业大学学生读者委员会章程》。制定《读者文明公约》，修订读者规章制度。

原文传递与馆际互借。原文传递与馆际互借新注册用户286人。原文传递总申请量1075篇，其中借入申请675篇，借入完成513篇，借入满足率76.0%；外馆申请借出400篇，借出完成357篇，借出满足率89.2%。馆际互借总申请量65册，其中借入申请62册，借入完成47册，借入满足率75.8%；借出申请3册，借出完成2册，借出满足率66.6%。

空间资源服务。研讨室全年预约总次数为29536次，预约总人次为63890人。其中，学生研讨室预约总次数为26784次、预约总人次为59365人；教师研讨室预约总次数为2752次、预约总人次为4525人。

特藏建设。对馆藏古籍追根溯源、辨识钤印、完善编目数据，进行宣传推广；迁回馆2004年接收、2010年暂存耿丹学院图书馆的原机床研究所过刊，包括日、法、捷、德、英、俄共七个文种，可追溯到1893年的4550册珍稀资源，进行回溯编目、整理上架。

文献资源建设。图书馆完成1300万元文献资源购置，包括新增纸本图书8787种、9376册；订购纸本报刊496种、529份；订购中英文数据库38个。完成46个试用数据库的管理维护、绩效评估、宣传推广。完成赠书2014种、2452册以及原机床研究所1163册过刊的入藏。完成591种、2107册马克思主义学院与图书馆红色专题图书的共建陈列。完成城建学部与艺术设计学院分馆746种、746册图书的登到、编目、典藏及加工工作。完成与文法学部、理学部共建的北大法宝、AIMS（American Institute of Mathematical Sciences）数据库网页发布及管理维护。完成电子期刊导航、数据库导航及统一检索系统等15万余种电子期刊、电子图书的更新维护，9万余种开放获取期刊的整合揭示。完成机构数据库平台数据及学者库中400余名学者相关信息更新。

教学科研服务。科技查新：完成科技查新172项，其中校内委托占61%，校外委托占39%。信息素养教育：完成100名本科生和1224名研究生的文献检索课程教学；以视频形式开展信息素养普及教育，包含46个微课、9个新生入馆教育视频、3学时专业课相关文献检索视频；开展信息素养教育讲座4场，参加人数1460人。学科情报分析：完成2份北京工业大学学科分析报告，即《北京工业大学ESI学科分析报告》（2020年）和《2016—2020年北京工业大学WOS论文分析报告》，1份个人科研成果分析报告；推送6期《学术参考信息》。知识产权服务：举办8期知识产权大讲堂系列讲座；完成7份专利分析报告。查收查引：受理查收查引请求528项；检索收录文献6922篇，文献引用60409次。机构知识库建设：收录并完善了427名学者的学术成果数据。电子资源整合及服务：完成电子期刊导航、数据库导航、统一检索系统等15万余种电子资源的更新维护，9万余种OA期刊整合揭示。

对外交流与合作。组织接待解放军医学院研究生院图书馆、华南师范大学图书馆、中国石油大学图书馆、首都医科大学图书馆、首都图书馆等5家单位同仁的来访交流。6月8日至11日，副馆长随BALIS技术支持中心一行赴东南大学、南京大学、浙江大学等开展有关江浙地区智慧图书馆建设及下一代管理系统的调研活动。6月22日馆长、副馆长等一行8人赴清华大学图书馆调研。

信息化建设与管理。完成图书馆信息化设备巡检300余次，故障排除200余次，业务系统升级15个，业务系统故障排查150余次；审核、发布硕士学位论文2767篇，特优本科论文33篇，完成6219名毕业生批量离校业务办理；完善图书馆数据服务平台建设，完成图书馆各类数据统计25项，完成3项专业评估统计；完成21个业务系统安全自查，更新图书馆21个业务系统台账及应急文档，完成2个二级等保备案系统文档更新；推送读者催还和预约图书提醒短信4028条、邮件1894封；处理入馆、资源访问及学位论文等电话、邮件咨询1000余件；完成图书馆交互式显示设备购置（新竣工楼配套）项目；完成CALIS馆际互借统一认证系统上线服务；完成4项“十四五”信息化规划项目的调研、论证、申报工作；组织馆内相关业务部门梳理图书馆“一站式服务平台”服务事项24项。

所获奖项。2021年，图书馆获评“2016—2020年度华北地区高校图书资料先进集体”；获BALIS原文传递服务最佳服务奖和联合信息咨询服务先进集体奖；获批学校“三全育人”教师团队培育项目1项。潘洁获全国“高校图书馆榜样馆员”荣誉称号；刘明丽、郭振英、周培培获“2016—2020年度华北地区高等学校图书资料先进工作者”荣誉称号；郭晓菁获BALIS原文传递服务先进个人奖；丁君涛、郝慧获 BALIS 联合信息咨询服务先进个人奖。

（郭振英　王燕霞　刘增华）

【退休教授捐赠图书资源】 5 月 13 日，经管学院退休教授谢光亚捐赠崭新图书 1358 种、1420 册，价值人民币 7.9 万元，图书种类涉及经济学、社会学、政治学、史学、法学、文艺学等。5 月 21 日，城建学部退休教授高征铨捐赠个人收藏的《共产党宣言》《资本论》《马克思恩格斯全集》等共计 127 册图书，作为建党一百周年的特殊党费捐献图书馆。

（贺利婧　刘增华　王燕霞）

【北京高校知识产权信息服务实现共建】 6 月 23 日，北京工业大学知识产权信息服务中心与中关村知识产权促进中心签署共建协议。9 月 1 日，双方进行座谈交流，在专利信息分析、信息素养教育与企业交流合作等方面达成合作意向。12 月 14 日，在馆内设立知识产权图书角。

（李永芳　兰劲华）

【图书馆文化建设】 征集发布图书馆新标识系统（LOGO），举办“迎华诞 开新局 图发展”第十五届北京工业大学图书馆月系列活动，创新推出“日新文化大讲堂”“阅读马拉松”“书本草”“共读一本书”“圕聚堂”等文化活动，共策划开展阅读推广及文化活动 46 个系列 181 场次，共吸引 8 万余人次关注，3737 人次参与现场活动。通过官方微信、微博、B 站等新媒体平台宣传图书馆资源、服务与活动。官微粉丝 20136 人，年净增 3910 人，共发布官方微信 48 次 255 条，总关注 11 万余人次，后台共回复读者消息 6706 人次；微博共发布信息 300 条，吸引 37 万余人次关注；B 站发布视频 20 条，总关注量 3000 余人次。2021 年，对每年 4 期的《馆讯》进行改版，引入读者力量参与图书馆建设与服务。志愿服务团成员 84 名，总服务时长 1300 小时；100 悦读社架构重组，形成五大项目部的新形态，共计成员 54 名；通过和专业教师合作，提升图书馆文化活动质量。

（周培培　兰劲华）

后勤保障（含中蓝校区工作）

【概况】 为适应“双一流”大学建设，原后勤服务集团与后勤管理处合并，于 2015 年 9 月成立后勤保障处。2020 年 7 月，北工大后勤综合改革，设置“五办、四中心、一校区”的管理机构，即 5 个管理职能科室：党委办公室（通讯服务部挂靠）、行政办公室（交通服务部挂靠）、人力资源办公室、安全与质量管理办公室、节能办公室；4 个服务职能中心：饮食服务中心、学生社区服务中心、动力运行管理中心（原能源与动力运行管理中心更名）、幼儿园（幼儿教育中心更名）；1 个校区：中蓝校区管理中心。有教职工 319 人，其中事业编职工 82 人，长期合同工 29 人，劳务派遣职工 208 人。主要工作内容包括负责制定后勤工作规划、编制后勤经费预算、基础设施改造、修缮工程管理与项目决算审核、能源管理与节约型校园建设；承担餐饮服务、学生住宿服务、校园绿化卫生环境养护服务、楼宇物业服务、水电暖的运行保障服务、公车运营服务、教学科研及学生生活辅助类服务。

党建工作。后勤党委下设 13 个党支部，其中 7 个在职教职工党支部，5 个退休教职工党支部，1 个学生党支部。党员 299 人，其中在职教职工党员 99 人，退休教职工党员 167 人，学生党员 33 人。入党积极分子 81 人。共发展党员 24 人。召开党委会 38 次，党政联席会 25 次。凝练支部工作法，开展“小微提升”计划，获批 2 个项目。强化“书记抓，抓书记”，开创“学习、研讨、部署、总结”四步循环法提升支部书记例会效能。组织学习研讨 80 余次、专题党课 25 节。组织“赞峥嵘百年 耀信仰之光”红色经典诵读会、“三行情诗忆党恩”等活动。策划举办党史专题特色活动 70 余场。凝练“十个一点”特色做法，以“五心守初心”理念推动育人、党建、业务工作融合。完成“我为群众办实事”项目 60 余项。发布“学党史勤践行”“我为群众办实事”相关报道 90 余篇，微信推送 80 余篇。

落实“一岗双责”，正面引领和警示教育结合，开设微信廉政建设小课堂，重要节点廉政提醒，通过答题考核学习效果。党委书记做专题讲座两场。推进三全育人，深化“流动讲台，实践育人”品牌，形成党建引领、队伍协同、学生参与、全面保障的特色育人模式。以培训学校为基地，融合党建工作，结合“一站式”学生社区综合管理，开展垃圾分类、志愿服务、厨艺培训等多种活动。用好“一老一小”资源，发挥独特育人作用。退休支部牵手学生，学生支部牵手幼儿，在职职工支部服务退休，形成“老、中、青、幼”立体育人格局。

综合服务。做好退休人员疫情防控各类信息汇总、分析研判和报送工作。组织退休人员开展“垃圾分类”、“学党史、颂党魂、立壮志”知识竞赛，参观红色背篓精神传承教育基地、中国共产党历史展览馆等。关心长期患病和生活困难退休职工，发放困难补助81人次，共计107500元。关注后勤职工生育情况，关心职工子女，促进家庭和谐，提高计生工作管理服务水平。

全年安排24小时值班88天150余人次。加强夜班值班人员队伍建设，明确值班工作职责要求。在突发事件处置上，充分发挥组织、协调、联络、信息沟通作用，确保校园绝对安全稳定。做好各类信访和接诉即办工作，解决接诉即办问题200余项。全面实施资产清查和互查工作，加强固定资产管理，2021年依据资产台账清查56209件。

推进制度建设工作，行政类“暂行”及“试行”规章制度专项清理工作共计12项，其中制度废除2项、制度修订10项。编制《后勤保障处常态化疫情防控工作方案》，全面全力做好疫情防控后勤保障工作。规范工作流程，总结用章等工作规律，为师生提供用章便利，实现全处10个部门公文、合同、协议、法律文书、各类证书等文件用章695次。为各部门开具介绍信93份，汇总全处重要会议安排，提供会议服务52次。

交通服务部有校级管理车辆22部，为学校提供岗位定向化保障用车、机要通信、应急保障、离退休老干部服务、院士参加公务活动及其他需求用车的服务保障。完成建党百年活动运送任务，护送发热学生315人次，接受上级检查任务4次，护送试卷5次。公务车日常使用、管理及报备工作，制度完善，程序规范，台账清晰。通讯服务部2021年征订报纸、杂志共420余种。配合电话局完成通信光缆改造并完成50余处通信光纤入户改造，规范办公电话管理，执行《北京工业大学办公电话管理办法（2021年）》，合理使用调配办公电话资源，节约电话经费开支，全年完成电话装机、移机、撤机141部，上门维修电话160余次。

人员管理。2021年，长期合同制职工29人，完全人事代理4人，编外劳务派遣职工189人加入工会组织。每逢节日，组织召开职工座谈会，交流生活感悟工作想法。持续加强职工之家建设，贴近职工需求，关心职工需要。4月，后勤工会会员代表参加学校第十四届工会会员代表大会、第九届教职工代表大会。举办“美丽女人 绽放风采”妆容讲座、后勤保障处安全培训暨趣味运动会、“庆祝中国共产党成立100周年”献礼影片活动。

饮食服务中心。2021年，饮食服务中心为全校师生提供安全健康、优质低价、菜品丰富的餐饮服务。中心下辖10个餐厅、1个集中加工间及8个二线部门，共有职工488人。现有党员22人，入党积极分子6人。组织召开支部党员大会5次，支部委员会15次，组织支部活动11次，发展预备党员2人。服务庆祝中国共产党成立100周年活动，为700余名参训者定制营养餐，单独设置就餐区。完善安全巡查检查机制，加强餐饮安全链条管理，保障食品安全；强化员工管理，确保员工自身安全；加强供应商管理，保障食品原材料安全；规范操作流程，保障食品制作环节安全；加强消杀工作监督检查，确保餐具及用餐环境安全。做好成本核算，执行好、管理好、公示好学生食堂价格平抑资金，保证学生食堂“基本伙”饭菜价格平稳。推进扶贫采购工作，完成330万元扶贫采购任务；建立隐患台账，长期跟踪，确保安全，处理安全隐患5件。招标完成女职工宿舍改造项目，改善职工住宿环境。依托后勤培训学校，开展劳动实践教育，面向师生组织厨艺培训，介绍养生知识，讲解饮食文化，学习烹饪技能，发挥餐饮育人功能。利用各类宣传载体，宣传倡导“光盘行动”、垃圾分类、爱国卫生运动。开展“光盘有我、拒绝浪费”活动，号召全校师生爱惜粮食、勤俭节约。推行半份菜、自选称重，避免饭菜浪费现象。

学生社区服务中心。2021年，学生社区服务中心完成住宿资源整合、宿舍维修改造、基础性服务工作、住宿环境改善工作。严格执行疫情防控要求不松懈，动力小楼、旧图书馆健康观察区接待留观人员907人次。暑期前为3528名毕业学生办理离校退宿手续，完成600余间退宿房间有价物品遗留检查、宿舍清理工作。根据通州校区回迁时间多次优化调整分配方案，完成通州回迁、“双培”生、“外培”生、交换生、贯通、二学位、本科生、博士生等13类学生宿舍分配，共计14批次、4126人。

推进绿色校园建设工作，公寓内垃圾桶分色放置垃圾袋，引导学生分类投放垃圾。引入学生党员监督机制，坚持一名党员对接一个公寓楼，开展党员宿舍挂牌与党员公开承诺，协助楼委会开展日常管理工作。学生社区学生党支部坚持以支部特色“三步走”计划进行党员培养和发展，支部通过搭建志愿服务平台，开展党员服务进社区。学生社区服务中心获北京高校后勤研究会颁发的“北京高校疫情防控工作先进单位”；王秀梅被评为“北京高校疫情防控工作先进个人”。

动力运行管理中心。动力运行管理中心负责在外包单位配合下开展校本部水、电、燃气、供暖、电梯、空调、房屋等维修及设备运行管理工作。中心有资产2434项，融实代管2138项，报废处置42项，入账283项。完成分类发展经费-设备购置-校本部电磁开水器设备购置、校本部地热回灌井洗井服务等在内47个服务、货物及工程项目采购执行工作，涉及使用资金近33项，支付款项173笔，金额4039万余元。2021年，落实员工及外包单位管理工作，开展人员信息摸排、签订疫情防控责任书、细化工作预案、建立出入登记台账、专人值守、信息上报与统计、“日报告、零报告”、离京返京审批等一系列防控工作。统筹防汛工作，完成安全隐患排查15次，组织召开全校防汛队员工作会议4次，部署汛期要求，配备防汛物品，并要求外包单位开展汛期24小时防汛值班，保证安全度汛。开展“我为师生办实事”4件次，中心共接待各类维权、投诉事件共计32项，服务满意度达100%。

幼儿园。2021年5月18日，经北京工业大学第十四次校长办公会议研究决定：“北京工业大学后勤服务集团幼儿教育中心”名称取消，更名为北京工业大学幼儿园。幼儿园占地4500平方米，建筑面积2480平方米，共设9个教学班，收托幼儿292人。有在编职工9人，完全人事代理2人，编制外聘用人员40人，共51人。教师队伍100%为专科及以上学历。6月，获朝阳区快乐体操科研实验“优秀单位”称号，获“突出贡献奖”。7月，获中国烹饪协会2021“首届关心下一代中小学幼儿园营养膳食制作技能大赛”一等奖。9月，《发展各年龄段幼儿基本动作技能及体育游戏设计的实践研究》教研活动获“朝阳区第六届园本教研评选”一等奖。

根据朝阳区教委防控办《关于朝阳区教育系统3—11岁在园幼儿新冠疫苗接种有关工作安排》，成立新冠疫苗接种小组，制订方案，建立台账，启动3—11岁在园幼儿新冠病毒疫苗接种工作。利用生均补贴专项经费改善办园条件，利用北京市“生均补贴经费”购置衣帽柜10个、大型滑梯2个、玩教具图书等办园所需用具。建党一百周年系列活动，开展毛主席诗词朗诵会、“小喇叭广播站红孩儿讲故事”系列活动；完成“我为群众办实事”党员干部志愿服务200多次。结合“党建+师德建设”树立师德模范，通过教学评分、家长反馈、考核等方式评选出12名师德优秀教师。开展“人生始立，开笔鸿蒙”毕业典礼、“七耳兔之唤醒春天”“六一”儿童节演出、“开学安全教育第一课”、119消防宣传等系列活动。

中蓝校区管理中心。中蓝校区是学校校外学生住宿区，集住宿、餐饮、洗浴、学习于一体，属于大型综合性社区。现管理学生公寓7栋，主要承担研究生住宿功能，有学生宿舍1800余间，住宿学生7600余人。2021年，完成2332名学生退宿和2828名新生入住办理，帮助学生运送行李600余件。完成542间新生宿舍家具配置、深度保洁，更换锁具500余把。完成各类小修1200余次。协调完成中蓝办公区搬迁，饮食中心宿舍搬迁，腾退学生宿舍32间，完成中蓝一期蓝芳园住宿标准5改6、中蓝二期住宿标准4改6，解决床位紧缺问题。全年开展安全检查12次，坚持网格化安全管理模式，集中升级、更换、修复一批存在安全隐患的保障设备。安装电动车充电桩及车棚，重新铺装中蓝西侧路、北侧路及东侧路。中蓝一期进行供水设施改造，更换自来水加压泵、限流阀门，保障高峰期用水稳定。配电室集中维护，更换变电箱电池。女生浴室进行通风改造，加装排风设施，为男女生浴室配备电吹风，改善洗浴条件。更换锅炉房供暖泵，解决老旧泵共振、噪声影响学生休息问题。

节能工作。2021年，继续坚持“绿色生态”“节能减碳”理念，学校作为重点用能单位，通过国管局公共机构能效领跑者复验、“十三五”公共机构节约能源资源工作评估、北京市节水型高校建设验收、北京市节能综合监察、北京市电耗限额考核、能源管理体系审核、2021 年度碳履约等工作。组织节水“光瓶行动”宣传活动和节能宣传周暨节能宣传作品征集大赛，在节水宣传周、世界地球日等重要纪念日发布节能宣传倡议、推送等，引导师生关注节能减排、生态环保工作，提高节能减排意识。2021 年，学校获评朝阳区节能目标责任评价工作“优秀”称号，获朝阳区发改委节能奖励。

信息化工作。2021 年，持续完善能源计量覆盖范围，完成信息楼新数据中心、数理楼等热水器、特殊保障用车充电桩等用电计量表具的安装与集成，共计 150 余块。完成学生综合服务中心太阳能集热系统监测设备集成，实现对该系统水电用量、温度、水泵运行状态等参数的实时监测。完成后勤综合服务平台信息系统建设项目验收工作。推广能源监控智慧后勤物联应用平台建设情况与应用效果，扩大能源监控系统建设社会效益。保障学生宿舍空调用电、充值各项环节畅通，提高学生生活舒适度。制冷季每日重点对学生公寓预付费网关、电表等进行巡查，在学生报修前就到现场对离线设备进行检查、维修，累计到场检修 84 次。全年校园一卡通 24 小时自助售电 15293 笔。

安全质量管理。完成燃气、宿舍、特种设备、食品等重点区域、设备安全大检查 5 次，全员安全培训 2 次，完善安全隐患台账 4 次。完成 8 个项目采购管理工作，申报 22 年分类发展项目 3 个。签署大盘纸、垃圾清运、垃圾压缩机维保、门前三包、楼宇服务外包等合同，完成合同备案工作。做好校园环境监管相关工作。核算国际学院留学生公寓、12 号留学生宿舍楼、智研楼、新逸夫图书馆等楼宇服务面积和费用，完成服务外包工作；完成校园环境 10 个项目立项、遴选、合同、结算等工作；将原校园环境服务中心 159 件固定资产移交给北京工大融实物业管理有限公司，将校园环境 8690 件公用固定资产交其代管；推进校园环境物业标准化工作；完成 12345、校长信箱等投诉建议问题的回复工作。完成后勤医疗保障组疫情防控预算申请 4 笔，做好后勤保障处疫情防控物资采购、分发、台账记录等工作。持续为一线工作人员申领分发口罩，为校本部楼宇公共区域提供大盘纸。落实“师生健康 中国健康”主题健康教育活动要求。持续开展教学楼控烟、校园环境整治和日常卫生管理监督等爱国卫生相关工作。

（张晓哲　张艺凡　刘　佳）

【绿色学校创建】 12 月 17 日在北京绿色学校创建管理平台上传创建材料及总结报告，做好绿色学校创建申报准备工作。对照《北京市绿色学校创建标准》51 个三级指标，逐条逐项开展工作。绿色学校创建工作领导小组办公室协调 17 个成员部门，收集支撑材料千余份，撰写总结报告，北工大生活垃圾分类工作小组办公室根据生活垃圾分类示范单位创建工作标准，开展自查工作，完善宣传展板，规范设施设备，加强运行管理，完成支撑材料。10 月 28 日向市教委提交生活垃圾分类示范单位创建工作报告，做好市教委评估验收相关准备工作。

（李　鑫　任启财）

医疗服务

【概况】 北京工业大学医院（以下简称“校医院”）是一级甲等综合医院，北京市医疗保险定点医院。校医院总建筑面积 3235 平方米，固定资产总值 1400 万元，拥有 20 万元以上医疗设备 22 件。现有教职工 65 人，其中在编教职工 45 人。卫生技术人员 57 人（主任医师 4 人，副主任医师 3 人，主治医师、主管护师等中级职称 37 人，初级医护人员 13 人），行政后勤人员 8 人。设有普通门诊、急诊及行政办公室。其中临床科室有内、外、妇、口腔、眼、耳鼻喉、中医、康复理疗 8 个普通门诊，设护理、药房、检验、放射、医学影像、挂号收费、预防保健 7 个业务科室，学校外设海淀继续教育学院医务室 1 个、通州校区医务室 1 个。

医疗安全。2021 年通过朝阳区卫健委、医管中心、卫生监督部门关于医疗质量、爱国卫生、垃圾分类处理多次检查；完成北京市十五项贯标工作，将中西成药、中药饮片、医院服务及诊疗项目、耗材这五项目录全部对应到国家统一编码；完成异地门诊直接结算系统改造验收工作，实现异地门诊实时结算，方便外地病人就医；完成北京市医疗保障信息平台上线切换工作；完成北京市医疗保障局关于限定支付范围调整药品、报销类别调整药品、门诊按固定比例支付药品品种的更改及新增医疗项目价格管理工作；完成朝阳区医保基金账户的启用工作；完成医保网络数据安全专项检查工作及医保基金安全风险隐患自查工作。组织线上线下医疗业务知识培训12次；开展卫生日主题活动4次、健康讲座4次、网上健康知识推送5次；开展健康教育咨询服务，全员完成继续教育学分及朝阳区医师必修和选修培训课程学习，达标率100%；选派两名医生到友谊医院进修学习。

服务保障。2021年，门急诊91275人次，其中学生71435人次，医保19840人次；为新生及新入职教工等各类体检服务16042人次；为北工大幼儿园孩子免费体检249人。完成6000余新生军训保障工作；完成学校各种外派保健、医疗保障工作；跟进教职工体检工作，共完成教职工体检4714人次；全年无医疗差错，办理各类“接诉即办”事项8件次，响应率、解决率、满意率100%。

疫情防控。推送开学返校疫情防控指南、返校防控注意事项等宣传教育知识；完善《北京工业大学传染病防控应急预案》《校医院新型冠状病毒感染的肺炎防控工作应急预案》《预检分诊流程》《疫情关联人员管理流程》等制度文件，更新制定师生员工留校、离校、返校等工作方案；规范防控传染病疫情的应急处置工作流程，完善应急处置机制，响应师生离校、返校工作措施，按照发热流程进行发热学生就诊、转诊转运、回校后安置和后续观察治疗；为隔离观察区的工作人员做隔离观察、个人防护、环境和日常物品消毒隔离培训，完成各项应急预案的制定和演练；完成发热病人筛查、风险暴露人员的健康检测及学校大型活动的疫情防控工作，新冠风险暴露人群的健康监测及管控634人，风险暴露相关人员管理5336人次；组织师生核酸检测57次，共计19259人次，环境检测5192位点；提供防疫医疗保障服务7次；院前出诊45人次，全年共接诊门急诊发热学生418人次。

公共卫生管理。开展健康管理门诊，保障师生员工的身心健康和生命安全；修订《突发公共卫生事件应急预案》，利用多种形式开展普及宣教，全年宣教14次；按照《突发公共事件及传染病应急预案》采取措施，有效控制4月份通州校区水痘的蔓延；开设健康教育课程“大学生健康教育”选修课；组织“世界艾滋病日”及“世界防治结核病日”主题日宣传活动各1次；组织学生各类疫苗（非新冠疫苗）接种501人次；为师生健康体检报告解读分析520份；完成传染病个案管理40例，传染病上报20例，个案调查处理率达100%，全年无传染病漏报；执行预检分诊和发热筛查门诊制度，对来院就诊人员进行测温、扫码、询问流行病史、登记；利用校园网、校医院微信公众号推送防疫、医疗保健知识、各科室特色，加强师生对医疗知识的认识和了解，指导个人预防，降低患病风险；在门诊大厅显要位置设立意见簿，公布校医院提建议和投诉电话；在一层预检分诊处设立党员先锋岗，开展疫情监测防控工作。

（王　莉　胡振梅）

【校医院综合改革】 完善绩效考核办法，修订完善《医务人员考勤制度》《校医院绩效考核奖励分配方案》，体现多劳多得、优绩优酬原则。完善《急诊急救培训方案》《院感培训制度》《药品采购管理制度》等文件；引进中医按摩人才，增加针灸、推拿、拔罐等治疗项目，并增设中药房，开展中草药代煎业务，扩展服务范围，提高服务质量；加强信息化建设，保障医疗质量和医疗安全，全年完成45次医保系统升级，确保医保政策及时生效、医保费用实时结算、医保信息上传的及时性、稳定性；根据北工大要求，完成2018—2021年聘期考核（第一批）工作，聘期考核结果作为第四轮岗位聘任的重要参考；根据学校2021岗位聘任工作的要求，经过个人报名、资质审核、面试答辩等环节，完成第四轮医院岗位聘任工作。

（王　莉　胡振梅）

学部（院）

信息学部

【概况】 北京工业大学信息学部（Faculty of Information Technology，以下简称“学部”）成立于2016年9月2日，由原电子信息与控制工程学院、计算机学院、软件学院、微电子学院整合组建而成。学部设有电子科学与技术学院（微电子学院）、信息与通信工程学院、人工智能与自动化学院、计算机学院、软件学院（其中微电子学院和软件学院是国家示范性学院）5个学院，拥有电子科学与技术、控制科学与工程、计算机科学与技术、软件工程4个一级学科博士学位授权点和博士后流动站，电子科学与技术、控制科学与工程、计算机科学与技术、软件工程、信息与通信工程、网络空间安全6个一级学科硕士学位授权点，以及电子与通信工程、控制工程、集成电路工程、计算机技术和软件工程5个专业硕士学位授权点。“电子与电气”“计算机科学与信息系统”两个学科进入QS世界大学学科排名500强，“计算机科学”学科进入《基本科学指标数据库》（ESI）国际学科排名前1%。计算机科学与技术为北京市重点学科，控制科学与工程学科是北京市高精尖学科。学部设有电子信息工程、通信工程、自动化、电子科学与技术、计算机科学与技术、信息安全、物联网工程、软件工程、数字媒体技术、微电子科学与工程、机器人工程、人工智能12个本科专业，其中教育部特色专业4个、北京市特色专业4个、北京市级品牌专业立项建设专业4个、“卓越工程师教育培养计划”入选专业4个、通过工程教育认证专业5个、北京市一流建设专业1个、国家一流建设专业6个。

有“软件工程实践教学示范中心”和“电子信息与电工技术示范中心”2个国家实验教学示范中心，“Xilinx—北工大嵌入式系统工程实践教育中心”和“中软国际—北京工业大学软件工程实践教育中心”2个国家级工程实践教育中心，“数字社区研究中心”和“智能感知与自主控制研究中心”2个教育部工程研究中心，光电子技术教育部重点实验室和可信计算、计算智能与智能系统、嵌入式系统、多媒体与智能软件技术4个北京市重点实验室和北京物联网软件与系统工程技术研究中心。“智慧环保”北京实验室是学校首个获批北京市牵头建设北京实验室。

有双聘中国工程院院士3人，“高等学校教学名师奖”获得者1人，教育部重大人才工程特聘教授2人，“国家自然科学基金杰出青年基金”获得者3人，“国家自然科学基金优秀青年基金”获得者2人，百千万人才工程国家级入选者2人，北京学者2人，北京市战略科技人才1人，北京高等学校卓越青年科学家1人。11月，乔俊飞为带头人的智能控制与系统团队获批北京高校优秀本科育人团队。12月，乔俊飞为带头人的环保自动化团队获批全国高校黄大年式教师团队。

截至2021年12月，有教职工471人，包括教师岗357人，管理岗51人，其他专业技术人员47人，普通博士后16人。专任教师中教授63人、副教授117人。在校生6312人，其中本科生3620人，研究生2692人。研究生中，博士研究生273人，硕士研究生2337人，留学生82人。

党建工作。学部有在职教师党员303人，退休教师党员175人，学生党员1361人，党员合计1839人。信息学部党委下设68个党支部，其中15个在职教工党支部，47个学生党支部，6个退休党支部。2021年，发展党员512人，219名预备党员按期转正。完成730名发展对象及1398名入党积极分子培训工作。

组织建设方面。组织党支部书记述职评议考核工作2次，做好党支部“过筛子”工作，形成以考促学、以学促建良好局面。基层党支部严格落实“三会一课”制度，15个教工党支部、12个学生党支部参与“小微提升”计划，教工支部参与率100%，学生支部参与率26%。信息学部14个党支部获评“北京工业大学先进党组织”、18名党员获评“北京工业大学优秀共产党员”；支部书记及支委100%参加党务培训，人均培训学时达到56学时；党员“E先锋”数据维护完整度100%。

党员学习教育方面。学部党委搭建“信息学部大讲堂”学习平台，以线上线下相结合方式举办学习讲堂9次，内容涵盖理论学习、做好新时代党意识形态工作、课程思政建设、科研经费使用及管理政策宣讲等方面，覆盖学部全体教职工3000人次。学部党委深入推进“党史教育学习”成果常态化，研究制定《信息学部教职工学习方案》，其中学部理论中心组集中学习 13 次，教职工每周开展 1 次集中理论学习。学部 292 人参加学校师德师风专题培训，占全校参训人数的三分之一，培训率通过 100%，全校排名第一。

全面从严治党方面。制定《信息学部党委全面从严治党主体责任清单》和班子成员责任清单，领导班子成员切实履行分管领域党建工作责任。专题研究全面从严治党主体责任落实情况 2 次，专题研究巡视巡察整改方案落实情况 3 次，研究出台《党支部书记例会制度》《在重大问题上把好政治关师德关的实施办法》等一系列制度文件，建立全过程、全链条、全覆盖的“3 +7”制度体系。

党风廉政方面。修订《信息学部意识形态工作责任制实施细则》，研究制定《在重大问题上把好政治关师德关的实施办法》等一系列制度文件。推进警示教育常态化，通过组织学习培训活动，加强教职工风险防范能力，组织学部全体教师参加“科研经费使用与管理”学习、参加“以案为鉴、以案促改”警示教育大会。

学科建设。学部在总结第五轮学科评估工作经验的基础上，前瞻第六轮学科评估，以支持学校发展为立足点，以学科评估为支撑点，制定信息学部“十四五”规划。11 月，控制与工程学科在北京高校高精尖学科建设中期考核评估结果为优秀。

本科教学。学部本科招生 924 人、12 个专业、39 个班级，招生的 12 个专业中有 8 个专业位居学校各专业排名前 10 名。学部共有本科生班级 147 个，学生 3620 人，其中留学生 21 人；全校在册就读学部辅修双学位的学生 146 人。

完成 6 人转出、139 名转入转专业工作。完成 88 人专业分流，分出计科 50 人（2 个班）、物联网工程 38 人（2 个班）。2018 级共 109 名同学获得推免资格，另有 6 名通过补充方式获得推免资格；毕业 835 人，获学位 835 人，结业 3 人，肄业 4 人，辅修结业 3 人，辅修学位 6 人。为本科生开设 398 门课程、800 个课堂，组织 1638 场次组考和监考工作。完成 896 人毕业设计和过程跟踪与督导，29 篇毕业设计论文入选校优秀毕业设计论文摘要选编，其中 9 篇获校级特优论文和北京市优秀本科生毕业设计（论文）；完成 2020 年实培项目（10 项科研类毕业设计、2 项创业类毕业设计、12 项大学生科研训练计划深化项目）结题工作。完成 13 个项目的校级教研项目结题；20 个案例入选校级第二批、第三批优秀“课程思政”典型教学案例，4 个项目入选校级本科重点建设教材；新出版教材 5 部。获立德树人毕业班优秀班主任标兵奖 1 名、提名奖 2 名；获课程思政教学设计大赛一等奖 2 人、二等奖 2 人、优秀组织奖 1 项；获优秀教育教学成果奖特等奖 1 项、一等奖 4 项、二等奖 6 项；获教师教学创新大赛副高组特等奖 1 项、正高组一等奖 1 项、副高组二等奖 1 项；获招生先进个人 3 人。1 个教学团队获北京高校教师教学创新大赛副高组二等奖。1 部教材获北京高校优质本科教材课件。“信号与系统”教学团队（主讲教师刘鹏宇）获北京高校教师教学创新大赛副高组二等奖。学部教材《面向对象程序设计（第 3 版）》（叶乃文等著）获北京高校“优质本科教材课件”。

研究生培养。学部在校研究生共 2692 人，其中博士研究生 273 人，硕士研究生 2181 人，留学生 82 人，同等学力硕士研究生 156 人。硕士研究生包括全日制硕士研究生 1985 人，非全日制硕士研究生 196 人；学术型硕士研究生 758 人，专业型硕士研究生 1423 人。2021 年，信息学部学位评定分委员会分三批次讨论 730 名研究生的学位授予，并获学校批准。其中 33 人获批工学博士学位，215 人获批工学学位，482 人获批工程硕士学位。获中国图学学会优秀博士学位论文 1 人，中国电子学会集成电路奖学金 1 人，校级优秀博士学位论文 3 人，校级优秀学术学位硕士学位论文 39 人，校级优秀专业学位硕士学位论文 42 人。

研究生质量。学部制定《信息学部研究生教育督导工作办法（试行）》，成立由 15 名专家组成的“学部研究生教育督导组”，对学部研究生教育教学全过程进行监督、检查、评估和指导，规范信息学部研究生教育管理工作。为完善学位论文前盲审机制，制定《关于信息学部硕士研究生学位论文“前盲审”的规定》，发布《2021 年信息学部硕士研究生学位论文前盲审报告》，运用第三方评价体系保障培养质量体系建设。2021 年 45 名博士预毕业研究生参加前盲审，比例为 100%，186 名硕士预毕业研究生参加前盲审，比例为 25%。

研究生课程建设。学部共开设博士专业课程 19 门、硕士专业课程 322 门，全年教学运行平稳，无教学事故发生。3 人获校研究生课程思政教学名师和团队，1人获校研究生课程思政示范课程培育项目，4人获学校研究生课程思政优秀案例一等奖，5人获校研究生课程思政优秀案例二等奖，3个团队的项目确定为2021年校“研究生思政教育进科研团队”探索项目，1人被学校推荐参评“2021年北京高校研究生教育课程思政示范课程、教学名师和团队”。

导师队伍建设。学部制定《信息学部研究生指导教师资格审核认定实施细则（试行）》。学部现有博士研究生导师109人，学术学位硕士研究生导师286人，专业学位硕士研究生导师285人，专业学位硕士生兼职导师256人，来华留学生导师9人。其中2021年新增博导5人，学硕导师15人，专硕导师22人，专硕兼职导师29人，来华留学生导师3人，跨学科调整导师14人。

研究生招生工作。学部落实招生政策，分类制订远程复试方案。在硕博士招生复试工作中，组建线上考场159个，组织参与复试教师870人次，建立技术队伍64支，完成934名考生复试工作。设立通信小组5支，为师生及家长实时答疑。开展线上直播宣传5场，线下招生宣传20余场；举办科技夏令营活动，来自86所高校210名优秀学生入营；接收2022年推免研究生143人；完成硕博连读选拔工作，22人获硕博连读/专硕攻博资格。

录取博士研究生73人，其中申请考核制选拔博士生45人，硕博连读15人，专硕攻博13人；分为四个招生学科录取，其中电子科学与技术17人，控制科学与工程32人，计算机科学与技术19人，软件工程5人。录取硕士研究生701人，其中全日制学术型硕士265人（电子科学与技术59人、信息与通信工程31人、控制科学与工程82人、计算机科学与技术65人、网络空间安全6人、软件工程22人），电子信息全日制专业学位434人（信通学院55人、微电子学院66人、自动化学院92人、计算机学院113人、软件学院108人），自动化学院非全日制专业学位2人。

科研工作。获批各类科研项目立项316项，其中纵向86项，横向230项。项目合同金额5亿元，到账经费1.08亿元，其中，纵向项目合同金额3.3亿元，到账经费4680万元；横向项目合同金额1.7亿元，到账经费6129万元。全年共计发表学术论文917篇，《科学引文索引》（SCI）论文401篇，EI期刊论文72篇，《工程索引》（EI）会议论文217篇。出版专著和教材4部。申报国家自然科学基金97项，获批21项。申报北京市自然科学基金项目56项。专利授权385（国内）项16（国外）项。获省部级及社会力量奖10项，包括牵头北京市科学技术奖二等奖1项、吴文俊人工智能科学技术奖一等奖1项。韩红桂获批国家自然科学基金杰出青年基金项目，顾锞获批北京市杰出青年科学基金项目。

标志性成果包括3项：王亮、杨宇光、顾锞入选爱思唯尔中国高被引学者名单，王鼎、顾锞入选科睿唯安全球高被引科学家名单。冯士维团队主持完成的“半导体芯片结温与系统热阻构成无损检测关键技术及应用”项目获2020年度北京市科学技术奖（技术发明奖）二等奖。“超目科技”获中关村国际前沿科技创新大赛“中关村银行杯”医疗器械领域TOP3。

学生工作。学部学生工作系统分设本科生工作办公室、研究生工作办公室、学生党建工作办公室、学生发展办公室和学生素质教育办公室5个机构，现有专职辅导员16人。发展学生党员509人，开展培训、实践类活动5000余次。依连欣康获教育部第二批全国百名研究生党员标兵。1个班级获北京市先进班级体，3个团支部获学校“标兵团支部”，14个团支部获学校“优秀团支部”，2个班级获学校“十佳班集体”。6人获国家奖学金，88人获国家励志奖学金，7人获评“北京市三好学生”，1人获评“北京市优秀学生干部”，5人获“科技之星”及提名，1人获校长奖学金。完善星火基金、国家级大学生创新创业训练计划，共立项174项，150余支队伍参赛，33个作品获奖。获第七届中国国际“互联网+”大学生创新创业大赛金奖1项；第十一届“挑战杯”全国大学生课外学术科技作品竞赛恒星级奖项1项、行星级奖项2项；iCAN全国大学生创新创业大赛北京市一等奖4项、二等奖6项、三等奖12项、优胜奖1项；“兆易创新杯”第十六届中国研究生电子设计竞赛全国总决赛团队二等奖1项、三等奖1项。

以第二课堂教育体系为支撑，在2020级新生中实施“启鹏工程”教育方案，分设“启思”“启学”“启智”“启行”和“启健”5个模块。推进“学长伴我行”“党员进宿舍”“党团班一体化建设”等工作，五育并举，深化主题教育活动的渗透力。定期召开毕业生就业工作专题沙龙，探讨毕业生就业问题。每周通报就业工作数据和进展。实施“展鹏工程”，推动就业质量和深造率提质增效。建立毕业生就业动态台账，全面掌握毕业生就业状况，开发就业市场，建立稳定的就业渠道。研究生毕业去向落实率居学校第一名，2021 届本科生深造率达到 56.78%。

国际合作。学部搭建全球合作网络，加强国际化人才培养，稳定留学生招生，完善制度建设。举办境外交流项目：爱尔兰科克大学暑期在线课程项目、美国麻省理工学院“机器学习 +”深度学习项目。共 23 名学生赴境外交流学习：本科生长期交流 2 人，本科生短期交流 6 人，外培 14 人，博士长期交流 1 人。留学生招生（实际报到）本科生 2 人，硕士 2 人，博士 7 人。新制定并实施《北京工业大学信息学部外国留学生奖学金评定细则》《北京工业大学港澳台侨学生奖学金评审实施细则》，更新《信息学部教师因公出国（境）工作办法》。新签国际合作协议 2 份：《北京工业大学与新加坡国立大学关于合办“3 + 1 + 1”联合培养项目框架协议》《北京工业大学信息学部—斯洛伐克科希策技术大学协议》。校级立项并资助 13 项科研项目：国际科研合作引智培育项目 2 项，国际科研种子基金 A 类、B 类共 9 项，北京工业大学与台北科技大学学术合作专题研究项目 2 项。续聘外籍行政管理人才 1 人，聘任学生国际化发展青年导师 8 位，选派 4 位教师参加北京工业大学—英国诺丁汉大学、宁波诺丁汉大学教师培训项目、北京工业大学—新加坡南洋理工大学教师培训项目。

师资队伍。2021 年，学部入职 32 人，其中引进优秀人才 3 人、人才补充与支持计划 1 人、新教师 26 人，社招管理一般岗 2 人。转入教师岗 5 人。退休 7 人、延聘 5 人，离职 1 人、挂职 4 人。完成 35 名管理岗人员聘期考核工作，考核结果均为合格。完成管理岗位聘任工作，共聘任 38 人，其中重点岗 16 人，一般岗 22 人。

学部新晋升教授 5 人、副教授 12 人、研究员 2 人、副研究员 2 人、讲师 21 人、助理研究员 1 人、研究实习员 2 人。19 名教师取得高等学校教师资格证。尹宝才入选北京学者；韩红桂获批国家自然科学基金杰出青年基金项目；张永哲获聘教育部国家重大人才工程特聘教授；解意洋获批教育部国家重大人才工程青年项目；顾锞获批北京市杰出青年科学基金项目；顾锞、王鼎入选科睿唯安全球“高被引科学家”；王亮、杨宇光、顾锞入选爱思唯尔中国高被引学者；王博岳、句福娇入选北京工业大学高端人才队伍建设计划第四批校内优秀人才。在站博士后 1 人获批国家级第 14 批特别资助，2 人获批中国博士后科学基金第 69 批面上项目二等资助，7 人获批北京市博士后 A 类资助。

资产管理。完成年度资产清查，配合国资处对学部所属各个部门、科研团队、实验教学中心的固定资产账户整合，结合资产清查进行新旧账户资产信息迁移，推进资产精细化管理。自制实验教学仪器设备，优化实验内容与项目，提高学生的实践能力，推进虚拟仿真实验教学项目建设及智慧实验室建设，面向本科生开放实验室。完成信息与通信工程实验中心整体搬迁；信息楼六层科研团队的五个实验室电力增容；数理楼光电子实验室、信息楼计算机学院部分科研实验室、实训楼罗克韦尔实验室改造等工程项目。组织信息学部 2021 级研究生新生参加网上实验室安全准入考试，按要求颁发合格证书。根据学科和专业特点制定和完善实验室安全管理制度，实验室安全应急预案。加大实验室安全投入，为实验室配备和补充安全防护器材。

（丁淑杰　李晓理　杜　峰）

【第二次党员代表大会召开】 12 月 23 日至 24 日，中共北京工业大学信息学部第二次党员代表大会在逸夫图书馆报告厅召开，141 名党员代表参加会议。全体党代表围绕两委工作报告、决议（草案）、大会选举办法等展开讨论。主席团成员听取各代表团讨论情况，研究部署并完成大会期间各项任务。换届选举大会，选举信息学部新一届党的委员会委员、纪律检查委员会委员以及书记、副书记。

（张娉蕊　张永哲）

【党史学习教育】 以迎接建党 100 周年为主线，各支部通过“三会一课”、主题党日、集体理论学习、支部活动等形式开展党史学习教育专题学习 500 余次；党员领导干部讲党史专题党课 9 次，覆盖党员 200 余人次；依托“信息学部大讲堂”，邀请学校党史宣讲团开展党史学习，覆盖师生 2000 余人次；各支部围绕“我为群众办实事”开展主题党日活动，办实事 163 件。通过领导干部带头学、基层支部集体学、举办主题党日和专题党课等形式，达到学党史、悟思想、办实事、开新局的目的。

（张娉蕊　张永哲）

【获北京高校优秀本科育人团队称号】 9月13日，乔俊飞为带头人的“智能控制与系统”教师团队获得北京高校优秀本科育人团队称号。团队创建于2008年，面向国家及北京市高精尖产业发展需求，坚持“三全育人”模式。团队探索教育教学改革，提出以“数据自动化”为主线，以“智能＋系统”为特色的人才培养方案，精准对位北京服务行业主战场。依托学科优势，推进校企合作、产学研协同育人，致力于学生创新创业能力培养，形成科研反哺本科教学和人才培养的良性机制。

（傅安琪　张利国）

【开办冬奥信息系统方向研究生班】 2019年9月，为支持北京2022年冬奥会和冬残奥会筹办工作，在计算机技术方向开设冬奥信息系统方向研究生班。在冬奥筹备阶段，2021年3月至2021年12月，信息学部35名优秀在读硕士研究生到奥组委正式上岗，为北京冬奥会贡献科技力量。信息学子发挥专业优势，在冬奥的信息化保障、志愿者服务、赛事管理岗位上发挥骨干作用。

（赖英旭　丁淑杰　杨　震）

文法学部

【概况】 北京工业大学文法学部（Faculty of Humanities and Social Sciences）由社会学系、社会工作系、法律系、外国语言文学系、大学英语教学部、研究生公共英语教学部、高等教育研究院、北京知识产权院8个教学科研部门以及党委办公室、综合事务办公室、教务办公室、学科建设与研究生培养办公室、科研与基地管理办公室、对外交流合作与信息化建设办公室、学生工作办公室、团委8个党政管理部门组成。学部还成立人才工作领导小组、学科建设领导小组、学术委员会、学位评定分委员会、本科教学指导委员会、科技伦理分委员会、师德建设分委员会、教授会等议事协调机构。

文法学部现有社会学、社会工作、法学和英语4个本科专业，社会学专业入选首批国家级一流本科专业建设点；社会学、教育学、外国语言文学3个一级学科硕士学位授权点，社会工作、教育、法律3个专业硕士学位授权点，同时依托本校经济与管理学院建设公共管理专业硕士学位授权点并培养社会管理工程学科方向博士研究生和师资博士后；社会学、高等教育学为北京市重点建设学科。

文法学部建设有3个省部级科研基地：北京市哲学社会科学研究基地、北京社会管理研究基地和首都工程教育发展研究基地，北京市教委“2011计划”协同创新中心——首都社会建设与社会管理协同创新中心；2个省部级学术创新团队：北京市教委人才强教计划“首都社会建设研究”团队和“地方大学教学改革研究”团队；与北京市党政部门和科研部门合作共建6个政产学研用一体化平台：北京社会建设研究院（2009年与原北京市委社会工作委员会合作共建），当代中国信访与社会治理研究中心（2011年与北京市信访矛盾分析研究中心合作共建），首都高等工程教育研究中心（2011年与北京市教委合作共建），北京市残疾人社会组织研究中心（2012年与北京市残疾人联合会合作共建），首都教育廉政研究中心（2013年与中共北京市教育纪工委合作共建），北京知识产权院（2014年与北京市知识产权局合作共建）。

截至2021年12月，学部有教职工200人，其中专任教师173人，机关管理人员19人，其他专业技术人员5人，工勤人员1人，聘用制人员2人。专任教师包括正高级职称人员12人、副高级职称人员60人，获博士学位的教师93人。招聘青年教师8名。2021年学部1名教师获第十七届北京市高等学校教学名师奖，1名教师入选学校高端人才队伍建设优秀人才，48名教职工获校级（不含）以上奖励。2021年，15名教师晋升职称，其中正高级1名、副高级4名。2021年毕业学生246人，其中本科生165人，研究生81人；招收学生304人，其中本科生169人，研究生135人；在校生974人，其中本科生666人，研究生308人。另有在读本科留学生1人，硕士留学生6人。

党建工作。2021年，文法学部共有在职教师党员120人，退休教师党员37人，学生党员262人，党员合计419人。学部党委下设16个党支部，其中7个教工党支部，7个学生党支部，2个退休党支部。2021年，学院共发展党员132人，其中青年教职工1人，学生131人。52名预备党员按期转正。新增入党积极分子148人，发展对象143人。

2021年，学部党委共新订、修订制度30项；2020年度民主生活会班子整改方案与学部党委第三轮巡察专题民主生活会班子整改方案制定的整改措施已基本完成。

开展党史学习教育。制定文法学部“四史”、党史学习教育工作方案，将党史和“四史”学习教育与教职工理论学习有机结合。全年组织理论学习111次、参观党史展览馆等红色基地4次，实现党员教育全覆盖；学部设置党员先锋岗和责任区，中层干部完成办实事11项，师生党支部完成办实事21项；领导班子党员干部联系指导师生党支部建设63次。

抓好理论学习实效。落实学部理论学习中心组规则，及时调整更新学部党委理论学习中心组成员。2021年学部党委理论中心组学习研讨共计17次。制定《文法学部党委2021年教职工理论学习组织实施方案》，设置月度学习主题，明确学习要求，实行管理台账，全年累计开展教职工理论学习154次。推荐学校第八期教师“青马班”学员4人、学生“青马班”学员11人；国际化教师培训项目708人次；82人参加学校师德师风专题培训并获得结业证书。

坚持党建与业务融合。持续打造一院一品“群学先锋，以学促建”党建品牌，10名教师加入学校党史学习教育宣讲团，累计授课17次；12名教师加入学校党的十九届六中全会精神宣讲团。为全校师生、共建单位提供理论阐释服务。开展党建研究，1项党建课题获北京市党的建设研究会2020年度立项课题优秀成果一等奖；获批北京高校党建研究会课题1项、学校党建和思想政治工作研究课题1项。

推进党建达标创优。师生党支部严格落实“三会一课”；聘任4名兼职组织员，开展入党培训20余次；深入落实党员干部、党委委员联系支部制度，学部党委委员、领导班子成员、组织员全员参与学生党员发展谈话；按时组织党支部书记抓基层党建述职评议考核和党支部（一线教师）考核工作，以数据、实例形式，客观清晰呈现支部建设成效，加强学部党委对支部建设的指导和监督。获批学校2021年度“三全育人”教师团队培育项目2项；获批学校“小微提升”成果类项目1项、优秀党支部工作法2个；获得学校第四届思想政治教育工作实效奖（个人奖）一等奖1项、优秀奖2项；获校级“七一”表彰优秀党员8人、先进党支部4个；入选学校红色“1+1”项目2项，获评北京高校红色“1+1”共建活动优秀奖2项、校红色“1+1”共建活动三等奖1项；1名学生获北京市强国征文精品征文奖1篇，获“四史”征文校级奖励10人。

落实全面从严治党。学部党委牵头制定《文法学部2021年度落实全面从严治党主体责任清单》和领导干部个人清单，班子成员全员签订《责任书》。完成《文法学部“十四五”发展建设规划》和“十四五”时期学科建设规划，调整更新学部学术委员会、师德建设分委员会、本科教学指导委员会、学位评定分委员会、人才工作领导小组等议事协调机构人员组成。每半年专题研究1次全面从严治党（党建）工作和政治生态分析研判，重点做好基层党支部达标创优、意识形态阵地管理、安全稳定、师德师风建设、学生心理健康等重点事项分析研判。严格执行重大事项请示报告制度，全年上报请示事项5件、报告10份。依据学校《党务公开实施细则（试行）》要求，制定学部党务公开目录共39项，确定主体、内容、范围、时限、方式，明确学部党委书记是学部党务公开工作的第一责任人。

学科建设。文法学部现有社会学、教育学、外国语言文学3个一级学科硕士学位授权点，有社会工作、教育、法律3个专业硕士学位授权点，并与经管学院共建公共管理专业硕士学位授权点。社会学、教育学为北京市重点建设学科。以教育部第五轮学科评估工作为基础，全面总结学科建设经验，科学制定“十四五”时期学科建设规划，推进学科发展。

学部目前设有社会学、社会工作、法学和英语4个本科专业，其中社会学专业入选首批国家级一流本科专业建设点。2021年组织社会工作专业申报国家级一流本科专业建设点，组织英语、法学专业申报北京市一流本科专业。

本科教学。2021年，文法学部本科教学工作全年平稳运行。本科招生169人，招生4个专业，7个班级：社会学类专业2个班、社会学（第二学士学位）1 个班、法律专业 2 个班、英语专业 2 个班。学部本科生班级 25 个，学生 666 人，全校在册就读学部辅修学位和辅修结业学生 395 人。

课程建设。文法学部为全校本科生开设大学英语公共基础必修课，2021 年共开设课堂 193 个，选课学生 5596 人次；通识教育选修课 48 门，课堂 151 个，选课学生 5777 人次。

教学改革。深化第六次教育教学大讨论的成果，完成 4 个本科专业 2020 版本科生及辅修双学位教学计划，制定近 280 门本科专业及通识教育选修课课程教学大纲及课程简介。加强制度建设，制定《文法学部本科生 B 类科技竞赛实施细则》《文法学部本科教材管理实施细则》《文法学部班主任工作管理实施细则》。

学生培养。2021 年本科毕业生 166 人（含留学生 1 人），其中有 9 人获评北京工业大学优秀毕业设计（含双学位 4 人），3 名获评“2021 年北京市高校优秀本科生毕业设计”（含双学位 1 人）；辅修学士学位 127 人（其中法学 60 人、英语 26 人、日语 41 人），辅修结业学生 27 人（其中法学 3 人、英语 4 人、日语 20 人）。开展全国大学生英语竞赛、“强东杯”高校社会学知识竞赛等 13 个竞赛活动，全校共 2314 名学生参赛，其中 395 人获奖，71 人获得国家级奖项（一等奖 5 人、二等奖 26 人、三等奖 40 人），19 人获得省部级奖项（一等奖 1 人、二等奖 1 人、三等奖 3 人、优秀奖 14 个），305 名学生获得校级奖项（特等奖 6 人、冠军 2 人、亚军 2 人、季军 2 人、殿军 2 人、一等奖 56 人、二等奖 97 人、三等奖 138 人）。

教学成效。文法学部获批 2 个新文科研究与改革实践项目；1 名教师获第十七届北京市高等学校教学名师奖；获 2021 年北京工业大学优秀教育教学成果奖特等奖 1 项、一等奖 1 项、二等奖 1 项；1 个团队获第二届北京工业大学教师教学创新大赛教学设计创新奖（单项奖）；3 名教师获评 2021 年度北京工业大学优秀青年主讲教师；1 名教师获北京工业大学首届“课程思政”教学设计大赛特等奖，2 名教师获一等奖；4 名教师获评“2021 年度本科课程考核方式改革优质案例”；2 名教师获评“2021 年度本科课程非标准化考试试题及优秀学生答案优质案例”；11 名教师课程思政案例纳入北京工业大学第三批优秀“课程思政”教学案例名单；4 个项目获批 2021 年北京工业大学“揭榜挂帅”教育教学改革专项榜单；1 名教师获“2021 年北京工业大学立德树人毕业班优秀班主任标兵”提名奖；6 名教师获评“北京工业大学 2021 年度立德树人优秀班主任”。

研究生培养。2021 年，共有 507 人报考文法学部研究生，同比增长 9%。录取硕士研究生 135 人，同比增长 9%，其中录取全日制硕士研究生 73 人，包括社会学 24 人，教育学 13 人，外国语言文学 11 人，教育 10 人，法律（法学）15 人；录取非全日制硕士研究生 62 人，包括社会工作 20 人，公共管理 42 人。85 名硕士研究生（含留学生 3 名）完成学位（毕业）论文答辩，84 名硕士研究生被授予学位（含留学生 3 名），9 名硕士研究生的学位论文获评校级优秀。2021 年录取推荐免试研究生 7 人，其中社会学 2 人，外国语言文学 2 人，教育 1 人，法律（法学）2 人。

课程建设。以课程建设为抓手，获批校级研究生课程思政示范课程 2 门、研究生课程思政示范课程培育项目 2 项、研究生课程思政优秀案例 2 项，“研究生思政教育进科研团队”探索项目 2 项；邀请境外学者授课项目 2 项；出版教材 2 部。

科学研究。2021 年，文法学部获批纵向项目 24 项：其中国家社科基金项目 2 项；省部级项目 11 项，含北京市社科基金、北京市教育规划、市教委重点项目，其中首次获首都高端智库重大项目 1 项，课题名称为“北京市新就业形态劳动用工和社会保障制度研究”；市教委一般项目 3 项；其他类别项目 8 项。获批横向企事业委托项目 26 项。全年到校经费共 507 万元，其中纵向项目经费（竞争性）223 万元，横向项目经费 284 万元。出版著作 12 部；发表论文 134 篇，其中 CSSCI、SSCI、EI、北大中文核心等高水平论文 65 篇；提交被采纳研究报告或专家建议共 10 份，其中向教育部教育发展研究中心、国家生态环境部和北京市委、市政府各提交研究报告 1 份；科研获奖 4 项；国内专利（外观设计）3 项。主办学术会议 8 次，包括中国社会学会 2021 年学术年会“社会建设的理论与实践”论坛与 2021 年学术前沿论坛北京市社会学学会专场暨学会成立 40 周年纪念大会等重大学术会议。健全北京市哲社基地北京社会管理研究基地和首都工程教育发展研究基地管理体制，分别成立第一届理事会并完成学术委员会换届工作。

学生工作。2021年，文法学部毕业本科生165人，研究生81人；新入学本科生169人，研究生135人；截至2021年12月31日，在校本科生666人，研究生308人，总计974人。现有本科班主任25人，研究生班主任17人，专职辅导员4人。

学生活动。文法学部策划开展《朗读者》、学术论坛、世界知识产权日活动、学术倡议书等教育宣传活动，获得校科技节优秀组织单位。组织学生参与校园文化节艺术展演，获得“热血青春”奖。学部积极引导学生参加体育运动，现有学生足球队、篮球队、羽毛球队、乒乓球队、排球队五大球队。在第四十六届北京工业大学校运动会中，文法学部获得团体总分第七名、体育道德风尚奖。组织开展冬奥会志愿者推荐、服贸会志愿者推荐等工作，鼓励学生积极参与志愿服务活动。

学生就业。研究制定《北京工业大学文法学部2021届毕业生就业工作实施指导方案》《文法学部就业促进周系列活动方案》，组织召开各类线上线下就业工作专题会议，提供就业信息500余条，为学生修改简历或指导面试70余人次，建立本研就业联动机制，按照“一生一策”要求，定期开展师生深度“谈心谈话”，加强学生就业指导和服务，累计提供就业帮扶300余次。1名辅导员荣获首届北京高校就业指导课程教学大赛决赛三等奖、校级一等奖。4名研究生、8名本科生获北京市优秀毕业生称号，8名研究生、16名本科生获校级优秀毕业生称号。4名学生获校级百佳毕业生称号。

培养成果。文法学部团委首次荣获校“五四红旗团委”荣誉称号。191431班荣获北京市先进班集体称号、校级十佳班集体提名；6个班级荣获校优良学风班称号、3个班级荣获校先进班集体称号。1个团支部获评校级标兵团支部、4个团支部获评校级优秀团支部。5名学生获评国家奖学金；1名学生获“北京市三好学生”称号，1名学生获“北京市优秀学生干部”称号；237人次获校级奖学金；146人次获学部级奖学金；10人获国家励志奖学金，72人获国家助学金，2人获社会资助助学金；1名学生获“研途有您，我心中的好导师”征文活动特等奖、1名学生获一等奖。

交流合作。2021年，文法学部与境外大学新签长、短期合作协议2项，申报市外籍高层次人才资助计划1项，获批校国际科研种子基金项目5项。学部实施两期“教师科研与教学能力提升”线上研修项目，惠及师生1100多人次；聘任7名长、短期外籍教师和专家进行教学和科研合作；选拔3名教师赴波兰奥波莱孔子学院任教；获批国际化发展青年导师2人，推荐4人参与国际化培训项目。学部选派23名学生参加学校长、短期国（境）外交流项目，其中3人分获校特等和一等奖学金；选拔13名学生参加联合国职业发展规划项目。2021年学部的国际学生培养工作中，4名国际学生毕业、1名国际研究生入学，2名国际学生获评奖学金。学部完成建校61周年校友返校工作，近100名校友返校。完成学部门户网站迁移，建立学部微信公众号。

纪检工作。持续推进学部纪委试点，不断规范运行机制。突出巡视巡察整改监督检查。做好巡视“后半篇文章”，落实巡视整改成效“回头看”工作，向学校提交《文法学部党委关于落实巡视整改成效“回头看”工作自查报告》1份。

落实学部纪委制度。督促领导干部履行“一岗双责”和“党政同责”，协助制定《文法学部落实全面从严治党主体责任清单》班子成员《全面从严治党责任清单》和《全面从严治党、意识形态责任书》，推动“两个责任”落地生根；开展全员科研经费使用及管理政策宣讲，与科研项目负责人签订《北京工业大学科研经费使用廉洁自律承诺书》166份；开展针对党支部书记、内设机构负责人科研经费使用的抽查工作；完成对“违规发放津补贴或福利、违规收送名贵特产和礼品礼金、违规吃喝、违规配备使用公务用车四类问题专项整治”自查自纠工作；推进内控体系建设，督促机关办公室梳理并形成业务流程汇编。

做好日常提醒、警示。做好矛盾纠纷排查化解，规范学部“接诉即办”工作。受理信访2件次，接诉即办7件次，解决率100%。协助学校纪委调查工作2件次。

加强自身建设。完善议事规则和程序，召开文法学部第一届纪委第七次全体会议；完成学部纪委书记、副书记岗位及职责调整，强化责任意识，凝聚合力；做好纪检干部学习培训，提升专业能力。畅通宣传教育途径，向“清风工大”推送宣传稿3篇；完善学部网站、宣传栏中纪委工作模块内容。

（柴晶晶　范　明　唐　军）

【获北京市党的建设研究会优秀成果一等奖】 4月23日，北京市党的建设研究会第八届理事会第一次全体会议宣布文法学部主任唐军教授牵头负责完成的研究报告《城市社区党建引领社会动员常态化机制研究》获北京市党的建设研究会2020年度立项课题优秀成果一等奖。

（陈 锋 范 明）

【举办2021年学术前沿论坛北京市社会学学会专场暨学会成立40周年纪念大会】 12月3日，文法学部举办大型学术会议“2021年学术前沿论坛北京市社会学学会专场暨学会成立40周年纪念大会”。本次会议主题为“中国式现代化与中国社会学的新发展”，来自中国社会科学院、北京大学、清华大学等高等院校和科研院所的100多名学者参加大会。会议在全国网络同步直播，吸引全国近500名观众实时观看，总观看次数接近1700次。

（赵 英 陈 锋）

【立项2项“新文科研究与改革实践项目”】 11月北工大立项3个教育部办公厅认定的新文科研究与改革实践项目，立项数量居市属高校第一，其中文法学部2个项目榜上有名，分别为唐军申报“学部制改革与新文科复合型人才培养创新与实践”项目，王超申报“高校新文科运行机制的改革与发展研究”项目。

（罗 琳 马晓梅）

【学生科技竞赛取得突破】 5月，社会学研究生郭包罗获第十一届“挑战杯”首都大学生课外学术科技作品竞赛特等奖；9月，获第十七届“挑战杯”全国大学生课外学术科技作品竞赛二等奖；5月，社会工作专业本科生王光普获第十一届“挑战杯”首都大学生课外学术科技作品竞赛二等奖；法学专业本科生吕昊然获华北五省人文知识竞赛一等奖第九名；法学本科生宋钧蕾获华北五省人文知识竞赛二等奖。12月，社会学研究生郭包罗获校长奖学金，是学部首个获该奖项的学生。

（王 娟 陈 晨）

城市建设学部

【概况】 2017年学校基于自身区位优势和学科特色，整合原有建筑工程学院、城市交通学院、建筑与城市规划学院，组建城市建设学部（Faculty of Architecture，Civil and Transportation Engineering 以下简称“学部”）。2020年4月，城市建设学部正式进入实体化运行。

学部涵盖土木工程、交通运输工程、城乡规划学3个一级学科博士点以及水利工程、建筑学2个一级学科硕士点。土木工程学科始建于1960年、交通运输工程学科始建于1979年、城乡规划学科始建于2002年。其中土木工程学科主要以重大工程结构抗震减震及城市综合防灾减灾、高性能材料与结构新体系设计理论和方法、岩土工程前沿科学问题与新技术、工程结构运维与性能提升及全寿命设计、城市水系统健康循环与水环境恢复技术、绿色建筑环境与节能减排技术为主要研究特色，在教育部最新一轮学科评估中进入前5%；交通运输工程学科主要以交通规划理论与方法、道路交通安全理论与技术、智能交通与信息感知、交通大数据感知与处理技术、道路新材料与性能等为主要研究特色；城乡规划学主要以防灾规划设计理论与方法、城镇规划设计理论与方法、城市设计理论与技术、城乡历史遗产保护规划理论与方法为主要研究特色。2017年以土木工程、交通运输工程等为核心学科的现代城市建设与环境工程学科群正式进入国家一流学科建设行列。

学部拥有国家级教学基地2个，省部共建国家重点实验室培育基地1个、教育部重点实验室1个、北京市重点实验室4个、北京市协同创新中心1个、北京市工程技术研究中心3个、北京市国际科技合作基地2个、行业重点实验室2个。学部设有9个本科专业，包括土木工程专业、智能建造专业、给排水科学与工程专业、建筑环境与能源应用工程专业、交通工程专业、交通设备与控制工程专业、建筑学专业、城乡规划专业以及风景园林专业。其中土木工程专业、交通工程专业、建筑学专业获批为国家一流专业建设点，土木工程专业是北京高校重点建设一流专业，建筑学专业是教育部高校特色专业建设点。

学部现有全职专任教师328人，教授109人。其中全职聘任中国工程院院士3人、海外工程院院士1人、国家杰出青年基金获得者等国家级高端人才7人、国家级优秀青年人才13人、北京学者3人、北京市“杰青”2人、北京市百千万人才工程

7人、北京市教学名师4人（含青年1人）等。另外，有国家自然科学基金创新研究群体1支、教育部创新团队2支和北京市学术创新团队11支。

党建工作。学部党委下设69个党支部，其中在职教工支部12个，退休教工支部2个，学生党支部55个。共有党员1784人，其中在职教工党员250人，占在职教工总数66.1%；退休教工党员63人，占退休教工总数48.5%；学生党员1471人，占学生总数37.4%；其中本科生党员336人，占学生总数19.0%；研究生党员1135人，占总数52.6%。规范党员发展流程，2021年发展党员386人，其中教师2人，转正169人。

在职教工中有党外人士31人，其中九三学社12人、民盟7人、民革1人、民建3人、民进2人、农工党1人、致公党2人，无党派人士3人。

修订学部党委会会议议事规则和党政联席会议议事规则，制定学部制度汇编40余项，全年组织党委会35次、党政联席会36次，涉及“三重一大”34次，“三重一大”事项75项。召开全面从严治党专题会议2次，全面从严治党警示教育大会、师德师风专题教育会7次，落实日常廉政谈话40余人次，组织专题活动4次。学部党委获评北京市先进基层党组织称号。

扎实开展党史学习教育，组织“七一”讲话精神和十九届六中全会专题学习，69个党支部实现全覆盖，累计参与师生达5000余人，为群众办实事139件。获北京市“四史”学习知识竞赛二等奖。

构建全员学习体系，落实领导班子理论中心组学习和教职工集中理论学习，设置党员、入党积极分子和师生等不同层次课程体系。全年组织理论中心组学习34次，教职工理论学习43次，专家讲座15次，领导讲党课12次，党校培训1462人次。

持续深化“四位一体”党建质量提升工程。建立“思想学业双引领”机制，实施研究生班导师计划，实施本科生党支部书记双引领计划。开展“大北京微讲堂”北京系列党课，入选学校“一院一品”党建品牌。凝练“城建系列”党支部工作法，3个工作法入选学校首批优秀党支部工作法。构建党团班工作联动机制，提出实施党团班协同“123”工作方法。1个党支部获批全国高校“百个研究生样板党支部”（2021年）。

落实意识形态工作责任制，制订责任清单，召开专题会2次，研判意识形态工作事项11项。严格“一会一报一审批”制度，全年审批讲座86次。加强网络舆情监控，定期开展新媒体账号排查。依托学部网站、微信公众号等开展宣传教育，全年发布各类新闻500余篇。

加强和改进思想政治工作。顺利完成全国三全育人综合改革试点验收工作。构建“宿舍学导制”微观育人网络，经验做法被中国网报道，获评北京市“百校千组学讲行”示范学习小组称号。构建“主题递进式”课程思政建设模式。提出工科专业“1+X+N”课程思政建设模式，编写课程思政案例汇编，工作成果获北京高校“三全育人”优秀成果工作案例一等奖。2个课程获批北京高校课程思政示范课程。

学科建设。全面总结首轮双一流学科建设情况，在人才培养、队伍建设、科学研究、社会服务、可持续发展能力等方面均以“比较显著”的成效评价顺利通过首轮双一流验收，并根据教育部有关部署，组织完成2021—2025年新一轮“双一流”建设一流学科建设方案的编制及专家论证工作。

组织完成学部“十三五”建设总结，学部及各学科“十四五”发展规划编制工作。组织学部五个学科参评教育部第五轮学科评估，以学科评估为契机，梳理和总结学科特色优势及短板，明确“十四五”期间各学科拟重点推进的工作。

教学工作。2021年5月，完成2020级土木类专业、交通运输类专业学生专业分流工作。95%以上学生满足第一、第二志愿要求。

2021年6月，24名青年教师通过学部助课考核和学校教学能力培训考核，其中5名青年教师获评优秀。

2021届毕业生中15名本科学生毕业论文入选校优秀毕业设计（论文）摘要，其中4篇同时获评北京市优秀毕业设计（论文）和北京工业大学特优毕业设计（论文）。2021届硕士研究生中56人获评校级优秀学位论文，博士研究生中8人获评校级优秀博士论文，3人获评行业优秀博士学位论文。

2021年本年度本科生总体招生24个班（1个贯通培养、1个智能建造二学位），共招生493人，另有国际班留学生3人，其中土木工程茅以升班招收28人。

2021年学部为本科生开课710门次，其中本科生创新实践课程20门次。组织院聘专家、专业负责人、学科带头人听课216门次，教师公开发表教学研究论文15篇，作为主编单位出版本科生教材4本。

2021年5月建筑环境与能源应用工程专业顺利通过全国工程教育认证复评。

2021年学部有1门课程获得北京市优质课程奖、2门课程获评北京市课程思政示范课程、1位教师获“北京市优质本科课程主讲教师”称号，1位教师获得北京高校教学名师奖、1位教师获“北京市优秀教学管理人员”称号、1位教师获得北京工业大学优秀青年教师奖、1位班主任获“北京工业大学毕业班优秀班主任标兵”称号、2位班主任获“北京工业大学毕业班优秀班主任标兵”提名。在全国首届教师教学创新大赛中1位教师获北京市二等奖；在北京高校第十二届青年教师教学基本功大赛中1位教师获二等奖、1位老师获三等奖；在北京工业大学首届课程思政教学设计大赛中1位教师获得特等奖、2位教师获得一等奖；在第二届全国教师教学创新大赛校级比赛中，2位教师获一等奖、1位教师获二等奖。

城建学部2021年共毕业博士生74人（含留学生5人），74人获学位（含留学生5人），毕业学术型硕士研究生157人，授学位人数157人，毕业全日制专业学位研究生250人，授学位人数248人，非全日制专业学位研究生（双证）35人，非全日制专业学位研究生（单证）26人，其中，博士研究生中8人获评校级优秀博士论文，3人获评行业优秀博士学位论文；硕士研究生中56人获评校级优秀学位论文。

学生工作。2021年学部共有学生3930人，其中本科生1772人、硕士研究生1707人、博士研究生451人。

学部获第七届学生党史知识竞赛一等奖、优秀组织奖，优秀支部奖33个，优秀个人奖245人。道桥工管硕士生党支部获评“全国高校百个研究生样板党支部”，7个学生党支部获评校先进党组织，20名学生党员获评校优秀共产党员。4个学生党支部参与北京市红色“1+1”示范活动评审，获一等奖1个、三等奖1个、优秀奖2个，其中道桥工管硕士生党支部获北京市红色“1+1”示范项目评审一等奖。1人代表学校参加北京市四史学习知识竞赛获二等奖；在“我听亲人讲‘四史’”征文活动中，获优秀奖2人，积极参与奖10人。190410茅以升实验班获评北京高校“十佳示范班集体”。

在第十一届北京工业大学科技节，组织学生科技作品参展30项，1项作品获最佳人气作品奖。组织学生参加“研途有您，我心中的好导师”征文活动，获特等奖2人、一等奖8人、其他奖项24人。学部获“学生年度获奖最佳学院”、“科技节活动优秀组织学院”、“学术月”优秀组织奖、心理宣传月“最佳组织奖”、“就业创业工作先进集体”、“五四红旗团委”等荣誉。

在校园文化艺术节中，学部舞台剧获精彩绝伦奖；在“工大杯”五球联赛中，获篮球联赛冠军、乒乓球联赛冠军、羽毛球联赛亚军、工甲足球联赛亚军、女排联赛第三、男排联赛第四名，获“首都高校校园足球冠军杯联赛”第五名，新生运动会团体总分第二名。学生参与省部级以上体育比赛获奖10余项，学部同学作为骨干成员获得“万科杯”第七届中国大学生滑雪挑战赛（全国总决赛）高山女子大回转第一名、北京市第十四届“和谐杯”混合团体季军。

2021届毕业学生毕业去向落实率为95.02%，签约率为66.67%，本科生深造率为45.16%。

本科生511人次获得各级各类奖学金，其中国家奖学金3人次，国家励志奖58人次；校级奖学金446人次。优良学风班12个，先进班集体13个，十佳班集体1个，十佳班集体提名1个，优秀团支部6个，标兵团支部1个。

研究生39人次获国家奖学金，1个项目获校长奖学金，3人次获科技之星，536人次获校级奖学金；获科技创新奖767项，其中特等奖33项、一等奖253项、二等奖258项、优秀奖223项；十佳班集体1个，优良学风班7个，先进班集体3个，优秀团支部3个。

科学研究与社会服务。2021年度学部新增主持国家级重点项目（课题）4项，国家自然科学基金面上及青年基金项目34项，北京市自然科学基金面上及青年项目11项。科研经费到款达到12324.80万元（财政科研类科研经费到款4662.75万元，技术转移类科研经费到款7662.05万元）。相关成果获得省部级科学技术奖4项，行业科技奖

15 项。以第一署名单位发表《科学引文索引》（SCI）论文 443 篇、EI 论文 124 篇，获授权发明专利 126 项（包括 1 项国际发明专利），专利转让 90 项，出版专著（编著）16 部（第一完成单位 12 部），参编标准 16 部。

对外交流合作。签署国际合作协议 4 项。来自美国、日本、英国、澳大利亚等国的 20 余位海外学者、专家与学部教师开展了学术交流。聘请海外高水平专家 20 余名，参与人才培养和学科建设。获批“基础设施工程抗震韧性与减灾”111 引智基地，召开引智基地第一次会议。举办国际会议 4 项。学部承办首届 BJUT－UCD 双边学术研讨会平行论坛。37 名教师参加本领域重要国际学术会议并作大会主旨报告。种子基金获批 20 项，项目经费 70 万元。获批留学基金委 2022 年创新型人才国际合作培养项目 1 项。43 名同学赴海外进行长、短期交流及联合培养（含线上，其中本科生 34 人，研究生 9 人）。8 名教师入选北京工业大学 2021 年度学生国际化发展青年导师计划。5 个团组 5 名教师赴境外交流。

学部现有来自巴基斯坦、柬埔寨、韩国等 48 个国家的留学生 122 人在土木工程、建筑学、城乡规划学、交通运输工程等专业就读。学习层次涵盖本科、硕士及博士研究生。2021 年招收各类留学生 8 名。制定《2018—2019 年留学生办学成本管理办法》。

实验室建设与管理。学部设有资产与实验室管理办公室，对学部各系实验室进行安全隐患排查并组织开展专项整改，并推进完成市政系实验室电路改造工作。目前，学部实验室整体安全环境有显著改观，实验规范程度加强。

（李　娜　王　婷　常　诚）

【做好重大活动服务保障】 115 名师生全流程、全覆盖参与建党百年系列活动，其中天安门广场合唱 13 人、献词 7 人，四惠交通枢纽远端集结志愿者 30 人，国家体育场文艺演出 48 人，主会场广场观众 17 人。积极参与 2022 年北京冬奥会、冬残奥会服务保障，冬奥志愿者 79 人，冬残奥志愿者 43 人，城市志愿者 18 人，参与开、闭幕式演练 20 人。

（夏佳宁　李佳斌　姚振瑀）

【学生竞赛取得成绩】 2021 年，学生获第七届中国国际“互联网＋”大学生创新创业大赛、全国大学生结构设计竞赛等国际、国家级奖项 37 项，其中特等奖 2 项、一等奖 6 项、二等奖 7 项、三等奖 22 项，第十七届“挑战杯”中国大学生课外学术科技作品竞赛两个项目进入国赛答辩环节。学生获北京市大学生建筑结构设计大赛等省部级奖项 36 项。累计征集“鼎新杯”项目 95 项，获“鼎新杯”创意大赛一等奖 1 项、二等奖 1 项、三等奖 1 项，创业银奖 1 项，课外学术科技作品一等奖 2 项、二等奖 3 项、三等奖 2 项，学部获“鼎新杯”。“星火基金”立项 41 项，“国创”立项 13 项。

（夏佳宁　尤　琪　李佳斌）

【打造工学类专业“1＋X＋N”课程思政建设模式】 “1”即 1 个主题，土木工程和交通工程学科以“超级工程”为主题，建筑和规划学科以“为人民而设计”为主题。“X”即 X 门专业概论课。通过深入分析典型工科专业的专业概论课的思政特征，建立起其与课程思政主题的关联性。“N”即工科专业核心课程课程思政示范课。以专业概论课程的思政元素导入为基础，从重大工程案例、大师人物事迹以及工程伦理三个途径深度挖掘提炼专业知识体系中所蕴含的思想价值和精神内涵。该成果获北京高校“三全育人”优秀成果评选一等奖。

（赵　航　田思楠　姚振瑀）

【“大北京微讲堂”北京系列微党课】 “大北京”取自城市建设学部学科发展和人才培养定位，寓意“建设北京”“深耕北京”。党支部根据所在研究所学科方向凝练贯彻“一支部一主题”，形成北京系列主题微党课，入选北工大“一院一品”党建品牌。

（赵　航　田思楠　姚振瑀）

材料与制造学部（含北京古月新材料研究院）

【概况】 北京工业大学材料与制造学部（Faculty of Materials and Manufacturing，以下简称“学部”）成立于 2018 年 1 月，自 2020 年 4 月开始实体化运行。学部拥有 5 个一级学科（材料科学与工程、光学工程、机械工程、力学、仪器科学与技术）

和1个交叉学科（资源环境与循环经济），其中国家重点学科2个（材料科学与工程、光学工程）、北京市高精尖学科3个（材料科学与工程、机械工程、光学工程），进入QS全球大学学科排名前250名学科2个（材料科学与工程、机械工程）。拥有北京市重点学科6个（材料科学与工程、机械工程、机械制造及其自动化、机械设计及理论、光学、资源环境与循环经济）、北京市重点建设学科3个（工程力学、机械电子工程、仪器科学与技术）。拥有博士后科研流动站4个（材料科学与工程、机械工程、力学、光学工程）。拥有博士学位授权点7个［材料科学与工程、机械工程、力学、光学工程、物理学、资源环境与循环经济（0805J2）、资源环境与循环经济（0202J1）］；拥有硕士学位授权点12个，其中学术型硕士学位授权点8个［材料科学与工程、机械工程、力学、光学工程、仪器科学与技术、物理学、资源环境与循环经济（0805J2）、资源环境与循环经济（0202J1）］，专业学位硕士学位授权点4个（机械/机械工程、电子信息/仪器仪表工程、材料与化工/材料工程、电子信息/光学工程）。拥有本科专业7个（材料科学与工程、机械工程、纳米科学与技术、测控技术与仪器、资源循环科学与工程、智能制造工程、焊接技术与工程，焊接技术与工程为2021年新增专业），其中国家一流专业2个（材料科学与工程、机械工程）、北京市一流重点建设专业2个（材料科学与工程、机械工程）、教育部工程教育认证专业3个（机械工程、材料科学与工程、测控技术与仪器），入选教育部“卓越工程师教育培养计划”专业3个（机械工程、材料科学与工程、测控技术与仪器）。

现有工业大数据应用技术国家工程实验室、国家产学研激光技术中心2个国家级科研平台，省部级以上科研基地/实验室/研究中心30余个；拥有工程力学国家级实验教学示范中心、机械工程北京市高等学校实验教学示范中心。

现有材料科学与工程学科教学团队、机械工程学科教学团队、基础力学理论和实验教学团队、课程思政教学名师教学团队（2021年新增）共4个国家级教学团队，拥有1个国家自然科学基金创新研究群体、1个国家虚拟仿真实验教学项目教学服务团队、1个教育部创新团队、1个科技部创新团队、4个北京市属高等学校创新团队建设提升计划入选团队、1个北京市优秀教学团队、1个北京市高校优秀本科育人团队、15个北京市属高等学校人才强教深化计划学术创新团队，5门国家级精品课程、10余门北京市精品课程，新增1门国家级课程思政示范课程。

现有中国工程院院士2人、高等学校教学名师奖获者1人、北京市教学名师8人、北京市青年教学名师2人（2021年新增1人）、教育部国家重大人才工程特聘教授8人（2021年新增2人）、国家自然科学基金杰出青年基金获者7人、国家自然科学基金优秀青年基金获者6人（2021年新增1人）、国家百千万人才工程国家级入选者7人、北京学者2人（2021年新增1人）。

现有在校生3845人，其中本科生1452人、硕士研究生1853人、博士研究生511人、留学生29人。现有教职工515人，其中专任教师420人、管理人员39人（其中处级5人），其他专业技术人员53人，工勤人员3人；专任教师中正高职称124人、副高职称146人、中级职称150人（待认定43人）；博士生研究生导师157人、硕士研究生导师321人。

党建工作。2021年，学部共有在职教师党员347人，退休教师党员138人，学生党员1158人，党员合计1643人。学院党委下设76个党支部，其中17个教工党支部、54个学生党支部、5个退休党支部。发展党员314人，其中教师3人、学生311人；142名预备党员按期转正，其中教师5人、学生137人。完成116名发展对象、511名入党积极分子培训工作。学部被评为2017—2021年度北京高校德育工作先进集体，8个教师党支部获学校建党百年“三个一百”先进党支部，12名教师党员获评学校建党百年“三个一百”优秀共产党员。

开展党史学习教育。教师党支部以“牢守初心育人‘材’，建党百年立新‘制’”为主题、学生党支部以“‘材’子初心永向党，矢‘制’不渝庆百年”为主题，开展“党史我来讲”、“政治生日”话初心、“党史书籍”我来读、“百名党员话百年”、学习“北京党史”慕课、观看红色电影、参观红色资源、翻拍红色影片、举办党史知识竞赛等主题活动。79名学生参与建党百年天安门广场合唱团和献词团、远端集结志愿服务。组织开展“我为群众办实事”主题实践活动，领导班子和76个师生党支部为群众办实事139件。

组织学部党委理论中心组学习18次、教职工政治理论学习48次。学部领导班子成员深入基层讲党课36次。组织完成学部全体教职工意识形态责任书的签订。建立党员联系非党员制度，加强对师生思想状态摸排。开展师德师风建设专题学习月活动。举办“百年党史寻初心，立德树人铸师魂”退休老教师与新入职教师座谈会。推出“我来谈为师”系列视频，展现学部教师育人风貌。通过师德“反面”事例展板，警示教师日常言行。推进“课程思政”，搭建“材思堂”课程思政建设交流平台，开展交流活动8次；设置专门经费支持课程思政项目，2021年共支持本科课程30项，研究生课程13项，学生就业创业相关课程3项。

严格党支部规范化建设，完成75个师生党支部“过筛子”工作，指导2个教师党支部按期换届，组织10次党支部书记例会，举办10次学部党建品牌“书记讲给书记听”大讲堂，完成2次党支部书记考核和1次党支部年度考核，承办学校第五次党支部书记沙龙。加强示范党支部建设与指导，6个党支部通过校首批“双示范”党支部项目验收，3个教师党支部工作法入选校首批“优秀党支部工作法”名单，1个教师党支部“强国一刻钟”入选校首批党建引领“小微提升”计划精品项目名单，力学党支部被学校推荐申报第三批新时代高校党建“双创”工作全国党建工作样板支部。

召开党政联席会41次、党委会42次，其中4次专题研究部署全面从严治党工作。切实履行好班子成员“一岗双责”，制定并签署个性化全面从严治党主体责任清单，厘清任务，压实责任。以贯彻全市警示教育大会精神、开展“科研经费使用及管理政策宣讲与自查自纠工作”等内容为主题，开展“党风廉政宣教月”活动。根据学校第六轮第一巡察组反馈巡察意见，学部党委履行主体责任，加强组织领导，统筹实施落实整改，针对4项10个问题，召开班子专题会4次、专题民主生活会1次、制订整改措施56条。截至11月30日，整改完成9个、推进整改1个。重视制度建设，2021年共制定和修订制度58项，其中党政发文16项、行政发文42项。

加强职工之家建设，推进非在编人员入会；组织教工趣味运动会、云健步活动、摄影比赛、庆祝建党100周年系列活动等10余次；组织学部教工参加学校运动会，教工一队获团体第一名、教工二队获第五名。做好退休慰问，发挥退休党员政治优势。开展统战工作座谈会，完成党外知识分子联谊会理事人选推荐、朝阳区人大代表推荐选举工作。

学科建设。推进材料科学与工程、机械工程和光学工程3个北京市高精尖学科建设工作，3个学科中期考核均获优秀。科学总结“十三五”，凝练办学经验，发挥学术委员会在学科、专业建设中学术监督、指导功能，统筹编制学部5个一级学科“十四五”发展规划。成立材料与制造学部青年教师协会，在学部党委领导和学部学术委员会指导下，依托学部青年教师协会组织开展“启明、启智、启融、启航”等系列活动，助力青年教师成长，促进学部学科交叉融合。

本科教学。应对疫情变化，学部在正常线下教学同时，做好线上授课准备工作，保证线下线上及时切换、无缝衔接实质等效。配合学部实体化运行，推进学部—学院—专业—教学系多级教学管理体系顺畅运行，修订完善5项教学管理制度。强化专业内涵建设，测控技术与仪器专业、材料科学与工程专业、机械工程专业完成工程教育专业认证中期检查资料提交工作，获批焊接技术与工程新设本科专业。各专业完成2021版本科人才培养方案修订。重视教师教学能力提升，组织完成30名青年教师助课考核和21名申报教师系列高级职称教师职称听课评审工作，1名教师获北京市高等学校青年教学名师奖，1名教师被学校推荐申报2021年度霍英东教育基金会高等院校教育教学奖，2名教师分获第三届全国高校无机非金属材料青年教师讲课比赛一、二等奖，2名教师获校级优秀青年主讲教师奖，4名教师分获第一届校级教师教学创新大赛特等奖（1名）、一等奖（1名）、二等奖（2名），2名教师分获教学活动创新奖和教学设计创新奖。重视教育教学研究，获校级教学成果奖12项，推荐申报北京市教育教学成果奖7项，发表教育教学论文21篇。加强课程和教材建设，1门课程获批2021年度国家级课程思政示范课程，授课教师入选课程思政教学名师和教学团队；推荐5门课程参评第二批国家级一流本科课程，1门课程入选北京市高校优质本科课程重点项目；获首届全国教材建设先进集体，2部教材入选教育部材料类“十四五”规划教材建设。加强班主任队伍建设，完善班主任工作机制，开展班主任岗前和岗位培训，1名班主任获校级立德树人毕业班优秀班主任标兵奖、1名班主任获提名奖，16名班主任获评优秀班主任。重视实践能力培养，组织学生参加高水平专业竞赛8项，学生获个人奖项70余项、团体奖项35项，学部获优秀指导教师奖25项；学部举办校级比赛3项，共848人次参赛。完成北京市“贯通式人才培养”（2+3+2）计划，北京电子科技职业学院、北京劳动保障职业学院共147名学生进入学部学习。“双培”计划、“外培”计划运行顺利，2017级“双培”生、“外培”生顺利毕业，2018级“双培”生、“外培”生顺利返校上课。9个北京高等学校高水平人才交叉培养“实培计划”（2020）项目结题。

研究生教学。2021年，学部共录取博士研究生137人（含科研计划博士21人）；硕士研究生667人，包括学术型硕士314人、专业型硕士353人。完成科技夏令营相关工作，评选优秀营员84人。完成2021年推荐免试工作，待录取推免生25人（含直博生2人）。完成2021年硕博连读/专硕攻博选拔工作，29人获硕博连读资格、13人获专硕攻博资格。制定管理制度2项。学部对全部博士生、28%的硕士生进行学位论文双向匿名评阅。完成94名（含留学生7名）博士研究生、245名（含留学生4名）学术型硕士研究生、284名专业型硕士研究生学位授予的学位分会审核工作。9名博士研究生、53名硕士研究生的学位论文获北京工业大学优秀研究生学位论文，7名博士研究生获博士创新奖学金。1名博士研究生获中国光学学会优秀博士学位论文奖，1名博士研究生获中国硅酸盐学会优秀博士学位论文提名奖，1名博士研究生获2020年第十七届王大珩光学奖学生光学奖。2个学位点成功获批工程博士学位授权点。完成2021年各类研究生导师资格审核认定工作，新增博士生导师16人，新增学术硕士研究生导师39人，新增专业硕士研究生导师44人，新增校外兼职博士生导师2人，新增校外兼职专业硕士研究生导师79人、校外兼职专业硕士研究生导师资格续聘32人，新增博士研究生导师跨学科招生资格认定1人。完成全年300门专业课教学运行，学部设置研究生课程思政建设项目13项、获批校级研究生课程思政团队项目2项、校级研究生思政教育进科研团队探索项目9项、推荐北京高校研究生教育课程思政示范课程1项。

科研工作。2021年，学部到校科研经费20176万元，其中财政科研项目经费10728万元、技术转移项目经费9448万元。财政科研项目新立项127项，技术转移项目新立项311项。获批国家自然科学基金项目51项，其中重点1项（“高性能稀土-难熔金属热阴极材料研究”）、重大研究计划重点支持1项（“力热多场服役环境下高温材料热端结构部位寿命损耗在线预测技术研究”）、“优青”1项（“实验固体力学”）、重大研究计划培育1项、面上项目26项、青年项目20项、活动专项1项。获批北京市自然科学基金面上项目12项。获授权发明专利410项（含国际发明专利10项）。出版著作5部；牵头制定国家标准3项，参与2项，修订1项；牵头修订行业标准4项；牵头制定团体标准5项，参与5项。邀请业内专家开展3次基金申报经验分享会，着力提升教师基金申报成功率；鼓励教师加强学术交流，支持学者沙龙活动9期；筹建学部科技伦理分委员会，制定管理制度3项。新购置科研及各类教学仪器设备662台件、总值3116万元，其中10万元以上大型设备66台件、价值1913万元，大型专业计算机软件25个、价值45万元。报废设备总值2281万元。盘活设备资源，材料显微结构分析中心49台仪器设备依托校平台加强开放共享，机械加工与检测中心平稳运行，新建激光加工与检测中心。完成学部重点科研基地主任、学术（技术）委员会委员换届及年度考核工作。“跨尺度激光成型制造技术”教育部重点实验室建设项目通过验收。

学生工作。推行学生党建“双引双提”工程。重视新生教育工作，以博学多“材”、笃行“制”远为主题开展“九个一”新生教育系列活动。实施本科生学业导师制，鼓励学生进入导师实验室团队，深入专业学习。开展学到学业工作室、教授讲堂、博硕风采论坛、校友论坛、导师为我导航及科技节和学术月活动，获评科技节优秀组织单位、最佳获奖学部、学术月优秀组织单位。强化科技实践育人，推行“大学生科技竞赛能力提升项目”，设立“材制创新学子奖学金”，制订学生科技竞赛手册，搭建学生参与科技竞赛渠道，获第十七届“挑战杯”揭榜挂帅专项赛一等奖1项，黑科技“行星”级作品3项，市赛特等奖1

项和二等奖1项，捧得优胜杯。培育北京市先进班集体1个、十佳班集体及提名3个、优良学风班10个、标兵团支部3个、优秀团支部9个。积极鼓励学生参加各类创新创业竞赛，获第七届“互联网+”大赛全国金奖1项、铜奖2项，市赛一等奖3项、二等奖8项、三等奖9项；4个团队获评北京市优秀创业团队。学部毕业生毕业去向落实率98.25%、本科生深造率54.40%，获“2021年就业创业工作先进集体”荣誉称号。学部获校级思想政治教育工作实效奖一等奖，获评北京高校德育工作先进集体。

交流合作。2021年，因公出访交流日本、德国3人次。举办首届北京工业大学-爱尔兰都柏林大学双边学术会议，承办第三平行分论坛“先进制造与材料科学”。8位教师受聘2021年度学生国际化发展青年导师。参加国际及港澳台会议（含线上）并发言27人次。签署2项涉外协议。招收4名学位留学生，其中3名博士研究生、1名硕士研究生。7名留学生毕业，其中5名博士研究生、2名硕士研究生。有6名在册港澳台侨学生。21名学生参加境外长期交流项目，6名学生结束国际交流项目回国。组织2个暑期学生短期境外交流项目（线上），共51名学生参加。出台2项国际化工作制度。制作学部英文宣传PPT。搭建学部英文网站。完成学部英文宣传册设计工作。

（王丽梅　安全福）

【召开党员代表大会】 2021年12月8日，中共北京工业大学材料与制造学部第一次党员代表大会在逸夫图书馆报告厅召开，共有119名党员代表参加了本次大会。按照党员代表大会召开的程序要求，在大会开幕式前，各代表团临时召集人会议、各代表团会议、代表团团长会议、预备会议以及主席团第一次会议依次召开。全体党员代表听取了学部党委工作报告《守初心凝聚共识谋发展担使命开拓创新求提升》和党费收缴使用与管理情况报告。大会通过无记名投票差额选举的方式选举产生了第一届学部党委委员和纪委委员，选举结果报学校党委审批。大会闭幕会宣布党委、纪委委员当选名单，通过《中共北京工业大学材料与制造学部委员会党员代表大会关于中共北京工业大学材料与制造学部委员会工作报告的决议》，并通报提案征集情况。随后召开第一届纪委召开第一次全体会议，选举产生纪委书记、副书记。并召开了第一届党委第一次会议，选举产生党委书记、副书记，讨论确定了委员分工。

（王庆华　钱霙婧　王丽梅）

【举办“书记讲给书记听”讲堂】 学部党委每月固定时间开展党建特色品牌活动“书记讲给书记听”讲堂，2021年开展7讲，由基层党组织书记［包括学院（部）党委书记或基层教师、学生党支部书记］分享党建知识、工作体会、工作经验，并定期邀请校外基层党组织书记开展不同主题讲座。讲堂围绕组织建设、思想引领、党建业务双融合，支部特色工作法等内容。通过“书记讲给书记听”讲堂活动开展，支部书记在经验分享的同时，学习先进做法，提升自身的思想认识和履职能力。切实做到以支部工作“小切口”，开展“大党建”，充分提高基层党支部党建工作水平。

（李子萱　钱霙婧　王丽梅）

【开展“四启工程”】 学部党委探索党建引领学部高质量发展的创新措施，深化党建工作与中心工作融合，实施“四启工程”，即“启明工程”“启融工程”“启智工程”“启才工程”。

“启明工程”。学部党委打造“启明工程”，聚焦教师尤其是青年教师的师德师风培养，制定《材料与制造学部党委“启明工程”——青年教师成长导师制工作方案》，进一步落实立德树人根本任务，持续加强和改进青年教师思想政治工作，建立以思想政治素质提升为内核、以教育教学能力提升为重点、以青年教师能力发展为引擎的多层级质量提升体系。

“启融工程”。学部党委打造“启融工程”，以实际行动服务首都“四个中心”功能建设，通过“启融调研项目”立项管理，开展实践调研；通过“启融学术沙龙”交流沟通，形成闭环反馈机制，以实际调研行动助力首都建设、促进学科融合和发展，在生动实践中坚定“四个自信”。2021年度组织沙龙8期，实践社会调研项目12项。

“启智工程”。学部党委打造“启智工程”，开展“智者先行，启赋人生”以老带新的结对子工程，通过学部党委校际间合作，邀请校外本领域内思想政治突出、学术水平高超的知名专家开展党建融合式团队共建交流活动，依托党建交流平台，保持密切互动，进行业务共融和成果共享，以学科骨干牵头促进业务上的沟通和学科多元交叉融合，促进学科骨干教师的业务能力提升，引导教师成为思想引领、科学研究、文化培育三位一体的“大先生”。

“启才工程”。学部党委打造“启才工程”，设立“启才共建计划”。学部党委立项管理，推动同一学科内的教工党支部、学生党支部与校外知名企业党支部以“1 + 1 + 1”共建，达到“1 + 1 + 1 > 3”的成效。项目以支部牵头申报，学部予以经费保障，鼓励通过支部共建，实现校企研究生联合培养、学生实习基地建设、本科生校外实践培育等育人举措。

（彭朝霞　钱霙婧　王丽梅）

【获行业优博、优博提名及王大珩光学奖】 2021年9月光学工程专业2015级博士生高寿飞（导师王璞教授）获中国光学学会优秀博士学位论文奖。2021年9月材料科学与工程专业2016级博士生槐陆（导师崔素萍教授）获中国硅酸盐学会优秀博士学位论文提名奖。2021年5月光学工程专业2017级博士生杨立学（导师闫胤洲研究员）获2020年第十七届王大珩光学奖学生光学奖。

（艾　萍　郑　坤）

【单次科研成果转化1000万元】 学院宋晓艳教授团队十几年潜心研究金属-陶瓷复合结构材料，开发出高强韧、耐磨耐蚀的纳米硬质合金等系列原创技术，于2021年9月落地京津冀企业北硬科技（香河）有限公司，一次实现成果转化额1000万元，实现从基础研究向工程应用重大突破。开发的WC基复合粉末规模化制备技术，反应温度较传统碳化温度降低400℃—600℃，生产周期缩短30%以上，解决国内长期缺乏纳米WC基复合粉产品供应的问题。开发的高流动性、多孔或致密结构可定制的热喷涂和3D打印粉料的规模化制备技术，攻克纳米WC在高温下极易分解脱碳国际性技术难题。研制的高性能硬质合金新材料在航空装备、传动系统、钢材轧制、煤矿开采、石油钻探、热电能源等领域获得重要工程应用。宋晓艳教授团队以工业应用需求牵引基础科学研究，在服务于京津冀协同发展的国家战略规划中不断创新进取。

（赵秋颖　马诗彤　席晓丽）

【张跃明攻克工业机器人“卡脖子”技术难题引发社会关注】 4月11日，《光明日报》头版头条报道张跃明教授从基础研究的源头进行创新，并将论文成果成功实现产业化的事迹，引发社会广泛关注。张跃明攻克工业机器人的卡脖子技术难题——RV减速器技术，打破日本垄断，通过成果转化每年可以生产世界上最顶尖的工业机器人RV减速器8万套，产品供不应求，助力国产工业机器人走向高端。

（赵秋颖　马诗彤　席晓丽）

【多篇高水平研究论文发表】 2021年2月，国际顶级学术刊物 *Nature Energy* 发表郑坤研究员与张永哲教授为共同通讯作者的《高效SHJ光伏电池》突破性研究成果“Identification of embedded nanotwins at c – Si/a – Si：H interface limiting the performance of high – efficiency silicon heterojunction solar cells”。

2021年4月，Nature 杂志系列子刊 *Nature Communications* 发表严铮洸副研究员为共同通讯作者，有机无机钙钛矿单晶制备方法方面的研究成果“A Polymer Controlled Nucleation Route towards the Generalized Growth of Organic – Inorganic Perovskite Single Crystals”。

2021年4月，国际能源学类顶级期刊 *ACS Energy Letters* 发表张跃飞研究员和吕俊霞副研究员课题组在锂电池正极材料失效机制方面的研究成果“Real – Time Observation of Chemomechanical Breakdown in a Layered Nickel – Rich Oxide Cathode Realized by In Situ Scanning Electron Microscopy”。

2021年4月，Nature 杂志系列子刊 *Nature Communications* 发表学部韩晓东教授、毛圣成研究员与浙江大学张泽院士为共同通讯作者，原子分辨原位高温力学实验系统的研究成果“Timely and atomic – resolved high – temperature mechanical investigation of ductile fracture and atomistic mechanisms of tungsten”。

（赵秋颖　马诗彤　席晓丽）

【获多项学生创新创业竞赛奖】 “超导‘基业’——自主化高温超导合金基带拓荒者”项目获第七届“互联网+”大赛全国金奖，“智慧工地机器人自动化焊接开拓者”和“化石成塑——科技助力矿区乡村振兴先行者”两个项目获铜奖；“等离子喷丝雾化法制备球形钛合金粉末”项目获第十七届“挑战杯”揭榜挂帅专项赛一等奖。

（李　芳　白　洁）

理学部（含北京科学与工程计算研究院）

【概况】 北京工业大学理学部（Faculty of Science，以下简称“学部”）成立于2020年4月，前身为应用数理学院。学部设有数学学院、物理与光电学院、统计与数据科学学院3个学院。数学学院下设数学系、应用数学系、计算数学系、运筹学与信息工程系、大学数学教研中心；物理与光电学院下设凝聚态物理系、理论物理系、光信息科学与技术系、光电信息科学与工程系、微纳信息光子技术研究所、物理教学研究中心；统计与数据科学学院下设数理统计系、应用概率统计系、数据科学系。理学部现有4个教学实验室、1个教学示范中心、6个研究院所、4个挂靠学会。现有3个博士后流动站：数学、物理学和统计学；4个一级学科博士学位授权点：数学、物理学、统计学、光学工程（国家重点学科，与激光工程研究院共建）；4个硕士学术学位授权点：数学、物理学、统计学、光学工程；1个硕士专业学位授权点：应用统计；4个本科专业：信息与计算科学、数学与应用数学、应用物理学、统计学。

现有4个教学实验室：信息与计算科学实验室、普通物理实验室（含近代物理实验室）、专业物理实验室、演示物理实验室；1个教学示范中心：北京市物理实验教学示范中心；6个研究院所：北京科学与工程计算研究院、应用统计研究所、应用数学研究所、理论物理研究所、微纳信息光子技术研究所、交叉科学研究院；4个挂靠学会：中国现场统计研究会、中国现场统计研究会生存分析分会、北京光学学会、北京交叉科学学会。

现有在编在岗教职工200人，其中专任教师171人。教授35人，副教授71人。博士生导师50人，硕士生导师118人（含专业学位导师）。2021年引进专任教师14人，入选北京工业大学优秀人才计划2人。

党建工作。截至2021年12月31日，学部党委下设22个党支部，其中在职教工党支部9个，退休教工党支部2个，学生党支部11个。学部共有党员480人，其中在职教工党员140人，退休教工党员41人，学生党员299人。发展党员96人，其中教师4人、学生92人。坚持每月一次理论中心组学习、每周一次教职工理论学习，共组织理论中心组学习28次。不断丰富理论学习形式，通过组织师生参观、听报告、观影、撰写交流心得体会等，实现理论学习全覆盖。

推进党史学习教育。学部党委会研究推进党史学习教育11次，针对党史学习教育召开党支部书记和委员工作例会、培训会6次，召开征求意见座谈会16场，发放并收回征求意见调查表438份。举行党史辅导报告7场、师生党员代表赴井冈山党性教育1次、老中青党员座谈会2场，观看红色电影6场，开展“今天是我的政治生日，我来讲党史上的今天”、师生党员党史知识越野赛、师生党员采访新四军老战士等活动。扎实推进“我为群众办实事”实践活动，促进党史学习教育成果落地，共完成数理楼天井改造等17项为师生办实事清单。

强化全面从严治党主体责任。制定并执行2021年度落实全面从严治党主体责任清单，全年专题研究全面从严治党工作3次，制定《理学部党委会议议事规则》和《理学部党政联席会议议事规则》，完善《理学部关于执行“三重一大”制度的实施办法》等文件。完成巡视巡察整改任务，针对学校党委《巡视整改成效“回头看”工作总体方案》制定的5个整改项目以及学校第二巡察组对理学部党委巡察反馈意见指出的8个问题，已全部完成整改并将长期坚持。全面落实意识形态工作责任制，牢牢把握意识形态工作主动权，做好安全稳定工作和保密工作。全年专题研究意识形态工作2次。坚持民主集中制原则，全年组织召开党政联席会24次，党委会37次。

加强基层党组织建设。2021年12月15日，召开全体党员大会，完成学部“两委”选举工作。强化落实学部党委委员和班子成员联系基层党支部的制度和基层支部书记例会制度，加强基层党支部书记及委员培训，提高支部建设水平。2021年，获学校先进教工党支部5个、学校先进学生党支部1个，1位党员被评为北京市优秀党务工作者，8位党员被评为学校优秀党员。“青蓝工程”获“一院一品”优秀项目，获“小微提升”计划成果类项目3项，其中精品项目1项。各支部从助力师生成长为出发点，完成“我为群众办实事”74件，建立党员先锋岗116个，党员责任区10个，党员参与志愿服务406次。

持续加强群团协作。学部工会推进建立温馨的“数理大家庭”，开展凝聚力运动会、本命年教师座谈会等活动。推进“青蓝工程”，助力青年教师成长。1人获北京市高等学校青年教学名师奖，1人获北京高校青年教师教学基本功比赛二等奖。

学科建设。现有物理学、数学、统计学、光学工程4个一级学科博士点，其中数学、物理学、统计学拥有博士后流动站。物理学包含3个二级学科：理论物理、凝聚态物理、光学；数学包含4个二级学科：基础数学、计算数学、应用数学、运筹学与控制论。全日制专业学位硕士授权点1个：应用统计。

本科教学。2021年，应届毕业生135人，其中应用物理学专业36人，数学与应用数学专业43人，信息与计算科学专业35人，统计学专业21人。开设高等数学（工、管、文）、线性代数、概率论与数理统计（工、经）、复变函数与积分变换、大学物理、物理实验等公共课23门，课堂275个，教师143人次，学生约16000人次；开设数学大类（数学与应用数学、信息与计算科学）、应用物理学、统计学等专业课103门，课堂122个（其中实验实践类开课16门，课堂25个），教师110人次，学生近5000人次。

青年教师培养方面，黄秋梅获2021年度北京市高等学校青年教学名师奖，高红丽获北京高校青年教师教学基本功大赛二等奖。专业建设方面，应用物理学专业、信息与计算科学专业获批国家级一流本科专业建设点。翟天瑞和邱菊申报的教育教学成果分别获2021年北京工业大学优秀教育教学成果奖特等奖和一等奖。另有3项教育教学成果获北京工业大学优秀教育教学成果奖二等奖。闵慧获2021年北京工业大学立德树人毕业班优秀班主任标兵奖。

学部承办多种科技竞赛，并组织相关课程教师对参赛学生进行指导。2021年指导学生参加科技竞赛获国际级一等奖1项，二等奖20项，三等奖6项；国家级一等奖1项，二等奖1项；省部级一等奖2项，二等奖9项，三等奖1项；校级一等奖10项，二等奖20项，三等奖89项。

应用物理学专业、数学及应用数学专业和统计学专业开展北京市教委“外培”计划招生，分别与爱尔兰国立科克大学、英国诺丁汉大学和英国卡迪夫大学开展“1+2+1”联合培养，共同培养有国际化视野学生。

2021届毕业设计中，入选北京高校优秀本科毕业设计（论文）1篇，指导教师刘玲；入选学校优秀本科毕业设计（论文）4篇，指导教师分别是程维虎、尹素菊、王云新和刘玲。

研究生教育。2021年，学部在读研究生507人，其中博士生120人，硕士生387人。研究生毕业146人，其中博士研究生27人，学术型硕士生95人，专业学位硕士生24人。研究生招收182人，其中博士研究生32人，学术型硕士生116人，专业学位硕士生34人。获校优秀硕士学位论文12篇。

细化研究生招生工作。学部统筹、学科责任教授牵头，面向潜在优质生源基地开展点对点研究生招生宣传工作。受疫情影响，研究生复试继续采用线上方式进行，完成30个硕士考场、12个博士考场线上模拟测试及复试、录取工作。严格把关硕博连读选拔，12人获硕博连读资格。举办理学部第十届全国优秀大学生科技夏令营，收到全国各地194名学生报名申请，经筛选，最终112名学生参加为期两天的线上夏令营活动。接收推免生43人。推免生面试和录取工作历时近一个月，先后组织数学专业两批，物理学、统计学、应用统计、光学工程各一批，计12场次面试。

完善研究生教学运行管理。开设10门校研究生公共课、19个课堂，选课学生2425人次。开设117门学部专业课。修订4个一级学科、1个专业学位研究生培养方案，注重课程思政项目培育与建设，增设论文写作指导课；举办高水平学术报告、暑期讲习班。

严把研究生学位论文质量。进一步修订并完善理学部博士、硕士研究生学位论文前盲审实施办法。所有博士毕业生、申优学位论文、对在上一年度学位论文抽检排名后20%的学科的硕士学位论文全部进行前盲审。同时，对上一年度学位论文抽检结果不合格（较差）或需要重大修改的研究生导师，实行两年连续跟踪，其所指导研究生学位论文在两年内均需进行前盲审。对前盲审比例不足20%的一级学科，学部再进行随机抽取，确保每一个学科硕士学位论文前盲审比例不低于20%。送审前，学部对所有拟送审论文进行查重，重复率不得超过10%。

科研工作。2021年，科研项目到校总经费1534.7万元，其中纵向经费1002.2万元，横向532.5万元。在研科研项目112项，其中纵向75项，横向37项。教师获国家自然科学基金13项，获资助金额共计721万元；北京市自然科学基金2项，获资助金额共计30万元。教师发表论文229篇，其中被三大检索期刊收录215篇；出版学术著作及编著2部；获国家标准1个，获国家发明专利13项，实用新型专利5项，计算机软件著作权2项。

学生工作。截至2021年底，学部共有学生党员281人，其中预备党员96人。开展"'数'说初心·'理'赞百年""追寻红色记忆，践行使命担当""使命在肩，奋斗有我""党旗飘扬守初心、防控疫情我先行""永远跟党走——我为群众做实事"等主题教育；开展"采访新四军老战士""我听亲人讲四史""参观铁军纪念馆""学长伴你行，党员与新生宿舍手拉手"等特色活动；开展"喜迎华诞，百年献礼"寒假社会实践和"传承红色基因，致敬建党百年"暑期社会实践活动。构建学校、学部党委和学生支部三级、多层次学生党员教育培训体系，开展"拟发展预备党员和入党介绍人培训会""入党志愿书填写培训会""新任学生党支部委员业务培训会""转正申请培训会"。组织全体党员、积极分子和发展对象参加党史知识竞赛。完成第三届党员先锋社换届工作。

定期召开毕业生就业工作促进会，组织学生参加职业能力提升培训，举办校友企业家就业交流活动，邀请毕业生经验分享，开展毕业生试讲、"'职点迷津、研途同行'学长学姐有话说"、"明灯映迷途"考研、保研与出国经验交流分享会、"云助学"等活动，多措并举促进学生就业。

1名本科生、6名硕士、3名博士获国家奖学金，8名本科生获国家励志奖学金。1名博士获校长奖学金，1名硕士获评"北京工业大学科技之星"，1名博士获"北京工业大学科技之星"提名。本科生校级奖学金中，79人获学习优秀奖，22人获优秀学生干部奖，27人获创新创业奖，22人获"三好学生"荣誉称号，5个班级获评"先进班集体"，4个班级获评"优良学风班"。本科生院级奖学金中，43人获学习优秀奖，18人获优秀学生干部奖，1人获创新创业奖，19人获"三好学生"荣誉称号，4人获突出贡献奖；3个班级获评"优良学风班"；5个宿舍获评优良学风宿舍。研究生校级奖学金中，56人获学习优秀奖（其中一等奖14人，二等奖42人），32人获社会工作奖，32人获优秀研究生奖，4人获励志奖，85名2021级研究生获学业奖学金（其中一等奖35人、二等奖50人），2个班级获"优良学风班"。3个团支部获评北京工业大学"优秀团支部"，其中200681团支部获北京工业大学"标兵团支部"称号。190623班获"北京市先进班集体"称号，190681班获北京工业大学"十佳班集体"称号，统计学研究生第一党支部获北京工业大学红色"1+1"支部共建活动优秀奖。

理学部获2021年北京工业大学就业创业工作先进集体、2021年北京工业大学学术月最佳组织单位奖。贯爽获"2021年'青年服务国家'首都大中专学生社会实践先进工作者"；孙淑霞获"北京工业大学就业创业工作先进个人"；刘红梅获"北京工业大学就业创业工作贡献奖"；刘有明、南东获评"立德树人榜样——我心目中最喜爱的老师"。

交流合作。境外留学生在校人数14人。2021年，招收境外留学生1人，授予留学生博士学位3人、硕士学位1人。学部博士研究生参加国际会议12人次；获批国家建设高水平大学公派研究生项目8人，其中参加联合培养的博士研究生7人、攻读博士学位硕士研究生1人。推进与英国卡迪夫大学联合培养研究生工作，学部1名研究生参加北工大–卡迪夫大学应用统计专业硕士"1+1"双学位联合培养项目。现有国际化发展青年导师3人，2021年新增2人。

2021年，学部举办国际会议1次，国内学术会议2次，参加学术会议52人次，应邀报告30人次；设立杰出学者论坛，开展高水平学术讲座，共举办各类学术报告160余次。

（周　游　李晓梅　包仿冉）

【获数学建模等多项奖项】 承办北工大第二十一届"智慧三人行"数学建模竞赛，177名学生参赛，16组学生获奖。组织学生参加的全国数学建模竞赛，全校共103支队伍参赛，13支队伍获奖，其中全国一等奖1组，全国二等奖1组，北京市一等奖2组，北京市二等奖9组。组织研究生参加“华为杯”第十八届全国研究生数学建模大赛，全校共有69支队伍参赛，14支队伍获奖，其中全国二等奖7组、全国三等奖7组。在美国大学生数学建模竞赛中27支队伍获奖，其中F奖1组、H奖20组、M奖6组。研究生获科技创新奖165项，其中论文类成果144项，专著1项，专利类成果3项，科技竞赛17项。1支研究生团队获第七届中国国际“互联网+”大学生创新创业大赛（北京赛区）三等奖。新增本科生星火基金立项19个，国家大学生创新创业项目3个。

（周　游　李晓梅　包仿冉）

【课程及教材建设】 杨红卫获推北京市课程思政示范课程。入选北工大第三批优秀“课程思政”教学案例14项，本科课程考核方式改革优质案例2项，“课程思政”示范课程培育项目5项。获第二届北工大教师教学创新大赛特等奖1项，二等奖3项，学校推荐杨红卫参加北京高校教师教学创新大赛。北工大本科重点建设教材3项。

（周　游　李晓梅　包仿冉）

环境与生命学部

【概况】 北京工业大学环境与生命学部（Faculty of Environment and Life，以下简称“学部”）成立于2020年4月，由原环境与能源工程学院和原生命科学与生物工程学院合并而成。学部下设环境与化工学院、能源与动力工程学院、生命科学与化学学院3个学院，有环境工程系、环境科学系、环境化工系、能源科学与工程系、制冷与低温工程系、汽车工程系、化学与生物学系、生物技术系、生物医学工程系9个系和生命科学实验中心、基础化学教学实验中心2个实验中心，拥有4个一级学科博士点，6个一级学科硕士点，2个专业学位博士点，4个专业学位硕士点，4个博士后流动站，9个本科专业（因新专业化学生物学专业申报，根据要求，原食品质量与安全专业停止招生），11个国家和省部级科研基地。

截至2021年12月，学部有在校学生2657人，其中本科生1263人，硕士研究生1059人，博士研究生298人，留学生37人。教职工278人，包括教师岗200人，管理岗29人（其中聘用制6人），其他专技28人，普通博士后21人。教师中有正高职称74人，副高职称94人，中级职称66人。博士生导师109人（含兼职），硕士生导师178人。

党建工作。学部有在职教师党员197人，退休教师党员79人，学生党员841人，党员合计1117人。学部党委下设50个党支部，其中15个教工党支部，35个学生党支部。2021年，学部共发展党员249人。135名预备党员按期转正。加强二级党校及“四色预备期”“主讲主学”学部党建品牌建设。坚持系（中心）党政协同议事决策机制。召开教工党支部书记例会11次，与支部一对一谈话20次。加强支部规范化建设，坚持用好“一规一表一册一网”。严格党内组织生活，落实“三会一课”制度；坚持党支部书记选优配强，严格落实教工党支部书记为“双带头人”的要求，定期开展支部书记考核工作。“七一”前夕，组织党员参与“共产党员献爱心”捐献活动，累计捐款29911.19元，七一和年底开展困难党员慰问工作。启动党委换届相关工作。以迎接建党100周年为主线，深入开展党史学习教育，及时下发学习材料，开展党的十九届六中全会精神宣讲2次，覆盖教师和学生全体党员。开展多次专兼职组织员培训，就学生党员发展工作开展专题培训。

学部党委书记亲自部署全面从严治党工作，严格执行党委会、党政联席会制度。召开全面从严治党工作会议，逐级签订全面从严治党责任书。严格落实意识形态工作责任制。配合完成学校党建工作，结合巡视整改“回头看”和全面从严治党责任的要求，梳理学部工作制度，规范会议记录和纪要，配合完成学校第七轮常规巡察和专项巡察工作，对照反馈清单认真开展自查和整改，夯实基层党建工作。发挥违纪违法典型案件警示教育作用，召开学部警示教育大会2次，各支部召开警示教育大会共计11次。开展科研经费管理与科研诚信的专题巡展和宣讲。

全面做好统战工作，学部党委制定党员领导干部同党外人士联系名册，定期召开座谈会。配合完成党外人士加入其他民主党派的相关工作。学部理论学习中心组开展宗教政策学习，在师生中开展民族宗教政策教育。同时，党委加强对共青团、工会、教代会等工作的指导和管理。整修工会之家；教代会积极参与学部的各项涉及教职工利益的建言献策工作。共青团围绕育人和青年思想政治教育在党委的领导下开展相关的组织建设和教育活动。

人事工作。学部有中国工程院院士1人，享受国务院特殊津贴专家4人，国家自然科学基金杰出青年基金获得者4人（新增1人），中组部国家领军人才3人，北京学者1人，北京市“高创计划”杰出人才1人，长城学者8人，北京市创新人才4人，国家级及市级百千万人才4人，国家自然科学基金优秀青年基金获得者6人（新增2人），市青年拔尖人才21人，市青年骨干项目39人，市科技新星计划27人，校高端人才队伍建设计划40人，博士后创新人才支持计划入选者4人。持续推进高端人才队伍建设计划，彭永臻院士获得何梁何利基金科学与技术奖，入选北京市自主认定人才项目10人，入选北京市科技新星计划1人，获中华环保联合会杰出青年科技奖1人。

加大中青年教师引培力度，探索破解“五唯”实施方略，在教师公开招聘中，多维度设置岗位学术条件，开展教师岗公开招聘共3批，拟聘青年教师23人；在职称评聘中落实人才科学评价导向，突出师德要求和教育教学业绩，晋升（含认定）正高职称4人，副高职称13人，中级职称21人；实施学部中青年教师培育计划，通过“种子基金”和“培育基金”项目，资助中青年教师18人。深入推进博士后工作改革，成立博士后工作管理小组，分类设置各类博士后进出站条件，新增博士后创新人才支持计划入选者1人，招收各类博士后12人。深化人事制度改革，推进教师收入分配和激励机制文件落地，完成绩效核算和业绩绩效发放。完成第四轮第一批管理岗人员聘期考核和管理岗位聘任工作。

学科建设。学部现有环境科学与工程、动力工程及工程热物理、化学工程与技术、生物医学工程4个一级学科博士学位授权点，环境科学与工程、动力工程及工程热物理、化学工程与技术、生物医学工程、化学、生物学6个一级学科硕士学位授权点，资源与环境、材料与化工、能源动力、电子信息4个专业学位硕士授权点，新增资源与环境、材料与化工2个专业学位博士授权点，设有环境科学与工程、动力工程及工程热物理、化学工程与技术、生物医学工程4个博士后流动站。环境科学与工程、生物医学工程为一级学科北京市重点学科，环境工程、热能工程为二级学科北京市重点学科，化学工程与技术为一级学科北京市重点建设学科。

2021年，完善学部“十四五”规划和6个一级学科的“十四五”规划；5个一级学科完成第五轮学科评估。生物学与生物化学学科新晋《基本科学指标数据库》（ESI）前1%行列，学部15位教师进入“全球顶尖前10万科学家排名”，彭永臻院士进入环境科学与工程学科国内学者前10名。

本科教学。学部设有环境工程、新能源科学与工程、生物医学工程、环境科学、应用化学、能源与动力工程、生物技术、化学生物学、食品质量与安全（停止招生）9个本科专业，招生366人，有15个班，其中环境科学与工程类3个班、应用化学专业1个班、能源动力类4个班、生物医学工程专业1个班、生物技术（实验班）专业2个班、化学生物学1个班、能源与动力工程（贯通）专业2个班、环境工程（第二学士学位）专业1个班。有本科生1263人，留学生5人；全校在册就读学部辅修双学位的学生25人。

优化专业结构，推进新专业建设；推进按类培养，以专业建设引领综合改革；完成专业类分流工作；组织2021年度国家和北京市一流专业申报；推进“新工科”建设，做好已有特色专业和优势专业的建设工作；继续开展外培和贯通培养合作，促进优质资源共享；环境工程专业开展第二学士学位的培养；积极推进“课程思政”建设，挖掘各门课程的价值引领作用，不断落实“三全育人”工作；推进优质教材使用，继续做好教材选用管理及建设工作；加强科技竞赛过程管理，实现“以赛促教、以赛促建”；试点教学档案的电子化管理。新增新能源科学与工程、生物医学工程2个国家级一流本科专业建设点。北京市优秀本科生毕业设计（论文）3篇；教育部高等学校能源动力类专业教学指导委员会百篇优秀毕业论文（设计）1篇；北京高校“优质本科教材课件”2项；北京市高校课程思政示范课程、教学名师和团队（普通本科教育项目）1项；北京工业大学本科重点建设教材立项4项；北京工业大学“课程思政”教学设计大赛一等奖和二等奖各1项；北京工业大学优秀课程思政案例13个；“课程思政”示范课程培育项目5项；北京工业大学“揭榜挂帅”教育教学改革专项立项1项；北京工业大学优秀教育教学成果奖特等奖1项，一等奖1项，二等奖2项；北京工业大学立德树人毕业班优秀班主任标兵称号1人；北京工业大学立德树人优秀班主任荣誉13人；第二届北京工业大学教师教学创新大赛二等奖1人；北京工业大学优秀青年主讲教师1人。

研究生培养。2021年，学部共录取博士研究生83人（含科研计划11人），硕士研究生389人，其中学术学位硕士176人，专业学位硕士213人。完成硕博连读选拔工作，25人获硕博连读资格，8人获专硕攻博资格。授予学位343人，其中博士46人（含留学生1人），学术硕士118人（含留学生1人），全日制工程硕士学位165人，非全日制专业学位硕士9名，单证非全日制专业学位硕士5名。博士学位论文100%进行前盲审，夏季申请学位的硕士研究生45%进行前盲审。获校级优秀博士学位论文7篇，校级学术学位优秀硕士学位论文34篇，校级专业学位优秀硕士学位论文36篇。5名在读博士获博士创新奖学金。

通过研究生指导教师资格认定49人，其中博士研究生指导教师9人，学术学位硕士研究生指导教师9人，专业学位硕士研究生指导教师16人，专业学位硕士研究生校外兼职指导教师15人。入选2021年度北京工业大学研究生课程思政示范项目（第一批）3项；入选2021年度北京工业大学“研究生思政教育进科研团队”探索项目2项；学部研究生精品课程立项9项，资助课程思政专项建设14门；新增产学研联合培养基地5个；“创新型人才国际合作培养项目－北京工业大学与英国诺丁汉大学硕博连读合作培养项目”成功派出访问学者1人；入选“2021年国家建设高水平大学公派研究生项目联合培养博士研究生”1人；入选“2021年国家建设高水平大学公派研究生项目选派攻读博士学位研究生”1人。

科研工作。2021年，各类科研项目立项153项，其中纵向61项（北工大牵头56项），横向92项。国家重点研发计划项目1项，课题3项。大气污染成因与治理攻关项目立项1项。国家自然科学基金项目获批26项，其中国家重大科研仪器研制项目1项、国家杰出青年科学基金1项、重点项目1项、优秀青年科学基金项目2项、青年科学基金项目6项、面上项目15项。北京市自然科学基金项目获批6项，其中面上项目5项，青年项目1项。

科研到款6575.5万元，其中，纵向项目到账经费3803.8万元，横向项目到账经费2771.7万元。发表学术论文1532篇（北工大第一完成单位1223篇），其中中科院一区论文253篇。出版专著和教材7部。授权发明专利237项、实用新型32项、软件著作权29项。承办第十七届全国有机电化学与电化学工业学术会议、第三届中英储能国际论坛暨中英清洁能源利用研讨会和第五届饮水安全与健康行业博士论坛。学部教师参加国际国内学术会议共计27次。获得国家技术发明奖二等奖1项，北京市科学技术进步奖一等奖1项，广西省科学技术进步奖一等奖1项，河北医学科技三等奖1项。

成立学部科技伦理分委员会，制定《环境与生命学部科技伦理分委员会科技伦理审查流程细则（试行）》和《北京工业大学环境与生命学部科技伦理分委员会章程（试行）》。紧扣“双一流”建设需求，为青年教师提供国基金申报“一对一”辅导、开展线上、线下等形式宣讲。

实验室和国有资产管理工作。坚持以“安全第一，预防为主”为主导思想，全面排查各环节风险隐患，保障实验室安全运行。修订实验室管理制度3项；加强化学药品管理，严格落实危险化学品采购、管理、报废制度，制定实验室安全管理制度和应急预案，加大实验室安全检查力度。组织消防演练，开展特种设备操作及安全管理培训，落实实验室防疫工作。进行实验室内、外环境改造。新建学部资产管理二级组织机构。完成学部近三年所有进口免税设备清查65台（套）。完成学部固定资产清查共计10326台（套）和实验室信息上报工作。

学生工作。2021年，发展学生党员249人，转正学生党员131人。截至2021年12月，学生党员841人。举办入党积极分子培训班3期，学员共609人；发展对象培训班3期，学员共314人；预备党员培训班3期，学员共264人。

申报“国家级大学生创新创业训练计划”9项，“星火基金”53项，其中重点项目16项；在第七届北京工业大学“鼎新杯”创意创新创业竞赛中申报11个课外学术项目、5个创业项目和3个创意项目，7个项目进入复赛，其中2个课外学术项目分荣获“碳中和”优秀作品和“一等奖”，1个创业项目获“铜奖”。在第十一届“挑战杯”首都大学生课外学术科技作品竞赛中，获一等奖2项、二等奖3项、三等奖1项。在第十一届科技节中，学部参展作品8件，举办博硕风采论坛3场，学部特色活动5场，获第十一届科技节优秀组织学院奖及最佳获奖学院奖。学部研究生共308项获2021年度科技创新奖，其中特等奖76项，一等奖93项。完成2022年北京冬奥会和冬残奥会志愿者选拔工作，共23名同学将进入到冬奥会的志愿服务工作中。7月，46名同学参与第十九届中国国际环保展览会志愿服务工作。12月1日，与朝阳区疾控中心及校医院共同举办“生命至上 终结艾滋 健康平等”主题宣教活动以及“网络也防艾 点亮你的青春”线上直播活动，直播共计10.6万人次观看。

结合疫情防控要求开展各专业的线上专业介绍和高招报考咨询活动。完成新生的两地报到工作，分场次组织新生师生见面会、学部迎新大会、学部第一课、线上新生家长座谈会及新生安全教育等主要工作。

本科生获国家奖学金2人，校级奖学金235人，学部奖学金196人；研究生获国家奖学金25人，校级奖学金265人。“科技之星”1人，提名2人，占全校15%；校长奖学金1人，占全校10%；获评校优良学风班12个，优秀团支部6个，标兵团支部1个，先进班集体8个，校十佳班集体1个。

2021年学部全面落实就业“一把手”工程，借助新媒体技术，融合线上线下开展形式多样的就业教育、管理与服务。学部2021届毕（结）业592人，截至10月31日，本科毕业去向落实率89.45%，其中深造率51.17%，研究生毕业去向落实率94.52%。全年举办企业宣讲会8场，与企业座谈6次，拓展就业渠道的同时做好签约手续办理和就业督促等日常服务工作。

开展精细化辅导工作，开展与学生谈心谈话和深度辅导，开展对应帮扶。培育“缘来友你”辅导员工作室，面向全校学生开展人际团体辅导。启动“辅导员心理辅导能力提升计划”，每周开展一次辅导员心理理论培训交流、案例研讨等活动。

交流合作。构建学部英文网站，制定《环境与生命学部外事工作办法（试行）》，规范学部外事工作流程。做好日常对外交流信息统计，做好“双一流”建设动态监测数据报送。构建分层分类的双“281”全球高水平交流合作伙伴体系，发展与世界一流大学全方位的多层次交流与务实合作。加强国际合作与交流，邀请短期非聘用类专家讲座28人次。承办首届“BJUT－UCD”双边学术研讨会“生物医学工程”的平行论坛。

提升优质长、短期交流项目比例，深化世界一流交流合作伙伴的高质量国际化人才培养项目体系建设。通过“外培”计划赴爱尔兰留学3人，参与短期境外交流项目5人次。共有来华在校本科留学生5人，毕业本科留学生3人；来华在校研究生留学生32人，毕业研究生留学生4人。

依托京津冀区域环境污染控制创新“111”引智基地和3个国际合作基地，完成海外专家讲座、授课等交流活动57次。申请国际科研合作B类基金项目4项、C类项目1项，与台北科技大学学术合作项目3项。国家外国专家项目高等学校学科创新引智计划（111计划）1项，高端外国专家引进计划2项。北京市外籍高层次人才资助计划项目1项。

继续实施教师国际化能力提升计划，完善“有整有零、类型丰富”的教师国际化能力建设体系。教师受邀参加国际会议并发言29人次。续聘外籍教师1名。推荐国际化青年导师4人。参加学校同诺丁汉和南洋理工大学的国际教师培训项目4人。设置专项经费支持留学生导师开展教学科研工作，鼓励教师招收留学生。

（孙秀红　安　然　孙治荣）

【党史学习教育】 2021年学部按党委部署制订党史学习教育计划安排，4月9日召开党史学习教育动员大会。学部党委和各支部按计划和要求组织开展党史学习教育。邀请杨建新、校宣讲团成员作党史宣讲报告。组织教职工理论学习72次。组织赴北京市档案馆、中国共产党历史展览馆等地参观实践33次，覆盖2500余人次。全体党员开展“我为群众办实事”实践活动共93件。

（杜　娟　陈　昕　李承杰）

【设立学部“领导接待日”】 2021年12月设立并启用了“领导接待日”制度，“领导接待日”实行预约机制，来访师生通过邮箱预约，学部领导每周五下午轮值现场接待，围绕师生关心的人才培养、科学研究、个人成长、学部事务等方面问题和学部改革、发展方面意见、建议等进行沟通交流。2021年组织“领导接待日”3场，现场接访2人次。

（孙秀红　孙治荣）

经济与管理学院

【概况】 北京工业大学经济与管理学院（College of Economics and Management，以下简称“学院”）成立于1997年，有管理学、经济学两大门类学科，有应用经济学和管理科学与工程2个一级学科博士学位授权点与工商管理一级学科硕士学位授权点，有工商管理硕士（MBA）、公共管理硕士（MPA）、金融硕士、会计硕士等专业学位授权点，设有管理科学与工程专业博士后流动站。管理科学与工程学科为北京市重点学科，国际贸易学、数量经济学、资源环境与循环经济为北京市重点建设学科。学院设有8个本科专业：信息管理与信息系统、经济统计学、金融学、国际经济与贸易、会计学、工商管理、市场营销（体育特长班）、文化产业管理。其中信息管理与信息系统、经济统计学为北京市级一流本科专业。学院下设管理科学与工程、应用经济、工商管理3个学科部，以及北京现代制造业发展研究基地、北京经济社会发展研究院、北京工业大学生态文明研究院、北京城市副中心研究院、北京工业大学区块链研究中心等研究机构。设有北京市级虚拟仿真实验项目、企业模拟与仿真实验室、沙盘模拟实验室、金融模拟实验室、电子商务实验室、企业资源计划等实验室。

现有教职工196人，其中正高职称者30人，副高职称者71人，中级职称者46人，博导42人，硕导100人。教职工中有中国社科院学部委员1人，享受国务院特殊津贴专家2人，长城学者2人，百千万人才1人，市教委青年拔尖人才5人，组织部青年拔尖人才1人，市青年骨干项目18人、市科技新星计划1人、校高端人才队伍建设计划9人。在校生2313人，其中本科生1401人，硕士研究生766人，博士研究生68人，留学生78人。

党建工作。 学院党委下设26个党支部，其中7个教工党支部，19个学生党支部，共有在职教师党员144人，退休教师党员47人，学生党员520人。2021年发展党员204人，81名预备党员按期转正。

学院党委专题研究支部工作2次，组织开展支部专题培训9次，召开支书例会17次，为19位中青年教师匹配“双导师”。支持基层支部参与学院招聘、考核等工作。指导完成2个教工支部换届工作。对26个支部“过筛子”，研究确定重点联系支部并定期指导。班子成员深入联系支部指导工作32次。学生党员深化“四色预备期”党建品牌建设，制定《经管学院党委学生党支部学生党员组织关系管理办法》。6个师生支部被评为校级先进党支部；4位教师和8名学生获校级优秀党员。向学校推荐“小微提升”成果类项目4项、培育类项目9项，学院立项培育类项目15项。“主讲主学、评问结合理论学习会”获学校“一院一品”党建品牌。教师管工支部获学校党建引领“小微提升”计划精品项目授牌。

制订党员学习教育方案并及时落实，领导干部讲党课12次。党史学习教育和十九届六中全会精神宣讲102次，开展红色实践活动19次，举行党史专题展3次，为师生办实事73件。打造出“一家一廊一厅一区”沉浸式学习教育文化环境。形成两个特色案例：一是12月9日开展爱国主义美育讲座，被《北京日报》等多家媒体报道；二是教师管工支部优秀做法在学校党支书培训班上做经验推广。在庆祝建党百年活动中，学院67人参与天安门现场活动，7人担任服贸会志愿者，53人参与冬奥志愿服务。组织开展退休教师座谈及走访慰问、向老党员发放“光荣在党50年”纪念章，组织师生集中收看国家庆祝大会。组织理论中心组集中学习20次，指导三级机构理论学习12次，下发学习材料12期。践行“三三式推进”学习模式，开展“初心讲堂”系列讲座6次，组织开展党员经常性教育48期。

制定“十四五”党建专项规划，召开党委会39次、党政联席会48次，制定完善党发文件制度18项、院发文件制度2项、党政发6项、防控发4项。坚持班子成员“一岗双责”，将党风廉政建设与分管领域业务同研究、同部署、同落实。制定党委及班子成员主体责任清单，召开全面从严治党工作会议暨警示教育大会。修订《经管学院党委会会议议事规则》《经管学院党政联席会会议议事规则》。按照巡视“回头看”方案要求持续推动整改落实，对23个项目逐项梳理、自查。2021年理论中心组专题学习意识形态3次，党委会专题研究相关工作5次，意识形态工作小组召开会议研究通报相关情况9次、安全稳定工作组研究相关工作10次，组织全员签署意识形态责任书。制定《北京工业大学经管学院保密工作管理规定》。

学院认真落实管党治党主体责任，召开警示教育大会。围绕“政治纪律、关键少数、重点领域”三个重点，加强监督过程管理6次。接诉即办解决事项2件。继续开展科研自律宣传工作，监督全院教师签署《北京工业大学科研经费使用廉洁自律承诺书》，开展政策自律宣讲7次；依托学院廉政文化墙、新媒体平台等定期举办廉政教育展3期，围绕建党100周年学习党史契机举办纪检监察历史风采展1期，运用学院网络党支部工作群、纪委委员群、师生纪检委员群等线上线下平台，推送廉洁提醒信息8次。开展反邪教等校园安全警示教育2次，开展廉政纪律学习培训4次。

本科教学。2021年，本科招生354人，分7个专业，13个班级（含信息管理与信息系统第二学士学位1个班级）：信息管理与信息系统专业2个班（55人）、国际经济与贸易专业1个班（38人）、经济统计学专业1个班（30人）、金融学专业3个班（79人）、工商管理专业1个班（29人）、会计学专业3个班（82人）、市场营销（体育特长班）专业1个班（23人）。截至12月31日，学院本科生班级52个，学生1401人，其中留学生23人；全校在册就读学院辅修双学位的学生499人。学院接收2020级转专业本科生24人。从应届毕业生中推荐37人免试保送攻读硕士研究生（包含市场营销体特班2人）。学院根据学生需求继续辅修学习的招生，延续会计学、金融学和信息管理与信息系统专业辅修周末班。招收学生人数分别为会计学专业21人，金融学专业86人，信息管理与信息系统专业31人。2021年，获得毕业生证书本科学生373人，获得结业证书1人。培养辅修双学位毕业生285人，其中会计学专业101人，金融学专业150人，信息管理与信息系统专业34人。取得学院辅修证书65人，其中会计学专业21人，金融学专业37人，信息管理与信息系统专业7人。取得学院双学位证书146人，其中会计学专业47人，金融学专业82人，信息管理与信息系统专业17人。学院的本科毕设（论文）有17篇入选校优秀毕业论文摘要选编，其中5篇被评为优秀毕业论文。

教师王亢抗、闫邹先、张卓然、安芮、唐孝文、刘俊婉、王超、宁项辉、王尧、叶青、王振宇获2021年度立德树人优秀班主任称号。杨兔珍获2021年“北京工业大学立德树人毕业班优秀班主任标兵”称号。学院鼓励教师加强教育教学研究，北京市高等教育“本科教学改革创新项目”四新建设项目1项；北京市高等教育学会重点课题1项，一般课题7项；教育部产学合作协同育人项目7项；校级本科重点建设教材立项3项；校级“三全育人”教师团队一般培育项目1项；发表教学研究论文9篇。学院组织教师申报参与课程思政活动，2021年12门课程入选第二批优秀“课程思政”教学案例；7门课程入选第二批优秀“课程思政”教学案例；4门课程入选“课程思政”示范课程培育项目；2位教师获校“课程思政”教学设计大赛一等奖，1位获校“课程思政”教学设计大赛二等奖。《微观经济学》被评为北京高校课程思政示范课程，杨韡韡获北京高校课程思政教学名师称号，其课程建设团队获北京高校课程思政教学团队称号。

学院产教融合校外实践教学基地6个，其中中信建投证券投资者教育基地、北京市文化创意产业展示中心继续共建本科生实习基地，完成学院的认识实习工作。各专业严格对照《普通高等学校本科专业类教学质量国家标准》和学校要求，修订2021版本科各专业新的培养方案和指导性教学计划。

研究生培养。2021年，学院录取博士研究生13人，硕士研究生350人，其中全日制硕士研究生127人，包括学术型硕士77人，金融专业硕士26人，会计专业硕士24人；非全日制硕士研究生223人，包括公共管理硕士（MPA）82人，工商管理硕士（MBA）141人。截至12月，有博士8人，学术型硕士74人（含留学生2人），金融专业硕士21人，工商管理硕士76人，公共管理硕士37人，工程硕士1人获得研究生学位。有19名硕士研究生和1名博士研究生的学位论文获北京工业大学研究生优秀学位论文奖励。完成科技夏令营相关工作，优秀营员99人。完成推荐免试工作，待录取推免生30人。完成硕博连读选拔工作。完成博导和硕导认定初审的组织与材料报送工作。

科学研究。2021 年，学院获批各类科研项目立项 68 项，其中纵向 31 项，横向 37 项。项目合同金额 1144.46 万元，到账经费 843.27 万元，其中，纵向项目合同金额 500.45 万元，到账经费 276.75 万元；横向项目合同金额 644.01 万元，到账经费 566.52 万元。全年共计发表学术论文 291 篇；出版专著和教材 25 部；人民日报署名文章 1 篇。国家级科研项目共获批 12 项，其中，国家自然科学基金项目 7 项，国家自然科学基金专项项目 1 项，国家社科基金项目 3 项，教育部课题 1 项。

改善北京现代制造业发展研究基地的平台硬件条件，完成基地换届工作；成立学院“成果转化中心”。2021 年共计报送决策建议 17 篇，其中 7 份被全国工商联采纳，5 篇被北京市政协《诤友》采用。研究成果中，1 篇得到正部级领导批示，1 篇得到北京市领导批示，1 篇参与成果得到中央领导的圈阅。

学生工作。抓好疫情防控工作，“一对一”“点对点”紧密联系学生，做好疫情防控相关数据排查、统计与管理。稳步推进学生新冠疫苗接种工作，获评学生新冠疫苗接种组织工作优秀单位。

推进党史学习教育，组织开展“请党放心，强国有我”纪念“一二·九”爱国主义教育活动，中国当代著名编导张继钢导演讲授《美育启示录》，活动被北京日报、北京考试报、中国教育网广泛报道。开展“党建引领 青春护航 构建无诈校园”防诈骗宣讲等“我为群众办实事”18 件，262 人次参与党员先锋岗值守等。持续凝练学生党建品牌，1 个党支部被推荐参评“全国样板党支部”，1 个党支部获评学校红色“1+1”示范活动二等奖，1 个党支部获评学校第七届党史知识竞赛中三等奖、学院获评优秀组织奖。

加强大学生思想政治教育工作。1 人获评 2021 年“立德树人榜样”我心目中最喜爱的老师。学习“七一”重要讲话精神，践行“强国有我”青春誓言，举办“我心向党，泳往直前”于静瑶同学全运会凯旋欢迎会。开展“学业推进与学风建设”活动，组织召开诚信班会 105 场。开展评奖评优活动，各级各类奖学金获得者 770 人次，1 个班级获评北京市先进班集体、1 个班级获评校级先进班集体。强化党团班协同工作机制，获评百强团支部 9 个，百强示范班 12 个。全面落实就业“一把手”工程，加强就业创业工作指导，举办线上线下就业指导类讲座、就业宣讲会 32 场，学院、管工学科部获评“2021 年北京工业大学就业先进单位称号”、2 人获就业工作先进个人、1 人获就业工作突出贡献奖。关心关注特殊群体，做好学生深度辅导，完成 172 名家庭经济困难学生助学金认定工作。

促进学生全面发展。1 人获 2020—2021 学年“科技之星”，学院获“2021 学生年度获奖最佳学院”，10 人次获国家级竞赛奖励，28 人次获市级竞赛奖励，“星火基金”“国家级大学生创新创业训练计划”立项 64 项，获评第七届“鼎新杯”优胜奖、学生创意创新创业竞赛特等奖、一等奖 9 项奖励。弘扬志愿服务精神，109 人次参与建党一百周年庆祝活动、服贸会、冬奥会等志愿服务。建好实践育人平台，暑期社会实践立项 6 组，1 人获评北京市先进个人、1 个团队获评北京市优秀团队。推进“三团五队”建设，2 人次获国家级文体竞赛奖励，41 人次获市级文体竞赛奖励，学院获学校第 11 届校园文化节艺术展演“如诗如画”奖。

交流合作。2021 年，学院共 50 名学生参加各类长、短期境外交流项目。暑假，学院承办“牛津展望计划线上课程金融—商科—管理”课程项目，16 名学生完成为期三周的学习课程。6 名教师参加 2021 年度线上教师境外培训项目。获批北京市 2021 年外籍高层次人才资助计划项目 1 项、2021 年度对外文化交流项目 2 项、孔子学院及孔子课堂课程建设项目资助 1 项、国际科研合作引智培育项目 1 项、国际科研合作种子基金项目 5 项。学院有外籍教师 1 名，海外高层次人才 2 名，设置校级国际化青年导师 3 名，院级国际化青年导师 1 名。

学院承办首届北京工业大学–爱尔兰国立都柏林大学双边学术研讨会平行分论坛，10 名教研人员参与论坛并作报告；与德国锡根大学科学与工程学院成功召开关于研究生联合培养的线上会议；参加荷兰方提斯大学线上留学博览会等。学院持续推进与爱尔兰都柏林大学、英国卡迪夫大学、荷兰方提斯大学、香港岭南大学、德国锡根大学在学生交换、联合培养、教师互访、科研合作方面的合作，为师生国际化交流提供平台支持。

全面推进学院 AACSB 国际认证相关工作。组建国际认证办公室，参加 AACSB 官方组织的国际会议 2 次，完成使命征集第一轮活动。继续推进全英文本科专业（国际经济与贸易）全英文课程体系建设工作。

（王鹏业　李国俊　高　原）

【举行“黄埔安茂棣”奖学金颁奖仪式】 1 月 8 日，由安茂棣夫妇设立的北工大经管学院“黄埔安茂棣”奖学金颁奖仪式以腾讯会议形式举行。6 名优秀的家庭经济困难学生获得资助。该奖学金旨在鼓励学生刻苦学习、奋发向上，努力成长为德、智、体全面发展高素质人才。

（刘　婧　高　原）

【与大栅栏街道签署共建协议】 2 月 25 日，学院党委书记与副院长出席 2021 年大栅栏街道党建工作协调委员会全体会议，会议在全聚德和平门店四层金色大厅召开，会上学院党委、大栅栏街道工委与大栅栏街道商会签订三方共建协议，将在企业管理、创新机制、人才培养等方面展开合作。

（王鹏业　高　原）

【校企合作打开“党建＋”工作新格局】 3 月 26 日，学院党委副书记带队前往北银金融租赁有限公司开展实地走访调研活动。双方就学院发展规划、校企合作方向与公司代表展开了探讨，并在人才培养、科研合作等方面达成一致，校企双方将互相支持、资源互补，在促进支部共建的同时提升资助育人实效。

（王鹏业　高　原）

【举行第一层次人才聘任仪式】 7 月 21 日，学院举办境内外学者短期聘任计划第一层次人才汪寿阳教授聘任仪式。汪寿阳是中国科学院杰出研究员、国家杰出青年科学基金获得者、发展中国家科学院院士、国际系统与控制科学院院士、中国科学院预测科学研究中心主任。副校长郭福、经管学院领导班子成员及部分师生代表参加本次仪式。

（王鹏业　李国俊）

【潘家华当选气候变化专家委员会副主任委员】 9 月 23 日，第四届国家气候变化专家委员在中国气象局举行。中国气候变化事务特使解振华，中国气象局、国家发展改革委、生态环境部等有关部门领导出席。第四届专家委员会共聘任 38 名专家委员，均为来自气候变化科学、生态、林业、能源、地质等领域的院士和高级专家，北工大生态文明研究院院长潘家华受聘担任专家委员会副主任委员，聘期为 2021 年 8 月至 2025 年 8 月。

（王鹏业　李国俊）

【祝合良在《人民日报》发表理论文章】 9 月 24 日，学院祝合良教授在《人民日报》（第 09 版）发表以“新发展格局新在哪里”为题的理论文章。国家社科规划办官网等多家媒体同时转载。

（王鹏业　李国俊）

【潘家华接受央视《新闻 1＋1》节目连线采访】 11 月 11 日，国家气候变化专家委员会副主任、北工大生态文明研究院院长潘家华就“应对气候变化，中美如何合作”这一问题接受央视《新闻 1＋1》节目主持人白岩松连线采访。

（王鹏业　高　原）

【承办第五届区块链技术与应用研讨会】 11 月 24 日，由经管学院、北工大区块链研究中心承办的第五届区块链技术与应用研讨会在线上成功举办，会议主题是“百年征程，数字追梦——区块链在数字经济与管理领域中创新与应用”，8 位参会嘉宾作主题报告。

（王鹏业　李国俊）

【ERP 管理会计应用决策大赛获奖】 11 月 28 日，学院代表队荣获北京市大学生 ERP 管理会计应用决策大赛团体二等奖。此次大赛由北京市教育委员会主办，是北京市目前唯一的会计学科竞赛。本次竞赛共有来自北京市 29 所高校的 1087 支队伍报名参赛，经初赛选拔，48 支队伍进入决赛。决赛中，由学院教师齐莹担任指导教师，侯宇航、刘海玥、郑浩洋、刘天元 4 名学生组成的“雏鹰小队”代表队发挥出色，最终获得团体二等奖，侯宇航、郑浩洋获得优秀个人奖，齐莹获得优秀指导老师奖。

（王鹏业　李国俊）

【王宛秋及团队的建议得到市领导批示】 11 月 11 日，王宛秋及团队《关于加快制定北交所 ESG 信息披露指引的建议》成功入选第 37 期成果要报，得到市领导批示。学院在北京现代制造业发展研究基地的基础上，成立“成果转化中心”，旨在持续提升科研人员实践能力，中心已形成多项科研成果上报国家级、省部级单位，1 项入选市社科联、社科规划办成果要报并获得市领导批示；5 项建议经北京工商联采用，上报后获得全国工商联采用，4 项建议被区政协采用。

（王鹏业　李国俊）

【开展纪念“一二·九”爱国主义教育活动】 12月9日，学院组织开展“请党放心，强国有我”纪念“一二·九”爱国主义教育活动——艺术大师讲座暨新党员宣誓活动。2008年北京奥运会开闭幕式副总导演、国家一级导演、中国当代著名艺术家张继钢通过线上形式为经管学院师生讲述《美育启示录》。

（赵幸久　李幸河）

【李健获“2021赋能中国区块链创新人物奖”】 12月10日至11日，学院教授、北工大区块链研究中心主任李建入围“区块链60人”2021赋能中国区块链创新人物获奖名单。李健获奖理由：曾发表“高校区块链专业建设分两步走”观点文章以及“区块链在供应链金融中的应用”主题报告，带领研究中心成员近3年申请了11项科研项目，获得与区块链技术相关的国家发明专利12项，有关区块链技术的前沿理论研究发表期刊论文40余篇，其中《科学引文索引》（SCI）或一区文章20余篇。

（王鹏业　李国俊）

马克思主义学院

【概况】 北京工业大学马克思主义学院（College of Marxism，以下简称“学院”）成立于2011年3月，目前设有马克思主义原理、中国特色社会主义、中国近现代史、德育、研究生思想政治理论课、形势与政策、习近平新时代中国特色社会主义思想概论7个教研室，1个党务办公室和1个行政办公室。截至2021年12月底，学院共有教职工54人，其中专职教师51人，其他专技1人，管理人员2人。专职教师中正高职称9人，副高职称20人。学院承担着全校思想政治理论课教学、科学研究、马克思主义理论学科建设及研究生培养任务，同时承担着北京市重点建设马克思主义学院、北京高校中国特色社会主义理论研究协同创新中心（北京工业大学）和北京市习近平新时代中国特色社会主义思想研究中心北京工业大学研究基地的建设工作。学院拥有1个马克思主义理论一级学科硕士授权点，2021年度在校硕士研究生52人，毕业硕士研究生16人，招收硕士研究生18人。

党的建设。截至2021年年底，马克思主义学院党委下设7个党支部，其中在职教职工党支部5个、研究生党支部1个、退休教职工党支部1个。党员总数117人，其中在职教职工党员49人，占在职教职工总数的90.7%；35岁以下青年教师党员9名，占青年教师总数的100%；研究生学生党员42名，占研究生学生总数80.8%；退休支部党员25人，占退休人员总数79.4%。2021年共发展党员11人，转正党员13人，全部为研究生学生党员。

学院5个教职工党支部和1个退休教职工党支部完成换届。学院党委把巡视、巡察整改工作与党支部“过筛子”等工作结合起来，以“加强党支部规范化建设”为主题对新一届的党支部书记和委员进行党务工作专题培训，坚持“书记抓，抓书记”导向，完善学院“一周一支部”领导班子成员联系支部工作，加强督导每月固定日期的主题党日工作开展情况，加强“述职评议”考核力度。

3名师生党员获得校级“优秀共产党员”称号；教师理论宣讲团获得“北京工业大学突出贡献党员团队”称号；中国近现代史教研室党支部获评校级“小微提升”十个精品项目之一；学院课题组获得市级党建研究会课题成果三等奖；4个校级党建课题立项，其中一项为重点课题；获得北京工业大学第四届思想政治教育工作实效奖，获得集体奖1项、个人奖1项；校级“三全育人”项目结题1项、立项1项；获得2020年度学生工作先进单位。

教学工作。2021年，结合新冠疫情防控，推进本科生思想政治理论课线上线下相结合教学改革，推进十九届六中全会精神和习近平新时代中国特色社会主义思想“三进”工作；全力促进思政课程与课程思政有机结合、同向同行；提高思想政治理论教育时代感、理论性、亲和力与实效性。

思想政治理论课“三级课堂”协同推进，教学改革深化发展。制定《马克思主义学院关于推进思政课质量提升工程的若干措施》，并逐项落实。“习近平新时代中国特色社会主义思想概论”课教学效果不断提高。获得学校教育教学成果奖特等奖一项。

思政课课程按上级要求使用教育部统编教材“马克思主义理论研究和建设工程重点教材”，1 名教授参加了 2021 版统编教材《思想道德与法治》编写，1 名教授作为第一作者完成的《协商建国》在 2021 年 1 月中共中央组织部主办的第五届全国党员教育培训教材展示交流活动中被评为精品教材。在“思想道德与法治”和“中国近现代史纲要”2 门课程中全面推广“思想政治理论课教师挂牌授课”制度。

加强教学研究和研讨交流。7 月和 12 月分别以“学习习近平总书记‘七一’讲话精神暨百年大党与中国特色社会主义现代化道路研究”和“深入学习十九届六中全会精神暨新时代、新成就、新经验”为主题，主办学术研讨会 2 次。组织全院老师在教育部全国高校思想政治理论课教师集体备课平台观看学习网络课程，集体备课。另外，学院老师还参加了各门课程暑期备课会等教学研讨会。与全校各学院各部门开展合作，协助专业课程挖掘思政元素，促进思政课程与课程思政的有机结合，全面增强思想政治教育的协同效应。学院全力支持学校青年马克思主义者工程培训班建设，承担校内理论宣讲任务，为校内其他宣讲团提供理论指导，为各学院配备专任思政课教师做兼职政治辅导员，组建高水平课程思政教学共建团队。学院继续积极探索新时代思想政治理论课的实践育人模式。

研究生工作。2021 年学院共有硕士生导师 21 人，新晋升研究生导师 1 人，转来导师 1 人。本年度按照一级学科招收马克思主义理论研究生 18 名。研究生毕业论文继续送教育部进行全盲审，论文质量进一步提升。学生发表学术论文 22 篇（含与导师合作），获评校级优秀毕业论文一篇。授予学位研究生 16 人。

研究生培养制度。院党政联席会议讨论通过《马克思主义学院研究生科研基金项目管理办法》（院发〔2021〕8 号）等研究生培养方面文件，完成第五轮学科评估材料整合、组织、上报工作。

学院以教学模式改革带动研究生思想政治理论课教学质量提升，结合深入推进专题式教学、研讨式教学等模式的探索。运用新媒体平台，录制博士生思政课“中国马克思主义与当代”网络课程并上线，提升课程建设水平。组织召开由各学部（院）硕士生和博士生参加的研究生公共思想政治理论课座谈会。

2021 年，学院新增科研项目 10 项，其中，北京市社科基金 4 项，北京市教委科研计划一般项目 1 项，横向课题 1 项；新增到校经费 103.396 万元；教师以第一作者身份共发表论文 35 篇，其中，1 篇《社会科学引文索引》（SSCI）期刊论文，7 篇《中文社会科学引文索引》（CSSCI）期刊论文，4 篇《中文社会科学引文索引》（CSSCI）扩展版期刊论文，北大核心及其他 18 篇。共出版著作 3 部。

2021 年，毕业研究生 16 人，全部为马克思主义理论专业非定向学生，其中党员（含预备党员）16 人。一次就业率 87.5%。截至 2021 年底，马克思主义理论学科共有在校研究生 52 人。

学生工作。《培养新时代高素质青年马克思主义者的集成创新实践》获得学校第四届思想政治教育工作实效奖集体一等奖，收获体现在：一是增强理论自觉。组织学生积极参加校第七届学生党史知识竞赛，获校第二名；代表学校参加北京市“知史爱党、知史爱国”学生“四史”知识竞赛，获二等奖；获得“学习强国”北京学习平台“爱国心，报国心，强国志”主题征文优秀奖 1 项；获北京高校“我听亲人讲‘四史’”主题征文活动优秀奖 1 项。二是立足专业，为习近平新时代中国特色社会主义思想传播做贡献。学院成立以“学党史，守初心，担使命，做新时代奋斗者”为主题的研究生理论宣讲团，向校研究生宣讲团输送 5 位骨干成员，且与劲松街道办事处联合举办“无奋斗不青春——永远跟党走”主题宣讲活动，共开展校内外宣讲 11 场，受益人数 900 余人。三是锤炼综合素质。为进一步挖掘和系统总结“劲松模式”，探索首都以党建引领社区治理的成功经验和有效路径，依托研究生党支部与劲松街道党总支进行支部共建活动，组织学生到劲松街道 9 个社区进行岗位锻炼与志愿服务，共撰写了 20 余份社会实践报告，相应的理论学习成果和实践成果摘编刊登在《北京工大报》上。四是党员“三力教育”出实招。学生党员进宿舍，发挥朋辈作用；开展系列培训，促进入党流程规范化；设立党员先锋岗，在疫情防控中凸显战“疫”担当；获得红色“1+1”支部共建校级优秀奖，在“青春心向党，筑梦新时代”校园文化节艺术展演中，同学们自己创作并朗诵了《筑梦新时代》，获得“气势如虹”奖。五是探索形成富有马克思主义学院特色和优势的学生工作思路和活动品牌，在科技节和宣传月立项活动中获得佳绩。获得校级2021年“科技节”最佳组织学院荣誉。六是新建一处社会实践基地，搭建学生理论联系实际平台和提升服务北京基层的能力。9月学院与北京工业大学实验学校社会实践基地成立，这是学院第四处学生社会实践基地。七是探索学生社团管理模式。出台《北京工业大学马克思主义学院研究生会章程》（院发〔2021〕2号），院研会完成换届并执行“主席轮值”制；组织开展院级秋季体育团队健身趣味运动、“重走长征路”党史知识竞赛、“谁‘羽’争锋”羽毛球比赛、新生篮球赛等活动，促进学生全面发展。八是开展学生评奖评优推荐工作。制定《北京工业大学马克思主义学院研究生学业奖学金评定细则》（院发〔2021〕3号）等制度；获得北京高校马克思主义理论专业研究生新生奖学金1人，学术奖学金1人；国家奖学金1人；优秀毕业生，市级1人，校级4人；校级百佳毕业生2人；校十佳班集体提名1个；校优良学风班1个、先进班集体1个、优秀团支部1个。

研究基地、协同创新中心运行。2021年，北京市习近平新时代中国特色社会主义思想研究中心北京工业大学研究基地依托2016年获批成立的北京高校中国特色社会主义理论研究协同创新中心（北京工业大学）推进各项工作。

基地组织召开两次具有一定规模和影响力学术研讨会。2021年7月17日，基地采用线上、线下相结合方式组织召开“学习习近平总书记七一讲话精神暨百年大党与中国特色社会主义现代化道路研究”，2021年12月4日，主办“深入学习十九届六中全会精神暨新时代、新成就、新经验”学术研讨会（年会）。

基地在科研项目方面，新增科研项目10项，其中，教育部人文社科基金思政专项3项，北京市社科基金项目4项（其中习近平新时代中国特色社会主义思想研究中心重点项目1项），北京市教委科研计划一般项目1项，北京市教工委项目1项，其他纵向课题1项，横向课题1项。年度新增到校经费103.396万元。

科研论文与著作方面，本年度基地研究人员以第一作者身份共发表论文33篇，其中“三报一刊”（《人民日报》、《光明日报》、《经济日报》、《求是》杂志）4篇，《中文社会科学引文索引》（CSSCI）期刊论文7篇，《中文社会科学引文索引》（CSSCI）扩展版期刊和北大核心论文8篇，《社会科学引文索引》（SSCI）SSCI国际期刊1篇，其他14篇。出版著作3部。

学术获奖方面，著作《协商建国》入选中共中央组织部评选的全国党员培训教育精品教材；著作《重读马克思：文本及其思想（十二卷本）》（集体）获评北京市第十六届哲学社会科学优秀成果一等奖。

（彭宏伟　尤　欣　高　戈）

【“我为群众办实事”落实】 为庆祝中国共产党成立100周年，学院设计与制作文化墙；促成党员之家、工会小家建设；建立《马克思主义学院关于推进思政课质量提升工程的若干措施》等长效机制，并从六个方面开展工作，取得初步成效；促成劲松街道党工委与马克思主义学院研究生党支部红色“1+1”共建；促成学院研究生理论宣讲团，与劲松街道社区工作者组成联合宣讲团，进入社区宣讲；促成北工大马克思主义学院、北工大实验学校社会实践基地挂牌；组织多场“思政课质量提升工程与基层党建工作提升”系列活动，学校各学部（院）本科生、研究生代表参与座谈会；组织中国近现代教研室教师录制“讲红色京华故事，忆百年辉煌党史”系列微党课，形成视频成果，并初步推广使用；推动党史学习教育，组建师生党史宣讲团为教师和学生宣讲搭建平台，积极联系朝阳区、劲松街道社区的党史教育系列宣讲。

（高　峰　高　戈　尤　欣）

【党史学习教育融入实际工作】 利用北京和全国红色资源，丰富党史学习教育载体，将党史学习教育深度融入到实际工作中：（1）以党史宣讲团建设为抓手，聚焦主题建设“理论课堂”。学院师生党史宣讲团成员共开展宣讲160余场，校内外受益23000余人。（2）主抓“思政课堂”主阵地建设，出台《马克思主义学院关于推进思政课质量提升工程的若干措施》《马克思主义学院青年思政课教师教学质量提升培育工作方案》等文件，把党史学习教育融入日常思政课。（3）创新“实践教育”建设，打造党史学习教育“行走中的党课”品牌。全年学院共组织师生参加的集体实践活动7场，利用学院教师和学生熟悉党史的优势组织开展“行走中的党课”4讲。（4）打造“支部课堂”，积极推进党支部“一支一品”建设，对标对表开展“过筛子”“小微提升”“学生党员三力教育”等各项工作。（5）全院开展“科研经费使用与管理政策”的宣讲与警示教育活动、师德师风建设主题宣传教育活动和全院的警示教育大会等集中教育活动，全员签订《科研经费科学规范使用廉洁承诺书》。

（高　戈　尤　欣　马利利）

体育教学部

【概况】 北京工业大学体育教学部（Department of Physical Education）成立于1990年（前身为1960年成立的体育教研室），为北京工业大学直属处级教学科研单位。现有教职工49人，包括教师岗43人，管理岗5人，其他专业技术人员1人。目前，教师中有正高职称者3人，副高职称者18人，中级职称者22人，硕士生导师1人，国际级裁判2人，国家级裁判4人，一级裁判27人。

2021年，体育教学部共有在职教师党员34人，退休教师党员15人，党员合计49人。体育教学部党总支下设3个党支部，其中3个教工党支部。完成2名入党积极分子培训工作。组织建设方面，完成中共北京工业大学体育教学部第二届总支部委员会选举工作，体育教学部第一党支部获评北京工业大学先进党组织，刘振卿获“北京工业大学优秀共产党员”称号。思想政治教育方面，认真落实了意识形态工作责任制，深入推进体育课程思政建设。党员学习教育方面，深入学习贯彻习近平新时代中国特色社会主义思想和党的十九届历次全会精神，认真开展党史学习教育和“我为群众办实事”活动。全面从严治党与党风廉政方面，认真履行全面从严治党、党风廉政建设主体责任，认真做好了“接诉即办”和信访工作，及时完成了巡视整改“回头看”工作。统战群团工作方面，认真落实了统战和宗教工作，用心用情做好了离退休工作和工会工作。体育教学部完成体育教学工作共计512个教学班16384学时；完善体育理论课线上考试等体育教学管理系统建设、制订《关于体育教学部体育课课内外一体化的实施方案（试行）》《北京工业大学课外校园跑指南》，开展2021级大一新生课外校园跑，举办体育教学部第一届教学基本功比赛；2021年12月，北京工业大学作为牵头单位成立高校体育思政研究会，中国教育电视台、《中国教育报》、《中国体育报》进行专题报道。深入推进学生体质健康标准测试工作改革创新。采取全年预约测试、新生入校第一周进行测试等形式，高效完成2021年学生体测工作，编写《北京工业大学2021年学生体质健康标准测试白皮书》；通过开设体能训练营、举办《国家学生体质健康标准》测试赛等措施提升学生体质健康水平。师资队伍建设成效显著。晋升副高2人，引进新教师3名；1名教师获得首都高校体育教师基本功比赛一等奖，1名教师获得北京工业大学优秀青年主讲教师奖，7名教师获批北京工业大学“揭榜挂帅”教育教学改革专项研究立项，1名教师获批学校教材立项，4名教师获批北京工业大学第三批优秀“课程思政”教学案例；2名教师获得“课程思政”培育项目；1名教师获评北京工业大学“立德树人榜样——我心目中最喜爱的教师”、1名教师获得北京工业大学首届“课程思政”教学设计比赛二等奖。发表核心期刊论文2篇、一般期刊论文2篇，出版专著1部。

（张　楠　刘振卿　吴　勇）

【努力发展群体活动】 2021年3月27日，获得北京市教委颁发“朝阳杯”。校群体运动队获得体育竞赛前八名73人次，其中国家级11人次，省部级62人次。学校将国家级体育竞赛纳入到《北京工业大学本科生科技竞赛认定目录》中B级赛事目录，《北京工业大学本科生体育竞赛认定办法》、《北京工业大学本科生体育竞赛认定申请表》；获得北京市大学生体育协会、中学生体育运动协会颁发《学生运动技能等级测评基地》；举办第十一届校园文化节暨文化体育嘉年华；滑雪队获得全国大学生滑雪挑战赛总决赛总团体季军。

（李　鑫　刘振卿）

【高水平运动队建设】 校高水平运动队获得体育竞赛前八名72人次，其中国家级9人次，省部级63人次。游泳队1人代表国家参加东京奥运会，代表北京参加第十四届全国运动会获得2枚金牌。羽毛球队获得第十四届全国学生运动会2枚金牌，获评“体育道德风尚奖代表队”。

（李　鑫　刘振卿）

艺术设计学院

【概况】 北京工业大学艺术设计学院（College of Art and Design，以下简称“学院”）现有一级学科设计学硕士学位授权点，艺术硕士专业学位和工业设计工程硕士专业学位授权点。本科设有视觉传达设计、产品设计、环境设计、服装与服饰设计、工艺美术、数字媒体艺术、绘画、雕塑和工业设计9个专业。学院拥有艺术学科图书馆、民间美术博物馆、视觉艺术馆、中国服务设计发展研究中心、博物馆展陈与空间实现北京市重点实验室、“泥人张”彩塑艺术研究中心以及艺术设计实验中心，由金工数控、木工、陶艺、雕塑、丝网印刷、服装、摄影、漆艺、首饰、数字动画、视觉传达等专业实验室组成的艺术设计实验中心为实践教学和学生动手能力培养提供保障；民间美术博物馆为全国科普基地、北京市科普教育基地和爱国主义教育基地，面向全校师生传承中华优秀传统文化；视觉艺术馆2000余平方米的展厅为科学、艺术与设计提供设施完备的展览展示空间；中国服务设计发展研究中心推动政府与院校合作研究国家重大项目，促进院校与企业深度合作，开展服务设计实践；“泥人张”彩塑艺术研究中心主要传承和发扬优秀的传统民族民间艺术，为在校学生提供解传统文化精神和艺术创作学习平台。

学院现有教职工177人，其中专任教师138人（含2名外籍教师）、其他专业技术人员9人、管理人员21人、工勤人员2人、校级聘用制人员2人、院级聘用制人员5人。教师队伍中，正高职称教师14人，副高职称教师49人；具有博士学位的教师29人，硕士学位教师93人，师资博士后2人，在职攻读博士学位3人。北京市宣传文化系统“四个一批”人才2人、北京市科委优秀青年设计人才1人。

2021年，学院录取新生367人，其中硕士研究生73人（设计学学术学位24人，艺术硕士/美术领域34人，机械/工业设计工程15人）、本科生294人。2021年毕业生共计521人，其中研究生50人（设计学学术学位14人，艺术硕士专业学位24人，工业设计工程专业学位12人）、本科生471人。截至2021年12月，艺术设计学院现有学生1611人，其中研究生198人，本科生1413人（在校1370人，“双培”生32人，休学10人；保留学籍1人）。

党建工作。2021年，学院共有在职教师党员81人，退休教师党员73人，学生党员417人，党员合计571人。学院党委下设26个党支部，其中教工党支部12个，学生党支部12个，离退休党支部2个。2021年，学院共发展党员168人，49名预备党员按期转正。组织230名发展对象及213名入党积极分子参加学校党校学习培训工作。

组织开展专题学习和分类培训，学院党委书记给全院师生讲党课13次，班子成员和支部书记为学院师生开展党史学习教育1次以上，积极邀请学校党的十九届六中全会精神宣讲团上门给学院师生做辅导报告，截至12月底，共组织宣讲会60余场，参加学习人数达到3000人次。班子加强自身建设，全年开展理论中心组学习12次，切实提高班子的理论修养和治院能力。依托全校党支部“过筛子”工作，深入推进党支部规范化建设，组织6个师生党支部参加“小微提升”项目申报。组织6次关于“全面从严治党、党风廉政建设工作”的专题学习活动，把加强从严治党工作要点列入党政联席会、党委会、中层例会、党支部书记例会的重要议事日程。开展意识形态工作研判5次，加强“两微一端”及师生自媒体管理引导，2次摸排学院组织机构、师生开设自媒体账号情况，完善自媒体管理台账，做好分级分类管理。

学科建设。2021年，学科建设工作首先总结“十三五”发展建设完成情况，对照学校和北京市“十四五”目标，凝练学科分析与特色，完成“十四五”规划和综合改革方案编制工作。其次，提出：（1）面向政治中心建设——积极服务国家重大活动；（2）面向文化中心建设——开展中华文化传承与创新的科研与教学；（3）面向科技中心建设——构建艺工融合育人体系；（4）面向国际交流中心——以美为媒，拓宽国际视野的4项创新举措。最后，完成第五轮学科评估工作，组织学院3个参评学科准备评估材料、提交和论证学科评估信息、修改补充等工作。

教学工作。2021年，本科招生294人，招生3个专业（类），15个班级，“双培”生11名，工业设计2个班、美术学类2个班，设计学类11个班。学院本科生班级69个，学生1413人，留学生1人；全校在册就读学院辅修双学位学生64人。

2021年学院本科教学工作围绕北京高等教育本科人才培养质量提升计划，推进课程改革与创新，提升人才培养质量。学院教学改革“新文科背景下设计学科专业新时代创新人才培养路径与课程体系的建构”获批教育部首批新文科研究与改革实践项目立项，学院教学案例获2021年北京市学校美育改革创新优秀案例征集评选活动获二等奖2项、三等奖1项，本科教学获北京工业大学优秀教学成果奖2项，推荐申报2021年北京市高等教育教学成果奖2项。

2021年学院课程思政建设获批学校优秀思政教学案例7个，学院思政精品课程建设立项10门，学院重点课程建设立项5门，线上课程建设7门（含1门虚拟仿真课程建设），加强教材建设工作，校级重点教材建设立项项目3项，学院级重点教材建设项目5项。举办本科优秀毕业作品展、优秀课程展，梳理教学理念、加强教学研究、充分发挥课程建设对人才培养作用。

2021年学院组织参加2021“京津冀”高校设计类专业毕业设计联展，获金奖2项、银奖1项、铜奖3项、优秀奖3项、优秀指导教师奖2项，同时获得优秀组织单位奖。组织参加北京市教委文创设计大赛，从学院126件参赛作品中评选出40件优秀作品参加市级专业组比赛，获得一等奖5项、二等奖6项、三等奖7项，并获优秀组织奖。

研究生培养。2021年学院积极申报设计学博士学位授权点，学院积极申报设计学博士学位授权点，并获得北京市审核通过唯一设计学单位。同时学院一级学科设计学、专业学位点艺术设计、美术领域分别参与学科评估以及学位点水平评估、专项巡查等工作。2021年学院修订了设计学、艺术设计专业硕士、美术专业硕士、机械专业硕士（工业设计工程方向）2021级培养方案。学院共新增硕士导师20人，其中设计学新增硕士导师2名，艺术硕士新增导师16名，机械/工业设计工程专业新增导师2名。2021年有50名硕士研究生参加学位论文答辩，全部获得硕士学位。2021年秋季54名研究生参加论文中期答辩，全部通过；61名研究生参加论文开题答辩，全部通过。2021年学院共接收73名硕士研究生新生，2022级研究生推荐免试拟录取29名学生。

科研工作。2021年参与政府引领政策性和战略性支撑计划、研究课题以及建设项目，为产业现代化转型与结构升级提供研究和设计服务，加强了对申报高层次国家级项目的的动员、辅导、团队培养。2021年艺术设计学院到校科研经费总共467万元，其中横向经费376万元、纵向经费91万元。

2021年，学院聚焦中国共产党成立100周年和北京冬奥会的建设项目，以北工大艺术的智慧来设计国家形象，传播国家价值。教师团队在服务国家和北京重大需求方面做出突出贡献。其中，邹锋教授担任中国共产党成立100周年北京市庆祝活动领导小组庆祝大会保障和广场活动指挥部“专家指导委员会”专家，指导完成天安门广场主会场“巍巍巨轮”整体设计工作；设计团队全程参与广场整体设计工作；雕塑团队创作完成中国共产党党史馆《井冈山会师》《雷锋》《王进喜》艺术品创作工作；学院主持设计2022年北京奥运会“奥林匹克休战”壁画；环境设计团队参与设计完成北京市首个“碳中和”主题公园，“北京冬奥会张家口赛区展示中心展陈策划及大纲研究”和中央礼品文物管理中心“友好往来 命运与共——党和国家领导人外交活动礼品展展陈设计”等项目；本年度教师发表核心期刊论文29篇，出版专著及画册4部。

学生工作。2021年发展学生党员168人，转正党员49人。截止到12月1日，有正式党员227人，预备党员190人，党员总数417人。在北京工业大学开展庆祝中国共产党成立100周年暨“七一”评选表彰工作中，学院学生党员被评为“北京工业大学优秀共产党员”共计6名，传媒与艺术理论本科生党支部被评为优秀党支部。

文化主题教育活动。在第十一届校园文化节艺术展演中，舞台剧“当日星星之火，烛照百年中国”为建党百年献礼；举办“庆百年·践初心”手工文化艺术节、响应学校冬奥会志愿者选拔工作安排，共有42名同学成为冬奥会正式志愿者。深化青年创新创业教育工作，在“互联网+”大赛中，学院共有4个项目获市级奖项，“艺术点亮峥嵘时光——传承老兵精神，开启助老新篇章”项目获北京赛区二等奖；在“挑战杯”竞赛中，“基于行为文化与人机工程学的中式坐蹲便产品设计”项目获北京市二等奖；在第十一届校园文化科技节中，学院组织以“青春永担使命，艺术创新未来”为活动主题共开展专业、科技、志愿讲座20余次，3个作品获最佳人气作品奖。

做好新生入学教育，帮助其完成从中学到大学角色转变。做好家庭经济困难学生资助工作，在册贫困生111人，80人获国家助学金，20人获评国家励志奖学金，3人获评国家奖学金，2人获评北京市三好学生，1人获评北京市优秀学生干部，22人获评北京市优秀毕业生，1人获评校长奖学金，256人次获评校级奖学金。191651班获“十佳班集体”提名。

学院2021届毕业生总计521人，其中研究生50人，就业去向落实率98%，升学率4%；本科毕业生471人，就业去向落实率99.57%，国内深造率16.60%，出国率14.47%，升学率31.06%，位列学部（院）第一名。

合作交流。2021年，在疫情影响下，学院开展国际化工作，邀请多名国际知名专家开展线上讲学、举办workshop，累计360学时，受众学生超过800人。再次与意大利米兰工业设计学院签订合作协议；重点培养教师国际交流能力，推荐学生国际化发展青年导师1人，参加“世界一流大学高等教育教学研究实践”教师培训项目1人，续聘韩国籍专业教师1人；加强学生的国际化培养，参与国际化校际长短期交流项目学生5人，9人参加线上国际处举办的交流课程；推进学院英文网站群建设，突出“全员参与国际教育”主题。教师9人受邀参加国际学术论坛，作主旨报告。高质量举办2021年度国际教育活动，组织3项主题活动、2场系列设计工作坊，惠及近500名中外师生。

展馆活动。学院视觉艺术馆、民间美术馆积极探索，建立“传统与现代结合、艺术与科技结合、设计与生活结合、物质与文化结合”展览展示活动平台，在疫情影响下，以服务全校师生为主，全年开馆178天，接待参观6000余人次。

2021年，学院展览馆举办“学百年党史·绘百年伟业——庆祝中国共产党成立100周年艺术作品展”“第十一届北京工业大学科技节学生科技成果展”“‘承继甲子薪火，续谱百年华章’——北京工业大学建校61周年校友艺术作品展”3个大型活动展；以及呈现学院教学成果的“行而不辍未来可期——2021研究生毕业设计作品展”“2021本科生优秀毕业设计作品展”“浮现——2021艺术设计学院优秀课程展”“美好生活——工艺美术系专业课程优秀作品汇报展”4个成果展；另外，协助北京文化艺术基金2020年度资助项目完成“‘塑形绘意’——‘泥人张’彩塑（北京支）艺术传承人才培养成果展”，秉承推动青少年文化艺术交流以及传播美育教学成果宗旨举办“‘童心向阳走向复兴’小画家环球艺术展”。

（邱　凌　黄　韬　邹　锋）

【服务建党百年】 2021年6月18日，中国共产党历史展览馆正式开馆。北工大艺术设计学团队从2019年参与中国共产党历史博物馆中“井冈山会师”“小岗村的故事”“雷锋精神”“铁人王进喜”“众志抗疫”等主题板块雕塑创作工作。团队历时近两年，扎根在条件简陋、环境艰苦的保密车间内，从文献、图片、视频、艺术作品等资料收集、分析和整理工作，再到对题材、造型、空间、材料等层面进行全面而深入思考；从创作方案、雕塑小稿数十次的反复修改，再到雕塑放大制作，历经多次调整，团队精益求精，用具体而丰满的历史形象讲述了中国共产党的伟大历程。以上作品在中国共产党历史展览馆展出，是全国共产党员及群众开展党史学习的重要艺术形象资料。

2021年1月起，北工大艺术设计学员党委建党百年设计团队，服务庆祝中国共产党成立100周年庆祝大会的相关设计工作，获得庆祝大会服务保障和广场活动指挥部奖励证书。

（刘　键　邹　锋）

【就业率99.42%】 2021年，艺术设计学院贯彻落实“一把手”工程、狠抓“三全育人”在就业创业工作中的落实，先后发布《艺术设计学院就业工作管理办法》、修订《就业工作实用手册20问》、推动“一二三四五”就业工作机制，取得就业创业工作新进展。最终学院凭借领导重视、全员参与、齐抓共管的工作态度落实就业率99.42%，做到贫困生100%就业，位列学部（院）第一名，为全校的就业工作做出贡献。

（王　策　郝　蕊）

北京-都柏林国际学院

【概况】 北京工业大学北京-都柏林国际学院

（Beijing - Dublin International College at BJUT，以下简称“学院”）是教育部批准由北京工业大学与爱尔兰国立都柏林大学（University College Dublin，以下简称“都柏林大学”）联合组建的中外合作办学机构。学院是北京工业大学下设教学科研机构，也是爱尔兰国立都柏林大学在北京分校区，不具备法人资格，于2012年9月正式成立。建院以来，学院始终坚持社会主义办学方向，践行“质量立院、人才强院、协同办院、声誉扬院”办学理念，致力于培养具有“国际视野、中国灵魂、首都情怀”，通晓国际规则和惯例、拥有较强国际竞争力的中国特色社会主义有力建设者和可靠接班人。学院设有物联网工程（The Internet of Things Engineering）、软件工程（Software Engineering）、金融学（Financial Economics）、电子信息工程（Electronic & Information Engineering）4个专业。

教职工44人，其中行政管理人员23人（正式编制11人，劳务派遣11人，聘用制1人），专业教师3人，外籍语言教师18人。受到疫情影响，都柏林大学选派教师29人采用线上方式开展教学活动，学校其他学院选派教师60人授课。

毕业学生335名，其中323名毕业生获得双学位。在获得双学位毕业生中，获都柏林大学一等学位毕业生71名，占22%；获二等甲级学位毕业生188名，占58.2%；获二等乙级学位毕业生63名，占19.5%；获Pass学位毕业生1名，占0.3%。毕业生中，210名（62.68%）获国外知名大学研究生入学录取通知书，35名（10.45%）获包括中国港澳在内国内大学研究生入学录取通知书。在深造的学生中，112名毕业生（45.71%）被世界排名前50名大学录取，177名毕业生（72.24%）被世界排名前100大学录取。87名毕业生（25.97%）选择就业，毕业生就业率位列全校本科教学单位第一，比学校平均就业率高3.7%，深造率高22.63%，学院获评校级就业创业先进集体。

计划招生330人，实际录取330人，实际报到323人。在校生1328人（含自主招生8人），其中物联网工程专业249人，软件工程专业371人，金融学专业468人，电子信息工程专业240人。

党建工作。2021年，学院党委有5个支部，其中教师党支部1个，学生党支部4个。党员180人，其中教工党员21人，学生党员159人。入党积极分子92人，发展党员80人。

政治建设。组织做好疫情防控期间教育教学、教职工管理服务和学生工作。运用新媒体组织开展学院理论中心组、教职工学习和党支部学习，利用融媒体平台将理论学习和业务学习结合起来做好师生政治思想工作，为涉外师生疫情防控、跨国线上教学、人才培养等工作提供政治保障。

全面从严治党。全面梳理自查，制订整改方案和整改落实细化分解表，细化16项问题清单、27项任务清单、16项责任清单、40项整改措施；加强党风廉政建设，将全面从严治党警示教育融入日常，全体教职工签订个性化责任书；完成巡视整改工作，推动全面从严治党向基层延伸和纵深发展。

意识形态工作责任制。完善意识形态制度，定期研判意识形态工作；落实党委理论学习中心组和教职工理论学习，组织理论中心组学习14次，教职工理论学习40次，党支部学习6次，领导讲党课4次。

支部规范化建设。严格落实“三会一课”制度，规范党员发展流程，开展党支部自查整改工作；凝练特色亮点，形成教工党支部“一体四维工作法”；认真开展党史学习教育，开好党史学习教育专题民主生活会，开展“我为群众办实事”实践活动、“永远跟党走”主题教育等，以问题为导向，切实解决师生困难，学院深化“接诉即办”机制，2021年全年处理解决“接诉即办”16件，三率100%，逐渐实现“未诉先办”，把党史学习教育成果转化为师生办实事、解难题的具体行动。学院4个学生党支部均获北京市高校红色“1+1”优秀奖，软件工程专业学生党支部获学校党史知识竞赛三等奖。

本科教学。2021年，学院设4个专业，开设150门课程，其中都柏林大学开设专业课程90门，英语语言课程6门；共409个课堂，其中依托6个平台线上课堂共158个。学院与都柏林大学研制教学调整方案及工作预案，保障线上/线下混合课程模式有序运行。

加强课程建设，优化课程体系、教学内容和教材管理。学院联合都柏林大学开展金融学专业课程体系评估工作，共建立43门专业基础课及核心课的授课内容档案。同时，学院制定《北京-都柏林国际学院本科生“课程思政”建设发展规划》和《北京工业大学北京-都柏林国际学院教材管理办法》，在教学目标、教学内容、教学方法、教学手段、教材等方面将价值塑造、能力培养和知识传授融为一体，以培养德才兼备全面发展的人才。

完善教学管理机制，保障教学质量。学院构建网络教学框架，分类管理教学平台；制订并实施都柏林大学课程的意见反馈机制，确保课程教学质量监督的实效性。

规范外籍教师管理。学院制定《北京-都柏林国际学院促进外籍语言教师职业发展的实施办法》，修订《北京-都柏林国际学院外籍语言教师薪酬待遇标准》，不仅提高外籍教师的薪酬待遇，而且为外籍教师的职业发展提供支持，稳定外籍教师队伍；规范助教管理机制，累计173人（296人次）参与助教工作。

师资队伍建设成果显著。本年度共112名教师参与教学工作，包括29名都柏林大学教师、65名北京工业大学教师和18名外籍语言教师。外语教学团队的教学成果《中外合作办学国际化高质量人才培养的奠基石——英语教学改革“125”模式》获2021年校级优秀教育教学成果奖特等奖。软件工程专业协调人亨利・麦克劳格林（Henry B. McLoughlin）教授获2021年度北京市第15届“长城友谊奖”。

科学研究。2021年，学院教师主持1项北京市教委科技计划一般项目，1项北京市自然科学基金项目结题。教师指导学生参加竞赛，获3项国际级奖。

学生工作。学院提升学生服务工作内涵，推动“三全育人”综合改革。落实学生工作指导委员会职能，完善学生工作评价及监督机制。

强化“线上线下”思政教育。在建党百年之际，开展系列党史学习教育。线上，开展“微团课”“学四史”“党员专访”等活动，累计推送100余篇，强化网络思政教育的广度和深度。线下，引导、鼓励300余名学生参与冬奥、服贸会、社区防疫等志愿服务，指导4支暑期社会实践团队，其中1支团队获第十三届远洋“探海者”全国大学生社会实践“乡村振兴”铜奖；成立四教公共区域自管自治试点小组，打造学生自主管理自管自治的学院文化。

开展习近平新时代中国特色社会主义思想英文宣讲、党的十九届六中全会精神学习、爱国主义专题教育、红色“1+1”共建活动。

2021级各班配备班主任共计11人，其中包含学院领导、各专业或课程负责人以及学校其他学院教师。新生在班主任与辅导员的配合管理之下，形成优良学风。开展“朋辈辅导”活动，累计参与300人次，帮扶学生提高英语、专业课水平。

学院构建“德智体美劳”五育并举育人格局，推进“第二课堂”教育活动。开设新生研讨课、校友讲座、志愿服务等34项“第二课堂”教育活动，累计认定学分461.6分，覆盖学生达88%（1200余人次）。

持续推进“以基金、竞赛、实践为三角依托的科技竞赛支持体系”建设，鼓励学生参加国内外各类科技竞赛。学生共计336人次获个人奖学金，11个集体获集体奖学金。其中，2人获国家奖学金，1人获“科技之星”。学生共发表15篇学术论文，申报4项专利（软件著作权），参与1次国际会议，39项科技竞赛作品获奖。

交流合作。学院全面梳理办学成果及办学相关文件，制订学院合作办学质量认证工作方案，完成中外合作办学质量认证申请材料提交，通过中国教育国际交流协会的审核，完成认证协议书签订。顺利完成两校办学合同续签，并申请机构延期10年。

学院接待中国传媒大学、中央民族大学等国内兄弟院校调研4次。作为中外合作办学的典范，受邀参加2021年中国国际服务贸易交易会的线下教育专题展，展现学院办学成果与办学特色。北京市副市长卢彦等一行来到学院展位巡展，了解学院教学运行工作现状及毕业生质量等。

招生宣传。2021年，在北京地区，金融学专业提档线为579分，连续两年超越学校普通类专业提档线；软件工程专业提档线为575分；物联网工程与电子信息工程专业提档线均为573分。在京外如天津、吉林、浙江、安徽、江西等地，多省份提档线排名较2020年呈上升趋势，其余各省份提档线排名较往年趋于稳定。

2021年高招季学院继续以线上宣传为主，根据疫情防控要求，逐步开展线上直播、线下实地咨询、社会媒体咨询、咨询热线等多种方式进行宣传，累计开展9场线上宣讲会，参加11场线下咨询会，总受众人次超200万。

联合管理委员会。该委员会是学院最高决策机构，负责学院战略发展、人事任免、运行管理和人才培养等重大事项。受疫情影响，2021年，联合管理委员会会议于12月1日通过线上视频连线方式召开。北工大校长聂祚仁、副校长郭福，都柏林大学校长安德鲁·迪克斯（Andrew J Deeks）及两校联合管理委员会委员参加会议。会议研究了联合管理委员会成员调整事项。校长聂祚仁进入联合管理委员会并担任主席，都柏林大学校长安德鲁·迪克斯（Andrew J. Deeks）任副主席，其他由于职务变化的相关成员也进行相应调整。会议报告2020年联合管理委员会会议决议与执行情况；听取2020—2021学年院长工作报告、教务长工作报告、财务决算报告，通过2021—2022学年财务预算报告。会议还就2022年招生计划、学院学生参加都柏林大学伙伴大学交换项目、都柏林大学教师返回学院任教、建院十周年庆典、中外合作办学机构质量认证等议题深入讨论并达成共识。联合管理委员会对学院疫情期间各项工作表示肯定。

（张宇庆　赵梦琳　吴文英）

【外籍教师获北京市长城友谊奖】 10月29日，学院软件工程专业协调人亨利·伯纳德·麦克劳格林（Henry B. McLoughlin）教授获2021年度北京市第15届“长城友谊奖”。亨利·伯纳德·麦克劳格林（Henry B. McLoughlin）教授作为北工大北京-都柏林国际学院培养方案主要设计者之一，从2012年学院成立之初即到院工作，主要负责学院计算机科学专业课程、学术标准、教学大纲、教学材料的初期建设与后期调整改进工作，为学院的管理、发展和学校的国际化进程做出贡献。

（董晓梅　吴文英）

【获北工大教育教学成果奖特等奖】 2021年5月，学院外语教学团队教育教学成果《中外合作办学国际化高质量人才培养的奠基石——英语教学改革“125”模式》获2021年北工大优秀教育教学成果奖特等奖。针对英语教学，与爱尔兰国立都柏林大学语言中心合作，创建英语教改“125”模式，即一个核心：培养国际化高质量创新型人才；两个目标：提升学生使用英语进行专业学习和学生跨文化交际能力；五条路径：促进中外师资深度融合，建立中教为主导、外教为主体的师资队伍、创建中方领导下的“外国人管理外国人”模式，引进欧美优质教材体系，优化课程体系，调整语言评价体系，全方位搭建英语“浸泡式”培养环境。

（董晓梅　吴文英）

樊恭烋荣誉学院

【概况】 北京工业大学樊恭烋荣誉学院（Fan Gongxiu Honors College，以下简称“学院”）自2014年建院以来，已累计招生8年，毕业学生4届。学院目前共计本科4个年级，在校生人数137人。2018级共包含机械工程、电子信息工程、计算机科学与技术、软件工程、生物医学工程、交通工程、纳米材料与技术7个专业27名在校生；2019级共包含电子信息工程、土木工程、计算机科学与技术、软件工程、生物医学工程、电子科学与技术、纳米材料与技术7个专业31名在校生。2020级共包含电子信息工程、土木工程、计算机科学与技术、自动化、微电子科学与工程、电子科学与技术、信息安全、机器人工程、机械工程9个专业29名在校生。2021级为首次扩招，共包含50名在校生，来自6个学部，19个专业，在经历2021年9月在线新生选拔工程素养实操训练测试、英语面试、综合面试、SAT笔试、心理测试等环节后，最终被选入学院进行学习培养。2021年学院全面超额完成“十三五”规划全部内容，总结办学成果，编制学院“十四五”规划。截至2021年年底，学院有管理人员6人，其中专职在编4人，聘用制1人，外籍教学科研1人。

教学工作。2021年，学院全面保障教学正常运行，年度评教率100%，严格毕业资格审查，规范毕业论文（设计）要求，加强对选题、指导、答辩全过程的线上线下双管理，完成毕业论文（设计）答辩工作。组织三段式科学训练Stone项目相关工作，新开设“素质教育论坛”课程1门；2022届本科生推免16人（清华大学5人，中国科学院大学7人，北京航空航天大学1人，北京邮电大学1人，北京师范大学1人，北京工业大学1人）。2021届毕业生获得北京市优秀毕业生、校百佳毕业生1人，校级优秀毕业生3人，北京市本科特优毕业设计（论文）1人，优秀毕业设计论文3人。2021届毕业生国内深造人数21人（清华大学1人，中国人民大学1人，北京航空航天大学1人，北京邮电大学5人，中国科学院大学6人，北京理工大学1人，北京工业大学4人，南京大学1

人，哈尔滨工业大学 1 人），境外深造人数 8 人（美国 2 人，英国 2 人，中国香港 2 人，日本 1 人，加拿大 1 人），就业率、签约率和深造率均为 96.67%，深造率为历年最高，位居年度全校第一，境外深造院校排名较往年大幅度提高。2021 年荣获北京工业大学教育教学成果特等奖。

科研工作。2020 年，学院要求学生不断提升学业成绩，低年级学生成绩优异，高年级学生科研能力突出。2021 年顺利完成第二十二届星火基金、国创的立项、中期答辩工作；完成 Cornerstone、Keystone 和 Capstone 开题、中期、结题工作，累计立项并结题 36 项。在科研成果持续输出同时，学院组织学生参加各类科技竞赛，注重提高科技创新能力，2021 年累计获得国际国内科技竞赛奖项 45 人次。本年度多名高年级本科生参与科研项目在国际重要期刊［《科学引文索引》（SCI）、《工程索引》（EI）］上发表论文，截至 2021 年 12 月 31 日，已发表论文 4 篇。

学生工作。2021 年学院推动五育并举工作促进学生全面发展，在提高学生综合素质上做出探索。学院开展荣誉感教育，加强班集体建设，创建百强示范班，组织开展德智体美劳活动，培育十佳班集体。190001 班获北京工业大学第十届十佳班集体、先进班集体和百强示范班，樊恭烋荣誉学院本科生班级连续 6 年获北京工业大学十佳班集体。学院强化科学精神和学术诚信教育，参加科技节，学生年度累计获得各类科技竞赛奖项 58 人次；开展诚信教育主题班会。学院推进校园精神文明建设，艺术展演获“声情并茂奖”，第 46 届运动会团体总分第五和体育道德风尚奖；弘扬志愿服务精神，累计 29 人次参与冬奥会、服贸会、庆祝中国共产党成立 100 周年等重大活动，组织学生参与抗疫救灾爱心捐款、无偿献血等活动，55 名志愿者参与学院新生选拔招生志愿服务，占学院本科生总人数的 63.2%，累计志愿时长达 596 小时。学院加强学风建设，营造精英学习氛围，定期召开师生座谈会、学长带我行经验交流会等；鼓励学生成立朋辈辅导组，9 人在校学业辅导中心担任“朋辈讲师”。学院推进专业与创新创业教育有机融合，首获北京市“互联网＋”二等奖 2 项；完成奖学金条例修订、实行以及评审工作，本年度学生个人获国家级、省部级荣誉奖项共计 4 人次，其中国家奖学金 1 人，获北京市三好学生、优秀学生干部、优秀毕业生称号 3 人次，获校长奖学金和“科技之星”双料称号 1 人。学院获学校第四届思想政治教育工作实效优秀奖、1 名教师获个人二等奖；1 名教师获得 2021 年“青年服务国家”首都大中专学生社会实践先进工作者称号。

交流合作。2021 年学院组织学生积极参与多种形式的课程，并组织开展成果经验分享汇报，助力学生提升学业水平和拓宽国际视野。拓展“国际化”交流渠道，29 名学生参加牛津大学 DTC 训练营暑期课程，24 人次参加寒暑假短期线上境外交流学习项目；2021 年累计 2 人赴境外高校参加长期校际交流学习，29 人参加境外高校短期校际交流学习。完成一院一品国际化人才培养主题展，举办留学世界英国专场分享会。新聘任 1 名也门籍教学科研岗国际教师扩充国际化师资队伍，2 名教师参与南洋理工大学线上培训顺利结业，1 名教师获“优秀学生国际化发展青年导师”称号。

（戴　璐　孙立山）

【完成“新生年”系列工作】 学院在 2021 年度顺利完成“新生年”系列工作。成立了由院长指导，副院长负责，辅导员、班主任助理参与，学生工作、教学管理配合的新生工作领导小组；同时，学院制定樊恭烋荣誉学院“新生年”工作计划，结合“彩虹桥”新生教育开展理想信念教育、大学适应教育、学业辅导、创新创业教育和职业生涯规划等，设立专项经费，夯实新生发展基础，引导学生探索未知；前置新生工作，在新生选拔招生过程中贯穿新生大学文化教育以及知校爱校教育文化，组织科技专题报告和前沿知识讲座；带领新生参观科技节及本科生成果展，开展“寂静的春天”读书分享活动；建立新生新媒体平台，借助平台记录学生成长时刻，推送学校及学院建设发展情况。

（戴　璐　孙立山）

北京人工智能研究院

【概况】 北京人工智能研究院（Beijing Institute of Artificial Intelligence，以下简称“研究院”）为学校所属新型二级教学科研机构，依托信息学部建设。

现有在校生 161 人，其中博士生 62 人，硕士生 99 人。有教职工 41 人，包括教师岗 40 人，管理岗 1 人。教师岗中，享受国务院特殊津贴专家 2 人，长城学者 2 人，“百千万人才”2 人，市青年拔尖人才 1 人，市青年骨干项目 3 人、市科技新星计划 4 人、校高端人才队伍建设计划 4 人。目前，教师中有正高职称者 17 人，副高职称者 13 人，中级职称者 11 人，博导 17 人，硕导 23 人。

主要职责。开展原创性基础理论与关键技术研究，加强产学研用合作，推动北京人工智能产业协同创新发展。通过用人聘人机制、科研体制机制改革，推进学科交叉协同创新研究，培养人工智能领域的卓越拔尖人才。

研究院以已有优势研究（乔俊飞团队、尹宝才杰青团队）为基础，建立 4 个基础理论研究室：机器学习理论与技术、数据挖掘与知识工程、机器感知与人机交互、智能无人控制系统；建立 4 个技术创新重点实验室：人工智能芯片、智能服务机器人、大数据与智慧医疗、环境感知与智能监控；建立 1 个展示厅：智能芯片、智能交通、智能医疗、污水智能控制等多主题孵化应用展示厅，并在相关领域开展有影响、有创新、有特色的研究。仪器设备总值 5000 余万元，10 万元以上大型仪器设备 80 余台件。初步建成北京人工智能协同创新平台，为建设智慧北京、绿色北京、生态北京提供必要技术支撑。

平台建设。2021 年，研究院顺利完成与未来网络高精尖中心理科楼 9 楼房屋交接工作。完成与未来网络高精尖中心 9 楼所有房屋钥匙交接工作；完成与未来网络高精尖中心部分办公家具、设备等交接工作，完成与未来网络高精尖中心部分办公家具、设备等交接工作，完成固定资产现场移交及固定资产网上调配工作。按时完成研究院智慧环保北京实验室部分房屋改造工程。完成工程开工手续审批工作；研究院作为发包方与施工单位认真做好实验室部分房屋的施工进度催促、质量监督、设计修改、洽商工程增减量等工作；密切配合审计处、基建处及审计公司完成工程竣工后的现场验收、工程材料报送、审计结算等事宜。

文化建设。打造研究院文化特色，形成品牌特色标志标识。配合设计公司完成智慧环保北京实验室视觉识别系统的设计工作；完成实验室的 LOGO 墙、文化墙、门牌、玻璃门腰线、索引牌、走廊宣传栏、标识牌、设计、制作、安装工作；设计、制作系列文化创意产品，丰富研究院文化内涵；编撰、制作《研究院 2021 年年报》，总结研究院科研进展情况；设计、开发研究院网站及智慧环保北京实验室网站。

对外交流。2021 年，举办院士讲坛系列报告 4 场；举办杰出学者论坛 17 次，邀请专家学者到院进行学术交流 32 人次；为纪念北京人工智能研究院成立和推动学校人工智能研究的持续发展，2021 年 5 月和 8 月《北京工业大学学报》推出 2 期人工智能的研究专刊，即北京人工智能研究院成立纪念专刊与人工智能专刊（2021），共刊登研究论文 20 篇、研究述评 11 篇。

（桑洪峰　冀俊忠）

【获批科技创新 2030——“新一代人工智能”重大项目】 2021 年 12 月 20 日，信息学部乔俊飞牵头的项目“面向污染防治的复杂动态系统智能表征与调控”获得“科技创新 2030——新一代人工智能”重大项目 2021 年度资助，北工大是项目唯一承担单位。项目团队围绕国家生态文明建设战略定位和污染防治需求，重点研究复杂动态系统的智能表征与调控。项目分为两个课题，执行期限为 2021 年 12 月至 2025 年 11 月。乔俊飞为课题一负责人，主要研究复杂动态系统模型表征与自组织设计理论及关键技术；王鼎为课题二负责人，主要研究复杂动态系统自主决策与智能调控理论及应用。研究团队旨在开展与人工智能密切相关的复杂动态系统模型表征、自组织设计、自主决策与智能调控等方面的基础理论和方法研究，研发出污水处理、垃圾焚烧等智慧环保新技术，节能减排指标达到国际先进水平。

（桑洪峰　冀俊忠）

人　物

新增高层次人才简介

中国工程院院士　杜修力

杜修力　土木工程领域专家，1962 年生于四川省。

1990 年博士毕业于中国地震局工程力学研究所，1996 年破格晋升为教授级高级工程师，2001 年调入北京工业大学任教。现任北京工业大学副校长，博士生导师，土木工程学科带头人，先后获国家自然科学基金创新研究群体、国家杰出青年科学基金、北京市战略科学家、北京学者和全国优秀科技工作者等资助或荣誉称号，2021 年当选中国工程院院士。

杜修力院士长期致力于工程抗震研究及工程实践，在结构—地基—围埋土体耦合抗震领域作出重大贡献。先后主持完成国家自然科学基金重大研究计划重大集成、创新群体，科技部 973 和科技支撑等国家级重大项目 5 项，其他项目近百项；获国家科技进步二等奖 5 项（其中 2 项排名第一、3 项第三），省部级科技进步一等奖 4 项（2 项排名第一）；以第一或通讯作者在国内外高质量期刊上发表论文 200 余篇，出版中英文著作 6 部；以第一发明人获授权发明专利 21 项（含国外专利 4 项）；参编完成国家或行业规范/标准 5 部；已培养毕业学生中，2 人获国家杰出青年科学基金资助，1 人获全国优秀博士论文。

（金　浏　杜修力）

北京学者　崔素萍

崔素萍　水泥材料低环境负荷制备与高效应用领域专家，1964 年生于山西省。

现任北京工业大学材料与制造学部研究员，博士生导师，学部副主任及学科带头人。入选北京学者、国家百千万人才工程，获评国家有突出贡献中青年专家、北京市师德先进个人。兼任中国材料研究学会环境材料分会副理事长、中国硅酸盐学会水泥分会副理事长、中国建材联合会科技教育委员会教育与人力资源专委会主任、工程教育认证协会材料类专业骨干专家。

长期研究水泥材料低环境负荷制备与高效应用，系列创新成果工程应用效果显著。主持完成国家科技支撑计划项目、973 课题、重点研发专项和北京重点基金等，执行负责国家工程实验室建设运转。成果获得国家科技进步二等奖 2 项、省部级科技奖励 9 项、国家级教学成果二等奖 1 项、北京市教学成果奖 2 项，其中第一完成人获国家科技进步二等奖 1 项、省部级科技进步一等奖 3 项。出版专著、译著 7 部，发表学术论文 160 多篇，授权发明专利 80 多件，参与制定标准 5 项。被中国建材联合会评为全国建材行业优秀科技工作者、第三届建材行业十大科技创新人物等。

（崔素萍）

北京学者　郑宏

郑宏　土木工程领域专家，1964 年生于湖北省。

北京工业大学城市建设学部教授，博士生导师，曾入选北京学者（2021），国家杰出青年基金获得者（2009），国家级百千万人才工程入选者（2009），教育部新世纪优秀人才（2009），国务院政府特殊津贴获得者（1994）。现任《岩石力学与工程学报》、《岩土力学》、《岩土工程学报》、《应用数学和力学》和《计算机，材料与连续介质》（*CMC - Computers, Materials & Continua*）等期刊编委，中国力学学会岩土力学专委会主任（2016—2020）、中国力学学会和中国岩石力学与工程学会理事。曾多次应邀对劳伦斯美国国家实验室、多伦多大学（加拿大）、怀俄明大学（美国）、汉诺威大学（德国），以及香港大学等进行学术访问和合作研究，也曾数次应邀在国际重要学术会议上做大会报告。主持国家级项目 10 余项，以第一/通讯作者发表 SCI 论文 80 余篇，SCI 引用逾 4400 次，2011 年获国际计算岩土力学学会（IACMAG）“杰出贡献奖”（Excellent Contributions Award），部分成果被国际著名商用软件和多个行业规范所采纳。

（郑　宏）

北京学者　尹宝才

尹宝才　信息技术及人工智能领域专家，1963 年生于黑龙江省。

北京工业大学信息学部教授，博士生导师。

国家杰出青年基金获得者、北京学者、享受国务院政府特殊津贴、北京市优秀教师、多媒体与智能软件技术北京市重点实验室主任及北京人工智能研究院院长。

长期从事多媒体技术、计算机视觉、模式识别和人工智能方向的研究工作，主持国家973项目课题、国家自然基金重大项目课题、国家自然科学基金重点项目、北京市自然科学基金重点项目等国家和省部级项目10余项，在图像视频等高维数据压缩编码、复杂场景对象建模与理解、交通大数据分析等方面取得一系列创新成果，在领域著名期刊和国际顶级会议上共发表论文200余篇，获得国家发明专利60余项；获国家科技进步二等奖（2003年，第二获奖人）、教育部高等学校科技进步一等奖（2007年，第一获奖人）和吴文俊人工智能科技进步一等奖（2020年，第一获奖人）。

（尹宝才）

领军人才　安全福

安全福　高性能膜研究领域专家，1976年生于河北省。

现任北京工业大学环境与生命学院教授，博士生导师，兼任北京膜学会副理事长、中国膜工业协会专家委员会副秘书长、新型膜材料工业和信息化部重点实验室学术委员会委员，担任*Advanced Membranes*和《膜科学与技术》期刊编委。

主要从事面向能源环保的高性能膜的构建、膜组件及其应用研究。承担国家自然科学基金杰出青年基金项目、面上项目、北京市教委—科委联合资助重点项目、企业委托项目等；获得北京市教委长城学者计划和浙江省杰出青年基金等支持。在*Nat. Nanotech.*, *Adv. Mater.*, *J. Membr. Sci.*, *Chem. Eng. J.*, *J. Mater. Chem. A*等期刊发表论文190余篇，获授权国家发明专利58项。参与编写膜相关著作3部；获得浙江省自然科学一等奖（2/5）、中国膜科技中青年突出贡献专家和中国膜行业教育名师奖。

（安全福）

领军人才　韩红桂

韩红桂　复杂系统智能优化控制研究领域专家，1983年生于江苏。

现任北京工业大学信息学部教授，博士生导师，兼任“数字社区”教育部工程研究中心主任、“计算智能与智能系统”北京市重点实验室副主任、中国自动化学会环境感知与保护自动化专业委员会秘书长、中国自动化学会过程控制专业委员会委员、中国自动化学会控制理论专业委员会委员、北京市自动化学会理事、北京人工智能学会理事、IEEE Senior Member等。

主要从事复杂系统智能优化控制方面的研究工作，在智能特征建模、自组织模糊控制和多目标智能优化等方面取得创新性理论和实用技术，解决城市污水处理等行业的多个瓶颈问题。主持国家重点研发计划项目、国家自然科学基金杰出青年科学基金项目、国家自然科学基金优秀青年科学基金项目、国家自然科学基金重大项目课题等省部级及以上项目10余项。以第一作者（或通讯作者）在IEEE汇刊、IFAC会刊及国内著名期刊发表学术论文86篇；撰写专著2部；获得授权美国/中国发明专利45项，登记计算机软件著作权43项；先后获得国家科学技术进步二等奖、教育部科学技术进步一等奖、吴文俊人工智能科学技术进步一等奖和中国发明协会发明创新一等奖（金奖）等。后入选国家自然科学基金杰出青年科学基金、国家自然科学基金优秀青年科学基金、国家自然科学基金创新群体、中国自动化学会自动化与人工智能创新团队、中国科协青年人才托举工程、香江学者计划、北京市科技新星计划等；荣获中国自动化学会青年科学家、北京高校卓越青年科学家、中国自动化学会优秀博士学位论文指导教师等称号。

（韩红桂）

领军人才　韩强

韩强　桥梁智能建造与安全运维领域专家，1974年生于河南省。

现任北京工业大学城市建设学部教授，博士生导师，学部副主任，道路与桥梁工程研究所所长，兼任中国地震学会基础设施防震减灾专业委员会副主任委员，《中国公路学报》副主编，《防灾减灾工程学报》和《北京工业大学学报》等期刊编委。

主要从事桥梁智能建造与安全运维领域的研

究，先后获得中组部国家领军人才，科技部中青年科技创新领军人才，北京市学术创新团队负责人，国家科技进步二等奖(4/10，2019）等荣誉和奖励。

（韩　强）

领军人才　尉海军

尉海军　先进电池材料与器件研究研究领域专家，1980年生于山西省。

现任北京工业大学材料与制造学部教授、博士生导师，先进电池材料与器件研究所所长。兼任国家科技部储能与氢能专家、IEEE PES储能技术委员会常务理事、国际电化学能源科学院（IAOEES）理事、多个材料与化学类国家级委员会委员、JMST、*Rare Metals* 期刊编委等职。“青年北京学者”，北京市“杰出青年”，国家自然基金委“优秀青年”，北京青年五四奖章获得者。

主要从事先进电池材料与器件研究工作，主持和作为骨干正在承担和完成10余项国家级项目，涉及先进电池材料、电池系统以及电动车应用等领域，组织并协调完成的北京奥运会和北京市为期一年的2辆燃料电池新能源客车运营项目，获中国材料研究学会科学技术二等奖1项；在锂离子电池、固态电池及新型储能器件方面用关键材料取得系统创新性研究成果，获北京市自然科学技术二等奖一项。在 *Angew. Chem. Int. Ed.*，*Energy & Environ. Sci.*，*Adv. Mater.* 等国际知名能源化学期刊上发表学术论文100余篇，申请专利40余项，已授权20余项。

（尉海军）

卓越人才　解意洋

解意洋　半导体光电子器件及应用领域专家，1985年生于安徽省。

2013年毕业于北京工业大学，获微电子学与固体电子学博士学位。2013—2015年，先后在中国科学院半导体研究所和新加坡南洋理工大学从事博士后研究工作。2015年9月至今在信息学部光电子技术教育部重点实验室从事半导体光电子器件及应用方面的研究工作。现任北京工业大学信息学部教授、博士生导师。主持承担国家重点研发计划子课题、国家自然科学基金面上项目、北京市自然科学基金面上项目等多项国家及省部级项目。近年来，以第一作者或通讯作者在 *Nature Nanotechnology*，*Laser & Photonics Reviews*，*Photonics Research*，*Optics Express* 等期刊和学术会议上发表论文20余篇，申请授权发明专利多项。2020年入选北京市科技新星计划。

（解意洋）

卓越人才　张亮

张亮　污水处理与资源化技术开发与应用领域专家，1986年生于山东省。

现任北京工业大学环境与生命学部教授、博士生导师，兼任城市污水深度处理与资源化利用技术国家工程实验室骨干成员，中国城镇供水排水协会青年工作者委员会委员，中国工程建设标准化协会城市给水排水专业委员会青年委员，中国环境科学学会青年科学家分会委员，《科学引文索引》（SCI）期刊 *Front. Environ. Sci. Eng.* 和 *Water Environ. Res.* 青年编委。国家优秀青年科学基金项目获得者，中国科协青年人才托举计划人选者。

现主要从事污水处理与资源化技术开发与应用研究工作。先后主持国家自然科学基金项目4项以及国家水专项子课题、北京市科技项目等多项课题。已发表学术论文90余篇，其中SCI期刊论文60余篇，ESI高被引论文4篇。在新型污水生物处理技术的开发和应用研究取得重要进展，第一发明人授权发明专利5项，多项技术实现转化并成功推动国内自主知识产权厌氧氨氧化脱氮技术的发展和应用，相关成果先后获北京市科学技术进步一等奖（排名第三）和华夏建设科学技术一等奖（排名第六）等省部级奖励6项。

（解意洋）

卓越人才　刘秀成

刘秀成　力学研究领域专家，1984年生于湖南省。

2007年6月毕业于北京航空航天大学，获工学学士学位；2013年6月毕业于北京工业大学机械工程专业，获工学博士学位。2013年7月留校任教至今，2019年7月破格晋升教授。

主要从事力学性能微磁无损测量、结构健康

监（检）测技术与仪器研究。先后主持国家重点研发计划项目课题、国家自然科学基金优秀青年科学基金/面上/青年基金项目各1项。作为核心骨干，参加国家自然科学基金国家重大科研仪器研制项目1项。以第一或通讯作者发表SCI期刊论文28篇，撰写英文书章1篇。授权国家发明专利17项，获批软件著作权10项。入选2019年度北京工业大学校内“优秀人才”和北京市“科技新星”计划。

（刘秀成）

卓越人才　高靓

高靓　生命分析化学研究领域专家，1984年生于辽宁省。

2007年毕业于山东大学，2012年毕业于中国科学院化学研究所，2017年入选北京工业大学优秀人才计划。现任北京工业大学环境与生命学部教授、博士生导师，国家优秀青年科学基金项目获得者。

现主要从事生命分析化学研究工作，研究方向是基于金属团簇探针技术建立系统化、精准的目标蛋白质原位分析方法，以期指导重大疾病的诊断、分期及治疗的评估。近年来在《科学进展》（*Science Advances*），《ACS 纳米》（*ACS Nano*），《小》（*Small*），《分析化学》（*Analytical Chemistry*），《ACS 传感器》（*ACS Sensors*）等期刊上发表《科学引文索引》（SCI）论文50余篇，论文被引用1600余次，申请中国发明专利3项。作为项目负责人主持国家自然科学基金优秀青年基金，国家自然科学基金青年项目，国家自然科学基金面上项目，北京市教委科技重点项目，及北京分子科学国家研究中心开放课题基金等多项科研项目。

（高　靓）

卓越人才　李易

李易　工程结构研究领域专家，1981年生于湖北省。

2003年和2006年在华中科技大学获得学士和硕士学位，2011年在清华大学获得博士学位。现任北京工业大学城市建设学部教授、博士生导师，兼任兼任中国建筑学会抗震防灾分会建筑结构抗倒塌专业委员会秘书长。国家计划青年拔尖人才项目、北京市科技新星项目、朝阳区凤凰计划等人才项目入选者。

主要从事极端灾害作用下工程结构抗连续倒塌的研究工作，主持国家自然科学基金项目3项、国家重点研发计划项目子课题2项、高技术科研项目5项。获高等学校科学研究优秀成果奖（科学技术）自然科学一等奖（排名第2）、中国铁道学会铁道科技奖三等奖（排名第8）、北京工业大学立德树人优秀班主任标兵提名奖。主编参编协会标准3部，授权发明专利4项，发表学术论文80余篇，1篇论文获《结构工程进展》（*Adv. Struct. Eng*）期刊最佳论文JM KO Medal提名奖，4篇论文获评中国精品科技期刊顶尖学术论文。

（李　易）

海外优青　李方昱

李方昱　复杂系统研究领域专家，1985年生于辽宁省。

2009年和2013年分别在北京航空航天大学自动化科学与电气工程学院和清华大学自动化系获得学士和硕士学位，2017年在美国俄克拉何马大学获得博士学位。现任北京工业大学信息学部教授、博士生导师，国家优秀青年科学基金（海外）项目获得者。

长期致力于多层级多尺度构建复杂系统模型，解决动态系统模型可靠性、准确性、鲁棒性等问题。在IEEE汇刊等权威国际期刊上发表《科学引文索引》（SCI）论文60余篇，国际专利3项。发表国际会议论文70余篇，并多次应邀进行大会报告。担任多个SCI期刊副主编/客座主编/编委以及审稿人，多次国际学术会议程序委员会主席、国际学术会议会场主席、会议审稿人。主持参与多项国内国际科研项目。曾获2020年SEG杰出青年科学家奖（J. Clarence Karcher Award）、IEEE协会PerCom 2020最佳论文奖等荣誉。

（李方昱）

海外优青　张楠

张楠　健康建筑、室内人员行为及传染病传播研究领域专家，1989年生于江苏省。

北京工业大学城市建设学部副研究员、博士生导师，国家优青（海外）科学基金项目获得者，北京市海外高层次人才，北京工业大学第四层次人才。目前，兼任中国环境科学学会室内环境与健康分会青委会委员，*Building Simulation* 杂志青年编委。

现主要从事室内人员健康、基于人员行为的疫情传播、面向疫情传播的近零风险与近零能耗建筑、大数据分析及数据挖掘等研究工作。目前主持国家自然科学基金一项，授权发明专利及软件著作权 10 项。共发表期刊及会议论文 70 余篇，其中以第一及通讯作者发表 SCI 论文 30 余篇，被引 1000 余次。在抗击新冠疫情中，荣获香港行政长官社区服务奖（林郑月娥亲自颁发）。此外，曾获 Building and Environment 2020 Best Paper Award；Risk Analysis 2017 Press Release Paper；ICMT 2013 国际会议最佳论文奖等。

（张　楠）

海外优青　高智伟

高智伟　土木工程领域专家，1983 年出生。

现为英国格拉斯哥大学詹姆斯·瓦特工学院岩土工程资深讲师，教育部自然科学一等奖（4/6）获得者。2021 年依托北京工业大学申报并获批国家优秀青年科学基金（海外）项目。

长期致力于土的本构模型及其岩土工程数值计算研究，已在该领域主流期刊发表超过 30 篇《科学引文索引》（SCI）论文，包括《岩土技术》（*Géotechnique*）、《国际固体与结构杂志》（*International Journal of Solids and Structures*）和《加拿大土工学杂志》（*Canadian Geotechnical Journal*）等，论文总引用超过 710 次，单篇最高超过 120 次，H－index 14（Publons）。主持科研项目 4 项（分别得到创新英国、苏格兰建造创新中心、皇家学会和皇家工程院支持），参与欧盟玛丽·居里和英国工程和自然科学研究委员会各 1 项，指导博士生 5 名、博士后 1 名。

（高智伟）

逝世人物简介

3 月 31 日，中国社会科学院学部委员，学部主席团原成员，中国社会科学院数量经济与技术经济研究所原所长、党委书记，中国工程院院士，俄罗斯科学院外籍院士，国际欧亚科学院院士，世界生产率科学院院士，北京工业大学经济与管理学院原院长李京文在北京逝世，享年 89 岁。

李京文，1932 年 10 月出生，广西陆川人。1952 年 7 月加入中国共产党。曾任第八届全国人大代表，第七届、第九届全国政协委员、全国政协经济委员会委员，兼任全国博士后管委会经济组召集人、国家软科学研究工作指导委员会委员、国家社会科学基金应用经济评审组副组长、国家中长期科学和技术发展规划总体战略专家组成员；国家有特殊贡献专家，国家级有突出贡献的中青年专家；科技部高新技术开发区专家咨询组成员；北京市政府专家顾问团顾问。

李京文是我国著名技术经济专家，长期从事技术经济和工程管理理论与方法研究，主持三峡工程、南水北调、京沪高速铁路等超大型工程的技术经济论证；率先对科技进步测度方法展开研究，并在此基础上研究了我国产业结构与区域经济问题；主持制定了环渤海经济圈、中部五省、海南、深圳等地区的经济发展战略；较早运用数学模型对我国经济与科技发展形势进行分析与预测，发起并持续主编“经济蓝皮书”十余年。曾获国家科技进步奖 6 项（一等奖 2 项、二等奖 3 项、三等奖 1 项）；获“五个一工程”奖、孙冶方经济科学奖、中国社会科学院优秀成果奖和 10 项省部级科技进步奖，以及复旦管理学终身成就奖。

表彰与奖励

2021 年教育教学成果奖

北京工业大学 2021 年北京市级各类教育教学获奖情况

奖项	名师/团队/个人等名称	学部（院）
第十七届北京市高等学校教学名师奖	唐　军（教授）	文法学部
	赵晓华（教授）	城市建设学部
第五届北京市高等学校青年教学名师奖	王　晶（副教授）	材料与制造学部
	黄秋梅（教授）	理学部
北京高校优秀本科育人团队	乔俊飞（教授）“智能控制与系统本科育人团队”	信息学部
北京高校优秀教学管理人员（本科）	袁亚丽	城市建设学部
第一届北京高校教师教学创新大赛副高组二等奖	刘鹏宇（副教授）	信息学部
第一届北京高校教师教学创新大赛中级及以下组二等奖	薛　飞（讲师）	城市建设学部

2021 年北京工业大学优秀教育教学成果奖获奖名单

序号	获奖级别	完成单位	成果名称	完成人
1	特等奖	材料与制造学部	多学科交叉融合的新工科材料类专业培养体系创新	崔素萍、郭福、王亚丽、高峰、聂祚仁
2	特等奖	信息学部	重构专业知识体系，再造实践创新环境，自动化专业供给侧改革的探索与实践	乔俊飞、张利国、雷飞、于乃功、李晓理
3	特等奖	城市建设学部	融合信息技术的土木工程专业教学与科研实践创新	杜修力、刘占省、张建伟、许成顺、金浏
4	特等奖	环境与生命学部	打造一流科研平台、推动教学与工程实践相融合、强化创新型人才培养	彭永臻、张莉、崔丹、曾薇、崔有为
5	特等奖	理学部	融合一流工科、协同多维路径的基础学科创新实践型人才培养模式研究与实践	翟天瑞、王术、王丽、张忠占、李静
6	特等奖	文法学部	“外语教学＋中国价值”：外语课程思政建设路径与实践	邹丽玲、杨凤、李红霞、胡文婷、张海燕
7	特等奖	马克思主义学院	基于新媒体新技术的高校思政课全员互动教学模式改革	沈震、冯培、李东松、钱伟量、郃枫、丁云、艾国
8	特等奖	樊恭烋荣誉学院	面向工程领军人才的“4－4－3”培养模式的探索与实践	王丹、吴斌、李洪义、袁莉敏、陈春跃、戴璐
9	特等奖	北京－都柏林国际学院	中外合作办学国际化高质量人才培养的奠基石——英语教学改革“125”模式	吴文英、王雪霏、赵乾坤、胡新颖、赵璐璐、胡文婷
10	特等奖	教务处	面向“多维协同、融合创新”的新工科探索与实践	吴斌、王丹、李洪义、董哲宇、雷飞、魏中华
11	一等奖	材料与制造学部	以立德树人为核心的三维四阶工科专业基础课递进性教与学模式改革与实践	叶红玲、杨庆生、刘赵淼、杜家政、王晶
12	一等奖	材料与制造学部	“科创融合，实践育人”——高素质创新创业人才培养的探索与实践	刘赵淼、申峰、逄燕

续表

序号	获奖级别	完成单位	成果名称	完成人
13	一等奖	材料与制造学部	教学阶升、团队转型与师生共同体——基础力学课程育人的创新与实践	杨庆生、刘夏、叶红玲、杜家政、王亲猛
14	一等奖	材料与制造学部	以学生为中心支撑产出的“四主线一目标”教学模式探索与实践	陈洪芳、石照耀、林家春、汤洁、李睿
15	一等奖	信息学部	计算机专业类“T”型人才“5C核心能力”培养模式的探索与实践	杜金莲、王丹、周珺、金雪云、蔡越江
16	一等奖	信息学部	面向本硕博创新型人才培养的团队协同育人模式探索与实践	贾克斌、刘鹏宇、冯金超、李哲、孙中华、稂时楠
17	一等奖	信息学部	构建育人共同体，创设“党建＋思政＋课程”协同建设的三全育人新实践	赖英旭、杨震、刘静、王丹
18	一等奖	信息学部	面向需求、三维融合、校企协同的电子信息工程人才培养体系构建与实践	窦慧晶、吴强、冯金超、贾懋珅、毋立芳
19	一等奖	城市建设学部	需求导向，学科牵引，资源统筹，推动与时俱进的土木工程创新人才培养新体系构建	许成顺、杜修力、韩强、张建伟、姚振瑀
20	一等奖	城市建设学部	基于广义工程视角的土木工程专业复合型创新人才培养模式构建与实践	张建伟、杜修力、李炎锋、许成顺、姚振瑀
21	一等奖	环境与生命学部	面向环境友好智能汽车方向，构建学科交叉实践平台，提升学生创新实践能力	冯能莲、雍加望、姚宝峰、郭瑞莲、李怡霞
22	一等奖	理学部	构建多元化的大学物理学习情境培养学生兴趣、提高学习动力与效果	邱菊、刘宇星、赵洁、杨旭东、薛红玲
23	一等奖	文法学部	“5为”建构下大学英语教学模式探索与实践	蒋春丽、张蕾、臧青、赵乾坤
24	一等奖	北京-都柏林国际学院	中外合作办学中实现党政治核心功能的有效路径与成效	贾克斌、吴文英、张茜、唐昊、樊青丽
25	一等奖	教务处	基于本科教学审核评估的状态数据综合分析方法与实践	郃枫、王丹、魏中华、李振泉、郑丽丽
26	二等奖	材料与制造学部	材料绿色制造虚拟仿真实践教学体系的构建与实施	王亚丽、刘宇、崔素萍、龚先政、兰明章
27	二等奖	材料与制造学部	“自主学习＋精讲＋深度研讨”——面向卓越工程师班的《材料力学》教学模式改革与创新	王晶、王亲猛、宇慧平、范金红、李双新
28	二等奖	材料与制造学部	基于线上线下混合式教学的国家一流课程建设	杜家政、杨庆生、叶红玲、王晶、刘夏
29	二等奖	材料与制造学部	基于评价机制的机械工程专业学位研究生培养质量保证方法研究	陈树君、杨晓东、杨聪彬、岳珊、刘夏
30	二等奖	材料与制造学部	以提升学生综合素质为目标的材料学科竞赛平台建设	林健、宗斌、相志磊、魏建忠、夏志东
31	二等奖	材料与制造学部	基于OBE的机械工程专业三层次六位一体实践教学体系	程强、初红艳、杨聪彬、刘婧芳、刘志峰
32	二等奖	材料与制造学部	面向线上线下混合式教学的工程力学新形态教材建设（教材）	雷钧、杨庆生、杜家政、刘夏、龙连春
33	二等奖	信息学部	教学助手软件平台构建与教学数据挖掘分析实践	王伟东、张丽、于学军
34	二等奖	信息学部	新工科背景下物联网工程专业多元协同育人模式探索与实践	方娟、王秀娟、高明霞、陈锬

续表

序号	获奖级别	完成单位	成果名称	完成人
35	二等奖	信息学部	《信息理论基础》教材建设	李如玮、窦慧晶、冯金超、孙光民、王朱伟
36	二等奖	信息学部	项目案例驱动与学习评估相结合的高质量嵌入式人才培养实践	李娟、何坚、任柯燕、田锐
37	二等奖	信息学部	服务国家战略产业需求的信息安全本科人才培养体系建设及实践	张建标、周艺华、林莉、胡俊、宁振虎
38	二等奖	信息学部	任务驱动的《自动控制原理》课程创新改革与实践	韩红桂、于建均、范青武、杨翠丽、李慧杰
39	二等奖	城市建设学部	面向研究型创新人才培养的建筑学硕士专业课程体系建构与实践	李翔宇、张健、王威、陈喆、廖含文
40	二等奖	城市建设学部	基于“以学生为中心”的地方高校新工科人才培养机制研究与实践	陈超、王宏燕、樊洪明、李炎锋、全贞花
41	二等奖	城市建设学部	融合广义工程观的新时代大学生思想政治教育体系构建与实践	姚振瑀、高春娣、杜修力、陈卓、袁亚丽
42	二等奖	城市建设学部	面向新工科的土木工程研究生拔尖创新人才培养模式构建与实践	韩强、许成顺、杜修力、姚振瑀、贾俊峰
43	二等奖	环境与生命学部	大学生科技竞赛与课程思政有机融合立德树人	马国远、姜明健、周峰、晏祥慧、孙晗
44	二等奖	环境与生命学部	班主任用心尽职做好本科生学业导师的思考与实践	张红光、汪硕峰、姚宝峰、李怡霞、张颖
45	二等奖	理学部	构建物理演示实验线下线上双重平台 培养学生科学素质	刘敏蔷、杨旭东、赵金良、王雯宇、薛红玲
46	二等奖	理学部	基于北京市初中开放科学实践活动打造本科生和研究生的社会实践平台	邱菊、赵金良、杨旭东、苏雪琼、王贵生、周刚、严峰
47	二等奖	理学部	“多元化课程教学”的探索与实践——以概率统计类课程为例	程维虎、赵旭、邰枫
48	二等奖	文法学部	指标、方法、路径——信息技术与教学深度融合的研究与实践	张青妹、孙丽丽、徐琳、郭玮、陈晓洁
49	二等奖	经济与管理学院	基于科研能力提升的研究生课程建设实践	刘会政、张鹏杨、乔小勇、迟远英
50	二等奖	艺术设计学院	无障碍服装设计教学创新人才培养	王文娟、张鹏、曹海梅、闫洪瑛
51	二等奖	艺术设计学院	学科竞赛促进数字媒体艺术设计教学的改革与实践	邹锋、张岩、李颖、万巧慧、刘键
52	二等奖	体育部	北京工业大学篮球课程整合优化研究——线上线下融合式教学构建设计	姜蓉、刘振卿、张楠、赵慧茹、吴悦
53	二等奖	研究生院	内外结合、注重长效——专业学位研究生教育“5+1”培养体系的研究与实践	孙治荣、杨庆、赵展、闫玉萍、初旭新、吕焱
54	二等奖	研究生院	学术学位研究生课程体系改革的“一体一核两翼四融合”模式探索与实践	杜修力、孙治荣、焦峪波、李易、纪登梅
55	二等奖	学生发展指导中心	践行精细化理念，构建“一心六化”学业辅导体系	安哲锋、李佳斌、马立民、李颖、解丹坤
56	二等奖	国际交流合作处	贯彻三全育人 推进三维联动 构建UPS国际化人才培养支撑体系	刘赵淼、王伟、翁剑成、陈浩、樊媛、张波

2021 年北京工业大学优秀青年主讲教师奖获奖名单

序号	学部	教师姓名	主讲课程
1	材料与制造学部	张红国	材料性能
2	材料与制造学部	张彩霞	工程图学 V
3	信息学部	宿浩茹	数据结构与算法 I
4	城市建设学部	周雨阳	运筹学
5	环境与生命学部	张新欣	工程热力学 Ⅱ
6	文法学部	李晨宇	新媒体营销
7	文法学部	张　蕾	商务英语视听说
8	文法学部	俞立芸	大学英语（高级）
9	经济与管理学院	王鉴雪	文化产业商业模式
10	经济与管理学院	张　琳	金融学
11	马克思主义学院	孙　逊	中国近现代史纲要
12	体育教学部	赵惠茹	篮球

2021 年北京工业大学立德树人毕业班优秀班主任标兵名单

序号	学部（院）	教师姓名	所带班级
1	理学部	闵　慧	170681
2	城市建设学部	沈银澜	170414
3	信息学部	陈志杰	170273、170231 北理双培班
4	材料与制造学部	郭现伟	170901
5	经济与管理学院	杨兔珍	171471、171472
6	环境与生命学部	杨海胜	171011

2021 年北京工业大学立德树人毕业班优秀班主任标兵（提名）名单

序号	学部（院）	教师姓名	所带班级
1	经济与管理学院	齐　莹	171152、171153
2	文法学部	王晓利	171522
3	城市建设学部	张晓静	170419
4	材料与制造学部	逄　燕	170104
5	信息学部	杜晓林	170701
6	信息学部	李蔚然	170811、170812
7	城市建设学部	李海舰	170303
8	艺术设计学院	张　岩	171673
9	艺术设计学院	武　梅	171641

2020年北京工业大学立德树人优秀班主任名单

序号	学部（院）	班主任姓名	所带班级
1	材料与制造学部	刘小冬	170105
2	材料与制造学部	康存锋	160106、170106
3	材料与制造学部	苗 扬	160102、170106、190106
4	材料与制造学部	于 渤	170132
5	材料与制造学部	杨聪彬	180101
6	材料与制造学部	张自强	180105、200106
7	材料与制造学部	岳会军	180132
8	材料与制造学部	尹方龙	190102
9	材料与制造学部	杜云松	190103
10	材料与制造学部	侯 超	160901
11	材料与制造学部	吴 旭	160921、160931
12	材料与制造学部	孙博学	170911
13	材料与制造学部	郭现伟	170901
14	材料与制造学部	吕 皓	180902
15	材料与制造学部	王 琳	190903
16	信息学部	谢红云	170281
17	信息学部	申栗繁	180272、北理工双培180231
18	信息学部	张小玲	190272
19	信息学部	刘 博（08792）	190274、190281
20	信息学部	杜胜利	170203
21	信息学部	王旭红	180202
22	信息学部	刘旭东	190292
23	信息学部	傅安琪	200291
24	信息学部	陈洪丽	190802
25	信息学部	齐 娜	180811、180812
26	信息学部	王伟东	180801
27	信息学部	贺国平	190801、190851
28	信息学部	孙 阳	180241、北航（多媒体通信）双培180243
29	信息学部	陈华敏	170261
30	信息学部	张新峰	200210
31	信息学部	司 农	190210
32	信息学部	王 琪	180210
33	信息学部	刘 帷	170262
34	信息学部	王秀娟	190744大类（190731）
35	信息学部	张佳玥	190745大类（190732）、北理工双培180748

序号	学部（院）	班主任姓名	所带班级
36	信息学部	高明霞	180731
37	信息学部	朱文军	180732、北理工（物联网汽车）双培 180748
38	信息学部	李　童	170710、北航双培班 170746、清华双培班 170747
39	信息学部	周　珺	190710 实验班、北航双培 180746
40	信息学部	侍伟敏	190720 实验班、北邮双培 190749
41	信息学部	刘　静	180720 信安实验班、北邮信息安全双培 180749
42	城市建设学部	李鹏飞	170410
43	城市建设学部	孙国军	170411
44	城市建设学部	王小娟	170412
45	城市建设学部	宋天诣	170413
46	城市建设学部	沈银澜	170414
47	城市建设学部	王子赓	170415
48	城市建设学部	兰双双	170417
49	城市建设学部	姬　颖	170418
50	城市建设学部	张晓静	170419
51	城市建设学部	陈　宁	170301
52	城市建设学部	伍毅平	170302
53	城市建设学部	李海舰	170303
54	城市建设学部	詹璟原	170304
55	城市建设学部	齐　羚	161231
56	城市建设学部	赵腾飞	161211、161212
57	城市建设学部	薛　飞	181231
58	城市建设学部	钟紫蓝	190410
59	城市建设学部	梁莲姬	180411
60	环境与生命学部	陈　莎	160511
61	环境与生命学部	张　莉	170512、170513（双培）、170535（双培）
62	环境与生命学部	杜春旭	170532、170534（双培）
63	环境与生命学部	赵鹏翔	171052
64	环境与生命学部	宋丽云	180512
65	环境与生命学部	张彦琴	180531
66	环境与生命学部	周著黄	181011
67	环境与生命学部	孙国辉	181031
68	环境与生命学部	李　杰	190521
69	环境与生命学部	孙　晗	190533
70	环境与生命学部	贾润清	191052
71	理学部	荣耀华	170623
72	理学部	苏雪琼	180612
73	理学部	曾晓晨	180621

续表

序号	学部（院）	班主任姓名	所带班级
74	理学部	刘凤艳	190611 - 12
75	理学部	陈双双	190621
76	文法学部	李文伟	171441
77	文法学部	葛　灵	181432
78	文法学部	王晓利	161521、171522
79	文法学部	严　璐	181521
80	文法学部	周贺微	191442
81	文法学部	何祎金	171431
82	经济与管理学院	郭　婧	171130
83	经济与管理学院	陈　硕	181153
84	经济与管理学院	张　茵	181152
85	经济与管理学院	宋　萌	181141
86	经济与管理学院	王鉴雪	191153
87	经济与管理学院	李国正	181151
88	经济与管理学院	薛　蕊	181193、181122
89	经济与管理学院	张鹏杨	181121、191121、171121
90	经济与管理学院	何宗樾	191181
91	经济与管理学院	杨早立	171101、191102
92	经济与管理学院	袁　菲	181101
93	艺术设计学院	张　岩	171673
94	艺术设计学院	周宏伟	171671、171672
95	艺术设计学院	章　萌	171623
96	艺术设计学院	杨　杰	171622
97	艺术设计学院	张　鹏	181641
98	艺术设计学院	赵亚杰	181642
99	艺术设计学院	金　鑫	181221、181222
100	艺术设计学院	徐佳慧	191652
101	艺术设计学院	栾建霞	191651
102	艺术设计学院	唐　颖	171421
103	艺术设计学院	薛　菁	171422
104	艺术设计学院	刘美凤	191662
105	艺术设计学院	苏毅敏	171611、181611
106	艺术设计学院	张　洪	181631
107	艺术设计学院	王今琪	191631
108	艺术设计学院	姜　维	181661
109	都柏林国际学院	朱　浩	2019 级金融三班、2019 级金融四班
110	都柏林国际学院	李小丽	2019 级电子信息工程一班
111	都柏林国际学院	张永哲	2019 级电子信息工程二班

2021 年北京高校优秀本科毕业设计（论文）名单

根据北京市教委《关于开展 2021 年本科生毕业设计（论文）评优工作的通知》精神，学校组织开展了 2021 年北京市普通本科高校大学生毕业设计（论文）评优工作。经市教委评选，我校 31 篇本科毕业设计（论文）获评 2021 年北京高校优秀本科毕业设计（论文），名单见下表。

序号	学生	专业名称	毕设论文题目	指导教师
1	周钰清	材料科学与工程	铝表面多孔氧化铝共沉积 W/MoS2 固体润滑材料的研究	李洪义
2	廖金稼	机械工程	单自由度仿生犰狳机器人机构设计与实验研究	张自强
3	米广铭	机械工程	基于 TRIZ 理论的兽医注射器具密合性测试装置的开发	刘小冬
4	张文济	软件工程	基于代表性和特异性得分的非监督视频摘要生成方法	任柯燕
5	金　爽	数字媒体技术	基于深度学习的低光图像增强算法研究	齐　娜
6	刘逸轩	信息安全	基于深度信息引导的图像去雾方法设计与实现	马　伟
7	王昊宸	信息安全	基于深度学习的车联网入侵检测方法设计与实现	赖英旭
8	唐　通	信息安全	物联网设备流量指纹构建方法的设计与实现	赖英旭
9	卞　策	电子科学与技术	硅基脊波导光敏晶体管探测器设计与分析	谢红云
10	李嘉琦	电子信息工程	基于深度学习的 5G 系统干扰检测	陈华敏
11	张天奇	电子信息工程	应用视觉分析技术进行信号频谱检测与分类	孙中华
12	刘红燕	自动化	放空火炬烟气智能检测算法	顾　锞
13	宫逸飞	土木工程	碳纤维增强水泥基复合材料中碳纤维束力阻效应研究	张建伟
14	王柳尹	给排水科学与工程	北京市某卫生服务中心工程给排水施工图设计	丁　飞
15	杨家夏	交通设备与控制工程	大数据驱动的共享电动自行车风险骑行行为特性及致因分析	边　扬
16	刘冉倩	城乡规划	创智绿川，诗画康庄——绿色生态导向的北京延庆康庄镇总体城市设计	郑善文
17	刘　涵	环境工程	北运河通州河段沉积物溶解性有机质组分含量变化特征及其微生物驱动机制	张　莉
18	白佩莹	食品质量与安全	食用韭菜中提取的天然产物甾体皂苷具有抗肿瘤功能的初步研究	阎新龙
19	李　一	应用化学	MIL－101 改性及吸附四环素类抗生素研究	李建荣
20	许佳琪	统计学	量子科技领域研究热点识别与分析	刘　玲
21	李金星	信息管理与信息系统	基于云开发的校园活动一站式服务平台的设计与实现	孙　健
22	石安杰	信息管理与信息系统	可转化专利的多维特征挖掘与识别——以燃料电池领域为例	何喜军
23	崔宇晴	工商管理	直播品牌体验对顾客品牌心理所有权影响研究	臧　维
24	刘　美	经济统计学	我国可再生能源利用对碳排放的贡献研究	迟远英
25	吴逸豪	信息管理与信息系统	基于数字孪生的老年人行为监测系统及其应用研究	李　欣
26	荣逸飞	社会学	地方生活的商品化——对大唐不夜城“再造盛世”的文化研究	李阿琳
27	王光普	社会工作	主体性视角下的散工角色适应机制研究	陈　锋
28	曹　原	日语（辅修）	浅析日本偶像产业——以《偶像大师系列》为例	姜毅然
29	姚　佳	绘画	浅谈《永恒的记忆》中材料的物性与意象表达	武　非
30	王宇譞	广告学	融媒体视域下《人民日报》的新媒体转型研究	张　雯
31	姜文煊	计算机科学与技术	Fast Image Matching Algorithm Based on Deep Learning and Its Application in Landmark Check－In APP	马　伟

2021 年本科特优毕业设计（论文）名单

为保障我校本科毕业设计（论文）水平，展现学生综合实践能力，提升人才培养质量，根据《北京工业大学本科毕业设计（论文）管理条例》相关要求，经学部（院）评选推荐，2021 年我校共认定本科特优毕业设计（论文）33 篇，名单见下表。

序号	学部（院）	学生	学号	毕设论文题目	指导教师
1	材料与制造学部	周钰清	17090217	铝表面多孔氧化铝共沉积 W/MoS2 固体润滑材料的研究	李洪义
2	材料与制造学部	廖金秾	17010209	单自由度仿生犰狳机器人机构设计与实验研究	张自强
3	材料与制造学部	米广铭	17010309	基于 TRIZ 理论的兽医注射器具密合性测试装置的开发	刘小冬
4	信息学部	张文济	17080105	基于代表性和特异性得分的非监督视频摘要生成方法	任柯燕
5	信息学部	金　爽	17081214	基于深度学习的低光图像增强算法研究	齐　娜
6	信息学部	刘逸轩	17072019	基于深度信息引导的图像去雾方法设计与实现	马　伟
7	信息学部	王昊宸	17072018	基于深度学习的车联网入侵检测方法设计与实现	赖英旭
8	信息学部	唐　通	17074506	物联网设备流量指纹构建方法的设计与实现	赖英旭
9	信息学部	卞　策	17027424	硅基脊波导光敏晶体管探测器设计与分析	谢红云
10	信息学部	李嘉琦	17026101	基于深度学习的 5G 系统干扰检测	陈华敏
11	信息学部	张天奇	17021103	应用视觉分析技术进行信号频谱检测与分类	孙中华
12	信息学部	刘红燕	17020124	放空火炬烟气智能检测算法	顾　锞
13	城市建设学部	宫逸飞	17041021	碳纤维增强水泥基复合材料中碳纤维束力阻效应研究	张建伟
14	城市建设学部	王柳尹	16041625	北京市某卫生服务中心工程给排水施工图设计	丁　飞
15	城市建设学部	杨家夏	17030221	大数据驱动的共享电动自行车风险骑行行为特性及致因分析	边　扬
16	城市建设学部	刘冉倩	16123119	创智绿川，诗画康庄——绿色生态导向的北京延庆康庄镇总体城市设计	郑善文
17	环境与生命学部	刘　涵	17051217	北运河通州河段沉积物溶解性有机质组分含量变化特征及其微生物驱动机制	张　莉
18	环境与生命学部	白佩莹	17103107	食用韭菜中提取的天然产物甾体皂苷具有抗肿瘤功能的初步研究	阎新龙
19	环境与生命学部	李　一	17052102	MIL－101 改性及吸附四环素类抗生素研究	李建荣
20	理学部	许佳琪	17068101	量子科技领域研究热点识别与分析	刘　玲
21	经济与管理学院	李金星	17110123	基于云开发的校园活动一站式服务平台的设计与实现	孙　健
22	经济与管理学院	石安杰	17110218	可转化专利的多维特征挖掘与识别——以燃料电池领域为例	何喜军
23	经济与管理学院	崔宇晴	17113022	直播品牌体验对顾客品牌心理所有权影响研究	臧　维
24	经济与管理学院	刘　美	17118113	我国可再生能源利用对碳排放的贡献研究	迟远英
25	经济与管理学院	吴逸豪	17027217	基于数字孪生的老年人行为监测系统及其应用研究	李　欣
26	文法学部	荣逸飞	17143210	地方生活的商品化——对大唐不夜城“再造盛世”的文化研究	李阿琳
27	文法学部	王光普	17143110	主体性视角下的散工角色适应机制研究	陈　锋
28	文法学部	曹　原	17371108	浅析日本偶像产业——以《偶像大师系列》为例	姜毅然
29	艺术设计学院	姚　佳	17166205	浅谈《永恒的记忆》中材料的物性与意象表达	武　非
30	艺术设计学院	王宇譞	17142125	融媒体视域下《人民日报》的新媒体转型研究	张　雯
31	艺术设计学院	王　妍	17164109	科技赋能下的时装材料应用设计与实践	张　鹏
32	艺术设计学院	王霏玉	17163213	基于情景化叙事的美学空间设计——以艺术博物馆设计为例	王　叶
33	樊恭烋荣誉学院	姜文煊	17071124	Fast Image Matching Algorithm Based on Deep Learning and Its Application in Landmark Check－In APP	马　伟

2021年北京工业大学优秀博士学位论文作者及导师名单

序号	博士生	导师	所在一级学科	博士学位论文题目
1	马　林	韩晓东	物理学	有机无机钙钛矿单晶的高分子调控形核生长和物理性能研究
2	程晓鹏	张跃飞	物理学	锂离子电池材料表界面改性与失效机制的电子显微学研究
3	刘　涛	张　伟	力学	大型空间可展环形网架天线的非线性振动研究
4	闫朝阳	陈树君	机械工程	变位置条件下等离子弧铝合金穿孔熔池稳定性与缺陷抑制
5	李道航	尚德广	机械工程	多轴热机械疲劳损伤机理与寿命预测研究
6	周开岭	汪　浩	材料科学与工程	电致变色材料离子传输特性研究及柔性化设计
7	SHAHEEN KAUSAR	索红莉	材料科学与工程	金属氧化物纳米复合材料的合成与表征及其应用研究
8	晏晓东	侯育冬	材料科学与工程	无铅压电陶瓷的微结构调控与能量收集性能研究
9	NABONSWENDE AIDA NADEGE OUEDRAOGO	张永哲	材料科学与工程	氟化物作为添加剂钙钛矿型太阳电池的稳定性研究
10	王　杜	纪常伟	动力工程及工程热物理	富氧及掺氢氨气预混层流基础燃烧特性研究
11	汤永智	刘中良	动力工程及工程热物理	蒸汽喷射器优化及相变跨音速流动特性与混合机理研究
12	李　园	赵元富	电子科学与技术	宽禁带半导体功率器件动态特性研究
13	郭　鑫	乔俊飞	控制科学与工程	模块化神经网络在线自组织设计方法及应用研究
14	张海利	王　普	控制科学与工程	基于深度网络的工业过程监测及融合式诊断方法研究
15	温佳年	韩　强	土木工程	强震作用下斜拉桥损伤机理及性能优化设计方法
16	孔凡超	路德春	土木工程	浅埋隧道开挖诱发地层位移和应力解析研究
17	胡梦涵	韩　强	土木工程	基于高性能接缝的预制拼装桥面板力学性能与设计方法
18	张国胜	李　悦	土木工程	磷酸镁水泥粘结 CFRP 除氯-加固钢筋混凝土的多尺度研究
19	王宝顺	杜修力	土木工程	新型颗粒阻尼器减振理论及其在结构复合控制中的应用
20	李翔宇	张建伟	土木工程	高强钢筋高强混凝土竖向承重构件抗震性能研究
21	张　兴	戴洪兴	化学工程与技术	多孔氧化物负载贵金属催化剂的制备及其对典型卤代烃的催化性能研究
22	周　健	李建荣	化学工程与技术	MOF 基纳米阵列的构建及其电催化分解水性能研
23	常　鑫	荣　建	交通运输工程	基于模拟车联网环境的交通流特性研究
24	林鹏飞	尹宝才	交通运输工程	基于个体出行数据的公共交通出行需求影响机理研究
25	袁传胜	彭永臻	环境科学与工程	基于城市污水生物除磷同步短程硝化的工艺开发与优化
26	石亮亮	彭永臻	环境科学与工程	慢速可生物降解有机物驱动短程反硝化的工艺开发与机理
27	李　鲍	刘有军	生物医学工程	基于血流动力学效应优化的体外反搏个性化治疗策略研究
28	刘春文	黄鲁成	管理科学与工程	养老环境辅助生活技术创新研究

2021年北京工业大学学术学位优秀硕士学位论文作者及导师名单

序号	硕士生	导师	一级学科名称	学位论文题目
1	贾婧敏	曾诗鸿	应用经济学	相依结构下中国碳市场流动性风险与市场风险的集成度量
2	刘彬彬	刘　超	应用经济学	金融机构系统性风险度量及跨部门风险溢出效应研究
3	王奕兴	袁永科	应用经济学	中国碳排放关键部门的识别及减排策略分析
4	黄　霞	王　超	管理科学与工程	光伏电池贸易网络的演变及 COVID-19 导致的供给危机的传播模拟

续表

序号	硕士生	导师	一级学科名称	学位论文题目
5	朱士超	李　健	管理科学与工程	需求波动视角下区块链技术对供应链金融的影响研究
6	宋莹露	刘俊婉	管理科学与工程	超级合作伙伴的多维属性探测及其关系稳定性研究
7	郝丽媛	徐　硕	管理科学与工程	基于多源异构信息资源的新兴技术探测研究
8	温　阳	李　欣	管理科学与工程	基于深度学习和文本挖掘的新兴技术弱信号识别方法研究
9	孟　雪	何喜军	管理科学与工程	基于专利供需知识图谱的交易推荐研究
10	钱　存	刘　超	管理科学与工程	行业动态演化与系统性金融风险相关性研究
11	张瑞雪	刘　超	管理科学与工程	我国金融风险、宏观经济波动与国际油价复杂交互研究
12	李金鹏	刘晓燕	管理科学与工程	多维邻近性视角下集成电路产业技术交易网络演化机制
13	杨京雨	臧　维	工商管理	团队跨界行为对团队创造力影响研究
14	苏　婵	杨　苗	设计学	李渔自然审美观的信息符号化设计研究
15	赵晓芳	李东松	马克思主义理论	习近平生态文明思想的马克思人学研究
16	葛奇思	冯金超	电子科学与技术	基于深度学习的扩散相关光谱血流检测分析方法研究
17	杨飞璠	李晓光	电子科学与技术	基于注意力机制的动态场景复杂模糊图像复原技术研究
18	赵晓蕾	张　菁	电子科学与技术	场景约束的高分辨率遥感影像目标检测技术研究
19	高　雅	闫健卓	电子科学与技术	基于深度学习的断面水质预测方法研究
20	许瑞涵	王志海	电子科学与技术	电场辅助熔融沉积法打印初始状态研究
21	张洪达	陈志杰	电子科学与技术	高性能时间数字转换器的研究与应用
22	崔博垚	韩　军	电子科学与技术	基于石墨烯的异质结光电探测器研究
23	刘先程	谢红云	电子科学与技术	高效 SiGe HPT 光电探测器的设计与实现
24	张　尧	邢艳辉	电子科学与技术	基于 MPCVD 的 AlN、金刚石薄膜外延研究
25	鲍　凯	李　冲	电子科学与技术	大面积高速硅基光电探测器的研究
26	贾怡恬	贾懋珅	信息与通信工程	基于稀疏特性分析的多声源信号获取技术研究
27	朱金如	鲍长春	信息与通信工程	基于空间线索的下混合式多通道语音编码及增强方法
28	邓见广	冯金超	信息与通信工程	基于 Unet 的光声成像重建方法研究
29	胡绍斌	蔡轶珩	信息与通信工程	基于深度卷积网络的冰盖图像目标分类及边缘检测
30	孙兴武	李如玮	信息与通信工程	微波光子雷达测量系统中关键技术的研究
31	王婷娴	贾克斌	信息与通信工程	面向无人驾驶的高精度实时视觉定位技术研究
32	卜　坤	李晓理	控制科学与工程	基于警务数据的食品安全关键预警模型研究
33	谢晓添	乔俊飞	控制科学与工程	基于卷积神经网络的全天候放空火炬燃烧状态检测方法研究
34	柏德国	于乃功	控制科学与工程	基于度量学习和注意力机制的情感识别算法研究
35	尹舒男	裴福俊	控制科学与工程	基于李群描述的捷联惯导晃动基座自对准方法研究
36	裴梦瑶	龚道雄	控制科学与工程	气动肌肉驱动 7 自由度仿生机械臂的类人运动控制研究
37	褚明慧	李文静	控制科学与工程	删减型小世界神经网络结构设计及其在污水处理软测量中的应用
38	孙鲁昱	张会清	控制科学与工程	基于生成对抗神经网络的图像增强算法研究
39	赵思雅	雷　飞	控制科学与工程	物联网中基于低能耗的空气污染区域预测和溯源研究
40	董立新	韩红桂	控制科学与工程	数据和知识驱动的污泥膨胀诊断方法研究
41	赵鹏飞	牟伦田	控制科学与工程	基于深度学习的交通流预测
42	彭小彬	李秀智	控制科学与工程	基于视觉伺服的植保机器人导航控制方法研究
43	王　烁	侍伟敏	计算机科学与技术	基于连续量子游走的量子哈希函数的研究
44	郭文阳	杜永萍	计算机科学与技术	神经机器阅读理解多任务学习方法研究

续表

序号	硕士生	导师	一级学科名称	学位论文题目
45	柏鳗晏	肖创柏	计算机科学与技术	基于深度卷积神经网络的缝隙目标提取方法研究
46	黄笳倞	刘　波	计算机科学与技术	基于人体语义分割与多尺度特征学习的行人重识别研究
47	孙　政	贾熹滨	计算机科学与技术	面向小样本多模态医学影像的诊断分类算法研究
48	马文广	马　伟	计算机科学与技术	建筑物图像语义解析算法研究
49	刘　泉	公　备	计算机科学与技术	适用于物联网环境的跨域身份认证机制研究
50	王跃朝	杨宇光	计算机科学与技术	实用的量子密码协议的研究
51	陈　宁	杨宇光	计算机科学与技术	噪声信道下增强非正交态鉴别的量子控制协议研究
52	孙功玉	才　智	计算机科学与技术	面向轨道交通的空间密度与时空分布可视化分析研究
53	陈宝存	何泾沙	软件工程	基于语义推理的隐私度量方法研究
54	张天意	朱　青	软件工程	基于深度图修复的受遮挡单视图三维人体重建算法研究
55	孙锦帆	陈　锋	社会学	城乡结合部社区的日常生活治理——以环境整治为例
56	张　慧	苏林琴	教育学	高校教师情感支持感知及影响因素研究
57	郭兆欣	承　红	外国语言文学	中美媒体“一带一路”新闻语篇中人际意义实现手段的对比分析
58	周肖鹏	张　伟	力学	石墨烯增强功能梯度多孔曲壳自由振动及超声速颤振特性研究
59	杨纪鹏	王健菲	力学	PMMA/CNT复合材料板的多尺度力学分析
60	曹书航	王健菲	力学	碳纳米管及其增强复合材料层合板的振动及屈曲研究
61	李宗鹤	申　峰	力学	微凹槽内颗粒轨道运动行为及受力机理研究
62	周　强	逄　燕	力学	不同结构毛细管微通道中复乳液滴的生成特性研究
63	朱建蹀	刘　夏	力学	石墨烯/铝复合材料烧结行为与强韧化机理研究
64	魏玉领	杨庆生	力学	负泊松比智柔超结构的力学设计及分析
65	牛　鹏	李彦生	机械工程	面向机床加工精度及其可靠性的关键几何误差辨识方法
66	赵婉莹	潘　日	机械工程	机器人气囊抛光系统的动静态性能优化方法研究
67	邓云杰	胥永刚	机械工程	基于改进经验小波变换的滚动轴承故障诊断方法研究
68	孙　寅	崔玲丽	机械工程	齿轮箱中轴承与齿轮复合故障的分离与特征提取方法研究
69	于占良	袁　涛	机械工程	搅拌摩擦焊机器人刚度分析及误差补偿模型研究
70	范文培	李剑锋	机械工程	并联踝康复机器人的主被动柔顺康复训练功能开发
71	马志高	刘本东	机械工程	体声波激励的溶液浓度实时可调的微混合器研究
72	郑海波	何宝凤	仪器科学与技术	表面粗糙度评定中的逼近样条滤波方法研究
73	蔡圆圆	马立文	材料科学与工程	钼二次资源体系金属分离及综合回收
74	白夏冰	刘　晓	材料科学与工程	水化热调控剂的设计制备及其应用性能研究
75	唐渝洋	岳　明	材料科学与工程	新型热变形钕铁硼磁体的变形机制与磁性能研究
76	武鑫宇	索红莉	材料科学与工程	纯镍的形变与热处理微观组织及晶体取向的研究
77	周宇琦	索红莉	材料科学与工程	铱原子在基底的迁移过程对活性位点的影响及其水分解性能研究
78	张　典	尉海军	材料科学与工程	铝硫电池高性能正极材料设计
79	马翔宇	吴　琼	材料科学与工程	新型永磁纳米复合材料的制备及磁性能研究
80	陈婷艺	胡　鹏	材料科学与工程	氧化物弥散强化钨基合金的制备及抗辐照性能研究
81	张小可	王金淑	材料科学与工程	含钇复合稀土－钨基扩散型次级阴极的研究
82	李荣荣	张　忻	材料科学与工程	$[Ca_{24}Al_{28}O_{64}]$ 4^{+}：$4e^{-}$单晶快速制备及发射性能研究
83	王冬梅	吴晓蓝	材料科学与工程	含Mg铝锡合金的微观组织及摩擦性能研究
84	韩凤熙	周　正	材料科学与工程	Fe基非晶/陶瓷复合涂层热稳定性研究

续表

序号	硕士生	导师	一级学科名称	学位论文题目
85	孙世波	王海滨	材料科学与工程	WB基涂层的制备及其抗氧化、耐磨耐蚀性能研究
86	刘旭东	侯育冬	材料科学与工程	超宽温多层陶瓷电容器瓷料合成及器件试制
87	赵　晴	刘晶冰	材料科学与工程	具有阳离子选择性的锂离子电池隔膜性能研究
88	杨　倩	朱满康	材料科学与工程	KBT基无铅铁电陶瓷的结构调制及其电学行为
89	邢雪琦	柯小行	材料科学与工程	铂钴纳米线的制备及其氧还原衰退机理的微结构研究
90	施承坤	陈继民	光学工程	基于熔融沉积技术制备不锈钢的工艺优化和性能调控研究
91	张泽亮	刘世炳	光学工程	微电极调制密度分布的激光-气体靶高次谐波产生
92	贾文增	王智勇	光学工程	基于模式选择耦合器的柱矢量全光纤激光器关键器件研究
93	同颖茁	宋海英	光学工程	局域石墨烯辅助微纳结构光谱特性的研究
94	蔡汝幸	张建伟	土木工程	高强钢筋高强再生混凝土柱抗震性能研究
95	陈慧明	杜修力	土木工程	钢管轻骨料混凝土短柱抗震性能尺寸效应细观数值分析
96	张　航	张爱林	土木工程	波浪腹板拉结的钢板剪力墙压弯性能研究
97	徐祥智	杜修力	土木工程	平钢板覆面冷弯薄壁型钢剪力墙承载力研究
98	方国威	田　杰	土木工程	具有负刚度特征的半周滞回阻尼模型装置的研发与应用研究
99	李美玉	马国伟	土木工程	复杂裂隙岩体变形不连续等效方法研究
100	牛子尧	姜子钦	土木工程	十字型波形板异形柱设计理论研究
101	王　玥	刘学春	土木工程	装配式钢结构梁柱全螺栓节点及整体结构抗震性能研究
102	刘夏璐	宋天诣	土木工程	椭圆钢管混凝土火灾后力学性能研究
103	申存杰	白正仙	土木工程	拉结型双层钢板剪力墙抗侧性能研究
104	李秀瑜	张小玲	土木工程	基于标准贯入试验的土体地震液化评估方法研究
105	张广才	周宏元	土木工程	基于改进蝴蝶优化算法的结构参数识别研究
106	王繁烁	曾辉平	土木工程	铁锰泥复合颗粒吸附剂制备及除砷性能研究
107	翟龙雪	曾辉平	土木工程	基于反冲洗铁泥的磁性吸附剂制备表征及除砷性能研究
108	肖恒圣	侯本伟	土木工程	城市给水管线漏损事件预测模型构建研究与应用
109	张玉君	张　杰	土木工程	基于间歇梯度曝气的AGS短程硝化内源反硝化除磷研究
110	于艾鑫	刘元坤	土木工程	人工快速渗滤技术处理公共建筑雨水效能与参数优化研究
111	曹思雨	李　冬	土木工程	低表观气速间歇曝气短程反硝化除磷AGS工艺研究
112	罗观璋	张晓静	土木工程	寒冷地区卧室环境及其对睡眠质量的影响研究
113	叶　盛	薛　鹏	土木工程	光谱选择性玻璃二次传热理论模型研究
114	毕梦宇	王　扬	交通运输工程	面向需求响应的移动快递柜调度优化方法研究
115	赵忞赫	周雨阳	交通运输工程	多模式时变出行成本分析与方式选择模型
116	陈乙方	王　超	交通运输工程	考虑自愈影响的沥青疲劳特性研究
117	张　然	魏中华	交通运输工程	基于改进卷积神经网络的交通标志检测与识别算法研究
118	赵国强	李海舰	交通运输工程	车路协同环境下道路险态事件预警技术研究
119	白宸宇	熊　杰	交通运输工程	考虑不完全充电的纯电动公交行车计划与充电计划同步优化
120	王　琪	陈　戈	化学	自支撑过渡金属纳米复合材料的制备及其电催化产氢的研究
121	边振兴	李建荣	化学	双吡唑配体MOFs构筑及其吸附与催化性能研究
122	陈雪倩	高学云	化学	近红外荧光探针的设计、合成及其在肿瘤标志物活体成像中的应用
123	刘春越	严　勇	化学	镍纳米线阵列电极的制备及其在电化学氧化反应中的应用
124	陈　璐	高　靓	化学	基于贵金属团簇探针的循环肿瘤细胞神经型钙粘连蛋白的质谱定量分析

续表

序号	硕士生	导师	一级学科名称	学位论文题目
125	韩　莹	高　靓	化学	基于金团簇探针的电化学传感法原位定量神经型钙粘连蛋白的表达水平
126	孙瑜堃	孙再成	化学	分级水管理法构建高效光热转换器件
127	余乐乐	赵煜娟	化学	锂离子电池正极材料过放电机制研究
128	范鹏艳	刘中良	动力工程及工程热物理	透明表面改性及其抑霜性能研究
129	苏俊杰	王　军	动力工程及工程热物理	自由分子区内球形纳米颗粒受力特性的颗粒温度效应研究
130	张　银	张新欣	动力工程及工程热物理	有机工质新分类方法及单螺杆膨胀机有机朗肯循环工质筛选
131	崔　杰	王　军	动力工程及工程热物理	纳米颗粒的热泳力特性研究
132	石　鑫	张红光	动力工程及工程热物理	自由活塞膨胀机-直线发电机配气方案的试验研究
133	王英倩	孙继红	化学工程与技术	多形貌斜发沸石的合成及其对 CH_4/N_2 的选择性吸附
134	生梦迪	武　霞	化学工程与技术	小角 X 射线散射（SAXS）对斜发沸石合成过程中溶胶-凝胶阶段的探索
135	张鹏丹	白金泉	化学工程与技术	MOFs 孔性调控及其乙烯纯化性能研究
136	马　骙	王乃鑫	化学工程与技术	冷冻辅助法制备 ZIF 纳米限域复合膜及其纳滤性能研究
137	李　靖	戴洪兴	化学工程与技术	介孔二氧化铈负载 IrFe 纳米催化剂的制备及其对乙炔氧化的催化性能研究
138	郭洋洋	王　湛	化学工程与技术	污染膜上滤饼和凝胶的水力清洗及其模型的建立
139	梁晓玉	郎建垒	环境科学与工程	基于高时间分辨率区域传输规律的重污染协同控制方法研究
140	刘雪凡	彭永臻	环境科学与工程	以污泥发酵液为碳源的硝化-反硝化耦合厌氧氨氧化工艺深度脱氮
141	陈燕慧	彭永臻	环境科学与工程	连续流间歇曝气同步短程硝化反硝化强化生活污水脱氮
142	宫庆腾	彭永臻	环境科学与工程	厌氧氨氧化菌在短程硝化系统中自然富集强化生活污水脱氮
143	毛诗琴	孙治荣	环境科学与工程	基于泡沫铜复合阴极的非均相电芬顿体系降解磺胺甲恶唑研究
144	朱玉雪	梁文俊	环境科学与工程	改性 Ru 基催化剂用于氯苯的催化氧化研究
145	方亚平	张　萍	生物学	单细胞 SERS 技术对乳腺癌的快速鉴别及药效动力学研究
146	刘慧云	张红胜	生物学	谷氨酰胺酶 1 对结肠癌细胞增殖和迁移的作用机制研究
147	熊倩倩	王　娟	生物学	I 型酪蛋白激酶家族成员 CK1δ 在巨自噬通路中的作用机制研究
148	唐　瑭	张小轶	生物学	两型肾癌的共同标志物筛选及机制研究
149	吴慧慧	赵洪武	生物学	乙烯基碳酸乙烯酯的［5+6］环加成反应的研究
150	宋晓晓	郝冬梅	生物医学工程	子宫肌电信号质量评估与宫缩识别
151	刘洪兴	南　群	生物医学工程	基于数值仿真和 PIV 实验去肾交感神经术的流场研究
152	付瑞森	杨海胜	生物医学工程	牵张成骨的数值模拟研究
153	张　珊	李春华	生物医学工程	分泌型磷脂酶 A2 家族共有和特异动力学与其功能关系的研究
154	许莹坤	彭良雪	数学	与 γ 可度量化空间及与 D-空间有关的问题研究
155	邓曼曼	刁麓弘	数学	基于连通分支的聚类方法研究
156	孙旭鹏	王晓蕾	物理学	基于肖特基接触的磁光传感器的研究
157	贾宁宁	刘立英	物理学	新型二维材料结构设计及其吸附性能研究
158	底贺阳	杨凯华	物理学	纳米器件中的近藤区噪声研究
159	崔友硕	宋晏蓉	物理学	被动锁模光纤激光器及脉冲特性研究
160	王　钰	马　赫	物理学	基于柔性二氧化钒薄膜太赫兹波调制器的研究
161	谭芳蕊	戎　路	物理学	连续太赫兹波叠层成像分辨率提高方法研究
162	张晓晨	富聿岚	物理学	复合等离激元光栅结构光场调控特性研究
163	刘晓彤	王　霞	统计学	随机变量序列部分和上确界的大偏差与最大值的中偏差
164	张文为	宋晏蓉	光学工程	双波长及锁模光泵半导体薄片激光器
165	韩　亮	翟天瑞	光学工程	基于腔内调制的分布反馈激光器的发射特性研究

2021年北京工业大学专业学位优秀硕士学位论文作者及导师名单

序号	硕士生	导师	专业学位类别/领域名称	学位论文题目
1	朱雨泽	张文远	金融	金融市场联动及风险溢出的指数基金择时策略研究
2	邱　月	刘　超	金融	基于CoES模型的我国系统性金融风险溢出效应研究
3	任　石	迟远英	金融	国家级金融综合改革试验区的经济效应及作用路径研究
4	布　艳	臧　维	工商管理	HA公司PIS系统质量管理改进研究
5	尹晓烨	尚洪涛	工商管理	WH房地产公司财务风险管理研究
6	邢　煜	赵立祥	工商管理	LM公司股权激励设计研究
7	贾玉岭	韩宇翃	工业设计工程	基于人机工程的户外公共健身设施设计研究
8	李维亮	韩宇翃	工业设计工程	基于低碳设计理念的智能公共设施设计研究
9	刘嘉琦	蔡轶珩	电子与通信工程	基于多尺度时空融合的视频异常检测系统研究
10	杨　堃	张文利	电子与通信工程	面向疫情防控的人员跟踪系统的设计与实现
11	杨　乐	张延华	电子与通信工程	工业互联网计算资源智能调度系统设计与验证
12	王彦明	贾克斌	电子与通信工程	基于模型融合的探空传感器误差预测方法
13	张文静	刘鹏宇	电子与通信工程	探空仪传感器智能标校技术研究与标校系统构建
14	王佳琪	张文利	电子与通信工程	基于深度学习的果实检测跟踪系统的研究与实现
15	王志鹏	关宝璐	集成电路工程	基于内腔亚波长光栅的液晶波长可调谐VCSEL结构设计研究
16	张仲侯	刘素娟	集成电路工程	基于记忆多项式的TIADC非线性失配误差子通道重构校正技术的研究与实现
17	张明明	彭晓宏	集成电路工程	基于马尔科夫链与交叉覆盖率的概率性覆盖率分析方法
18	李晨豪	张　菁	集成电路工程	基于深度学习的网络直播视频主播行为识别技术与实现
19	朱　牧	张　菁	集成电路工程	面向航拍影像的无人机视觉目标跟踪技术研究
20	王　晟	冯士维	集成电路工程	FPGA并行模式测温网络研究及温度系数快速测试仪工程应用
21	刘泉伯	李晓理	控制工程	基于CPS思想的烟气脱硫多模型控制
22	贾　桐	李秀智	控制工程	三轴视觉增稳云台的控制方法研究
23	孙子健	乔俊飞	控制工程	面向工业过程的概念漂移检测算法设计及其应用研究
24	杨士恒	韩红桂	控制工程	数据驱动的城市污水处理脱氮过程优化控制
25	杨　肃	裴福俊	控制工程	基于李群描述的捷联惯性导航系统初始对准方法研究
26	张　芊	韩红桂	控制工程	城市污水处理膜污染智能决策研究
27	甄　琪	韩红桂	控制工程	基于深度卷积网络的废旧手机回收属性识别方法及应用研究
28	梁　烨	冀俊忠	计算机技术	基于图卷积神经网络的属性图聚类方法研究
29	彭天奇	肖创柏	计算机技术	基于跨尺度自相似性的图像盲解卷积方法研究
30	李　佳	贾熹滨	计算机技术	基于小样本学习的图像语义分割方法研究
31	孟祥东	马　伟	计算机技术	基于深度排序学习的图像修复质量评价算法研究
32	王陆霖	杜永萍	计算机技术	基于多维度特征建模的预测技术研究与应用
33	杜宇斌	付利华	计算机技术	基于深度学习的无监督行人重识别技术研究
34	邹　鲁	杨宇光	计算机技术	视觉有意义的图像加密算法研究与实现
35	陈智慧	冀俊忠	计算机技术	基于卷积神经网络的动态脑功能连接分类方法研究
36	李　鹏	马　伟	计算机技术	基于深度学习的超像素分割算法研究与应用
37	梁　祎	刘　波	计算机技术	基于ReLU神经网络的最优函数逼近
38	李庆晓	杜永萍	计算机技术	基于迁移学习的文本摘要抽取与生成技术研究
39	詹　康	包振山	计算机技术	基于FPGA的低位宽量化卷积神经网络加速器的研究

续表

序号	硕士生	导师	专业学位类别/领域名称	学位论文题目
40	密　伟	杜金莲	计算机技术	基于深度学习的中文电子病历分词方法的研究与实现
41	李　爽	毕　敬	软件工程	基于改进Transformer的云数据中心资源预测方法研究
42	马韶彬	王晓懿	软件工程	面向先进集成电路工艺节点的电迁移分析验证算法研究
43	张　翔	毕　敬	软件工程	基于ST－LSTM神经网络的网络流量预测方法研究
44	宋洪宇	何泾沙	软件工程	区块链数据存储与记录优化研究与实现
45	曲志伟	黄志清	软件工程	分层架构下基于深度强化学习的无人驾驶智能决策控制研究
46	王　晨	朱　青	软件工程	基于张量稀疏约束的光场图像重建方法研究
47	刘新远	何　坚	软件工程	基于多模态感知的盲人避障辅助技术研究与应用
48	彭　程	朱　青	软件工程	交互式非均匀纹理合成方法研究
49	刘　炎	何　坚	软件工程	基于视觉的动态手势建模以及识别技术研究与应用
50	王栋梁	王素玉	软件工程	基于深度学习的人群异常检测技术研究
51	王童颜	魏　爽	社会工作	校园欺凌受害者个案工作研究
52	赵艺敏	赵丽琴	社会工作	新冠肺炎疫情期间大学生心理应激的个案工作介入研究
53	杨　懿	李君甫	社会工作	社会学习理论视角下新进老年人能力评估员的实务能力提升研究
54	谢李英	金保华	教育	空间生产理论视角下农村学校劳动教育空间优化研究
55	梁　静	苏林琴	教育	初中生生命意义感、学业自我效能感与学习投入的关系研究
56	赵凯林	初红艳	机械工程	模锻成形产品质量智能预测与反向追溯技术研究
57	郭越阳	高相胜	机械工程	滚珠丝杠副热变形建模及抑制方法研究
58	王　秦	雷　钧	机械工程	一种新型时空耦合广义有限差分法及其应用
59	滕　辰	林家春	仪器仪表工程	基于粗糙度轮廓仪的圆柱齿轮测量研究
60	陈　昊	刘卫强	材料工程	基于混合稀土烧结永磁材料结构和性能的研究
61	周　宁	张　忻	材料工程	单晶稀土六硼化镧阵列飞秒激光加工及发射性能研究
62	姜文涛	宋晓艳	材料工程	相变改性的WC基硬质合金的设计与性能研究
63	王　晗	王如志	材料工程	新型半导体器件的散热结构设计及其仿真分析
64	王晨炜	朱满康	材料工程	KN/PDMS复合材料的微结构与能量收集研究
65	赵文康	严　辉	材料工程	环境净化处理与环境能量利用的协同复合材料研究
66	郝乙锦	侯育冬	材料工程	基于冷冻干燥技术的柔性复相压电能量收集材料研究
67	李鹏飞	张　铭	材料工程	基于镍铁金属有机框架光催化材料的制备与性能研究
68	吴从荣	刘晶冰	材料工程	蒙脱土二维纳米通道在浓差能量转换体系中的应用
69	王　栋	肖荣诗	光学工程	碳纤维增强复合材料与2060铝锂合金激光连接工艺研究
70	王　茜	王　璞	光学工程	高能量掺镱全光纤飞秒激光三维直写系统研究
71	李越峥	黄　婷	光学工程	金属材料实际表面激光吸收率数值模型研究与应用
72	李　玉	刘富荣	光学工程	基于非易失性相变材料 $Ge_2Sb_2Te_5$ 的光开关设计及特性研究
73	柳子涵	杨　璐	建筑与土木工程	不锈钢轴心受压圆管局部稳定承载性能研究
74	邱　萍	张爱林	建筑与土木工程	装配式双槽钢开洞组合钢梁设计理论研究
75	王志宇	唐贞云	建筑与土木工程	基于有理近似的深水结构混合模拟时域模型建立方法
76	张博雨	赵衍刚	建筑与土木工程	低矮建筑围护结构的台风持时灾害分析
77	王　畅	杜修力	建筑与土木工程	正交胶合木楼板人致振动性能与控制研究
78	穆金磊	李　悦	建筑与土木工程	基于格子玻尔兹曼法的新拌混凝土流变与泵送性能研究
79	邢泽众	刘占省	建筑与土木工程	基于数字孪生的装配式建筑吊装安全风险预测与控制方法
80	赵翊舟	董宏英	建筑与土木工程	配置栓钉钢板与外包高强混凝土界面黏结－滑移性能研究

续表

序号	硕士生	导师	专业学位类别/领域名称	学位论文题目
81	陈关泼	刘学春	建筑与土木工程	方钢管柱-柱连接节点及结构整体抗震性能研究
82	焦柏涵	张小玲	建筑与土木工程	考虑土体参数空间变异性的水平受荷桩可靠度分析
83	薛钧元	张小玲	建筑与土木工程	既有竖向荷载作用下桩基水平承载性能研究
84	冯　烁	刘学春	建筑与土木工程	摆锤型自复位耗能支撑和钢框架体系抗震性能研究
85	张安山	刘占省	建筑与土木工程	基于数字孪生的冬奥场馆安防数据集成分析与智能评估方法
86	郑家成	何浩祥	建筑与土木工程	基于参数分析的梁桥损伤识别及性能评价
87	贾昆程	周宏元	建筑与土木工程	填充泡沫混凝土负泊松比蜂窝组合结构防护性能研究
88	袁　军	孙国军	建筑与土木工程	钢拉索单调荷载与循环加载-卸载作用下力学性能研究
89	庄小璇	李　星	建筑与土木工程	基于 Bi_2O_3 - TiO_2/PAC 耦合技术的协同除污染特性研究
90	何海超	杨　宏	建筑与土木工程	基于包埋反硝化生物填料的工业废水脱氮处理研究
91	刘晓慧	魏　佳	建筑与土木工程	底泥炭负载纳米零价铁耦合反硝化菌对硝酸盐的去除研究
92	韩宏泉	吴　珊	建筑与土木工程	给水管网水力模型节点实时水量分配方法研究
93	王文琪	张　杰	建筑与土木工程	间歇曝气 A/（O/A）n 同步驯化短程硝化反硝化除磷颗粒及运行
94	刘　阳	李　军	建筑与土木工程	典型城中村合流制管道水质特征及水质型分流装置研究
95	刘名扬	李　冬	建筑与土木工程	基于水力筛分间歇饥饿的 CANON 工艺启动及稳定运行研究
96	杨敬畏	李　冬	建筑与土木工程	基于交替厌氧/好氧的连续流好氧颗粒污泥启动及运行研究
97	吴　勇	王　伟	建筑与土木工程	基于供需匹配的空气源热泵系统容量设计工程方法研究
98	刘奕巧	潘　嵩	建筑与土木工程	夏热冬冷地区住宅人员开窗行为实测与建模研究
99	马　成	刁彦华	建筑与土木工程	多通道平行流扁管-泡沫铜相变蓄热装置传热性能研究
100	杜伯尧	全贞花	建筑与土木工程	新型光伏光热空气能直膨式热泵系统性能与优化研究
101	梁美琛	郭　猛	交通运输工程	道路沥青老化分子特征与抗老化技术研究
102	彭志彪	荣　建	交通运输工程	基于驾驶人刺激响应特征的草原公路防疲劳策略研究
103	文　鑫	苑中显	动力工程	太阳能压气机传热强化实验与数值模拟研究
104	孔庆龙	鹿院卫	动力工程	单罐熔盐释热换热器结构优化及经济性分析
105	刘一默	苑中显	动力工程	聚光式太阳能夏季吸附制冷与冬季供暖系统性能实验评估
106	赵　飞	刘中良	动力工程	油基钻屑流动传热和热解特性研究
107	窦　鹏	鹿院卫	动力工程	八水氢氧化钡改性及其在套管内传热特性研究
108	李　泳	雷　艳	动力工程	甲烷高压射流对预燃火焰作用规律试验研究
109	赵邦华	刘忠宝	动力工程	MOFs 复合吸附剂/水吸附式制冷系统的理论及实验研究
110	王崇尧	张红光	动力工程	车用有机朗肯循环系统与选择性催化还原系统的匹配研究
111	孟　昊	纪常伟	动力工程	点火策略对氢转子机燃烧与排放特性影响的试验研究
112	翟承伟	孙继红	化学工程	纳米溶胶对斜发沸石合成影响及其在 N_2/CH_4 和 CO_2/CH_4 分离中的应用
113	赵　琛	白金泉	化学工程	过渡金属 MOFs 及衍生物的设计制备与光催化 CO_2 还原性能研究
114	李　帅	彭永臻	环境工程	基于吸附-生物降解工艺强化生活污水主流厌氧氨氧化
115	代佳彤	彭永臻	环境工程	生物膜与悬浮污泥 PNA 工艺处理城市污水的对比启动与运行
116	王雨薇	高景峰	环境工程	硫化纳米零价铁有效灭活细菌、去除抗生素抗性基因并抑制其传播的研究
117	崔　媛	崔有为	环境工程	一株嗜盐异养硝化-好氧反硝化菌 Exiguobacterium mexicanum strain SND - 01 的筛选及其脱氮特性研究
118	赵铁凡	高景峰	环境工程	污水生物处理系统及不同污水环境中典型微塑料表面生物膜特性研究
119	贾子悦	曾　薇	环境工程	镧、锆新型吸附剂用于城镇污水除磷成效研究
120	苏　健	彭永臻	环境工程	中试规模 A2/O - BCO 前置反硝化除磷工艺的启动与优化运行

序号	硕士生	导师	专业学位类别/领域名称	学位论文题目
121	武文君	杨　庆	环境工程	通过调控 Anammox 滤池实现低氨氮废水一体化自养脱氮
122	邓丽艳	彭永臻	环境工程	低 C/N 比城市污水 AOA－PNEDPA 工艺启动运行与温度影响
123	闫金磊	崔有为	环境工程	连续流反应器嗜盐颗粒污泥的培养、颗粒结构失稳及其恢复
124	吕佳静	孙治荣	环境工程	漂浮式气体扩散电极设计及其在电芬顿体系中降解阿莫西林
125	李晨曦	叶　青	环境工程	柱撑蒙脱石负载 Cu 和 Ce 催化剂 NH_3－SCR 性能及 Zn 中毒研究
126	张钰蓥	周　颖	环境工程	中国农村源排放对空气质量影响及减排方案研究
127	张艺宁	杨春兰	生物医学工程	基于磁共振成像的大脑形态学及结构连接应用研究
128	孙　葛	张　松	生物医学工程	妊娠期高血压疾病的动态孕周预测模型的研究
129	张　萌	南　群	生物医学工程	非傅里叶传热效应对房颤微波消融温度场的影响研究
130	张凌云	杨海胜	生物医学工程	基于高分辨率磁共振成像的股骨近端多尺度生物力学研究
131	王京京	谭建军	生物医学工程	基于多尺度特征融合的深度学习预测 ncRNAs－蛋白质相互作用
132	范晓祖	赵洪武	生物医学工程	1，4－苯并二氮－2－酮亚胺叶立德［3＋2］环加成反应的研究
133	刘　畅	赵丽娇	生物医学工程	石蜡包埋组织蛋白质组分析新方法及胰腺癌蛋白质组研究
134	沈群方	刘永东	生物医学工程	臭氧化下简单脂肪胺降解机制的理论研究
135	张晓坤	闫　红	生物医学工程	1，4－环己二烯衍生物的［2＋2］光环合反应及其反应机理研究
136	郝雨婷	刘永东	生物医学工程	硝基芳烃化合物分子结构与毒性的构效关系研究
137	杜梦晴	郝冬梅	生物医学工程	基于子宫肌电信号的宫缩起搏与传导的研究
138	陆佳钰	张　松	生物医学工程	妊娠期糖尿病的能量代谢研究及预测模型的建立

2021年科技成果奖励

北京工业大学2021年度获得各类省部级以上政府奖励、国家科学技术奖励工作办公室登记备案的社会科技奖励及具有重大影响力的学会/协会奖励名单如表所示。

序号	获奖完成人	单位排名	奖励名称	成果名称	获奖等级
1	韩晓东　王立华　郑　坤	第1	国家自然科学奖	面心立方材料弹塑性力学行为及原子层次机理研究	二等奖
2	彭永臻	第2	国家科学技术发明奖	污水深度生物脱氮技术及应用	二等奖
3	张　亮　彭永臻　曾　薇　杜　睿　王淑莹	第2	北京市科学技术奖（技术发明）	污水厌氧氨氧化高效脱氮技术体系创建与产业化应用	一等奖
4	陈艳艳　熊　杰　翁剑成　赖见辉	第1	北京市科学技术奖（科学技术进步）	大数据驱动下的多方式公共交通协同优化关键技术研究及应用	二等奖
5	崔玲丽	第1	北京市科学技术奖（自然科学）	机械装备智能诊断与预测理论和方法	二等奖
6	尉海军　郭现伟　王　琳　林志远	独立	北京市科学技术奖（自然科学）	先进电池材料微区结构调控与性能优化	二等奖
7	崔　晶	第2	北京市科学技术奖（自然科学）	空间机器人全局刚柔耦合动力学理论与控制方法	二等奖
8	冯士维　张亚民　郭春生　朱　慧　谢雪松	第1	北京市科学技术奖（技术发明）	半导体芯片结温与系统热阻构成无损检测关键技术及应用	二等奖

续表

序号	获奖完成人	单位排名	奖励名称	成果名称	获奖等级
9	ALTOUNIAN ZAVEN	独立	北京市科学技术奖国际合作中关村奖	北京市科学技术奖国际合作中关村奖	个人奖
10	何宗樾	第2	北京市第十六届哲学社会科学优秀成果奖	Understanding Chinese GDP	二等奖
11	彭宏伟	第5	北京市第十六届哲学社会科学优秀成果奖	重读马克思：文本及其思想（十二卷本）	一等奖
12	彭永臻　杜　睿 张　亮　王　博	第2	广西科学技术奖	城镇污水深度处理关键技术及再生利用一体化装备开发与应用	一等奖
13	李小军　荣棉水　王玉石	第2	中国地震局防震减灾科学成果奖	非基岩场地核电厂结构抗震性能试验与数值模拟研究	二等奖
14	李小军　王玉石	第2	中国地震局防震减灾科学成果奖	近断层强地震动特性及其破坏作用	二等奖
15	黄　婷　肖荣诗	第2	宁夏回族自治区科学技术进步奖	新体系高能比锂离子电池电极材料的制备、性能调控及产业化关键技术	二等奖
16	贾俊峰　许维炳　白玉磊 杜修力　金　浏	第2	河南省科学技术奖	曲线梁桥结构灾变防控与服役效能提升技术及应用	二等奖
17	李　易	第2	高等学校科学研究优秀成果奖	高层建筑结构体系的动力倒塌模型和灾变控制理论	一等奖
18	胡永利　尹宝才　张　勇	第2	青岛市科学技术奖	复杂场景下特需任务道路交通保障关键技术研发及产业化	二等奖
19	李云燕	独立	致公党北京市委2020年度参政议政优秀调研成果奖	关于全面评估北京市生态涵养区生态系统服务价值，健全完善生态保护补偿机制的对策建议	优秀奖
20	彭永臻	独立	何梁何利基金科学与技术进步奖	城镇污水生物脱氮技术及工程应用	个人奖
21	周　峰	独立	中国制冷学会科学技术	中国制冷学会科学技术青年奖	青年奖
22	翁剑成	第1	中国交通运输协会科学技术奖	基于群体精准分类的公共交通出行需求的时空挖掘与机理解析	青年奖
23	张爱林　刘学春 姜子钦　陈学森	第1	中国钢结构协会科学技术奖	预应力钢结构体系和关键技术创新及工程应用	特等奖
24	曹万林　殷　飞　乔崎云	第1	中国钢结构协会科学技术奖	装配式轻钢组合结构高效抗震节能体系及产业化	一等奖
25	王　伟　孙育英	第1	中国制冷学会科学技术奖	抑霜型空气源热泵机组研发与应用	一等奖
26	岳　明　路清梅　刘　敏 刘卫强　张东涛	第1	中国产学研合作创新成果奖	稀土永磁全生命周期二次资源的绿色高效利用技术	一等奖
27	赵树旗	第3	中国水土保持学会科学技术奖	永定河流域水文径流演变机理与生态修复模式研究及应用	一等奖
28	王　金　陈艳艳	第3	中国智能交通协会科学技术奖	智慧高速公路多功能路侧设施一体化集成关键技术及应用	二等奖
29	王　鹏	第2	中国机械工业科学技术奖	高性能抗冲击电动工具小型齿轮箱成套技术及产业化	二等奖
30	闫胤洲	第1	发明创业奖创新奖	发光材料微纳增益结构设计关键技术及产业化应用	二等奖

续表

序号	获奖完成人	单位排名	奖励名称	成果名称	获奖等级
31	嵇　灵	第3	地理信息科学技术奖	“地理国情”＋城市民生服务关键技术及应用	二等奖
32	翁剑成	第5	中国交通运输协会科学技术奖	数据驱动的城市公共交通网络客流拥塞主动防控关键技术及应用	二等奖
33	王　伟　孙育英	第2	华夏建设科学技术奖	北方地区热泵供暖关键技术研究与规模化应用	一等奖
34	李　星　李　军	第2	华夏建设科学技术奖	建筑水系统微循环重构技术研究与示范	一等奖
35	孙诗兵	第3	华夏建设科学技术奖	岛礁工程用功能材料关键制备技术研究与应用	二等奖
36	张微敬	第5	华夏建设科学技术奖	房屋建设装配式混凝土结构体系研究	二等奖
37	张伟荣	第3	华夏建设科学技术奖	建筑空间光热环境营造关键技术及应用	二等奖
38	张建伟　李炎锋	第3	华夏建设科学技术奖	村镇火灾综合防治关键技术研究与开发	三等奖
39	王　煜	独立	“一带一路”国际美术工程入选奖	自由之路——坦赞铁路	入围
40	李　健　张　文	第1	中国商业联合会科学技术奖	基于本质安全理论的危险化学品库存控制与路径优化研究与应用	二等奖
41	李　升　陈　锋	第2	北京市优秀调查研究成果	北京城乡社区治理调查研究	优秀奖

说明：括号中是获奖完成人的排序；40、41是2020年奖项。

北京工业大学2021年所获集体奖励

（获奖时间：2021年1月1日—2021年12月31日）

序号	获奖单位	申报部门	奖项名称	授奖单位
1	共青团北京工业大学委员会	校团委	第十五届北京市思想政治工作优秀单位	中国共产党北京市委员会
3	共青团北京工业大学委员会	校团委	2021年全国大中专学生志愿者暑期“三下乡”社会实践活动优秀单位	中央宣传部 中央文明办 教育部 共青团中央 全国学联
3	共青团北京工业大学委员会	校团委	二〇二〇年度北京市五四红旗团委	共青团北京市委员会 北京市人力资源和社会保障局
4	北京工业大学	校团委	2021年“青年服务国家”首都大中专学生暑期社会实践先进单位	共青团北京市委员会 中共北京市委宣传部 中共北京市委教育工作委员会 首都文明办 北京市教育委员会 北京市学生联合会
5	北京工业大学	校团委	2021年北京大学生艺术系列活动优秀组织奖	中共北京市委教育工作委员会 北京市教育委员会

续表

序号	获奖单位	申报部门	奖项名称	授奖单位
6	北京工业大学阳光志愿服务总团	校团委	首都最佳志愿服务组织	首都精神文明建设委员会
7	北京工业大学	校团委	第十一届“挑战杯”首都大学生课外学术科技作品竞赛“优胜杯”	共青团北京市委员会 北京市教育委员会 北京市科学技术协会、 北京市学生联合会
8	北京工业大学	校团委	第十一届“挑战杯”首都大学生课外学术科技作品竞赛优秀组织奖	共青团北京市委员会 北京市教育委员会 北京市科学技术协会 北京市学生联合会
9	北京工业大学	校团委	第十四届全国大学生创新创业年会优秀组织奖	国家级大学生创新创业训练计划专家组
10	北京工业大学	创新创业学院	第七届中国国际“互联网+”大学生创新创业大赛北京赛区优秀组织校	北京市教育委员会
11	北京工业大学	创新创业学院	2021年北京地区高校大学生优秀创业团队评选最佳组织奖	北京市教育委员会
12	北京工业大学就业创业指导中心 创新创业学院	创新创业学院	2018—2020年北京市就业创业工作先进集体	北京市人民政府
13	北京工业大学	创新创业学院	创业带动就业案例《聚焦立德树人根本任务培养新时代创新创业人才》入选全国普通高校毕业生就业创业工作典型案例	教育部
14	北京工业大学	创新创业学院	第一批北京高校大学生创业园高校分园绩效考核优秀评级	北京市教育委员会
15	北京工业大学	党委学生工作部（处）、人民武装部、学生数据管理与服务中心、学生发展指导中心、素质教育学院	“知史爱党，知史爱国”北京市学生“四史”学习知识竞赛优秀组织奖	中共北京市委教育工作委员会 北京市教育委员会
16	北京工业大学	党委学生工作部（处）、人民武装部、学生数据管理与服务中心、学生发展指导中心、素质教育学院	“知史爱党，知史爱国”北京市学生“四史”学习知识竞赛高校组团队赛二等奖	中共北京市委教育工作委员会 北京市教育委员会
17	北京工业大学	党委学生工作部（处）、人民武装部、学生数据管理与服务中心、学生发展指导中心、素质教育学院	首都大学生心理健康节特色活动奖	中共北京市委教育工作委员会 北京市高等教育学会心理素质教育研究分会
18	北京工业大学	党委学生工作部（处）、人民武装部、学生数据管理与服务中心、学生发展指导中心、素质教育学院	北京高校心理素质教育工作先进集体奖	中共北京市委教育工作委员会 北京高教学会心理素质教育研究分会

续表

序号	获奖单位	申报部门	奖项名称	授奖单位
19	北京工业大学逸夫图书馆改扩建工程	基建修缮处	国家优质工程奖	中国施工企业管理协会
20	北京工业大学科发院	科发院	中国科协2021年“全国科技工作者日”高校科协十佳优秀组织单位	中国科协
21	北京工业大学科发院人文社科处	科发院	2020年度北京市社会科学基金项目优秀二级管理单位	北京市社会科学界联合会、北京市哲学社会科学规划办公室

2021年表彰先进集体及个人名单

2021年6月30日 北京工业大学先进党组织
（共100个，教工党支部66个）

材料与制造学部党委
- 功能材料教师党支部
- 机械设计及理论教师党支部
- 激光教师第四党支部
- 生态建材与晶体教师党支部
- 环境材料教师党支部
- 激光教师第一党支部
- 循环经济研究院教师党支部
- 中心实验室教师党支部
- 机电退休第三党支部

信息学部党委
- 信息安全教师党支部
- 模式识别与检测技术教师党支部
- 体系结构与实验中心教师党支部
- 软件与理论教师党支部
- 计算中心教师党支部
- 机关第一党支部
- 退休第二党支部
- 西区离休党支部

城市建设学部党委
- 城乡规划教师党支部
- 建环教师党支部
- 市政教师党支部
- 防灾所与实验室教师党支部
- 退休第一党支部

环境与生命学部党委
- 汽车工程系教师党支部
- 环境化工系教师党支部
- 生物医学工程系教师党支部
- 机关党支部
- 退休第二党支部

理学部党委
- 大学数学教研中心教师党支部
- 信息光电子教师党支部
- 运筹与科学计算教师党支部
- 数学系教师党支部
- 机关党支部

经济与管理学院党委
- 管理科学与工程教师党支部
- 应用经济教师第二党支部
- 行政教工党支部

文法学部党委
- 外国语言文学系教师党支部
- 机关党支部

体育教学部党总支
- 第一党支部

艺术设计学院党委
- 传媒与艺术理论系教师党支部
- 工业设计系教师第二党支部
- 环境设计系教师党支部

科研教辅教工党支部
继续教育学院党委
后勤党支部
耿丹学院党委
行政党支部
机关党委
党办巡察办校办保密办党支部
组织部统战部机关党委党支部
宣传部教师工作部党支部
纪检监察党支部
学生处学生发展中心党支部
团委就业创业指导中心党支部
基建处党支部
保卫处党支部
离休与机关退休干部党委
在职党支部
机关退休第二党支部
机关退休第六党支部
机关退休第九党支部
机关退休第十二党支部
后勤党委
校医院第二党支部
幼儿教育中心党支部
退休第一支部
通州校区管理中心党总支
第三党支部
图书馆党总支
第一党支部
第二党支部
投资公司党总支
建国饭店党支部
融实物业第一党支部
融实物业第二党支部

2021 年 6 月 30 日 北京工业大学先进党组织（共 100 个，学生党支部 34 个）

材料与制造学部党委
激光院 2019 级硕士生党支部
功能 2020 级硕士生党支部
机设 2020 级硕士生二班党支部
机制 2020 级硕士生三班党支部
力学 2020 级硕士生四班党支部
循环院研究生党支部
机电本科生第二党支部
信息学部党委
计算机学院 2018 级研究生第一党支部
计算机学院 2020 级研究生第一党支部
微电子学院 2020 级研究生党支部
信通学院本科生党支部
计算机学院本科生第一党支部
计算机学院本科生第二党支部
城市建设学部党委
交通运输工程博士生党支部
道桥工管硕士生党支部
防灾 2019 级硕士生党支部
建筑学本科生党支部
市政本科生党支部
土木本科生第一党支部
土木本科生第三党支部
环境与生命学部党委
生物医学工程博士生党支部
化学博士生党支部
动力博士生党支部
环境 2019 级硕士生第一党支部
热能本科生第一党支部
理学部党委
本科生第一党支部
经济与管理学院党委
管理科学与工程硕士生第二党支部
工商管理研究生党支部
金融本科生第一党支部
文法学部党委
社会学研究生党支部
法学学生党支部
艺术设计学院党委
传媒与艺术理论系本科生党支部
耿丹学院党委
国际设计学院学生党支部
后勤党委
学生社区学生党支部

2021 年 6 月 30 日 北京工业大学优秀共产党员
（教工党员 100 名，按姓氏笔画为序）

材料与制造学部党委

王剑锋　白　洁　刘丹敏　刘燕琴　陈树群　杜家政
季凌飞　张雷雨　范晋伟　赵秋颖　党朝红　彭映辉

信息学部党委

朱江淼　刘秀兰　齐　娜　孙艳丰　李晓理　肖创柏
张万荣　耿淑琴　贾路恒　黄　静　赖英旭　魏然然

城市建设学部党委

王　超　刘金凤　陈　超　陈　喆　赵　密　赵　旭
高春娣　彭凌云　薛素铎

环境与生命学部党委

程水源　韩昀峰　贾润清　姜明健　任海荣　孙治荣
汪夏燕　王海燕　吴玉庭

理学部党委

王雯宇　田　鑫　周洪芳　黄锦秀

经济与管理学院党委

李　健　张永安　迟远英　黄鲁成

文法学部党委

邢宇宙　李晨宇　张　威　赵素华

马克思主义学院党委

姜　惠　赵大兴

体育教学部党总支

刘振卿

艺术设计学院党委

王　煜　杨　漫　张　鹏　郝　蕊

继续教育学院党委

文　然　张　楠　郭　萍

北京-都柏林国际学院党委

严　海

耿丹学院党委

孙　磊　郑艳兵　高明平

机关党委

马林河　王　凯　刘　刚　李雨竹　宋　淼　郭　煜
侯艳艳　晋媛媛　程迪南　甄少磊　戴　璐　樊　媛

离休与机关退休干部党委

马忠涛　邢富荣　李荣发　杨燕平　董天午　温　涛
廖宗霖

后勤党委

马红军　辛保军　赵　晶　祖占良　高梅娟　崔东阁
喻金梅

通州校区管理中心党总支

张莹莹

图书馆党总支

王燕霞　　贺利婧

投资公司党总支

王　晶　　姚建立　　潘纳新

2021年6月30日 北京工业大学优秀共产党员
（学生党员100名，按姓氏笔画为序）

材料与制造学部党委

马锡盟　　王　磊　　任佳祥　　刘　悦　　陈炯燊　　杨书生

张传忠　　张晓丹　　单　燕　　胡佑瑾　　姜潇潇　　黄国亮

曹　婧　　常　辉　　麻晓冉　　彭志勃

信息学部党委

马子怡　　王　昊　　王静楠　　王立昊　　王延安　　王跃朝

艾孜尔江·艾尔斯兰　乐思琦　　李丹彤　　李京京　　刘昱昕

刘子豪　　连欣康　　吴　昭　　璇　薇　　张晓波　　张　月

周荔俠　　周子安　　郭　旗　　胡潇文　　唐泽诚　　董京伟

城市建设学部党委

王慧平　　王敬萱　　王　爽　　王　旭　　毛　伟　　尤　祺

孙国川　　田栓柱　　田思楠　　庄小璇　　刘文路　　刘　政

李瑞琦　　李　阳　　邢峻豪　　杨　琪　　张　硕　　陈浩林

胡　松　　赵艳阳

环境与生命学部党委

王　璐　　董　宁　　侯智超　　冀芊竹　　李　甜　　刘致君

马　崇　　乔佳楠　　未朝春　　吴　众　　玄博元　　赵翀辰

理学部党委

刘新宇　　赵　博　　鲁　娜　　廖思涵

经济与管理学院党委

弋新月　　李雅馨　　许佳宁　　肖　蒙　　杜文鑫　　周佳琦

赵幸久　　谢丽鑫

文法学部党委

文殿元　　刘　伊　　李立群　　李　殊

马克思主义学院党委

李书楼

艺术设计学院党委

马钰涵　　王　琳　　阳　素　　吕宛凌　　龚美琦　　程诗婕

北京-都柏林国际学院党委

李竹野　　徐峻檬

耿丹学院党委

胡佩幸　　高　瑞　　路克旭

机关党委

张晓茜

后勤党委

金瑞欣

北京工业大学2021年新增高层次人才项目（奖励）名单

中国工程院院士（1人）
杜修力
北京学者（3人）
崔素萍　郑　宏　尹宝才
国家自然科学基金杰出青年科学基金获得者（2人）
安全福　韩红桂
教育部重大人才工程入选者（1人）
尉海军
中组部国家级人才项目领军人才（1人）
韩　强
国家自然科学基金优秀青年科学基金获得者（3人）
张　亮　刘秀成　高　靓
教育部重大人才工程青年项目入选者（1人）
解意洋
中组部国家级人才项目青年项目入选者（1人）
李　易
国家自然科学基金优秀青年科学基金（海外）获得者（3人）
李方昱　张　楠　高智伟
北京工业大学自主认定项目（10人）
青年项目（9人）：商　旸　王柯成　卜宜都　操沈彬　赵瑶瑶　赵　治　郭　丹　张俊奇　尚文龙
短期项目（1人）：RENZO RICCA
北京市留学人员创新创业特别贡献奖（2人）
隋曼龄　张新平
北京市高层次留学人才回国资助获得者（3人）
阮嘉庚　李　睿　孙大伟
北京市宣传文化高层次人才培养资助获得者（2人）
胡建国　栾良才
北京市“科技新星”计划入选者（5人）
高红丽　张　鑫　程小卫　王晓露　杨宏燕

（刘珍君　金　浏）

2021年教师所获奖励与表彰

2021年6月17日 北京市先进基层党组织

城市建设学部党委

2021 年 6 月 17 日 北京市优秀党务工作者

党委学生工作部、学生处　杜　娜

2021 年教职工其他奖励情况

序号	获奖人	获奖名称	授奖部门
1	杨庆生、叶红玲、杜家政、龙连春、雷钧、王亲猛、刘夏、赵晓芳	课程思政教学名师	教育部
2	郭　萍	课程思政教学名师	教育部
3	亨利·伯纳德·麦克劳格林	2021 年度第 15 届北京市“长城友谊奖”	北京市人民政府
4	唐　军	第十七届北京市高等学校教学名师奖	北京市教育委员会
5	赵晓华	第十七届北京市高等学校教学名师奖	北京市教育委员会
6	王　晶	第五届北京市高等学校青年教学名师奖	北京市教育委员会
7	黄秋梅	第五届北京市高等学校青年教学名师奖	北京市教育委员会
8	胡建国	2021 年“青年服务国家”首都大中专学生社会实践先进工作者	共青团北京市委、中共北京市委宣传部、中共北京市委教育工委、首都精神文化建设委员会办公室、北京市教育委员会和北京市学生联合会
9	贯　爽	2021 年“青年服务国家”首都大中专学生社会实践先进工作者	共青团北京市委员会、中共北京市委宣传部、中共北京市委教育工作委员会、首都精神文明建设委员会办公室、北京市教育委员会和北京市学生联合会
10	陈　卓	2021 年“青年服务国家”首都大中专学生社会实践先进工作者	共青团北京市委员会、中共北京市委宣传部、中共北京市委教育工作委员会、首都精神文明建设委员会办公室、北京市教育委员会和北京市学生联合会
11	戴　璐	2021 年“青年服务国家”首都大中专学生社会实践先进工作者	共青团北京市委员会、中共北京市委宣传部、中共北京市委教育工作委员会、首都精神文明建设委员会办公室、北京市教育委员会和北京市学生联合会
12	赵梦琳	2021 年“青年服务国家”首都大中专学生社会实践先进工作者	共青团北京市委员会、中共北京市委宣传部、中共北京市委教育工作委员会、首都精神文明建设委员会办公室、北京市教育委员会和北京市学生联合会
13	顾宗函	2021 年“青年服务国家”首都大中专学生社会实践先进工作者	共青团北京市委员会、中共北京市委宣传部、中共北京市委教育工作委员会、首都精神文明建设委员会办公室、北京市教育委员会和北京市学生联合会
14	王淑芬	2020 年参政议政优秀个人	九三学社北京市朝阳区委员会
15	韩宇翊	参政议政工作优秀个人	九三学社北京市委员会
16	崔铁宁	2021 年度民革北京市参政议政优秀成果奖	中国国民党革命委员会北京市委员会
17	崔铁宁	2021 年度民革北京市反映社情民意信息先进个人	中国国民党革命委员会北京市委员会
18	冯爱玲	2021 年度北京市信访工作先进个人	中共北京市委、北京市人民政府

2021 年学生所获奖励与表彰

2020—2021 学年北京工业大学“优秀团支部”（65 个）

材制学部　180921 团支部　190105 团支部
190107 团支部　190131 团支部
S202003 团支部　S202004 团支部
机电 S202001 团支部
材料加工团支部
激光院 S2020 专硕团支部

信息学部　180291 团支部　190202 团支部
190273 团支部　190701 团支部
200210 团支部　200242 团支部
200271 团支部　200721 团支部
200803 团支部　200811 团支部
20 级计算机学硕团支部
20 级计算机专硕 1 班团支部
20 级自动化专硕团支部
20 级软件专硕 2 班团支部

城建学部　180415 团支部　181231 团支部
190302 团支部　190415 团支部
200302 团支部　200410 团支部
19 级硕士结构团支部
20 级硕士市政团支部
20 级硕士交通团支部

环生学部　190511 团支部　190521 团支部
201011 团支部　201051 团支部
S20 化工二团支部
S20 能动二团支部
S20 环工二团支部

理学部　200621 团支部　200681 团支部
20 级统计学术硕士团支部

经管学院　191181 团支部　191191 团支部
201122 团支部　201181 团支部
201191 团支部
20 级工商管理团支部

文法学部　191431 团支部　201441 团支部
211522 团支部
20 级马克思主义理论研究生团支部

艺术设计学院　191611 团支部　191662 团支部
201611 团支部　201612 团支部
201631 团支部　201661 团支部
201691 团支部

都柏林学院　203712 团支部　203723 团支部
203731 团支部　203734 团支部

樊恭烋学院　200001 团支部

学生社区团总支　社区团总支第三团支部

2020—2021 学年北京工业大学“标兵团支部”（15 个）

材制学部　180921 团支部　190107 团支部
S202003 团支部

信息学部　180291 团支部　200721 团支部
20 级软件专硕 2 班团支部

城建学部　190415 团支部

环生学部　190521 团支部

理学部　200681 团支部

经管学院　191181 团支部

文法学部　201441 团支部

艺设学院　191662 团支部　201691 团支部

都柏林学院　203734 团支部

樊恭烋学院　200001 团支部

2020—2021 学年北京工业大学“十佳学生社团”（10 个）

EFL 东四环街舞社
北京工业大学滑雪协会
北京工业大学 Sweepers 冰壶社
北京工业大学音乐剧社
CR 骑行社
PMC 音乐爱好者协会
北京工业大学峻野登山社
iCAN 创新协会
音落城下配音社
传笑堂相声社

2021年“百强团建领航计划”百强团支部（100个）

材制学部　190105团支部　190107团支部　190131团支部　200103团支部　200104团支部　200902团支部　200903团支部　200904团支部　S202001团支部　S202003团支部　S202004团支部　S202005团支部　材料B2020团支部　固体所S2020团支部

信息学部　190200团支部　190210团支部　190291团支部　190702团支部　190732团支部　190801团支部　190802团支部　190812团支部　200272团支部　200274团支部　200710团支部　200711团支部　200742团支部　200743团支部　200801团支部　200803团支部　200812团支部　20软件专硕2班团支部　20微电学硕团支部　20信通学硕团支部　20信通专硕团支部　20自动化专硕团支部

城建学部　180413团支部　181212团支部　190303团支部　190304团支部　190410团支部　190411团支部　190417团支部　191212团支部　200410团支部　200413团支部　20级博士团支部　20级硕士城规团支部　20级硕士交通团支部　20级硕士土木三班团支部

环生学部　181011团支部　181031团支部　190521团支部　191031团支部　200512团支部　200531团支部　201011团支部　201051团支部　硕士2020级化工团支部　硕士2020级能动团支部

理学部　190681团支部　200621团支部　200623团支部　200681团支部　20级研究生数学团支部

经管学院　191102团支部　191133团支部　191152团支部　191153团支部　191181团支部　191191团支部　201132团支部　201153团支部　201191团支部

文法学部　201441团支部　201442团支部　201521团支部　201522团支部　20级法律研究生团支部　20级外国语言文学团支部

马克思主义学院　20级马克思主义理论研究生团支部

艺术设计学院　191621团支部　191622团支部　191652团支部　191661团支部　191662团支部　191671团支部　201611团支部　201612团支部　201652团支部　201661团支部　201691团支部

都柏林学院　193732团支部　203712团支部　203722团支部　203723团支部　203731团支部　203734团支部

樊恭烋学院　200001团支部

2021年学生所获奖励与表彰

北京工业大学2020—2021学年本科生国家奖学金拟推荐名单

序号	姓名	学号	学部（院）	专业
1	司博文	18010312	材料与制造学部	机械工程（卓越班）
2	秦周阳	18090325	材料与制造学部	材料科学与工程
3	阴湛清	19090212	材料与制造学部	材料科学与工程
4	王　心	17121121	城市建设学部	建筑学
5	潘　硕	18030119	城市建设学部	交通设备与控制工程
6	厉望秉	18041917	城市建设学部	土木工程
7	姚嘉琪	18373327	都柏林学院	金融学
8	郑新楠	18374123	都柏林学院	电子信息工程
9	陈宇卿	18105226	樊恭烋荣誉学院	计算机科学与技术
10	孙　格	18052103	环境与生命学部	应用化学
11	屈千喜	18053126	环境与生命学部	新能源科学与工程
12	周　晴	18114126	经济与管理学院	工商管理
13	许焕扬	18115219	经济与管理学院	会计学
14	汤一凡	18116122	经济与管理学院	文化产业管理

续表

序号	姓名	学号	学部（院）	专业
15	凌　幸	18061222	理学部	应用物理学
16	周晓溢	18144221	文法学部	法学
17	刘雨飞	18013204	信息学部	电子科学与技术(实验班)
18	张　晗	18020011	信息学部	电子信息工程（实验班）
19	吕生平	18027205	信息学部	微电子科学与工程
20	曹艺琳	18029219	信息学部	机器人工程
21	张茂荣	18041422	信息学部	软件工程（实验班）
22	张　骁	18072006	信息学部	信息安全（实验班）
23	赵　桐	18161109	艺术设计学院	视觉传达设计
24	程诗婕	18162101	艺术设计学院	产品设计
25	易　洋	18162105	艺术设计学院	产品设计

2020—2021 学年校长奖学金获奖名单

序号	姓名/项目名称	单位	类别
1	吴思宇	樊恭烋荣誉学院	个人
2	刘　峥	信息学部	个人
3	李家麟	环生学部	个人
4	张　帅	理学部	个人
5	许焕扬	经管学院	个人
6	郭包罗	文法学部	个人
7	李安东	艺术设计学院	个人
8	杨柳欣	都柏林国际学院	个人
9	森微科技	材制学部	项目
10	粮成即实——基于智能农业设施的乡村振兴一站式解决方案	城建学部	项目

北京工业大学先进班集体（64 个）

樊恭烋荣誉学院　190001 班

材料与制造学部　180921 班　190105 班　190107 班　190131 班

信息学部　180291 班　190202 班　190273 班　190291 班　190292 班　190701 班　200210 班　200271 班　200721 班　200803 班　200811 班

城市建设学部　180304 班　180413 班　180415 班　190302 班　190304 班　190411 班　190415 班　190419 班　191212 班　200302 班　200302 班　200410 班　200413 班　20 级建筑学 1 班

环境与生命学部　180511 班　180521 班　181011 班　190521 班　201011 班　201051 班

理学部　190612 班　190621 班　190623 班　200611 班　200621 班

经济与管理学院　191191 班　201122 班　201181 班　201191 班　191181 班

文法学部　191431 班　201441 班　201522 班

艺术设计学院　181642 班　191611 班　191641 班　191651 班　191662 班　191671 班　201611 班　201612 班　201631 班　201652 班　201691 班

北京-都柏林国际学院　193731 班　193732 班　193734 班　203723 班

北京工业大学优良学风班（88 个）

樊恭烋荣誉学院　200001 班

材料与制造学部　180105 班　180921 班　190105 班　190107 班　190131 班　190901 班　190903 班　190904 班　200101 班　200104 班

信息学部　180803 班　190201 班　190202 班　190242 班　190274 班　190291 班　190292 班　190701 班　190811 班　190812 班　200200 班　200201 班　200210 班　200241 班　200242 班　200262 班　200271 班　200272 班　200273 班　200274 班　200711 班　200721 班　200803 班　200811 班

城市建设学部　180304 班　180413 班　180415 班　190302 班　190304 班　190415 班　190419 班　191212 班　200302 班　200302 班　200410 班　200413 班　20 级建筑学 1 班

环境与生命学部　180511 班　180521 班　180531 班　180532 班　181011 班　190521 班　201011 班　201051 班

理学部　190621 班　190623 班　200611 班　200621 班

经济与管理学院　181152 班　191141 班　191191 班　201122 班　201181 班　201191 班　191181 班

文法学部　191521 班　201431 班　201441 班　201522 班

艺术设计学院　181642 班　191611 班　191641 班　191651 班　191662 班　191671 班　201611 班　201612 班　201631 班　201652 班　201691 班

北京-都柏林国际学院　193731 班　193732 班　193734 班　203722 班　203723 班　203734 班

北京工业大学第十届“十佳班集体”获奖名单

序号	班级	单位
1	190410 班	城市建设学部
2	190107 班	材料与制造学部
3	2020 级激光专硕班	材料与制造学部
4	180291 班	信息学部
5	20 级研究生市政水利班	城市建设学部
6	190001 班	樊恭烋荣誉学院
7	190521 班	环境与生命学部
8	190701 班	信息学部
9	190681 班	理学部
10	191102 班	经济与管理学院

北京工业大学第十届“十佳班集体提名”获奖名单

序号	班级	单位
1	181212 班	城市建设学部
2	S20 化工班	环境与生命学部
3	20 级硕士机制三班	材料与制造学部
4	马克思主义理论 2020 级研究生班	马克思主义学院
5	191431 班	文法学部
6	193732 班	北京-都柏林国际学院
7	200200 班	信息学部
8	191651 班	艺术设计学院

2021 年北京高校“我的班级我的家”十佳示范班集体

北京航空航天大学　电子信息工程学院 180226 班（北斗班）

北京工业大学　城市建设学部 190410 班

华北电力大学　电气与电子工程学院 贯通电 1901 班

中国人民大学　新闻学院 2020 级奥运传播硕士班

中国地质大学（北京）　地球物理与信息技术学院 10101811 班

北京林业大学　材料学院 林化 18 –3 班

北京大学　公共卫生学院 流行病与卫生统计学系研究生班

北京建筑大学　经管学院 城市管理 181 班

北京科技大学　机器人 18 班

北京联合大学　特殊教育学院 特教计算机 1802B 班

北京工业大学三好学生 438 人

樊恭烋荣誉学院 5 人

19020014　石　峻　　19027101　孙祎驰
19071001　唐仡夫　　19080303　赵嘉瑞
19090204　马语晨

材料与制造学部 44 人

18010122　高　驰　　18090202　艾靖儒
19010213　李　珺　　19090226　赵思佳
18010301　杨青峰　　18090209　刘可依
19010227　刘春岐　　19090304　于润泽
18010318　李其霖　　18090222　唐　妍

19010307 赵子捷 19090318 尹明慧
18010415 杨文爽 18090223 冉 妍
19010404 张艺馨 19090408 魏宇辰
18010421 孟繁星 18090310 王子莹
19013107 杨梦馨 20010129 姜诚骜
18013101 赵凌瑄 18090316 刘孟茜
19090119 何林星 20010430 杨 琎
18013102 杨元昭 18090325 秦周阳
19090202 马浩然 20010431 陈榆坤
18013119 臧 淇 18091121 王林彬
19090203 吕佳琪 20018302 谭焮乙
18013122 黄民丰 18092109 何飞洋
19090207 张 颜 20090101 刘汗青
18090109 陈祉君 18093109 胡曦然
19090211 赵贺一 20090322 操瑞然
18090118 路 易 19010132 马 聪
19090212 阴湛清 20090420 陈美玲

信息学部 101 人

17074516 朱德华 18029211 牛禹浩
18080328 吴昭璇薇 19072025 杨亨圻
18010126 刘小铭 18029219 曹艺琳
18081114 王璋珂 19074507 郭景明
18013202 马钰淇 18029221 王婧瑶
18090318 李佳成 19074516 宋世城
18013204 刘雨飞 18041117 沈秉辰
19020021 韩 璐 19080121 贾敬瑜
18020011 张 晗 18061119 赵云雷
19020120 田 甜 19080213 黄靖懿
18020014 郝超凡 18061225 李之龙
19021021 刘 煜 19101123 陈艺宁
18020104 贾普阳 18071126 党鸿博
19024123 罗海振 20020008 刘梓嘉
18020109 刘 昊 18072006 张 骁
19024202 方 静 20020113 刘宁远
18020110 唐 潮 18072021 杨雨怡
19026107 赵泽昀 20020223 刘妮可
18020117 尤梦芊 18074116 董立珺
19026211 张博文 20021006 张倚天
18021013 张建桐 18074206 刘文星
19026222 朱亦梵 20021027 陈相宇
18021022 樊德龙 18074220 唐紫文
19027122 张琳琪 20024219 李 爽
18021104 李佳洋 18074304 李京京
19027225 鲍 洵 20027202 彭宇轩
18024125 张 炼 18074404 韩羽桐
19027403 吴雨珊 20027209 王诗睿
18026106 彭翰中 18074417 管京龙
19027408 苏羽合 20027219 周欣博
18026119 樊亚静 18074503 蒋嘉蕊
19029115 吉 祥 20027325 宋 雨
18026216 周 捷 18074611 胡 琎
19029205 杨 一 20029214 杨瑞雯
18027127 商茵茵 18074701 王星皓
19029217 项 桐 20074102 王梦娜
18027201 杜馨雨 18074804 郑 璐
19041106 杨 瑶 20074208 付怡霏
18027216 赵宇航 18080110 应润凯
19061122 陈嘉婧 20074221 游佳慧
18027224 孙 倩 18080219 魏剑文
19061216 赵文涛 20074302 李先蕾
18027401 文家宝 18080221 李嘉一
19071022 王柯然 20074407 李 佳
18027426 刘 畅 18080225 张秋月
19071028 崔春姬 20080320 吴祥曦
18029102 刘芳君 18080303 杜欣钰
19071102 李奕霖 20081102 肖紫昀
18029105 戴思然 18080309 宋霖涛
19072003 张 伊 20081109 吴 琪
18029113 徐子昂

城市建设学部 61 人

17121121 王 心 18041016 李莹昕
18121123 李青阳 19041312 高大龙
17121128 潘 璇 18041017 杨晰月
18121124 刘诗琪 19041316 何佳泽
17121201 王竹馨 18041109 唐雨晴
18121221 倪小易 19041615 程骏宇
17123101 张 奕 18041203 王钟鹤
18123101 国 淏 19041621 唐玉莹
17123113 才舒宁 18041218 林曼芳
18123110 孙 彤 19041903 刘凌涛
17123116 王敬萱 18041219 邱 珺
18123121 马清晨 19123110 赵 洋
18030119 潘 硕 18041307 康偲妍
19030115 魏欣玥 20030218 李易文
18030201 李晨玮 18041410 唐 弢
19030201 张子棋 20030321 韦隆霆

18030304 赵　轩 18041519 庆智喜
19030206 张　悦 20041116 徐家豪
18030322 陆桂露 18041710 佟　乐
19030211 时　玥 20041214 张　虞
18030410 杨　琪 18041717 肖玟羽
19041001 罗淇文 20041513 李泉毅
18030416 史　森 18041721 谢健丰
19041021 赵子毅 20041607 周　昊
18030422 杨　军 18041823 黄晨铎
19041022 李治逸 20041819 陈金行
18030508 朱淇惠 18041901 邱子谨
19041219 黄天意 20121309 肖　遥
18030510 张明煜 18121104 李可昕
19041260 凡亨通 20123101 吕兆晗
18041010 赵雨晴

环境与生命学部40人

18051102 陈炜婧 18053319 孟　姝
19051120 王宇瑄 19053325 张　健
18051108 俞　露 18101126 林超隆
19051204 李晓桐 19101107 张朝阳
18052102 姚树溥 18103116 张一凡
19051225 王诗然 19101111 杨潇雨
18052103 孙　格 18105102 刘思杨
19051227 黄雨薇 19103108 王雨桐
18052108 赵　辰 18105115 郑雨晨
19051231 李佳慧子 19105205 赵雪靖
18053121 张赵雪 18105201 于　妍
19052103 闫鑫恩 20053118 衣　玥
18053123 李　甜 18105202 孟祥娇
19052114 李佳航 20053215 杜奕玢
18053126 屈千喜 18105213 张　竹
19053201 邓天择 20053227 叶宗丽
18053223 范文浩 19051102 王　帅
19053215 周笑然 20059115 汪子越
18053318 刘梓宸 19051114 谢思媛
19053306 王娅萱 20101114 李衔然

理学部22人

18061114 高雪瑞 18062307 葛景欣
19062125 童博松 19068104 杨丰蔚
18061222 凌　幸 18062325 彭雅清
19062201 陈璐铭 19068105 靳舒涵
18062114 柳诗卿 18068109 赵　森
19062208 金　浩 20061206 吴继垣
18062202 赵姝宁 18068116 李　莎
19062220 刘雨荷 20062222 薛媛元
18062205 潘雨澄 19061110 刘宇昂
19062305 梁　爽 20062301 孟凯侨
18062217 毛圣婕 19061225 赵志远

经济与管理学院50人

18110112 崔梓凝 18116122 汤一凡
19112209 郑书颜 19119309 张宇轩
18110113 尉泽卿 18118102 朱　晗
19114108 刘雪南 19119317 梁馨元
18110116 陈梓仪 18118112 邢　晨
19115104 聂钰平 20110101 刘文卉
18110204 纪开源 18119112 刘茜蔓
19115224 华灵依 20112202 姚玟竹
18110205 郁丛菡 18119116 乔　婕
19115227 王靖钰 20112206 周　铭
18114126 周　晴 18119301 董思琪
19115302 聂紫聪 20112217 陈邦珂
18114213 陈万义 18119305 昝熠雯
19115323 王斯彤 20115103 汪小桐
18115105 马　然 18119312 任　捷
19118112 尹倩雯 20115204 王　祎
18115207 周悦怡 19110102 王　蕊
19118113 吴惠茜 20115317 姚紫翎
18115223 关秉裕 19110114 温雅瑄
19119104 孟晓佳 20118108 冯　辙
18115224 臧紫薇 19110216 孔维嘉
19119105 吕思佳 20119203 李　琢
18115302 陆安琪 19110224 李兰琪
19119204 朱孟泽 20119301 时子凡
18115306 李子昕 19112208 杨伊祎

文法学部21人

18143104 王兆琦 18144205 张云涛
19144204 刘佳禾 20143102 王思琪
18143212 王　頔 18152224 张文煜
19144216 宋钧蕾 20143109 邵雨齐
18143216 钱虹宇 19143103 王润萱
19152218 李嘉萌 20143216 潘星雨
18143219 张雨馨 19143206 赵佳慧
19152222 黄子琪 20144106 白禹涵
18143221 于白珺 19144104 朱婧琰
19152223 陈可儿 20152206 赵怡琳
18144106 文殿元

艺术设计学院 58 人

16166207 王　旭 18164212 吴泽龙
19163202 段梅一 19169201 曹紫钰
18122102 贺友芃 18165101 王　玥
19164103 刘雨欣 19169202 程潇楠
18142104 张雅萱 18165116 徐嘉鸣
19164205 田雨萱 19169209 刘珺雯
18142111 詹景怡 18165206 郭芸璐
19164209 刘文硕 19169215 韩溪芮
18142220 王　雪 18165211 崔雨霆
19165107 刘禹辰 20161106 孟宣宜
18142223 廖文煜 18167306 冯怡帆
19165201 李　晴 20162101 谭桑婕
18161101 程子萱 18167314 贺　采
19165205 韩月荞 20163101 高梓琪
18161102 韩雨轩 19161112 张琳晗
19165216 孙　威 20163102 李姗姗
18161109 赵　桐 19161113 吴　晗
19166218 庞天浩 20163210 张雪怡
18161201 汪慧灵 19161114 姜宇萌
19167115 王琪惠 20164118 杨淇淇
18162101 程诗婕 19161206 程嘉琪
19168105 李云乔 20165102 刘姝言
18162105 易　洋 19162201 李悦溦
19168115 王可歆 20166208 谢　上
18162203 郑茹丹 19162205 康穆函
19169109 赵一帆 20168101 陆漫漫
18162212 秦姝琦 19163102 郑天怡
19169119 王梓臻 20168211 曹芳瑄
18164211 张叶帆 19163117 张梦瑶

北京-都柏林国际学院 36 人

18371205 于潇潇 18374129 王泊翔
19372226 杨柳欣 19374121 王诗齐
18371215 王雨诗 18374201 张　言
19372227 游维炯 19374228 李亚男
18372224 陈明天 18374204 周诗淇
19372316 王宇洋 20371129 周榆忱
18372315 杨其帆 18374219 李佳璇
19372328 刘云畅 20372208 孙　琪
18372326 欧立炜 19371117 王　峥
19373208 王奕飞 20372310 张雨晨
18373227 赵文清 19371118 常瑾祎
19373219 何欣妍 20373225 郎　天
18373321 黄　啸 19371129 白吉康
19373226 丰亨享 20373301 洪雨禾
18373327 姚嘉琪 19371204 刘正择
19373413 贡坤瑶 20374104 张祎邢
18374123 郑新楠 19372216 王赫唯
19374112 张思萱 20374224 李镇圻

北京工业大学学习优秀奖 1925 人

樊恭烋荣誉学院 18 人

18020101 曹晟淇 18105226 陈宇卿
19080303 赵嘉瑞 20026105 王钟楠
18021002 郑泰祺 19020014 石　峻
19090204 马语晨 20027103 莫霄睿
18021006 吴天鹤 19027101 孙祎驰
20010224 赵子钰 20027418 卢汉潇
18030419 李亚欧 19027305 张子菁
20010424 王　正 20061221 葛中正
18071121 吴思宇 19071001 唐佺夫

材料与制造学部 175 人

18010115 金思琪 18090312 郭郝源丞
19090112 荣葆利 20013118 关德艺
18010122 高　驰 18090316 刘孟茜
19090119 何林星 20013119 黄进豪
18010123 刘　贤 18090325 秦周阳
19090202 马浩然 20013121 张　康
18010129 史峰荣 18091103 安　伟
19090203 吕佳琪 20013208 曾　唯
18010202 林起鉴 18091113 杨　帆
19090207 张　颜 20013215 高圣宜
18010206 张军正 18091115 申　娜
19090208 刘　瀛 20018101 高雪晴
18010208 单闻强 18091121 王林彬
19090211 赵贺一 20018103 赵星月
18010214 王喆弘 18092101 梁熠婷
19090212 阴湛清 20018109 王崟洲
18010228 李文忠 18092103 林凯风
19090215 王景润 20018112 许　静
18010301 杨青峰 18092106 臧卓彤
19090224 侯慧楠 20018114 石子晖
18010311 朱昊宽 18092109 何飞洋
19090226 赵思佳 20018116 张瑀钊
18010312 司博文 18092110 周子昂
19090230 杜虹霖 20018121 樊　琦

18010318	李其霖	18093105	张 鹤
19090304	于润泽	20018130	郭宇璇
18010328	张学良	18093109	胡曦然
19090313	贾东晴	20018131	李泽汶
18010404	魏永树	19010106	李星仪
19090315	孙艺阳	20018209	王思涵
18010414	张仲泽	19010110	郄啸涵
19090318	尹明慧	20018230	徐 恒
18010415	杨文爽	19010112	邢 毅
19090320	陈可遇	20018232	李佳汐
18010421	孟繁星	19010123	周 霖
19090402	陈曾允	20018302	谭flt乙
18010425	向显文	19010132	马 聪
19090405	邹 佩	20018311	林泽谙
18013101	赵凌瑄	19010203	刘泽坤
20010107	刘绍航	20018317	韩 是
18013102	杨元昭	19010204	张羿轩
20010111	蔡鸿蔚	20018324	郝嘉欣
18013119	臧 淇	19010213	李 珺
20010120	孙如锦	20018325	卜芳乔
18013122	黄民丰	19010227	刘春岐
20010124	李昊哲	20018327	李沛辰
18013123	林婷婷	19010228	崔皓冉
20010125	张新尚	20018331	刘宇凡
18013205	郝敬颜	19010231	赵 越
20010127	张学科	20090101	刘汗青
18013207	刘泽秋	19010307	赵子捷
20010129	姜诚骜	20090103	龚孟涵
18013220	田 野	19010324	张阔君
20010202	王泽元	20090104	刘俊博
18013225	陈海军	19010401	赵泽寰
20010207	秦浥瑄	20090121	陈立标
18090106	鞠姗姗	19010403	孟日欣
20010221	刘思卓	20090122	李祯丞
18090109	陈祉君	19010404	张艺馨
20010226	储邃及	20090206	薛旭东
18090110	李梓辰	19010406	李星辰
20010227	宋修营	20090222	栾雨馨
18090116	王思迈	19010414	屈岱萱
20010229	袁 有	20090225	叶赢利
18090117	王向明	19010417	郭骐骥
20010232	李 铁	20090228	张佳鑫
18090118	路 易	19010418	万恒旭
20010301	赵天瑀	20090322	操瑞然
18090123	刘晓艺	19010419	王昊喆
20010403	郭云深	20090323	苗 彤
18090202	艾靖儒	19010422	李君豪
20010406	蔡心逸	20090404	贾涵禹
18090209	刘可依	19010426	张坤达
20010407	牛嘉良	20090408	罗沛霖
18090212	张 晴	19013107	杨梦馨
20010409	陈鹏宇	20090409	冯尚斌
18090222	唐 妍	19013115	周顺业
20010426	姚 旭	20090420	陈美玲
18090223	冉 妍	19013206	井祎宁
20010428	王帅榜	20090424	肖海波
18090224	于海洋	19013215	张一凡
20010430	杨 珺	20090425	张新宇
18090302	岳秦池	19013219	黄丹丹
20010431	陈榆坤	20090427	沈 田
18090310	王子莹	19090101	陈翰彧
20013104	岱 钦	20090430	王怡非
18090311	陈 硕	19090109	赵睿豪
20013107	唐振远		

信息学部 506 人

17074516	朱德华	18072025	汪铃淘
19027405	钟德铭	20024105	李承哲
18010126	刘小铭	18074105	白璐骁
19027407	樊子沐	20024107	赵禹程
18010209	王熙贵	18074108	杨 超
19027408	苏羽合	20024117	晏子初
18010306	邢旻与	18074109	徐鑫宇
19027415	杨 煦	20024120	杨思语
18010307	骆博文	18074115	张佳波
19027425	范广祥	20024210	任泽宇
18013108	文一涵	18074116	董立珺
19027428	周靖辉	20024211	孙 萧
18013120	沈子艺	18074206	刘文星
19029114	向芮琦	20024212	王 瑄
18013121	谢 斌	18074214	王昊天
19029115	吉 祥	20024213	杨 杰
18013202	马钰淇	18074220	唐紫文
19029118	郑忻宜	20024219	李 爽
18013204	刘雨飞	18074222	董浩宇
19029120	宋 露	20024221	佘宇烯
18020011	张 晗	18074302	林汉夫

19029201 曹　雷 20026107 刘婉怡
18020014 郝超凡 18074303 陈佳垒
19029204 张亦凡 20026109 高文雅
18020018 黄津宇 18074304 李京京
19029205 杨　一 20026122 张荣畅
18020028 刘金涛 18074308 孙宇辰
19029208 桂源泽 20026123 李思琦
18020104 贾普阳 18074311 刘子琦
19029210 余润卓 20026124 唐文杰
18020109 刘　昊 18074314 郑天欣
19029213 谢清源 20026203 刘　前
18020110 唐　潮 18074318 刘豪宇
19029217 项　桐 20026208 杜宇辰
18020113 陈俊希 18074404 韩羽桐
19030209 陈宇卓 20026212 施秉男
18020114 张　鸿 18074417 管京龙
19030221 叶文博 20026213 肖　玥
18020116 李雪铮 18074503 蒋嘉蕊
19041106 杨　瑶 20026216 韩　锐
18020117 尤梦芊 18074506 王天宇
19041220 何　琦 20026221 王浩贇
18020118 南博睿 18074516 彭文龙
19041417 吴　颖 20026222 郑宏宇
18020119 王津江 18074519 杨小亮
19041916 张珈诚 20027101 张　晨
18020204 白睿杰 18074521 牛子睿
19053111 黄亚楠 20027107 王雨晨
18020216 高文彬 18074601 赵子轩
19053314 刘文睿 20027114 侯雨奇
18021013 张建桐 18074609 王一鸥
19053316 施冰慧 20027123 王立阳
18021015 迟　源 18074611 胡　琎
19061122 陈嘉婧 20027202 彭宇轩
18021018 王　悦 18074701 王星皓
19061213 李海洋 20027205 闫立顶
18021020 史超然 18074802 田雨岚
19061216 赵文涛 20027206 刘剑飞
18021022 樊德龙 18074804 郑　璐
19061218 商桂诚 20027209 王诗睿
18021025 穆俊洁 18074807 李嘉葆
19062222 陈睿佳 20027217 彭靖萱
18021029 黄靖茜 18074910 董瀚韬
19071018 刘雨辰 20027219 周欣博
18021102 魏戌龙 18074914 牛天婧
19071020 邓桄涛 20027223 尹健光
18021104 李佳洋 18074916 刘兴汉
19071022 王柯然 20027226 李黔竹
18021109 范　征 18080110 应润凯
19071025 许世尧 20027301 张馨月
18023101 王远泽 18080111 毛冬晓
19071028 崔春姬 20027303 董　蚺
18023105 曹宇腾 18080112 王　冠
19071102 李奕霖 20027306 王清华
18024101 范睿嘉 18080207 杨念迪
19071103 裴　誉 20027313 王中胜
18024105 孙　傲 18080212 李潇洋
19071111 周华毅 20027322 关仁杰
18024106 刘思宇 18080217 白　林
19071116 陶韵汀 20027323 侯博文
18024112 李玮懿 18080219 魏剑文
19071121 李钧泽 20027325 宋　雨
18024116 沈方怡 18080221 李嘉一
19071124 张岳琪 20027326 李　良
18024117 杨宇婷 18080225 张秋月
19071126 张翼翔 20027405 武　辰
18024118 孟祥恒 18080302 董京伟
19072003 张　伊 20027414 孙雨歆
18024125 张　炼 18080303 杜欣钰
19072006 杨增宇 20027423 卢恩泽
18024201 吴岳珩 18080306 于朋辰
19072011 刘思禹 20027425 王瑞瑞
18024212 白钰龙 18080309 宋霖涛
19072012 李晨溪 20028013 李翠茹
18024222 朱裕年 18080314 王在田
19072025 杨亨圻 20028020 巩骐瑞
18024309 王硕博 18080326 蔡　旺
19072027 严昌燊 20029101 曹博淳
18024314 尚宇轩 18080328 吴昭璇薇
19074201 刘　洋 20029102 张宇飞
18026101 孙禹铭 18081101 黄星跃
19074205 沈昆宁 20029103 李　骏
18026106 彭翰中 18081104 马寞晗
19074209 宋欣雨 20029104 冯晋晨
18026107 郑添阳 18081108 王　悦
19074213 冯京润 20029118 李晨昕
18026108 北劲阳 18081114 王璋珂

19074219	冯　宇	20029119	张子婧
18026111	孙境鸿	18081115	李　梁
19074221	吴铁凡	20029120	滕影轩
18026118	吴雨伦	18081120	冷博雯
19074301	高世豪	20029201	王许嘉
18026119	樊亚静	18081204	王一凡
19074302	王思雨	20029212	皇甫依澎
18026202	吕泊伸	18081206	张仟仟
19074303	韩乐宇	20029214	杨瑞雯
18026216	周　捷	18081214	闫海燕
19074310	郭　旭	20071004	雷忠禹
18026219	黄淳睿	18085103	韩子尧
19074407	王昊峰	20071007	李　坤
18027101	王雨涵	18085105	高雨瑶
19074409	洪蔚杰	20071101	金泽凯
18027103	高浩然	18090318	李佳成
19074416	吕美杨	20071102	刘浩然
18027127	商茵茵	19013203	于泓潇
19074420	吴成燕	20071109	王智琦
18027201	杜馨雨	19020009	黄云鹏
19074501	李彦霖	20071110	许子墨
18027205	吕生平	19020015	刘　真
19074507	郭景明	20071113	陈泓宇
18027206	李虹佑	19020020	马林瀚
19074509	何雨彬	20071115	郭　枫
18027207	顾晏铭	19020021	韩　璐
19074510	温超群	20071116	李霄逸
18027211	梁铁辰	19020022	张梓越
19074516	宋世城	20071117	池梦然
18027216	赵宇航	19020024	臧祎帆
19074519	林彦汐	20071127	丁浩辰
18027220	姜克寒	19020028	吴京龙
19080109	赵　哲	20071129	王书灏
18027223	聂凤俊	19020103	赵世方
19080113	杨　艺	20072003	赵天宇
18027224	孙　倩	19020116	刘浩然
19080116	秦羽泽	20072005	贾璟瑞
18027225	刘邦彦	19020120	田　甜
19080119	王　轩	20072006	刘佳琪
18027303	白朝乾	19020203	牛末寒
19080120	王　淼	20072010	杨其彧
18027307	刘纪欣	19020204	王　烁
19080121	贾敬瑜	20072011	李心祺

18027309	王钊桢子	19020206	李峥瑱
19080211	齐宇宁	20072020	宋传兰
18027310	傅延赫	19020219	王菁菁
19080212	牛　瑞	20072101	孙若琦
18027315	李名扬	19020222	蓝江龙
19080213	黄靖懿	20072109	周健锋
18027323	庞浩洋	19020224	房玺朝
19080215	杨业卿	20072110	李元甫
18027327	梁炜松	19020225	赵　岚
19080310	林欣悦	20072122	匡益乐
18027401	文家宝	19021005	李竟泽
19080311	冯适宇	20074102	王梦娜
18027412	杨滢齐	19021010	金绍博
19080312	张健博	20074202	姚依雅
18027426	刘　畅	19021013	梁博淳
19080313	郭冬毅	20074208	付怡霏
18027427	陈　燕	19021016	王祎捷
19080316	袁　溟	20074210	孟祥芾
18029102	刘芳君	19021021	刘　煜
19081102	关晶硕	20074214	周子渔
18029105	戴思然	19024102	宫立夏
19081106	王满庭芳	20074216	彭薪垚
18029113	徐子昂	19024107	李志远
19081202	王滢颖	20074218	马建彬
18029117	石浩冉	19024113	强　薇
19081206	许佳阳	20074221	游佳慧
18029123	袁汇宏	19024117	李颖珊
19081210	张晓雯	20074302	李先蕾
18029203	孙　聪	19024120	王雅琪
19081213	傅　娆	20074306	刘　石
18029204	杨纪超	19024121	廖才汶
19081215	吴伊凡	20074309	刘　享
18029209	贾　童	19024123	罗海振
19081218	邓海欣	20074316	楚天骐
18029211	牛禹浩	19024202	方　静
19090117	甘霖川	20074317	张汶鑫
18029219	曹艺琳	19024203	栗雅轩
19090217	孙依然	20074318	赵　旭
18029221	王婧瑶	19024210	王奕达
19090218	王子谦	20074403	刘树佳
18030121	马晨阳	19024220	张天旭
19090326	张艺伟	20074407	李　佳
18030314	耿俊豪	19026107	赵泽昀

19101104 孙雨飞 20074413 杨晓颖
18041005 王睿浦 19026111 李美慧
19101123 陈艺宁 20074417 刘影杰
18041104 吴易泽 19026120 刘一萱
19103118 李尚远 20074418 刘明坤
18041105 张奥骆 19026160 吕文慧
19105212 贾文轩 20074607 吴骏涵
18041117 沈秉辰 19026209 梁佳乐
20020007 李嘉莹 20080101 唐天郢
18041310 王　宙 19026211 张博文
20020008 刘梓嘉 20080109 刘佳琦
18041403 任骥恺 19026214 丁浩然
20020012 刘昊盈 20080113 贾卓霖
18041821 刘俊雄 19026217 李可远
20020023 张嘉莹 20080114 蔡晨阳
18041921 易知翔 19026218 郎朗晨
20020029 李禄卓 20080121 张冕宸
18051203 周运知 19026222 朱亦梵
20020101 韩晨光 20080122 杨承谕
18053220 辛泳亨 19027105 张子兴
20020104 江睿子 20080201 李天依
18053221 黄文涛 19027109 姜保卓
20020113 刘宁远 20080207 赵冬泽
18053304 张　开 19027117 刘瑞豪
20020114 巩仕炜 20080210 何昕阳
18053323 梅壮志 19027122 张琳琪
20020122 张腾飞 20080221 王嘉童
18061119 赵云雷 19027124 周新灿
20020123 郭英睿 20080302 罗星悦
18061120 郭　域 19027125 刘道康
20020125 刘　煜 20080304 乐续明
18061225 李之龙 19027201 王　蕊
20020203 王思哲 20080306 李岷航
18062112 杜金鹏 19027203 黄　瀚
20020205 黄奕铭 20080308 黄元柳
18062120 陈亚平 19027210 周若龙
20020221 欧飞扬 20080309 常兴阳
18071009 郝澍霆 19027214 杜延钧
20020223 刘妮可 20080320 吴祥曦
18071010 王紫仪 19027223 鲁　艺
20020227 罗奕萱 20081102 肖紫昀
18071017 王绮悦 19027225 鲍　洵
20021005 梁十泽 20081103 高　幸
18071020 王涵枫 19027301 卢辰至
20021006 张倚天 20081109 吴　琪
18071101 周祺翔 19027304 韩国伟
20021009 孟　元 20081111 李羽棋
18071103 臧天昊 19027308 彭安瑾
20021010 叶思翔 20081115 周函霖
18071114 丁欣怡 19027310 梁静茹
20021012 聂云骐 20081206 安睿航
18071126 党鸿博 19027313 陆纪安
20021016 陶俊安 20081211 梁钰锜
18072006 张　骁 19027319 罗　琪
20021027 陈相宇 20081215 白如雪
18072012 董心蕊 19027402 王学彬
20021028 彭贻玉 20081216 翁基城
18072018 李盈盈 19027403 吴雨珊
20024103 韩　莹 20081217 叶彦冬
18072021 杨雨怡 19027404 解　放

城市建设学部263人

17041402 李凝奇 18041524 李河阅
19041260 凡亨通 20041115 张　然
17074310 石昊轩 18041608 宁明宇
19041301 孙克获 20041116 徐家豪
17121108 张若桐 18041611 孙孟达
19041309 任乐天 20041117 魏阿曼
17121113 张佳琪 18041622 何成蜀
19041312 高大龙 20041118 林潇洋
17121121 王　心 18041623 李　薇
19041316 何佳泽 20041119 贺　昊
17121122 王　峥 18041703 章予劭
19041317 林炜鹏 20041212 尹海军
17121123 崔葆莉 18041710 佟　乐
19041409 贺子龙 20041214 张　虞
17121128 潘　璇 18041717 肖玟羽
19041419 苏政杰 20041216 陈慧芳
17121201 王竹馨 18041721 谢健丰
19041516 梅明勇 20041217 李俊杰
17121202 曹子恒 18041809 赵溢洋
19041609 刘锦硕 20041302 张伯驹
17121205 崔莉涓 18041810 陈永灏
19041615 程骏宇 20041306 陈碧琦
17121207 苑思超 18041817 邵择睿
19041617 朱峰良 20041310 栗竞帆
17121212 李　阳 18041818 卢　畅

19041618 贾非睿　20041314 张荣添
17121215 邓雪峤　18041823 黄晨铎
19041621 唐玉莹　20041317 赵婉宏
17123101 张　奕　18041901 邱子谨
19041709 孔理铭　20041323 杨文琚
17123110 苑嵩琪　18041917 厉望秉
19041717 胡景深　20041330 王茂森
17123111 肖　兵　18041918 徐　哲
19041719 徐智康　20041412 赵　亮
17123113 才舒宁　18041920 刘笑影
19041721 杨城光　20041421 王家驹
17123116 王敬萱　18121104 李可昕
19041821 陈昊东　20041501 朋羽程
18030103 程竹喧　18121117 孙敬楠
19041822 马吉刚　20041513 李泉毅
18030119 潘　硕　18121120 冯若昕
19041903 刘凌涛　20041515 全雅妮
18030122 钱　翠　18121123 李青阳
19041905 陈岱安　20041517 韦　涛
18030201 李晨玮　18121124 刘诗琪
19041908 刘雨轩　20041518 黎时锐
18030208 刘宇轩　18121201 赵雨楠
19041911 苏永仪　20041607 周　昊
18030217 高月喆　18121203 郭元翰
19041913 崔础石　20041609 万宇轩
18030304 赵　轩　18121204 张安雅
19041914 李中仁　20041612 高　扬
18030315 张　妍　18121216 郭东远
19121102 常一凡　20041613 康学勤
18030318 王　硕　18121218 章雨桐
19121107 朱小凡　20041615 曾登垣
18030319 项雨佳　18121221 倪小易
19121111 樊　华　20041617 庞　通
18030322 陆桂露　18121223 张得政
19121202 常宇欣　20041618 寇灵江
18030403 吴　凡　18123101 国　淏
19121207 王　琦　20041712 武洁宇
18030405 王文柏　18123105 张念慈
19121208 孟泓佳　20041713 高舒艺
18030409 黄钰晴　18123107 李　淞
19121213 董佳琪　20041715 王耀宇
18030410 杨　琪　18123110 孙　彤
19121216 王琬月　20041716 张磬霄

18030416 史　森　18123113 许怡然
19121222 赵佳茹　20041717 邹国强
18030422 杨　军　18123121 马清晨
19121223 王　帆　20041718 王文福
18030424 孙　瑞　19030108 靳思茗
19121224 史杰莹　20041719 曾冉旭
18030504 高胜寒　19030115 魏欣玥
19123107 王语潇　20041720 桂　雄
18030508 朱淇惠　19030123 杨　鹏
19123110 赵　洋　20041804 张彦钧
18030510 张明煜　19030201 张子棋
19123113 王奕欣　20041819 陈金行
18030512 李雅琪　19030202 韩世超
19123114 杨　涴　20041912 康家琪
18041007 朱　铮　19030206 张　悦
19123124 昂靖雯　20042102 盖奕豪
18041010 赵雨晴　19030211 时　玥
20030110 唐心恬　20042109 程　方
18041016 李莹昕　19030213 金思齐
20030117 郑坷杰　20042113 李欣儒
18041017 杨晰月　19030214 金　禧
20030119 王静雅　20042122 付佳璇
18041018 范青泉　19030220 吴泽群
20030122 杨婧钰　20121101 侯纪希
18041020 赵鸿灏　19030314 唐嘉怡
20030202 高艺玮　20121103 徐佳意
18041108 郝　畅　19030321 李家乐
20030208 刘腾腾　20121105 钱昱聪
18041109 唐雨晴　19030404 杨明慧
20030211 龚致远　20121108 王若冰
18041111 於　翔　19030409 高思语
20030212 赵紫源　20121110 许宇昕
18041118 王馨雨　19030416 聂稳晨
20030218 李易文　20121111 章　点
18041201 李崧岳　19030418 常雨杰
20030219 陈祺鑫　20121202 殷梓涵
18041203 王钟鹤　19041001 罗淇文
20030220 余　燚　20121210 梁一凡
18041213 杨潞佳　19041007 张瑞琛
20030312 刘熹博　20121309 肖　遥
18041218 林曼芳　19041018 张皓勃
20030317 梁骏杰　20121310 刘巧琳
18041219 邱　珺　19041021 赵子毅

20030319 林宇琪 20121409 桑润垚
18041260 俞 兵 19041022 李治逸
20030321 韦隆霆 20121411 曹杨秋灵
18041306 刘澍邦 19041023 郝伟锋
20030404 王子珍 20121413 何雨菲
18041307 康偲妍 19041105 田子帆
20030407 张沛东 20123101 吕兆晗
18041319 田 涛 19041111 刘晓宇
20030408 郝 韵 20123103 高欣然
18041320 李 豪 19041116 陈康诺
20030421 黄兆蔚 20123112 赵 曜
18041407 王 雪 19041118 林东辉
20041007 吴佳玮 20123202 李 菁
18041410 唐 弢 19041205 张镭耀
20041012 闫俣萌 20123203 李思璇
18041419 徐笠嘉 19041215 闫仕朝
20041014 刘佳淇 20123209 张 罡
18041421 刘彦霞 19041219 黄天意
20041015 崔天骏 20123211 高雨晴
18041519 庆智喜 19041221 张鸿斌
20041027 陈一涵

环境与生命学部 178 人

18051102 陈炜婧 18105116 刘雨坤
19103108 王雨桐 20053215 杜奕玢
18051104 杨若兮 18105124 冯金梦
19103113 孙思萌 20053226 刘 亮
18051105 张琬婷 18105126 盛彦敏
19103116 徐佳柠 20053227 叶宗丽
18051108 俞 露 18105201 于 妍
19105109 安雅馨 20053301 王嘉琦
18051112 李安祺 18105202 孟祥娇
19105117 申 奥 20053302 常 昊
18051113 王子棋 18105206 李雨菲
19105124 李文卓 20053304 钟 鸣
18051121 唐美怡 18105211 章珺玥
19105201 梁乐慧 20053311 赵建勋
18051122 张启玉 18105213 张 竹
19105205 赵雪靖 20053315 侯梁骁
18051202 安佳雯 19051102 王 帅
19105206 吴晟晗 20053326 王孟帅
18051206 陈若曦 19051103 何银子
19105209 李沛琪 20059103 彭辰琛
18051213 张冰洁 19051105 张若月
19105218 蒋晨阳 20059105 王 磊
18051217 于欣田 19051114 谢思媛
19105220 赵泽坤 20059107 连 煦
18051228 马 琛 19051120 王宇瑄
20051103 郭中凌 20059115 汪子越
18052102 姚树溥 19051124 汤宇旸
20051113 何欣桐 20059116 张伟晶
18052103 孙 格 19051125 杨洪源
20051123 郝 想 20059122 崔宇航
18052105 张逸馨 19051204 李晓桐
20051126 付晓玉 20059202 王梓轩
18052106 肖金晟 19051207 徐 晴
20051128 严凯瑞 20059203 纪澜多
18052108 赵 辰 19051216 王晓璇
20051132 谢逸凡 20059207 孙 宇
18053112 田子洋 19051221 马欣妍
20051136 胡静雯 20059208 朱 亮
18053114 余 越 19051225 王诗然
20051160 哈提曼·阿合买提
20059211 韩健睿 18053119 李思凡
19051227 黄雨薇 20051202 王一鸣
20059219 赵鑫浩 18053121 张赵雪
19051231 李佳慧子 20051203 袁嘉蔚
20101114 李衎然 18053123 李 甜
19052103 闫鑫恩 20051204 索一睿
20101123 张嘉静 18053124 陆定展
19052114 李佳航 20051205 陈子阳
20101124 王宇晗 18053126 屈千喜
19052115 张瑞雪 20051223 赵栩巍
20101129 刘佳诺 18053206 刘致君
19052118 王溢晟 20051233 杜宇佳
20101131 刘紫宁 18053210 李佳卉
19052123 李天芝 20051234 覃诩茜
20101134 蒋希淼 18053223 范文浩
19053101 王天戈 20051237 周芷琦
20101136 刘若兰 18053224 黄 基
19053117 吴婧婷 20052101 李嘉豪
20105101 白品洋 18053226 李江帆
19053118 王子瑄 20052103 刘燕欣
20105103 胡梅翰 18053318 刘梓宸
19053126 严梦羽 20052108 朱雅婷
20105104 高 朗 18053319 孟 姝
19053201 邓天择 20052110 郑乐辰

20105118 张司洁 18053327 张 鼎
19053215 周笑然 20052112 张芊如
20105124 杨舒月 18101103 张贤朋
19053216 张婉琳 20052123 刘星星
20105125 温一帆 18101107 李紫茜
19053223 曹行行 20053101 张坤亚
20105126 孟 静 18101109 王辰露
19053301 吴 彤 20053104 赵天瑀
20105128 于骄洋 18101114 梁 昊
19053306 王娅萱 20053105 梅竞丹
20105202 吴佳睿 18101126 林超隆
19053309 杨晨野 20053117 张天宇
20105211 郑美琦 18103103 李宜珊
19053323 马艳飞 20053118 衣 玥
20105225 张瑶清 18103110 王雅琛
19053325 张 健 20053120 王乐阳
20105229 李俊豪 18103113 陈楚涵
19101107 张朝阳 20053203 鞠昱辰
20105230 梅宇畅 18103116 张一凡
19101111 杨潇雨 20053207 张雅楠
20105302 陈 硕 18103119 裴鹭羽
19101115 贾怡珩 20053210 马天雨
20105304 周 宏 18105102 刘思杨
19101125 岑奕阳 20053211 李 昂
20105319 王柄人 18105115 郑雨晨
19103101 高怿宣

理学部 79 人

18041112 祁 硕 18062307 葛景欣
19062208 金 浩 20062101 马名扬
18041115 岳 静 18062311 兰冬妤
19062217 吴雨彤 20062111 陈佳宜
18061114 高雪瑞 18062325 彭雅清
19062218 王睿可 20062124 杨礼蓥
18061116 王得洋 18068109 赵 淼
19062220 刘雨荷 20062201 李欣雨
18061117 宗迎旭 18068112 刘斯妍
19062221 孙梦蛟 20062207 黎栩志
18061206 吕青鸿 18068114 霍晓刚
19062305 梁 爽 20062214 魏浚哲
18061217 王 茜 18068116 李 莎
19062309 王佳雨 20062219 张沐晨
18061220 韩 洋 19061110 刘宇昂
19062310 钟淇宇 20062222 薛媛元
18061222 凌 幸 19061118 张 佟
19062317 刘紫禾 20062301 孟凯侨
18062104 安逸萌 19061202 韩 喆
19068103 王思雨 20062307 王子凡
18062111 田安琪 19061203 许楷林
19068104 杨丰蔚 20062314 李亚林
18062114 柳诗卿 19061206 王晓青
19068105 靳舒涵 20062317 胡嘉琪
18062202 赵姝宁 19061207 黄瀚翔
19068106 张继宇 20062320 谢 莹
18062203 谢雨萌 19061209 宛天健
20061101 田桂婷 20062321 段云曦
18062205 潘雨澄 19061210 郝祎泽
20061102 郑图南 20062323 丁武杰
18062206 杨天宇 19061225 赵志远
20061121 袁梓鑫 20068105 吴林霖
18062217 毛圣婕 19062122 翁益扬
20061202 任泓尧 20068108 郭健洲
18062218 高至立 19062125 童博松
20061206 吴继垣 20068118 李一格
18062302 吕 洋 19062201 陈璐铭
20061213 张 钰 20068121 王小园
18062303 李 烨 19062204 康 岩
20061217 李明非

经济与管理学院 204 人

18051120 胡艺菲 18118105 李帅圻
19115109 尤中远 20112212 刘泠暄
18110106 王霄汉 18118106 关笑雪
19115113 曹雨畅 20112217 陈邦珂
18110112 崔梓凝 18118108 熊心雨
19115121 张一萌 20112231 肖奕羽
18110113 尉泽卿 18118112 邢 晨
19115209 张穆昕 20114101 张安琪
18110114 赵可文 18118120 陈曦宇
19115216 肖天同 20114108 鹿欣然
18110116 陈梓仪 18119102 陈颢元
19115219 张紫宁 20114109 陈娅婷
18110117 雷晓璇 18119108 李雅洁
19115222 郝春雨 20114112 刘晓凡
18110204 纪开源 18119112 刘茜蔓
19115224 华灵依 20114125 罗添成
18110205 郁丛菡 18119116 乔 婕
19115227 王靖钰 20114126 马佳诚

18110208 张若冰　18119122 陈旭强
19115301 黄可馨　20114201 张　漫
18110209 张晨雪　18119211 郜怡雯
19115302 聂紫聪　20114208 魏文静
18110210 韩晟熙　18119215 刘海妹
19115303 赵丹阳　20114217 周旭帆
18110211 董　颖　18119216 乔任菲
19115308 余海跃　20114218 张海琪
18112105 李　克　18119219 宋飘篷
19115323 王斯彤　20115102 马　瑶
18112202 马逸嘉　18119301 董思琪
19115325 姜鹏辉　20115103 汪小桐
18112210 马一天　18119305 昝熠雯
19118101 万宜嘉　20115104 钟荟灵
18112212 郑闽荟　18119312 任　捷
19118104 孙　珣　20115122 纪明宇
18114101 王佳悦　18119317 刘欣蕾
19118112 尹倩雯　20115123 刘宇璇
18114104 李思齐　18119322 苗馨月
19118113 吴惠茜　20115204 王　祎
18114116 吴皓璐　18152127 邹田田
19118114 张思琪　20115206 张新钰
18114123 赵　可　19041410 张雅轩
19118119 梁依然　20115217 潘子璇
18114124 刘雨萱　19041508 宋竹宇
19119104 孟晓佳　20115221 李　谦
18114126 周　晴　19110101 孙童菲
19119105 吕思佳　20115224 吴梦君
18114201 曲　真　19110102 王　蕊
19119109 董一霖　20115302 张　萌
18114206 郑　童　19110108 李建霖
19119113 郁梦琪　20115304 王　珺
18114213 陈万义　19110113 孙子怡
19119117 李天泽　20115314 郭羽宁
18114215 尹皓民　19110114 温雅瑄
19119204 朱孟泽　20115317 姚紫翎
18114223 冯子逸　19110201 宫雪筠
19119205 赵怡然　20115323 徐海欣
18115102 褚心如　19110202 罗贵缘
19119215 张曦月　20118101 宋德嘉
18115105 马　然　19110215 段天宜
19119217 黄飞雨　20118103 王宇鑫
18115111 于唯佳　19110216 孔维嘉
19119221 刘园园　20118108 冯　辙
18115120 王俪婷　19110217 李林霖
19119301 赵一然　20118116 侯红晨
18115124 殷　丹　19110224 李兰琪
19119307 于　悦　20118118 周文迪
18115207 周悦怡　19112201 姜祎邗
19119309 张宇轩　20118119 刘静瑶
18115219 许焕扬　19112202 刘　畅
19119313 曹蔚琦　20119103 胡栩宁
18115220 程卉雯　19112206 吴雨桐
19119317 梁馨元　20119104 张　展
18115221 韩丝梦　19112208 杨伊祎
20110101 刘文卉　20119111 刘芷希
18115223 关秉裕　19112209 郑书颜
20110103 崔靖雯　20119114 高　雅
18115224 臧紫薇　19114108 刘雪南
20110106 龚学燊　20119125 李文杰
18115302 陆安琪　19114109 桑嘉怡
20110108 杨佳悦　20119201 马一丹
18115306 李子昕　19114113 李伊人
20110115 李精文　20119202 尹　航
18115312 王琳晰　19114116 王懿颖
20110127 安嘉骏　20119203 李　琢
18115318 李亦扬　19114117 董　璐
20110201 霍漪林　20119206 祝瑶萌
18115319 李维芸　19114201 何雨凝
20110207 杨天颐　20119219 邵静怡
18116102 张祯果　19114203 苗润晨
20110222 李　杰　20119301 时子凡
18116118 潘彦琪　19114209 魏　蕴
20110223 曾　卫　20119302 鞠小雨
18116122 汤一凡　19114211 李乐童
20110227 巩婧倩　20119303 吴梦玲
18116123 刘　玥　19114223 郑若言
20112202 姚玟竹　20119307 陈一鸣
18116124 苏京川　19115101 路东来
20112204 刘宸希　20119309 张耿依一
18116127 王荣禧　19115102 左宜卿
20112206 周　铭　20152106 张君睿
18118102 朱　晗　19115104 聂钰平
20112209 徐卉钰　20152115 丁赞宇

文法学部97人

18071127 王翊鸥　18152113 韩思凝

19144121	邵姝雯	20143119	柳鑫宇
18143104	王兆琦	18152117	张　蓄
19144202	张世佳	20143201	张梦桐
18143116	巩书航	18152119	张宥琳
19144203	陈子怡	20143205	阿岭桂
18143117	郑泽瑞	18152205	唐思懿
19144204	刘佳禾	20143206	刘　垚
18143119	康恩铭	18152206	田畅怡
19144208	张　迈	20143216	潘星雨
18143120	赵　楠	18152210	刘　畅
19144216	宋钧蕾	20144106	白禹涵
18143204	赵子晨	18152220	陈书航
19144218	王玉涵	20144108	孙　桉
18143212	王　頔	18152223	姜妃妍
19144220	张鸿妍	20144120	陈姝旭
18143214	范晓宇	18152224	张文煜
19144221	冯心怡	20144122	周宁青
18143216	钱虹宇	18152226	赵易懿
19144223	杨　博	20144164	李钰琪
18143219	张雨馨	19143103	王润萱
19152101	荆博雯	20144202	黄腾腾
18143221	于白珺	19143104	刘娅萱
19152102	段　俏	20144205	高艳菲
18144101	傅钰童	19143106	张　昭
19152123	童雨欣	20144209	谷浩伟
18144106	文殿元	19143115	冯世容
19152204	王　婷	20144214	万虹卿
18144109	姜绮彤	19143121	孙佳园
19152208	刘凤至	20144215	易驰程
18144110	柳婧禹	19143205	江佳月
19152218	李嘉萌	20144217	周子钰
18144120	高甜甜	19143206	赵佳慧
19152219	冯麟棋	20144218	王一帆
18144122	刘子倩	19143209	赵昕阳
19152222	黄子琪	20152105	潘婧怡
18144123	李依波	19143218	池玉禾
19152223	陈可儿	20152107	孙亦容
18144124	单　晨	19143219	吴馨源
20143102	王思琪	20152118	王宇飞
18144205	张云涛	19144104	朱婧琰
20143105	乔天邑	20152121	陈璐瑶
18144211	杜宇轩	19144106	魏　维
20143109	邵雨齐	20152202	李彦漫
18144213	吕昊然	19144114	姬　睿
20143111	李金埗	20152206	赵怡琳
18144218	马思佳	19144116	施伟昊
20143115	孙金冉	20152220	田雨欣
18144221	周晓溢		

艺术设计学院 221 人

16166207	王　旭	18165101	王　玥
19165107	刘禹辰	20162213	杨佳伊
18122102	贺友芃	18165107	李　睿
19165108	徐欣宇	20163101	高梓琪
18122106	翟　静	18165110	王靖壹
19165114	王雨心	20163102	李姗姗
18122111	杨子奕	18165116	徐嘉鸣
19165117	夏欣怡	20163115	李　娜
18122112	马靖明	18165201	陈佳焮
19165201	李　晴	20163116	郝奕宸
18122114	蔡瑞佳	18165203	张　杉
19165205	韩月荞	20163118	高　宇
18122116	王睿情	18165206	郭芸璐
19165216	孙　威	20163202	朱雨辰
18122202	杨蕊萌	18165211	崔雨霆
19165218	彭晓静	20163205	潘钰涵
18122213	卢　灿	18165213	张雪婷
19166110	姜　彤	20163208	荣远方
18122218	李中圣	18166108	陈　雯
19166201	于上惠	20163210	张雪怡
18142103	陈思若	18166109	孙　涵
19166202	吕　尧	20164106	李嫣然
18142104	张雅萱	18166112	陈涵一
19166206	刘思睿	20164116	南春希
18142111	詹景怡	18166114	林睿乐
19166213	刘逸遥	20164118	杨淇淇
18142112	何京瀛	18166117	黄筱萱
19166214	郑卓婷	20164120	余宇娟
18142114	朱颖佳	18167102	黄佳易
19166217	丛　瑞	20164201	周子琪
18142124	刘昱雯	18167103	朱一丹
19166218	庞天浩	20164204	王怡然
18142126	石萍茹	18167107	于卓洋
19167115	王琪惠	20164218	靳芃芃
18142201	阮一婷	18167202	吕　婵
19167116	关佑安	20164220	孙悦馨
18142220	王　雪	18167208	米思琪

19167209 赵梦妍 20165102 刘姝言
18142223 廖文煜 18167209 袁瑞繁
19167212 程祖怡 20165105 孟 廓
18142226 邓斯佳 18167210 张嘉慧
19167216 关佐平 20165106 丁云傲
18161101 程子萱 18167301 宋 佳
19167217 周曼婷 20165113 周子琦
18161102 韩雨轩 18167303 刘雨辰
19168105 李云乔 20165201 赵可欣
18161109 赵 桐 18167306 冯怡帆
19168109 熊睿祺 20165202 张子修
18161110 闫育铭 18167314 贺 采
19168115 王可歆 20165204 陈 晔
18161113 夏天雨 19161112 张琳晗
19168116 徐涪钐 20165213 于安琪
18161120 刘同舟 19161113 吴 晗
19168201 朱芊锶 20166108 李潇坤
18161201 汪慧灵 19161114 姜宇萌
19168210 焦子芸 20166110 肖紫荠
18161207 曹一寒 19161206 程嘉琪
19168211 李晓莹 20166111 袁依菲
18161213 赵星涵 19162102 李嘉恩
19168212 王 琳 20166114 王星越
18162101 程诗婕 19162201 李悦溦
19169104 何 窈 20166201 孙梦笛
18162102 董舒晗 19162202 王 艾
19169109 赵一帆 20166202 王腾妮
18162105 易 洋 19162205 康穆函
19169112 邢 艺 20166208 谢 上
18162106 黄 轩 19163102 郑天怡
19169119 王梓臻 20166216 黄婉晴
18162201 苗心怡 19163104 王 晴
19169201 曹紫钰 20167102 耿悦竹
18162203 郑茹丹 19163114 邱艺璇
19169202 程潇楠 20167104 管知博
18162209 冯艳辉 19163116 孙小涵
19169209 刘珺雯 20167113 董竹冰
18162212 秦姝琦 19163117 张梦瑶
19169210 栗 娜 20167118 刘亦恒
18163103 王佳一 19163118 彭轩龄
19169215 韩溪芮 20167203 尹若菲
18163104 尹紫东 19163202 段梅一
19169226 黄诗睿 20167208 于富泽
18163105 陈沙桐 19163208 邢穆雨
20161106 孟宣宜 20167209 龚安琪
18163115 李桐桐 19163215 王舒慧
20161109 刘一萌 20167213 金 灵
18163202 汪俏言 19163217 王晨琪
20161111 郝玥璇 20168101 陆漫漫
18163211 崔曼筠 19163218 陈乐琳
20161114 陈欣睿 20168102 胡婉婷
18163213 黄小玲 19164101 丁若琳
20161201 肖子睿 20168104 刘依诺
18163217 崔 一 19164103 刘雨欣
20161217 张泽艺 20168106 刘效佑
18163219 李思敏 19164105 刘金鑫
20161218 黄利利 20168201 杨嘉妮
18164109 杜 田 19164106 刘思彤
20161219 李雨桐 20168208 施君怡
18164111 朱朝阳 19164115 黎雪丽
20162101 谭桑婕 20168211 曹芳瑄
18164113 宋美妍 19164116 徐艺萱
20162107 任 萱 20169106 刘伊雯
18164114 李佩轩 19164205 田雨萱
20162114 李宇航 20169107 叶子静
18164204 万 芯 19164209 刘文硕
20162118 王一清 20169109 王静傲
18164209 刘晓琳 19164214 李盈霏
20162201 杨雯涵 20169110 王佳萍
18164211 张叶帆 19164216 梅雨婷
20162206 赵敏思 20169113 邢蕾妮
18164212 吴泽龙 19165102 范思琦
20162207 王 赟 20169125 陈芊秀
18164214 陈 铭

北京-都柏林国际学院 184 人

18041704 许辰阳 18373321 黄 啸
19373106 贺羽扬 20372129 谢文贝
18371103 方 略 18373327 姚嘉琪
19373113 施睿祺 20372201 王雨婷
18371105 闫思铮 18373410 王诗嘉
19373114 刘婧钰 20372208 孙 琪
18371106 王哲嘉 18373419 孙佳琪
19373115 杨喻然 20372213 杜婉翾
18371108 窦文萱 18373420 汪雪婷
19373117 单雨齐 20372226 张泽川
18371114 吕非浓 18373423 贺楚晗

19373118	田一凡	20372228	刘雅楠
18371120	费一峰	18373427	董星瑜
19373120	段亚含	20372230	肖植友
18371126	张天龙	18373428	董芃羽
19373127	叶雨欣	20372302	刘天昊
18371128	王昊鹏	18374103	马鸣远
19373129	吕力行	20372309	程　颐
18371131	李彬宇	18374104	马思行
19373201	黄思益	20372310	张雨晨
18371202	马奔腾	18374123	郑新楠
19373208	王奕飞	20372313	徐逸文
18371205	于潇潇	18374124	隋沐辰
19373219	何欣妍	20372315	武天宇
18371208	曹光昭	18374128	赵恒睿
19373220	路子洋	20372317	李欣月
18371215	王雨诗	18374129	王泊翔
19373224	郭一琳	20372318	岳柳青
18372123	梁璐雅	18374201	张　言
19373226	丰亨享	20372324	蔡立楷
18372202	陈　融	18374203	吴天佑
19373306	贾贝西	20373102	吴星冉
18372219	李　昕	18374204	周诗淇
19373320	成思蓓	20373120	郭林轩
18372220	郑　治	18374217	张敬玥
19373322	高千子	20373125	胡锦翔
18372223	郑炜洲	18374219	李佳璇
19373327	何晗喆	20373127	韩慕泽
18372224	陈明天	19371116	谢昕彤
19373401	杨涵迪	20373129	孙壮志
18372228	王艺瑞	19371117	王　峥
19373413	贡坤瑶	20373202	奚嘉琦
18372302	汪墨涵	19371118	常瑾祎
19373417	汪予晴	20373215	崔博宇
18372304	李淳誉	19371124	王怡婷
19373418	杨舒文	20373218	王天为
18372307	贾婉晴	19371129	白吉康
19374101	汪子航	20373219	王一凡
18372308	王希博	19371202	朱轩汉
19374112	张思萱	20373220	韩馨瑶
18372312	黎耘恺	19371204	刘正择
19374121	王诗齐	20373225	郎　天
18372315	杨其帆	19371207	彭浩程
19374127	唐诗佳	20373226	范伟璇
18372320	郝逸群	19371217	梁　潇
19374128	高　博	20373228	崔嘉中
18372323	陈明杰	19371219	石妍冰
19374201	吕遨麟	20373301	洪雨禾
18372326	欧立炜	19372124	施慧琳
19374208	程润竹	20373319	杨泽宇
18372330	杨　骁	19372125	包擎航
19374217	曾立宇	20373320	滕家伊
18373101	田伊临	19372126	翁　涵
19374221	杨欣雨	20373321	付思进
18373102	魏珂雯	19372216	王赫唯
19374223	郭蓉璇	20373409	贺乾明
18373103	郝泽宇	19372217	付诗雅
19374228	李亚男	20373419	刘子仪
18373105	王熙诚	19372224	吕俊逸
20371111	张习洞	20373422	孙誉菲
18373114	奚世佳	19372226	杨柳欣
20371113	陈思雯	20373427	薛蕴宁
18373119	董泽慧	19372227	游维炯
20371116	林　颖	20373430	唐子雯
18373128	莫京宇	19372304	任天利
20371117	李嘉翌	20374104	张祎邢
18373205	由吉喆	19372307	郭辰宇
20371129	周榆忱	20374109	付迦叶
18373206	张映桢	19372308	刘　哲
20371202	张去非	20374111	胡芸清
18373208	陈思敏	19372310	谭　天
20371207	徐令仪	20374112	金子淇
18373215	李泷桐	19372311	吴昀泽
20371218	王运双	20374124	肖青苗
18373220	张诗怡	19372316	王宇洋
20371226	李庚晟	20374208	徐维时
18373221	裴玮雅	19372320	马子骁
20371229	魏心怡	20374223	艾嘉瑶
18373223	王诗文	19372325	詹　怡
20372106	丁泰然	20374224	李镇圻
18373227	赵文清	19372328	刘云畅
20372119	阎浩然	20374228	孙梁焜

北京工业大学优秀学生干部 552 人

樊恭烋荣誉学院 5 人

19027101	孙祎驰	19074112	鲍　昕
19080108	周夏阳	19080111	孙泽文

20041811 郝培宇

材料与制造学部 55 人

18010122 高　驰　19010114 陈楚琦
19010430 李泓坡　19090408 魏宇辰
18010225 仝智宇　19010120 张俊杰
19013107 杨梦馨　20010129 姜诚骜
18010228 李文忠　19010125 韩思航
19013115 周顺业　20010211 周　童
18010326 蒋　鹏　19010213 李　珺
19013221 于　楠　20010316 唐　旭
18010411 郭子源　19010214 高梦琪
19090103 周　沬　20010430 杨　琎
18010415 杨文爽　19010227 刘春岐
19090202 马浩然　20013119 黄进豪
18013102 杨元昭　19010305 何雨龙
19090208 刘　瀛　20013205 陈显扬
18013227 汪　浩　19010307 赵子捷
19090212 阴湛清　20018302 谭焮乙
18090202 艾靖儒　19010308 李赫楠
19090216 祁天予　20018330 刘逸轩
18090222 唐　妍　19010313 窦　筝
19090226 赵思佳　20090101 刘汧青
18090229 张小峰　19010316 刘润峰
19090301 邢　维　20090210 杨　江
18090323 王剑辉　19010404 张艺馨
19090304 于润泽　20090322 操瑞然
18091121 王林彬　19010413 侯雨晴
19090318 尹明慧　20090420 陈美玲
18093109 胡曦然　19010423 毛漪滢
19090322 于　淼

信息学部 133 人

17074516 朱德华　18074404 韩羽桐
19027316 李宛璐　20021006 张倚天
18010126 刘小铭　18074417 管京龙
19027403 吴雨珊　20021027 陈相宇
18020011 张　晗　18074614 周颐诺
19027424 鞠明学　20024118 王紫娇
18020013 李泓颉　18074701 王星皓
19029115 吉　祥　20024219 李　爽
18020014 郝超凡　18074806 王　熹
19029205 杨　一　20026108 张彩译
18020121 朱思齐　18074904 陈斯涵
19030209 陈宇卓　20026215 孙跃扬
18020205 聂　冰　18080104 朱粤岫
19030320 伊茂泽　20027119 李嘉怡
18021005 杨　怿　18080120 黎绍峰
19041106 杨　瑶　20027202 彭宇轩
18021104 李佳洋　18080225 张秋月
19051132 张琪睿　20027215 李子为
18023108 赵伯言　18080303 杜欣钰
19053221 韩　晨　20027227 李灵吉
18024107 翟雨晴　18080328 吴昭璇薇
19061122 陈嘉婧　20027325 宋　雨
18024125 张　炼　18081114 王璋珂
19061216 赵文涛　20027421 罗心怡
18024215 孔俣傲　18081211 张　涵
19071021 杨　伊　20029115 焦　烨
18024309 王硕博　18085101 李书实
19071123 王小龙　20029214 杨瑞雯
18026119 樊亚静　19010211 桂　洋
19072003 张　伊　20071003 吴思远
18026209 万证新　19020006 彭帅奇
19072019 张桐嘉　20071027 李明旺
18027108 崔　澳　19020018 赵文瑶
19074202 袁　政　20071106 屈铂坤
18027127 商茵茵　19020120 田　甜
19074314 师梦凡　20071107 丁　帅
18027201 杜馨雨　19020215 刘子旭
19074412 王嘉晨　20072024 宋忻瑶
18027326 靳晴晴　19020217 王博康
19074413 陈柳兵　20072105 郝可馨
18027426 刘　畅　19021005 李竟泽
19074420 吴成燕　20074102 王梦娜
18029105 戴思然　19021021 刘　煜
19074507 郭景明　20074206 向鑫睿
18029215 陈思诚　19021031 邹家楼
19080103 张斯琦　20074207 丛乐驰
18030401 郝　泉　19024112 关明熙
19080126 张成浩　20074221 游佳慧
18061225 李之龙　19024123 罗海振
19080216 张恺晔　20074302 李先蕾
18071011 马子怡　19024207 单子豪
19080309 赵术含　20074407 李　佳
18071013 苗纯璋　19026109 焦兆楠
19081203 程子羿　20080102 马天宝
18071022 熊乐歌　19026117 王天语

19090219 付正升 20080205 吴宇恒
18071108 李 响 19026204 刘东林
19101123 陈艺宁 20080211 李雅欣
18071122 周海欣 19026211 张博文
20020010 夏卓阳 20080320 吴祥曦
18072006 张 骁 19027122 张琳琪
20020031 周心朗 20081102 肖紫昀
18074116 董立珺 19027225 鲍 洵
20020113 刘宁远 20081109 吴 琪
18074220 唐紫文 19027226 黄钰林
20020223 刘妮可 20081207 陈 瑶
18074304 李京京

城市建设学部 71 人

17121128 潘 璇 18041710 佟 乐
19041022 李治逸 20030218 李易文
17121219 赵雯宇 18041711 王 显
19041025 郭天艺 20030321 韦隆霆
17123101 张 奕
18041760 艾丽菲热·斯迪克
19041110 胡洪僖 20030409 张 琪
17123116 王敬萱 18041816 郭志成
19041217 汤盛润 20041005 郭若楠
18030102 李瑞琦 18041823 黄晨铎
19041219 黄天意 20041116 徐家豪
18030119 潘 硕 18121123 李青阳
19041260 凡亨通 20041214 张 虞
18030201 李晨玮 18121221 倪小易
19041312 高大龙 20041313 刘滢敏
18030304 赵 轩 18123121 马清晨
19041509 张晋赫 20041406 张孟琦
18030322 陆桂露 19030105 刘润田
19041512 刘文宇 20041513 李泉毅
18030404 张爱琳 19030115 魏欣玥
19041615 程骏宇 20041607 周 昊
18030510 张明煜 19030122 何佳淳
19041621 唐玉莹 20041722 万维桢
18041004 白木源 19030201 张子棋
19041816 常 馨 20041819 陈金行
18041010 赵雨晴 19030211 时 玥
19041903 刘凌涛 20041915 王镇坤
18041122 毛 伟 19030318 胡菁喆
19121115 李雨佳
20042125 夏合里亚尔·艾尔肯
18041304 安 东 19041001 罗淇文
19121204 周雨薇 20121208 连菡汀
18041410 唐 彧 19041010 裴博贤
19121211 崔明涵 20121309 肖 遥
18041413 裴廉政 19041011 罗湘宇
19123110 赵 洋 20123101 吕兆晗
18041617 王薪睿 19041021 赵子毅
20030105 杨 帆

环境与生命学部 50 人

18051102 陈炜婧 18105208 邹晓彤
19052113 杨文昕 19105205 赵雪靖
18051214 冀芊竹 19051114 谢思媛
19052114 李佳航 20051101 阎继文
18051230 于 浩 19051118 李耀宇
19053124 黄沁瑶 20051211 张雨辰
18051261 嘎玛旦增 19051120 王宇瑄
19053201 邓天择 20051227 王若琛
18052110 葛 梦 19051130 张雅蓉
19053215 周笑然 20052118 孙宇姗
18052113 芦世东 19051133 柯 怡
19053326 罗景玺 20053118 衣 玥
18053121 张赵雪 19051204 李晓桐
19101107 张朝阳 20053225 郭斐然
18053123 李 甜 19051208 杨雨涵
19101111 杨潇雨 20059115 汪子越
18053126 屈千喜 19051213 邓宇佳艺
19101114 王思雪 20101110 王一凡
18101111 徐芯茹 19051215 田 昊
19103108 王雨桐 20101114 李衔然
18103117 娄雨晴 19051225 王诗然
19103115 冯予鑫 20105113 罗昕柔
18105101 郭星辰 19051261 阿力甫江·艾尼
19105122 王 潇 20105224 周佳华
18105102 刘思杨 19052103 闫鑫恩

理学部 22 人

18061118 张怀德 18068109 赵 淼
19062208 金 浩 19068105 靳舒涵
18061222 凌 幸 18068113 刘毓珊
19062213 赵一涵 20061124 苏齐明
18062105 李佳晔 18068116 李 莎
19062305 梁 爽 20061206 吴继垣
18062202 赵姝宁 19061110 刘宇昂
19062320 田晓奇 20062106 孙恒宇

18062214 李雨金 19061225 赵志远
19068104 杨丰蔚 20062301 孟凯侨
18062219 曹启鹏 19062125 童博松

经济与管理学院 67 人

18041802 梁一乾 19041508 宋竹宇
19114123 杨琬晶 19119317 梁馨元
18110102 柯雅婷 19051210 李亦涵
19114216 张思成 19119324 裴一榕
18110213 张馨元 19103110 赵奥佳
19115117 韩溪恬 20110101 刘文卉
18112203 邢毅飞 19110102 王 蕊
19115208 林沐雪 20110202 陈 馨
18114108 王嘉琦 19110117 闫嘉琪
19115224 华灵依 20112206 周 铭
18114111 雷 瞳 19110203 徐 杨
19115227 王靖钰 20112217 陈邦珂
18114222 刘鑫钰 19110222 郭鑫宇
19115317 沈子瑄 20114104 刘正源
18115105 马 然 19112208 杨伊祎
19115360 张 燕 20114121 王琳然
18115203 赵 好 19112213 吴泽轩
19118110 宋雅慧 20114214 石 崇
18115306 李子昕 19112215 胡依雯
19118112 尹倩雯 20115103 汪小桐
18115324 李媛媛 19112218 张日升
19118119 梁依然 20115201 高若璠
18116122 汤一凡 19114105 夏悦萌
19119104 孟晓佳 20115317 姚紫翎
18118112 邢 晨 19114107 王佳宇
19119123 柳 琪 20118108 冯 辙
18119112 刘茜蔓 19114108 刘雪南
19119206 陈若蒲 20119108 骆祖发
18119114 林子涵 19114110 华思媛
19119216 杨博森 20119214 张紫淇
18119203 于 慧 19114111 闫舜佳
19119225 王佳辉 20119301 时子凡
18119305 昝熠雯 19114116 王懿颖
19119309 张宇轩

文法学部 33 人

18143105 宋祎祎 19143103 王润萱
19144110 杨婧童 20143102 王思琪
18143213 郭欣怡 19143112 宁昕宇
19144117 畅诗瑶 20143103 刘嘉越
18143216 钱虹宇 19143206 赵佳慧
19144201 李映桐 20143216 潘星雨
18144106 文殿元 19143211 韩帅言
19152110 张心怡 20144106 白禹涵
18144111 于 爽 19143212 李 琪
19152211 张楚静 20144213 韩菁菁
18144207 魏竟媛 19144102 刘祖畅
19152221 莫雨欣 20152102 李逸萱
18152111 高睿龙 19144103 陈雪晴
19152222 黄子琪 20152206 赵怡琳
18152118 廉蛟洋 19144104 朱婧琰
19152223 陈可儿 20152207 佳仁·云丹吉
18152227 浦秋然

艺术设计学院 73 人

16166207 王 旭 19161113 吴 晗
19165108 徐欣宇 19169214 韩晓天
18122102 贺友芃 19161114 姜宇萌
19165115 刘 馨 20161106 孟宣宜
18142111 詹景怡 19161206 程嘉琪
19165119 陈美馨 20161214 史皓文
18142220 王 雪 19161210 崔 晨
19165205 韩月荞 20162101 谭桑婕
18161101 程子萱 19162111 王艺达
19166102 侯雨彤 20163101 高梓琪
18161109 赵 桐 19162112 李世玉
19166108 蔡逸秋 20163102 李姗姗
18161112 万 立 19162205 康穆函
19166203 甄 茜 20163210 张雪怡
18161201 汪慧灵 19162218 关颖妍
19166208 龚梦童 20164118 杨淇淇
18162101 程诗婕 19163102 郑天怡
19166209 曹 曼 20165102 刘姝言
18162105 易 洋 19163107 王子恒
19166212 陈方森 20165212 李冀鲁
18162211 海若盈 19163111 吉 星
19166218 庞天浩 20165214 金芳莹
18164211 张叶帆 19163117 张梦瑶
19167114 冯贝尔 20166101 史婧怡
18165101 王 玥 19163202 段梅一
19168115 王可歆 20166208 谢 上
18165116 徐嘉鸣 19163212 宋晓悦
19169109 赵一帆 20167112 赵梦佳
18165206 郭芸璐 19163216 王 玉

19169114	段　晓	20167215	曹文宇
18165211	崔雨霆	19164103	刘雨欣
19169119	王梓臻	20168101	陆漫漫
18167306	冯怡帆	19164209	刘文硕
19169202	程潇楠	20168211	曹芳瑄
19161106	郝佳筠	19165107	刘禹辰
19169212	张依然	20169108	张　悦
19161112	张琳晗		

北京-都柏林国际学院 43 人

18371215	王雨诗	19371106	严子淳
19373302	师婧彤	20372128	黄飞赫
18372112	麻斗豪	19371119	赵煜坤
19373313	万时君	20372222	唐悦迪
18372224	陈明天	19371204	刘正择
19373326	汪　玥	20372310	张雨晨
18372319	韩家璇	19372120	王若愚
19373403	张　琦	20373128	邱荷淼
18372326	欧立炜	19372225	刘文睿
19373407	畅　睿	20373225	郎　天
18373108	张昕玮	19372302	王雨宸
19374112	张思萱	20373301	洪雨禾
18373227	赵文清	19372328	刘云畅
19374121	王诗齐	20373406	潘雨晴
18373327	姚嘉琪	19373105	许东平
19374203	李涵茜	20373408	杨睿瑄
18373423	贺楚晗	19373204	施　宸
19374228	李亚男	20373421	韩紫堉
18374123	郑新楠	19373208	王奕飞
20371102	何若希	20374224	李镇圻
18374202	李思嘉	19373226	丰亨享
20371225	林铭艺		

北京工业大学励志奖 31 人

材料与制造学部 4 人

18010423	张　珍	19010429	肖　鹏
20010228	延鑫赛	20090328	张　鹏

信息学部 11 人

18010226	刘浩然	18074315	吴佳航
20020160	乌麦尔阿迪·吾斯曼		
20072120	吴　迪	18020123	王建东
18074317	韩志蕾	20021029	谭再钊
20080124	刘泽玲	18071124	张　琦
18080124	蹇　洁	20024104	郝梓旭

城市建设学部 7 人

18030303	王家伟	19030223	罗光炜
19030323	魏继平	19041024	张二箭
19041421	孟凡彪	19041422	连芮浩
19041816	常　馨		

环境与生命学部 4 人

18051128	杨泽康	18105223	王春秋
19052125	马继媛	19053222	毕凯旋

经济与管理学院 2 人

18110223	吴秀邦	20118121	张天嘉

文法学部 1 人

18144262　艾土玛尔·艾力

艺设学院 1 人

20161216　刘海鑫

北京-都柏林国际学院 1 人

18371227　张保忠

北京工业大学创新创业奖 556 人

樊恭炑荣誉学院 34 人

18020007	杨正午	18072002	邱　时
19021012	沈琪伦	19080111	孙泽文
18020208	丛熙平	18072004	冯子健
19026110	褚泓博	19080303	赵嘉瑞
18021001	周　同	18080201	卓一康
19027101	孙祎驰	19090204	马语晨
18021002	郑泰祺	18105226	陈宇卿
19027302	刘欣诚	20026105	王钟楠
18021006	吴天鹤	19010115	李浩勋
19030204	张越棋	20029114	余佳珉
18027413	张泽源	19010415	马　源
19071001	唐仡夫	20061106	郝　鑫
18062208	曹炜辰	19020001	张晔鹏
19071026	周晟颐	20061221	葛中正
18071021	李镕辰	19020003	韩嘉润
19074107	龚煜涵	20072017	陶靖怡
18071121	吴思宇	19020014	石　峻

材料与制造学部 47 人

18010202	林起鉴	18013101	赵凌瑄
18090222	唐　妍	19010313	窦　筝
18010206	张军正	18013106	王获麟
18090223	冉　妍	19010324	张阔君
18010301	杨青峰	18013118	安昕宇
18090224	于海洋	19013107	杨梦馨

18010318	李其霖	18013119	臧　淇
18090310	王子莹	19013121	刘天晟
18010321	季源隆	18013122	黄民丰
18090312	郭郝源丞	19090119	何林星
18010323	王　茹	18013220	田　野
18090316	刘孟茜	19090124	张　驰
18010325	袁尔浩	18013223	吉昱旬
18090325	秦周阳	19090203	吕佳琪
18010415	杨文爽	18090109	陈祉君
18092109	何飞洋	19090207	张　颜
18010417	寇泽浩	18090118	路　易
18093109	胡曦然	19090211	赵贺一
18010419	孙嘉宁	18090202	艾靖儒
19010132	马　聪	19090408	魏宇辰
18010421	孟繁星	18090209	刘可依
19010227	刘春岐	20010431	陈榆坤
18010423	张　珍	18090213	程一辰
19010231	赵　越		

信息学部 102 人

18013202	马钰淇	18029114	赵雪飞
18080217	白　林	19027408	苏羽合
18013204	刘雨飞	18029116	左　佑
18080219	魏剑文	19029205	杨　一
18013206	李逸凡	18029211	牛禹浩
18080221	李嘉一	19029208	桂源泽
18020011	张　晗	18029219	曹艺琳
18080302	董京伟	19029217	项　桐
18020104	贾普阳	18029221	王婧瑶
18080309	宋霖涛	19071018	刘雨辰
18020106	毕兰越	18030401	郝　泉
18080328	吴昭璇薇	19071022	王柯然
18020109	刘　昊	18041104	吴易泽
18090125	牛晨宇	19071025	许世尧
18020110	唐　潮	18041117	沈秉辰
18090318	李佳成	19071028	崔春姬
18020117	尤梦芊	18041403	任骥恺
19020002	蒋钰雯	19071102	李奕霖
18020120	郑瀚宇	18041821	刘俊雄
19020021	韩　璐	19071103	裴　誉
18020205	聂　冰	18053304	张　开
19020024	臧祎帆	19072025	杨亨圻
18021013	张建桐	18061119	赵云雷
19020105	岳延浩	19074416	吕美杨
18021022	樊德龙	18071126	党鸿博
19020221	李　壮	19074509	何雨彬
18023105	曹宇腾	18072021	杨雨怡
19021021	刘　煜	19074516	宋世城
18024221	张文东	18074206	刘文星
19024202	方　静	19080121	贾敬瑜
18026101	孙禹铭	18074308	孙宇辰
19024210	王奕达	19080213	黄靖懿
18026106	彭翰中	18074318	刘豪宇
19026222	朱亦梵	19080216	张恺晔
18026216	周　捷	18074404	韩羽桐
19027105	张子兴	19081203	程子羿
18027201	杜馨雨	18074417	管京龙
19027122	张琳琪	19101123	陈艺宁
18027216	赵宇航	18074503	蒋嘉蕊
19027125	刘道康	20020008	刘梓嘉
18027223	聂凤俊	18074603	马逸行
19027210	周若龙	20021027	陈相宇
18027224	孙　倩	18074611	胡　琎
19027214	杜延钧	20027208	施晟元
18027401	文家宝	18074804	郑　璐
19027225	鲍　洵	20027209	王诗睿
18029102	刘芳君	18080110	应润凯
19027228	张力翰	20027219	周欣博
18029105	戴思然	18080120	黎绍峰
19027403	吴雨珊	20074208	付怡霏
18029113	徐子昂	18080207	杨念迪

城市建设学部 49 人

17121121	王　心	18030508	朱淇惠
18041416	姚相宇	18121124	刘诗琪
17121128	潘　璇	18041010	赵雨晴
18041519	庆智喜	18121205	单　言
17121201	王竹馨	18041016	李莹昕
18041613	成家轩	18121209	张天璐
17123101	张　奕	18041017	杨晰月
18041708	刘　宇	18123101	国　淏
17123113	才舒宁	18041020	赵鸿灏
18041710	佟　乐	18123103	周　珺
18020211	贾雨辰	18041109	唐雨晴
18041717	肖玟羽	18123110	孙　彤
18030119	潘　硕	18041122	毛　伟
18041721	谢健丰	19030206	张　悦
18030219	彭　辰	18041203	王钟鹤

18041813 李　硕　19041219 黄天意
18030304 赵　轩　18041218 林曼芳
18041901 邱子谨　19041301 孙克荻
18030322 陆桂露　18041219 邱　珺
18105212 刘祎宁　19041316 何佳泽
18030410 杨　琪　18041307 康偲妍
18121104 李可昕　20041611 胡枕冰
18030416 史　淼　18041319 田　涛
18121123 李青阳　20123101 吕兆晗
18030422 杨　军

环境与生命学部 73 人

18051108 俞　露　18053126 屈千喜
18105201 于　妍　19053325 张　健
18051210 杨景素　18053127 周学武
18105202 孟祥娇　19101103 高金璐
18051214 冀芊竹　18053206 刘致君
18105205 郭小柔　19101111 杨潇雨
18051221 鲍林生　18053223 范文浩
18105209 郑　玮　19105116 李博洋
18051232 马利军　18053226 李江帆
18105213 张　竹　19105127 尹小倩
18052102 姚树溥　18053316 姚舒译
18105223 王春秋　19105210 白璐妍
18052103 孙　格　18053317 董浍涛
19051102 王　帅　20052117 王雨萱
18052106 肖金晟　18053318 刘梓宸
19051203 刘鹤童　20053215 杜奕玢
18052108 赵　辰　18053319 孟　姝
19051205 田梓扬　20053227 叶宗丽
18052113 芦世东　18101103 张贤朋
19051223 李雪春　20053311 赵建勋
18053110 李梦伟　18101122 刘成才
19051225 王诗然　20053313 李桦恩
18053111 李婧祎　18101126 林超隆
19051227 黄雨薇　20053314 朱琮哲
18053112 田子洋　18103111 陈　硕
19051231 李佳慧子　20053326 王孟帅
18053113 王雨飞　18103116 张一凡
19052103 闫鑫恩　20053329 杨宇鑫
18053114 余　越　18105102 刘思杨
19052114 李佳航　20059209 张瑞祺
18053119 李思凡　18105114 黄文婕
19053118 王子瑄　20059211 韩健睿
18053121 张赵雪　18105115 郑雨晨
19053201 邓天择　20059212 杨　润
18053123 李　甜　18105124 冯金梦
19053306 王娅萱　20059222 时　光
18053125 覃兴存

理学部 27 人

18061109 石震东　18062114 柳诗卿
18062325 彭雅清　19062314 夏欣兰
18061114 高雪瑞　18062202 赵姝宁
18068115 李元晞　19062320 田晓奇
18061118 张怀德　18062205 潘雨澄
18068116 李　莎　19068117 张可佳
18061203 楼子辰　18062217 毛圣婕
19062125 童博松　20061213 张　钰
18061222 凌　幸　18062302 吕　洋
19062201 陈璐铭　20062205 刘絜扬
18062104 安逸萌　18062305 郝　景
19062220 刘雨荷　20062222 薛媛元
18062106 李悦欣　18062307 葛景欣
19062313 李雯茜

经济与管理学院 126 人

18051120 胡艺菲　18118110 杨子瑞
19112206 吴雨桐　19119108 陈昊天
18110112 崔梓凝　18118112 邢　晨
19112209 郑书颜　19119109 董一霖
18110113 尉泽卿　18118116 郭伊瑶
19112218 张日升　19119114 代　堃
18110114 赵可文　18118122 孙嘉雪
19112220 王艺霏　19119115 纪　昀
18110116 陈梓仪　18119112 刘茜蔓
19115102 左宜卿　19119117 李天泽
18110119 庞　博　18119114 林子涵
19115104 聂钰平　19119123 柳　琪
18110160 迪力努尔·艾山
18119116 乔　婕　19115124 罗丽娜
19119204 朱孟泽　18110204 纪开源
18119211 郜怡雯　19115205 王子涵
19119307 于　悦　18110205 郁丛菡
18119218 司　宁　19115206 李泽雅
19119309 张宇轩　18110206 张紫琦
18119219 宋飘篷　19115208 林沐雪
19119313 曹蔚琦　18112205 陈　威
18119301 董思琪　19115212 李文暄

19119317 梁馨元
18119312 任 捷
19119319 高伊凡
18119316 仝 欢
19119320 王鑫垚
18119319 李 淼
19152112 苏天宇
18119322 苗馨月
19152121 刘 博
18152127 邹田田
20110213 朱芃润
19013205 田昕冉
20112202 姚玟竹
19110102 王 蕊
20112206 周 铭
19110104 连佳欣
20115121 赵子萱
19110108 李建霖
20115201 高若璠
19110110 郭一霖
20115202 牛奕霖
19110114 温雅瑄
20115204 王 祎
19110203 徐 杨
20115218 高蕴凡
19110206 左梓颖
20115311 鹿婧琦
19110210 明 月
20115315 王镜玮
19110216 孔维嘉
20115317 姚紫翎
19110220 彭岱昀
20115320 樊 衡
19110224 李兰琪
20119119 李 悦
19110225 杨 琪
20119203 李 琢
19112201 姜祎邗
20119223 杨 玲
19112202 刘 畅
20119323 王昱帆
19112203 文佳妮

18112211 张晨枫
19115218 赵思汀
18112213 赵略添
19115219 张紫宁
18114112 任逍瑶
19115221 刘一曼
18114126 周 晴
19115223 岳 峻
18114213 陈万义
19115224 华灵依
18115105 马 然
19115227 王靖钰
18115118 温博亮
19115302 聂紫聪
18115121 李 熠
19115304 李雨亭
18115207 周悦怡
19115305 马荣添
18115220 程卉雯
19115311 李雨欣
18115223 关秉裕
19115314 翟雪芬
18115224 臧紫薇
19115323 王斯彤
18115302 陆安琪
19115325 姜鹏辉
18115306 李子昕
19118112 尹倩雯
18115309 刘芷凝
19118113 吴惠茜
18116102 张祯果
19118114 张思琪
18116126 李嘉慧
19118118 李雪笛
18118102 朱 晗
19119104 孟晓佳
18118104 韩旭东
19119105 吕思佳
18118105 李帅圻
19119107 睢 静
18118108 熊心雨

文法学部 18 人

18143104 王兆琦
18144160 靳 静
19143211 韩帅言
20143109 邵雨齐
18143212 王 頔
18144205 张云涛
19144204 刘佳禾
20144106 白禹涵
18143216 钱虹宇
18144213 吕昊然
19144216 宋钧蕾
20144215 易驰程
18143219 张雨馨
18152213 王秀通
19152218 李嘉萌
20152211 杨宇晨
18143221 于白珺
18152224 张文煜

艺术设计学院 47 人

18122213 卢 灿
18162204 金怡汝
19162205 康穆函
19169114 段 晓
18142104 张雅萱
18162212 秦姝琦
19163202 段梅一
19169201 曹紫钰
18142111 詹景怡
18164211 张叶帆
19163219 彭文植
19169202 程潇楠
18142112 何京瀛
18164212 吴泽龙
19164102 高欣然
19169207 曹心玥
18142113 岳文烁
18167209 袁瑞繁
19164205 田雨萱
19169209 刘珺雯
18142114 朱颖佳
18167213 崔鑫璐
19165201 李 晴
19169210 栗 娜
18142201 阮一婷
18167306 冯怡帆
19165205 韩月荞
19169211 樊宇鸣
18142223 廖文煜
18167314 贺 采
19165216 孙 威
19169212 张依然
18161102 韩雨轩
19161106 郝佳筠
19167115 王琪惠
19169213 庞 渤
18161205 王嘉傲
19161117 孟坤炜
19167204 高博雅
19169215 韩溪芮
18162101 程诗婕
19162113 郑雅琳
19168105 李云乔
19169226 黄诗睿
18162203 郑茹丹
19162201 李悦溦
19169109 赵一帆

北京–都柏林国际学院 33 人

18371205 于潇潇
18374123 郑新楠
19371129 白吉康
19373219 何欣妍
18372209 赵晨阳
18374129 王泊翔
19371217 梁 潇
19373326 汪 玥
18372224 陈明天
18374130 吴玘玥
19371226 吴翔宇
19373413 贡坤瑶
18372225 王凌霄
18374201 张 言

19372216 王赫唯 19374112 张思萱
18372315 杨其帆 18374204 周诗淇
19372226 杨柳欣 19374228 李亚男
18373314 张 焱 18374219 李佳璇
19372227 游维炯 20371129 周榆忱
18373321 黄 啸 19371117 王 峥
19372316 王宇洋 20372208 孙 琪
18373327 姚嘉琪 19371118 常瑾祎
19373208 王奕飞 20374104 张祎邢
18374120 刘 畅

北京工业大学2021北京市优秀毕业生

樊恭烋荣誉学院

刘泽华

材料与制造学部

石春阳 廖金秾 雷杨浩 鲁哲希 马元一
韩梦蕊 王洪刚 高孟玄 张乐然 郑雄领
周钰清 王姝怡 郑 月 林欣萍 王雪篪

信息学部

马 麟 刘相语 刘文睿 钱百胜 李宇濛
许 胜 郝鑫岩 庞 睿 贺禹植 梁 璨
吴丹彤 钱春圻 尚沛桥 孙凯丽 马浩洋
刘逸轩 张振昊 薛德凡 李 宸 李曌珩
王泽希 陈玉浩然 孙嘉俊 田巍然 胡潇文
宋欣薇 关 昊 刘千琪 杨 泰 张世新
邵启倓 卢万泽 张添翼 张玙彤 闫艺宣
张 逸 李菁坤 王文博 王 昊 肖庆胜
陆雨桐 唐泽诚

城市建设学部

宫逸飞 黎啸宇 赵鑫宇 邢峻豪 钟泽锋
张鑫缘 罗 镕 谭九岑 贾晓瑜 李 煜
马世杰 李宗典 王俊涛 洪启安 杨婧怡
刘岳好 张君宇 赵嘉珩 李思宇 王 博

环境与生命学部

闻超玉 李紫鑫 刘 涵 朱子扬 唐子恩
盛 超 刘 畅 王筱童 葛冰瑶 牛 恒
王鑫昊 张潆心 张逸静

理学部

赵 博 许佳琪 王 畅 王紫宇 张仙月
何宗达

文法学部

孙 悦 段培尧 赵佳琳 蔡雨秋 郭 越
陈彦希 林 璐 王光普

经济与管理学院

王雪纯 裘靖文 王泽正 刘景怡 赵幸久
苏 娜 张宇欣 张蕙宁 赵晴飞 唐 菡
石雨萱 马鑫辰 申怡然 李春雨 雷滟锋
王泊宁

艺术设计学院

苗雨萌 王宇譞 傅千书 房童心 梁思然
何 悦 刘宇萱 曹亦舟 王宇同 朱青青
刘颖文 孙佳琪 郭姿含 王 妍 马语涵
郭天一 华御翔 刘东昆 李伊妹 仲思润
宋馨谷 刘家瑜 徐 飏

北京–都柏林国际学院

王卫星 方 向 李京霖 李睿杰 原溪灵
徐峻檬 付紫仪 乌日尼贡 穆婧怡 倪 莎
胡宇昂 王芷晴 王子依 姚宇翔 王晓萌
李若琳 程心悦

北京工业大学优秀毕业生

（本科生）

樊恭烋荣誉学院

刘泽华 朱予然 车宇轩

材料与制造学部

石春阳 廖金秾 雷杨浩 鲁哲希 马元一
韩梦蕊 王洪刚 高孟玄 张乐然 郑雄领
周钰清 王姝怡 郑 月 林欣萍 王雪篪
赵 帅 齐 琦 张传忠 琚振盟 王 非
苗博钧 申 妍 杨斯钦 韩佳琪 李明晔
米洪田 张哲华 荆 铭 吴 月 冯运发

信息学部

马 麟 刘红燕 刘相语 李海天 刘文睿
宋 楷 汤昊坤 钱百胜 李宇濛 许 胜
翟梦荻 郝鑫岩 王昊昂 苏琳轩 庞 睿
位书嵩 禤祖年 贺禹植 余蕊汐 梁 璨
杨辰涛 吴丹彤 马海滢 李竞研 钱春圻
牟帅臣 陈易潇 刘会军 尚沛桥 孙凯丽
李翌林 马浩洋 王丹梁 俊 辉 张兆宜
刘逸轩 朱星宇 张振昊 薛德凡 杨 扬
李 宸 张 柠 李曌珩 王泽希 郭雨丰
陈玉浩然 孙嘉俊 冯韦玮 田巍然 胡潇文
宋欣薇 刘美杉 张博宇 关 昊 刘千琪
彭姝琪 陆 畅 杨 泰 张世新 邵启倓

李荣庆 丁瀛帆 卢万泽 张添翼 袁子敬
王鹏飞 张玙彤 闫艺宣 禹言江 王博洋
葛文雪 李泊岩 张 逸 李菁坤 田 旭
杨 芮 罗一玲 王文博 王 昊 肖庆胜
曹 杨 陆雨桐 唐泽诚 吴子岳

城市建设学部

宫逸飞 张晋川 黎啸宇 詹璞玉 李龙君
赵鑫宇 邢峻豪 娄昀沣 陈中伟 韩俊尧
钟泽锋 丁言琛 张鑫缘 罗 镕 朱乐楠
谭九岑 牛梦涵 贾晓瑜 李 煜 马世杰
刘 珺 李宗典 杨家夏 王俊涛 赵涵琪
洪启安 何晨曦 李梓琦 王 昊 杨婧怡
刘岳好 赵一凡 王振宇 张君宇 崔岳晨
刘冉倩 韦佳星 赵嘉珩 依明江·热合曼
李思宇 王 博

环境与生命学部

闻超玉 刘红倩 程思青 李紫鑫 刘 涵
朱子扬 唐子恩 张钰雪 刘在为 贾玉淼
盛 超 刘华雨 刘 畅 王筱童 王靖怡
葛冰瑶 刘 霞 牛 恒 王鑫昊 王彦泉
张星昊 朱 岩 张潆心 康安妮 张逸静
王宇欣

理学部

赵 博 许佳琪 王 畅 王紫宇 张仙月
何宗达 张宇洋 方 嘉 张婷睿 彭琛琛
张凯琦 刘崧岳 陈娅冰

文法学部

孙 悦 段培尧 杨 硕 李涵乔 袁 月
赵佳琳 蔡雨秋 丁 琦 郭 越 陈彦希
林 璐 魏丁戈 赵雨桐 钟艳萍 王光普
张宇京

经济与管理学院

董家鑫 王雪纯 孙丽娜 李秋阳 刘奕涵
裘靖文 王泽正 焦家乐 赵 峥 刘景怡
赵幸久 崔宇晴 郑秋霞 苏 娜 由梦涵
张宇欣 韦碧琳 张蕙宁 朱莉颖 赵晴飞
王婧怡 唐 菡 石雨萱 郑皖琦 李若琪
马鑫辰 韩环宇 申怡然 李春雨 徐嘉熙
武 君 陈婉伊 雷滟锋 杨新宇 高 源
王泊宁 宋星仪

艺术设计学院

苗雨萌 王宇譞 傅千书 房童心 梁思然
何 悦 刘宇萱 曹亦舟 王宇同 朱青青
刘颖文 孙佳琪 郭姿含 王 妍 马语涵
郭天一 华御翔 刘东昆 李伊妹 仲思润
宋馨谷 刘家瑜 徐 飏 白 帆 李月瑶
马硕依 卢瑞雯 范兴一 周佳欣 潘禧慈
李梦珂 马玺华 张雪松 马子慧 王启冉
张晓阳 李忆琳 朱惠泽 李星雨 刘欣婷
胡雅绮 武 兴 王婧言 李箫剑 邓 峪
李 婧 汤小青

国际学院

SEO JINHWA（徐辰和）
NJIRAINI IMMACULATE NJERI（伊完美）

北京–都柏林国际学院

王卫星 邹雪平 方 向 李京霖 魏 涟
于佳悦 李睿杰 王政普 原溪灵 彭志轩
尚逸文 徐峻檬 龚 晨 朱焕奇 付紫仪
付 彤 陆家成 乌日尼贡 穆婧怡 倪 莎
胡宇昂 王芷晴 王子依 姚宇翔 王晓萌
武博雅 李若琳 程心悦 杨谦心 何雨桐
笑 萌 徐贝宁 朱彦兴 惠 昱

北京工业大学 2021 年学生所获奖励与表彰（研究生）

2021 年博士研究生国家奖学金名单（42 人）

材料与制造学部（11 人）

B201801007 赵　帅　B201801021 高　杰
B201801023 闫　俊　B201801033 李国通
B201809013 郝娟娟　B201809027 纪耀堂
B201809029 张青华　B201809031 郝振东
B201826004 安子冰　B201829004 刘功起
B201913003 曹　利

信息学部（7 人）

B201861006 李　轩　B201861008 徐姚文
B201861020 郭　侃　B201861028 解应博
B201861031 许　萌　B201961016 刘洪旭
B201961058 徐　曦

城市建设学部（11 人）

B201704013 伍　敏　B201704054 张国良
B201804021 梁　林　B201804035 檀　旭
B201804050 高志懂　B201804052 宁克洋
B201804054 黄绪宏　B201839001 杨丽平
B201904001 严志威　B201904006 余文轩
B201904008 王　梦

环境与生命学部（8 人）

B201805018 牛丽娟　B201805025 侯志全
B201805029 姜　浩　B201805037 高锐涛
B201805040 戴慧卉　B201815004 穆振霞
B201915001 廉　菲　B202005014 平　旭

理学部（4 人）

B201806006 李亚楠　B201806013 徐智洋
B201806018 肖菊霞　B201806023 张　帅

经济与管理学院（1 人）

B201811006 王媛媛

2021 年硕士研究生国家奖学金名单（124 人）

材料与制造学部（28 人）

S201901020 路　遥　S201901023 艾明珠
S201901025 李亚东　S201901033 王宝恩
S201901069 汪　阳　S201901071 邱在辉
S201901083 王　伦　S201901124 师晟淇
S201901136 张　行　S201901150 李加浩
S201901168 陈俊民　S201901191 王　磊
S201909001 曹　婧　S201909089 张建华
S201909115 宋晓飞　S201909155 汤庆辉
S201909169 赵万新　S201909176 李永强
S201909183 彭恒星　S201913043 孙洲涛
S201913078 孙立君　S201913080 侯雪缘
S201926006 李维明　S201926008 张文瀚
S202001230 卢　旺　S202009051 王善飞
S202009105 宋岷洧　S202013008 郭馨阳

信息学部（32 人）

S201941020 赵　辉　S201961032 沙　印
S201961050 孙　萱　S201961054 赵丰年
S201961066 许　奔　S201961079 刘　丹
S201961086 董家伟　S201961087 夏　爽
S201961093 陈路飞　S201961094 周　朝
S201961115 闫秋硕　S201961146 李东昊
S201961172 刘笑笑　S201961179 王云铎
S201961181 万佳琳　S201961224 齐景仲
S201961238 陈开臻　S201961258 王志举
S201961280 赵　琳　S201961346 张永慧
S201961369 赵明明　S201961391 尹晟霖
S201961459 毛北逢　S201961479 史佳眉
S201961481 文　涵　S201961509 熊承尧
S201961517 王雅静　S202071038 郭菁菁
S202072007 李炬哲　S202074008 王佩科
S202074098 李宗耀　S202074161 王抱朴

城市建设学部（28 人）

S201804079 李　健　S201904005 谭豫卿
S201904008 肖　硕　S201904010 李佳峰
S201904019 亢志宽　S201904025 白文燕
S201904035 郭之科　S201904036 曹存发
S201904095 韦　青　S201904108 祁　薇
S201904109 许　可　S201904112 韩　浩
S201904134 刘景超　S201904143 刘　旭
S201904174 史国梁　S201904201 杨鸿申
S201904215 秦　嘉　S201904243 孟　坤
S201904291 李家琪　S201904297 赵雅楠
S201904326 王安格　S201912007 王宇琛
S201912037 谢　帆　S201912061 肖劲松
S201939018 黄天星　S201939021 潘守政
S201939036 张俊杰　S201939041 张　桐

环境与生命学部（16 人）

S201905008 陆　草　S201905043 张武杰
S201905072 吴春晓　S201905076 李自荣

S201905098 李籽桥 S201905146 李振雷
S201905157 闫庆志 S201905158 常 珂
S201905171 刘希平 S201905173 武泽杰
S201905194 赵 琪 S201905200 孙甜甜
S201905202 孙清轩 S201915034 黄雅馨
S201915040 高安娜 S201915053 张 格

理学部（6人）

S201906036 师文慧 S201906052 耿 慧
S201906088 马晓婕 S201906097 郑 侠
S201906124 肖 脩 S202006001 廖思涵

经济与管理学院（5人）

S201911017 刘苒苒 S201911061 李 玲
S201911074 李 欣 S201911091 胡鹤颜
S201911099 韩 宇

文法学部（4人）

S201962005 郭包罗 S201962015 宋佳琳
S201962026 李 贤 S202062042 朱嘉慧

马克思主义学院（1人）

S202036004 瓮浩然

艺术设计学院（4人）

S201835028 王思源 S201935031 汤 旭
S202035023 房建军 S202035060 龚美琦

2021年北京高校马克思主义理论专业研究生新生奖学金、学术奖学金名单（2人）

新生奖学金（1人）

S202136004 胡 强

学术奖学金（1人）

S201936011 柏敏华

2021届北京市优秀毕业生名单（研究生）（132人）

材料与制造学部（30人）

B201709013 周开岭 B201701011 闫朝阳
B201713007 杨立学 B201726002 程晓鹏
S201801063 于占良 S201801032 孟令军
S201801245 滕 辰 S201801021 魏玉领
S201801072 范文培 S201801004 杨纪鹏
S201801041 赵婉莹 S201801068 江运程
S201801011 李宗鹤 S201801033 牛 鹏
S201801158 徐 昊 S201801241 邓黎明
S201809165 赵文康 S201809029 周宇琦
S201809122 赵景腾 S201809001 蔡圆圆
S201809063 韩凤熙 S201809082 赵 晴
S201829012 王 洋 S201809166 郝乙锦
S201813068 赵泳涛 S201813020 陆嘉雄
S201813073 李 玉 S201826015 吴浩祺
S201809028 武鑫宇 S201801070 李欧阳

信息学部（36人）

B201761024 赵 青 S201761327 刘子豪
S201861021 张洪达 S201861033 刘先程
S201861070 张继中 S201861096 李云云
S201861098 丁春豪 S201861142 彭小彬
S201861156 曾绍康 S201861161 郭文阳
S201861171 王子涵 S201861210 陈宝存
S201861218 倪瑞旋 S201861228 施 翀
S201861242 王彦明 S201861263 马 潘
S201861279 张明明 S201861281 李晨豪
S201861287 朱 牧 S201861334 贾 桐
S201861342 孙子健 S201861345 李 硕
S201861367 廖诣深 S201861377 于婷雯
S201861416 张梦隆 S201861431 梁 祎
S201861437 李庆晓 S201861478 李 爽
S201861506 宋洪宇 S201861509 王延安
S201861511 曲志伟 S201861531 盛 莹
S201861555 冯 慧 S201861777 王 安
S201861781 李鹏程 S201861847 许博文

城市建设学部（25人）

B201704024 白振鹏 B201604026 林庆涛
S201812078 韦婷娜 S201812013 陈 建
S201812020 张天歌 S201812047 俞梦苑
S201804190 冯 烁 S201804197 尹祎文
S201804198 吕辰旭 S201804242 庄小璇
S201804209 张世浩 S201804708 张升旺
S201804269 尹千州 S201839007 陈乙方
S201839014 赵国强 S201804290 王 旭
S201804294 李瑞琦 S201804047 纪文军
S201804045 王 玥 S201804095 王晋昊
S201804066 李秀瑜 S201804041 李美玉
S201804003 蒋安桐 S201804110 罗观璋
S201804258 张栋杰

环境与生命学部（17人）

B201705004 汤永智 B201705033 袁传胜
S201805028 张 银 S201805036 王月月
S201805051 张鹏丹 S201805102 朱玉雪

S201805148 王崇尧 S201805160 尹 霜
S201805170 王雨薇 S201805201 邓丽艳
S201805221 姜智文 S201805225 张 标
S201815026 吴慧慧 S201815037 刘洪兴
S201815076 张晓坤 S201815077 郝雨婷
S201815025 吴晨光

理学部（7 人）

B201706021 仝俊华 S201806082 王 钰
S201806107 赵福旌 S201806075 底贺阳
S201806053 刘 琳 S201906020 史静潼
S201806027 王 丽

经济与管理学院（9 人）

B201711007 刘春文 S201811037 朱士超
S201811042 郝丽媛 S201811045 孟 雪
S201811069 杨京雨 S201911045 于卓群
S201911743 邱晨曦 S201911747 邢 煜
S201911772 王琪然

文法学部（4 人）

S201862013 王春璇 S201962046 赵艺敏
S201862058 张 慧 S201862702 樊 一

马克思主义学院（1 人）

S201836016 杨 迎

艺术设计学院（3 人）

S201835029 李九宏 S201835011 苏 婵
S201812063 关凯元

2021 年北京工业大学科技之星（10 人）

材料与制造学部（1 人）

B201809031 郝振东

城市建设学部（3 人）

B201804054 黄绪宏 B201804050 高志懂
S201804079 李 健

环境与生命学部（1 人）

B201805029 姜 浩

理学部（1 人）

S201906124 肖 脩

经济与管理学院（1 人）

S201911017 刘苒苒

信息学部（1 人）

18029221 王婧瑶

北京–都柏林国际学院（1 人）

19372216 王赫唯

樊恭烋学院（1 人）

18071121 吴思宇

2021 年北京工业大学科技之星提名（10 人）

材料与制造学部（3 人）

B202001008 赵思宇 18010312 司博文
S201901020 路 遥

信息学部（4 人）

B201961016 刘洪旭 S202074161 王抱朴
S201961369 赵明明 18027205 吕生平

环境与生命学部（2 人）

B202005014 平 旭 S201905202 孙清轩

理学部（1 人）

B201806023 张 帅

2021 届北京工业大学优秀毕业生名单（研究生）（275 人）

材料与制造学部（62 人）

B201709013 周开岭 B201701011 闫朝阳
B201713007 杨立学 B201726002 程晓鹏
B201809016 晏晓东 B201601034 王 涛
B201701031 李道航 B201701007 刘 涛
B201626002 马 林 S201801063 于占良
S201801032 孟令军 S201801245 滕 辰
S201801021 魏玉领 S201801072 范文培
S201801004 杨纪鹏 S201801041 赵婉莹
S201801068 江运程 S201801011 李宗鹤
S201801033 牛 鹏 S201801158 徐 昊
S201801241 邓黎明 S201809165 赵文康
S201809029 周宇琦 S201809122 赵景腾
S201809001 蔡圆圆 S201809063 韩凤熙
S201809082 赵 晴 S201829012 王 洋
S201809166 郝乙锦 S201813068 赵泳涛
S201813020 陆嘉雄 S201813073 李 玉
S201826015 吴浩祺 S201809028 武鑫宇
S201801070 李欧阳 S201801113 郑海波
S201801219 王 秦 S201801018 薛贺波
S201801090 马志高 S201801012 陈玉铃
S201801015 周 强 S201801170 王 凯
S201801199 王 旭 S201801149 刘佳星
S201801171 王伟平 S201801210 王松松
S201809068 闻家成 S201809119 陈 昊
S201809168 曾垂涛 S201809171 吴从荣
S201809057 王娇娇 S201809085 杨 倩
S201809126 何佳伟 S201813055 周 宇
S201813009 施承坤 S201813064 郭照师

S201813049 王 茜 S201826004 牛佳佳
S201809077 刘旭东 S201809048 王冬梅
S201826013 张家宝 S201809148 龚利强

信息学部（72 人）

B201761003 魏之皓 B201761015 张海利
B201761024 赵 青 S201761327 刘子豪
S201861011 赵晓蕾 S201861018 许瑞涵
S201861021 张洪达 S201861028 崔博垚
S201861033 刘先程 S201861064 聂彤彤
S201861070 张继中 S201861074 王婷娴
S201861084 卜 坤 S201861096 李云云
S201861098 丁春豪 S201861105 谢晓添
S201861124 褚明慧 S201861142 彭小彬
S201861156 曾绍康 S201861160 宋 蕊
S201861161 郭文阳 S201861167 张 骁
S201861171 王子涵 S201861180 郑倩倩
S201861210 陈宝存 S201861217 潘世佳
S201861218 倪瑞旋 S201861223 刘冠杰
S201861225 靳姝婷 S201861228 施 翀
S201861237 杨 乐 S201861242 王彦明
S201861248 申朝维 S201861263 马 潘
S201861272 王志鹏 S201861277 张仲侯
S201861279 张明明 S201861281 李晨豪
S201861287 朱 牧 S201861319 刘泉伯
S201861334 贾 桐 S201861342 孙子健
S201861345 李 硕 S201861355 张成威
S201861367 廖诣深 S201861376 黄 泷
S201861377 于婷雯 S201861406 杨 甜
S201861407 邹 鲁 S201861416 张梦隆
S201861431 梁 祎 S201861437 李庆晓
S201861442 詹 康 S201861458 董靖如
S201861478 李 爽 S201861499 薛瑞昕
S201861505 景晓敏 S201861506 宋洪宇
S201861509 王延安 S201861511 曲志伟
S201861517 田昱锟 S201861531 盛 莹
S201861545 王 斌 S201861555 冯 慧
S201861715 白云鹍 S201861735 许建荣
S201861777 王 安 S201861781 李鹏程
S201861785 李文静 S201861797 罗叶红
S201861826 戚云飞 S201861847 许博文

城市建设学部（53 人）

B201704024 白振鹏 B201704006 朱雨轩
B201604027 孔凡超 B201604026 林庆涛
B201739011 常 鑫 S201812072 林泷嵚
S201812078 韦婷娜 S201812087 佟 昕
S201812013 陈 建 S201812071 朱金成
S201812020 张天歌 S201812047 俞梦苑
S201812042 吕雨桐 S201812050 牟 鹏
S201804190 冯 烁 S201804169 陈关泼
S201804162 刘运泽 S201804197 尹祎文
S201804198 吕辰旭 S201804242 庄小璇
S201804243 何海超 S201804209 张世浩
S201804208 贾昆程 S201804182 薛钧元
S201804708 张升旺 S201804194 张安山
S201804269 尹千州 S201804285 刘奕巧
S201839007 陈乙方 S201839014 赵国强
S201739021 马思雍 S201839006 赵忞赫
S201839003 毕梦宇 S201804290 王 旭
S201804294 李瑞琦 S201804293 梁美琛
S201804047 纪文军 S201804045 王 玥
S201804065 姜昊锐 S201804011 徐祥智
S201804206 郑家成 S201804095 王晋昊
S201804098 翟龙雪 S201804066 李秀瑜
S201804041 李美玉 S201804003 蒋安桐
S201804089 张广才 S201804110 罗观璋
S201804116 叶 盛 S201804258 张栋杰
S201804193 郑路遥 S201812717 董 成
S201839001 李 玲

环境与生命学部（35 人）

B201705004 汤永智 B201705018 周 健
B201705033 袁传胜 B201615004 刘 洋
S201805004 王 琪 S201805028 张 银
S201805036 王月月 S201805044 石 鑫
S201805051 张鹏丹 S201805060 马 骙
S201805102 朱玉雪 S201805144 赵邦华
S201805148 王崇尧 S201805152 孟 昊
S201805160 尹 霜 S201805170 王雨薇
S201805183 赵轶凡 S201805185 贾子悦
S201805190 郭 睿 S201805201 邓丽艳
S201805211 李庆磊 S201805216 臧佳欣
S201805221 姜智文 S201805225 张 标
S201815010 方亚平 S201815011 刘慧云
S201815026 吴慧慧 S201815032 宋晓晓
S201815037 刘洪兴 S201815040 付瑞森
S201815045 张艺宁 S201815076 张晓坤
S201815077 郝雨婞 S201815062 邓雪晴

S201815025 吴晨光

理学部（14 人）

B201706021 仝俊华 B201706007 王义晶
S201806082 王 钰 S201806107 赵福旌
S201806075 底贺阳 S201806053 刘 琳
S201906020 史静潼 S201806027 王 丽
S201806091 张晓晨 S201806081 崔友硕
S201806102 张 娜 S201906021 梁璟琦
S201806115 李启壮 S201806094 王 梦

经济与管理学院（18 人）

B201711007 刘春文 S201711027 刘 瑞
S201811005 贾婧敏 S201811025 李 雪
S201811037 朱士超 S201811042 郝丽媛
S201811045 孟 雪 S201811069 杨京雨
S201911045 于卓群 S201911049 王桂粪
S201911055 徐起帆 S201911118 闫智光
S201911701 马 丹 S201911736 尹晓烨
S201911743 邱晨曦 S201911746 肖 真
S201911747 邢 煜 S201911772 王琪然

文法学部（8 人）

S201862013 王春璇 S201962046 赵艺敏
S201962035 唐甜甜 S201962039 王童颜
S201862058 张 慧 S201962059 陈苏瑶
S201862702 樊 一 S201862057 陈童节

马克思主义学院（4 人）

S201836016 杨 迎 S201836004 白 帆
S201836008 陈子营 S201836002 沙思宇

艺术设计学院（5 人）

S201835029 李九宏 S201835011 苏 婵
S201812063 关凯元 S201835039 马艺轩
S201835016 杨欣蕾

国际学院（4 人）

B20180905W NABONSWENDE AIDA NADEGE OUEDRAOGO
B20170902W SHAHEEN KAUSAR
B20176112W AZHAR IMRAN MUDASSIR
B20173901W ZAHID MUHAMMAD

北京工业大学 2020—2021 学年研究生校级奖学金集体奖（46 项）

先进班集体（14 个）

材料与制造学部（4 个）

2020 级硕士机制 3 班 2020 级硕士力学 4 班
2020 级材料硕士加工班 2020 级激光专硕班

信息学部（3 个）

2020 级硕士计算机学硕班
2020 级硕士计算机专硕 1 班
2020 级硕士软件专硕 2 班

城市建设学部（3 个）

2019 级硕士结构班 2020 级硕士交通班
2020 级硕士市政水利班

环境与生命学部（2 个）

2020 级硕士化工班 2020 级硕士能动二班

经济与管理学院（1 个）

2020 级硕士工商管理班

马克思主义学院（1 个）

2020 级硕士马克思主义理论班

优良学风班（32 个）

材料与制造学部（8 个）

2019 级材料硕士加工班 2019 级固体所硕士班
2020 级硕士机制 3 班 2020 级硕士力学 4 班
2020 级硕士仪器 5 班 2020 级材料硕士加工班
2020 级材料硕士环境一班 2020 级激光专硕班

信息学部（6 个）

2019 级博士班 2020 级硕士计算机学硕班
2020 级硕士计算机专硕 1 班
2020 级硕士计算机专硕 2 班
2020 级硕士信通学硕班
2020 级硕士软件专硕 2 班

城市建设学部（7 个）

2019 级硕士结构班 2019 级硕士暖通班
2019 级硕士道桥工管班 2020 级博士班
2020 级硕士交通班 2020 级硕士市政水利班
2020 级硕士城规班

环境与生命学部（4 个）

2019 级硕士环境一班 2020 级硕士化工班
2020 级硕士环工一班 2020 级硕士能动二班

理学部（2 个）

2019 级硕士统计班 2020 级硕士物理班

经济与管理学院（2 个）

2019 级博士班 2020 级硕士工商管理班

文法学部（2 个）

2019 级硕士教育学专业 2020 级硕士社会学专业

马克思主义学院（1 个）

2020 级硕士马克思主义理论班

北京工业大学2019—2020学年研究生校级奖学金个人奖（2579项）

研究生学习优秀一等奖（265人）

材料与制造学部（62人）

S202001003 邵钰轩 S202001007 李莎莎
S202001019 蔡凡茗 S202001031 马锡盟
S202001040 冯葛豪 S202001067 唐松然
S202001071 张博伦 S202001078 吴则毅
S202001080 孔祥乐 S202001089 曲道多
S202001101 耿 亮 S202001113 董稷坤
S202001127 李长坤 S202001131 李春游
S202001138 陈 睿 S202001144 单 燕
S202001145 丛 雪 S202001157 孙国立
S202001158 黄 河 S202001167 谢思映
S202001169 陈建洲 S202001173 李 栋
S202001183 陈忠伟 S202001205 方 京
S202001232 姚季伟 S202001254 朱佳琦
S202001274 张佩莹 S202001276 吴冬雨
S202009005 黄伟军 S202009016 陈佳艺
S202009017 韩元中 S202009018 李子末
S202009024 秦泽林 S202009033 陈 云
S202009081 姚永生 S202009083 武德凡
S202009084 徐锋锋 S202009086 陈政阳
S202009105 宋岷洧 S202009139 陈金金
S202009140 张浩天 S202009143 田晓晓
S202009144 张瑞敏 S202009149 孙俊浩
S202009164 杨雨露 S202009168 王轶男
S202009181 李姗珊 S202009186 司志旺
S202009190 王 鹏 S202013026 赵 敏
S202013029 田 野 S202013034 宗梦雅
S202013036 金 装 S202013044 王泽康
S202013052 李思桐 S202013067 张海燕
S202013078 吴伟冲 S202013086 刘阳花
S202013090 程丽莹 S202026004 刘 欢
S202026020 李金辉 S202026023 李菲祺

信息学部（67人）

S202071021 刘昱昕 S202071024 裴 攀
S202071025 马婧妍 S202071038 郭菁菁
S202071042 周荔侠 S202071049 姚成龙
S202071050 陈蕊蕊 S202071053 慈康怡
S202071075 杜恩雨 S202072007 李炬哲
S202072008 刘 可 S202072017 石畅飞
S202072035 梁 岩 S202072038 许雅妹
S202072066 吴 凡 S202072074 万宇航
S202072091 李晋恒 S202072095 蒋佳烨
S202072097 朱 富 S202072103 王 跃
S202072705 杨丽萍 S202072714 廖启超
S202073013 张 寅 S202073016 郭海涛
S202073031 陈 璐 S202073035 张自影
S202073046 张 天 S202073052 杨雨宁
S202073068 吴毅琳 S202073088 胡开成
S202073094 张晋瑜 S202073103 仝 琛
S202073127 张庆达 S202073133 李春阳
S202073142 王 铭 S202073150 曹中奇
S202074008 王佩科 S202074015 王飞鹏
S202074016 王新雨 S202074023 姜 鑫
S202074028 马 帅 S202074031 王冰路
S202074033 田 盼 S202074083 韩 露
S202074094 温昊睿 S202074098 李宗耀
S202074108 霍晓彤 S202074128 贾 浩
S202074160 乐思琦 S202074161 王抱朴
S202074176 刘书生 S202074177 李战士
S202074182 刘钺锋 S202074705 刘珍珍
S202075004 陈星雨 S202075010 谷 雨
S202075022 虞 杨 S202075032 徐孟豪
S202075035 王仔超 S202075045 姜尚东
S202075066 倪 诚 S202075076 张 淳
S202075081 彭浩然 S202075088 张铠驿
S202075118 郭朝晖 S202075127 蔡锦泓
S202075707 杨鲤银

城市建设学部（58人）

S202064001 陈美琳 S202064004 徐倩怡
S202064008 朱 建 S202064013 任张迪
S202064027 袁 超 S202064056 孙啸涛
S202064064 沈佳乐 S202064066 赵 迪
S202064076 李晨柳 S202064096 孙明锴
S202064098 石少华 S202064099 杨崎浩
S202064114 刘文路 S202064116 杨 杰
S202064132 梁青璇 S202064141 刘书伟
S202064149 刘和平 S202064153 王浩宇
S202064154 李安修 S202064188 秦 玉
S202064194 汪 攀 S202064210 赵显辉
S202064225 白尚聪 S202064234 张世杰

S202064250 李　倩　S202064252 朱　迪
S202064254 许晓帅　S202064271 宋　杰
S202064295 常　松　S202064299 储著强
S202064311 宋常杰　S202064313 贾炳亮
S202064348 杨丰益　S202064349 张睿鑫
S202064358 鲁一涵　S202064360 郭嘉成
S202064370 刘　爽　S202064393 郭　彤
S202064395 赵　莹　S202064406 关　帅
S202064407 马伯昌　S202064416 李子超
S202064417 马　景　S202064425 王雪雅
S202064443 王一飞　S202064459 于　畅
S202064470 董一池　S202064494 徐欣然
S202064496 张一鸣　S202064497 常俊欣
S202064502 刘仲寅　S202064518 张宸瑄
S202064527 宋心彤　S202064532 李资资
S202064537 张欣玉　S202064542 温　帅
S202064549 于滨海　S202064569 李宇轩

环境与生命学部（36 人）

S202005005 来　晶　S202005007 邹灏然
S202005025 王津铭　S202005029 李钰颖
S202005031 李诗婕　S202005053 马丽丽
S202005065 李翔宇　S202005070 刘鑫森
S202005072 张佳辰　S202005077 吕天润
S202005082 玄博元　S202005090 张孟蓉
S202005096 郝志超　S202005103 郝仕伟
S202005104 尚雅鑫　S202005121 张钰婵
S202005130 王治澎　S202005144 刘　莹
S202005153 张　娜　S202005158 王星丽
S202005188 张鑫锋　S202005194 乔佳婕
S202005205 费佳颖　S202005226 张大鹏
S202005230 丁　帅　S202005243 樊占胜
S202005265 杨振宇　S202015016 刘子怡
S202015017 张雨晨　S202015031 褚东辰
S202015048 韩振波　S202015052 熊　敏
S202015055 郝婧宇　S202015059 金　悦
S202015060 王　淼　S202015068 王金英

理学部（14 人）

S202006001 廖思涵　S202006002 刘子凤
S202006006 孙晓萌　S202006036 程　悦
S202006040 徐艺霏　S202006056 谷雪青
S202006060 褚天舒　S202006075 朱　巧
S202006084 郭季恒　S202006088 安泽琳
S202006107 龙　翔　S202006121 孙　瑛
S202006123 王燕茹　S202006141 汤博文

经济与管理学院（12 人）

S202011001 王成秀　S202011013 闫铭健
S202011027 张　薇　S202011037 马芳宁
S202011049 邹宗霄　S202011059 张淑伟
S202011064 梁啸林　S202011076 冯瑞琳
S202011085 姚雨非　S202011087 李雅馨
S202011101 崔舒雅　S202011104 谢丽鑫

文法学部（8 人）

S202062004 杨　昊　S202062005 侯　娜
S202062033 韩　芳　S202062042 朱嘉慧
S202062046 谭晓莉　S202062055 剡　然
S202062064 张淋淋　S202062083 崔玥莹

马克思主义学院（2 人）

S202036002 罗　一　S202036003 崔瑞祺

艺术设计学院（6 人）

S202035003 张梦晨　S202035007 高蔚岚
S202035023 房建军　S202035030 王煜琳
S202035060 龚美琦　S202035061 赵　帅

研究生学习优秀二等奖（794 人）

材料与制造学部（187 人）

S202001008 王胜杰　S202001010 王英杰
S202001011 锅雨寒　S202001012 杨佳禧
S202001016 李吉强　S202001018 宋　凯
S202001023 朱　林　S202001025 昝　智
S202001030 何金林　S202001032 李文汉
S202001033 苏贺旺　S202001034 王兴卓
S202001042 刘银行　S202001045 赵英杰
S202001046 张　宽　S202001048 车昌家
S202001050 张　璇　S202001053 胡春浮
S202001055 郭秩铭　S202001058 李延峰
S202001059 王江达　S202001061 丁　超
S202001062 冀渤文　S202001069 刘永永
S202001072 蹇永洁　S202001074 袁建平
S202001075 张　勇　S202001079 宁冬晶
S202001082 杨书生　S202001098 闫一鸣
S202001102 侯旭蕾　S202001104 宁梦帅
S202001108 王　壮　S202001114 孙梦阳
S202001115 崔　醒　S202001116 王嘉伟
S202001132 刘金元　S202001133 申文杰
S202001134 杨瑞冰　S202001136 张晨晨

S202001137 宗　婷　S202001146 李培金
S202001148 张译文　S202001149 陈浩浩
S202001150 杨清山　S202001151 蔡鹏飞
S202001153 张懿行　S202001155 吴　婷
S202001156 岳小栋　S202001159 余　强
S202001161 张家溪　S202001164 马云飞
S202001165 李卓然　S202001166 崔磊鑫
S202001168 张栋杰　S202001170 李德威
S202001171 王子琦　S202001189 孙　铮
S202001196 李天宇　S202001199 秦法佳
S202001200 刘文涛　S202001201 李晨曦
S202001202 葛欣雨　S202001203 易榕仙
S202001206 杨　东　S202001210 芦智聪
S202001220 黄　超　S202001221 靳　曦
S202001224 王　爽　S202001226 兰　宇
S202001233 高　奇　S202001234 王东辉
S202001235 韩　凯　S202001241 杨　雪
S202001242 杜新月　S202001245 乔玫玫
S202001250 宋宣颉　S202001259 耿　浩
S202001261 陈兆源　S202001269 唐国耀
S202001272 王　晶　S202001273 张现奇
S202001275 李仕荣　S202001280 李程刚
S202001283 兰瑞利　S202009001 郑紫晨
S202009002 郭雯瑶　S202009004 陈马骏
S202009006 常　磊　S202009008 丁　青
S202009010 孟令钦　S202009012 胡　旭
S202009015 王振国　S202009020 王亚楠
S202009021 许志茹　S202009027 赵聪聪
S202009030 白祯至　S202009037 吴海鹏
S202009038 刘立斌　S202009041 刘　悦
S202009043 赵梦迪　S202009046 崔玉杰
S202009047 谭翠翠　S202009053 罗奇峰
S202009057 梁亚茹　S202009063 王美淋
S202009066 窦义武　S202009069 王　振
S202009071 冒建文　S202009073 朱昭熹
S202009075 甄　成　S202009082 杨刚力
S202009087 赵　俊　S202009088 于文静
S202009091 刘雪芃　S202009096 白　婷
S202009097 张　持　S202009104 郭馨蕊
S202009115 张益民　S202009117 张海博
S202009131 管　浩　S202009142 高　可
S202009146 郭展展　S202009148 许福有
S202009150 王闫锋　S202009151 段起祥
S202009152 朱宝福　S202009155 吕菲菲
S202009156 朱倩文　S202009157 尹　欣
S202009158 吴亚航　S202009169 王华幸
S202009170 胡继飞　S202009174 左　睿
S202009175 杜保田　S202009177 张佳缘
S202009178 唐元琛　S202009182 王宇晨
S202009184 郭许航　S202009185 李泊瑾
S202009188 翟利民　S202009189 袁恩炜
S202009191 马建平　S202009195 晋学轮
S202009198 徐　辉　S202009199 胡雅婷
S202009200 张京阳　S202009205 杨一博
S202013003 黄　凯　S202013004 王　昊
S202013005 杜　欣　S202013006 邢羚榕
S202013007 周　政　S202013008 郭馨阳
S202013017 张　奕　S202013018 姚静远
S202013022 司广阔　S202013030 张凯伦
S202013035 庄　勇　S202013038 李　尉
S202013041 韩　雪　S202013045 张子佳
S202013048 刘智远　S202013049 陈梦雪
S202013050 赵振家　S202013051 张宇涵
S202013056 杨博义　S202013062 刘子铭
S202013063 张露露　S202013069 夏知文
S202013075 麻晓冉　S202013077 刘轩石
S202013081 王　峥　S202013082 魏鑫淼
S202013085 邹　晨　S202013087 赵衍冬
S202026005 章正汉　S202026007 王占鑫
S202026010 孙　铭　S202026011 王佳兴
S202026013 范金阳　S202026014 罗　颖
S202026016 罗仙敏　S202026027 刘峻峰
S202026028 黄国裕　S202026030 章　航
S202026033 董　鹏

信息学部（202 人）

S202071006 李姝颖　S202071011 杨　雪
S202071012 李秋艳　S202071014 于　源
S202071015 赵小虎　S202071016 何若兰
S202071017 张　虎　S202071019 杨静飞
S202071022 孙振林　S202071032 张　宇
S202071039 郎相龙　S202071047 刘宗豪
S202071055 韩　轩　S202071056 朱天宇
S202071060 张萌萌　S202071061 赵嘉宇
S202071068 苏戈燕　S202071071 刘帆帆
S202071072 申俊杰　S202071073 王禹洋
S202071076 尹玉峰　S202071081 种传刚

S202071085 姚 凯 S202071086 刘天浩
S202071087 万昭彤 S202071091 张 卉
S202072003 许 昊 S202072009 周钰鑫
S202072010 黎明昊 S202072012 吕逍遥
S202072015 张佳浩 S202072019 冯靖宇
S202072025 王旺达 S202072028 施 程
S202072036 赵 迪 S202072040 贺 辰
S202072041 李艳萍 S202072044 冯睿琦
S202072046 覃俊华 S202072047 周祎超
S202072051 马永阔 S202072053 叶文轩
S202072054 张智也 S202072055 雷 鑫
S202072056 蔡梓腾 S202072059 亓 元
S202072060 刘宇昊 S202072063 崔程凯
S202072065 李 熙 S202072067 张志远
S202072073 李 东 S202072084 吴鑫嘉
S202072089 刘圆圆 S202072093 孙烨镕
S202072102 王正江 S202072104 余露妍
S202072109 丁珏文 S202072707 邱宗玉
S202072716 岳宇鸣 S202072717 李 航
S202072718 崔汝凯 S202072719 赵 佐
S202073001 丁 雯 S202073010 王 玮
S202073020 李孟燃 S202073026 黄文杰
S202073029 李梦花 S202073030 王美琪
S202073032 杨 梅 S202073033 周 晨
S202073034 王 路 S202073039 连欣康
S202073041 邹亚男 S202073043 刘 蓥
S202073045 马佳琦 S202073047 邱 彤
S202073050 纪庭东 S202073054 苗壮壮
S202073059 杨永建 S202073063 曹齐爽
S202073071 徐雷桁 S202073072 许润玉
S202073074 李抒函 S202073075 陈丽同
S202073079 李 昂 S202073090 许家川
S202073091 程 琨 S202073093 徐成中
S202073095 易 微 S202073096 许世聪
S202073100 刘 清 S202073105 罗鑫博
S202073107 王晨阳 S202073109 邱昌盛
S202073112 冯万虎 S202073115 李思源
S202073116 吴 淳 S202073120 张 京
S202073122 赵珈艺 S202073123 刘玉坤
S202073143 王嘉倩 S202073144 王 帅
S202073147 杨 超 S202073149 任 进
S202073151 李 宓 S202073154 巩亚飞
S202073156 徐 雯 S202074001 刘俊池

S202074002 王贺天 S202074011 田 静
S202074018 于高远 S202074019 康乃馨
S202074020 徐杲旭 S202074021 宋 晓
S202074022 宋传勇 S202074025 陈晓林
S202074027 丁义龙 S202074029 阎婧雅
S202074030 李春虎 S202074032 武晓宇
S202074035 石雨桐 S202074041 曹思玮
S202074044 庞钦玉 S202074048 郇爱明
S202074050 李林志 S202074051 李德成
S202074058 王洁溪 S202074073 王智颖
S202074074 赵利昂 S202074077 徐艺翔
S202074084 金醒男 S202074085 李含梅
S202074088 王 宸 S202074092 马旭超
S202074093 赵 昱 S202074095 狄宇虹
S202074099 梁佳伟 S202074100 王万祥
S202074106 陈弘颖 S202074113 许德梅
S202074116 胡轶涵 S202074117 魏心岚
S202074123 付国纺 S202074126 王子璇
S202074137 陈圣泉 S202074138 林 灿
S202074139 程祥凤 S202074141 张燕丘
S202074144 付红梅 S202074145 马 超
S202074146 豆世鑫 S202074148 王宇航
S202074156 王 琪 S202074159 黄 佳
S202074162 姚 璐 S202074163 杨勇杰
S202074165 王婧琦 S202074168 徐 宇
S202074173 贺慧杰 S202074175 张 晗
S202074183 岳 豪 S202074703 陶晓宇
S202074704 郭晓龙 S202074706 李 珂
S202074710 周 谧 S202075006 赵琳娜
S202075011 侯泽庆 S202075014 袁 帅
S202075016 易先颖 S202075019 韩 楷
S202075020 靖博涵 S202075027 高 月
S202075028 张 畅 S202075029 邸远航
S202075031 范者正 S202075033 王 建
S202075041 张宇霆 S202075049 徐沁兰
S202075054 栾兆威 S202075058 何 俊
S202075060 高 校 S202075067 刘红玉
S202075068 李博雅 S202075069 罗阳阳
S202075071 马春澎 S202075073 姜钦航
S202075083 程文秀 S202075084 季新婵
S202075085 王梦真 S202075091 李丹彤
S202075094 纪梦强 S202075099 张春辉
S202075108 张 俊 S202075109 李思博

S202075114 王兴振 S202075116 宋雪娜
S202075119 庄须婕 S202075120 晋一淑
S202075122 何家锦 S202075124 祝明光
S202075701 班 天 S202075704 谭卓斐

城市建设学部（172 人）

S202064003 王业斌 S202064005 王晨辉
S202064009 徐 爽 S202064010 刘才宝
S202064011 华兴尚 S202064014 陈 亮
S202064015 潘荣桑 S202064016 柯尊弘
S202064019 程正兵 S202064023 韩春堂
S202064034 秦 威 S202064039 姜少栋
S202064043 刘开全 S202064048 郑星远
S202064054 杨 洁 S202064055 尤 祺
S202064058 刘志慧 S202064059 董晓微
S202064062 王仲实玉 S202064063 宋笑彦
S202064068 张爱芳 S202064073 何 阳
S202064074 裘明珠 S202064078 闫敬良
S202064079 闫路悦 S202064082 张东亮
S202064085 刘 江 S202064086 凡琪辉
S202064089 谢 晖 S202064090 刘 粽
S202064097 李泽华 S202064109 李智豪
S202064113 龚心蕊 S202064115 董怡雯
S202064121 李 哲 S202064123 李雨朦
S202064127 潘国平 S202064130 张忠兴
S202064133 臧紫晗 S202064135 石峻璋
S202064136 赵彩霞 S202064142 刘希玥
S202064143 宓 雪 S202064146 沈 意
S202064147 范晓雪 S202064148 梁 昆
S202064151 许 乐 S202064156 熊 正
S202064161 王 波 S202064170 龙世儒
S202064176 赵贺飞 S202064177 王志颖
S202064178 王凯然 S202064183 赵国帅
S202064184 郭东来 S202064185 张雪峰
S202064191 薛 洁 S202064192 吕治鹏
S202064193 谢 东 S202064198 刘 杰
S202064204 滕 卓 S202064208 高富康
S202064211 李珊珊 S202064214 王凌云
S202064215 高晓鹏 S202064217 崔 浩
S202064218 李广帆 S202064220 邓 凯
S202064227 任朋亮 S202064231 李堂军
S202064238 许 虎 S202064239 周 楠
S202064241 岳润东 S202064245 张 然
S202064251 王乃强 S202064253 王来顺
S202064256 李 鑫 S202064259 袁明明
S202064260 祖 凡 S202064266 蔡 超
S202064269 汪佳敏 S202064281 罗 立
S202064282 朱西昆·居来提
S202064292 梁晓明 S202064294 刘 浩
S202064296 王少康 S202064297 饶亦轩
S202064298 刘 曦 S202064300 李 豪
S202064303 韩龙宾 S202064304 方士东
S202064305 杨梦传 S202064306 王欣欣
S202064308 洪 政 S202064321 张 一
S202064323 姚燕燕 S202064325 杨综艺
S202064328 耿亮晗 S202064331 边雪莹
S202064332 赵崇辉 S202064333 任纪元
S202064334 刘城伯 S202064341 王帅玲
S202064343 朱文博 S202064350 徐是龙
S202064355 赵一凡 S202064362 周 航
S202064375 杨 仪 S202064376 薛悦鑫
S202064378 赵 芮 S202064380 朱文博
S202064381 李昱莹 S202064384 杨 泉
S202064388 杨明光 S202064389 史绍茳
S202064392 李华丽 S202064396 张 倩
S202064399 丁文华 S202064410 张 瑞
S202064412 陈 金 S202064414 曹杨柳
S202064415 麻翕翕 S202064419 周 瑾
S202064420 牛玉彬 S202064421 赵家楷
S202064422 向钒钉 S202064423 朱孟华
S202064429 白 冰 S202064430 邱宁宁
S202064431 朱婷玮 S202064441 郭雨萌
S202064445 王子琳 S202064447 孙晗都
S202064456 邵丹丹 S202064462 高 峪
S202064465 刘良蕊 S202064467 杨勇庆
S202064468 赵 湉 S202064473 刘润哲
S202064474 张 帆 S202064476 李春静
S202064477 关云丹 S202064478 张 帅
S202064479 丁 洁 S202064483 刘 畅
S202064485 梁耀元 S202064498 王 静
S202064499 王子佳 S202064503 张 震
S202064505 赵海娜 S202064506 李为康
S202064507 王子帆 S202064508 苏子勋
S202064509 王 多 S202064510 晋翎钰
S202064516 曹雅宁 S202064517 刘 婕
S202064533 张 凯 S202064534 张 琪
S202064535 张泽夏 S202064536 彭 睿
S202064538 果林峰 S202064543 吕 毅
S202064547 戴义博 S202064550 陈家源

S202064551 刘英苗　S202064553 楚静茹
S202064556 李　薪　S202064558 汤　婧
S202064559 卢华波　S202064570 张梦媛
S202064708 路天培

环境与生命学部（107 人）

S202005008 汪雅城　S202005009 王金明
S202005012 苏梦帆　S202005015 王亚玲
S202005019 王慧敏　S202005020 刘　雨
S202005022 王亮霞　S202005035 刘杨熠
S202005037 韩冬梅　S202005039 丁荣扩
S202005042 魏晨希　S202005045 张振科
S202005046 李　一　S202005048 高伟龙
S202005049 史梦圆　S202005050 荣维来
S202005054 薛山山　S202005055 保敏明
S202005058 孙亚洁　S202005059 李　晗
S202005064 刘玉辉　S202005066 孙敬敬
S202005068 高倩倩　S202005069 王程程
S202005074 蔡　鹏　S202005075 李泽娅
S202005078 刁　睿　S202005079 李淑贞
S202005080 邓　涵　S202005081 王瑜凌
S202005083 程沁毓　S202005085 李秭宜
S202005093 高凤英　S202005094 冯婉仪
S202005095 解　宸　S202005097 刘骐语
S202005099 樊佳瑞　S202005100 郭静雯
S202005102 赵　洋　S202005105 吴　悠
S202005106 董余凡　S202005107 苏新伟
S202005117 陈艾宏　S202005118 王　灵
S202005119 王兰洋　S202005120 黄镁淇
S202005145 徐宗泽　S202005154 李耀红
S202005160 赵　航　S202005161 梁浩然
S202005164 程　蓉　S202005165 赵茗燕
S202005168 尚涛涛　S202005170 李佳朋
S202005171 葛　聪　S202005172 林彦岗
S202005174 毕豪华　S202005183 马雨晴
S202005190 陈京生　S202005197 王宇飞
S202005199 王璐玉　S202005206 张　丹
S202005208 安　静　S202005213 李　睿
S202005216 叶贺勇　S202005217 晚　豪
S202005218 赵　莹　S202005239 刘增辉
S202005244 魏雯珍　S202005247 徐凯莉
S202005248 王苡帆　S202005251 王鲁宁
S202005252 牛　凯　S202005253 徐步青
S202005254 张　柱　S202005256 卞娇娇
S202005257 沈纪东　S202005262 侯瑞峰
S202005263 秦　超　S202015008 路文静
S202015014 李鸿铭　S202015018 马文博
S202015019 马　晨　S202015024 杜琳琳
S202015025 王　谦　S202015027 张　谨
S202015029 颜　静　S202015030 那　震
S202015033 韩凯硕　S202015036 余　睿
S202015037 韩　巧　S202015038 刘俊汝
S202015042 杨煜佳　S202015045 王　雪
S202015046 陈明岩　S202015047 马俊玲
S202015051 郝晓琪　S202015062 王晓丽
S202015064 姚　洁　S202015067 宋　霏
S202015069 胡芳睿　S202015072 刘　洋
S202015074 王　前　S202015079 薛清心
S202015088 刘梦佳　S202015090 赵慧敏
S202015092 刘玉婷

理学部（42 人）

S202006004 唐　超　S202006007 李　旭
S202006009 杜佳琦　S202006010 周旭洁
S202006014 于梦子　S202006017 李　紫
S202006023 李婧媛　S202006026 武闪闪
S202006028 房晓桐　S202006032 赵中睿
S202006035 杨龙姣　S202006041 李　沫
S202006043 赵乃金　S202006045 贺帅星
S202006047 关甜欢　S202006049 鲁　娜
S202006053 马亚倩　S202006057 闫安慧
S202006058 孙丽娟　S202006063 高玉洁
S202006067 英晓玮　S202006070 崔玉娇
S202006072 赵云霄　S202006079 刘雨秋
S202006085 孙宇轩　S202006086 朱方泽
S202006089 于添景　S202006092 李艳敏
S202006093 张　萌　S202006097 林　昊
S202006101 韩　阳　S202006108 许鲁风
S202006112 吕淑睿　S202006116 赵翠杰
S202006117 黄婧茹　S202006118 陈文茹
S202006128 王　晶　S202006130 刘　畅
S202006132 易睿智　S202006135 张　沁
S202006136 俞慧敏　S202006139 成　浩

经济与管理学院（35 人）

S202011004 程　璐　S202011006 张洋洋
S202011019 李彦蓉　S202011020 孙新宇
S202011023 郭珂予　S202011025 赵成杰
S202011026 徐思拓　S202011029 杜文鑫

S202011031 付丽媛 S202011032 李多加
S202011036 高梦丽 S202011040 郝家璇
S202011041 张莞晴 S202011045 崔 璨
S202011046 吴华芳 S202011047 周佳琦
S202011057 王玮玉 S202011061 吴爽爽
S202011062 张 涛 S202011063 张惠钊
S202011066 冯 野 S202011075 王聪聪
S202011078 张婷婷 S202011079 马晓迪
S202011084 黄婧雯 S202011094 姜傲雪
S202011095 方 钰 S202011099 武宇铎
S202011100 王 冉 S202011102 平 昕
S202011103 常 旭 S202011106 狄尔松
S202011109 刘润珂 S202011114 刘嘉迪
S202011119 郭园园

文法学部（25 人）

S202062001 王泽林 S202062003 黄春敏
S202062007 郑雅文 S202062008 喻永霜
S202062014 王晓宣 S202062016 李晶晶
S202062029 王菊红 S202062030 韦书豪
S202062034 卢润佳 S202062035 雷名洋
S202062043 崔美玲 S202062044 赵雨晴
S202062045 王雪琦 S202062049 刘 薇
S202062051 乔雨薇 S202062054 郭婷婷
S202062056 郝晓晶 S202062059 郭嘉琦
S202062062 李冰冰 S202062067 吴晓涵
S202062070 刘楚钰 S202062071 毛月琴
S202062077 胡 晓 S202062084 贾 悦
S202062085 李 彤

马克思主义学院（5 人）

S202036006 王一婕 S202036008 李 畅
S202036009 王婷婷 S202036012 于 洁
S202036015 李佳育

艺术设计学院（19 人）

S202035004 李梦溪 S202035009 彭祎辰
S202035013 冷 月 S202035014 王佳慧
S202035015 杨历历 S202035017 程忻怡
S202035021 阳 素 S202035022 张 硕
S202035026 芦 枫 S202035029 王晓烨
S202035038 刘珺怡 S202035042 周雨龙
S202035043 高 菲 S202035044 吴泓毅
S202035052 高 杉 S202035053 张钰清
S202035057 王子恒 S202035062 李婷婷
S202035064 窦志春

研究生社会工作奖（659 人）

材料与制造学部（160 人）

B201701030 郭 明 B201709017 于云飞
B201713002 李东方 B201726004 曲先林
B201801001 顾晓军 B201801033 李国通
B201809018 位秋梅 B201809033 梁上上
B201813004 郑保罗 B201826009 高春朗
B201901017 王月珍 B201901028 吴 莎
B201901029 鲁朝静 B201909007 岳子微
B201909015 滕 媛 B201909026 孙领民
B201909030 姚羽涵 B201909032 赵林艳
B201913004 潘永漫 B201913014 张 冉
B201926002 余 涛 B201926013 宋敬思
B202001005 粘向川 B202001011 郝小龙
B202001017 董治麟 B202001037 宗冠臣
B202009001 张 政 B202009020 陈炯燊
B202009025 丛利颖 B202013002 杜伟哲
B202013011 潘胜利 B202026011 杨晓萌
S201801029 李志雄 S201901001 王 帅
S201901006 余晓龙 S201901032 任佳祥
S201901033 王宝恩 S201901036 王 畅
S201901054 陈德垠 S201901062 胡飞涛
S201901065 陈成伟 S201901070 翟 璇
S201901082 张晓丹 S201901090 徐浩远
S201901091 赵立磊 S201901106 寇寒林
S201901121 郭建美 S201901137 王 哲
S201901138 苑博帅 S201901141 窦 磊
S201901165 董 亚 S201901174 代子鹏
S201901177 潘艳杰 S201901191 王 磊
S201901193 任子玉 S201901194 任学磊
S201901250 周鑫华 S201901252 陈珂玮
S201901253 解 东 S201901712 颜鸣岐
S201909001 曹 婧 S201909016 吴 迪
S201909019 索文华 S201909032 边茹茹
S201909070 张冬妮 S201909076 刘子薇
S201909085 胡双媛 S201909091 李淼淼
S201909102 刘晓静 S201909105 陈 然
S201909109 董炫疆 S201909116 李大运
S201909119 王 博 S201909121 常 辉
S201909125 王 悦 S201909127 张 楠
S201909133 贾嘉豪 S201909150 赵 宇
S201909155 汤庆辉 S201909167 牛小男
S201909170 梁云龙 S201909186 王振豪

S201913001 魏文聪 S201913021 张　龙
S201913030 刘天祺 S201913034 郭校言
S201913046 李学坤 S201913048 崔旭建
S201913073 赵天泽 S201913081 胡佑瑾
S201913084 都百瑞 S201913087 戴子若
S201926014 田志永 S201926028 田博海
S202001008 王胜杰 S202001016 李吉强
S202001030 何金林 S202001031 马锡盟
S202001040 冯葛豪 S202001045 赵英杰
S202001055 郭秩铭 S202001058 李延峰
S202001059 王江达 S202001068 王　凯
S202001082 杨书生 S202001087 孔玉梅
S202001099 王一桥 S202001104 宁梦帅
S202001109 卞泽琦 S202001115 崔　醒
S202001136 张晨晨 S202001144 单　燕
S202001145 丛　雪 S202001146 李培金
S202001155 吴　婷 S202001156 岳小栋
S202001158 黄　河 S202001165 李卓然
S202001166 崔磊鑫 S202001170 李德威
S202001175 王伯旭 S202001204 赵晓虎
S202001205 方　京 S202001232 姚季伟
S202001234 王东辉 S202009001 郑紫晨
S202009004 陈马骏 S202009009 邵亦白
S202009041 刘　悦 S202009049 盛焕瑶
S202009055 马境蕊 S202009063 王美淋
S202009081 姚永生 S202009083 武德凡
S202009087 赵　俊 S202009088 于文静
S202009096 白　婷 S202009109 郭嘉琪
S202009113 张　端 S202009116 唐鑫科
S202009125 郭　钊 S202009131 管　浩
S202009142 高　可 S202009148 许福有
S202009187 李炳毅 S202009191 马建平
S202009195 晋学轮 S202013001 孔　华
S202013002 董国臣 S202013013 尹　晶
S202013022 司广阔 S202013028 柴　松
S202013045 张子佳 S202013059 李　彪
S202013060 彭　晨 S202013068 万双琴
S202013075 麻晓冉 S202013089 李松原
S202026004 刘　欢 S202026011 王佳兴

信息学部（164 人）

B201761004 张俊杰 B201861006 李　轩
B201861011 李　爽 B201861029 何海军
B201961003 张文倩 B201961012 康俊鹏
B201961046 刁子朋 B201961057 张晓波
B201961058 徐　曦 B202072009 王立昊
B202073015 赵俊峰 B202073019 刘腾飞
B202073020 路明明 B202074004 韩现群
B202074007 吴　迪 B202074014 谭晞月
B202074016 赵紫琳 S201941004 吴同轩
S201941005 杨亚飞 S201941020 赵　辉
S201961013 曹路明 S201961020 刘　斌
S201961026 赵英顺 S201961037 马海鑫
S201961045 李侨宇 S201961062 赵学慧
S201961072 袁永仪 S201961080 张宸林
S201961084 秦晨辉 S201961085 陈中林
S201961087 夏　爽 S201961097 王雪峰
S201961116 王明超 S201961126 许　欣
S201961129 王师凯 S201961136 江丰尧
S201961174 柳丹彤 S201961177 钱　宸
S201961186 任亚亭 S201961196 谷浩然
S201961203 左利宇 S201961215 郭　旗
S201961224 齐景仲 S201961237 孔江萍
S201961251 王　菲 S201961254 姜　燕
S201961258 王志举 S201961273 申保晨
S201961278 江书阳 S201961290 李朋昆
S201961314 谭张杨 S201961316 李天旗
S201961331 仝佳媛 S201961352 许梦文
S201961354 甘孟哲 S201961362 付世佳
S201961372 杨　斌 S201961375 刘　璐
S201961376 刘一忻 S201961377 杨　闯
S201961418 刘遵豪 S201961420 周雨晗
S201961427 鲁子佳 S201961454 刘　杨
S201961456 刘　帅 S201961457 罗上尧
S201961462 刘冬晖 S201961471 孙馨蕊
S201961475 智英豪 S201961479 史佳眉
S201961506 张梁子沁 S201961512 王明烁
S201961524 郭　彬 S201961536 智宏伟
S201961539 张　雪 S201961554 李松静
S201961567 曹广磊 S201961585 杨　涛
S201961711 詹威威 S201961723 李东宇
S201961732 徐　晗 S201961752 别　桐
S201961764 裴帅康 S201961794 周显晴
S201961795 王睿依 S201961803 马　越
S201961807 马瑞瑞 S201961808 罗　曼
S201961812 张晴晴 S201961816 黄明明
S201961853 任清阳 S202071003 刘一宏

S202071005 孟凡超 S202071011 杨 雪
S202071019 杨静飞 S202071024 裴 攀
S202071042 周荔侠 S202071051 赵雅楠
S202071073 王禹洋 S202071088 刘志成
S202072004 钱 欢 S202072007 李炬哲
S202072035 梁 岩 S202072041 李艳萍
S202072045 栾 天 S202072058 张 旭
S202072060 刘宇昊 S202072077 王川宁
S202072093 孙烨镕 S202072101 解佳洋
S202072704 陈旺鑫 S202073004 张汗夫
S202073005 庞利伟 S202073031 陈 璐
S202073038 刘 岩 S202073039 连欣康
S202073045 马佳琦 S202073071 徐雷桁
S202073088 胡开成 S202073112 冯万虎
S202073129 郭印宏 S202073148 朱芮华
S202073149 任 进 S202073152 李鸥宵
S202073159 徐 畅 S202073160 彭 婷
S202074007 赵文龙 S202074012 任义婷
S202074028 马 帅 S202074029 阎婧雅
S202074031 王冰路 S202074060 单小虎
S202074090 韩宇飞 S202074092 马旭超
S202074093 赵 昱 S202074096 闫洪伟
S202074098 李宗耀 S202074100 王万祥
S202074108 霍晓彤 S202074113 许德梅
S202074122 李 贞 S202074128 贾 浩
S202074142 陈雅君 S202074159 黄 佳
S202074162 姚 璐 S202074163 杨勇杰
S202074166 吕宏硕 S202074172 黄仙婷
S202074181 吕 鑫 S202074703 陶晓宇
S202075006 赵琳娜 S202075008 周子安
S202075009 杨来义 S202075022 虞 杨
S202075023 王舒晴 S202075055 吴秉权
S202075062 谷美颖 S202075066 倪 诚
S202075078 孙 宇 S202075081 彭浩然
S202075091 李丹彤 S202075122 何家锦
S202075123 朱 念 S202075706 杨孟新

城市建设学部（146 人）

B201704001 孙艳国 B201804005 万 涛
B201804023 李佳跃 B201804038 孙毅龙
B201804042 高经纬 B201804046 张成明
B201804055 焦弘赟 B201839004 曾靖翔
B201904008 王 梦 B201904010 思晓龙
B201904027 郝梓仰 B201904032 武佳佳
B201904051 孟晓伟 B201904054 狄启光
B201939007 刘思杨 B202064002 刘 雷
B202064012 王 鑫 B202064025 贺晨蕊
B202064030 焦泽栋 B202064031 李传浩
B202064048 刘 政 B202064067 袁 驰
B202064083 于 瑞 B202064115 张梦宇
B202064119 田栓柱 B202164006 李沐珊
B202164022 孙澔鼎 B202164025 郭瑞捷
B202164075 黄 流 B202164130 陈浩林
S201839024 彭靖萱 S201904007 张振双
S201904009 孙 彤 S201904017 梁 旭
S201904021 董晓辉 S201904028 王永刚
S201904031 李 茜 S201904039 宋俊彦
S201904057 王 钰 S201904065 吕 焕
S201904073 张瑞涛 S201904079 孙海龙
S201904090 贾智富 S201904106 封晓英
S201904108 祁 薇 S201904112 韩 浩
S201904116 王慧平 S201904137 杨钰荣
S201904149 刘 策 S201904172 金运建
S201904174 史国梁 S201904196 周金来
S201904225 董 悦 S201904233 谷坤生
S201904245 刘冠博 S201904256 李闻智
S201904263 卢祥韬 S201904284 欧阳佳娇
S201904295 陈 旭 S201904303 杜泽强
S201904304 李海泽 S201904314 李彩云
S201904323 张帅祥 S201904324 杏 剑
S201904327 矫悦悦 S201912002 陈 哲
S201912018 倪 乐 S201912024 张明远
S201912041 樊士博 S201912056 王 爽
S201912058 齐旭霞 S201912068 沈哲冲
S201912073 任 锟 S201939025 司 琦
S201939051 张定亮 S201939052 肖 宇
S201939059 闫天朋 S202064005 王晨辉
S202064008 朱 建 S202064010 刘才宝
S202064017 孙国川 S202064021 侯 敏
S202064033 钱 都 S202064044 王 超
S202064052 陈曦泽 S202064054 杨 洁
S202064074 裘明珠 S202064083 田 昊
S202064088 宫梦真 S202064089 谢 晖
S202064104 樛登科 S202064105 冯紫科
S202064113 龚心蕊 S202064114 刘文路
S202064119 王志维 S202064137 陆 瑶
S202064163 孙凯悦 S202064180 李德旺

S202064183 赵国帅 S202064188 秦 玉
S202064196 倪玉龙 S202064198 刘 杰
S202064210 赵显辉 S202064214 王凌云
S202064217 崔 浩 S202064235 唐 琪
S202064237 游雪琪 S202064239 周 楠
S202064247 韩丛熹 S202064251 王乃强
S202064253 王来顺 S202064257 高一鑫
S202064295 常 松 S202064306 王欣欣
S202064307 李枫熠 S202064311 宋常杰
S202064320 林添澍 S202064326 陈良垚
S202064336 吴雨晨 S202064359 金天一
S202064360 郭嘉成 S202064361 刘宇彤
S202064368 韩义发 S202064398 郑丽媛
S202064401 董 雨 S202064402 杨 坤
S202064407 马伯昌 S202064411 李国辉
S202064435 高 波 S202064441 郭雨萌
S202064457 宋向月 S202064464 王 也
S202064474 张 帆 S202064489 杨陆瑛
S202064497 常俊欣 S202064498 王 静
S202064501 贾子薇 S202064503 张 震
S202064509 王 多 S202064510 晋翎钰
S202064533 张 凯 S202064536 彭 睿
S202064552 张子号 S202064556 李 薪
S202064558 汤 婧 S202064570 张梦媛

环境与生命学部（89人）

B201805010 魏海姣 B201805012 吴 众
B201805018 牛丽娟 B201805019 王 璐
B201805025 侯志全 B201805033 董 宁
B201815008 梁朝远 B201905004 于凤娇
B201905015 鹿亚华 B201905030 刘子文
B201905044 王知其 B201905048 冯 岩
B201905049 宫小斐 B201915007 程妍妍
B201915008 张旭娟 B202005043 肖 阳
B202015008 刘金城 B202165028 金成刚
S201905038 马 崇 S201905044 赵雅倩
S201905050 任 景 S201905058 吴林科
S201905109 杜孟威 S201905110 颜海樱
S201905124 衣海馨 S201905135 杨 冉
S201905139 霍家慧 S201905157 闫庆志
S201905159 申超亚 S201905160 李业宏
S201905161 雷建辉 S201905169 李铜川
S201905172 张丽媛 S201905184 刘宏军
S201905196 戴胜杰 S201905217 刘 瑶
S201905228 杜展霞 S201915002 赵云鹏
S201915007 薛 姗 S201915013 赵子杰
S201915015 李 欢 S201915028 孔陈晨
S201915045 亢一舟 S201915049 韩雨洲
S201915054 许 可 S201915065 张 婷
S201915077 未朝春 S201915081 田 超
S201915089 刘梓嘉 S201915705 张建楠
S202005001 肖 波 S202005017 夏玉晴
S202005025 王津铭 S202005032 朱星光
S202005035 刘杨熠 S202005041 李东哲
S202005045 张振科 S202005050 荣维来
S202005064 刘玉辉 S202005065 李翔宇
S202005070 刘鑫森 S202005072 张佳辰
S202005080 邓 涵 S202005081 王瑜凌
S202005082 玄博元 S202005086 杨雪梅
S202005089 陈 康 S202005094 冯婉仪
S202005095 解 宸 S202005099 樊佳瑞
S202005102 赵 洋 S202005109 邓世林
S202005142 钟陈银 S202005161 梁浩然
S202005163 刘奕伟 S202005194 乔佳婕
S202005197 王宇飞 S202005217 晚 豪
S202005230 丁 帅 S202005256 卞娇娇
S202005267 闫自恒 S202015004 于渤洋
S202015016 刘子怡 S202015028 殷淑宁
S202015038 刘俊汝 S202015054 黄 勇
S202015076 姜 玮 S202015077 魏洪葛
S202015083 刘林军

理学部（32人）

B201806001 王 甜 B201906003 陈玉莹
B202006005 苑乾乾 B202166032 陈瑞祥
S201906028 边江园 S201906031 李 凡
S201906041 张宏扬 S201906053 马慧芳
S201906068 李潇洒 S201906072 刘新宇
S201906078 杨艾艾 S201906086 康 忱
S201906093 段 杰 S201906094 陈 浩
S201906100 甄 磊 S201906107 赵博琨
S201906116 徐向阳 S202006001 廖思涵
S202006015 张蒙可 S202006019 黄俊龙
S202006031 崔琼琼 S202006049 鲁 娜
S202006056 谷雪青 S202006057 闫安慧
S202006067 英晓玮 S202006074 孙 悦
S202006100 王君恒 S202006108 许鲁风
S202006110 李 敏 S202006121 孙 瑛

S202006130 刘 畅 S202006135 张 沁

经济与管理学院（26 人）

B201811002 王晓翔 B201911001 李 根
B202011005 黄庭阳 S201911002 李 璠
S201911021 肖 蒙 S201911059 何 强
S201911064 弋新月 S201911088 房 丹
S201911098 赵天朗 S202011013 闫铭健
S202011024 张宏达 S202011026 徐思拓
S202011029 杜文鑫 S202011032 李多加
S202011043 徐媛媛 S202011047 周佳琦
S202011049 邹宗霄 S202011054 黄嗣昌
S202011059 张淑伟 S202011060 艾 茜
S202011083 陈 雯 S202011085 姚雨非
S202011087 李雅馨 S202011106 狄尔松
S202011118 孟庆杰 S202011119 郭园园

文法学部（21 人）

S201962002 邱相奎 S201962005 郭包罗
S201962009 李 琳 S201962016 李立群
S201962024 郝亚楠 S201962049 张 涵
S201962056 冯 源 S201962078 梁璐玥
S202062005 侯 娜 S202062019 黄宇晨
S202062033 韩 芳 S202062042 朱嘉慧
S202062044 赵雨晴 S202062054 郭婷婷
S202062066 马睿辰 S202062067 吴晓涵
S202062070 刘楚钰 S202062072 耿启晓
S202062081 张渝婕 S202062082 张天圆
S202062085 李 彤

马克思主义学院（8 人）

S201936005 陈浩辉 S201936007 王志霞
S201936013 曲海燕 S201936016 王贵熙
S202036002 罗 一 S202036006 王一婕
S202036009 王婷婷 S202036012 于 洁

艺术设计学院（13 人）

S201935007 姚 强 S201935018 李安东
S201935031 汤 旭 S201935034 郭 鸣
S202035003 张梦晨 S202035004 李梦溪
S202035023 房建军 S202035025 王钰登
S202035046 毕 铭 S202035057 王子恒
S202035060 龚美琦 S202035061 赵 帅
S202035062 李婷婷

优秀研究生奖（611 人）

材料与制造学部（150 人）

B201801007 赵 帅 B201801023 闫 俊
B201801033 李国通 B201809018 位秋梅
B201809031 郝振东 B201813005 黄 瑞
B201826005 吴 睿 B201829004 刘功起
B201901001 王 飓 B201901016 王 鑫
B201901019 王培桐 B201901026 左世平
B201909016 赖光洪 B201909026 孙领民
B201909032 赵林艳 B201909040 孔 丽
B201913003 曹 利 B201926008 姜文祥
B202001008 赵思宇 B202001009 姜 凯
B202001025 王 楠 B202001033 吕 浩
B202009007 高 鑫 B202009014 刘 越
B202009018 秦文轩 B202009044 王银钟
B202013004 王 萱 B202026011 杨晓萌
B202026017 李元利 B202176045 周振勇
B202176046 周 宇 B202177026 吴海慧
B202177035 杜逸晖 S201901005 卢一铭
S201901023 艾明珠 S201901032 任佳祥
S201901033 王宝恩 S201901036 王 畅
S201901062 胡飞涛 S201901071 邱在辉
S201901082 张晓丹 S201901083 王 伦
S201901091 赵立磊 S201901106 寇寒林
S201901137 王 哲 S201901138 苑博帅
S201901146 房永超 S201901150 李加浩
S201901165 董 亚 S201901174 代子鹏
S201901177 潘艳杰 S201901191 王 磊
S201901194 任学磊 S201901250 周鑫华
S201901254 王 煜 S201901255 梁超伟
S201901704 余 帝 S201901712 颜鸣岐
S201909001 曹 婧 S201909016 吴 迪
S201909058 侯兴凯 S201909061 娄 峰
S201909070 张冬妮 S201909076 刘子薇
S201909091 李淼淼 S201909096 王腾起
S201909105 陈 然 S201909107 韩晓宁
S201909115 宋晓飞 S201909127 张 楠
S201909130 朱佩鸿 S201909133 贾嘉豪
S201909154 许 曦 S201909155 汤庆辉
S201909183 彭恒星 S201913017 吕世威
S201913020 温 哲 S201913029 周 堃
S201913030 刘天祺 S201913043 孙洲涛
S201913048 崔旭建 S201913052 黄国亮
S201913062 王艺瑄 S201913076 任 远
S201926014 田志永 S201926026 佟翔宇
S201926028 田博海 S202001003 邵钰轩

S202001008 王胜杰　S202001016 李吉强
S202001030 何金林　S202001031 马锡盟
S202001040 冯葛豪　S202001055 郭秩铭
S202001058 李延峰　S202001059 王江达
S202001078 吴则毅　S202001082 杨书生
S202001104 宁梦帅　S202001114 孙梦阳
S202001115 崔　醒　S202001136 张晨晨
S202001144 单　燕　S202001145 丛　雪
S202001146 李培金　S202001150 杨清山
S202001155 吴　婷　S202001156 岳小栋
S202001158 黄　河　S202001165 李卓然
S202001166 崔磊鑫　S202001170 李德威
S202001205 方　京　S202001232 姚季伟
S202001234 王东辉　S202009001 郑紫晨
S202009002 郭雯瑶　S202009004 陈马骏
S202009015 王振国　S202009041 刘　悦
S202009063 王美淋　S202009081 姚永生
S202009083 武德凡　S202009087 赵　俊
S202009088 于文静　S202009096 白　婷
S202009131 管　浩　S202009142 高　可
S202009143 田晓晓　S202009148 许福有
S202009152 朱宝福　S202009174 左　睿
S202009181 李姗珊　S202009186 司志旺
S202009191 马建平　S202009195 晋学轮
S202013026 赵　敏　S202013029 田　野
S202013034 宗梦雅　S202013036 金　装
S202013044 王泽康　S202013045 张子佳
S202013048 刘智远　S202013067 张海燕
S202013078 吴伟冲　S202013090 程丽莹
S202026004 刘　欢　S202026007 王占鑫
S202026011 王佳兴　S202026027 刘峻峰

信息学部（159 人）

B201761004 张俊杰　B201861004 刘　畅
B201861006 李　轩　B201861012 吴永鹏
B201861021 刘　峥　B201961008 杜在发
B201961016 刘洪旭　B201961022 李　欣
B201961027 郭继鹏　B201961056 张　丞
B201961058 徐　曦　B202071007 高　杨
B202072006 潘世杰　B202073001 李尚霖
B202073003 丁海旭　B202073008 夏　恒
B202073021 徐　乔　B202074007 吴　迪
S201941004 吴同轩　S201941014 王　硕
S201961013 曹路明　S201961020 刘　斌
S201961032 沙　印　S201961038 王丙辛
S201961045 李侨宇　S201961047 丁　钢
S201961051 文宇轩　S201961055 刘昌通
S201961084 秦晨辉　S201961085 陈中林
S201961093 陈路飞　S201961105 王潇潇
S201961115 闫秋硕　S201961126 许　欣
S201961133 王丹丹　S201961179 王云铎
S201961181 万佳琳　S201961188 秦淑芬
S201961196 谷浩然　S201961200 张涵宇
S201961215 郭　旗　S201961224 齐景仲
S201961237 孔江萍　S201961250 王　丹
S201961253 郭静萍　S201961254 姜　燕
S201961258 王志举　S201961263 刘　娜
S201961275 包宇成　S201961279 曾智勇
S201961280 赵　琳　S201961306 方星宇
S201961312 李雪峰　S201961322 李　白
S201961327 崔莺莺　S201961331 仝佳媛
S201961333 李岳清　S201961353 胡　海
S201961354 甘孟哲　S201961359 阮秭威
S201961362 付世佳　S201961375 刘　璐
S201961391 尹晟霖　S201961418 刘遵豪
S201961427 鲁子佳　S201961433 杨志伟
S201961452 严　赞　S201961457 罗士尧
S201961459 毛北逢　S201961464 付　煜
S201961473 杨皓琪　S201961479 史佳眉
S201961481 文　涵　S201961509 熊承尧
S201961512 王明烁　S201961517 王雅静
S201961535 卢国旗　S201961537 祖天奇
S201961546 李　俊　S201961552 闫　桐
S201961557 王静楠　S201961761 蔡雨桐
S201961764 裴帅康　S201961795 王睿依
S201961799 侯月武　S201961807 马瑞瑞
S201961811 陈燕博　S201961814 王志晗
S201961818 张　凡　S201961857 杨　鑫
S202071011 杨　雪　S202071015 赵小虎
S202071019 杨静飞　S202071024 裴　攀
S202071042 周荔侠　S202071047 刘宗豪
S202071053 慈康怡　S202071075 杜恩雨
S202071081 种传刚　S202072003 许　昊
S202072007 李炬哲　S202072017 石畅飞
S202072041 李艳萍　S202072051 马永阔
S202072063 崔程凯　S202072066 吴　凡
S202072091 李晋恒　S202072097 朱　富

S202072103 王 跃　S202072705 杨丽萍
S202073013 张 寅　S202073016 郭海涛
S202073031 陈 璐　S202073035 张自影
S202073046 张 天　S202073052 杨雨宁
S202073054 苗壮壮　S202073068 吴毅琳
S202073094 张晋瑜　S202073103 仝 琛
S202073127 张庆达　S202073133 李春阳
S202073142 王 铭　S202073149 任 进
S202073150 曹中奇　S202073156 徐 雯
S202074008 王佩科　S202074015 王飞鹏
S202074019 康乃馨　S202074028 马 帅
S202074029 阎婧雅　S202074031 王冰路
S202074033 田 盼　S202074083 韩 露
S202074084 金醒男　S202074092 马旭超
S202074100 王万祥　S202074113 许德梅
S202074128 贾 浩　S202074137 陈圣泉
S202074145 马 超　S202074146 豆世鑫
S202074159 黄 佳　S202074162 姚 璐
S202074163 杨勇杰　S202074705 刘珍珍
S202075004 陈星雨　S202075006 赵琳娜
S202075022 虞 杨　S202075045 姜尚东
S202075058 何 俊　S202075060 高 校
S202075066 倪 诚　S202075081 彭浩然
S202075091 李丹彤　S202075109 李思博
S202075120 晋一淑　S202075122 何家锦
S202075707 杨鲤银

城市建设学部（132 人）

B201704029 苗金波　B201804022 王泽宇
B201804038 孙毅龙　B201804042 高经纬
B201804046 张成明　B201804048 张 宇
B201804054 黄绪宏　B201839008 李雪玮
B201904001 严志威　B201904006 余文轩
B201904008 王 梦　B201904013 袁婉莹
B201904038 梁 旭　B201904068 李 平
B201939010 郭 淼　B202064012 王 鑫
B202064020 程时涛　B202064024 张凯迪
B202064030 焦泽栋　B202064033 樊玲玲
B202064037 刘江林　B202064068 田改垒
B202064075 王红炜　B202064079 曹孟京
B202064083 于 瑞　B202164006 李沐珊
B202164022 孙澔鼎　B202164075 黄 流
B202164109 王宇波　B202164130 陈浩林
B202164136 张晓龙　S201839024 彭靖萱
S201904005 谭豫卿　S201904007 张振双
S201904019 亢志宽　S201904025 白文燕
S201904057 王 钰　S201904064 解佳展
S201904073 张瑞涛　S201904079 孙海龙
S201904090 贾智富　S201904095 韦 青
S201904108 祁 薇　S201904109 许 可
S201904112 韩 浩　S201904137 杨钰荣
S201904144 陈美玲　S201904146 刘思媛
S201904169 张亚波　S201904174 史国梁
S201904186 郑建华　S201904195 杨 斌
S201904196 周金来　S201904240 梁洲婕
S201904243 孟 坤　S201904263 卢祥韬
S201904291 李家琪　S201904297 赵雅楠
S201904302 张惟佳　S201904316 齐乃馨
S201904326 王安格　S201912002 陈 哲
S201912018 倪 乐　S201912024 张明远
S201912029 程茹悦　S201912038 任仲朕
S201912060 翁子莹　S201912061 肖劲松
S201912704 王翌翔　S201939003 邵 越
S201939041 张 桐　S201939049 杨 磊
S202064001 陈美琳　S202064003 王业斌
S202064008 朱 建　S202064010 刘才宝
S202064011 华兴尚　S202064055 尤 祺
S202064086 凡琪辉　S202064089 谢 晖
S202064096 孙明锴　S202064097 李泽华
S202064098 石少华　S202064113 龚心蕊
S202064114 刘文路　S202064119 王志维
S202064141 刘书伟　S202064142 刘希玥
S202064146 沈 意　S202064156 熊 正
S202064161 王 波　S202064192 吕治鹏
S202064193 谢 东　S202064204 滕 卓
S202064210 赵显辉　S202064214 王凌云
S202064217 崔 浩　S202064239 周 楠
S202064250 李 倩　S202064254 许晓帅
S202064260 祖 凡　S202064271 宋 杰
S202064295 常 松　S202064306 王欣欣
S202064308 洪 政　S202064311 宋常杰
S202064321 张 一　S202064331 边雪莹
S202064349 张睿鑫　S202064362 周 航
S202064378 赵 芮　S202064390 酉文会
S202064391 戈印新　S202064398 郑丽媛
S202064407 马伯昌　S202064415 麻翕翕
S202064417 马 景　S202064419 周 瑾

S202064425 王雪雅 S202064456 邵丹丹
S202064473 刘润哲 S202064478 张 帅
S202064494 徐欣然 S202064496 张一鸣
S202064497 常俊欣 S202064504 徐瑞康
S202064510 晋翎钰 S202064512 温尚武
S202064516 曹雅宁 S202064518 张宸瑄
S202064533 张 凯 S202064558 汤 婧

环境与生命学部（88 人）

B201805012 吴 众 B201805018 牛丽娟
B201805019 王 璐 B201805021 王治伟
B201805025 侯志全 B201805029 姜 浩
B201805031 刘瑾瑾 B201805037 高锐涛
B201805040 戴慧卉 B201815004 穆振霞
B201905002 牛会鹏 B201905014 许永红
B201905023 张 奇 B201905048 冯 岩
B201905052 亓海强 B201915001 廉 菲
B201915007 程妍妍 B201915015 唐 铎
B202005014 平 旭 B202005024 常亚冉
B202015012 侯倩文 B202165028 金成刚
B202165030 孙 皓 S201905043 张武杰
S201905044 赵雅倩 S201905048 程超杰
S201905050 任 景 S201905067 曹腾旋
S201905074 李志霞 S201905088 单赛赛
S201905089 邢靖蓉 S201905090 罗绍平
S201905114 聂尚阳 S201905153 王 喆
S201905157 闫庆志 S201905158 常 珂
S201905160 李业宏 S201905190 刘丽芳
S201905202 孙清轩 S201905205 王月萍
S201905210 张志学 S201905219 武蕊琦
S201905228 杜展霞 S201915006 罗瑞柳
S201915020 张迪迪 S201915022 聂仁清
S201915040 高安娜 S201915045 亢一舟
S201915049 韩雨洲 S201915053 张 格
S201915064 冯文天 S201915703 刘建利
S201915707 曾 研 S202005005 来 晶
S202005015 王亚玲 S202005035 刘杨熠
S202005050 荣维来 S202005065 李翔宇
S202005070 刘鑫森 S202005072 张佳辰
S202005080 邓 涵 S202005081 王瑜凌
S202005082 玄博元 S202005096 郝志超
S202005103 郝仕伟 S202005104 尚雅鑫
S202005121 张钰婵 S202005144 刘 莹
S202005153 张 娜 S202005158 王星丽
S202005188 张鑫锋 S202005194 乔佳婕
S202005205 费佳颖 S202005217 晚 豪
S202005226 张大鹏 S202005243 樊占胜
S202005256 卞娇娇 S202005263 秦 超
S202005265 杨振宇 S202015016 刘子怡
S202015030 那 震 S202015031 褚东辰
S202015038 刘俊汝 S202015048 韩振波
S202015052 熊 敏 S202015055 郝婧宇
S202015059 金 悦 S202015067 宋 霏

理学部（32 人）

B201806016 张晓宇 B201806018 肖菊霞
B201806023 张 帅 B201906003 陈玉莹
B201906006 刘 莹 B201906026 王 进
B202166032 陈瑞祥 S201906053 马慧芳
S201906097 郑 侠 S201906100 甄 磊
S201906124 肖 脩 S202006001 廖思涵
S202006015 张蒙可 S202006028 房晓桐
S202006035 杨龙姣 S202006041 李 沫
S202006045 贺帅星 S202006049 鲁 娜
S202006056 谷雪青 S202006057 闫安慧
S202006067 英晓玮 S202006070 崔玉娇
S202006072 赵云霄 S202006108 许鲁风
S202006110 李 敏 S202006118 陈文茹
S202006121 孙 瑛 S202006123 王燕茹
S202006130 刘 畅 S202006132 易睿智
S202006135 张 沁 S202006141 汤博文

经济与管理学院（22 人）

B201811001 白国庆 B201911009 王亚静
B201911013 王 强 S201911007 马 野
S201911017 刘苒苒 S201911028 李杨洋
S201911071 申媛菲 S201911074 李 欣
S201911083 苍思吉 S201911091 胡鹤颜
S202011013 闫铭健 S202011020 孙新宇
S202011029 杜文鑫 S202011047 周佳琦
S202011049 邹宗霄 S202011057 王玮玉
S202011076 冯瑞琳 S202011079 马晓迪
S202011085 姚雨非 S202011087 李雅馨
S202011109 刘润珂 S202011114 刘嘉迪

文法学部（13 人）

S201962005 郭包罗 S201962015 宋佳琳
S201962016 李立群 S201962028 邢铈健

S201962048 梁雪琴　S201962056 冯　源
S201962078 梁璐玥　S202062005 侯　娜
S202062030 韦书豪　S202062042 朱嘉慧
S202062044 赵雨晴　S202062064 张淋淋
S202062083 崔玥莹

马克思主义学院（3 人）

S202036002 罗　一　S202036003 崔瑞祺
S202036008 李　畅

艺术设计学院（12 人）

S201935007 姚　强　S201935018 李安东
S201935031 汤　旭　S202035003 张梦晨
S202035004 李梦溪　S202035021 阳　素
S202035022 张　硕　S202035023 房建军
S202035030 王煜琳　S202035060 龚美琦
S202035061 赵　帅　S202035062 李婷婷

研究生励志奖（250 人）

材料与制造学部（71 人）

B202001017 董治麟　S201901001 王　帅
S201901003 郭立佳　S201901004 宗　凯
S201901019 丁鹏升　S201901026 田延忠
S201901032 任佳祥　S201901033 王宝恩
S201901056 张贤让　S201901059 李荣华
S201901098 王　杨　S201901100 张　辉
S201901121 郭建美　S201901127 刘　爽
S201901129 牛嘉锡　S201901130 左连恩
S201901131 李晓光　S201901132 孟宪元
S201901144 黎　威　S201901170 丁瑞龙
S201901188 姬云磊　S201901189 石康磊
S201901190 杨　南　S201901219 苗　磊
S201901244 黄星都　S201901251 彭雨杭
S201901703 田石雷　S201909160 翟丛伶
S201909167 牛小男　S201913038 张洪龙
S201913070 刘　树　S201913079 齐国安
S201926012 黄景萍　S202001007 李莎莎
S202001008 王胜杰　S202001010 王英杰
S202001030 何金林　S202001032 李文汉
S202001033 苏贺旺　S202001072 蹇永洁
S202001079 宁冬晶　S202001082 杨书生
S202001089 曲道多　S202001101 耿　亮
S202001102 侯旭蕾　S202001108 王　壮
S202001115 崔　醒　S202001151 蔡鹏飞
S202001159 余　强　S202001204 赵晓虎
S202001234 王东辉　S202001235 韩　凯
S202001242 杜新月　S202001272 王　晶
S202001275 李仕荣　S202001283 兰瑞利
S202009012 胡　旭　S202009069 王　振
S202009087 赵　俊　S202009128 谢　辉
S202009146 郭展展　S202009170 胡继飞
S202009191 马建平　S202009195 晋学轮
S202009204 张美玉　S202013006 邢羚榕
S202013026 赵　敏　S202013067 张海燕
S202013069 夏知文　S202026023 李菲祺
S202026028 黄国裕

信息学部（54 人）

S201941005 杨亚飞　S201961033 王　征
S201961237 孔江萍　S201961250 王　丹
S201961253 郭静萍　S201961324 方志轩
S201961544 刘晓露　S201961567 曹广磊
S201961794 周显晴　S201961797 陈玉霞
S201961854 翟嘉晖　S202071006 李姝颖
S202071024 裴　攀　S202071050 陈蕊蕊
S202071061 赵嘉宇　S202071066 邢乐园
S202071067 杨　锋　S202071068 苏戈燕
S202071071 刘帆帆　S202072004 钱　欢
S202072018 杨　帅　S202072082 况玲艳
S202072083 郑永煜　S202072084 吴鑫嘉
S202072085 代萌帆　S202072094 陈　芬
S202072100 李占杰　S202072104 余露妍
S202073028 李培育　S202073042 付芳玉
S202073053 刘永雷　S202073066 李学凤
S202073070 贺霞霞　S202073074 李抒函
S202073085 赵新丽　S202073129 郭印宏
S202073144 王　帅　S202073147 杨　超
S202073149 任　进　S202073150 曹中奇
S202074011 田　静　S202074024 吴亚朝
S202074031 王冰路　S202074050 李林志
S202074096 闫洪伟　S202074107 朱小松
S202074113 许德梅　S202075009 杨来义
S202075029 邸远航　S202075033 王　建
S202075093 常小林　S202075119 庄须婕
S202075122 何家锦　S202075124 祝明光

城市建设学部（27 人）

B202064014 王通行　S201904081 周鹏展
S201904233 谷坤生　S201904299 许德胜
S201904301 廖俊华　S201904314 李彩云
S201904324 杏　剑　S202064010 刘才宝

S202064054 杨　洁　S202064059 董晓微
S202064086 凡琪辉　S202064090 刘　粽
S202064093 罗方慧　S202064112 张　乐
S202064133 臧紫晗　S202064145 温舒晴
S202064227 任朋亮　S202064270 钟雅玲
S202064271 宋　杰　S202064273 李广耀
S202064275 刘　涛　S202064278 刘彦腾
S202064299 储著强　S202064301 钱　玉
S202064417 马　景　S202064441 郭雨萌
S202064477 关云丹

环境与生命学部（71 人）

B201805027 裴文波　B202005002 王申申
B202005013 张知足　B202015012 侯倩文
S201905026 宋文兵　S201905029 李岩松
S201905031 余海彬　S201905032 曹盎然
S201905043 张武杰　S201905055 苏宏静
S201905105 崔付倩　S201905131 肖荣晖
S201905137 钱　丽　S201905168 南俊平
S201905190 刘丽芳　S201905225 闫书琪
S201915005 王佳楠　S201915024 薛建英
S201915030 甄　珍　S201915069 曹阿成
S202005005 来　晶　S202005012 苏梦帆
S202005019 王慧敏　S202005022 王亮霞
S202005029 李钰颖　S202005035 刘杨熠
S202005039 丁荣扩　S202005045 张振科
S202005048 高伟龙　S202005058 孙亚洁
S202005061 申　越　S202005064 刘玉辉
S202005068 高倩倩　S202005075 李泽娅
S202005079 李淑贞　S202005093 高凤英
S202005102 赵　洋　S202005106 董余凡
S202005107 苏新伟　S202005112 曾　嘉
S202005116 尹国彬　S202005117 陈艾宏
S202005120 黄镁淇　S202005144 刘　莹
S202005153 张　娜　S202005165 赵茗燕
S202005175 卢盼盼　S202005194 乔佳婕
S202005195 郭重阳　S202005196 李笑迪
S202005197 王宇飞　S202005210 宁春晓
S202005216 叶贺勇　S202005230 丁　帅
S202005237 侯林凡　S202005239 刘增辉
S202005243 樊占胜　S202005244 魏雯珍
S202005251 王鲁宁　S202005254 张　柱
S202005257 沈纪东　S202015016 刘子怡
S202015024 杜琳琳　S202015029 颜　静
S202015052 熊　敏　S202015055 郝婧宇
S202015059 金　悦　S202015067 宋　霏
S202015080 周永慧　S202015091 屈文燕
S202015092 刘玉婷

理学部（4 人）

S201906061 张　佳　S202006049 鲁　娜
S202006070 崔玉娇　S202006083 单春园

经济与管理学院（11 人）

B201911001 李　根　S201911085 渠　珂
S202011001 王成秀　S202011006 张洋洋
S202011036 高梦丽　S202011047 周佳琦
S202011061 吴爽爽　S202011075 王聪聪
S202011101 崔舒雅　S202011104 谢丽鑫
S202011119 郭园园

文法学部（6 人）

S201962009 李　琳　S202062029 王菊红
S202062033 韩　芳　S202062042 朱嘉慧
S202062071 毛月琴　S202062077 胡　晓

马克思主义学院（2 人）

S202036002 罗　一　S202036017 李濛雨

艺术设计学院（4 人）

S202035004 李梦溪　S202035041 豆奕琳
S202035053 张钰清　S202035062 李婷婷

2021 年度研究生学业奖学金（1994 人）

博士研究生学业奖学金（453 人）

材料与制造学部（127 人）

B202176001 蒋艳丹　B202176002 张维兴
B202176003 郑　菲　B202176004 陈一诚
B202176005 王艺博　B202176006 张　婧
B202176007 赵胜军　B202176008 赵利波
B202176009 强万智　B202176010 李继承
B202176011 郑　楠　B202176012 闫　兴
B202176013 赵　童　B202176014 李　健
B202176016 李明飞　B202176017 阙文政
B202176018 牛　鹏　B202176019 牛娜娜
B202176020 刘　戳　B202176021 李　状
B202176022 王贵程　B202176023 王　刚
B202176024 李　佳　B202176026 何　皓
B202176027 程　博　B202176028 李文泰
B202176029 刘靖博　B202176030 杨　迪

B202176032	傅 萍	B202176033	王舒昱
B202176034	王 欢	B202176035	李智强
B202176036	李金龙	B202176037	张宗健
B202176039	常书源	B202176040	杨 丽
B202176041	于江豪	B202176043	齐勇胜
B202176044	孙一宸	B202176045	周振勇
B202176046	周 宇	B202176047	李 萌
B202176048	冯永炳	B202176049	王建辉
B202176050	刘慧敏	B202176051	王金杰
B202176052	杨 帅	B202177001	赵文康
B202177002	曾垂涛	B202177003	周子肖
B202177004	周文采	B202177005	王 朝
B202177006	席凯彪	B202177007	王 晗
B202177008	武 一	B202177009	高凯龙
B202177010	李明阳	B202177011	郭科宏
B202177012	李旭东	B202177013	周宗熠
B202177014	宁 静	B202177015	马晨曦
B202177016	李林聪	B202177017	蔡圆圆
B202177019	张丛健	B202177020	刘 政
B202177021	秦 渊	B202177022	陇 赞
B202177023	于立超	B202177024	陈 昊
B202177025	姬 明	B202177026	吴海慧
B202177027	王阳博	B202177028	周 缤
B202177029	杜 楷	B202177030	李孟星
B202177031	陈 镇	B202177032	马文旭
B202177033	徐玉睿	B202177034	王万甫
B202177035	杜逸晖	B202177036	崔 泽
B202177037	龚利强	B202177038	史振富
B202177039	李华晨	B202177041	王向昭
B202177042	王耀耀	B202177043	赵旭男
B202177044	李小强	B202177045	杨子聪
B202177046	许丛郁	B202177047	刘世奇
B202177048	李小璇	B202177049	谢 亮
B202177051	袁庆彬	B202177052	霍明超
B202177053	孔儒豪	B202177054	谭 伟
B202177055	张家宝	B202177056	卢 回
B202177057	张翼鸿	B202177058	曲晶晶
B202177059	王越帅	B202177060	韩 笑
B202177061	周建力	B202177062	高文杰
B202177063	武晓梅	B202178001	王 芹
B202178002	孙伟高	B202178003	杨 晶
B202178004	夏 童	B202178005	杨林京
B202178006	姜 枫	B202178007	宝剑锋
B202178008	朱体颖	B202178009	宋伟华
B202178010	姚 瑶	B202178011	刘梦竹
B202178012	曹思远	B202178013	刁 群
B202178014	柯俊敏	B202179001	刘陵恩
B202179002	蒋 成	B202179004	胡瀚文
B202179005	张子豪	B202179006	王 超
B202179007	吕 倩		

信息学部（71人）

B202171001	张 旭	B202171002	高 尚
B202171003	金 峥	B202171004	魏承朴
B202171005	郑祎豪	B202171006	赵立东
B202171007	曹 宇	B202171008	冀金泉
B202172001	曲志伟	B202172002	王柳谦
B202172003	唐鹏昊	B202172004	丁 亮
B202172005	吴 博	B202172006	裴宪梓
B202172007	鲁晓庄	B202172008	章 海
B202172009	王晓雪	B202173002	李 阳
B202173003	张 栋	B202173004	杨少布道
B202173005	孙子健	B202173006	白 星
B202173007	刘泉伯	B202173008	赵涵旭
B202173009	辛 鹏	B202173010	姜渴鑫
B202173011	孙晨暄	B202173012	林永泽
B202173013	杨茹越	B202173014	李蒙蒙
B202173015	冯成成	B202173016	张奇宇
B202173017	程子均	B202173018	蔺暄淇
B202173019	刘 静	B202173020	李倩星
B202173021	胡 慧	B202173022	杨亚超
B202173023	吴彦昆	B202173024	孙忠凡
B202173025	徐 凯	B202173026	廖诣深
B202173028	杨雨菲	B202173029	张家辉
B202173030	高 宁	B202173031	邓佳鑫
B202173032	廖 杰	B202174001	周 燕
B202174002	王炎玲	B202174003	彭天奇
B202174004	赵亚茹	B202174005	马健喆
B202174006	徐润桐	B202174007	刘俊锐
B202174008	陈 业	B202174009	郭 崇
B202174010	杨 琼	B202174011	王家普
B202174012	郭乐宁	B202174013	王 旭
B202174014	公 智	B202174015	许少武
B202174016	陈致远	B202174017	杜 琰
B202174018	胡钊鸣	B202174019	滕自怡
B202175001	张丽媛	B202175002	罗叶红
B202175003	王慧娜	B202175004	郑桂萍

B202175006 竹志超

城市建设学部（133 人）

B202164002 祁家所　B202164003 许枫源
B202164005 张文浩　B202164006 李沐珊
B202164007 任媛媛　B202164008 王子彦
B202164009 丁　毅　B202164010 张忠想
B202164012 赵　阳　B202164013 汪俊坤
B202164014 刘春波　B202164015 于万里
B202164016 吴杨周　B202164017 张　强
B202164018 张盛飞　B202164019 苏思博
B202164020 张　嫚　B202164021 程　扬
B202164022 孙澔鼎　B202164023 刘　浩
B202164024 牛子尧　B202164025 郭瑞捷
B202164026 王晓彬　B202164027 刘慧娟
B202164028 宋苏萌　B202164029 张　旭
B202164030 张如函　B202164031 朱泓杰
B202164032 史文浩　B202164033 姚秀鹏
B202164034 吕文舒　B202164035 邱　萍
B202164036 杨智乐　B202164037 桂金洋
B202164038 穆金磊　B202164039 刘运泽
B202164040 刘威亨　B202164041 李忠海
B202164042 朱振兴　B202164044 柳子涵
B202164045 张　幸　B202164046 兰冬球
B202164047 雷宇霜　B202164048 郭龙鑫
B202164049 崔文彬　B202164050 张升旺
B202164051 王晓文　B202164052 张龙冠
B202164053 李　清　B202164054 张　成
B202164055 赫约西　B202164056 张宏涛
B202164057 鲁秀亮　B202164058 巩翔宇
B202164059 刘冠辰　B202164060 王　尉
B202164061 梅世杰　B202164062 陈耀嘉
B202164063 张海祥　B202164064 王泽浩
B202164065 李彦霖　B202164067 葛辰贺
B202164068 任　朋　B202164069 苏粲粲
B202164070 岳　霞　B202164071 马一丁
B202164072 姜平伟　B202164073 曹西太郎
B202164074 王树青　B202164075 黄　流
B202164076 王雪来　B202164077 陈　璐
B202164078 任瑞乐　B202164079 仇　贝
B202164080 征西遥　B202164081 王　满
B202164082 吕辰旭　B202164083 梁美琛
B202164084 崔小普　B202164085 陈　洋
B202164086 李　裴　B202164087 齐云鹏
B202164088 韩　林　B202164089 郭晏辰
B202164090 傅思博　B202164091 郝彤遥
B202164092 张晓航　B202164094 田双超
B202164095 韩　飞　B202164096 张　昕
B202164097 唐　鹏　B202164098 高　鹏
B202164100 岳　霄　B202164102 郭可欢
B202164103 魏子清　B202164104 丁　一
B202164105 胡　鑫　B202164106 李亚男
B202164108 王　薇　B202164109 王宇波
B202164110 苏枳赫　B202164111 盖世博
B202164112 周锦玥　B202164113 范朋丹
B202164114 王世权　B202164115 尹凯丽
B202164116 杜伯尧　B202164118 苗豆豆
B202164119 杨　震　B202164120 丁晓晓
B202164121 白一飞　B202164122 钱汉强
B202164123 邵　娟　B202164124 高亚聪
B202164125 王欣桐　B202164126 于江波
B202164128 张　凯　B202164129 曹青云
B202164130 陈浩林　B202164131 朱雷鹏
B202164132 郭旺达　B202164133 关艳艳
B202164134 郭　蕊　B202164135 郑舒妍
B202164136 张晓龙　B202164137 张建华
B202164138 李安然　B202164139 陈　彪
B202164140 侯龙龙　B202164141 禹红宾
B202164142 许正厚　B202164145 徐崇元
B202164146 郑　祎

环境与生命学部（78 人）

B202165001 苗珊珊　B202165002 吕胜楠
B202165003 卞瑞豪　B202165004 刘旺旺
B202165005 娜荷芽　B202165006 乔佳楠
B202165007 杨琦帆　B202165008 高　磊
B202165009 张玉梅　B202165010 刘一默
B202165011 洪　琛　B202165012 孟　昊
B202165013 杨海龙　B202165014 孔凡钊
B202165015 冯　莹　B202165016 王　恂
B202165017 丁鑫磊　B202165019 裴　彤
B202165020 刘元星　B202165021 方　蕴
B202165022 熊劭青　B202165023 韩　莹
B202165024 陈雪倩　B202165025 姚秀秀
B202165026 胡　帮　B202165027 杨亚琼
B202165028 金成刚　B202165029 侯春光
B202165030 孙　皓　B202165032 李　宁
B202165033 张鹏丹　B202165034 王光林

B202165035 李嘉乔　B202165037 刘瑞林
B202165038 王　越　B202165039 李舒远
B202165040 王传达　B202165041 张俊峰
B202165042 蔡　斌　B202165043 傅心怡
B202165044 李孟珍　B202165045 孟繁伟
B202165046 焦钰捷　B202165047 吴洁宁
B202165048 梁艺萱　B202165049 李双叶
B202165051 王　聪　B202165052 徐　进
B202165053 宿云龙　B202165054 周文韬
B202165055 但琼鹏　B202165056 王梓豪
B202165057 詹孟佳　B202165058 赵铁凡
B202165059 梁辉凯　B202165060 李贞莹
B202165061 石雪林　B202165062 潘子祎
B202165063 周　桐　B202165064 刘　磊
B202165065 吕自然　B202165066 赵维坚
B202165067 秦巧臻　B202165068 杨春启
B202165069 宗　琪　B202165070 宋嘉宁
B202165071 赵瑾宜　B202165072 张晓坤
B202165073 李亚婷　B202165075 李奇斌
B202165076 张浩南　B202165077 付瑞森
B202165078 郭　宝　B202165079 谭周美
B202165080 吴志祥　B202165081 刘雪梅
B202165082 王娇娇　B202165083 曹梦彤

理学部（29人）

B202166001 苗　丽　B202166002 杨　铭
B202166003 张淑祯　B202166004 连月芳
B202166006 王婉霞　B202166007 胡星宇
B202166008 张玉峰　B202166010 赵宁宁
B202166011 剧嘉琛　B202166012 肖建宇
B202166013 项傲雪　B202166014 杨惠婷
B202166015 陈　凡　B202166016 孟　雪
B202166017 杨　华　B202166019 刘曦蕊
B202166020 石翔宇　B202166021 夏立奇
B202166022 田镇滔　B202166023 廉成娣
B202166024 曹幸运　B202166025 李泽麒
B202166026 张文学　B202166027 张明华
B202166028 张泽新　B202166029 齐　军
B202166030 李佳俊　B202166031 张立正
B202166032 陈瑞祥

经济与管理学院（15人）

B202111001 台亚非　B202111003 顾雨潇
B202111004 刘佳宁　B202111005 呙　策
B202111006 赵雄飞　B202111007 张洋溢
B202111008 刘保留　B202111009 崔　华
B202111010 李　丹　B202111011 张天瑞
B202111012 何多魁　B202111013 谢　锐
B202111014 钱　存　B202111015 朱士超
B202111016 高　宁

硕士研究生学业奖学金（一等）（514人）

材料与制造学部（57人）

S202176018 刘鑫宇　S202176036 苏　哲
S202176050 蔺仕广　S202176065 盛卫星
S202176115 赵　宇　S202176214 房世童
S202176215 郭凯伟　S202176217 冀泽辉
S202176222 彭　帅　S202176238 吴子建
S202176240 袁瑞情　S202176253 马海超
S202176298 万　辉　S202177019 崔　捷
S202177048 胡广星　S202177102 隋玉洁
S202177105 张　裕　S202177123 何德威
S202177146 张晋铭　S202177178 王璇钰
S202177186 席　钊　S202177212 许文龙
S202177222 梁钱炜　S202177237 付琮琪
S202177246 赵雪姣　S202178009 黄彩丽
S202178013 卢向文　S202178066 王思文
S202178088 张　威　S202178093 田瑞琪
S202179001 孙　涛　S202176029 蔡少鹏
S202176030 王　非　S202176031 杨　森
S202176032 张　征　S202176041 曾一波
S202176042 杨　洋　S202176043 尹舸帆
S202176044 张明亮　S202176060 李　洋
S202176069 王　煜　S202176070 叶土仙
S202176080 何壮壮　S202176091 陈可欣
S202176103 彭　健　S202176117 韩梦蕊
S202176118 员若男　S202176189 张　龙
S202176261 何　鑫　S202177001 李明晔
S202177040 王　晨　S202177041 冯运发
S202177042 周净雨　S202177075 王雪篪
S202177076 刘爱炜　S202177077 李　腾
S202177093 吴　月

信息学部（130人）

S202171001 何　岩　S202171026 王腾达
S202171075 田　猛　S202171081 卢海静
S202172005 张浩智　S202172047 刘孝宇
S202172052 姜梦岍　S202172053 李世博
S202172072 张淑莹　S202173018 焦振宇
S202173074 张思远　S202173075 张相森
S202173101 董　硕　S202173107 王家琪
S202173110 李洪政　S202173168 王　威

S202174020 贾奥哲 S202174033 刘雅祺
S202174042 熊小军 S202174104 郑文超
S202174114 黄琳琳 S202174131 翟锦龙
S202174151 侯志浩 S202174172 陈 昊
S202175006 常岳琪 S202175024 陈泽贤
S202175031 武嘉慧 S202175070 马海森
S202175087 李艺丰 S202175125 徐逸飞
S202171006 赵晶晶 S202171021 谢欣儒
S202171022 李梦思 S202171027 杨雨妍
S202171028 耿梦凡 S202171029 张嘉铭
S202171030 代 梦 S202171031 田 丽
S202171039 邢乐豪 S202171040 覃小琳
S202171056 刘美杉 S202171057 徐京瑶
S202171058 蔺舒敏 S202171074 宋静茹
S202171079 庞 睿 S202171087 禤祖年
S202172002 袁子敬 S202172003 张晓羽
S202172004 刘 堃 S202172038 李宇濛
S202172039 杜珊珊 S202172046 张玙彤
S202173001 郭馨杨 S202173002 王梓贤
S202173003 唐泽诚 S202173004 曹 杨
S202173005 丁瀛帆 S202173006 张健愉
S202173007 陈鼎元 S202173033 潘晓彤
S202173046 刘红燕 S202173047 李文谦
S202173048 王卫星 S202173049 熊宝成
S202173050 刘梦婷 S202173051 王兴起
S202173052 王梦晓 S202173053 贾琳琳
S202173054 张宇晴 S202173079 叶文兵
S202173082 关海山 S202173083 苏 瑞
S202173084 兰佳棋 S202173085 石铭杰
S202173131 赵境博 S202173132 陈培锡
S202173166 田悦谷 S202174001 黄睿琛
S202174006 国雨晴 S202174007 王旖婷
S202174008 顾一哲 S202174009 董 倩
S202174023 李 宸 S202174024 王禹心
S202174025 史宝坤 S202174026 白梦璇
S202174027 李 想 S202174028 何帅翰
S202174029 刘航嘉 S202174058 刘 宇
S202174059 魏静雯 S202174060 赵子健
S202174066 周 觐 S202174072 韩 阳
S202174073 许佳胜 S202174074 郭 磊
S202174075 毛彦钧 S202174076 林 胜
S202174077 马 珊 S202174089 李颖阁
S202174118 尹子豪 S202174119 安博洋
S202174120 李 恬 S202174121 陈俊彤
S202174122 徐凤雪 S202174123 杨红霄
S202174124 申亚楠 S202174125 程菲儿
S202174167 刘子萌 S202174168 廖 雪
S202175005 吕孟飞 S202175011 曲志杰
S202175012 赵馨怡 S202175013 陈柳乐
S202175019 呼佳嘉 S202175021 鲍雨欣
S202175022 金 爽 S202175023 王 丹
S202175059 丁思懿 S202175060 胡潇文
S202175061 王之山 S202175078 王聿超
S202175079 葛嘉翔 S202175080 王 昊
S202175081 郝 轩 S202175082 王树新
S202175083 徐振凯 S202175084 高正凯
S202175085 刘小玲 S202175086 宋秉谕

城市建设学部（145 人）

S202164033 苏 灿 S202164049 李佳宇
S202164050 唐嘉政 S202164057 李玉凤
S202164144 王远欣 S202164201 吴明珠
S202164210 毕燕琪 S202164228 李超然
S202164230 李雨桐 S202164262 方婧萱
S202164330 张晓旺 S202164335 卢立东
S202164345 郦炎森 S202164391 王 凯
S202164411 郑 敏 S202164426 张凤琳
S202164427 沈佳程 S202164428 张 洋
S202164523 耿文念 S202164525 周妍伶
S202164535 刘心阳 S202164552 张登科
S202164573 陈旭蕊 S202164606 李思淳
S202164607 刘伊娜 S202164001 王笑薇
S202164002 陆 雯 S202164009 顾冉星
S202164010 李龙君 S202164011 张君惠
S202164012 阮 琳 S202164013 王诚昊
S202164014 詹璞玉 S202164015 侯智献
S202164016 张珺茹 S202164017 马启朋
S202164018 王思远 S202164019 吴金涛
S202164020 陈富琨 S202164021 罗 兵
S202164022 丁瑞霖 S202164023 赵月明
S202164024 马 睿 S202164025 黄 池
S202164026 王重凯 S202164027 靳晓杰
S202164028 朱 旭 S202164029 程李梓
S202164030 张志秋 S202164064 赵鑫宇
S202164065 龙金喜 S202164066 孙嘉辉
S202164067 郭春燕 S202164068 曹 亮
S202164069 黄丽游 S202164070 谢伟杰

S202164071 贾兆琪 S202164072 张福香
S202164073 王秀羽 S202164074 兰祥勇
S202164075 张礼恪 S202164094 邢峻豪
S202164095 王瑞琦 S202164096 孙振宇
S202164097 王 硕 S202164098 王 振
S202164099 石安毓 S202164100 冯祥芮
S202164101 季港澳 S202164120 张 萌
S202164121 柳文祥 S202164129 赵嘉珩
S202164130 罗 镕 S202164131 曹馨月
S202164132 许嘉鑫 S202164133 史 可
S202164134 殷牧辰 S202164135 崔雪茹
S202164147 国志伟 S202164148 金 玲
S202164149 牛梦涵 S202164173 何晨曦
S202164182 章 霞 S202164183 孟 飞
S202164184 张梦瑶 S202164185 郭 军
S202164186 罗 莹 S202164187 马厚强
S202164188 赵慧雄 S202164202 刘琪琪
S202164206 郭星秀 S202164212 苟赢瑞
S202164223 龙欣雨 S202164224 赵志华
S202164225 史东升 S202164247 朱栩君
S202164258 马小云 S202164259 徐杭杰
S202164260 郭新月 S202164273 付梦瑶
S202164282 崔星雨 S202164285 张宝慧
S202164288 刘晓睿 S202164289 边嘉琛
S202164290 王森钠 S202164291 王 晶
S202164292 史玉英 S202164293 郑纪华
S202164294 兰 浩 S202164295 苏国君
S202164296 梁子晗 S202164297 武兆夏
S202164298 鹿成麟 S202164299 何坫锦
S202164300 卫秀文 S202164301 彭 佳
S202164302 蒋裕丹 S202164303 蒋冬宝
S202164382 刘澜涛 S202164383 宿 爽
S202164384 刘诗竹 S202164385 刘效武
S202164386 刘德芳 S202164387 武乐佳
S202164430 马 函 S202164431 许嘉浩
S202164432 宋 涛 S202164433 张宇航
S202164468 黄健康 S202164469 王国江
S202164470 李浩东 S202164471 杨嘉欣
S202164472 郑烨鑫 S202164473 马炘烨
S202164493 赵伟华 S202164494 马月华
S202164495 许 赫 S202164496 张晓晗
S202164497 张雨晴 S202164498 王艳林
S202164571 赵聪颖 S202164572 娄二龙
S202164616 李汶昊 S202164617 吴丽君
S202164629 马鹏蕊

环境与生命学部（62人）

S202165021 薛丽媛 S202165042 刘 晴
S202165051 李怡莹 S202165076 姜悦鹏
S202165094 孙钦佩 S202165149 段晨雪
S202165176 郝耀东 S202165222 翟超颖
S202165223 陶连次 S202165240 杨雨晔
S202165297 侯晓航 S202165307 安泽铭
S202165323 刘 瑞 S202165334 黄子健
S202165354 生太娟 S202165380 杨安人
S202165387 申健璞 S202165025 孙 潞
S202165028 姚梦菲 S202165038 白佩莹
S202165056 向 芳 S202165062 张 翼
S202165063 水 潭 S202165064 刘逍航
S202165070 马彦成 S202165071 王彦泉
S202165085 张天悦 S202165101 汤镇岭
S202165108 张逸静 S202165117 闻超玉
S202165118 周 寅 S202165119 刘 静
S202165120 戴铄蕴 S202165128 张蓝天
S202165132 王 彤 S202165133 隋 媛
S202165134 晁 赢 S202165135 闫晓菲
S202165136 谷长鲲 S202165137 张 晓
S202165138 李贝贝 S202165139 王 瑞
S202165140 严 颖 S202165141 王璐瑶
S202165168 王同娜 S202165174 王 猛
S202165175 王若冰 S202165224 郇梦雪
S202165246 李紫鑫 S202165247 卢思嘉
S202165248 张曦月 S202165249 付霄宇
S202165250 刘 畅 S202165251 张佳玉
S202165252 徐梦娇 S202165253 曾丽琴
S202165254 郝小静 S202165255 熊露露
S202165256 李 聪 S202165257 柴 婵
S202165258 王峥嵘 S202165318 刘文逸

理学部（35人）

S202166034 柴鹤尧 S202166052 朱明月
S202166058 逄晓丽 S202166099 马盼盼
S202166115 李依璇 S202166137 黄思源
S202166002 刘开元 S202166003 冯思曼
S202166004 郭 丹 S202166011 吴 越
S202166014 刘崧岳 S202166015 符佳鑫
S202166016 张雨晴 S202166017 王鹏月
S202166018 李佳霖 S202166033 姜春英

S202166035 吴莉娟 S202166067 赵　博
S202166068 曹　煜 S202166069 邵晓雨
S202166070 赵梦婷 S202166071 李晓冉
S202166072 张晓晴 S202166080 申紫璇
S202166081 孙中将 S202166082 王秉义
S202166083 史艳青 S202166117 刘仲阳
S202166118 付珍珍 S202166119 杨清清
S202166120 何章凝 S202166121 葛　娇
S202166127 舒　玉 S202166133 龙悦明
S202166134 黄春莉

经济与管理学院（38 人）

S202111016 高树隆 S202111049 赵梦凡
S202111075 李　瑞 S202111100 刘春秀
S202111123 贺粟鑫 S202111001 吴依凡
S202111002 李若琪 S202111009 许暐玥
S202111012 潘文诜 S202111025 赵　浩
S202111026 郑皖琦 S202111027 许佳宁
S202111031 赵亚哲 S202111035 张　蒙
S202111036 孙　越 S202111037 安明鑫
S202111061 董家鑫 S202111062 马心怡
S202111063 石安杰 S202111064 孙丽娜
S202111065 张跃富 S202111066 马文雅
S202111067 黄晨晨 S202111068 王　婧
S202111069 李　钦 S202111077 王雪纯
S202111082 赵幸久 S202111087 孙雅南
S202111090 张蕙宁 S202111091 王婧怡
S202111094 崔宇晴 S202111095 侯雅雯
S202111096 高　源 S202111104 宫　瑞
S202111105 张雨昕 S202111106 赵晴飞
S202111107 苏苗瑜 S202111108 陈泽宇

文法学部（10 人）

S202162006 张涫华 S202162038 李长江
S202162071 赵子祺 S202162016 齐子萱
S202162031 钟艳萍 S202162032 郭紫艺
S202162049 覃　微 S202162054 王浩鹏
S202162055 王泊宁 S202162072 万里同

马克思主义学院（2 人）

S202136015 郝倩茹 S202136001 杨　璟

艺术设计学院（35 人）

S202135014 李月瑶 S202135042 洪乐蒙
S202135001 崔　戈 S202135002 张健一
S202135003 宫金弟 S202135004 姜斯也
S202135005 傅梦宇 S202135011 刘雨佳
S202135012 王文博 S202135016 华御翔
S202135019 高　畅 S202135020 刘东昆
S202135021 刘宇萱 S202135022 查锶诺
S202135027 宋馨谷 S202135028 席上琳
S202135029 马小禹 S202135030 周乐甲
S202135035 张　铁 S202135036 罗静雅
S202135039 王　妍 S202135040 李伊妹
S202135045 仲思润 S202135046 李佳琪
S202135049 谭　心 S202135050 戈凡曦
S202135053 韩如月 S202135054 王艺婷
S202135055 宋凯凡 S202135058 霍　达
S202135063 潘　哲 S202135065 刘欣怡
S202135066 刘家瑜 S202135067 张　羽
S202135068 盖　森

硕士研究生学业奖学金（二等）（1027 人）

材料与制造学部（260 人）

S202176001 程　红 S202176006 张　帆
S202176007 张梦娇 S202176008 张雨佳
S202176010 周艺玮 S202176014 贾　涵
S202176017 李子杰 S202176019 肖硕硕
S202176021 张梦轩 S202176022 张旭尧
S202176023 李绍伟 S202176025 马　冲
S202176034 刘听德 S202176035 邵帅华
S202176037 王晨航 S202176046 丁永清
S202176049 梁　晨 S202176052 张翼飞
S202176062 高湘君 S202176064 罗鑫明
S202176067 王紫倩 S202176068 朱　航
S202176071 丁晓光 S202176072 高振涛
S202176073 林欣宇 S202176074 刘恒志
S202176075 王泽宇 S202176082 王　雯
S202176083 谢正飞 S202176084 丁　磊
S202176085 李东建 S202176086 乔重欣
S202176087 王瀚林 S202176088 张炳祥
S202176092 常　悦 S202176095 贾亚辉
S202176096 田　浩 S202176097 徐添乐
S202176099 李　欢 S202176104 洪泽汇
S202176110 刘　轩 S202176111 王　伟
S202176112 张　响 S202176121 姜可嘉
S202176123 马英伦 S202176129 付文昌
S202176135 马　欢 S202176140 张夏辉
S202176143 朱安世 S202176145 刁统钟
S202176147 解志浩 S202176151 罗志伟
S202176152 毛嘎尔 S202176153 毛鹏琪

S202176159 王 硕　S202176165 赵 硕
S202176178 李 凯　S202176182 刘玉镜
S202176183 刘云松　S202176184 马旭辉
S202176188 赵 帅　S202176191 胡乃祥
S202176194 骆岱鹤　S202176197 孙 坤
S202176198 孙志略　S202176199 王 奥
S202176200 王海博　S202176201 王留震
S202176202 王跃新　S202176204 郑伟斌
S202176206 罗文量　S202176211 董 越
S202176212 董志森　S202176216 胡青松
S202176218 李嵩浩　S202176219 李喜良
S202176221 倪庆冕　S202176223 王敏亮
S202176224 王致远　S202176225 许大庆
S202176226 赵凯悦　S202176227 曹志航
S202176230 鞠 杰　S202176231 刘 硕
S202176232 刘文杰　S202176233 宋琛煜
S202176235 王新伟　S202176237 王 智
S202176239 于 辉　S202176241 张鸿远
S202176242 张 伟　S202176243 赵而阳
S202176244 蔡 杰　S202176245 陈运同
S202176247 耿玉刚　S202176252 李 智
S202176255 杨子范　S202176256 翟少宇
S202176257 赵博威　S202176258 赵旭东
S202176259 赵永辉　S202176260 左浩然
S202176262 董 浩　S202176264 贾皓然
S202176265 贾鹏煊　S202176268 唐扬磊
S202176269 王 斌　S202176270 王梦智
S202176271 张筱筱　S202176272 朱 林
S202176273 仇 雷　S202176280 李途岩
S202176285 申 扬　S202176287 王潇赛
S202176294 韩艳翔　S202176299 吴明鑫
S202177002 石甜甜　S202177004 王佳鑫
S202177007 沈鸿海　S202177010 师树青
S202177011 郜 轩　S202177012 赵 萌
S202177015 鲁信根　S202177016 邢星星
S202177017 彭 喆　S202177024 王明欣
S202177027 赵艳芳　S202177028 王剪烛
S202177029 李雪宁　S202177030 李 浩
S202177031 张亚亚　S202177032 王安东
S202177033 周永芳　S202177036 安甲栋
S202177043 袁旭阳　S202177044 赵有涛
S202177046 刘 楠　S202177050 刘玉洁
S202177051 张迎晓　S202177052 韩雨桃

S202177055 吴智澳　S202177058 田萧茹
S202177059 杜文力　S202177060 付恩锋
S202177061 吕冠霖　S202177062 周 斐
S202177065 徐怡平　S202177067 商梦瑶
S202177068 孙雅萍　S202177071 方浩鑫
S202177072 勒格牛布　S202177082 李京川
S202177085 马鸿量　S202177090 童治翔
S202177095 杨子晨　S202177097 马林昊
S202177098 安 帅　S202177099 杨 洋
S202177101 戴铭成　S202177107 陈琦灵
S202177109 陈 涛　S202177110 刘嘉宁
S202177111 李晓龙　S202177112 张 岩
S202177119 李墨文　S202177121 刘广运
S202177125 苏宇晨　S202177130 万 昊
S202177131 徐玮瑛　S202177135 唐宽程
S202177139 侯健捷　S202177141 韩 杨
S202177142 孙文策　S202177144 陈 妍
S202177145 郑志浩　S202177147 毕舰镭
S202177148 蒋 伟　S202177150 张 炎
S202177151 任家宁　S202177152 李运涛
S202177154 凌 冲　S202177158 韩崇宇
S202177159 王碧瑶　S202177163 吴振江
S202177164 张兴凤　S202177168 宋 睿
S202177169 刘一楠　S202177170 梁翔宇
S202177176 牛 雷　S202177180 王 晨
S202177181 张海东　S202177182 温业成
S202177183 苏靖雯　S202177187 言奇株
S202177191 马笑晗　S202177193 秦李祺
S202177200 任文瑞　S202177201 臧沫言
S202177202 韩 冬　S202177205 刘宇祥
S202177206 张雍婷　S202177208 王双林
S202177209 张宏伟　S202177210 彭 铠
S202177211 谢林翰　S202177213 扈心舒
S202177216 李 昂　S202177218 张 前
S202177223 贾婷升　S202177224 张浩杰
S202177228 马力遥　S202177231 梁贺贺
S202177232 王超伟　S202177235 邓丽春
S202177238 周熙源　S202177241 王 颖
S202177242 王思雨　S202177245 朱轶凡
S202177247 夏月明　S202178002 赵天宇
S202178003 王冠强　S202178007 周嘉树
S202178010 王枭健　S202178015 黄泽泓
S202178017 李婉婷　S202178018 唐 靖

S202178020 孙琬婷 S202178021 张家辉
S202178023 王　旭 S202178024 赵春阳
S202178029 吕国森 S202178031 赵向龙
S202178032 韩佳坤 S202178036 马万里
S202178038 李兆星 S202178039 谢奇源
S202178040 殷博硕 S202178045 李健民
S202178047 杜志成 S202178050 陈宇豪
S202178052 张渔钊 S202178054 冯浩源
S202178056 马全龙 S202178057 金宇龙
S202178059 吴春晓 S202178063 饶　凯
S202178064 吴　迪 S202178067 李　阳
S202178068 罗小毛 S202178069 彭嘉宁
S202178070 李　睿 S202178076 刘　阳
S202178079 苗淑雅 S202178081 耿　硕
S202178082 王　雷 S202178085 韦杭汝
S202178087 崔晓瑶 S202178092 刘　晓
S202178094 张诗航 S202178096 邹苗苗

信息学部（261 人）

S202171002 袁子峰 S202171003 程　祎
S202171004 李思梦 S202171009 白雪旻
S202171011 李　禄 S202171012 段海威
S202171015 王　拓 S202171018 陈方宜
S202171025 金鹏程 S202171032 邢路阳
S202171034 成智卓 S202171035 任浩强
S202171036 苏琳轩 S202171037 刘明宽
S202171042 翟梦荻 S202171043 王　潇
S202171044 曹　暄 S202171050 孙　瑜
S202171051 李志坚 S202171054 李文文
S202171060 赵云豪 S202171061 夏逸飞
S202171063 汝家伟 S202171067 彭新宇
S202171072 黄威威 S202171073 刘伊然
S202171078 孙玉芬 S202171080 薛　怡
S202171082 杨铭铸 S202171084 周宇泽
S202171088 彭晟峻 S202171089 田文耕
S202171090 王笑天 S202171092 门泽宁
S202171093 谷催春 S202172001 于书伟
S202172009 魏韵璋 S202172011 方奥琪
S202172013 李海航 S202172015 刘文旭
S202172016 任建华 S202172017 裘旺旺
S202172018 王堉琪 S202172021 许明康
S202172023 聂　祥 S202172030 唐曙锋
S202172033 姚占武 S202172034 任衍贵
S202172035 梅　宇 S202172037 申晓婷

S202172044 赵晓瑞 S202172045 马永豪
S202172048 李清月 S202172049 胡　涛
S202172050 王志宇 S202172054 范秋萌
S202172055 彭　熠 S202172056 王志龙
S202172057 焦御坤 S202172059 杨枭雄
S202172060 张仕达 S202172061 孟祥宇
S202172068 张　康 S202172069 杨　号
S202172071 陈　晨 S202172076 王　旭
S202172077 陈中标 S202172083 赵燕冉
S202172088 秦亚亭 S202172089 鲁鼎煜
S202172092 陈浩楠 S202172095 张　康
S202172096 许修承 S202172097 孙文晴
S202172098 杜昊婧 S202172099 刘文涛
S202172104 郝一鸣 S202172109 李楠星
S202172110 张之壤 S202172111 黄秀娟
S202172113 赵重宁 S202172114 曹　洁
S202173009 刘耕源 S202173011 张永铮
S202173014 徐怡飞 S202173015 王将宇
S202173017 周　昊 S202173019 许超凡
S202173020 高子恒 S202173022 国新宇
S202173023 周子航 S202173024 崔璨麟
S202173027 颜丙壮 S202173034 宋子龙
S202173037 李坤玮 S202173038 王子豪
S202173039 马宇健 S202173041 任佳伟
S202173044 王宇佳 S202173055 盛　宏
S202173058 危郁铖 S202173059 张　岩
S202173062 吕泽轩 S202173063 郝思睿
S202173068 冯林聪 S202173071 赵　博
S202173072 丁艺博 S202173077 李治港
S202173081 徐　航 S202173088 刘　鹏
S202173090 韩　伟 S202173091 赵明明
S202173093 章　航 S202173094 王　阳
S202173100 杜霖晖 S202173108 任福荣
S202173109 刘博宁 S202173113 张震华
S202173114 刘佳晖 S202173115 葛翰林
S202173116 许　颖 S202173118 吴苇欢
S202173119 李子健 S202173120 赵嘉欣
S202173121 冯新悦 S202173122 张潇然
S202173123 王卓睿 S202173134 张慧勇
S202173138 李　鑫 S202173140 王　雍
S202173143 任　奇 S202173144 许思明
S202173146 卜奎健 S202173148 胡思敏
S202173149 王海涛 S202173150 邹玉明

S202173151　陈　晨　S202173152　于志伟
S202173155　王梓豪　S202173156　丁金飞
S202173161　徐洪波　S202173162　郝晨辉
S202173164　杨浩楠　S202173167　刘鑫源
S202173169　彭益新　S202173170　孟庆可
S202174003　孟庆楠　S202174004　姜冠伦
S202174010　李少虎　S202174017　王海亮
S202174018　侯新宇　S202174019　颜培河
S202174022　李浩阳　S202174030　沈　薇
S202174031　吴小桐　S202174036　武春冉
S202174037　吴书晗　S202174039　张梓通
S202174040　王　坤　S202174045　武祥洋
S202174047　李一鸣　S202174051　王　茂
S202174052　丁高建　S202174057　覃元元
S202174061　胡郢浩　S202174062　尹志程
S202174063　孙文捷　S202174064　冯　源
S202174069　张兆宜　S202174071　邢帅坤
S202174078　李新瑞　S202174079　段仲浩
S202174087　刘广源　S202174090　陈　昊
S202174091　赵润峰　S202174092　韩　璐
S202174093　胡欣康　S202174095　陆振威
S202174098　尹天安　S202174102　张　辉
S202174108　李本冲　S202174109　武　硨
S202174110　牛铭鑫　S202174111　贺　静
S202174112　李岚森　S202174113　李鑫辉
S202174115　廖春琳　S202174117　马　翔
S202174126　李启鹏　S202174127　卫志超
S202174130　王敬逾　S202174133　徐钰东
S202174134　王羽健　S202174135　闫　瑞
S202174136　王莹莹　S202174137　韩　笑
S202174140　鲁鹏帆　S202174141　王吉文
S202174142　史兴燕　S202174145　李　宁
S202174148　郭翔宇　S202174153　满孝阳
S202174156　董光建　S202174157　李明秀
S202174163　马金辉　S202174166　王梦圆
S202174170　陈　菲　S202174173　徐有容
S202174174　傅可艺　S202174175　卢嘉煜
S202174177　完颜韩笑　S202174183　慕泽林
S202175004　周梦婷　S202175007　贾雨风
S202175008　韩绍宸　S202175009　潘雪伦
S202175016　李瑞琪　S202175017　关子岳
S202175018　药雅宏　S202175026　王子鸣
S202175034　任晓菲　S202175035　汪婧懿
S202175036　王　蕊　S202175037　李志惠
S202175039　饶雨航　S202175040　巩陆洋
S202175041　薛　展　S202175042　李兆轩
S202175043　陈玉浩然　S202175044　储志华
S202175048　王顺顺　S202175049　单兴源
S202175051　黄文劲　S202175053　刘朝磊
S202175054　鞠　敏　S202175055　皇　鹏
S202175056　李　燕　S202175057　沈迪媛
S202175064　由　然　S202175067　曹　坤
S202175068　李金书　S202175073　赵　勇
S202175074　崔　鹤　S202175076　苑天文
S202175077　徐康原　S202175089　倪　坤
S202175090　曹　湜　S202175091　于清松
S202175094　张　潇　S202175096　陈铭明
S202175097　张皓童　S202175101　武瑞轩
S202175106　张羽民　S202175108　张璐瑶
S202175109　罗锦涛　S202175114　范　帆
S202175117　高华辰　S202175121　赵　虎
S202175127　柯泽武　S202175128　刘　蓓
S202175130　付少伟

城市建设学部（220 人）

S202164003　张晨旭　S202164004　刘一漩
S202164008　李　克　S202164032　罗　震
S202164037　吕俊强　S202164038　张　腾
S202164040　王　帅　S202164041　郭佳希
S202164043　胡瑞新　S202164045　刘伟城
S202164047　李超越　S202164048　徐大炜
S202164051　潘　博　S202164054　邹长星
S202164055　张梦芝　S202164056　韩晨阳
S202164060　胡坤坤　S202164061　王皓宇
S202164063　刘天宇　S202164079　李星霞
S202164082　李　峰　S202164083　胡海洋
S202164088　王秋澳　S202164091　房梦寒
S202164093　魏鹏程　S202164102　王宇迪
S202164103　潘　菁　S202164105　林子倩
S202164107　韩瑞泽　S202164110　杜　刚
S202164112　靳浩然　S202164113　杜贺港
S202164114　韦　杰　S202164123　杨金龙
S202164126　李财旺　S202164139　元明豪
S202164140　兰　宇　S202164141　晏嘉康
S202164142　王亚宝　S202164143　陈荟冰
S202164151　刘胜杰　S202164153　尹　淼
S202164154　郝云飞　S202164158　鲁慧敏

S202164161 荣绍炜 S202164175 院纪元
S202164176 苗 浩 S202164177 董祎伟
S202164189 韩宗霖 S202164190 李章熇
S202164191 崔可淇 S202164192 周伟奇
S202164193 曲彦菘 S202164203 王 宁
S202164204 于澳临 S202164205 朱 铭
S202164207 曹天雅 S202164211 蔡欣悦
S202164215 杜艺弦 S202164218 郎悦曦
S202164219 董 俊 S202164221 侯宏飞
S202164222 高艳霞 S202164226 乔家齐
S202164229 程馨蕊 S202164232 李斯文
S202164233 汪文姝 S202164235 张 迎
S202164236 高 燕 S202164242 姚一博
S202164243 栗帅兵 S202164246 尤俊言
S202164248 赵玮楠 S202164249 刘瑞卿
S202164250 武向舒 S202164252 李奇琪
S202164253 张漫兮 S202164263 杨圣洁
S202164264 王雨婷 S202164266 李圣楠
S202164267 杨泽恩 S202164268 罗 蓉
S202164270 陈 浩 S202164271 康长江
S202164276 任添翼 S202164278 朱峻佚
S202164283 瞿孜诺 S202164286 边 骜
S202164305 闫星辰 S202164308 黄天艺
S202164309 裴 瑛 S202164313 贾宏宇
S202164316 齐勇强 S202164317 芦春龙
S202164318 田书宇 S202164319 高金钊
S202164320 陈梦琪 S202164321 韩 帅
S202164322 范敬钊 S202164324 石占齐
S202164325 郭志鹏 S202164331 黄 飞
S202164333 王佳畅 S202164336 秦 鹏
S202164339 李 洋 S202164341 吕思雨
S202164342 王寒硕 S202164343 夏茂鑫
S202164344 华 成 S202164347 钟博文
S202164349 曲恕宁 S202164350 任育杰
S202164352 王同宽 S202164353 李秉泽
S202164354 吕奉斌 S202164357 袁煜峰
S202164358 李垂帅 S202164359 邱子宁
S202164360 张德宇 S202164362 王 瑞
S202164363 王玉鑫 S202164364 陈德坤
S202164374 陈戴维 S202164378 陈健培
S202164379 倪 博 S202164381 张晓伟
S202164389 张昊然 S202164393 温玉成
S202164400 赵文乐 S202164401 冯 欢
S202164402 宋 军 S202164410 黄梦迪

S202164413 罗瑞祺 S202164416 赵 鑫
S202164417 汤 琳 S202164420 梁伟豪
S202164422 赵马乔 S202164424 黄 俊
S202164425 夏江岚 S202164429 田和伟
S202164434 何 源 S202164437 韩 冰
S202164438 秦太晏 S202164441 田超杰
S202164447 王 宁 S202164448 王莺霏
S202164449 栾绍凯 S202164450 郭琰琦
S202164453 陈桂生 S202164454 綦甲松
S202164458 吴楚奇 S202164461 贾静琪
S202164463 徐 冰 S202164466 刘俊杰
S202164475 李文涛 S202164478 黄 辉
S202164479 高 哲 S202164481 赵欣宇
S202164485 李道恒 S202164486 张晓华
S202164489 刘学磊 S202164490 邱瑜豪
S202164492 籍一丁 S202164499 张景昭
S202164503 王沁源 S202164504 姜子建
S202164505 胡丽君 S202164507 赵 哲
S202164509 黄松庆 S202164510 刘春娇
S202164512 李嘉睿 S202164515 张新霞
S202164517 公为敏 S202164518 赵广泽
S202164520 王 淳 S202164522 庞亚莉
S202164524 李 赞 S202164531 王硕峰
S202164532 李 煜 S202164533 詹小翔
S202164534 高圣迪 S202164538 雷晨彤
S202164541 李森渊 S202164543 杜慧婷
S202164546 赵 淼 S202164551 杨 石
S202164553 江志科 S202164554 扈庭瑞
S202164558 张广凯 S202164561 李召金
S202164562 陈 超 S202164566 庄力南
S202164567 张丽影 S202164569 管冬亚
S202164578 刘 畅 S202164580 张云飞
S202164581 邱伟博 S202164588 丁东彤
S202164590 何舒欣 S202164591 逯倩倩
S202164593 张广俊 S202164595 张 宁
S202164596 赵子龙 S202164598 刘 瑄
S202164600 张春晖 S202164601 曲 洁
S202164603 孙梦丽 S202164605 张文浩
S202164610 刘 斌 S202164613 钱孜轩
S202164614 吴小洁 S202164618 张建业
S202164620 刁梦潇 S202164621 闫文陶
S202164623 李天琦 S202164627 秦桂芝
S202164628 卢兆麟 S202164632 崔 奥
S202164633 李威翰 S202164634 张雅琪

环境与生命学部（147人）

S202165001	冯博远	S202165004	张雨墨
S202165005	方照临	S202165007	王　烁
S202165008	庞亚美	S202165014	潘　婷
S202165015	李　鹏	S202165018	高泽惠
S202165019	梁维尔	S202165022	陈婷婷
S202165023	赵雯辛	S202165029	杨晋宁
S202165030	郝　峻	S202165031	潘逸群
S202165034	胡中烜	S202165035	夏　冉
S202165036	党　政	S202165037	何田龙
S202165041	康　茜	S202165043	刘文博
S202165045	任文佳	S202165046	王馨雅
S202165047	雍雨婷	S202165061	张婧仪
S202165066	吴事凡	S202165068	齐　凯
S202165069	李　翼	S202165073	潘亚超
S202165074	田　雨	S202165075	勾倩倩
S202165078	宋　宇	S202165079	胡艳珂
S202165084	吴倩倩	S202165090	许　蕾
S202165091	庄园野	S202165096	鲍伶函
S202165100	裴欣雅	S202165102	李　一
S202165103	刘　通	S202165105	辛天宇
S202165109	郭天宇	S202165111	田　娜
S202165113	刘慧慧	S202165115	董　奕
S202165116	何　冰	S202165121	肖　潇
S202165122	王文瑾	S202165123	兰　童
S202165125	田　健	S202165126	张艺铃
S202165129	杜雨莹	S202165145	韩伟朋
S202165151	张传峰	S202165156	杨玥佳
S202165157	吴洪安	S202165159	高孝宇
S202165161	王兆志	S202165162	张艳丽
S202165163	王铭涵	S202165164	刘　菊
S202165165	司冰灵	S202165167	吴　宁
S202165173	齐　静	S202165177	潘若瑶
S202165185	杨玉瑶	S202165186	赵利杰
S202165187	王正帅	S202165188	马梓钰
S202165189	李婉婷	S202165194	顾克楠
S202165196	裴佳欢	S202165198	李香华
S202165200	廉翠婷	S202165203	孙　浩
S202165204	曹晓敏	S202165205	霍晨晨
S202165208	邱　悦	S202165212	王倩倩
S202165213	张之帅	S202165218	侯潇楠
S202165219	刘梦曦	S202165220	董娅楠
S202165221	张　璐	S202165225	刘慧慧
S202165226	姚　和	S202165229	田钊伟

S202165231	江云朋	S202165242	王胜军
S202165243	王晓宇	S202165244	杨新明
S202165262	董亭君	S202165263	张　雨
S202165268	田梓楠	S202165269	高文钰
S202165272	韩　双	S202165273	宋子轩
S202165275	王锴晗	S202165276	杨　庆
S202165279	孙第瑶	S202165280	胡展宏
S202165281	刘国涵	S202165284	江　潭
S202165286	蒋炳玉	S202165287	蒋显聪
S202165288	朱文杰	S202165289	占菁菁
S202165295	刘泽皓	S202165298	刘秋杉
S202165299	王　硕	S202165300	徐丛磊
S202165301	许洪鑫	S202165302	李雅婧
S202165304	傅　博	S202165310	彭惠琳
S202165313	杨　帆	S202165315	杨猛琦
S202165316	司庆宇	S202165321	常雪晴
S202165322	金鑫麟	S202165326	刘一蓉
S202165327	边泽君	S202165329	姚彬彬
S202165336	杨欣欣	S202165337	李　佳
S202165341	夏龄婕	S202165343	戴天尧
S202165347	张少麟	S202165349	宫浩惠
S202165353	周世豪	S202165355	刘元清
S202165356	韦自妍	S202165359	卢天宇
S202165362	任志勇	S202165366	吕亚亚
S202165367	单庆茹	S202165368	马华林
S202165370	贺军鹏	S202165372	牛俊楠
S202165375	王芮敏	S202165378	梁　嘉
S202165379	翟一凡	S202165382	梁晓杰
S202165383	刘殿卿	S202165384	张铭轩
S202165385	池容晨	S202165388	张雪冬
S202165389	陈华清		

理学部（50人）

S202166001	胡　林	S202166006	姚若旭
S202166008	李潇扬	S202166009	张肖肖
S202166013	常颖乐	S202166019	肖颖姝
S202166021	王　莉	S202166022	杨谨槐
S202166028	练筱琳	S202166029	段昭思
S202166030	徐小涵	S202166039	吴雅捷
S202166040	王同敏	S202166042	吕屹琳
S202166043	郝　佳	S202166044	邢翼霄
S202166048	李孝岩	S202166050	刘吉磊
S202166053	孙　瑞	S202166057	杨朋晴
S202166063	李文然	S202166064	陈乔黎
S202166065	沈浩静	S202166066	袁塞雅

S202166074 韩文亮 S202166075 李梦佳
S202166077 管华君 S202166078 马 倩
S202166087 罗文博 S202166088 杨琳朔
S202166090 石茂松 S202166094 张光璇
S202166095 吴 瑞 S202166097 尚紫璇
S202166100 石义鸣 S202166101 任家辉
S202166103 李郁婷 S202166104 张宝缓
S202166105 辛 霞 S202166106 林晓红
S202166110 杨 旭 S202166112 张 猛
S202166124 王健欣 S202166125 李梦晓
S202166129 赵晓艳 S202166132 蒲千倩
S202166135 彭琛琛 S202166136 陈君豪
S202166147 刘海燕 S202166149 姚锦川

经济与管理学院（40 人）

S202111004 智 慧 S202111005 朱诗秋
S202111010 郭永喆 S202111013 郑宏林
S202111014 肖 音 S202111017 万乐乐
S202111018 李圣楠 S202111024 王奕潼
S202111028 杨汝悦 S202111029 刘加如思
S202111038 姚 宇 S202111039 曹 城
S202111043 董铭乔 S202111044 黄俊楠
S202111045 马 然 S202111048 张明薇
S202111050 蓝天琦 S202111052 王雨婷
S202111057 牛浩宇 S202111060 刘 涛
S202111071 郝秀艳 S202111072 周梦元
S202111073 孙凤霞 S202111078 殷思梦
S202111081 陈 璇 S202111084 于阳莉
S202111086 许佳慧 S202111089 宋圆圆
S202111092 刘紫薇 S202111093 宋岸玲
S202111099 姚欣岑 S202111101 陈 林
S202111109 张 宇 S202111110 王雨姝
S202111111 朱泓宇 S202111112 田逸菲
S202111113 李心怡 S202111116 王昱欢
S202111119 张新悦 S202111126 杨 宇

文法学部（24 人）

S202162001 邱 艳 S202162002 李泽锡
S202162003 席晓雯 S202162005 王升鸿
S202162008 徐悦鑫 S202162012 慕容凯欣
S202162013 谢 玙 S202162017 陆 莹
S202162022 刘原利 S202162023 代胜泽
S202162024 姚远航 S202162026 冉新宇
S202162027 谭 畅 S202162033 林 璐
S202162036 刘 菲 S202162037 张昊欣
S202162039 李璐杉 S202162040 马秋彤
S202162060 马昕宇 S202162061 翟世琳
S202162064 杨 娜 S202162065 朱维雨
S202162068 张 燕 S202162070 宋爱东

马克思主义学院（7 人）

S202136002 张秀婷 S202136004 胡 强
S202136007 贾文娟 S202136012 康晓萌
S202136013 吴 琼 S202136014 孔梦杰
S202136017 梁小锐

艺术设计学院（18 人）

S202135007 裴睿民 S202135010 张新蕙
S202135013 李可欣 S202135015 刘彦超
S202135017 李佰羲 S202135025 蒋苏平
S202135026 明苗苗 S202135031 邓辰霄
S202135034 窦晓阳 S202135041 魏吉扬
S202135043 吴振松 S202135047 冉 卓
S202135052 宗传刚 S202135061 祁靖琰
S202135062 张 凯 S202135064 汤小青
S202135071 宇文任杰 S202135073 杨 梓

2021 年学生科技竞赛省部级及以上获奖情况

2021 年学校共参加省部级以上科技竞赛 64 项，组织校级竞赛 28 项，近 14930 人次参加了各级、各类科技竞赛，并在多项大赛中取得了丰硕成果。据统计，2021 年学校在各级各类科技竞赛中共获得省部级及以上奖项 707 项，其中国际奖 104 项、国家奖 125 项、省部级奖 478 项。省部级及以上级别本科生科技竞赛获奖学生名单如下。

全国三维数字化创新设计大赛（大学生组）竞赛获奖名单

（主办单位：全国三维数字化创新设计大赛组委会、国家制造业信息化培训中心、中国图学学会、全国 3D 技术推广服务与教育培训联盟、北京光华设计发展基金会）

国赛一等奖：

材料与制造学部 董子全 李鹤扬 徐文迪

国赛二等奖：

材料与制造学部 甘天玥 窦 筝 张艺馨

省赛特等奖：

材料与制造学部　甘天玥　张艺馨　窦　筝

董子全　李鹤扬　徐文迪

省赛一等奖：

材料与制造学部　赵泽寰　佟安妮　高孟玄

张力元　杨梦馨　季源隆

黄天意　包　诺　韦镇宇

省赛二等奖：

材料与制造学部　马语晨　金新元　刘润峰

赵子捷　严霄汉　周顺业

叶子义　李鑫洋　张婉琳

全国大学生金相技能大赛竞赛获奖名单

（主办单位：教育部高等学校材料类专业教学指导委员会）

一等奖：

材料与制造学部　贾平凡

二等奖：

材料与制造学部　赵贺一

三等奖：

城建学部　胡枕冰

第七届北京市大学生工程设计表达竞赛暨第十五届“高教杯”全国大学生先进成图技术与产品信息建模创新大赛北京赛区选拔赛获奖名单

（主办单位：北京市教育委员会）

团体一等奖：

城市建设学部　崔明涵　王琬月　赵佳茹

周　昊　王　竣　王一川

王　帆　史杰莹　张文喆

材料与制造学部　金一丹　宋修营　熊芷宜

环境与生命学部　张宇航　王嘉琦　梅竞丹

刘　亮　余彦彤

团体二等奖：

城市建设学部　杨　沃　尹仁昇　王耀宇

材料与制造学部　姚远舟

环境与生命学部　周芷琦　刘天语　杜宇佳

个人一等奖：

城市建设学部　王　帆　崔明涵　赵佳茹

王一川　张文喆　王　竣

杨　沃　尹仁昇

材料与制造学部　姚远舟　金一丹　熊芷宜

宋修营　王雨晨

环境与生命学部　王嘉琦　梅竞丹　张宇航

个人二等奖：

城市建设学部　周　昊　王琬月　史杰莹

王耀宇

材料与制造学部　高圣宜

环境与生命学部　周芷琦　刘天语　杜宇佳

余彦彤　刘亮

全国大学生焊接创新大赛竞赛获奖名单

（主办单位：中国机械工业教育协会焊接学科教学委员会、中国机械工程学会焊接学会）

一等奖：

材料与制造学部　秦周阳　陈祉君　韩飞洋

程一辰

二等奖：

材料与制造学部　蒋　鹏　张阔君　辛　田

韩思航　张仲泽　刘林傲

赵子捷　何雨龙

三等奖：

材料与制造学部　莫庚辰　鞠姗姗　王　萌

罗　敏

北京市大学生工程训练综合能力竞赛获奖名单

（主办单位：北京市教育委员会）

特等奖：

材料与制造学部　侯惠雯　姜诚骜　曹　一

乔紫薇　王若尧

信息学部　鲁　艺

经济与管理学院　纪　昀

一等奖：

材料与制造学部　屈岱萱　辛　田　张文毓

韩思航　郄啸涵　赵子捷

刘润峰　赵贺一　张　颜

何林星　王喆弘　李文忠

马　聪　李鹤扬　张俊杰

艺术设计学院　吕　蝉

二等奖：

材料与制造学部　寇泽浩　赵天祚　田　野

栗永嘉　周　捷　陈梦婷

张文东　廖才汶　张阔君

方一东　康跃瀚　李梓健
兰佳昕　董　琦　贺明蔚
白雅茜　蔡鸿蔚　邓钧文
李成蹊　赵　越　郭骐骥
董子全　范子睿

三等奖：

材料与制造学部　姜诚骜　乔紫薇　王若尧

SAMPE 超轻复合材料机翼/桥梁学生竞赛竞赛获奖名单

［主办单位：SAMPE（国际先进材料与制造工程学会）中国大陆总会］

二等奖：

材料与制造学部　陈祉君　刘晓艺　王剑辉
杨思宇
环境与生命学部　许卓新

全国大学生结构设计竞赛竞赛获奖名单

（主办单位：教育部、住房和城乡建设部、中国土木工程学会）

三等奖：

城市建设学部　李　硕　邵择睿　刘笑影

WUPENiCity 城市学生城市设计课程国际竞赛、城市设计学生作业国际竞赛和城市可持续调研报告国际竞赛竞赛获奖名单

［主办单位：世界城市规划教育组织（World Urban Planning Education Network）、联合国教科文组织 iCity 网站（UNESCO－iCity Website）、*Guihua* 杂志］

金奖：

城市建设学部　邓熙群　孙　彤　王楚玥
朱雨欣

全国大学生交通科技大赛竞赛获奖名单

（主办单位：教育部交通运输教学指导委员会、交通工程教育工作委员会）

三等奖：

城市建设学部　史　淼　赵涵琪　董晓博
吴　凡　潘　硕　史　淼
高思语　付　强　陈浩林
刘中华　赵海娜　戴义博
北京－都柏林国际学院　郑新楠　赵恒睿

全国大学生水利创新设计大赛竞赛获奖名单

（主办单位：中国水利教育协会、教育部高等学校水利学科教学指导委员会）

二等奖：

城市建设学部　佟　乐　肖玟羽　康偲妍

三等奖：

城市建设学部　陈岱安　张雅轩　陈思琪
药晨昊　邱泽丰　张鸿斌
王泽宇　黄浩兴

北京市大学生建筑结构设计竞赛获奖名单

（主办单位：北京市教育委员会）

一等奖：

城市建设学部　杜勇辉　李　硕　邵择睿
朱嘉铭　徐　哲　刘笑影
李莹昕　杨晰月　赵雨晴
崔葆莉　李思静　刘辰光
王泽禹　郭东远　李　诚
张天璐　邱　珺　吴晨阳

“龙图杯”全国 BIM 大赛竞赛获奖名单

（主办单位：中国图学学会）

一等奖：

城市建设学部　矫悦悦　程骏宇　孙啸涛
周咏馨　王乃强　张明昊
何佳泽　薛　洁　白文燕
史国梁

中国国际“互联网＋”大学生创新创业大赛竞赛获奖名单

（主办单位：教育部、中央统战部、中央网络安全和信息化委员会办公室、国家发展改革委、工业和信息化部、人力资源社会保障部、农业农村部、中国科学院、中国工程院、国家知识产权局、国家乡村振兴局、共青团中央等）

金奖：

材料与制造学部　武鑫宇　纪耀堂　赵聪聪
王旭峰　张小龙　刘壮壮
刘　晶　赵万里　路　易
信息学部　王志举　陈嘉平　常玉克
城市建设学部　张　凯
北京－都柏林国际学院　汪墨涵　杨　晨

黄　啸　王新瑶　姚嘉琪
艺术设计学院　刘　琪
经济与管理学院　赵天朗
铜奖：
材料与制造学部　李德保　闫朝阳　刘　焜
程　博　陈奕泽　鲁明奇
王旭峰　赵万里　李庆琰
高　可　王善飞　蒋思奇
索文华　刘传淦　纪耀堂
赵聪聪　武鑫宇　张慧敏
城市建设学部　王宇琛　李青阳　吕兆晗
李思静　彭　烁　刘辰光
曹逸聪　李宗沛　王　瑜
李春静　张梦宇　禹红宾
艺术设计学院　李可昕
经济与管理学院　汤　旸

全国大学生电子商务“创新、创意及创业”挑战赛获奖名单

（主办单位：全国电子商务产教融合创新联盟）

一等奖：
经济与管理学院　柳　琪　李文暄
北京-都柏林国际学院　李亚男
二等奖：
樊恭烋荣誉学院　龚煜涵
信息学部　刘子豪
艺术设计学院　王宇譞　黄诗睿

北京地区高校大学生优秀创业团队评选竞赛获奖名单

（主办单位：北京市教育委员会）

二等奖：
材料与制造学部　陈　睿　房永超　李培金
薛贺波　任彦霖　王　飓
杨　刚　马伊琳　刘恩临
卢新然　张晨晨　杨清山
朱　林
信息学部　焦伯阳　葛嘉翔
三等奖：
材料与制造学部　孙得成　刘凯铭　马卿林
何朝君　王浩勋

中国国际“互联网+”大学生创新创业大赛北京赛区获奖名单

（主办单位：北京市教育委员会）

一等奖：
材料与制造学部　李子麟　陈　锐
信息学部　柳任坤锦
城市建设学部　李青阳　刘辰光　曹逸聪
李思静　彭　烁　李宗沛
王　瑜　李家乐
北京-都柏林国际学院　姚嘉琪　黄　啸
杨　晨　汪墨涵　王新瑶
艺术设计学院　李可欣　黄诗睿　王宇譞
朱颖佳　侯雨彤　赵　桐
经济与管理学院　贾　凡　柳　琪
樊恭烋荣誉学院　龚煜涵
二等奖：
材料与制造学部　张阔君　翟英淇　康跃瀚
方一东　李梓健　高山山
王浩勋　孙　爽　聂　铮
信息学部　段正浩　白　林　廉翔博
葛嘉翔　崔黛珩　刘宇琪
穆俊洁　聂　铮　戴思然
曹艺琳　张　鸿　王一帆
黄　灏　李峥瑱　关明熙
孙　爽　王嘉晨　桂　洋
毛冬晓
城市建设学部　姚相宇　何佳泽　罗淇文
钟雅玲　王　博　李宗典
厉望秉　邱子谨　张天郡
王薪睿　彭云飞　李同宽
俞　兵　李思懿　杨　军
付思雨　肖　兵　李晋哲
陈大卫　马清晨　潘秋实
许　迪　吕兆晗　潘　硕
史　淼　高思语　高月喆
张　妍
环境与生命学部　刘成才　孙旭彤　田梓扬
范文浩　李　甜　李江帆
李婧祎　覃兴存　何　晴
齐泽华　阿思亚·提力瓦地
周笑然　李法键　黄沁瑶
孟祥娇　苏义博

北京-都柏林国际学院　吴星冉　李文博
郑新楠　赵恒睿　任子源
王　峥　奚世佳　葛一飞

艺术设计学院　姜宇萌　易　洋　崔雨霆
岳　峻　王宇譞　黄诗睿
崔黛珩　何京瀛　房雨童
岳文烁　张依然　韩晓天
栗　娜　杨　培　叶子静
田　淼　杨舒然　王佳萍
阿尔斯兰·外力　陈芊秀
邹　畅　李芊伊　李可欣
曹心玥　朱颖佳

经济与管理学院　杨　琪　程卉雯　贾　凡
张紫宁　王九思　张羽涵
姜鹏辉　王靖钰　林沐雪
石　佳　柳　琪

樊恭烋荣誉学院　龚煜涵　马　源　刘欣诚
李浩勋　马洁妮　陈依灵
刘意思　石　峻　孙祎驰
孙泽文　张晔鹏　褚泓博
周夏阳　殷绍哲　沈琪伦
张子菁

文法学部　贾子墨　段　俏

三等奖：

材料与制造学部　张云龙　孙　爽　聂　铮
魏永树　寇泽浩　田　野
赵天祚　郄啸涵　王轶文
张新尚　岳秦池　刘孟茜
司　源　张　骜　魏宇辰
柳清扬　杨兆宁　侯惠雯
赵子捷　刘润峰　吕圣哲
马　聪　严霄汉　张俊杰
纪　昀　姜诚骜　张新尚
刘佳鑫　胡博森　孟　扬
佟子康　晁思聪　武旭辰
梅剑峰　申　杰　刘佳迅
刘天晟　金一丹　周顺业
张云龙

信息学部　孙月明　魏剑文　程懿轩
尤梦芊　高文彬　李泊岩
冯宇阳　阮晋琛　谢清源
吕瑞民　葛嘉翔　毛冬晓
王逸飞　管京龙　黄靖懿
张倚天　臧祎帆　王　昕
魏静雯　张兆宜　唐泽诚
李泓颉　王　远　宋霖涛
迟　源　丁瀛帆　牛晨宇
黄庆盈　尚　研　张莞琦
蔡嘉铭　叶雨晨　卜馨怡
巫国诚　马天宝　刘雨辰
周若龙　张力翰　黄钰林
杜延钧

城市建设学部　刘祎宁　王楚玥　张念慈
潘雨萱　赵如雪　张得政
孙　彤　KAMOLOV MEHROJ
林潇洋　徐智康　康偲妍
蒲张扶摇　单　言　刘云峰
刘文豪　谭九岑　康偲妍
刘晓彤　艾丽菲　热·斯迪克
李河阅　宁明宇　常宇欣
郭元翰　单　言　倪小易
马清晨　朱彦青　孙嘉辉
龙金喜　贾雨辰　何佳淳
龚致远　常　潇　李元浩
马清晨　左述尧　张　露
马博宸　王　建　杨文琚
张天郡　王薪睿　李同宽
李思懿

北京-都柏林国际学院　王奕飞　刘文睿
生　新　王宇洋　施　宸
吕俊逸　杨舒文　付诗雅
杨涵迪　常瑾祎　杨柳欣
贾贝西　万时君　祖思妍
弓智涛　张　坤

艺术设计学院　韩月荞　郝佳筠　霍　达
王宇譞　朱颖佳　段梅一
刘昱雯　黄思璇　段　晓
张倩卉　张梦瑶　王梓臻
张语家　韩溪芮　王帅杰
陈宇佳　王　萌　周安琪
卢　灿　秦　川　翟　静
许文龙　詹景怡　陈婧莹
李盈霏　李芊伊　陈思若
李萱然　程子萱　冯怡帆
崔雨霆

经济与管理学院　王靖钰　林沐雪　孔维嘉

	李泽雅	贾　凡	张紫宁
	代　堃	张祯果	向一宁
	王尚菲	杨元升	赵奥佳
	温雅瑄	张宇轩	于　悦
	梁馨元	于雯婷	武政勋
	柳　琪		
环境与生命学部	张梦琪	李嘉瀛	张　煜
	王婧裔	于欣田	张启玉
	安佳雯	陈若曦	苏义博
	韩健睿	时　光	杨　润
	张瑞祺	陈一宁	孙　格
	屈千喜	李　甜	李佳航
	孙其杰	张荣杰	田梓扬
樊恭烋荣誉学院	龚煜涵	马语晨	鲍　昕
文法学部	靳　静	许绮博	刘嘉越
	钱虹宇	刘峥峥	王　筠
	许绮博		
理学部	杨瑞谋	梁　爽	张　钰
国际学院	CARRIE CHARLES		

全国大学生节能减排社会实践与科技竞赛竞赛获奖名单

（主办单位：教育部高等教育司）

一等奖：

信息学部	崔春姬	刘红燕	

二等奖：

城市建设学部	张昊琛	邱子谨	王　显
	康偲妍	刘晓彤	

三等奖：

环境与生命学部	黄雨薇	王诗然	聂　铮
	朱颖佳	鲍林生	李佳慧子
	李婧祎	邓天择	屈千喜
	焦　昪	李　甜	李　甜
北京-都柏林国际学院		张　言	

"大金空调杯"第十五届中国制冷空调行业大学生科技竞赛获奖名单

（主办单位：教育部能源动力类教学指导委员会、中国制冷空调工业协会）

二等奖：

环境与生命学部	刘梓宸	孟　姝	姚舒译
	屈千喜	李思凡	周学武
城市建设学部	庆智喜	谢健丰	刘　宇

三等奖：

环境与生命学部	张昊琛	邱子谨	康偲妍

华北地区大学生制冷空调科技竞赛获奖名单

（主办单位：中国制冷空调工业协会）

一等奖：

环境与生命学部	屈千喜	李思凡	周学武

二等奖：

环境与生命学部	刘梓宸	孟　姝	姚舒译

三等奖：

城市建设学部	庆智喜	谢健丰	刘　宇
	张昊琛	邱子谨	康偲妍

北京市大学生 ERP 管理会计应用决策大赛竞赛获奖名单

（主办单位：北京市教育委员会，中央财经大学）

二等奖：

经济与管理学院	侯宇航	郑浩洋	刘天元
	刘海玥		

国际企业管理挑战赛（GMC）竞赛获奖名单

（主办单位：欧洲管理发展基金会、SDG、北京艾迪国际教育发展有限公司）

一等奖：

经济与管理学院	翟雪芬	马荣添	王斯彤
	关秉裕	李泽雅	赵思汀
	武政勋	杨梓辰	彭岱昀
	柳　琪	康曼琳	杨　冉
	樊　衡	孔维嘉	李　琢
	叶玉彤	王子涵	刘一曼
	熊心雨	苏天宇	王　钝
	杨　玲	崔清源	
城市建设学部	王　瑜		
艺术设计学院	张辰鑫		
信息学部	张子兴		
理学部	田晓奇		
文法学部	李依波		

二等奖：

经济与管理学院	高伊凡	杨　枭	张雨馨
	程卉雯	郭浩鹏	徐　杨
	吕思佳	孟晓佳	纪　昀
	张思琪	田昕冉	明　月

	左梓颖	周　铭	姚玟竹
	刘子虞	陈梓仪	余婉琳
	裘靖文	张若凡	李　熠
	韩丝梦	林子涵	李钰雯
	胡东禹	李嘉慧	肖瀚韬
	马　然	仝　欢	苗馨月
	温博亮	王昱帆	刘　博
	郁丛菡	王　祎	付　舒
	纪开源	崔梓凝	雷晓璇
	赵可文	尉泽卿	迪　力
	努尔·艾山		
城市建设学部	孙克获	毛　伟	杨潞佳
	国　淏	肖健德	刘祎宁
艺术设计学院	孙　涵	胡振洋	唐洁茹
	张心怡	王嘉傲	王帅杰
	赵　桐	黄诗睿	朱颖佳
	王宇譞	韩雨轩	冯怡帆
文法学部	张雨馨	张文煜	钱虹宇
	王　頔	浦秋然	白禹涵
环境与生命学部	郑　玮	冀芊竹	马佳卉
信息学部	耿俊豪	李雪铮	杜欣钰
	毛冬晓	张　晗	冷博雯
	庞国豪	尤梦芊	黎绍峰
	赵　辉	沈熔喆	周海欣
	胡　贺	翟雨晴	何彦良
	张建桐	李泓颉	穆俊洁
樊恭烋荣誉学院	龚煜涵	杨正午	
材料与制造学部	聂　铮	孙　爽	吴昕月
	王　茹	杨青峰	
北京-都柏林国际学院		黄　啸	
理学部	杨天宇		

三等奖：

经济与管理学院	罗丽娜	聂紫聪	李雨亭
	聂钰平	陈昊天	胡艺菲
	邹田田	王镜玮	连佳欣
	李雨欣	李天泽	董一霖
	华灵依	李建霖	董思琪
	乔　婕	张紫琦	宋飘篷
	朱　晗	任　捷	刘子皓
	张宇轩	朱孟泽	于　悦
	陈万义	姜祎邗	刘　畅
	吴雨桐	司　宁	鹿婧琦
	白　婧	李　悦	刘　澈
	吴宇澄	陆安琪	周悦怡
	王鑫垚	曹蔚琦	黄　焱
	刘茜蔓	陈安琪	任逍瑶
	孙嘉雪	姚紫翎	温雅瑄
	梁馨元	杜金鹏	臧紫薇
文法学部	王兆琦	王佳路	
环境与生命学部	王晓轩		
材料与制造学部	冉　妍	侯　好	吴　鹏
	唐　妍	杨　帆	李子萱
北京-都柏林国际学院		汪　玥	
理学部	廖思涵	毛圣婕	赵姝宁
	刘絮扬	李　莎	王　茜
	刘晓旭	杨瑞谋	蔡慧盈
信息学部	彭文龙	牛子睿	石凯升
	唐泽诚	齐景仲	管京龙
	郝超凡	刘金涛	林汉夫

全国大学生数学建模竞赛竞赛获奖名单

（主办单位：教育部高等教育司、中国工业与应用数学学会）

全国一等奖：

信息学部	慕文惠	韩子清	王东宇

全国二等奖：

理学部	李一格	靳　研	
信息学部	孟　元		

省级一等奖：

经济与管理学院	吴惠茜	万宜嘉	
信息学部	杨超然	王欣睿	王　淼
	李浩渊	冯京润	彭加同

省级二等奖：

理学部	张子洋	王子凡	魏浚哲
	苗竹青	邵小雨	周　宇
	张　佟	胡嘉琪	段云曦
	黄鸣奕	郭健洲	王季婕
	马荣欣	王思雨	
信息学部	李兰琪	刘紫禾	黄靖懿
	冯　宇	孔维嘉	周燕妮
	王梦娜	王思哲	
经济与管理学院	王　祥	吕思佳	
环境与生命学部	毛晓雨		

北京市大学生物理学术竞赛获奖名单

（主办单位：北京物理学会）

一等奖：

理学部	张浩涵	查钧航	任泓尧

张　钰

信息学部　陈志鹏　施晟元　顾一鸣　王诗睿

二等奖：

信息学部　张　鸿　丁浩然　孙雨飞　王清华　金泽凯　文馨依　孙欣怡　罗心怡　徐金蘅　于世浚　安长伟　周欣博　李灵吉

环境与生命学部　李桦恩　王孟帅

三等奖：

理学部　田桂婷　俞维嘉　李明非　姜一诺　穆笑雨　薛媛元　孙昊冉

信息学部　吕婧祺　康顺鑫　李先蕾　田　冉　董　蚺　付怡霏　彭薪垚　游佳慧　闫立顶　刘剑飞　尹健光　李子为　朱子熹　马昭凯　罗奕萱　赵玉华

环境与生命学部　赵建勋　朱琮哲

全国大学生物理实验竞赛获奖名单

（主办单位：教育部高等学校大学物理课程教学指导委员会、教育部高等学校物理学类专业教学指导委员会、中国物理学会物理教学委员会、高等学校国家级实验教学示范中心联席会）

三等奖：

理学部　宛天健　段博方　张　钰　郭俊祥

信息学部　刘佳乐　龚美华　王璐瑶

美国大学生数学建模竞赛竞赛获奖名单

（主办单位：美国数学学会、美国工业与应用数学学会）

F奖（Finalist）：

材料与制造学部　安昕宇　邓语馨　田　野

H奖（Honorable Mention）：

环境与生命学部　俞　露　孙　格　孙　佳

理学部　吕　洋　郝　景　靳舒涵　阿如娜　刘斯妍　张漪雯

周　宇　姚清泉　夏欣兰　李雯茜　陈大桥　韩瑞隆　刘天祺

信息学部　韩羽桐　吕美杨　田晓奇　应润凯　宋霖涛　蔡舒甜　王龙飞　冯京润　顾晏铭　孙　倩　聂风俊　范睿嘉　刘雨辰　吕生平　刘宇琪　刘俊雄　郝　泉　蒲怡晓　谢　斌

北京-都柏林国际学院　汪子航　董新宇　姜力萌　蔡颂歌　孙琢璠　薛世唯　严子淳　闫思铮　曹光昭　王哲嘉　梁　潇　吴翔宇　利博文　王泽鑫　彭保锐　李佳璇　刘　畅　文言诺　游维炯　吕俊逸　高　博　金深远

经济与管理学院　李兰琪　庞　博　孔维嘉

M奖（Meritorious Winner）：

材料与制造学部　秦周阳　陈祉君　郭郝源丞

文法学部　王秀通

信息学部　杨增宇　蒋嘉蕊　赵宇航　陈伟健　董京伟　李佳成

北京-都柏林国际学院　唐诗佳　王　兴　王子依　姚宇翔　黄思益　王诗齐　王奕飞

经济与管理学院　邹田田

全国大学生数学竞赛竞赛获奖名单

（主办单位：中国数学会普及委员会）

一等奖：

信息学部　陈立标　刘　煜　唐天郢

北京-都柏林国际学院　方锐捷

二等奖：

理学部　王子凡

信息学部　何欣桐　宋世城　汪昊然　张谊波　陈　燕

北京-都柏林国际学院　徐一飞

城市建设学部　全雅妮

材料与制造学部　蔡鸿蔚

樊恭烋荣誉学院　余佳珉

三等奖：

信息学部　　　　余宇烯　刘剑飞　林　晨

城市建设学部　　陈慧芳

环境与生命学部　李家旭

全国部分地区大学生物理竞赛获奖名单

（主办单位：北京物理学会、北京高校物理教学研究会）

三等奖：

城市建设学部　　王清华　丁武杰　张　虞
　　　　　　　　田　东

理学部　　　　　任泓尧　高子琪

信息学部　　　　陈多强　王一霖

北京市大学生物理实验竞赛获奖名单

（主办单位：北京市教育委员会）

三等奖：

理学部　　　　　宛天健　段博方　张　钰
　　　　　　　　郭俊祥

信息学部　　　　刘佳乐　龚美华　王璐瑶

外研社全国大学生英语系列赛英语辩论竞赛获奖名单

（主办单位：外语教学与研究出版社）

二等奖：

文法学部　　　　孙玉洋

北京-都柏林国际学院　　朱秋彤

外研社全国大学生英语系列赛——英语阅读、英语写作竞赛获奖名单

（主办单位：外语教学与研究出版社）

一等奖：

樊恭烋荣誉学院　王晓林

二等奖：

文法学部　　　　荆博雯

三等奖：

文法学部　　　　段　俏

经济与管理学院　张语嫣

北京市大学生英语演讲比赛竞赛获奖名单

（主办单位：北京市教育委员会）

三等奖：

文法学部　　　　廖　昱

“挑战杯”首都大学生课外学术科技作品竞赛获奖名单

（主办单位：北京团市委、北京市教育委员会、北京市科协、北京市学联）

特等奖：

信息学部　　　　毛冬晓

环境与生命学部　田梓扬　顾元琦

艺术设计学院　　朱颖佳

材料与制造学部　聂　铮

一等奖：

环境与生命学部　李　甜　范文浩　孙　驰
　　　　　　　　李江帆　赵天瑀　张天宇
　　　　　　　　李法键　王娅萱

信息学部　　　　张赵雪　吕生平　么以铭
　　　　　　　　唐泽诚　毛冬晓　龚煜涵
　　　　　　　　孙　爽　聂　铮

城市建设学部　　孙　彤　国　淏　周　珺
　　　　　　　　张念慈　李　淞　许怡然
　　　　　　　　王楚玥　崔岳晨　郑依祎
　　　　　　　　潘雨萱　赵如雪　张　奕

艺术设计学院　　朱颖佳　黄诗睿　王宇譞
　　　　　　　　孔泽洋

经济与管理学院　仝　欢　李　淼　李文暄
　　　　　　　　杨　枭　李泽雅　吴宣萱
　　　　　　　　柳　琪　纪　昀　李天泽

二等奖：

文法学部　　　　王光普　张雨馨　于白珺
　　　　　　　　池玉禾　郭　越　刘　伊
　　　　　　　　刘欣然　钱虹宇　李依慧
　　　　　　　　赵　楠　宋祎祎　王　頔
　　　　　　　　董　洁　赵　洋　刘宇昂

经济与管理学院　李春雨　申怡然　关秉裕
　　　　　　　　苗馨月　张祯果　李尘白
　　　　　　　　刘泽华　张一萌　尹倩雯
　　　　　　　　万宜嘉　吴惠茜　张思琪
　　　　　　　　陆　晗　李雪笛

信息学部　　　　张　开　郑添阳　孙境鸿
　　　　　　　　王泊翔　李佳璇　文言诺
　　　　　　　　陈泳廷　尚逸文　隋沐辰
　　　　　　　　李熙诚　刘新语　郑新楠

环境与生命学部　屈千喜　张赵雪　李　甜
　　　　　　　　刘梓宸　姚舒译　王雨飞

	覃兴存	余　越	刘芃芃
	范光廷	王雨欣	陈锦玉
	杜奕玢		
城市建设学部	胡枕冰	赵婉宏	
材料与制造学部	张艺轩		
理学部	管思晴		

三等奖：

理学部	张可佳		
材料与制造学部	张晓静		
信息学部	崔春姬	刘红燕	李宁柯
	张　漫		
经济与管理学院	王婧怡	岳　峻	李泽雅
	徐稚迪	韩丝梦	张栖庾
	张国威		
城市建设学部	吕兆晗	付思雨	张天郡
	王薪睿	李同宽	李思懿
	康偲妍	徐智康	
环境与生命学部	韩健睿	时　光	冯凯恩
	白薛峰	安家宝	
文法学部	韩帅言	彭曦苒	刘凤至
	浦秋然	丁　然	马梓萱
	刘　莉	黄　轩	郭雨晨
	黄子琪	邵雨齐	杨宇晨
	宗蔚芸		

全国大学生广告艺术大赛竞赛获奖名单

（主办单位：教育部高等学校新闻学学科教学指导委员会、中国高等教育学会广告教育专业委员会）

全国三等奖：

艺术设计学院	程潇楠	赵一帆	邹子欧

省部一等奖：

艺术设计学院	曹紫钰	安　妮	程潇楠
	赵一帆	韩溪芮	樊宇鸣
	庞　渤	张依然	韩晓天
	高欣然	高博雅	韩雨轩
	栗　娜		
文法学部	李嘉萌		
城市建设学部	张　悦		
经济与管理学院	张祯果		

省部二等奖：

艺术设计学院	何梓桐	孙婧琦	曹紫钰
	安　妮	刘东昆	程子萱
	王　晴	李　晴	冯怡帆
	刘雨辰	程子萱	
城市建设学部	谭润东	李子怡	
经济与管理学院	张祯果	彭　雯	
信息学部	李京京		
文法学部	高睿龙	闫佩晴	高睿龙
	闫佩晴	李嘉萌	

省部三等奖：

艺术设计学院	吴睿妍	杨　培	田　淼
	项　欣	黄诗睿	栗　娜
	群英桑姆	程潇楠	赵一帆
	刘珺雯	陈　叶	房雨童
	金舒婷	程田恬	张雅萱
	赵　桐	韩雨轩	程子萱
	冯子昕	代玉洁	许淳茜
	徐艺萱	宋馨谷	孟坤炜
	李祎彤	李云乔	曹心玥
	翟　静	胡振洋	何京瀛
	郝佳筠	石文漪	
文法学部	靳　静	王光普	姜　雪
	宋　田	王佳路	郑泽瑞
	彭　雯	王　頔	
经济与管理学院	翟雪芬		
信息学部	闫文龙	陆子恒	刘长琦
	鞠明学	刘铭欣	刘雨辰

全国高校数字艺术设计大赛竞赛获奖名单

（主办单位：工业和信息化部人才交流中心）

二等奖：

艺术设计学院	刘思睿	甄　茜
信息学部	崔庭睿	

“西门子杯”中国智能制造挑战赛竞赛获奖名单

［主办单位：教育部高等学校自动化类专业教学指导委员会、西门子（中国）有限公司、中国系统仿真学会］

全国决赛一等奖：

信息学部	刘　昊	南博睿	毕兰越

全国决赛二等奖：

材料与制造学部	刘润峰	吕圣哲	严霄汉

全国初赛特等奖：

材料与制造学部	李文忠	王喆弘

全国初赛一等奖：

信息学部	耿　洋

材料与制造学部　刘润峰　吕圣哲　严霄汉
季源隆　韩思航　侯惠雯
赵子捷

全国初赛二等奖：

材料与制造学部　李其霖　张伟豪　马　聪
金一丹　杨梦馨　刘春岐
李　珺　桂　洋

全国初赛三等奖：

信息学部　刘金涛　韩　璐　李彦霖
材料与制造学部　郭骐骥　毛漪滢
环境与生命学部　韩健睿　时　光　李欢璐

全国大学生机器人大赛——RoboMaster、RoboCon竞赛获奖名单

（主办单位：共青团中央、全国学联、深圳市人民政府）

国家二等奖：

信息学部　李文斌　董泓祐　张曦梁
陈浩熙　陈美琪　冯文龙
材料与制造学部　金新元

省部一等奖：

信息学部　李文斌　董泓祐　张曦梁
陈浩熙　邓乔依　冯文龙
安恬羽　周　祎　陈美琪
田牧宸
材料与制造学部　金新元　袁尔浩

省部二等奖：

信息学部　李文斌　董泓祐　张曦梁
陈浩熙　冯文龙　田牧宸
安恬羽
材料与制造学部　金新元

省部三等奖：

材料与制造学部　金新元　袁尔浩
信息学部　董泓祐　张曦梁　陈浩熙
李文斌　冯文龙

中国高校计算机大赛——团体程序设计天梯赛获奖名单

（主办单位：教育部高等学校计算机类专业教学指导委员会、教育部高等学校软件工程专业教学指导委员会、教育部高等学校大学计算机课程教学指导委会和全国高等学校计算机教育研究会）

国家二等奖：

樊恭烋荣誉学院　葛中正
信息学部　洪蔚杰　养罡智　李昌文
卢雨轩　任骥恺

国家三等奖：

樊恭烋荣誉学院　刘海天
信息学部　耿琮凯　胡郢浩　孙天天
韩子尧
北京-都柏林国际学院　周榆忱

省部三等奖：

樊恭烋荣誉学院　葛中正　周晟颐　李律学
陶靖怡　刘海天
信息学部　洪蔚杰　耿琮凯　卢晟熙
养罡智　李昌文　胡郢浩
岳柳青　孙天天　朱胤丞
党鸿博　李尚洋　韩子尧
周恩岐　许世尧　付怡霏
王　驰　刘思禹　常崇昱
袁　溟
材料与制造学部　陈榆坤
城市建设学部　贺　昊
北京-都柏林国际学院　周榆忱
经济与管理学院　熊浩男

中国机器人大赛暨RoboCup机器人世界杯中国赛竞赛获奖名单

（主办单位：中国自动化学会、教育部高等学校自动化类专业教学指导委员会）

三等奖：

材料与制造学部　臧　淇　黄民丰　王获麟
信息学部　刘博雅

全国大学生信息安全竞赛获奖名单

（主办单位：教育部高等学校信息安全类专业教学指导委员会）

二等奖：

信息学部　吕美杨　宋世城　吴易泽
韩羽桐

“蓝桥杯”全国软件和信息技术专业人才大赛竞赛获奖名单

（主办单位：教育部高等学校计算机科技教学指导委员会、工业和信息化部人才交流中心）

国赛二等奖：

信息学部　任骥恺　洪蔚杰

国赛三等奖：

信息学部　　葛中正　卢雨轩　王大任
　　养罡智

国赛优秀奖：

信息学部　　周榆忱　余佳珉　孙天天

省赛一等奖：

信息学部　　余佳珉　洪蔚杰　卢雨轩
　　孙天天　养罡智　葛中正
　　王大任　任骥恺　周榆忱

省赛二等奖：

信息学部　　王一鸥　周晟颐　王钟楠
　　陈榆坤　安思致　胡郢浩
　　韩子尧

北京-都柏林国际学院　　韩三越　刘泽萌

省赛三等奖：

信息学部　　李睿楷　赵子轩　张治纯
　　熊浩男　陶靖怡　牛　瑞
　　罗世琨　沈秉辰　杨亨圻
　　刘颖达　王　双　傅延赫
　　陈亚平

中国机器人及人工智能大赛竞赛获奖名单

（主办单位：中国人工智能学会、教育部高等学校计算机类专业教学指导委员会）

一等奖：

信息学部　　王千潼　王一帆　张梓越
　　周华毅　杨仲旭　王　昕
　　郑忻宜　管京龙　杜艳清
　　张桐嘉

北京-都柏林国际学院　　张祎邢　王　峥

二等奖：

信息学部　　张　鸿　戴思然　马　源
　　吉　祥　贾雅轩　贾雅轩
　　吉　祥　戴思然

北京-都柏林国际学院　　赵伯恒　张祎邢

北京赛区一等奖：

信息学部　　谢　斌　杨仲旭

北京-都柏林国际学院　　王　峥

北京赛区二等奖：

信息学部　　张　鸿　吉　祥　郑忻宜
　　管京龙　杜艳清　张桐嘉

北京-都柏林国际学院　　赵伯恒

北京赛区三等奖：

信息学部　　戴思然　贾雅轩　王千潼
　　陈俊希　王　昕　周华毅

北京-都柏林国际学院　　张祎邢

中国高校智能机器人创意大赛竞赛获奖名单

（主办单位：中国高等教育学会、教育部工程图学课程教学指导委员会、中国高校智能机器人创意大赛组委会）

一等奖：

信息学部　　曹中奇　王羽钧　桂源泽
　　杨　一　蔡宇欣　张亦凡
　　苏　琦　曹　雷　揣长远

城市建设学部　　黄钰晴　王　瑜

三等奖：

信息学部　　谢清源　孙艺珈

全国大学生集成电路创新创业大赛竞赛获奖名单

（主办单位：工信部人才交流中心、教育部电工电子教职委、北京市电子学会）

华北赛区三等奖：

信息学部　　吕生平　文家宝　么以铭

iCAN 全国大学生创新创业大赛获奖名单

（主办单位：中国信息协会）

三等奖：

信息学部　　王天语　张建桐　周恩岐
　　刘瑞辰　唐泽诚　齐景仲
　　张宇轩　张　岩　刘　前
　　李奕霖　刘宁远　巩仕炜
　　王　喆　徐铭泽

城市建设学部　　崔莉涓

北京-都柏林国际学院　　汪墨涵　杨　晨

文法学部　　李嘉萌

IEEE Xtreme 极限编程全球大赛竞赛获奖名单

（主办单位：IEEE 美国电子与电气工程师协会）

一等奖：

北京-都柏林国际学院　　周榆忱

樊恭烋荣誉学院　　赵子钰　葛中正　张越棋
　　唐佐夫　赵嘉瑞

信息学部 卢雨轩 孙天天 狄可欣 洪蔚杰 李 昊 张 宇 扬牛瑞 王大任 养罡智

二等奖：

信息学部 赵子涵 张天龙 江恺宁 兰天硕 易思铭 陈榆坤 雷昊川

樊恭烋荣誉学院 鲍 昕 沈琪伦 周夏阳 陶靖怡 郝 鑫 余佳珉 王钟楠 张栩宁 刘海天

北京-都柏林国际学院 翟锦鹏 杨子祺 胡博轩 孙若桐

三等奖：

信息学部 朱宸睿

北京-都柏林国际学院 胡天骕 岳柳青

RoboCup 机器人大赛中国赛竞赛获奖名单

（主办单位：中国自动化学会、教育部高等学校自动化类专业教学指导委员会）

三等奖：

材料与制造学部 臧 淇 黄民丰 王获麟

信息学部 刘博雅

全国大学生物联网设计竞赛竞赛获奖名单

（主办单位：全国高等学校计算机教育研究会）

一等奖：

信息学部 王新雨 杨皓琪 赵云雷 李宗耀 辛婧婧 温昊睿

二等奖：

信息学部 李尚卿 郑鑫鹏 陈俊希

ICPC 亚洲区域赛、东亚区决赛竞赛获奖名单

［主办单位：ICPC 基金会（ICPC Foundation）］

三等奖：

信息学部 卢雨轩 养罡智 佟祥正

樊恭烋荣誉学院 周晟颐 葛中正

北京-都柏林国际学院 周榆忱

中国大学生计算机博弈大赛竞赛获奖名单

（主办单位：中国人工智能学会、教育部高等学校计算机类专业教学指导委员会）

一等奖：

信息学部 陈俊希 王 昕 尤梦芊 王沐曦 谢 斌 贾敬瑜 吴翔宇 张 鸿 赵雪飞 黄庆盈 牛晨宇 范家玮 吴翔宇 贾普阳 戴思然 陈俊希

樊恭烋荣誉学院 唐佐夫 张越棋 赵嘉瑞

北京-都柏林国际学院 张祎邢

材料与制造学部 聂 铮 孙 爽

二等奖：

信息学部 贾敬瑜 王沐曦

北京-都柏林国际学院 张祎邢

北京市大学生集成电路设计大赛竞赛获奖名单

（主办单位：北京市教育委员会）

特等奖：

信息学部 李虹佑 杜馨雨

一等奖：

信息学部 李名扬 徐 朝 赵宇航 刘 震 于文迪 刘齐飞 赵 硕 梁铁辰 辛 宇 梁炜松 刘雨飞 文家宝 杨辰涛 魏靖欣 孙 倩 聂凤俊 赵宇航 梁炜松 郑翔瑞 牟帅臣 谢 斌 幸子丰 刘道康 张子兴 鲍 洵 黄 瀚

二等奖：

信息学部 王浩旭 鲁泽宇 邱 翱 刘尚聪 苏羽合 吴雨珊 吴逸豪 何铭浩 杨宇婷 刘思宇 孙 倩 聂凤俊 杨 煦 解 放

三等奖：

信息学部 李 邦 孙右文 周若龙 刘松林 焦御坤 许修承

iCAN 全国大学生创新创业大赛北京赛区决赛竞赛获奖名单

（主办单位：中国信息协会）

一等奖：

信息学部 王天语 张建桐 周恩岐 刘瑞辰 张宇轩 张 岩 刘 前 李奕霖 刘宁远

巩仕炜　王　喆　徐铭泽
北京-都柏林国际学院　汪墨涵　杨　晨
文法学部　李嘉萌

二等奖：

信息学部　姬庆庆　毛冬晓　黄亚楠
游天炀　王旖婷　周祺翔
北京-都柏林国际学院　奚世佳　任子源
葛一飞
材料与制造学部　聂　铮　孙　爽
城市建设学部　潘　硕　张　妍
经济与管理学院　贾　凡
樊恭烋荣誉学院　龚煜涵
艺术设计学院　王宇譞　曹心玥　黄诗睿
朱颖佳
环境与生命学部　吴婧婷　严梦羽　黄沁瑶
图尔荪古丽·艾海提巴柯

三等奖：

信息学部　董芳琪　吉　祥　张　漫
天　语　邓栊涛　王柯然
许世尧　唐文杰　张敬雨
张彩译　刘婉怡　高文雅
刘松林　周若龙　杜延钧
王奕达　耿　洋　甘霖川
王剀时　黄钰林　陈汉梁
栗雅轩　梁静茹　柴子一
刘颖达　孙宏阳　郭铭宇
李子为　杨增宇　阚　哲
方　静
材料与制造学部　李赫楠
城市建设学部　马博宸　王　建　张梓原
刘子聿
艺术设计学院　冯怡帆　田雨萱
经济与管理学院　曹雨畅

全国大学生电子设计竞赛（北京赛区）竞赛获奖名单

（主办单位：教育部）

二等奖：

信息学部　张家贝　何明栩　张　鸿
梁　昊　宋佩鸿　王　烁
周　捷　栗雅轩　廖才汶

三等奖：

信息学部　王奕达　梁佳乐　孙祎驰
鞠明学　陆纪安　白兆杰
赵世方　韩　璐　陈怡材
冯雨飞　闫迪嘉　余润卓
甘霖川　张亦非　王川页
袁东海　谢　斌　李名扬
王一霖　聂　冰　田文浩

国际自主智能机器人大赛竞赛获奖名单

（主办单位：北京市科学技术协会）

二等奖：

信息学部　戴思然　张　鸿　王千潼
杨仲旭　周华毅　吉　祥
贾雅轩　王一帆　张梓越
北京-都柏林国际学院　张祎邢　赵伯恒
国际学院　LAMIN MOHAMED ZAMARY
MASIHULAH HOUNSOUNOU
MARKAMBEL SOSTHENE
ROBERTO NIKIZA DAVID
MAGOT PETER MAKHOR
AKECH

“中国软件杯”大学生软件设计大赛竞赛获奖名单

（主办单位：工业和信息化部、教育部、江苏省人民政府）

二等奖：

信息学部　白　林　杨念迪

（教务处　提供）

中国研究生创新实践系列大赛——“兆易创新杯”第十六届中国研究生电子设计竞赛

（主办单位：教育部学位管理与研究生教育司、教育部学位与研究生教育发展中心、中国学位与研究生教育学会、中国科协青少年科技中心、中国电子学会）

全国二等奖：

信息学部　马婧妍　禤祖年　孙振林

全国三等奖：

信息学部　仝　琛　刘红燕　郭　楠

企业专项奖二等奖：

信息学部　仝　琛　刘红燕　郭　楠

华北赛区一等奖：

信息学部　仝　琛　刘红燕　郭　楠
信息学部　马婧妍　禤祖年　孙振林

华北赛区二等奖：

信息学部　刘　娜　刘　琦　吕　明

华北赛区三等奖：

信息学部　陈蕊蕊　姚成龙　李姝颖

信息学部　巩亚飞　李泽东

中国研究生创新实践系列大赛——“华为杯”第十八届中国研究生数学建模竞赛

（主办单位：教育部学位管理与研究生教育司、教育部学位与研究生教育发展中心指导、中国学位与研究生教育学会、中国科协青少年科技中心）

全国二等奖：

材料与制造学部　高建航　耿玉刚　何　皓

城市建设学部　何姗姗　宋子昂　王旭涛

环境与生命学部　林梓浛　熊　敏　余　睿

理学部　黄成越　黄婧茹　廉成娣　吕淑睿　孙　瑛　田镇滔

信息学部　赵欣怡　诸葛祥栋　邹庆春

全国三等奖：

理学部　段昭思　李婧媛　李　敏　梁晓辉　廖思涵　刘吉磊　马泽慧　马泽锐　米　佳　瞿　鑫　宋欣然　孙中将　唐　超　王秉义　王燕茹　吴青倩　肖颖姝　杨惠婷　张蒙可　周　婷　朱　巧

（研工部　提供）

第十四届全国大学生创新创业年会

（主办单位：教育部）

最佳创业项目：

城市建设学部　王　心　王竹馨

经济与管理学院　陈舒桐　卢　煜

信息学部　王枭阳　辛泳亨

国创年会入选：

信息学部　吕生平　文家宝　么以铭

环境与生命学部　刘　涵

第十一届“挑战杯”首都大学生课外学术科技作品竞赛

（主办单位：共青团北京市委员会、北京市教育委员会、北京市科学技术委员会、北京市科学技术协会、北京市青年联合会、北京市学生联合会）

省级特等奖：

文法学部　郭包罗

材料与制造学部　马弘列　冯　陶　李文汉　郭庆旭　张雪洋

省级一等奖：

环境与生命学部　李　甜　范文浩　孙　驰　李江帆　赵天瑀　张天宇　李法键　张赵雪

信息学部　吕生平　么以铭　唐泽诚

城市建设学部　孙　彤　国　淏　周　珺　张念慈　李　淞　许怡然　王楚玥　崔岳晨

省级二等奖：

材料与制造学部　房永超　陈　睿　马伊琳　薛贺波　路　遥　艾明珠　蔡凡茗　李培金　冷　月　陈晓萱

文法学部　王光普　张雨馨　于白珺　池玉禾

经济与管理学院　李春雨　申怡然　关秉裕　苗馨月　张祯果　李尘白　刘泽华　张一萌

城市建设学部　李文海　马睿哲　高利业　艾中亮　李瑞琦　金日范　张东亮　钟雅玲

艺术设计学院　杨欣蕾　王皖皖　杨子毅

省级三等奖：

信息学部　张永慧　崔春姬　刘红燕　李宁柯　许　欣　李泽东

经济与管理学院　王婧怡　岳　峻　李泽雅　徐稚迪　韩丝梦

城市建设学部　张诗雯　肖劲松　吕兆晗　朱婷玮　尚宇辰　付思雨　王宇琛

文法学部　黄宇晨

（校团委　提供）

媒体报道

2021年重点报道

做好课程思政顶层设计　强化教师骨干引领作用

新华网（2021年12月3日）

“做好课程思政工作，首先得解决顶层设计的问题，要秉持‘课程承载思政，思政寓于课程’的理念，在制订人才培养方案和强化专业建设时，把思政元素融入相应课程，文化知识是主要食材，思政元素是调料，二者有机融合，才能做出学生喜欢的大餐。”12月2日，在第十二届新华网教育论坛高等教育专场中，北京工业大学党委书记谢辉如是说。

谢辉介绍，北京工业大学积极出台课程思政建设实施方案，鼓励教师设计精品课程，目前已推广69门课程，在校内校外均产生思想引领作用，其中，《大国之都》精品课将学校专业特点与北京优秀传统文化有机结合，将专题教育与通识教育有机结合，产生了普通专业课无法替代的深远意义。

人才培养是非常复杂的过程，谢辉强调，课程思政不仅要牢牢抓住第一课堂，还要注重课外活动、校园服务以及社会育人功能的发挥。“科学设计第一课堂课程教学，使思政课和专业课相互配合、相互补充；绝不忽视第二课堂育人作用，精心组织科技体育文化活动，让学生在参与中受教育、长才干；以校园管理与服务育人，普通的服务人员，也可以用兢兢业业的工作态度教育引导学生；兼顾社会育人的重要功能，将志愿参与社会活动作为重要的指标，纳入学生培养体系之中。”谢辉特别强调，因为北京的地缘优势，使学校学生得以参加很多大型国际国内活动，“参与实践活动当中，受到的教育，对国家产生的崇敬，是任何课堂无法达到的”。

精心设计思政课程，充分发挥课堂育人功能，都离不开教师这一关键主体。谢辉表示，课程思政建设，应该聚焦教师队伍的培养，结合本校的实践探索，他在论坛现场分享了一些宝贵经验。一是强化骨干引领，专门成立教师学院，择优单独培养骨干教师，通过理论学习和实践锻炼，增强教师思政教育教学的意识和能力；二是组建双师团队，即分别组建思政课教师团队和专业课教师团队，思政课教师在思政元素发现和提取方面能力更强，能够帮助专业课教师快速进步；三是加强师德师风建设，将师德师风作为教师素质评价的第一标准，引导教师言传身教，使其传授文化知识的同时，自觉塑造学生品格，成为学生成长的引路人。

（新华社）

源头创新解决“卡脖子”技术难题

《光明日报》（2021年4月11日）

“从基础研究到成果产业化，至少要翻越理论验证、中试、资金投入、国际市场竞争四座大山。”清华大学河北中试基地负责人曹建国说，“对科研人员来说，每一座大山都困难重重，能成功者凤毛麟角。”

但张跃明翻越了这四座大山。他从源头创新

的工业机器人RV减速器技术打破了日本的垄断，并以此技术合作在北京亦庄开发区和河北石家庄建厂，每年可以生产世界上最顶尖的工业机器人RV减速器8万套，产品供不应求。

此前很长时间里，张跃明一直是学校里一名默默无闻的工科教师，他32岁从清华大学博士毕业，成为北工大的第一批博士后，但到了50岁，还因论文没有别人发得多而评不上教授。

打破国外技术垄断，助力国产工业机器人走向高端

工业机器人的RV减速器，对制造业来说，相当于手机、电脑的芯片，其核心技术和全球90%的市场一直被日本垄断。当前国产机器人使用的RV减速器大量从日本进口，中国制造业要转型升级，必须要解决这个“卡脖子”的技术难题。

记者初见张跃明，是在北京亦庄经济技术开发区的一个工业园里，车间的生产机床还在不停转动，机器发出巨大的轰鸣声，当天他带记者参观了这个已投资两亿多元的生产厂区。

“生产厂区就是我的实验室，这些RV减速器样品都是根据我们自主研发的原创技术生产出来的。亦庄厂区的生产规模已实现年产3万台。”噪声嘈杂，张跃明指着展示台上一堆闪闪发光的轴承大声说。

记者在现场看到的检测报告显示，这些国产RV减速器产品在精度保持性和使用寿命等多个指标性能上，比日本最先进的产品还要好。

“减速器是工业机器人的核心功能部件。打个比方，把工业机器人当成人的手臂来看，减速器就相当于手臂的关节，这个关节主要决定了工业机器人手臂摆动的精度，使用时间长后其磨损会影响工业机器人的使用寿命。世界上高精度机器人传动多采用RV减速器，一台工业机器人的腿部、腰部和肘部，需要4到6台RV减速器，减速器占到工业机器人总成本的30%以上。”张跃明介绍。

“国产RV减速器的质量跟日本产品存在差距，主要是精度保持性不行；还容易磨损，影响使用寿命，大多只供中、低端工业机器人使用。更无奈的是，日本企业出售给ABB、发那科等四大机器人公司的减速器价格是给我国企业价格的一半甚至更低；国内厂商拿货还要被迫接受3至6个月的漫长等待供货期。”张跃明告诉记者，“我现在的主要工作，就是要打破日本人的垄断，助力国产工业机器人走向高端市场，助力中国制造业转型升级。”

突破制造业“卡脖子”技术，需要源头上的基础理论创新

1997年，32岁的张跃明从清华大学精密仪器与机械学系博士毕业，进入北京工业大学做博士后，长期从事机械设计及理论的基础研究。

“说起来很惭愧，我虽然是北工大的第一批博士后，但我个人的科研兴趣一直在生产一线，帮企业解决实际问题。所以发论文相对比较少。”张跃明说。

张跃明的论文发得少，但他的实践应用成果并不少。比如，张跃明跟北一机床合作，联合开发出了数控机床核心功能部件，完全替代了日本进口，并一直应用于北一大隈机床厂的多个型号的数控加工中心产品，这也为张跃明做工业机器人的RV减速器打下了良好的基础。他从中受到启发：“我国机械制造的很多问题不是材料和工艺的问题，而是缺少源头创新。”

“机械产品与其他高科技产品一样，蕴含丰富的科学规律，只有揭示其内在的运动规律和科学原理，才能制造出高品质的产品。”张跃明告诉记者。

党的十八大以来，我国科技体制改革持续深入推进，国家加大了对基础研究和“卡脖子”技术攻关的支持力度，张跃明成了受益者。2015年，张跃明争取到北京市科委的科研项目“RV减速器产业化开发”，拿到200万元的科研经费，研发“机器人关节RV减速器制造工艺”技术。他花了1000多个日夜，建立了一个齿轮修形技术模型，解决了齿轮磨损问题，最终掌握了“机器人关节RV减速器设计及制造工艺”核心技术。

“这个技术是真正的源头创新。国内研发机器人RV减速器的人很多，大多数人是仿制，但张跃明团队的技术是正向设计，从源头上创新，部分性能指标比日本人做得还好。”哈尔滨工业大学机器人研究所所长、国家重点研发计划智能机器人重点专项专家组组长赵杰告诉记者，“科技部将在‘十四五’期间支持该技术的产业化。”

“我国制造业还有很多‘卡脖子’技术，很多核心部件依赖进口，这些问题的解决，需要像RV减速器一样，从源头上进行基础理论创新。比如，高端机械产品使用的轴承，80%都靠进口。这导致国内机床公司大多不赚钱，甚至连续亏损，钱都让国外公司赚了。”张跃明说。

从基础研究论文到成果产业化，需要优化创新创业生态环境

Mechanism and Machine Theory（简称“MMT”）是国际机构学与机器科学联合会的顶级国际学术期刊，中国科研人员在这本SCI核心期刊上发论文一般需要半年以上，张跃明的论文一个月就获得发表，同行评审专家评价：“这是近几年来少见的好论文，来源于实践，建议出版期刊一定给予发表。”

“搞基础研究的大学教授一般不会关心产业转化问题，理论论文在国际期刊发表后，就会被束之高阁，很多人甚至是为了争取项目和发论文而搞研究，在对国家更有价值的科研成果转化中他们却成了缺席者。”曹建国说。

张跃明遇到的第一座“大山”就是要验证技术理论。

“工业机器人RV减速器这篇论文发表后，理论上虽然得到国内外同行的高度认可，但我的心里总是搁不下，这么多年，我写论文比较少，每一篇也都是为了服务实践。我当时的困难是科委的项目结题了，没有科研经费支持了。我需要机床加工出样品来，以验证技术正确，然后才能产业转化。而买一台高端加工机床需要上千万元。”张跃明说，“这是一个悖论式的难题：我要实现成果的产业化，需要先验证理论，要先有样品，但企业一般要见到样品，才会投钱，所以这个成果搁置了很长一段时间。”

后来，一个偶然的机会，让张跃明看到解决这个难题的曙光：有一家意大利的高端机床厂想到中国来开拓市场，他们的负责人正好与张跃明认识。张跃明跟他们谈合作，先让对方帮忙把样品加工出来，这也正好验证他们机床的性能，对方同意了。

张跃明和他的团队最终去意大利把工业机器人的RV减速器样品加工出来，验证了他的理论成果完全正确。样品送到国家的权威检测中心，在精度保持性和使用寿命等多个指标性能上，比日本最先进的产品还要好。

有了样品，张跃明实现了从基础理论到产品的飞跃，接下来他遇到第二座“大山”：中试环节。

“很多科研人员走到这一步，就走不下去了。中试是一个漫长的过程，有的甚至要数年，所以投资者对中试缺乏热情和动力，这是造成我国原始创新成果转化难的症结所在。”曹建国告诉记者，“从清华大学多年来的科技成果转化数据来看，100个科技成果大概只有5个能形成最终产品。”曹建国说。

人努力，天帮忙。这几年全球市场环境的变化帮了张跃明的大忙，石家庄一家做减速器的生产厂家主动找上门求合作。

“我们企业原来生产的减速器技术含量低，市场竞争激烈，迫切需要新技术转型升级。我们做过市场调研，国产减速器做得不好，最根本原因就是国产减速器基础理论没有创新，张跃明在理论与实践相结合方面做了大量工作，而且已做出了样品。”这家企业的董事长胡文石接受记者采访时说，“看到他的技术和样品，我的眼睛都亮了，这正是我们要找的核心技术，所以我们毫不犹豫花了3700万元买技术和合作，还花了八九千万元买国外的高端机床设备投入中试，因为一旦成功，我们企业就可以实现从初级产品到世界顶尖产品的跨越升级，市场前景广阔。”

2017年10月20日，张跃明代表学校和石家庄的企业签订了合同，并合作在北京亦庄开发区投资2亿多元建厂，买了机床，用于国产机器人RV减速器产业化生产。

张跃明团队的中试环节比较顺利，但很快他们就遇到了新的问题——科技成果转化政策障碍。

“就科技成果转化而言，需要源头创新研究者深度参与，才有可能实现转化。但不少高校、科研院所的管理还有待完善，一边喊支持国家的产业升级，一边把科技人员管死。”曹建国说。

幸运的是，学校后来非常支持张跃明的技术成果转化。北京工业大学党委书记谢辉告诉记者：“近年来，党中央、国务院出台了一系列关于科技管理的改革举措，学校也建立了一系列的配套政策，加强学校的科技成果转化。北京工业大学将科技成果转化业绩纳入教师绩效、岗位、职称考核指标并提高赋值权重，张跃明等科研人员正是通过机器人RV减速器等科技成果转化业绩，成功晋升教授职称。”

缺乏资金持续支持扩大生产规模，是很多创新产品市场化难以翻越的第三座“大山”。

幸运的是，亦庄国投和京城控股给张跃明的团队抛来投资橄榄枝。现在，应用张跃明创新技术的石家庄新厂已经建立，年产规模5万套，RV减速器国产化之路正在迅速铺开，中国企业正在大步向前追赶日本的垄断企业。

国际市场竞争是他们需要翻越的另一座“大山”。

“可以预见，其产品会遭遇日本企业降价打压等一系列问题。这就需要扩大生产规模，降低成本，提高市场竞争力。”曹建国说。

“张跃明团队对RV减速器的自主创新，实现了从基础研究突破到产业化，十分难得。这对迫使日本减速器价格降低，使国产机器人核心技术不再依赖进口，提高国产机器人市场竞争力，参与国际市场竞争都具有重要意义。”赵杰说。

国家知识产权局知识产权发展研究中心主任韩秀成认为：“构建良好的创新创业生态环境，既要借鉴国际经验，也要有中国特色，需要科研人员、企业、高校、专利部门、金融机构、风险投资方等共同参与。科研人员关注源头创新，学校给予政策支持释放科研人员的创新活力，风险投资方搞好中试，专利部门给予技术保护，金融投资机构给予资金支持，企业来实现产品市场化，各方合力探索一条市场化路径，加速科技成果向现实生产力转化，带动整个国家的产业转型升级。”韩秀成说，就目前的国际和国内大环境来说，全国上下团结一心，打好关键核心技术攻坚战，这一仗我们必须要打，也一定能打赢。

（袁于飞）

重视“实践导向”让科研工作者勇做源头创新的“挖井人”

《光明日报》（2021年4月19日）

光明日报编辑部：

你好！

作为光明日报的老读者，近期，我认真阅读了《光明日报》关于科技成果产业化的一系列报道，特别是中国科学院欧阳钟灿院士关注到《光明日报》的系列报道后，致信贵报编辑部的信，他呼吁“广大院士同人和搞学术研究的人，都来为科技界破除‘四唯’尽一份绵薄之力，鼓励更多的‘张跃明’在新时代建功立业”，我看后深表赞同。“破四唯”，科研人员评价应该重视实践导向，让高校科研工作者勇做创新人才培养的“栽树人”和源头创新的“挖井人”，把国家需求和自己的教学科研工作结合起来，到生产一线去建功立业，把论文写在祖国的大地上。

2020年9月11日，习近平总书记在科学家座谈会上的重要讲话指出，当今世界正经历百年未有之大变局，我国发展面临的国内外环境发生深刻复杂变化，我国“十四五”时期以及更长时期的发展对加快科技创新提出了更为迫切的要求。

当前，我国科技领域依旧存在诸多“卡脖子”的情况，芯片、高端轴承、航空发动机等关键核心技术要不来、买不来、讨不来，需要从源头创新来解决这些难题，工业机器人、高端机床等诸多产业也在向全球高端价值链艰难爬坡。高校不仅是学科和人才的聚集地、育人的高地，也是科技创新的重要策源地，在培养创新人才的同时肩负着以科技创新成果服务经济社会发展的重要使命；新时代的科研人员尤其是高校知识分子，身上承担着为国解忧、产业报国的使命和历史责任。

对于欧阳钟灿院士信中提到的当前科技界“人才评价体系僵化单一，论文指标导向明显，最尴尬的是产业化成果在职称评审中不被学术圈认可”的问题，我也觉得很有必要改变，老一辈科学家和更广大的知识分子身上，是有这种科技报国和产业报国的热情和使命感的。

今年恰逢建党100周年，以史为“镜”，中国从一穷二白昂首迈向现代化新征程，中华民族伟大复兴离不开一代又一代知识分子在实践中创新报国。以北京工业大学为例，从1960年建校伊始，北京工业大学就试行半工半读的“前三后二”教育模式，即学生前三年在学校学好理论基础，后两年深入工厂企业边学习边参加生产劳动，最后半年进行“真刀真枪”毕业设计。这种既注重打好扎实理论基础又注重培养实践能力的人才培养模式奠定了北工大探求真知灼见、培养卓越工程师的特色。

改革开放以后，学校更是鼓励科研人员走向经济主战场，服务国家经济建设，比如 1981 年学校就成功研发出了我国首台具有完全自主知识产权的 TP -801 单板机并迅速在全国普及，成为中国电子计算机发展的里程碑。

随着国家创新体系的建设和发展，北工大人总是着力从经济社会发展的迫切需要中寻找研究点，瞄准国家重大需求特别是高精尖产业需求开展科研攻关。张跃明团队能从全国高校科研工作者里脱颖而出，得益于学校“实践导向”的传统和良好氛围。

1978 年 5 月 11 日，《光明日报》发表特约评论员文章《实践是检验真理的唯一标准》，由此引发了真理标准大讨论。

近年来，科技界也一直在探讨人才评价体系“破四唯”后如何立的问题，张跃明的创新事迹可以给出启示：“实践导向”，既符合新时代国家对创新的需求，也有利于破除现在学术界搞“学术圈子”“盲目追求论文数量”“SCI 论文崇拜”等现实问题。现在高校和科研院所的科研工作者，其人才评价机制能否由“论文导向”转向“实践导向”，这是一个值得科技界和教育界认真探讨的话题。

近年来，我国深入推进科技体制改革，中央和地方政府也迫切希望高校能在科技成果转化方面贡献更多的力量，北京工业大学在这方面做了一些探索。学校设立专项奖励鼓励成果转化，为实施科技成果转化科研人员的职称评聘开设专门的“绿色”通道，张跃明就是由此从副教授破格晋升了教授。

论文最大的价值最终是服务于生产实践。作为高校的管理者，我们乐于看到更多热衷于到生产一线搞创新的“张跃明”被社会了解、被国家认可，他们是创新人才培养的“栽树人”，也是源头创新的“挖井人”，更是新时代推进和实现科教融合、产业报国的主力军！

在此，我借《光明日报》此次组织的讨论呼吁：院士同人和高校同人继续携手共进，在新时代重视“实践导向”，引导科研人员回归报国初心，不盲目跟随国外学术热点，从国家急迫需要和长远需求出发，真正解决实际问题，搭建以高校学科为特色、科技成果转化落地为主体的专业化技术转移平台，为实施科技成果转化科研人员的职称评聘开设“绿色”通道，鼓励更多的高校科研工作者乐于去做创新人才培养的“栽树人”和源头创新的“挖井人”，为我国在全球经济竞争中创造出更多的创新优势！

聂祚仁

2021 年 4 月 18 日

高水平科技自立自强的时代内涵

《光明日报》（2021 年 11 月 12 日）

党的十九届五中全会提出，把科技自立自强作为国家发展的战略支撑，习近平总书记在参观国家“十三五”科技创新成就展时进一步指出，加快实现高水平科技自立自强，为建设世界科技强国、实现中华民族伟大复兴作出新的更大贡献。高水平科技自立自强，是立足新发展阶段、贯彻新发展理念、构建新发展格局的应有之义，对赢得新一轮科技革命和发展的主动权、实现第二个百年奋斗目标具有重要意义。广大科技工作者要准确把握高水平科技自立自强的时代内涵，不断向科学技术广度和深度进军，从自立走向自强，从破题突围走向战略引领，努力实现从跟跑并跑向并跑领跑的深刻转变。

实现高水平科技自立自强，必须显著增强创新人才自主培养能力，加快形成世界重要人才中心和创新高地。党的十八大以来，党对人才工作的领导全面加强，人才队伍快速壮大，比较优势稳步增强。习近平总书记在中央人才工作会议上指出，综合国力竞争说到底是人才竞争。人才是衡量一个国家综合国力的重要指标。国家发展靠人才，民族振兴靠人才。实现高水平科技自立自强，必须更加重视人才自主培养，努力造就一批具有世界影响力的顶尖科技人才和创新团队，培养更多能工巧匠、大国工匠，使国家战略科技力量和高水平人才规模位居世界前列。从李四光、钱学森、钱三强、邓稼先等一大批老一辈科学家，到陈景润、黄大年、南仁东等一大批新中国成立后成长起来的杰出科学家，再到 2020 年度国家最高科学技术奖得主顾诵芬院士、王大中院士，他们不迷信学术权威，不盲从既有学说，以关键共性技术、前沿引领技术、现代工程技术、颠覆性技术创新为突破口，为祖国和人民作出重大贡献。科技工作者要以他们为榜样，弘扬以爱国主义为底色的科学家精神，以强烈的创新自信肩负起时代赋予的重任，积极抢占科技竞争和未来发展制高点。高校和科研机构要强化建设高水平创新型人才队伍的使命和担当，充分发挥培养基础研究人才主力军的作用。

实现高水平科技自立自强，要让创新成为全面建成社会主义现代化强国的第一动力，加快形成以创新为引领的发展模式。科技赋能发展，创新决胜未来。党的十八大以来，我国重大创新成果竞相涌现，科技实力正在从点的突破迈向系统能力的提升。当今世界正经历百年未有之大变局，对加快科技创新提出了更为迫切的要求。坚持创新在我国现代化建设全局中的核心地位，是以习近平同志为核心的党中央分析世界发展历程特别是总结我国改革开放成功实践得出的结论，是我国应对发展环境变化、增强发展动力、把握发展主动权的根本之策。实现高水平科技自立自强，就是要让科技创新有力支撑现代化经济体系建设，推动供给侧结构性改革，推动高质量发展，构建新发展格局，更好地满足人民对美好生活的向往，在全面建设社会主义现代化国家的新征程上占领先机、赢得优势。

实现高水平科技自立自强，必须努力实现原始创新重大突破和关键核心技术自主可控，加快形成完整的创新链和产业链。伴随新一轮科技和产业革命的蓬勃兴起，产业组织形式和产业链条较以往更具垄断性，只有拥有自主知识产权和核心技术，才能生产具有核心竞争力的产品。建设科技强国需要持续涌现一批重大原创性科技成果，而基础研究正是创新链的源头。我国面临的很多技术“卡脖子”问题，根源都在于基础理论研究跟不上。为此，必须对相关领域的研究项目进行超前谋划和部署，遵循科学发现自身规律，强化事关发展全局的基础研究和共性关键技术研究。同时，以推动重大科技项目为抓手，打通应用基础研究和产业化连接的快车道，依托我国超大规模市场和完备产业体系，围绕产业链部署创新链、围绕创新链布局产业链。

实现高水平科技自立自强，必须进一步提升国家创新体系的整体效能，加快形成支撑创新发展的现代治理体系。我国科技队伍蕴藏着巨大的创新潜能。实现高水平科技自立自强，要努力破除体制机制障碍，最大限度解放和激发科技创新潜能。要发挥我国社会主义制度集中力量办大事的优势，形成高效的组织动员体系和统筹协调的科技资源配置模式。进一步深化科技体制改革，处理好政府和市场的关系，通过改革让一切创新源泉充分涌流。建立健全符合自由探索型和任务导向型科研活动规律的科技项目分类评价制度，坚持“破四唯”和“立新标”并举，健全完善以创新价值、能力、贡献为导向的科技人才分类评价体系。着力改革和创新科研经费使用和管理方式，让经费为人的创造性活动服务，而不能让人的创造性活动为经费服务。改革重大科技项目立项和组织管理方式，实行“揭榜挂帅”“赛马”等制度，把项目交到真正想干事、能干事、干成事的人手中，让领衔科技专家有职有权，让科技人才管理制度适应科技创新要求、符合科技创新规律。

实现高水平科技自立自强，意味着要为解决人类重大挑战作出更大贡献，加快形成深度参与全球科技治理的创新版图。习近平总书记强调，科学技术是人类的伟大创造性活动，发展科学技术必须具有全球视野、把握时代脉搏。当前国际环境错综复杂，逆全球化、单边主义、保护主义思潮暗流涌动，科技创新已成为国际战略博弈的主要战场。要高度重视科技前沿领域发展，更加主动地融入全球创新网络，深化国际科技交流合作，在开放合作中提升自身科技创新能力，在更高起点上推进自主创新。全面提升我国在全球创新格局中的位势和在全球科技治理中的影响力与规则制定能力。如碳达峰、碳中和目标的提出，就是我国着力应对资源环境突出问题、实现中华民族永续发展的必然选择，也是为应对全球气候变化、构建人类命运共同体作出的庄严承诺，体现了我国以科技创新积极参与全球治理、主动承担大国责任的担当。要实施更加开放包容、互惠共享的国际科技合作战略，营造促进国际科技合作的良好环境，让中国科技创新成果为更多国家和人民所及、所享、所用。

（聂祚仁）

把习近平总书记的亲切关怀化为推动医药卫生和教育事业高质量发展的强大动力

——首都医药卫生界教育界全国政协委员畅谈学习习近平总书记重要讲话体会

《北京日报》（2021 年 3 月 7 日）

3 月 6 日下午，中共中央总书记、国家主席、中央军委主席习近平看望参加全国政协十三届四次会议的医药卫生界、教育界委员，并参加联组会，听取意见和建议，发表重要讲话。习近平总书记的重要讲话引起本市医药卫生界、教育界全国政协委员的强烈反响。

“能够近距离向习近平总书记汇报关于基础教育改革的思考，机会十分难得、内心十分激动。”联组会上，全国政协委员、北京史家教育集团校长王欢围绕推动基础教育高质量发展发言。会后，她的心情久久不能平复。她说，习近平总书记对基础教育方方面面工作都十分了解并十分关心孩子们的心理健康。将把习近平总书记的关怀化为今后工作的动力，与在校老师深入学习体会习近平总书记重要讲话精神的深刻内涵，发扬老一辈教育工作者“捧着一颗心来，不带半根草去”的精神，以赤诚之心、奉献之心、仁爱之心投身教育事业。

全国政协委员，北京城市学院党委书记、校长刘林表示，习近平总书记亲临医药卫生界别、教育界别联组会议现场，与委员们共商国是，使各位委员备受鼓舞与振奋。“每位委员发言后，习近平总书记都就关切的问题进行询问，与大家亲切交流。”刘林说，让他感触最深的，是习近平总书记的语言风趣幽默，其中的“金句”又引人深思、很受启发。“习近平总书记讲起新中国特色专业型高校的发展历史，如数家珍；与委员交流教育的现状，也娓娓道来；习近平总书记对基层情况掌握得如此清楚，让委员们感到十分亲切。”刘林说，习近平总书记在关于教育部分的讲话中，用很大篇幅讲教师队伍建设问题，足见党中央对教师队伍特别重视。我们要深入学习习近平总书记重要讲话精神，结合本校实际，从加强教师队伍思想政治工作、强化教师培养能力等方面入手，全面提升教师队伍建设水平，推进高质量教育体系建设。

“习近平总书记在讲话中强调，教育是国之大计、党之大计。教师是教育工作的中坚力量，有高质量教师，才会有高质量的教育。”作为现场聆听习近平总书记讲话的委员之一，全国政协委员、中国农业大学教授韩鲁佳表示，她再一次感受到教师这份职业的光荣和沉甸甸的责任，“习近平总书记的重要讲话，体现了对教育的重视，对建设高质量教育体系提出了新的要求，为广大教育工作者指明了今后工作努力的方向。”韩鲁佳说，作为涉农领域的教育工作者，我们要尽快行动起来，把习近平总书记重要讲话精神不折不扣地落实到工作实践中，坚持立德树人，坚持教育为民，坚持改革创新，扎扎实实、积极投身推动各类、各层次涉农教育高质量发展，为实施乡村振兴战略作出更大贡献。

“作为连续三届的全国政协委员，我能现场聆听习近平总书记重要讲话，既感到十分荣幸，也感到责任重大。”全国政协委员、首都医科大学宣武医院神经外科首席专家凌锋说，习近平总书记强调努力为人民群众提供更加优质高效的健康服务，还强调要大力弘扬伟大抗疫精神。作为医药卫生界别的委员，我们要立志为祖国和人民作更多贡献，也心怀为天下百姓谋幸福、为共产主义远大理想奋斗的坚定革命信仰。“这次全国两会，我们医药组专门提出了界别提案‘强化乡村医生队伍建设，筑牢乡村振兴和健康中国的基础’，今后将认真履职尽责、积极调查研究，切实为乡村医生解决问题，筑牢健康中国的网底。”

全国政协委员、北京工业大学材料与制造学部教授王璞表示，现场聆听了习近平总书记重要讲话，感到鼓舞人心、催人奋进。“习近平总书记重要讲话中指出，要从党和国家事业发展全局的高度，坚守为党育人、为国育才。做好老师，就要执着于教书育人，有热爱教育的定力、淡泊名利的坚守，就要有理想信念、有道德情操、有扎实学识、有仁爱之心。”王璞表示，今后，我们将更加严格要求自己，做学生健康成长的指导者和引路人，落实立德树人根本任务，把全部精力投入教育事业中，尽职尽责，为教育高质量发展作出应有贡献。

“习近平总书记对每位委员的发言都认真倾听、一一作出了回应，幽默的语言很快就消除了大家的紧张情绪，会场里洋溢着和谐民主协商的气氛。”全国政协委员、北京康益德中西医结合肺科医院董事长兼院长董瑞说，作为中医药工作者，我们将深入贯彻落实习近平总书记重要讲话精神，做好中医药守正创新、传承发展工作，建立符合中医药特点的服务体系、服务模式、管理模式和人才培养模式，推动中医和西医深度融合，在防治重大传染病和疑难疾病中发挥中医作用，使传统中医药发扬光大。

（武红利　杨　旗）

深情的歌声唱出对党无限热爱

《北京日报》（2021年5月5日）

昨天是五四青年节，上午8时，在北京工业大学日新广场，近百名师生代表共同唱响《没有共产党就没有新中国》，振奋的旋律在校园飘荡，饱含深情的歌声唱出对党的无限热爱。

北京工业大学是北京市“永远跟党走”歌曲传唱活动的第二站，当天清晨，老师同学们就早早来到活动现场参与升旗仪式，现场团员青年代表为大家诵读了《敬告青年》《青春》等经典篇目以及赵一曼、夏明翰等先烈的红色家书，并向全校青年学生宣读倡议书，市委党史学习教育领导小组办公室宣传教育组负责同志和北京工业大学校领导向青年师生代表赠送了《中国共产党简史》《新中国极简史》两本书籍，勉励广大青年师生从党史学习中激发信仰、获得启发、汲取力量。

历史长河浩荡前行，精神之火生生不息。在重温入团誓词后，近百名师生代表共同唱响《没有共产党就没有新中国》，嘹亮的歌声为现场营造了强烈的爱国主义氛围，磅礴的气势激励鼓舞人心，掀起了此次活动的高潮。

北京工业大学城市建设学部本科生李宗典表示，今年是中国共产党成立100周年，在这个特殊年份的五四青年节参加“永远跟党走”歌曲传唱活动，不论是经典歌曲的合唱还是先烈名篇的朗诵都让人很受教育。“作为新时代的青年，我们一定会努力奋斗，让青春在为祖国、为民族、为人民、为人类的不懈奋斗中绽放绚丽之花。”信息学部本科生李菁坤告诉记者，本次“永远跟党走”歌曲传唱活动，通过传唱经典曲目表达了青年对党的真挚情感。

北京工业大学信息学部团委书记周宗源表示：今天是五四青年节，作为一名新时代的青年团干部，在本次“永远跟党走”歌曲传唱活动中深有触动，自己要以培养中国特色社会主义事业建设者和接班人为己任，弘扬和传承五四精神，尽自己所能发挥青年团干部该有的担当与作为，庆祝建党100周年。

歌曲传唱活动是北京市“永远跟党走”主题宣传教育的重点活动之一，由市委宣传部、市委网信办、前线杂志社联合策划举办，由市委教育工委、北工大承办，北京工业大学是活动的第二站。除歌曲传唱外，全市还将组织开展党史知识竞赛、百姓宣讲、微电影征集展映等系列活动，隆重庆祝中国共产党成立100周年。

（邱　伟）

北京工业大学党史学习教育出真招见实效

《北京日报》（2021 年 6 月 9 日）

高校党史学习教育不仅要抓好课堂教学还要注重实践育人，不仅要做到理论清醒还要实现行动自觉。党史学习教育开展以来，北京工业大学（简称“北工大”）党委按照北京市委统一部署要求，科学筹划、周密组织、扎实推进学习教育活动。党委班子成员先学一步、学深一层，树标杆、做榜样，广大师生党员踊跃参与、全情投入，学史明理、学史增信、学史崇德、学史力行的氛围在北工大校园蔚然成风。

从课堂教学到实践育人，让党史学习教育入脑入心

二万五千里长征是中国共产党领导人民军队发展壮大的奠基石和里程碑。长征精神是党之魂、军之魂、民族之魂的最高体现，是推动中华民族伟大复兴的精神动力。北工大城市建设学部、经济管理学院、通州校区的师生们为了传承和弘扬长征精神，走好新时代的长征路，积极开展“云走长征路”活动。师生们每天登录打卡“云上行军”，积累一定的次数，系统会自动计算行军里程数，到达长征途中重要战斗地域或重要会议会址，就会弹出与之相关的革命知识学习、党史问答对话框，引导大家以考促学。这样的形式新颖活泼、方便操作，师生们利用课余时间每天都能学上一会儿，每次对党史、军史和革命史都有新的了解和掌握。

积极创新学习方法和教育手段的同时，课堂宣讲阐释作为党史学习教育的主阵地、主渠道也须臾不能放松。北工大分别组建师生党史学习教育宣讲团。宣讲团将党史学习教育与北工大 61 年来为党育人、为国育才的办学实践相结合，联系学校实际，突出育人特色，生动讲好党史故事的“北工大版”。他们还积极走访北工大校史上重大成果、重要事件的参与者和见证人，整理出版“口述历史”，丰富党史学习资料。截至目前，党史宣讲团已集中宣讲 39 场，覆盖师生 3700 余人。40 位研究生宣讲团成员精准对接师生需求，围绕“英雄”“复兴”“创新”“信念”四个主题发布宣讲题目 34 个，深入师生进行菜单式宣讲，为广大师生系统掌握党史、坚定信仰信念奠定了坚实基础。

除了充分利用互联网线上优势创新宣讲方式，宣讲团还与地方党政机关、企事业单位、社区团体等展开合作，扩大了宣讲覆盖面和影响力。

此外，体育教育、音乐欣赏、舞蹈演出、话剧表演……北工大还紧密结合青年师生兴趣广泛、爱好文体活动的特点，将党史内容和教育元素融入其中，让同学们在参与文体活动的同时学习党史知识、接受党史教育，开辟了党史教育的第二课堂。

校党委副书记、校长聂祚仁表示，要深刻把握党史学习教育的重点，在党史学习教育中进一步学懂弄通落实习近平新时代中国特色社会主义思想，进一步坚守初心使命，砥砺责任担当，在推动高质量发展、强化特色发展、领跑分类改革发展的过程中，开创学校“双一流”建设新局面，为实现迈入世界一流大学行列的百年“工大梦”不懈奋斗。

从理论清醒到行动自觉，让党史学习教育走深走实

理论学习是开展党史学习教育的基本内容和重要手段。北工大安排部署学校中层以上党员领导干部在“七一”前后至少讲授一次专题党课。校党委书记谢辉，校党委副书记、校长聂祚仁分别向全体校领导、全体中层干部讲授专题党课，其他校级领导班子党员干部到联系或分管单位讲授一次专题党课。后续，中层干部到所在单位分管领域或联系支部等讲授一次专题党课；基层党支部书记讲授一次专题党课，或向所在支部党员报告一次个人学习体会。

开展党史学习教育的理论学习就是为了更好地将其融入日常的工作当中，让党史学习教育的成果走深走实，不停留在表面。

“五一”过后，来北工大通州校区上课的马克思主义学院教师孙逊惊喜地发现，教室的电教设备进行了更新，也增加了教师们午休的地方，“只要是教师提出的合理诉求，通州校区管理人员都会尽量予以满足，很高效，令人感动。”

党史学习教育启动“我为群众办实事”实践活动以来，通州校区管理部门通过座谈交流、微信沟通、实地察看等方式，梳理总结出教师跨校区授课没有休息场所和深度辅导场地、教辅物资不全等实际困难。针对这些情况，他们改造升级了教师工作休息空间，将教师临时办公室、午间休息室增至 16 间，供跨校区授课教师午间休息；新设答疑（研讨）室，提供更为安静便捷的课后答疑与辅导专用空间，便于“一对一”为学生辅导；开通教师服务热线，为跨校区授课教师的教学需求提供个性化保障，将关心关爱师生、服务保障教学的工作做实做细做到位。

为了提高学校治理能力和服务师生的水平，2019 年起北工大连续三年开展“机关管理服务年”“机关作风建设年”和“服务质量提升年”系列活动。结合正在开展的“我为群众办实事”教育实践活动，学校机关党委要求党员干部积极主动急群众之所急、解教学之所需，切实通过党史学习教育强化服务意识、提高解难帮困能力。

教务处以“我为群众办实事”实践活动为抓手，开展本科教学管理开放咨询答疑活动，优化本科生成绩自助打印环境，开通教室预约网上办理、空闲教室查询功能，优化全日制本科生毕业证书样式等一系列活动，让师生少跑腿、多办事、办好事。离退休工作处积极实施基层党建“小微提升”计划，解决老同志遇到的操心事、烦心事、揪心事，离退休职工西区活动站暨北京工业大学老党员之家很快投入使用，使离退休老教师们老有所学、老有所为、老有所养、老有所乐。

“线下少跑腿云服务工程”是北工大在党史学习教育中推出的一项惠民工程。信息中心上线移动门户 App，把网上办事大厅中为师生服务事项增至 85 项；开通学生活动室网上申请程序，提供 24 小时自助修改信息门户密码服务；校外人员因工作需要入校，预约、审核手续实现全程线上办理。党史学习教育开展以来，学校已办理线上服务业务 13200 次，月均 4000 余次，广大师生获得感进一步增强。

为了进一步提高服务学生质量效益，学校启动“学生一站式服务大厅”业务升级工程。新增财务咨询、后勤服务、来访接待三个窗口，增设宿舍售电、学生证优惠磁条充磁、补贴发放查询、电子票夹使用咨询等业务，让学生“办事少跑腿、一站全解决”。针对有特殊需求的学生，学校采取“绿色通道”提供加急服务，切实把党史学习教育的成果转化为推动建设发展、满足师生需求的务实举措。

校党委书记谢辉指出，百年党史是践行党的初心使命的历史，是历经磨难永不服输的历史，是我们党不断保持党的先进性和纯洁性的历史。面向“十四五”发展新格局，学校党委将把从百年党史中汲取的智慧和力量转化为推动学校事业高质量发展的强大动力，以深学促实干，切实为群众办实事、解难题，高标准高质量推进党史学习教育各项任务，以优异成绩迎接中国共产党成立 100 周年。

（张超　等）

谱写人才引领高质量发展新篇章

《北京日报》（2021 年 12 月 29 日）

“党建工作和科研工作都是神圣的，需要始终坚持严谨和务实的态度。”在北京工业大学 2021 年在职教工党支部书记培训班上，材料与制造学部生态建材与晶体教师党支部书记孙诗兵正在向大家分享着自己的支部工作法。作为一名科研工作者，他带领团队潜心钻研、百折不回，相关成果荣获 2018 年国家科技进步一等奖；作为一名党支部书记，他以科学家的专注和勤勉投入基层党建工作，成功入选高校“双带头人”教师党支部书记工作室。“年轻的教师经常为研究方向困惑，我认为人民对美好生活的向往就是科研的方向，国家发展的需求就是科研的方向。”孙诗兵用言传身教影响着身边的青年学生和青年教师，让爱国荣校、追求卓越的传统在一代又一代北工大人的孜孜以求中转化为推动事业高质量发展的磅礴力量。

这样的场景，这样的话语，正是近年来北京工业大学人才工作的一个缩影。万山磅礴必有主峰，千帆竞发必有领航。学校党委坚持人才引领高质量发展，全方位培养、引进、使用人才，越来越多的高层次人才致力于成为“双带头人”，越来越多的青年人才开始挑大梁、当主角，“三全育人”格局不断完善，“破五唯”和“立新标”并举，学校事业发展有了源源不断的“活水”，在建设中国特色世界一流大学的新征程上迈出坚定步伐。

把讲政治作为第一要求 牢牢把握人才工作正确方向

时间回溯到五年前召开的全国高校思想政治工作会议，习近平总书记强调：“高校教师要坚持教育者先受教育，努力成为先进思想文化的传播者、党执政的坚定支持者，更好担起学生健康成长指导者和引路人的责任。”在今年9月召开的中央人才工作会议上，习近平总书记强调：“做好人才工作必须坚持正确政治方向，不断加强和改进知识分子工作，鼓励人才深怀爱国之心、砥砺报国之志，主动担负起时代赋予的使命责任。”作为地处首都北京的高校，北工大党委坚定不移贯彻“看北京首先从政治上看”的要求，严把人才的入口关、过程关、考核关，教育引导广大教师坚守为党育人、为国育才的初心使命，让培养什么人、怎样培养人、为谁培养人的方向更加坚定、要求更加明确。

2019年11月，在平乐园主校区举行的一场报告会数次被掌声打断，很多老师热泪盈眶。黄大年同志先进事迹报告团深情讲述了黄大年同志生前的感人故事。“回想起报告会的场景，感悟这些年的教学科研过往，黄大年教授的事迹深深震撼了我的心灵。”国家自然科学基金委创新研究群体负责人、信息学部教授乔俊飞讲道，“今年教师节习近平总书记回信勉励全国高校黄大年式教师团队代表，我和团队的青年教师暗下决心，也要像黄大年教授那样潜心教书育人、潜心科技创新，为国家现代化建设贡献力量。”带着这样朴素的情感，乔俊飞领衔的“环保自动化团队”更加坚定地走上了科技报国、教育强国之路。

从带领师生唱响“我和我的祖国”千人快闪的国家杰出青年科学基金获得者隋曼龄，到庆祝新中国成立70周年群众游行“建国伟业”方阵中的中组部国家领军人才汪夏燕；从争分夺秒研制新冠肺炎治疗药物的环境与生命学部教授高学云，到奔波在北京2022年冬奥会赛场提供技术保障的城市建设学部教授孙立山……“讲政治的要求从来不是抽象的，而是具体实在的，要体现在教书育人、科学研究、服务社会的实际工作中。”分管教师思想政治工作的校党委副书记李四平表示，“学习党的创新理论也不是坐而论道，我们把每周三下午作为固定的教师学习时间，常态化组织人才读书研讨、开展社会实践，让大家在感同身受中巩固共同思想基础，推动习近平新时代中国特色社会主义思想在京华大地形成生动实践。”

“一把手”抓第一资源 不断完善党管人才工作格局

中国共产党的领导是中国特色社会主义最本质的特征，是中国特色社会主义制度的最大优势。在中央人才工作会议上，习近平总书记将“坚持党对人才工作的全面领导”作为“八个坚持”之首，足可见其重要性。

“人才是第一资源，全校上下要拧成一股绳，努力营造更好的人才生态，每名班子成员都要从分管工作入手，研究好这个头等大事，想想怎样才能在政治上更加关心人才、生活上更加照顾人才、工作上更加支持人才。”在2021年7月召开的班子务虚会上，北工大党委书记谢辉给全体校领导布置了这道思考题。自2017年学校入选“双一流”建设高校以来，这样聚焦人才工作的班子务虚会已经是第5场。

近年来，北工大党委持续加强对人才工作的全面领导。校党委书记、校长担任人才工作领导小组组长，及时研究工作中的新情况新问题。校党委常委会定期听取人才工作汇报，健全完善配套措施。做好人才工作，不仅是校院两级党委书记党建述职的重要内容，也是学校年度绩效考核的重要指标和领导干部考核使用的重要依据。

2017年9月，学校成立党委教师工作部，进一步强化教师思想引领和师德师风建设；2017年11月，设立高层次人才办公室，全面加强人才引进、培养、管理、服务工作；2020年9月，建设教师学院，统筹校内外资源积极培育“四有”好老师。

“一颗红心永向党，八期青马辈育才！”2021年夏天，一场别样的红歌会在井冈山干部教育学院唱响，这是北工大党委创新性地以青年教师为主体开设的“青马班”正在开展第八期培养工作。每年暑期，学员奔赴井冈山、延安等地开展党性教育；次年春天，分组开展社会调研，用脚步串联起党的红色印记。“课程思政我先行，三全育人献真情，人才培养践初心，长大后我就成了你……”学员们用自编自演的“三句唱”向党的教育事业深情告白。

坚持为“引路人”引好路，校领导班子成员定期走访联系高层次人才和党外人士，做好政治引领、政治吸纳。目前，学校一线教师党支部书记具有高级职称的比例达到100%，高层次人才队伍中党员比例超过70%。

“在具体实践中，我们对党管人才原则的认识和把握也在不断深化，既要管宏观、管政策，牢牢把握正确方向，把工作重点放在战略研究、规划制定、重要政策的统筹和重大改革的推动上；还要管协调、管服务，办好人才急难愁盼的‘关键小事’，让大家心无旁骛投身党的教育事业中。”回顾“双一流”首个建设周期的人才工作，校党委书记谢辉说道。

与朝阳区合作拓展优质中小学资源，建设周转房解决住房问题，从政策到平台，从改革到服务，学校办学成果不断涌现的背后是在党委统一领导下全校求才若渴、才尽其用的良好环境。正因如此，人才在北工大有了施展抱负的广阔天地，创新也有了无限可能。

破除“一把尺子量所有人”　稳步推进人才评价制度改革

习近平总书记多次就人才工作发表重要论述，强调要“建立健全以创新能力、质量、贡献为导向的科技人才评价体系”。2020年10月，党中央、国务院印发《深化新时代教育评价改革总体方案》，标志着我国向建设富有时代特征、彰显中国特色、体现世界水平的教育评价体系迈出了关键一步。

2021年4月，一场关于人才评价机制能否由“论文导向”转向“实践导向”的讨论在《光明日报》展开，而这场讨论的源头正是北工大教师张跃明攻克工业机器人“卡脖子”技术难题的典型事迹。“作为高校的管理者，我们乐于看到更多‘张跃明’被社会了解、被国家认可，他们是创新人才培养的‘栽树人’，也是源头创新的‘挖井人’，更是新时代推进和实现科教融合、产业报国的主力军。”北工大校长、中国工程院院士聂祚仁在参与讨论时表示。

为解决人才评价标准相对单一的问题，学校在2021年专业技术职务评聘中，面向公共基础课教师开设“教书育人”绿色通道，面向科研人员开设“揭榜挂帅”绿色通道。“在人才引进上，我们针对学科差异制定了25个‘分类定制式’标准，重点从学术经历和学术成果、代表性成果质量和水平、创新能力和发展潜力、研究工作的创新性和可行性等方面来提高评价的精准性。”人事处处长、高层次人才办公室主任司鹏搏介绍道。得益于学校的人才政策，青年教师张伟荣入职即被聘为副教授，一年后又晋升为教授，跑出了个人发展的“加速度”，一大批青年学者由此脱颖而出。

作为首个实施高层次人才年薪制的市属高校和首批市级海外引才自主认定试点单位，学校充分用好自主权，实行入校三年考核保护期，助力人才厚积薄发。连续举办五届国际青年学者“日新论坛”，吸引超过2000名海内外人才参加。2011年以来，与北京海外学人中心联合引进人才167名，占北京市自主认定项目人才总量的10%。

聚焦后继有人根本大计　坚定走好人才自主培养之路

2021年11月，一条题为《喜报！北工大杜修力教授当选中国工程院院士》的推送在北工大师生校友的朋友圈中刷屏，这是本年度两院院士增选名单中唯一来自北京市属单位的人选，也是2015年以来北工大通过自主培养产生的第3名院士。

人才工作，基础在培养，难点也在培养。习近平总书记在中央人才工作会议上指出：“要走好人才自主培养之路，高校特别是‘双一流’大学要发挥培养基础研究人才主力军作用，全方位谋划基础学科人才培养，建设一批基础学科培养基地，培养高水平复合型人才。”当前国际环境日趋复杂，科技创新已成为国际战略博弈的主战场，如何从自立走向自强、从破题突围走向战略引领，“双一流”高校肩负着培育国家战略人才力量的光荣使命。

着眼于大局大势和战略需求，北工大将人才工作的着力点放到自主培养上。“在北工大，我们致力于为人才搭建起职业生涯全周期支持体系。特别是，针对过去对引进人才支持政策较多、对自主培养的人才重视不够的现象，我们推动实施‘1+N’改革措施，旗帜鲜明加大对自主培养人才的支持力度，充分激发人才的创新活力。”校党委副书记、校长聂祚仁向全体教职工发出动员令。

在政策“指挥棒”的带动下，近年来，通过优秀主讲教师、高级主讲教师、特级主讲教师的三级教学人才培育支持计划，一大批深受学生爱戴的教学名师不断涌现；通过优秀人才、卓越人才、领军人才、战略科学家的四级高层次人才支持计划，自主培养中国工程院院士3名、国家自然科学基金委创新研究群体3个。特别是2021年，学校自主培养产生了1名中国工程院院士、2名国家杰出青年科学基金获得者、3名国家优秀青年科学基金获得者、3名“北京学者”，1人入选教育部重大人才项目，实现了“十四五”良好开局。

在“双一流”建设中，学校紧密结合首都发展需要，重点布局“现代城市建设与环境工程”一流学科群，加快推进人才集群与学科集群的深度融合。瞄准北京“2441”高精尖产业体系，成立人工智能研究院、区块链研究中心等新型研发机构，筹备建设城市碳中和高精尖中心。彭永臻院士团队与北京排水集团合作在国内率先实现厌氧氨氧化菌工业化培育，攻克污水脱氮除磷达标排放和节能降耗两大难题；聂祚仁院士担任科技部专家组组长编制《中国碳中和技术发展路线图》，指导编制《北京市碳中和科技创新行动方案》，为北京率先实现“双碳”目标提供支撑；杜修力院士团队在重大基础设施抗震设计关键科技难题领域取得的成果直接应用于北京大兴国际机场、中国尊、新首钢大桥等重大工程的建设。学校做大做强学科平台，使之成为吸引人才的“磁场”和自主培养人才的“摇篮”。

千秋基业，人才为先。“我国拥有世界上规模最大的高等教育体系，有各项事业发展的广阔舞台，完全能够源源不断培养造就大批优秀人才，完全能够培养出大师。我们要有这样的决心、这样的自信。”习近平总书记在中央人才工作会议上的重要讲话掷地有声。让事业激励人才，让人才成就事业。步入新甲子的北京工业大学将始终坚持“立足北京、服务北京、辐射全国、面向世界”办学定位，按照中央和市委人才工作会议的部署，肩负起实现高水平科技自立自强和创新人才自主培养的时代责任，在北京率先建成高水平人才高地的进程中展现应有担当与更大作为。

（刘幸菡）

2021年媒体报道（选摘）

报纸：

1. 科研报国赤子心——《劳动午报》（2021年1月11日）

2. 致敬！他们是冬日校园里“温暖的光”！——《现代教育报》（2021年1月13日）

3. 冬奥你我他——《北京日报》（2021年1月14日）

4. 爱上你的第三个理由——《北京日报》（2021年1月23日）

5. 政协委员为垃圾分类奔走调研，建议设置投放点收集点暂存点有效回收再生资源——《北京晚报》（2021年1月24日）

6. 市人大代表郭福：请用人单位提前为大学生上“就业课”——《北京日报》（2021年1月26日）

7. 爱你，道不尽那100+的理由——《北京日报》（2021年2月5日）

8. 垃圾分类应重视源头减量——《中国环境报》（2021年2月25日）

9. 古建专家周乾与太和殿结缘近20载，写书再现它的每一个闪光点——《北京日报》（2021年3月3日）

10. 全国人大代表秦飞：推进网络法治 服务数字经济——《人民法院报》（2021年3月4日）

11. 把习近平总书记的亲切关怀化为推动医药卫生和教育事业高质量发展的强大动力——《北京日报》(2021年3月7日)

12. 融入全球创新网络，自信源于科技自立自强——《科技日报》(2021年3月9日)

13. 为学生的情绪提供安全“避风港”——《劳动午报》(2021年3月15日)

14. 21所高校党委书记述职基层党建——《北京日报》(2021年3月19日)

15. 发展智慧交通请带上“P+R”——《北京日报》(2021年3月22日)

16. 该考虑公共自行车的去留了——《北京日报》(2021年3月26日)

17. 诵读红色家书 缅怀革命先烈——《北京考试报》(2021年4月7日)

18. 源头创新解决“卡脖子”技术难题——《光明日报》(2021年4月11日)

19. 重视“实践导向”让科研工作者勇做源头创新的“挖井人”——《光明日报》(2021年4月19日)

20. 青春之歌唱响北工大校园——《北京晚报》(2021年5月4日)

21. 深情的歌声唱出对党无限热爱——《北京日报》(2021年5月5日)

22. 百名师生同唱红色歌曲——《北京青年报》(2021年5月5日)

23. 孙诗兵：依法依规管控岩棉外墙外保温工程质量——《中国建材报》(2021年5月11日)

24. “青马班”培养学生“引路人”——《北京考试报》(2021年5月19日)

25. 北工大启动防电信网络诈骗宣传周——《现代教育报》(2021年6月8日)

26. 北京工业大学党史学习教育出真招见实效——《北京日报》(2021年6月9日)

27. “一二·九”纪念亭设计方案参与者张建讲述那一段党史与精神——《北京考试报》(2021年6月16日)

28. 请党放心，强国有我——《中国教育报》(2021年7月2日)

29. 为实现中华民族伟大复兴再立新功——《北京青年报》(2021年7月5日)

30. 勇做新时代科技创新排头兵——《中国教育报》(2021年7月9日)

31. 奏响“请党放心 强国有我”最强音——《北京日报》(2021年7月14日)

32. 大学“经验”千万条 “萌新”该信哪一条——《北京日报》(2021年9月15日)

33. 新发展格局新在哪里——《人民日报》(2021年9月24日)

34. 传承红色基因，书写华彩青春——《人民日报》(2021年10月8日)

35. 北工大学生科技成果齐聚一堂——《劳动午报》(2021年10月12日)

36. 50个“美丽院落”年底绽放——《北京日报》(2021年10月14日)

37. 走进每一个学生的心——《中国教育报》(2021年10月18日)

38. 高水平科技自立自强的时代内涵——《光明日报》(2021年11月12日)

39. 北工大志愿者提前上岗服务冬奥——《现代教育报》(2021年11月16日)

40. 北京红色旅游发展契机——《北京日报》(2021年12月6日)

41. “将全会精神转化为鲜活生动的育人实践”——《北京日报》(2021年12月8日)

42. 北京工业大学经管学院开展纪念“一二·九”爱国主义教育活动——《北京考试报》(2021年12月15日)

43. 谱写人才引领高质量发展新篇章——《北京日报》(2021年12月29日)

网络：

1. 北京工业大学材料科学与工程学院教授孙诗兵：一片丹心照科研的工作尖兵——北京工人新闻客户端（2021年1月5日）

2. 疫情错峰放假 多地高校提前进入“寒假时间”——中国网（2021年1月10日）

3. 聂祚仁出任北京工业大学党委副书记、校长——北京头条新闻客户端（2021年1月12日）

4. 工程院院士聂祚仁任北工大校长——北京日报新闻客户端（2021年1月12日）

5. 中国科协求是杰出青年成果转化奖揭晓10人获奖——中国新闻网（2021年1月18日）

6. 市十五届人大四次会议 各代表团继续审议各项报告及草案——北京人大官方网站（2021年1月25日）

7. 北京市人大代表郭福：打好“组合拳”让

全球精尖人才“引得来”“留得住”——中国网（2021 年 1 月 26 日）

8. 李京文：一辈子都要做“八九点钟的太阳”——今日科协微信公众号（2021 年 1 月 26 日）

9. 李静代表：积极推进北京市文化产业发展引领区建设——前线新闻客户端（2021 年 1 月 26 日）

10. 李静代表：用好“两区”政策红利加快推进“两区”建设——前线新闻客户端（2021 年 1 月 27 日）

11. 北京高校为留校学生精心营造“年味儿”——中国教育新闻网（2021 年 2 月 9 日）

12. 在京留校大学生除夕过得怎么样？有高校一分钱能享节日大餐——北京日报新闻客户端（2021 年 2 月 12 日）

13. 18 时起陆续可查！4 所在京高校考研初试成绩公布——北京日报新闻客户端（2021 年 2 月 26 日）

14. 扎根中国工程实践，探索未来工程教育发展之路——中国科学网（2021 年 3 月 4 日）

15. 毕业季二三事——北京商报教育频道微信公众号（2021 年 3 月 4 日）

16. 发言精彩！北京团代表热烈审议政府工作报告，审查“十四五”规划和 2035 年远景目标纲要草案——北京日报新闻客户端（2021 年 3 月 7 日）

17. 北京高校思政课教师热议习近平总书记看望全国政协医药卫生界教育界委员时的重要讲话精神——思想政治理论课高精尖创新中心官网（2021 年 3 月 7 日）

18. 早癌筛查、碳中和、森林覆盖率……今天代表委员的回答和你息息相关——央视新闻客户端（2021 年 3 月 8 日）

19. 王璞委员：建议提高科研助理岗位吸引力——北京日报新闻客户端（2021 年 3 月 9 日）

20. 李小军委员（北京工业大学教授）培育财经素养 防范网络风险——光明日报新闻客户端（2021 年 3 月 10 日）

21. 王璞委员：应加强科研助理队伍建设——中国科学网（2021 年 3 月 10 日）

22. 李小军委员：推进学校财经素养教育——中国科学网（2021 年 3 月 10 日）

23. 对话潘家华：光植树造林不能实现碳中和，能源革命和生产零碳才是根结所在——搜狐网站智库频道（2021 年 3 月 12 日）

24. 这次会议谋划了碳达峰、碳中和工作施工图——新华社新闻微信公众号（2021 年 3 月 16 日）

25. 朝阳校园里来了疫苗接种机动队——北京日报新闻客户端（2021 年 3 月 19 日）

26. 高校最美春色“大赏”，你最倾心哪一抹？——人民网（2021 年 3 月 26 日）

27. 高校“校花”大比拼！有你母校吗？——新华社微信公众号（2021 年 3 月 29 日）

28. “碳中和实现路径与政策选择学术研讨会”举行：在发展中动态实现碳中和目标——光明网（2021 年 3 月 31 日）

29. How might ecological civilisation consider emerging approaches to alter the climate? ——C2G 网站（2021 年 4 月 1 日）

30. 北工大、北交大在线答疑，透露这些招生动态——北京日报新闻客户端（2021 年 4 月 3 日）

31. 张跃明的典型创新事迹引发热议——光明日报新闻客户端（2021 年 4 月 11 日）

32. 薪火相传！听北京工业大学讲述“一二·九”运动的故事——新华网（2021 年 4 月 13 日）

33. 薪火相传！听北京工业大学讲述“一二·九”运动的故事——新华网新闻客户端（2021 年 4 月 13 日）

34. 北京高校举办华服日活动，吸引师生参与感受服章之美——中青网（2021 年 4 月 14 日）

35. 北工大举办疫情以来最大规模线下双选会 200 余家用人单位带来 2 万岗位——北京工人新闻客户端（2021 年 4 月 14 日）

36. 北工大教师录微课解读人工智能与安全——北京日报新闻客户端（2021 年 4 月 15 日）

37. 北京高校师生同上一堂国家安全教育课——北京日报新闻客户端（2021 年 4 月 15 日）

38. 北工大第 11 届校园文化节暨文化体育嘉年华开幕——北青-北京头条新闻客户端（2021 年 4 月 16 日）

39. 北工大第十一届校园文化节暨文化体育嘉年华开幕——中国青年网（2021 年 4 月 16 日）

40. 原来可以这样做！北京工业大学打出“组合拳”推进“永远跟党走”走深走实——V 思想新闻客户端（2021 年 4 月 19 日）

41. 北工大“新冠肺炎治疗药物”研发项目签约——科学网（2021 年 4 月 29 日）

42. 打造科研实习基地 实现校企共建新格

局——光明网（2021 年 4 月 29 日）

43. 重温五四：青年与青年——央视新闻客户端（2021 年 5 月 4 日）

44. 奋斗吧！青春——央视网（2021 年 5 月 4 日）

45. 今天清晨，北工大师生唱响《没有共产党就没有新中国》，校园飘荡振奋旋律——北京日报新闻客户端（2021 年 5 月 4 日）

46. “五四”青年节 北京工业大学百名师生共唱《没有共产党就没有新中国》——北青－北京头条新闻客户端（2021 年 5 月 4 日）

47. 昨天的北工大，这场活动引人驻足——北京日报微信公众号（2021 年 5 月 5 日）

48. 课程思政搭台北工大 20 门课程“红妆”登场——中国网（2021 年 5 月 7 日）

49. 北京工业大学举行“泥人张”彩塑（北京支）艺术传承人才培养成果展——北京日报新闻客户端（2021 年 5 月 8 日）

50. 北工大新增“学术宿管”精准送教台账式助学——中国网（2021 年 5 月 8 日）

51. “泥人张”彩塑（北京支）艺术传承人才培养成果展在北工大举行——中国青年网（2021 年 5 月 8 日）

52. “塑形绘意”——“泥人张”彩塑（北京支）艺术传承人才培养成果展在北京工业大学艺术设计学院视觉艺术馆隆重开幕——北京之声美篇公众号（2021 年 5 月 8 日）

53. 实践出真知 育人先育师——北京日报新闻客户端（2021 年 5 月 8 日）

54. 北工大召开马克思主义者培养工程班总结大会——北青－北京头条新闻客户端（2021 年 5 月 12 日）

55. 北京工业大学：《没有共产党就没有新中国》——现代教育报微信客户端（2021 年 5 月 13 日）

56. 燎原星火 逐梦青马——中国青年网（2021 年 5 月 13 日）

57. 北工大召开青年马克思主义者培养工程班总结大会——光明日报新闻客户端（2021 年 5 月 13 日）

58. 7 年培养 200 余名“引路人”，北工大召开“青马班”总结大会——人民网（2021 年 5 月 13 日）

59. “青马”7 年，北工大育青年“引路人”近 300——中国网（2021 年 5 月 17 日）

60. 北工大、北大分获甲组男女冠军！——民生周刊新闻客户端（2021 年 5 月 19 日）

61. 北京工业大学开展“1＋1＋1”主题党日共建活动——中国教育新闻网（2021 年 5 月 23 日）

62. “动情”讲党史，“动心”悟党史——中国大学生在线（2021 年 5 月 24 日）

63. 学党史，知使命！北工大师生同上一堂课——V 思想新闻客户端（2021 年 5 月 28 日）

64. 点水为金、变废为宝的“膜”法师——网易新闻客户端（2021 年 5 月 31 日）

65. 北京市启动“全社会反诈总动员”防范电信网络诈骗犯罪集中宣传活动——人民法治网（2021 年 6 月 2 日）

66. 专利点亮科技周，创新造就“科幻世”——中国知识产权资讯网（2021 年 6 月 2 日）

67. 北京今年前 4 个月破获电诈案 1700 余起，避免财产损失 18 亿元——新京报新闻客户端（2021 年 6 月 2 日）

68. 北京市启动“全社会反诈总动员”防范电信网络诈骗犯罪集中宣传活动——北京反诈微信公众号（2021 年 6 月 3 日）

69. 北工大携手华为首开产教融合创新实践课程——科学网（2021 年 6 月 6 日）

70. 北工大携手华为首次开设产教融合创新实践课程——中国青年网（2021 年 6 月 7 日）

71. 北京工业大学启动校园防范电信网络诈骗宣传教育周活动——学习强国新闻客户端（2021 年 6 月 7 日）

72. 2021 北工大招生宣传片为你而来——北京高等教育微信公众号（2021 年 6 月 8 日）

73. 高校教授走进“一二·九”纪念亭，实地为学生讲述党史与精神——中国青年网（2021 年 6 月 10 日）

74. 北京毕业生，租房有优惠政策还享受暖心服务！毕业季租房服务进校园活动今天启动——北京新闻广播新闻客户端（2021 年 6 月 22 日）

75. 选择北工大的十大理由——北京日报新闻客户端（2021 年 6 月 24 日）

76. 北工大庆祝中国共产党成立 100 周年成果展启动——中国青年网（2021 年 6 月 28 日）

77. 北工大庆祝中国共产党成立 100 周年成果展启动——北青－北京头条新闻客户端（2021 年 6 月 28 日）

78. 北京工业大学庆祝中国共产党成立100周年成果展启动——光明日报新闻客户端（2021年6月29日）

79. 民族复兴青春担当 不负时代不负韶华——中国青年网（2021年7月1日）

80. 在天安门前，这些高校刷屏了！——中国青年报新闻客户端（2021年7月1日）

81. 北京工业大学信息学部信息化与实验室管理办公室主任王兆明唱响《唱支山歌给党听》——北青-北京头条新闻客户端（2021年7月2日）

82. 最恢宏的时代 最美好的未来——光明日报新闻客户端（2021年7月2日）

83. “我在庆祝大会现场，有一句心里话想对党讲……”——青春北京微信公众号（2021年7月3日）

84. 科技和艺术完美融合！揭秘文艺演出《伟大征程》台前幕后——央视新闻客户端（2021年7月4日）

85. 这场座谈会上，首都科技界代表发出建设国际科技创新中心最强音——全国科技创新中心微信公众号（2021年7月4日）

86. 坚定理想信念，努力为党和人民争取更大光荣——人民网（2021年7月5日）

87. 北京工业大学师生团队参与“‘不忘初心、牢记使命’中国共产党历史展览”创作幕后故事——中国青年报新闻客户端（2021年7月18日）

88. 不放弃洪灾中的每个学生！各大高校紧急行动！——中国青年报新闻客户端（2021年7月21日）

89. 不放弃洪灾中的每个学生！各大高校紧急行动！——中青校媒新闻客户端（2021年7月21日）

90. 风雨同舟！北大、清华等多所在京高校，对洪灾地区学生受灾情况启动排查和困难资助——北京考试报新闻客户端（2021年7月21日）

91. 优秀女科技工作者走进校园寄语青年：用科技报国，用青春创造——新华社百度官方账号（2021年7月23日）

92. 北工大“双塔组合”出征东京奥运——北京日报新闻客户端（2021年7月23日）

93. “科技创新巾帼行动”走进北京工业大学专场报告会举行——全国妇联女性之声新闻客户端（2021年7月25日）

94. “科技创新巾帼行动”走进北京工业大学专场报告会举行——中国日报网百度官方账号（2021年7月25日）

95. “科技创新巾帼行动”走进北京工业大学专场报告会举行——人民资讯百度官方账号（2021年7月25日）

96. 北工大羽毛球双塔组合东京摘银——北京日报“北京号”新闻客户端（2021年8月3日）

97. 建筑专题展首次独立亮相服贸会4800平米展区展“中国建造”实力——人民网（2021年8月22日）

98. 到服贸会来一场数字建造体验之旅，一探超级工程的建造奥秘——中国国际服务贸易交易会专网（2021年8月23日）

99. 2021年服贸会工程咨询与建筑服务专题展示“中国建造”实力——中国新闻网（2021年8月23日）

100. 北工大隋曼龄/柯小行 JMCA：原位 TEM 结合三维重构揭示温度在 ZIF 热解制备 ORR 催化剂中的关键作用——电镜网微信公众号（2021年8月28日）

101. 它，投产周期漫长！但全球巨头还动作频频、争相研发?! 仅10年，市场规模或扩大10倍！新机会要来了？——央视财经微信公众号（2021年9月4日）

102. 北京工业大学北京-都柏林国际学院举办2021级新生开学典礼——中国教育在线网站（2021年9月9日）

103. 北京工业大学北京-都柏林国际学院举行2021级新生开学典礼——新华网（2021年9月15日）

104. 中国老年大健康智库社区富氢水人群调研项目研讨会在京召开——中国网（2021年9月19日）

105. 你喝富氢水了吗？这个研讨会告诉你关注氢气——新华社新闻客户端（2021年9月20日）

106. 第十一届北京工业大学科技节开幕——中国青年网（2021年9月23日）

107. 北工大齐聚学生科技成果献礼建党百年——北京工人新闻客户端（2021年9月24日）

108. 北京工业大学举行第十一届科技节——中国科学报-科学网（2021年9月26日）

109. 北工大学生团队：为城市生态做“体检”——中国科学报-科学网（2021年10月13日）

110. 大学生专业满意度调查：超四成大学生对专业满意度一般——中国青年网（2021年10月19日）

111. 我给地铁隧道做“体检”——科技日报-中国科技网（2021年10月21日）

112. 小米集团全国首家创新创业工作室“落户”北京工业大学！——北青传媒教育事业部微信公众号（2021年10月21日）

113. 北工大与小米集团共建全国首家创新创业工作室——中国科学报-科学网（2021年10月21日）

114. 运用法治思维和法治方式 依法维护国家安全——人民网（2021年11月1日）

115. 聚焦发力，北工大推动“我为群众办实事”落地见效——北京日报新闻客户端（2021年11月1日）

116. 北京工业大学校园中冬日暖阳下舞起最美“红丝带”——北京日报新闻客户端（2021年12月2日）

117. 北京市社会学学会学术前沿论坛暨学会成立40周年纪念大会隆重召开——中国教育在线网（2021年12月8日）

118. 北京市社会学学会召开学术前沿论坛暨学会成立40周年纪念大会——北京日报新闻客户端（2021年12月9日）

119. 北京工业大学经管学院开展纪念“一二·九”爱国主义教育活动——今日头条新闻客户端（2021年12月15日）

120. 这个会议，释放出北工大研究生教育重要信号！——中国教育在线网（2021年12月17日）

期刊：

1. 推行学部制改革完善大学院系治理体系——《北京高等教育》（2021年4月13日）

视频：

1. 取消校考、线上面试 如何解锁艺考新密码？——中国教育电视台（2021年1月4日）

2. 大学生期末评教 你敢打差评吗？——中国教育电视台（2021年1月10日）

3. 高校寒假纷纷调整 这个寒假怎么过？——中国教育电视台（2021年1月14日）

4. 90后辅导员：既是老师 也是兄长——中国教育电视台（2021年2月18日）

5. 年的味道·校园篇丨戳视频，感受广东佛山的年味——央视频（2021年2月23日）

6. 年的味道·校园篇丨全家总动员，一起来过年！——央视频（2021年2月23日）

7. 年的味道·校园篇丨在我心里，年味是最幸福的味道——央视频（2021年2月23日）

8. 起底抵制新疆棉花的“幕后推手”BCI——中国教育电视台（2021年3月25日）

9. 年的味道·校园篇丨我家的春节年味浓！——央视频（2021年3月31日）

10. 年的味道·校园篇丨特色年味菜“蒸焖子”，是我童年的味道！——央视频（2021年3月31日）

11. 年的味道·校园篇丨戳视频，来看我家线上拜年都唠了些啥？——央视频（2021年3月31日）

12. 年的味道·校园篇丨除夕日记——因为有爱，所以团圆！——央视频（2021年3月31日）

13. 年的味道·校园篇丨春节vlog：我家的年三十儿是这么过的！——央视频（2021年3月31日）

14. 年的味道·校园篇丨@所有人，您的烟花秀已开场！——央视频（2021年3月31日）

15. 年的味道·校园篇丨带你探寻独特的北京年味！——央视频（2021年3月31日）

16. 年的味道·校园篇丨我的幸福瞬间：家人团聚才是年的意义——央视频（2021年3月31日）

17. 年的味道·校园篇丨戳视频，带你看看我家门口的烟花秀！——央视频（2021年3月31日）

18. 年的味道·校园篇丨我的独家年味记忆——央视频（2021年3月31日）

19. 年的味道·校园篇丨家乡的年味，唤醒了我的童年记忆！——央视频（2021年3月31日）

20. 年的味道·校园篇丨我的春节记忆：最浓郁的南方年——央视频（2021年3月31日）

21. 年的味道·校园篇丨独自留京过年，想念家乡的年味——央视频（2021年3月31日）

22. 北京工业大学：“国家安全教育”融入专业课程——中国教育电视台（2021年4月15日）

23. 坚持中国特色世界一流大学建设目标方向——中国教育电视台（2021年4月20日）

24. 北京教育系统学习贯彻习近平总书记在清华大学考察时的重要讲话精神——北京电视台（2021年4月20日）

25. 思政元素融入专业课堂 引领学生擦亮“青春底色”——中国教育电视台（2021年4月

23 日）

26. 北京探索大中小学思政课融合教学——中央电视台（2021 年 4 月 24 日）

27. 春季双选会陆续举行 线下招聘现场火爆——北京电视台（2021 年 4 月 25 日）

28. 全方位全覆盖就业指导 帮助学生树立成才观、职业观、就业观——北京电视台（2021 年 4 月 25 日）

29. 北京工业大学“青马班”总结大会：燎原星火 逐梦青马——中国教育电视台（2021 年 5 月 17 日）

30. 多所知名高校停招学硕究竟意欲何为？——中国教育电视台（2021 年 5 月 19 日）

31. 大学生心理健康日：爱自己才能更好地爱他人——中国教育电视台（2021 年 5 月 26 日）

32. 北京工业大学携手华为首次开设产教融合创新实践课程——中国教育电视台（2021 年 6 月 7 日）

33. 北工大携手华为开设产教融合创新实践课程——北京卫视（2021 年 6 月 10 日）

34. 暑期租房市场观察 政府学校企业为毕业生租住房“保驾护航”——央视财经频道（2021 年 6 月 22 日）

35. 落实“每月一题”工作要求 暖心活动助力毕业生安心租房——北京卫视（2021 年 6 月 23 日）

36. 百年奋斗铸辉煌 为党育人谱华章：北工大启动中国共产党成立 100 周年成果展——中国教育电视台（2021 年 6 月 30 日）

37. 庆祝大会鼓舞人心 眺望前方豪情满怀——北京电视台（2021 年 7 月 1 日）

38. 校园内的无人车 方便师生生活——北京卫视（2021 年 7 月 18 日）

39. 北京高校推进“三全育人”综合改革 解决师生急难愁盼——北京电视台（2021 年 7 月 25 日）

40. “至臻至善，让污水还清”的彭永臻——北京电视台（2021 年 8 月 24 日）

41. 香山 181 天，殚精竭虑——凤凰卫视（2021 年 9 月 1 日）

42. 用情用力用心 首都高校扎实开展“我为师生办实事”实践活动——北京电视台（2021 年 9 月 13 日）

43. 癌症早期检测芯片、AI 健身自行车 北京工业大学科技节来了！——北京时间（2021 年 9 月 26 日）

44. 第十一届北京工业大学科技节举行——中国教育电视台（2021 年 9 月 26 日）

45. 北工大携手小米集团打造创新创业工作室——中国教育电视台（2021 年 10 月 23 日）

46. 我们的非洲朋友——中央电视台（2021 年 10 月 30 日）

47. 最高荣誉 国之栋梁——中国教育电视台（2021 年 11 月 6 日）

48. 应对气候变化，中美如何合作？——中央电视台（2021 年 11 月 11 日）

49. 【开讲啦】：刘加平——中央电视台（2021 年 11 月 20 日）

50. 北京工业大学北京历史变迁课——北京电视台（2021 年 11 月 20 日）

51. 志愿者：冬奥村里靓丽的身影——北京时间（2021 年 11 月 22 日）

52. 选大学、挑专业系列：北京工业大学专场——北京时间（2021 年 11 月 26 日）

53. 和北京冬奥一起向未来——北京广播电视台视频号（2021 年 12 月 9 日）

54. 潘家华：碳中和，人人都要算明白的一笔账——中央电视台（2021 年 12 月 11 日）

55. 立足研究生培养，北工大提出 10 项改革任务——北京时间（2021 年 12 月 17 日）

56. 北工大制定研究生教育改革发展行动计划——中国教育电视台（2021 年 12 月 19 日）

附　录

重要文件规章

重要文件规章目录

2021年，学校党委坚持以习近平新时代中国特色社会主义思想为指导，深入贯彻党的十九大和十九届历次全会精神，准确把握习近平总书记关于教育的重要论述，认真落实全国和北京高校党建工作会议精神，深入学习贯彻习近平总书记在党史学习教育动员大会、庆祝中国共产党成立100周年大会、党的十九届六中全会上的重要讲话精神，大力弘扬伟大建党精神，以党的政治建设为统领全面推进学校党的各项建设，健全完善制度体系，推进学校治理体系和治理能力现代化建设。

本年度重要规章制度包括：

工大党发〔2021〕3号　关于印发《中共北京工业大学委员会关于深入开展“四史”学习教育的工作方案》的通知

工大党发〔2021〕11号　关于印发《巡视整改成效“回头看”工作总体方案》的通知

工大党发〔2021〕12号　关于印发《北京工业大学“永远跟党走”主题教育活动工作方案》的通知

工大党发〔2021〕14号　关于印发《北京工业大学开展党史学习教育的实施方案》的通知

工大党发〔2021〕17号　关于印发《北京工业大学服务质量提升年工作方案》的通知

工大党发〔2021〕20号　印发《中共北京工业大学委员会关于巩固深化“不忘初心、牢记使命”主题教育成果的工作方案》的通知

工大党发〔2021〕21号　关于印发《北京工业大学开展“我为群众办实事”实践活动实施方案》的通知

工大党发〔2021〕22号　关于印发《北京工业大学开展师德专题教育的工作方案》的通知

工大党发〔2021〕23号　印发《中共北京工业大学委员会关于坚持和完善党委领导下的校长负责制的实施细则（修订）》的通知

工大党发〔2021〕27号　关于印发《二级党组织请示报告重大事项清单》的通知

工大党发〔2021〕29号　关于印发《北京工业大学新闻发布与新闻发言人制度实施办法》的通知

工大党发〔2021〕31号　关于印发《北京工业大学关于选举朝阳区人大代表工作实施方案》的通知

工大党发〔2021〕32号　印发《北京工业大学 关于完善学校领导班子成员“八联系”制度的实施办法（修订）》的通知

工大党发〔2021〕33号　印发《北京工业大学关于进一步加强和改进新时代师德师风建设的若干措施》的通知

工大党发〔2021〕38号　关于印发《北京工业大学组织员队伍建设实施办法》的通知

工大党发〔2021〕39号　北京工业大学关于学习贯彻全市警示教育大会精神的工作方案

工大党发〔2021〕40号　关于印发《北京工业大学校园安全专项整顿工作方案》的通知

工大党发〔2021〕51号　印发《关于加强在优秀青年教师和高层次人才中发展党员的实施方案》的通知

工大党发〔2021〕52号　关于印发《北京工业大学基层党组织书记工作例会制度》的通知

工大党发〔2021〕53号　印发《中共北京工业大学委员会关于认真学习宣传党的十九届六中全会精神的实施方案》的通知

工大党发〔2021〕57号　关于印发《北京工业大学“书记抓书记”基层党建责任制度》的通知

工大党发〔2021〕58号　关于印发《北京工业大学二级党组织书记、行政负责人定期沟通制度》的通知

工大党发〔2021〕59号　关于印发《北京工业大学干部人事档案管理办法》的通知

工大党发〔2021〕60号　关于印发《中共北京工业大学委员会党校工作细则》的通知

工大党发〔2021〕61号　关于印发《中共北京工业大学委员会关于加强新时代马克思主义学院建设提升思想政治理论课质量行动计划》的

通知

工大党政发〔2021〕8 号　关于印发《北京工业大学岗位聘任办法（2021 年修订）》的通知

工大党政发〔2021〕9 号　关于印发《北京工业大学考核办法（试行）》的通知

（党办　提供）

工大发〔2021〕2 号　关于印发《北京工业大学票据管理办法》的通知

工大发〔2021〕3 号　关于印发《北京工业大学继续教育学院综合改革方案》的通知

工大发〔2021〕4 号　关于印发《北京工业大学医院综合改革方案》的通知

工大发〔2021〕5 号　关于印发《北京工业大学在校生出国（境）交流管理办法》的通知

工大发〔2021〕6 号　关于印发《北京工业大学学生公派出国（境）学习奖学金管理办法》的通知

工大发〔2021〕10 号　关于印发《北京工业大学分类发展经费管理办法》的通知

工大发〔2021〕11 号　关于印发《北京工业大学预算制定及管理办法》的通知

工大发〔2021〕12 号　关于印发《北京工业大学财政专款项目管理办法》的通知

工大发〔2021〕13 号　关于印发《北京工业大学本科生实习、实践合同实施细则》的通知

工大发〔2021〕14 号　关于印发《北京工业大学预算管理实施细则》的通知

工大发〔2021〕15 号　关于印发《北京工业大学博士生导师招生资格年度审核与学科招生指标分配暂行办法》的通知

工大发〔2021〕18 号　关于印发《北京工业大学服务性收入管理办法》的通知

工大发〔2021〕21 号　北京工业大学关于加强和改进新时代体育工作的实施意见（试行）

工大发〔2021〕22 号　北京工业大学关于加强新时代美育教育工作的实施意见（试行）

工大发〔2021〕23 号　北京工业大学关于加强新时代劳动教育的实施意见

工大发〔2021〕25 号　关于印发《北京工业大学管理信息标准规范》的通知

工大发〔2021〕26 号　关于印发《北京工业大学校园一卡通管理办法》的通知

工大发〔2021〕27 号　关于印发《北京工业大学信息化项目管理办法》的通知

工大发〔2021〕30 号　关于印发《北京工业大学高等学历继续教育学生学籍管理规定》的通知

工大发〔2021〕31 号　关于印发《北京工业大学因公出国管理办法》的通知

工大发〔2021〕32 号　关于印发《北京工业大学关于进一步加强因公出国监督管理工作实施细则》的通知

工大发〔2021〕33 号　关于印发《北京工业大学研究生奖助学金管理办法》的通知

工大发〔2021〕36 号　印发《关于加强北京工业大学国家级实验教学示范中心建设与管理的实施细则》的通知

工大发〔2021〕40 号　关于印发《北京工业大学专利管理实施细则（试行）》的通知

工大发〔2021〕41 号　关于印发《北京工业大学科技成果转化管理办法（试行）》的通知

工大发〔2021〕42 号　关于印发《北京工业大学校属技术转移服务企业科技成果转化实施细则》的通知

工大发〔2021〕43 号　关于印发《北京工业大学科研类项目差旅费、会议费、专家咨询费管理办法》的通知

工大发〔2021〕45 号　关于印发《北京工业大学公费医疗管理办法》的通知

工大发〔2021〕47 号　关于印发《北京工业大学国家大学科技园建设与实施办法》的通知

工大发〔2021〕49 号　关于印发《北京工业大学教材管理办法》的通知

工大发〔2021〕50 号　关于印发《北京工业大学内部控制手册》的通知

工大发〔2021〕51 号　关于印发《北京工业大学管理岗位、其他专业技术岗位（非教学科研机构）、工勤技能岗位聘任实施细则（2021 年修订）》的通知

工大发〔2021〕55 号　关于印发《北京工业大学建设项目档案管理办法》的通知

工大发〔2021〕56 号　关于印发《北京工业大学房屋、土地出租（出借）管理实施细则》的通知

工大发〔2021〕57 号　关于印发《北京工业大学财务报销管理办法》的通知

工大发〔2021〕58 号　印发《北京工业大学关于招收与培养本科直博研究生、硕博连读研究生的实施办法（试行）》的通知

工大发〔2021〕59 号　关于印发《北京工业大学落实科研经费“放管服”精神的实施方案》的通知

工大发〔2021〕62 号　关于印发《北京工业大学内部审计质量控制办法》的通知

工大发〔2021〕63 号　关于印发《北京工业大学建设工程项目全过程审计实施办法》的通知

工大发〔2021〕65 号　关于印发《北京工业大学通用财政科研项目经费使用“包干制”管理办法（试行）》的通知

工大勤〔2021〕1 号　关于印发《北京工业大学绿色学校创建行动实施方案》的通知

（校办　提供）

重要人员名单

院士名录

【中国工程院院士左铁镛】 左铁镛，材料科学专家，1936 年生于北京。

1958 年毕业于东北大学，1958—1991 年历任中南工业大学教授、博导、副校长，1991—1996 年任国家教委科技司司长，1995 年当选中国工程院院士，1996—2006 年任中国科协副主席，1996—2004 年任北京工业大学校长。

左铁镛院士从事高等教育和科学研究 60 余年，在难熔金属材料、稀土功能材料、铝镁材料及其加工、生态环境材料及循环经济等方面取得系列重大科技成果，是相关领域的主要学科带头人之一。先后承担了国家、省市等百余项重大科研项目，发表《科学引文索引》（SCI）、《工程索引》（EI）检索论文 300 余篇，授权发明专利近百项，出版专著 8 部、丛书 2 套，获国家、省部级奖励 15 项。1991 年被评为国家有突出贡献中青年科技专家；2000 年被评为北京市先进工作者；主讲的“材料科学与工程学导论”2006 年被评为国家精品课程；2006 年获中国工程院光华工程科技奖；2007 年获教育部第三届高等学校教学名师奖；2008 年获北京市教育教学成果特等奖，被评为国家“973”计划重要贡献者和中国有色工业改革开放 30 年有影响人物；2009 年获国家教育教学成果二等奖、中国产学研合作促进奖；2010 年被聘为国家教育咨询委员会委员、最高人民法院首批特邀科学技术咨询专家；2011 年被评为北京高校育人标兵；2012 年，作为首席专家，领衔承担国家“863”主题项目“废旧稀土及贵重金属产品再生利用技术及示范”。近年来，参与引领首都资源循环材料协同创新中心、工业大数据应用技术国家工程实验室建设等，指导“资源环境与循环经济”交叉学科建设和复合型创新人才培养工作，取得丰硕成果。

（吴玉锋　左铁镛）

【中国工程院院士张杰】 张杰，给水排水工程专家，1938 年生于辽宁本溪。

1962 年毕业于哈尔滨建筑工程学院（现哈尔滨工业大学）给水排水工程专业，1985 年获日本大阪大学博士学位。1992 年获政府特殊津贴，1995 年被评为吉林省设计大师，1996 年被评为建设部和国家“八五”攻关先进个人，1997 年当选为中国工程院院士。

张杰院士曾任中国市政工程东北设计研究院总工程师、副院长。1999 年任哈工大教授、博士生导师，同时兼任建设部科技委员会委员，中国市政工程东北设计研究院名誉院长、顾问总工程师，全国高等给水排水工程学科专业指导委员顾问，中国土木工程学会水工业分会副理事长，全国给水排水情报网副主任，国家城市给水排水工程技术研究中心工程技术研究委员会副主任等职务。2000 年兼任北京工业大学教授、博士生导师，水质科学与水环境恢复工程北京市重点实验室主任。

张杰院士在水质科学与水环境恢复工程领域的主要学术贡献和工程成就：（1）提出水环境恢复理论，指出城市水的健康循环是恢复良好水环境，实现水资源可持续利用的根本途径。在此理论指导下完成“深圳特区城市中水道系统规划”、“大连市海水与污水资源战略研究”和国家中长期科学与技术规划子专题“城市水系统健康循环研究”等项目，为中国的水环境恢复注入崭新理念。（2）在国内外首次提出生物固锰除锰机制，并应用于工程实践，纠正传统误区，解决半个多世纪来地下水除锰难题，确立生物除锰技术，改变众多水厂只能除铁不能除锰的现状，主持创建和运行数座大中小型生物除铁除锰水厂，使中国在该领域跃居国际先进水平。（3）在国内率先开发城市污水净化再生全流程，主持创建国内首座污水再生水厂并被评为国家“八五”优秀示范工程，开创中国城市污水回用事业，并跻身于国际先进行列。（4）开发厌氧－好氧活性污泥除磷技术，在普通二级生化处理中可同时完成去除营养盐磷的任务，而且污泥不膨胀，出水水质良好，有替代传统活性污泥法的必然趋势，用于大连开发区 6 万 m^3/d 的污水厂的 A2/O 系统，在未增投资的情况下，改造成 10 万 m^3/d 的三级深度污水处理厂，被评为国家优秀示范工程；（5）在低温低浊湖泊水净化、低温生化等工程技术方面进行广泛的工程实践，均取得良好效果；（6）主持和完成长春、大连、沈阳、齐齐哈尔、哈尔滨等城市重大给水排水工程设计数十项，推动寒冷地区给水排水工程技术的发展。

张杰院士完成国家科技攻关9项，主持长春等城市重大给水排水系统工程设计36项，大中型92项，承担国家重大科技专项子课题5项。培养博士和硕士研究生80余名，发表论文400多篇，出版著作10部。曾获吉林省科技进步一等奖，国家科技进步二等奖、三等奖，建设部科技进步一等奖，黑龙江省、吉林省科技进步一等奖，华夏建设科技进步二等奖。

（李　冬　薛素铎）

【中国工程院院士沈昌祥】 沈昌祥，信息系统工程专家，1940年生于浙江奉化。

1965年毕业于浙江大学应用数学专业，从事计算机信息系统、密码工程、信息安全体系结构、系统软件安全（安全操作系统、安全数据库等）、网络安全等方面的研究工作。沈昌祥院士先后完成重大科研项目20余项，取得一系列重要成果，曾获国家科技进步一等奖2项、二等奖3项、三等奖3项，部门科技进步奖10余项。这些成果在信息处理和安全技术上有重大创造性，多项达到世界先进水平，在全国全军广泛应用，取得十分显著的效益，使中国信息安全保密方面取得突破性进展。在网络安全和科技创新、咨询论证和学科专业建设、人才培养等方面作出杰出贡献。

沈昌祥院士被授予海军模范科技工作者荣誉称号，曾当选第七届全国人大代表，1995年5月当选中国工程院院士，1996年获军队首届专业技术重大贡献奖，2002年获国家第四届光华工程科技奖，2016年获国家首届唯一的网络安全杰出人才奖，2019年获CCF终身成就奖，2021年获中国指控学会终身成就奖。

发表学术论文200余篇，著有《实时系统软件设计》《信息安全工程导论》《信息安全》和《信息安全导论》等专著，作为编委主任主持出版《信息保障技术框架》《银行信息安全知识读本》《数字化战场的基础建设》和《信息安全保密教程》等著作，获国家发明专利31项。

沈昌祥院士现任国家“三网”融合专家组成员，国家集成电路产业发展咨询委员会委员，中央网信办专家咨询委员会顾问，国家保密战略专家咨询委员会主任委员，国家信息安全等级保护专家委员会主任委员，国家密码管理委员会办公室顾问，公安部特聘专家，“金盾工程”首席顾问。曾任首届教育部信息安全类教育指导委员会主任，也是清华大学、北京大学、国防科技大学、浙江大学、上海交通大学等多所著名高校博士生导师。

（田　楠　刘永平）

【中国工程院院士刘加平】 刘加平，绿色建筑、建筑热工与建筑节能领域知名专家，1956年生于陕西大荔。

1982年毕业于西北大学物理学专业，1986年获西安建筑科技大学建筑技术科学工学硕士学位，1998年获重庆大学建筑技术科学工学博士学位。1992年晋升副教授，1996年破格晋升教授。1999年任澳大利亚新南威尔士大学荣誉访问教授，2011年当选为中国工程院土木、水利与建筑工程学部院士。

刘加平院士兼任教育部2011计划咨询专家委员会委员，科技部绿色建筑与城镇化领域科技计划项目专员，国家自然科学基金委工程与材料学部第四、第五届咨询委员会委员，中国建筑学会建筑物理学会副理事长，北京市“北京学者”专家咨询委员会委员，国际人居环境工程设计学会（International Society of Habitat Engineering and Design）执委会委员等社会职务。

刘加平院士长期从事绿色建筑、建筑热工与建筑节能设计的基础与应用研究，专攻建筑热工与节能的基础理论和设计方法，潜心于地域民居建筑演变和发展模式的理论探索和工程实践，是中国该领域杰出的科学家之一，主要学术贡献和工程成就：（1）揭示传统民居建筑适应地域气候、节约能耗经验的科学机理，建立研究创作地域性低能耗建筑模式的原理和方法，组合运用地域适宜性节能设计技术，完成包括黄土高原新窑居建筑、四川灾区生态民居建筑在内的4种低能耗建筑模式并付诸实践，建筑节能率达到75%以上。（2）针对太阳能富集地区，研究建立“等热流”建筑热工设计原理和方法，优化得到适宜西藏高原的组合利用太阳能的采暖技术方案，主要以被动式和主动式太阳能采暖为主的西藏自治区建筑节能和采暖设计标准，这是迄今国内外唯一全部采用太阳能采暖的地方性标准，已在西藏自治区全面推广。建成藏牧民定居点太阳能示范建筑，建筑节能率达到86%。(3) 提出并率先开展对传统民居建筑中蕴含的“冬暖夏凉”节能经验进行科学化与技术化研究并用于低能耗建筑设计中。坚持建筑节能设计理论研究与工程实践相结合，与建筑师合作，完成各类建筑节能设计工程20余项，面积超过100万平方米。

刘加平院士是中国建筑物理学科第一位国家杰出青年科学基金获得者（2001年），是中国建筑学学科第一个国家创新研究群体科学基金“西部建筑环境与能耗控制理论研究”学术带头人（2009年）。主持完成国家自然科学基金资助重点项目、重大国际合作项目、863项目等15项，特别是2015年度获得“极端气候区超低能耗建筑研究”国家自然科学基金重大项目资助；累计在陕北、云南、西藏、四川、青海、宁夏等地主持完成多种类型低能耗建筑示范项目100余万平方米；主持的科研项目获国家科技进步奖及省部级奖励10项，国际学术奖励2项；出版专著教材8部，国内外公开发表研究论文150余篇。教学方面，多年来刘加平院士累计培养博士后6名，毕业博士生48名、硕士生100余名。获“全国模范教师”省级“优秀共产党员”、省级“师德楷模”称号，是何梁何利基金科学与技术进步奖获得者。2017年度出访美国出席美国工程院组织的院士大会，前往南沙群岛建设祖国南海海域。2018年出访朝鲜，会见中华人民共和国驻朝鲜民主主义人民共和国特命全权大使李进军。2019年度获得教育部科学技术进步一等奖。2020年度被评为全国先进工作者。2021年《乡村振兴中的“绿色密码”》在央视《开讲啦》节目中播出。

（谢静超　杜修力）

【中国工程院院士刘韵洁】 刘韵洁，通信与信息系统专家，1943年1月生于山东烟台。

1968年毕业于北京大学，曾任邮电部数据所所长、邮电部电信总局副局长兼数据通信局局长、中国联通总工程师、副总裁等职。曾被美国《时代周刊》评为全球信息技术领域有特殊贡献的50位杰出人物之一，被誉为“中国互联网之父”。2005年11月当选为中国工程院院士。2015年6月受聘担任北京未来网络科技高精尖创新中心主任，现任中国联通科技委主任、国家信息化专家咨询委员会委员及物联网专家咨询委员会委员。

刘韵洁院士主持设计、建设并运营国家公用数据网、计算机互联网、高速宽带网，是中国该领域开拓者；主持设计、建设并运营了中国联通“多业务统一网络平台”，率先采用虚拟化技术解决了网络融合技术难题，是向新一代网络演进的一次成功大规模实践。

2007年起，刘韵洁院士为推动中国未来网络发展，作为国家重大科技基础设施—未来网络试验设施项目负责人及未来网络“973”项目首席科学家，取得一系列具有国际先进水平成果。

刘韵洁院士先后获得国家科技进步一等奖1项、部级科技进步一等奖2项及多项国家发明专利，目前主要研究方向为未来网络、网络融合与演进，现为国家未来网络试验设施重大科技基础设施项目负责人。

（郑鹏为　刘韵洁）

【中国工程院院士彭永臻】 彭永臻，污水处理领域知名专家，1949年生于黑龙江哈尔滨。

1976年毕业于哈尔滨建筑工程学院（2000年并入哈尔滨工业大学）给水排水专业，1981年获硕士学位，1995年获环境工程专业博士学位，1990年与1993年分别破格晋升为副教授和教授，1999年获国务院的政府特殊津贴。现为北京工业大学环境科学与工程学科首席教授、博士生导师，任城镇污水深度处理与资源化利用技术—国家工程实验室主任、国家“111”计划—京津冀区域环境污染控制创新引智基地主任。入选首批中组部国家级人才项目，先后获国家教学名师、全国模范教师、北京市人民教师、全国优秀科技工作者、全国先进工作者、全国优秀共产党员等荣誉称号。2015年当选为中国工程院院士。

彭永臻院士是《北京工业大学学报》主编、《环境科学》副主编，和 *Environmental International*, *Water Environment Research*, *Frontiers of Environmental Science & Engineering in China*（《中国给水排水》）等国内外重要学术期刊编委，并担任中国城市环境卫生协会污泥处理处置专业委员会主任、中国城镇供水排水协会常务理事、中国环境科学学会环境工程分会副主任委员、中国环境保护产业协会城镇污水治理分会副主任委员。

彭永臻院士长期从事污水生物脱氮除磷、活性污泥法污水处理系统的自动控制与智能控制等理论研究与工程实践。围绕着我国城市污水脱氮除磷处理的重大需求，与时俱进地提高研究和应用水平，是中国该领域杰出的科学家之一。主要学术贡献和工程成就有：

1. 彭永臻领导的污水脱氮除磷的热点研究方向处于国际领先水平，为突破我国该领域多项技术难题，提供关键技术支持。

彭永臻院士长期从事污水生物脱氮除磷、活性污泥法污水处理系统的自动控制与智能控制等理论研究与工程实践。以第一/通讯作者，发表《科学引文索引》（SCI）论文320余篇，其中IF＞9.0的210余篇；其中，2021年以彭永臻为唯一通讯作者，发表《科学引文索引》（SCI）论文43篇，其中JCR一区论文37篇。目前，正列入《基本科学指标数据库》（ESI）高被引论文14篇。为提高我国污水处理理论与技术的研发和应用水平提供了关键支持。

2021年，获“何梁何利基金科学与技术进步奖—生态环保技术奖”。这也是我校首次获得该奖项。

2. 在国内外率先提出厌氧/好氧/缺氧（AOA）污泥双回流新工艺技术，推进建成首座该技术的污水处理示范工程。

多年来，彭永臻一直工作在污水脱氮除磷技术研究与工程应用第一线，为我国城市污水处理厂的全面达标排放，解决大中型城市污水处理厂两类技术难题（低碳氮比污水脱氮除磷和节能降耗）做出了重要贡献。以第一发明人，获国家授权发明专利283项，已转化100余项；2021年，以第一发明人，获授权发明专利71项。继相关成果先后3次获国家科技进步二等奖（分别为第一、第一、第三完成人），之后，近五年来，他研发的多项技术在全国120余座污水处理厂应用，获得2020年度国家技术发明二等奖（第二完成人）。2021年，获北京市科学技术进步一等奖、上海市技术发明一等奖、广西科技进步一等奖。

近年来，国内外率先提出AOA污泥双回流新工艺技术，2021年，为广西梧州市岑溪市（县级市）污水处理厂二期工程建设提出技术设计方案与运行控制策略，推进建成了国内外首座AOA污泥双回流污水处理示范工程。

3. 在国内外率先提出“主流城市污水部分厌氧氨氧化”思想与新技术，并在实际规模城市污水处理工程中得到应用。

围绕该理论与技术，在国际上率先发表前10篇SCI论文，建成国内外首创的9座部分厌氧氨氧化技术中试，有望突破厌氧氨氧化推广应用的世界难题。据科睿唯安与中科院联合发布的《2020研究前沿》，“厌氧氨氧化技术及其在污水处理中的应用”为环境领域唯一重点热点前沿，核心论文Top产出国家与机构排名中，中国位列第一，北京工业大学与荷兰代尔夫特理工大学并列全球第一。

2021年，瞄准国家污水处理提质增效和节能减排的重大需求，以“主流城市污水部分厌氧氨氧化”为核心，申请并获批国家自然科学基金重点项目（项目名称：主流城市污水部分厌氧氨氧化深度脱氮与过程控制及菌群协作机制，批准号：52131004）、“十四五”国家重点研发计划项目（项目名称：污水生物处理前沿技术研发与示范，2021YFC3200600）各一项，将为创新该领域关键理论与技术、突破重大工程技术问题提供关键支撑。

面向国家水安全重大工程建设和京津冀协同发展的迫切需求，围绕污水深度脱氮除磷与节能降耗及水资源利用，开展技术研发和工程应用，彭永臻院士带领团队建成1个国家工程实验室、1个国家创新引智基地、组建了1支国家级教学团队，为我校建设世界一流学科，创造具有国际影响的科研成果，提高学校的整体水平和国际地位发挥重要作用。

（杜　睿　彭永臻）

【中国工程院院士邓中翰】 邓中翰，微电子学、大规模集成电路设计领域专家，1968年生于江苏南京。

邓中翰院士入选第十三届全国政协委员，第十三届全国政协教科卫体专委会委员，任“星光中国芯工程”总指挥，数字多媒体芯片技术国家重点实验室主任，美国工程院外籍院士。

1992年从中国科学技术大学毕业后赴美国加州大学伯克利分校学习，1997年毕业时取得电子工程学博士、经济管理学硕士、物理学硕士学位。1999年“星光中国芯工程”启动实施，邓中翰院士带领团队承建了国家重点实验室，担任星光中国芯工程总指挥。二十余年来，他带领“星光中国芯工程”团队研发的“星光”系列数字多媒体芯片达到世界领先水平，在国内外实现大规模产业化，应用于计算机、手机和安防等领域，被苹果、三星、索尼、惠普、联想、华为等采用，占全球计算机图像输入芯片市场份额第一，彻底结束“中国无芯”历史。20余年来，他带领团队先后两次荣获“国家科技进步一等奖”，并当选为“全国劳动模范”。

为满足国家战略需求，邓中翰院士带领团队承担国家重大攻关任务。近年来，应上级部门要求，邓中翰院士带领“星光中国芯工程”团队制定具有我国自主知识产权、技术达到国际领先水平的安防基础信源SVAC国家标准，并研发成功我国首款具备深度学习人工智能的神经嵌入式网络处理器（NPU）芯片“星光智能一号”，使我国在该领域走在国际先进行列，在深度学习人工智能可嵌入式芯片领域处于全球前沿。

多年来，邓中翰院士为我国改革发展建设发挥了积极作用，他兼任了第十一届、十二届全国人大代表，十二届全国人大教科文卫委员，第八届中国科协副主席，欧美同学会·中国留学人员联谊会第七、八届副会长，中国工程科技创新战略研究院学术委员会委员，中国图像图形学会副理事长，全国音视频及多媒体系统与设备标准化技术委员会副主任委员等职务。他个人还曾荣获“国家科技进步一等奖”“全国劳动模范”“信息产业重大技术发明奖”“为全面建设小康社会做贡献先进个人”“全国留学回国人员先进个人”“中国五四青年奖章”“全国十大杰出青年”“中国青年科技奖”和CCTV2005年度中国经济年度人物大奖以及首届“首都杰出人才奖”，享受国务院颁发的政府特殊津贴。

（孟钊宇　丁淑杰）

【中国工程院院士聂祚仁】 聂祚仁，难熔金属粉末冶金和铝合金领域专家，1963年生于湖南。

1983年武汉理工大学本科毕业参加工作，1997年中南大学研究生毕业获博士学位。现任北京工业大学教授、校长，兼任中国材料研究学会和中国有色金属学会副理事长、国家碳达峰碳中和标准化总体组副组长、教育部科技委材料科学学部副主任、教育部材料专业教指委副主任、第五届全国工程专业学位研究生教育指导委员会委员，国际LCA（生命周期评价）中心联盟和Int. J. LCA中方委员；2002—2004年曾任日本东京大学、名古屋大学客员教授；2017年当选中国工程院院士。

聂祚仁院士长期从事有色金属冶金材料及加工领域教学与科研工作，致力于材料全生命周期环境友好发展。在难熔金属、铝合金等方面取得系列原创性和工程应用成果。带领团队研制出多元复合稀土钨电极及钨钴镍再生粉末技术、铒微合金化铝合金，形成了我国特色，解决社会民生和国家工程难题，推进了材料LCA技术实际应用。

聂祚仁院士先后5次获得国家科技一、二等奖，第一完成人国家技术发明二等奖和国家科技进步二等奖各1项；授权中国和美日等发明专利及软件百余件；论文被SCI收录300余篇。被授予全国优秀科技工作者、首批中组部国家领军人才、全国五一劳动奖章等，获国家杰青并特优验收和创新研究群体支持。

（陈文娟　聂祚仁）

【中国工程院院士杜修力】 杜修力，土木工程领域专家，1962年生于四川省。

1990年博士毕业于中国地震局工程力学研究所，1996年破格晋升为教授级高级工程师，2001年调入北京工业大学任教。现任北京工业大学副校长，博士生导师，土木工程学科带头人，先后获国家自然科学基金创新研究群体、国家杰出青年科学基金、北京市战略科学家、北京学者和全国优秀科技工作者等资助或荣誉称号，2021年当选中国工程院院士。

杜修力院士长期致力于工程抗震研究及工程实践，在结构—地基—围埋土体耦合抗震领域作出重大贡献。先后主持完成国家自然科学基金重大研究计划重大集成、创新群体，科技部973和科技支撑等国家级重大项目5项，其他项目近百项；获国家科技进步二等奖5项（其中2项排名第一、3项第三），省部级科技进步一等奖4项（2项排名第一）；以第一作者或通讯作者在国内外高质量期刊上发表论文200余篇，出版中英文著作6部；以第一发明人获授权发明专利21项（含国外专利4项）；参编完成国家或行业规范/标准5部；已培养毕业的学生中，2人获国家杰出青年科学基金资助，1人获全国优秀博士论文。

（金　浏　杜修力）

【中国社会科学院学部委员潘家华】 潘家华，可持续发展经济学领域专家，1957年生于湖北。

1992年获剑桥大学经济学博士学位。现任北京工业大学生态文明研究院院长，经济学教授，兼任中国社会科学院可持续发展研究中心主任、中国城市经济学会会长、中国生态文明研究与促进会副会长、中国生态经济学会副会长。国家气候变化专家委员会副主任、联合国可持续发展报告（GSDR2023）独立专家组成员（15人，联合国秘书长任命）、政府间气候变化专门委员会（IPCC）评估报告（减缓卷，2021）主笔。曾任中国社科院生态文明所所长、外交政策咨询委员会委员、UNDP高级项目官员、IPCC高级经济学家。入选中宣部“四个一批”和首批中组部国家领军人才。2018年当选为中国社会科学院学部委员。

潘家华先生主要研究领域包括可持续城市化、能源与气候政策、生态文明新范式经济学等。主持国家社科基金重大、国家自然科学基金重点、国家重大科技支撑等国家项目，以及中国社科院重大招标、重大国情项目以及有关部委、地方政府委托和国际合作项目60余项。*Chinese Journal of Urban & Environmental Studies*（*World Scientific*）主编，《中国社会科学》编委、《经济研究》编委。曾应邀在中央政治局集体学习时讲解控制温室气体排放目标（第19次，2010年2月）。在《经济研究》、《中国社会科学》、《自然》（*Nature*）、《科学》（*Science*）、《牛津经济政策评论》（*Oxford Review of Economic Policy*）等中外学术期刊发表论文300余篇，出版学术专著10余部，获中国社会科学院优秀科研成果奖、孙冶方经济科学奖、中华（宝钢）环境（学术）奖等重要学术奖20多项。

（孙天弘　潘家华）

优秀校友简介

王守伟，1979级食品安全专业校友，现任北京食品科学研究院院长、中国肉类食品综合研究中心主任、国家肉类加工工程技术研究中心主任、国家肉类食品质量监督检验中心主任、中国食品杂志社社长。享受国务院政府特殊津贴专家，获评北京市有突出贡献专家、北京市劳动模范、中国食品科学技术学会突出贡献奖。以第一完成人获国家科技进步二等奖1项、省部级科技奖一等奖9项。2021年4月23日，入选中国工程院2021年院士增选有效候选人名单。

周乾，2003年毕业于北京工业大学防灾减灾与防护工程专业，现就职于故宫博物院故宫学研究所。中国社会科学研究生院、电子科技大学人文学院兼职教授，北京工业大学、北京交通大学硕士生导师。主要从事古建筑、馆藏文物科学保护研究。在国内外专业期刊、学术会议上发表论文100余篇，获国家授权专利6项。2021年11月作为团队成员参与的“中国城镇建筑遗产多尺度保护理论、关键技术及应用”项目获得2020年度国家科学技术进步奖一等奖。

侯红勋，2008年毕业于北京工业大学环境工程专业，现任安徽国祯环保节能科技股份公司总工程师，兼任四川大学、北京工业大学硕士生导师，入选安徽省战略性新兴产业技术领军人才，享受安徽省政府特殊津贴，第二批国家环境保护专业技术青年拔尖人才。主要从事水环境治理工程工作。主持重点区域分散型点源处理及小流域综合整治机制研究等项目，发表40多篇论文，申报国家专利18项，荣获国家科技进步二等奖1项，住建部华夏建设科学技术奖一等奖2项。2021年入选第三批国家生态环境保护专业技术领军人才。

孙祥恕，1982级建筑结构工程专业校友，现任北京维拓时代建筑设计股份有限公司董事长，兼任全国房地产设计联盟CEO、设计与文创产业分会、设计与文创产业分会CEO、全经联文创委主任、北京市朝阳区企业家协会副理事长。2016年10月，当选2015—2016年北京市优秀企业家。2019年12月，在全国勘察设计行业庆祝新中国成立七十周年系列推举活动中被推举为“优秀企业家”。2021年被选举为北京市朝阳区人大代表。

周宏磊，2003级土木工程专业校友。北京市勘察设计研究院有限公司副总经理、总工程师，教授级高工，国务院特贴专家、首都突贡专家。获得“全国勘察设计行业科技创新带头人”等称号。2021年6月17日，获得“北京市优秀共产党员”称号。

葛庆子，2008级防灾减灾工程及防护工程专业校友，四川省建设工程质量安全与监理协会专家库成员，高级工程师，一级注册结构工程师，现就职于四川省建筑科学研究院有限公司。2021年，作为主要完成人参与的“建筑结构智能监测与性能提升技术”项目获得四川省科技进步二等奖。

高志，1977级工业与民用建筑专业校友，现任加拿大宝佳国际建筑设计集团驻华首席代表，清华大学房地产EMBA及北京大学经济学院兼职教授，北京大学城市规划与发展研究所所长，中国设计联盟副CEO，北京房地产专业人士协会副会长、执行会长，中国青年科技工作者协会建设工程工作委员会副秘书长。2021年9月参与的北京未来中心项目获得2021年北京优秀工程勘察设计三等奖。

姜山，1994级供热、通风与空调专业校友，现任中国中元国际工程有限公司医疗建筑设计研究院副所长。2021年11月参与的苏州大学附属第二医院高新区医院扩建医疗项目获得中国机械工业科学技术奖三等奖；2021年参与设计的项目“北京爱育华妇儿医院”获得Active House Award国际大赛三等奖；作为主要设计人参与的“中国食品药品检定研究院迁建工程”项目，在2021年北京市优秀工程勘察设计奖评选中获得建筑环境与能源应用专项奖三等奖。

姚双，1978级计算机技术专业校友，现任浪潮集团副总裁。多次参与商务部服务外包研究中心的研究项目，作为特邀嘉宾和评委参加了全部七届中国国际服务外包交易博览会。2016年姚双致力于中国信息技术产业向“一带一路”拓展，主要负责欧洲（欧盟及中东欧）市场，与中资欧洲公司、欧洲各大公司及在欧洲的国际组织进行多方面交流。作为中国企业家代表参加了联合国“一带一路”大会、中国中东欧16+1合作峰会。2021年获得中国国际投资促进会颁发的中国服务外包15年杰出任务贡献奖。

邓裕予，女，2012级交通工程专业校友，现任曲靖职业技术学院外聘教师。2020年9月-2021年9月参与“云南省曲靖市重点采煤沉陷区综合治理研究”项目，项目成果：云南省曲靖市麒麟区东山镇重点采煤沉陷区综合治理工程实施方案，该实施方案为麒麟区东山镇采煤沉陷区独木水厂及管网延伸工程争取到1750万元采煤沉陷区补助，促进了地方经济发展。2021年10月云南省曲靖市麒麟区东山镇重点采煤沉陷区综合治理工程实施方案获云南省曲靖市第十二次哲学社会科学优秀成果三等奖，个人排名第九位。

梁天闻，女，2016级交通运输工程专业校友，现就职交通运输部公路科学研究院工作，助理研究员，参与的“山区高速公路绿色高质量建造关键技术研究与示范”研究课题于2021年12月获得中国公路学会科学技术奖一等奖，排名第十位。

王翔，1979级电子工程学专业校友，小米集团合伙人、总裁。1984年本科毕业于北京工业大学电子工程学专业。小米集团合伙人、总裁。曾任职摩托罗拉、朗讯等公司，担任销售和市场营销等职位。2020年7月3日，王翔作为小米集团总裁出席北京小米公益基金会向北京工业大学捐赠仪式。小米公益基金会向北京工业大学捐赠500万元，设立小米奖助学金项目。2021年，小米公益基金会捐赠到账金额50万元。

王川，1988级计算机专业校友，小米集团联合创始人、高级副总裁、小米集团首席战略官。1993年，王川毕业于北京工业大学计算机专业，1996年创立雷石科技。2010年，王川于北京创立多看科技，担任CEO一职。2020年7月3日，王川作为小米联合创始人、小米公益基金会理事出席北京小米公益基金会向北京工业大学捐赠仪式。小米公益基金会向北京工业大学捐赠500万元，设立小米奖助学金项目。2021年，小米公益基金会捐赠到账金额50万元。

王悦，1993级电子工程学专业校友，1998年本科毕业于北京工业大学电子工程学专业。普源精电（RIGOL）创始人兼董事长。中组部国家领军人才，获得“国家科技部科技创新创业人才”“新时代中国经济优秀人物”。2020年10月19日，王悦校友代表公司参加北京工业大学建校60周年捐赠仪式暨北京工业大学-普源精电创新联合实验室揭牌仪式，捐赠实验室仪器设备价值450万元。同年12月12日，王悦校友创办的普源精电科技股份有限公司捐赠100万元，用于设立北京工业大学信息学部RIGOL协同育人基金。2021年RIGOL协同育人基金到账10万元。2021年12月普源精电高新技术获2021苏州市优秀专利奖一等奖。

张杰庭，1982级自动化专业校友，锡华集团董事长。曾任第十届、第十一届、第十二届全国政协委员、北京市工商联副主席，现任第四届、第五届中国光彩事业促进会副会长，第十四届、第十五届北京市人大代表，全联民办教育出资者商会会长，中国民办教育协会常务副会长，北京市工商联新型政商关系专委会专委、北京市工商联光彩事业促进会副会长兼秘书长，北京光彩公益基金会发起人。近年先后为学校捐款600万元。在2020年初爆发的新型冠状病毒感染肺炎疫情防控中，张杰庭所在锡华实业投资集团作为发起方之一，向北京市光彩事业促进会全体理事单位发出《关于参与抗击疫情捐款的倡议书》。张杰庭向北京光彩公益基金会捐赠人民币100万元，支持重点疫区抗击疫情。作为市人大代表，张杰庭在疫情防控期间在为民营企业降税减负，把疫情带来的损失降到最低方面建言献策。2021年锡华集团荣登年度北京民营企业百强榜。

王理忠，1987级机械工程专业校友，现任北京中景橙石科技股份有限公司董事长。1998年从美国引进生态艺术混凝土技术，目前北京中景橙石科技股份有限公司发展成国内细分行业龙头企业，是北京环球影城、上海迪士尼地面工程主承包商。2021年11月，北京中景橙石科技股份有限公司被北京市经济和信息化局评为专精特新“小巨人”企业；2021年北京中景橙石负责的“北京环球影城主题公园项目标段五”工程获北京市建筑工程长城杯工程金质奖。

（王攀华　韩　薇　骆　琪）

北京工业大学2021年各级人大代表、政协委员名单

职务	姓名
第十三届全国人大代表	秦　飞
第十三届全国政协委员	王　璞
第十三届全国政协委员	李小军
第十五届北京市人大代表、常委	李　静
第十五届北京市人大代表	郭　福
第十三届北京市政协委员	聂祚仁
第十三届北京市政协委员	崔铁宁
第十六届北京市朝阳区人大代表	刘建萍
	丁治明
	张延庆
第十三届北京市朝阳区政协委员、常委、副秘书长	李云燕
第十三届北京市朝阳区政协委员	李　静
	张金喜
	白　晶
	邢　涛
第十四届北京市东城区政协委员	纪常伟

北京工业大学2021年民主党派人士在各级党派中担任职务的名单

职务	姓名
九三学社中央科技委副主任、九三学社北京市委委员	杜修力
九三学社中央委员会科技专门委员会副主任	李小军
民革北京市委委员、市人口资源环境专业委员会副主任，北工大支部主委	崔铁宁
民盟北京市委青年工作委员会委员、民盟北工大委员会主委	杨金福
民建北工大支部主委	穆献中
民进北京市朝阳区委委员、参政议政专委会副主任、北工大支部主委	王　波
致公党中央生态环境与可持续发展委员会委员、致公党北京市委委员、致公党北京市委环境与发展委员会副主任、致公党北京市朝阳区委副主委、北工大支部主委	李云燕
九三学社中央社会建设委员会委员、九三学社北京市教育委员会副主任、九三学社北京市朝阳区第六届委员会委员、北工大支社主委	刘赵淼
民盟北京市朝阳区委委员、北工大委员会副主委	白　晶
民盟中央文化专委会委员、民盟北京市委文化委员会副主任、民盟北工大委员会副主委	刘　洋
民盟北京市委城环委员会委员、民盟北工大委员会副主委	武凤文
民盟中央教育委员会委员、民盟北工大委员会副主委	石　岩
民进北京市朝阳区参政议政专委会委员	贾懋珅
民进北京市朝阳区参政议政专委会委员	司　农
农工党朝阳区委参政议政委员会委员	苏学宽
九三学社北京市朝阳区委委员	张金喜
九三学社北京市教育委员会委员	杜文博

（统战部　提供）

2021年正高级专业技术职务名单

（截至2021年12月31日，按姓氏汉语拼音字母顺序排序）

教授（398人）

艾　国　艾小青　安全福　鲍长春　毕凯明
毕月虹　曹　鹏　曹东兴　曹万林　陈　锋
陈　戈　陈　莎　陈　喆　陈标华　陈东菊
陈东升　陈洪芳　陈丽华　陈适才　陈树君
陈亚凡　陈彦江　陈艳艳　陈阳舟　陈永昌
陈子勇　程　强　程水源　程维虎　迟远英
初红艳　崔　晶　崔　丽　崔　明　崔玲丽
崔铁宁　崔希福　崔有为　戴　俭　戴福初
戴洪兴　戴铁军　邓金祥　邓宗才　丁　云
董宏英　杜文博　杜永萍　段立娟　樊洪明
范爱玲　范晋伟　范立峰　范周田　方　娟
冯金超　冯能莲　冯士维　高　峰（07108）
高　峰（07296）　高春娣　高国华　高景峰
高坤元　高文学　高向宇　高学金　高学云
公　备　龚道雄　龚秋明　顾　锞　关　峻
关宏志　郭　航　郭　瑾　郭明珠　郭伟玲
郭翔鹰　郭小东　韩　军　韩　强　韩红桂
韩新君　韩宇翃　郝冬梅　郝瑞霞　何　忠
何存富　何浩祥　何喜军　贺定勇　侯义斌
侯育冬　胡　鸿　胡建国　胡江碧　胡利明
胡永利　胡宇翔　黄海峰　黄秋梅　黄樟钦
纪常伟　冀俊忠　贾俊峰　贾克斌　贾懋珅
贾熹滨　江竹青　姜　楠　姜子钦　蒋　凡
蒋毅坚　蒋宗礼　焦敬品　解意洋　金头男
阚和庆　孔德慧　赖英旭　郎建垒　雷　钧
黎　勇　李　冬　李　钒　李　坚　李　健
李　静　李　军　李　亮　李　强
李　欣（07262）　李　欣（07858）　李　易
李　悦　李　智　李伯龙　李春华　李德胜
李东松　李红旗　李洪义　李惠东　李建更
李建军　李建强　李建荣　李剑锋　李君甫
李立云　李明爱　李泉林　李双杰　李文正
李小军　李小延　李晓理　李晓琴　李雄彦
李炎锋　李云燕　李云章　李振宝　李振龙
栗卓新　梁文俊　林　健　刘　超　刘　鑫
刘婧芳　刘亭立　刘秀成　刘学春　刘永东
刘有明　刘增华　刘赵淼　刘振卿　刘中良
刘忠宝　龙连春　卢朝辉　鲁理平　鹿院卫
路德春　路清梅　栾良才　罗云敬　吕　炎
吕胜富　马　华　马　捷　马　楠　马国远
南　群　聂松林　聂祚仁　潘　嵩　彭宏伟
彭良雪　彭凌云　彭一江　彭跃莲　亓路宽
乔爱科　乔俊飞　乔元华　秦　飞　邱　菊
邱文革　仇　滔　全惠民　全贞花　任志华
荣　建　阮晓钢　尚德广　尚洪涛　沈千帆
盛　望　施云惠　司鹏搏　宋国恺　宋国荣
宋惠远　宋晓艳　宋晏蓉　隋曼龄　孙　威
孙光民　孙国芹　孙继红　孙立山　孙少瑞
孙诗兵　孙艳丰　孙玉荣　孙再成　孙治荣
索红莉　谭建军　汤　健　唐　军　陶连金
田英良　万玉红　汪　浩　汪坚强　汪夏燕
王　波　王　超　王　丹　王　鼎　王　江
王　丽　王　亮　王　民　王　璞　王　群
王　珊　王　术　王　为　王　越　王　湛
王冰冰　王朝辉　王大勇　王国彬　王吉有
王金淑　王景甫　王立春　王秋生　王如志
王宛秋　王文娟　王新华　王亚丽　王跃宗
王志海　韦　奇　翁剑成　毋立芳　吴　斌
吴　强　吴宝晶　吴菲菲　吴密霞　吴水才
吴伟和　吴玉锋　席晓丽　夏国栋　夏志东
肖荣诗　谢　辉　谢静超　谢启伟　谢亚勃
胥永刚　徐　晨　徐　硕　徐大川　徐文青
许成顺　薛留根　薛素铎　闫　红　严　辉
严爱军　阎新龙　杨　璐　杨　庆　杨　荣
杨　震　杨昌鸣　杨桂宏　杨红卫　杨金福
杨庆生　杨士林　杨松令　杨晓东　杨宇光
姚爱军　姚海楼　叶　青　叶红玲　尹宝才
于乃功　于澍燕　尉海军　禹海波　苑中显
岳　明　曾　薇　曾程初　曾诗鸿　翟东升
翟天瑞　张　建　张　健　张　菁　张　亮
张　铭　张　文　张爱莉　张爱林　张东涛
张风帆　张海斌　张红光　张红胜　张建标
张建伟　张金喜　张利国　张明聚　张钦喜
张万荣　张微敬　张伟荣　张文利　张文学
张小玲　张新平　张兴兰　张延华　张一鸣
张永安　张永祥　张永哲　张跃明　张志红
张志清　张忠占　赵　京　赵　密　赵立祥
赵丽娇　赵丽琴　赵卫华　赵晓华　赵衍刚
赵耀华　赵永胜　赵之枫　郑　宏　钟　声
周宏元　周志祥　朱　青　朱满康　祝合良
卓　力　邹　锋　左国玉

研究员（70 人）

安哲锋　曹银花　陈　檬　陈　涛　陈继民
崔素萍　邓积光　杜　峰　杜玉成　范　明
符寒光　龚先政　关宝璐　关佳亮　郭红霞
韩昌报　韩晓东　黄　晖　黄　婷　季凌飞
金　浏　金保华　李　娟　李　强　李　星
李国俊　李平雪　李四平　李艳梅　林绍福
刘　博　刘丹敏　刘富荣　刘海滨　刘建萍
刘世炳　刘卫强　刘有军　马东辉　马雪梅
毛圣成　穆献中　潘德安　桑丽霞　石宇良
苏林琴　唐中君　王　革　王　普　王立华
王文杰　王雯宇　王秀红　王绽蕊　王智勇
魏　巍　吴文英　吴玉庭　肖　念　肖创柏
闫鹏飞　闫胤洲　严铮洸　杨建参　杨艳玲
张　伟　张　欣　张冬云　赵　明　郑　坤

教授级高级工程师（7 人）

陈　超　杜修力　兰明章　秦　华　石照耀
王子明　杨　宏

正高级实验师（7 人）

白广梅　纪金豹　梅　燕　秦振平　汤云晖
王海燕　王全民

研究馆员（3 人）

雷东升　刘彩娥　万云芳

编审（2 人）

冯　蓉　吕小红

主任医师（4 人）

陈智慧　高梅娟　韩美芹　胡振梅

（郑　琎　王朝辉）

2021 年新聘名誉、兼职（客座）、顾问教授名单

名誉教授：

吴鑫华　WASHINGTON OCHIENG

兼职教授：

孙　楠　王法德　王务林　宋志平　刘彤宇
关　松　闫秀生　杨仁福

客座教授：

ULF OLOFSSON

顾问教授：

张西正

（刘珍君　金　浏）

北京工业大学 2021 年博士研究生指导教师名单

学校现有博士研究生指导教师 657 人，其中，兼职博导 86 人，合作博导 2 人。

材料与制造学部（180 人）

安　彤　曹东兴　陈东菊　陈洪芳　陈继民
陈　京(兼职)　陈树君　陈　涛　陈子勇
程　强　初红艳　崔　晶　崔　丽　崔玲丽
崔素萍　丁华锋　董明利(兼职)　杜文博
范爱玲　范晋伟　符寒光　高　峰　高国华
高坤元　高相胜　龚先政　龚　裕　古月文志
郭　福　郭红霞　郭现伟　郭翔鹰　韩昌报
韩　飞(兼职)　韩晓东　何存富
何广平(兼职)　贺定勇　侯育冬　胡　鹏
胡宇翔　黄　晖　黄　骏(合作)　黄　婷
季凌飞　蒋　凡　蒋毅坚　焦敬品　柯小行
兰明章　雷　钧　雷永平　冷劲松(兼职)
李　昂　李德胜　李　红　李洪义　李剑锋
李平雪　李　强　李小延　李永春(兼职)
栗卓新　廖晓舟　林家春　刘丹敏
刘峰斌(兼职)　刘富荣　刘海滨　刘婧芳
刘婷婷　刘卫强　刘　夏　刘　晓　刘秀成
刘增华　刘赵淼　刘志峰　龙连春　卢　岳
卢振洋　路清梅　罗宏伟(兼职)　吕　炎
毛圣成　穆献中　聂松林　聂祚仁　潘德安
潘　瑞　齐元胜(兼职)　钱霙婧　秦　飞
阮嘉赓　尚德广　邵　东　石照耀　宋晓艳
隋曼龄　孙国芹　孙诗兵　孙　威　索红莉
谭平恒(兼职)　陶　飞(兼职)　田英良
汪　浩　王　波　王朝辉　王福德(兼职)
王金淑　王立华　王立勇(兼职)　王　民
王　璞　王　群　王如志　王新华　王秀红
王亚丽　王岳武　王跃宗　王肇嘉(兼职)
王志宏　王智勇　韦　奇　尉海军　吴　斌
吴玉锋　席晓丽　夏定国　夏志东　肖家文
肖　珺　肖荣诗　胥永刚　徐滨士(兼职)
薛　龙(兼职)　闫鹏飞　闫胤洲　严　辉
严铮洸　杨胶溪　杨庆生　杨晓东
姚　燕(兼职)　叶红玲　叶征宇(兼职)
俞嘉梅　岳　明　张彩霞　张东涛　张冬云
张久兴　张倩倩　张生俊(兼职)　张　伟

张　旭　张　禹　张跃飞　张跃明　张　泽
赵　京　赵　艳　赵永胜　赵　治　郑　坤
郑木鹏　郑子龙　周　廉(兼职)
周哲海(兼职)　周　正　朱满康
庄春强　邹江林　邹　进　祖武争　左铁镛
邹　锋　韩宇翃

城市建设学部（157 人）

Bilal. M. Ayyub（兼职）　Mike Schlaich（兼职）
白　勇　白玉磊　毕凯明　毕月虹　操沈彬
曹万林　曾　滨(兼职)　陈　超
陈国兴(兼职)　陈适才　陈　苏　陈彦江
陈艳艳　陈　喆　陈志龙(兼职)
陈祖煜(兼职)　仇保兴(兼职)　戴福初
戴　俭　邓宗才　翟恩地　杜修力　樊晓燕
范立峰　范凌云(兼职)　高文学　高向宇
龚秋明　关宏志　郭继孚　郭　猛　郭　伟
郭小东　韩　强　郝　洪(兼职)　何浩祥
贺正冰　侯　越　胡江碧　黄建玲　黄　艳(兼职)
纪金豹　贾　洪(兼职)　贾俊峰　姜子钦
焦峪波　金　浏　李　冬(107091)
李　冬(109048)　李海舰　李　军　李克强(兼职)
李　亮　李鹏飞　李　强　李小军　李　星
李雄彦　李严严　李炎锋　李　易　李玉国(兼职)
李　悦　李振宝　李振龙　林思奇　刘加平
刘家宏(兼职)　刘天桥　刘小明　刘秀红
刘学春　刘　越　刘占省　卢朝辉　路德春
马东辉　马国伟(兼职)　孟晓林　欧进萍(兼职)
潘　嵩　逄秀锋(兼职)　彭凌云　彭一江
戚承志(兼职)　邱灿星　全贞花　任辉启(兼职)
荣　建　苏经宇　孙国军　孙立山　谭忆秋(兼职)
唐贞云　陶连金　汪坚强　王冰冰　王　超
王国权　王　浩(兼职)　王立军(兼职)
王丕光　王秋生　王　珊　王　威　王　伟
王小娟　魏　佳　翁剑成　吴建军(兼职)
谢静超　徐　建(兼职)　许成顺　许　坤
许维炳　薛　鹏　薛素铎　闫秋实　杨昌鸣
杨　宏　杨　璐　杨艳玲　姚爱军　姚　辉
于　立(合作)　岳清瑞(兼职)　张爱林
张　兵(兼职)　张　建　张建伟　张　健
张　杰　张金喜　张明聚　张　楠　张微敬
张伟荣　张文学　张小玲　张永祥　张志红
张志清　赵　锂(兼职)　赵　密　赵晓华
赵衍刚　赵耀华　赵之枫　郑　宏　钟紫蓝
周福霖(兼职)　周宏元　周　剑　周志伟
朱忠义(兼职)

环境与生命学部（111 人）

安全福　曹　鹏　曾程初　曾　薇　陈标华
陈东升　陈　戈　陈　莎　程水源　仇　滔
崔　丹　崔有为　代成娜　戴洪兴　党超镔
邓积光　董俊兴(兼职)　杜　睿　高景峰
高　靓　高学云　高　月(兼职)　戈　拯
郭广生　郭　航　郭　瑾　郝冬梅　贺福初(兼职)
胡利明　纪常伟　姜克隽(兼职)　敬　林
郎建垒　雷　标　李　传　李春华　李　钒
李　坚　李建荣　李　琦　梁文俊　刘　宁
刘文清(兼职)　刘永东　刘有军　刘雨溪
刘中良　刘忠宝　鲁理平　鹿院卫　罗明生(兼职)
罗云敬　马国远　马雪梅　南　群　彭永臻
彭跃莲　钱小红(兼职)　乔爱科　邱文革
曲　丹　热沙来提·海里里　任阵海(兼职)
桑丽霞　盛　望　苏冬冬　孙继红　孙启鸿(兼职)
孙少瑞　孙再成　孙治荣　谭建军　汪夏燕
王　博　王景甫　王　娟　王　军　王　林(兼职)
王乃鑫　王　宁　王升启(兼职)　王艺霏
王　湛　魏　巍　吴水才　吴玉庭　吴祖泽(兼职)
夏国栋　谢亚勃　徐　坤　闫　红　阎新龙
杨富斌　杨海胜　杨　庆　杨晓明(兼职)
叶　青　殷明杰　于澍燕　宇　波(兼职)
张灿灿　张桂臻　张红光　张红胜　张　建(兼职)
张　莉　张　亮　张　鑫　赵丽娇　周文斌
周志祥

经济与管理学院（46 人）

艾小青　曾诗鸿　迟远英　崔铁宁　戴铁军
翟东升　冯　虹　何喜军　黄海峰　黄鲁成
嵇　灵　李建平(兼职)　李　健
李江涛(兼职)　李泉林　李双杰　李　欣
李艳梅　李云燕　刘　超　刘亭立　刘晓燕
潘家华　彭　锐　乔小勇　阮平南　尚洪涛
唐孝文　唐中君　王　超　王守法　王宛秋
王秀彦　谢启伟　邢李志　徐　硕　杨松令
张　弛　张　文　张永安　赵立祥　朱相宇
祝合良　宗　刚　陈　锋　唐　军

理学部（54 人）

Rolf Möhring　曾定方　程维虎　崔　明　邓金祥
翟天瑞　杜　江　方晓惠　关　丽　郭柏灵(兼职)
郭　丹　黄秋梅　黄永畅　江　雪　江竹青

黎　勇　李高荣　李　静　李启寨(兼职)
李寿梅　李云章　梁宁宁　刘波扬　刘继涛
刘　鑫　刘有明　马　赫　孟军华　彭良雪
乔元华　任志华　戎　路　宋晏蓉　万玉红
王大勇　王　丽　王　术　王　腾　王维真
王雯宇　王晓蕾　王云新　吴密霞　徐大川
徐文青　薛留根　杨士林　姚海楼　张海斌
张新平　张新雨(兼职)　张忠占　赵欣苑
周　济(兼职)

信息学部（107 人）

鲍长春　毕　敬　蔡轶珩　常鹏鹰　陈阳舟
戴琼海(兼职)　邓中翰　丁治明　杜胜利
杜永萍　段立娟　方　超　方　娟　冯金超
冯士维　高　文(兼职)　高学金　公　备
顾　锞　关宝璐　郭百宁(兼职)　郭伟玲
郭　霞　韩红桂　何泾沙　侯义斌　胡　斌
胡永利　黄庆明(兼职)　黄樟钦　冀俊忠
贾克斌　贾懋珅　贾松敏　贾熹滨　蒋宗礼
解意洋　句福娇　孔德慧　赖英旭　李　冲
李方昱　李建强　李明爱　李晓理　李玉鑑
栗　觅　廖湖声　刘　博　刘际明(兼职)
刘　克　刘鹏宇　刘小平　陆汝钤(兼职)
马　礼(兼职)　庞俊彪　乔俊飞　阮晓钢
沈昌祥　沈绪榜(兼职)　施云惠　司鹏搏
宋惠远　孙光民　孙　捷　孙艳丰　汤　健
王博岳　王　丹　王　鼎　王立春　王　普
王一鹏　王志海　毋立芳　肖创柏　徐　晨
徐茂智(兼职)　闫健卓　严爱军　杨金福
杨胜齐　杨宇光　杨　震　姚一豫(兼职)
尹宝才　于乃功　张伯旭(兼职)　张建标
张　菁　张利国　张　涛(兼职)　张万荣
张祥银　张亚民　张延华　张一鸣　张永哲
张　勇　赵春江(兼职)　赵元富(兼职)
钟　宁　朱　青　朱　厦　祝连庆(兼职)
卓　力　左国玉

北京未来网络科技高精尖创新中心（2 人）

陈一昕　刘韵洁

2021 年满 30 年教龄人员名单

丁淑杰　王丹丹　王　众　王志新　王国红
王　浩　石文焕　付鹏斌　毕如海　刘壮丽
刘彩娥　刘　静　孙淑霞　李冬伟　李建军
杨士林　杨　静　吴伟和　吴金志　吴　琼
吴　薇　何　昂　宋文凯　张文娟　张红伟
张志宏　张　林　张　欣　张建伟　陈子勇
陈立云　陈学安　陈　喆　周红波　赵志友
聂金全　桂小春　晏祥慧　徐　力　徐卫华
徐　阳　徐树春　黄樟钦　曹宏武　隋曼龄
韩振成　谭建军

（卜晓明　杨聪彬）

毕业生名单

2021 年度授予博士学位人员名单

（合计 287 人）

其中：理学博士学位 33 人、工学博士学位 244 人、管理学博士学位 4 人、经济学博士学位 6 人。

经济与管理学院（共 8 人）

应用经济学（经济学博士学位共 5 人）

张　猛　李　帆　石倩倩　赵　蓉　张雪薇

管理科学与工程（管理学博士学位共 3 人）

唐　庆　刘春文　关永娟

国际学院（共 21 人）

应用经济学（经济学博士学位共 1 人）

TCHEWAFEI ABIDE

数学（理学博士学位共 2 人）

KHAN SUDHEER　HUSSAIN TUFAIL

物理学（理学博士学位共 3 人）

RAFI ULLAH　HAYAT ANWER　RIZWAN MUHAMMAD

机械工程（工学博士学位共 1 人）

AHMAD MUBARAK

材料科学与工程（工学博士学位共 3 人）

MUHAMMAD MUSHTAQ　SHAHEEN KAUSAR　NABONSWENDE AIDA NADEGE OUEDRAOGO

控制科学与工程（工学博士学位共 1 人）

ZOHAIB AHMAD

计算机科学与技术（工学博士学位共 2 人）

PORTIER WILLY KEVIN　MOKBAL FAWAZ MAHIUOB MOHAMMED

土木工程（工学博士学位共 4 人）

QAYTMAS ABDUL MOTALLEB　MUHAMMAD SALMAN NAZAR　NAUMAN IJAZ　ALIASGHAR AZMA

应用化学（工学博士学位共 1 人）

KHAN BUSHRA

交通运输工程（工学博士学位共 1 人）

MUHAMMAD ZAHID

软件工程（工学博士学位共 1 人）

AZHAR IMRAN MUDASSIR

管理科学与工程（管理学博士学位共 1 人）

KHAN UMAIR

信息学部（共 31 人）

电子科学与技术（工学博士学位共 8 人）

张成龙　李雨佳　何　鑫　魏之皓　张俊杰
王秋华　张　正　李　园

控制科学与工程（工学博士学位共 9 人）

柴　洁　尚　飞　孟晓燕　李济瀚　权利敏
郭　鑫　王龙洋　张海利　原大康

计算机科学与技术（工学博士学位共 12 人）

叶　涛　卢晓威　刘燕辉　连召洋　姚　垚
刘国杰　吴　刚　姬　强　恩　擎　刘博文
赵　青　杨永丽

软件工程（工学博士学位共 2 人）

李勇振　孙靖超

材料与制造学部（共 88 人）

物理学（理学博士学位共 6 人）

冯奕博　马　林　李雪峤　程晓鹏　唐　亮
马东锋

力学（工学博士学位共 10 人）

李明远　任彦霖　王星泉　李　正　王伟伟
张理想　张雪娇　赵希宁　马　莉　刘　涛

机械工程（工学博士学位共 25 人）

程　俊　王丽婷　张春召　王　涛　秦　鹏
李明智　杨增冲　武宏超　闫朝阳　罗营超
陶浩浩　李永坤　狄静宇　董海江　田金山
曹　强　赵　欣　李道航　薛　龙　赵以振
杨　硕　程永超　龚世秋　齐宝宝　李志杰

光学工程（工学博士学位共 12 人）

宋毅恒　杨　敏　田慧军　王婷婷　董雪岩
张景泉　张　欣　王聪聪　王文豪　杨立学

李文强　张　倩

材料科学与工程（工学博士学位共33人）

毛　斐　迟碧川　张剑飞　刘晓梅　李昱嵘
曹立军　崔　瑾　何　迪　苏　恒　栗晓辰
杨玉波　刘世杰　贾林玥　杨鹏辉　郝　吉
奚　望　周开岭　游聪娅　祖冠男　杨韵斐
王炳荣　李　楠　陈义川　钱珊珊　徐晓厂
亓　鹏　张国庆　秦昌东　蒋玉圆　晏晓东
肖怡新　管佳男　高春来

资源环境与循环经济（工学博士学位共2人）

周广礼　张书豪

城市建设学部（共69人）

土木工程（工学博士学位共60人）

侯隆澍　丁士君　冀思扬　刘开源　侯剑岭
冯超群　宋伟涛　席仁强　宋肖龙　周小雄
王鸿儒　曹鑫雨　于海宽　刘亚双　崔亚平
林庆涛　孔凡超　高忠伟　王　谦　苏　磊
蒋家卫　张　轩　王晓静　吴利华　范子博
刘亦斌　韩枫涛　朱雨轩　伍　敏　刘江超
胡梦涵　慈俊昌　侯连刚　杜　鹏　白振鹏
张国胜　洪　越　白　璐　王丽华　王丽娟
应黎坪　姬晨濛　安　韶　付潇然　王　丹
鲁　建　王宝顺　王佳伟　刘廷勇　李翔宇
黄雪征　李会芳　张国良　王腾月　张广达
梁　林　李巧燕　张　鲸　郝润琴　武凤文

交通运输工程（工学博士学位共9人）

余世英　姚广铮　程　颖　朱海燕　张　政
李　臣　常　鑫　林鹏飞　徐学明

环境与生命学部（共45人）

动力工程及工程热物理（工学博士学位共11人）

栗俊芬　王　杜　陈稳稳　汤永智　于　强
雷　蕾　陈　颖　郭志宇　李　凡　从骁宇
王　兵

应用化学（工学博士学位共12人）

胡效鹏　张　兴　姚亚文　张春雨　周颖燕
张文美　伍学谦　周　健　姜文帅　郑利敏
武园园　路红琳

环境科学与工程（工学博士学位共12人）

钟嶷盛　潘贵芳　李帅帅　姚诗音　关攀博
段婉君　袁传胜　石亮亮　孙雅雯　王建广
武润平　任思达

生物医学工程（工学博士学位共10人）

汪杨俊琦　商　蕾　刘　洋　何庆峰　邵明刚
蒋洋叶　许龙龙　李红霞　王申森　李　鲍

理学部（共25人）

数学（理学博士学位共16人）

冯俊锴　张永锋　胡永刚　蒋卓轩　沈　林
姜丽爽　董　健　任春光　张　培　袁　芳
王义晶　王沙沙　杨瑞芳　李　园　张凯丽
姜　坤

物理学（理学博士学位共1人）

闫欢欢

统计学（理学博士学位共5人）

张景华　胡国治　罗国旺　蔡　雄　赖廷煜

光学工程（工学博士学位共3人）

董自凯　杨　锋　仝俊华

2021年博士毕业生名单（不含留学生）

（合计毕业生276人）

材料与制造学部（共92人）

材料科学与工程（32人）

崔　瑾　何　迪　迟碧川　李昱嵘　曹立军
蔡吉祥　杨鹏辉　郝　吉　奚　望　周开岭
游聪娅　王炳荣　陈义川　钱珊珊　徐晓厂
亓　鹏　秦昌东　蒋玉圆　张国庆　李　楠
贾林玥　栗晓辰　杨玉波　于明超　苏　恒
刘晓梅　刘世杰　祖冠男　杨韵斐　晏晓东
肖怡新　管佳男

光学工程（12人）

田慧军　宋毅恒　杨　敏　王婷婷　董雪岩
张景泉　王聪聪　张　倩　杨立学　李文强
张　欣　王文豪

机械工程（26人）

程　俊　王丽婷　张春召　霍国涛　王　涛
赵保亚　杨增冲　闫朝阳　罗营超　董海江
曹　强　赵　欣　薛　龙　程永超　龚世秋
赵以振　武宏超　李道航　田金山　陶浩浩
秦　鹏　李明智　李永坤　杨　硕　齐宝宝
狄静宇

力学（13人）

齐轶鹏　周　毅　张博宇　李　正　王伟伟

张理想　张雪娇　马　莉　刘　涛　董　挺
王星泉　任彦霖　赵希宁

物理学（7人）

马　林　李雪峤　唐　亮　马东锋　程晓鹏
葛　麟　冯奕博

资源环境与循环经济（2人）

周广礼　张书豪

城市建设学部（共69人）

交通运输工程（10人）

姚广铮　张　政　佘世英　黄蔚元　陈广华
朱海燕　李　臣　常　鑫　林鹏飞　程　颖

土木工程（59人）

刘开源　王晓静　侯隆澍　丁士君　侯剑岭
赵志强　宋伟涛　席仁强　宋肖龙　周小雄
王鸿儒　曹鑫雨　于海宽　林庆涛　孔凡超
高忠伟　王　谦　苏　杨　石世刚　苏　磊
蒋家卫　张　轩　吴利华　范子博　刘亦斌
韩枫涛　侯连刚　白振鹏　王丽华　王丽娟
姬晨濛　付潇然　王佳伟　李翔宇　王宝顺
王　丹　应黎坪　张国胜　洪　越　白　璐
杜　鹏　胡梦涵　慈俊昌　朱雨轩　刘亚双
崔亚平　冯超群　伍　敏　刘江超　安　韶
鲁　建　刘廷勇　李晓鹏　黄雪征　张国良
张广达　王腾月　李会芳　梁　林

环境与生命学部（共45人）

动力工程及工程热物理（11人）

栗俊芬　雷　蕾　王　杜　陈稳稳　汤永智
郭志宇　李　凡　从骁宇　于　强　陈　颖
王　兵

环境科学与工程（12人）

钟嶷盛　潘贵芳　李帅帅　姚诗音　关攀博
段婉君　武润平　袁传胜　石亮亮　孙雅雯
王建广　任思达

生物医学工程（10人）

王申森　刘　洋　何庆峰　邵明刚　蒋洋叶
许龙龙　赵志昌　李红霞　李　鲍　符珉瑞

应用化学（12人）

胡效鹏　伍学谦　路红琳　姜文帅　郑利敏
武园园　周　健　张　兴　张春雨　周颖燕
张文美　姚亚文

经济与管理学院（共11人）

管理科学与工程（6人）

刘　佳　岳为众　唐　庆　关永娟　刘春文
张送杰

应用经济学（5人）

王文杰　石倩倩　赵　蓉　张雪薇　李　帆

理学部（共24人）

光学工程（3人）

董自凯　杨　锋　仝俊华

数学（15人）

张永锋　胡永刚　蒋卓轩　董　健　任春光
张　培　袁　芳　李　园　张凯丽　沈　林
姜　坤　姜丽爽　王义晶　王沙沙　杨瑞芳

统计学（4人）

胡国治　罗国旺　蔡　雄　赖廷煜

物理学（2人）

闫欢欢　杨晓堃

信息学部（共35人）

电子科学与技术（9人）

李雨佳　张　昱　李　园　王秋华　何　鑫
魏之皓　李幼蛟　张　正　张俊杰

计算机科学与技术（13人）

卢晓威　刘燕辉　李小勇　连召洋　刘国杰
吴　刚　姬　强　刘博文　赵　青　荣子豪
姚　垚　恩　擎　杨永丽

控制科学与工程（9人）

尚　飞　孟晓燕　权利敏　郭　鑫　王龙洋
张海利　原大康　柴　洁　李济瀚

软件工程（4人）

李勇振　孙靖超　高　寒　刘　璐

2021年度授予全日制学术硕士学位人员名单

（合计973人）

其中：经济学硕士学位36人、法学硕士学位29人、教育学硕士学位12人、文学硕士学位12人、理学硕士学位139人、工学硕士学位690人、管理学硕士学位41人、艺术学硕士14人。

经济与管理学院（共 73 人）

应用经济学（经济学硕士学位共 30 人）

刘　瑞　季娟娟　周　娅　高　玉　张梦莹
贾婧敏　李　丽　程　笑　毕思琦　李振东
司燕冉　贾超凡　刘彬彬　叶章琪　凌　鑫
石　媖　马　静　皇甫新　张　静　郭　岩
王奕兴　王浩宇　武小英　韩　琪　李　雪
魏　晓　苏夏冰　刘泽润　赵　昆　关天赐

资源环境与循环经济（经济学硕士学位共 4 人）

赵　晗　崔　涵　宋伊迪　曲政宏

管理科学与工程（管理学硕士学位共 29 人）

郝亚丽　冯家琪　葛　豪　才久然　赵慧媛
黄　霞　朱士超　赵培培　宋昱光　李一苇
宋莹露　郝丽媛　陈曾曾　温　阳　孟　雪
吴天浩　王春稳　王　倩　王婷婷　于良豪
平璐瑶　张永卿　钱　存　张瑞雪　史彩玉
张家欣　李金鹏　郭　鑫　冯淑凡

工商管理（管理学硕士学位共 10 人）

姜　莹　龚慧敏　张　雄　徐静莹　王士晓
张天悦　韩文硕　杨秀智　杨　阳　杨京雨

艺术设计学院（共 14 人）

设计学（艺术学硕士学位共 14 人）

焦莉珍　王楚夷　李雅倩　黄迎迎　张　悦
王笑语　崔师勤　温哲宇　解　真　于偲璠
苏　婵　赵宇航　姚　烨　白珍珍

马克思主义学院（共 16 人）

马克思主义理论（法学硕士学位共 16 人）

赵晓芳　沙思宇　李红艳　白　帆　杨朝阳
李傲挺　张　悦　陈子营　邓华平　杜计娟
柴佳伟　张晓委　吴　琪　李语琦　王俊伟
杨　迎

国际学院（共 19 人）

应用经济学（经济学硕士学位共 1 人）

ASOULOVA FARANGIS

教育学（教育学硕士学位共 2 人）

AMARSAIKHAN DENSMAA　KIM HWAYOUNG

外国语言文学（文学硕士学位共 1 人）

KRESTIANINOVA KSENIIA

数学（理学硕士学位共 1 人）

PAEK YUN HYOK

机械工程（工学硕士学位共 3 人）

ABBAS LUAY KHALID A
ERNEST MFUM ACHEAMPONG
EMEDY DADO BA

材料科学与工程（工学硕士学位共 1 人）

LEONARD BENJAMIN OCR

动力工程及工程热物理（工学硕士学位共 1 人）

KOKOSHKO VALERIY

建筑学（工学硕士学位共 1 人）

LEE SUGEUN

土木工程（工学硕士学位共 4 人）

AL-SAYED SAFWAN FOUAD ABDULRAHMAN
KENKHAN TALANT
HUSSAIN HUBDAR
RAVITENA MANAMBINA FRANCOU

水利工程（工学硕士学位共 1 人）

SYED NAEEM SHAH BUKHARI

城乡规划学（工学硕士学位共 1 人）

AGOYLIYEV HANGYLYCH

工商管理（管理学硕士学位共 2 人）

KIM TAEEUN
VIDA ADOKOH ENCHILL

信息学部（共 215 人）

电子科学与技术（工学硕士学位共 45 人）

张繁军　彭　理　郭月慧　葛奇思　杨飞璠
范忠伟　张　磊　孙亚楠　王　哲　赵晓蕾
韩　翰　陈轩冲　邢玉萍　高　雅　许瑞涵
王伟岩　包伟捷　张洪达　魏　磊　卢泽华
谭　玥　刘　梦　胡朝旭　崔博垚　孙　磊
何磊磊　柳　鸣　张　哲　刘先程　王　军
万禾湛　黄坤昆　张　尧　赵旭鹏　李梦梅
李锜轩　吴　博　汪子锋　林前进　杨　硕
鲍　凯　柳　杰　杨绍萌　苑营阔　张思佳

信息与通信工程（工学硕士学位共 25 人）

贾怡恬　朱金如　纪　强　邓见广　张　亮
崔腾鹤　梁鑫诜　魏婷婷　胡绍斌　聂彤彤
邓书豪　杨　帆　宋　博　张继中　孙兴武
翁　羽　王婷娴　刘继荣　张　恒　赵　宽
陈良栋　张艳阳　肖子恒　王　琦　张　昊

控制科学与工程（工学硕士学位共 60 人）

武　悦　卜　坤　郭　威　焦劲安　祝　彬
张圆圆　聂凯哲　王家普　李佳璇　马胜蕾
范德巧　李雪萌　刘　斌　李云云　陈目心

丁春豪　霍嫣然　俞元琳　张继统　余鹏程
赵　荣　刘洪星　谢晓添　刘民帅　柏德国
尹舒男　裴梦瑶　刘萌允　范春奇　李亚萍
冯霖龙　彭伟民　李智勇　刘若豪　王　珩
崔言杰　褚明慧　崔铜巢　孙鲁昱　邬玉洁
石　鑫　赵思雅　陈焕忠　董立新　张毅鹏
王志凯　孟令军　李向诚　赵鹏飞　冯　慧
赵琪申　于　腾　彭小彬　林　瑞　胡玉杰
罗萃萃　徐乾蛟　林　锋　张晓凡　贾　婕

计算机科学与技术（工学硕士学位共 68 人）

丁振兴　尹禹化　刘　月　郝　航　胡　浩
王碧瑾　王靖磊　孙晨宇　赵宝霖　曹天浩
张　博　刘红丽　吴　娜　王国迪　许　啸
秘博闻　魏泽琳　曾绍康　王　烁　许继贺
宋　蕊　郭文阳　降云鹏　张文婷　王嘉旭
刘梦颖　范　雪　张　骁　柏鳗晏　古　雪
黄箔倞　王子涵　李威庭　杜　宾　唐　然
宋冬雪　杨　攀　郁宗扬　游桂增　刘　宾
郑倩倩　任梓玉　贺鸣升　曾　君　孙　政
丁　浩　荀　熙　姚思佳　张永泰　宋　硕
纪卓骁　马文广　刘　泉　朱玉婷　王跃朝
朱　怡　曹雪琛　童丽媛　白勇强　赵　磊
韩　利　李　颖　田聪聪　陈　宁　孙功玉
王　瑶　储振兴　柳溢鑫

软件工程（工学硕士学位共 17 人）

张　磊　陈宝存　谭雅芳　李　晨　易先进
王慧娜　常晴晴　潘世佳　倪瑞旋　胡　琪
张　凡　谢海华　范　博　刘冠杰　张天意
靳姝婷　张爱雯

文法学部（共 34 人）

社会学（法学硕士学位共 13 人）

庞雪妃　马江林　彭乐乐　鄢　雨　廖绣渺
胡　玲　张泽群　孙锦帆　聂文轩　徐晋升
王春璇　姚文清　焦艳棠

教育学（教育学硕士学位共 10 人）

芮　言　金子微　王　杨　徐若男　贾　彦
孙文帅　曾　涛　陈童节　张　慧　贺　玉

外国语言文学（文学硕士学位共 11 人）

郭兆欣　韩　鑫　杨晓蕾　王　静　李幸原
郭静怡　苏艺冶　王慧慧　樊　一　张　莹
郭星媛

材料与制造学部（共 241 人）

资源环境与循环经济（经济学硕士学位共 1 人）

薛　莲

物理学（理学硕士学位共 9 人）

赵权平　裴雪松　周建力　牛佳佳　张文睿
史超超　胡绍京　蒋　成　冯季村

力学（工学硕士学位共 26 人）

周肖鹏　李　旭　韩若凡　杨纪鹏　赵英超
秦　源　刁珍宝　侯超然　曹书航　李宗鹤
陈玉铃　孟凡伟　李宗翰　周　强　张　涛
薛贺波　张　硕　朱建蹀　魏玉领　李嘉楠
邵晓林　郭雨博　刘辰烁　李泽峥　刘凌云
胡元坤

机械工程（工学硕士学位共 61 人）

计冬雪　闫　兴　孟令军　牛　鹏　洪英洁
许彩霞　蔡洪运　冯文超　董树林　李　娜
赵婉莹　赵媛媛　董志伟　安加林　赵婷婷
杨敬硕　苏自峰　杨　灿　杨　娜　邓云杰
孙　寅　申宏晨　王国峰　柴　博　邵　彬
位凯玲　王　昌　段　宇　程　博　谢欣宏
姜潇潇　于占良　王　硕　白亚锋　刘晓鹏
江运程　周　鑫　李欧阳　郭衍锋　范文培
任彤煜　贺彦东　孔　源　李明昊　曾为鹏
张仕政　李世龙　段亚星　田钰瑄　王鹏宇
魏兆勇　崔茗宇　冯永炳　李郁杭　李祥利
吕　强　李明飞　马志高　彭囿番　夏　禹
陈秀思

光学工程（工学硕士学位共 31 人）

程鸣宇　郭　鹏　阎　帅　张正浩　邓钧元
柴如霞　施承坤　柯　华　姜仁杰　赵京浩
李　鑫　张泽亮　汪昭辉　孙盈盈　宋伟华
鲁文举　陆嘉雄　游　雨　王　络　薛瑶瑶
姜天泽　刘　奇　边慧征　方子君　关娇阳
孟　娇　贾文增　王胜男　苏良闯　同颖茁
尹晓燕

仪器科学与技术（工学硕士学位共 22 人）

黎耀谦　王可心　王　欢　林书毅　史宪芳
赵　斌　张阳阳　高兆祥　谢龙扬　瞿玲洁
贾　利　孙延东　王永贤　赵子元　蔡天旺
王炳荣　王　伟　郑海波　朱志强　张溶洲
张　爽　卫童童

材料科学与工程（工学硕士学位共 85 人）

孙鹏阳　蔡圆圆　常其飞　宋　岩　白夏冰
吕瑞峰　张　玉　宁　静　裴天蕊　康亚欣
闫　浩　谭　超　田正杰　宋易徽　齐智瑞
雷振鲁　刘婷婷　邓婷婷　黄丽娜　伍迪灿
冀欣鑫　马继超　唐渝洋　武鑫宇　周宇琦
刘竞超　张　典　郭　花　李德阳　马翔宇
陈婷艺　庞　伟　李世磊　石　峰　张小可
吉雅柔　李虹霏　吴安冉　杨雨琪　李荣荣
李　渤　赵美丽　王冬梅　刘　焱　郭科宏
马永放　刘　宁　王克宁　文廷玉　李小璇
王娇娇　朱兵钺　杨天野　刘　璇　王梦宇
韩凤熙　祝　静　李　函　李旭锋　郭　强
闻家成　李雨衡　胡　耀　石晋豪　孙世波
李　伟　安　颖　朱雨睿　代　钊　刘旭东
王　朝　闫少欣　何业鸣　赵　晴　沈　琦
刘金伟　杨　倩　周文采　张家宝　高文杰
吴浩祺　施　展　张皓然　邢雪琦　王越帅

资源环境与循环经济（工学硕士学位共 6 人）

关雨琦　王志辉　和盛鑫　袁庆彬　邓　强
王　洋

城市建设学部（共 150 人）

建筑学（工学硕士学位共 4 人）

胡晓青　齐昊天　王奕涵　纪晓明

土木工程（工学硕士学位共 104 人）

苏岩杰　余少凡　王英卓　蔡汝幸　刘祎霖
蒋安桐　陈慧明　张　航　权俊豪　冯　淼
严智豪　徐祥智　陈晓晖　韩　朝　程鼎甲
周啟浩　林　睿　陈李光　史安琪　方国威
刘　路　曹宇轩　刘青龙　张海潮　冷添银
金　成　武时宇　康轶涛　张万朋　纪仁琪
赵凌云　张奇韬　李宜达　刘宏翔　张旭鹏
肖　艳　李美玉　张亚楠　王晓静　牛子尧
王　玥　纪文军　李笑林　杨　璟　刘　文
胡一鹏　王鹏程　许乃鑫　李文月　韩　昆
秦思颖　刘　青　刘夏璐　申存杰　赵彦国
孙　亮　艾中亮　姜昊锐　李秀瑜　潘珂珂
张宏涛　王心愿　王　扩　董晔旭　赵鑫丽
常逸夫　刘　安　张娜娜　吴　尚　宋卓华
宋亚通　张思嫚　李文杰　朱雅倩　周　旋
张广才　薛　东　李满君　栾贻恒　姜伊凡
王繁烁　王晋昊　丁　凡　叶逸菲　翟龙雪
范　飒　马潇然　徐贵达　周邦磊　肖恒圣
张玉君　于艾鑫　曹思雨　刘宗跃　王笑笑
罗观璋　徐文静　鲁啸山　刘慧强　臧高立
叶　盛　任岩超　李洪艳　贺祎鹏

水利工程（工学硕士学位共 11 人）

万其微　邓洪森　章蓬勃　黄　丹　郑凌云
苏岚凤　任星芮男　周泉铭　赵梦阳　张　卫
陈　城

交通运输工程（工学硕士学位共 19 人）

马思雍　孙　越　李　玲　毕梦宇　张　月
刘国鹏　赵焱赫　陈乙方　张　然　龚　浩
田　鹤　孙宫昊　孔　宁　曹敬洽　赵国强
白宸宇　邢冠仰　李东钊　郭旺达

城乡规划学（工学硕士学位共 12 人）

郑真生　贺博雅　李　敏　李甜甜　刘子艺
赵晓彤　陈　建　孙华清　姜　腾　夏　琪
黄思齐　马　嘉

环境与生命学部（共 117 人）

物理化学（理学硕士学位共 16 人）

希利德格　裴　彤　王　琪　郭宇星　边振兴
刘颖颖　李舒远　陈雪倩　王志锋　刘春越
陈　璐　韩　莹　周　玥　白　帆　孙瑜堃
余乐乐

生物学（理学硕士学位共 28 人）

石思伟　李疆帅　董晓筱　王　聪　刘曼玉
智美丽　韩　卢　方亚平　刘慧云　冯董董
熊倩倩　何　晋　刘蕴慧　唐　瑭　王　美
刘　琪　李　君　王桢宇　孙名扬　林一凡
王　鹏　吴晨光　吴慧慧　宋治耘　张雪文
丛剑涵　曹玉天　梁天亚

动力工程及工程热物理（工学硕士学位共 20 人）

范鹏艳　李璐璐　张晓磊　明苏布道　刘　静
苏俊杰　张　银　宋阁阁　韩君地　崔　杰
迟　莹　王月月　宋文博　张　冉　刘　鹏
白永燚　戚朋飞　闫泽中　石　鑫　丁梦竹

化学工程与技术（工学硕士学位共 15 人）

王英倩　姚　婕　张蒙蒙　董晨曦　生梦迪
张鹏丹　韩　旺　李茹霞　侯春光　袁清堂
马　骙　李　靖　郭洋洋　曹士婷　徐亚蒙

环境科学与工程（工学硕士学位共 28 人）

梁丁月　陈颢元　申亚倩　张雅娜　梁晓玉
胡　峰　夏　霖　刘雪凡　刘燕飞　宋培圆
肖海克　王　钰　李雅楠　杨　瑞　董晶荧
陈燕慧　王光泽　赵　锦　胡甜甜　宫庆腾

李　悦　王　玥　赵茹涵　毛诗琴　刘新航
杨菊平　李泽严　朱玉雪

生物医学工程（工学硕士学位共 10 人）

宋晓晓　张奇宇　吴玉超　黄素琴　王金爽
刘洪兴　付瑞森　杨印龙　王晓曦　张　珊

理学部（共 94 人）

数学（理学硕士学位共 37 人）

康　月　王　丽　王玉杰　于　聪　高亚茹
许莹坤　姜占敏　张主林　刘晓蕊　王博洋
邓曼曼　杨舒婷　秦鹏丽　王　婷　闫永洁
万若怡　江俊逸　狄清霞　侯良文　张淑祯
刘美佳　辛明洋　刘　琳　王　欢　王　宁
朱新迎　国夏萌　王　静　李　妍　李　薇
胡军锋　郝勇红　郝书荣　代海深　薛靖婷
李田雨　张　艳

物理学（理学硕士学位共 26 人）

张正冉　孙旭鹏　武　炎　王富强　张　千
焦宇佳　李婷婷　贾宁宁　杨子淑　底贺阳
张晓霞　张　杰　吕梵迪　李可心　秦宏鹏
崔友硕　王　钰　张　笑　秦有健　门慧婕
王医博　马　良　杨荣岩　谭芳蕊　张晓晨
张　旭

统计学（理学硕士学位共 22 人）

王　日　于海波　刘　鹏　王伟涛　王　梦
王琪琪　曹梦娜　董佳丽　秦珂宇　杨碧琛
吴小芳　邓　翔　张　娜　王梦晨　李福秧
张中献　赵福旌　王　伟　郝芷鹤　刘晓彤
韦　娟　温琼霞

光学工程（工学硕士学位共 9 人）

蔡　昂　张义为　李启壮　曹轶哲　闫雨桐
魏夕桥　韩　亮　于瀚斌　张泽新

2021 年度授予全日制专业学位硕士人员名单

（合计 1140 人）

其中：工程硕士学位 971 人、应用统计硕士学位 24 人、工商管理硕士学位 17 人、建筑学硕士学位 35 人、社会工作硕士 16 人、教育硕士 13 人、艺术硕士 24 人、城市规划硕士 19 人、金融硕士 21 人。

经济与管理学院（共 38 人）

金融（金融硕士学位共 21 人）

陈　泽　沈之婷　黄伟桐　张苏萌　王嘉伊
赵子敬　朱雨泽　李　荣　刘广蓓　邱　月
于卓群　任　石　王　桂　齐　迪　朱　艇
史慧颖　刘　奇　金　天　徐起帆　陈　佳
谢　娟

工商管理（工商管理硕士学位共 17 人）

陈云东　钱　瑶　张　智　王春卜　王艳芳
王媛媛　闫　彬　张　婷　刘　毅　韩松涛
郭雪艳　王亚欣　刘清兆　王炜桐　沈宝妹
闫智光　赵生辉

艺术设计学院（共 36 人）

工业设计工程（工程硕士学位共 12 人）

宫丽爽　李正安　贾玉岭　韩　豪　金玉鑫
周洲锋　王明玮　关凯元　王座华　李维亮
段慧云　朱静怡

美术（艺术硕士学位共 2 人）

高　昊　马艺轩

艺术设计（艺术硕士学位共 22 人）

王鑫雨　杨欣蕾　杨静雅　贾　若　门梦菲
史倩颖　刘纯阳　卢　瑶　刘若尘　蔡静文
华　夏　孙　浩　申嘉雨　李九宏　丁晓雅
高　帆　王志明　张墨迪　郭烜彤　王　苏
顾　彧　袁　芳

信息学部（共 344 人）

电子与通信工程（工程硕士学位共 42 人）

李天昊　施　翀　张　猛　郭雅君　刘嘉琦
王　翔　王　腾　杨　堃　赵　珣　耿亚男
杨　乐　满开亮　李　丰　魏京生　韩　笑
王彦明　曲欣宇　张文静　刘逸玮　董晓飞
王聪聪　申朝维　李辰运　佟　睿　王佳琪
李　通　孟　康　田　甜　武历祺　张　苗
代凯璇　王胜果　曹　勇　陈尚彬　管宇鹏
郭文岳　马　潘　刘瑞杰　林朋飞　赵伟博
于靖一　张　昕

集成电路工程（工程硕士学位共 49 人）

谭福龙　耿嘉蓉　伏　鹏　张　岩　王志鹏
郑丽丽　白　涛　申明仁　马琦璟　张仲侯
储孟浩　张明明　杨立恒　李晨豪　张瑞聪
王　猜　王　雨　孙增洋　唐昊南　朱　牧
闫帅旗　赵富杰　刘耕远　果　昊　丁　冬
徐建皓　李　锐　丁鹤群　谢　隆　方　明
杨　江　李　珍　袁　帅　王豪杰　张　昭
王　晟　王　斯　杨宝俊　夏　天　谭宇航

王宗浩 郭 新 刘丽超 何佳乐 魏 昭
郭 敏 曹 洁 吴 玲 刘雨秾

控制工程（工程硕士学位共 57 人）

王宏陆 刘泉伯 王 迪 李绪晨 吴卓群
王 雨 袁 帅 张 栋 李 楠 王宇桐
王哲焜 唐永正 马振轩 李鹏昇 欧阳浩然
胥子宸 贾 桐 张家辉 江业帆 谢海征
高 宁 徐 凯 贾林涛 孙子健 邱鹏飞
刘鹏飞 李 硕 马晓鹤 陈世存 李建书
闫晓东 郭慷慨 杨 冬 何 超 臧之博
张 锴 张成威 贾阳阳 梁 彪 李 硕
李泽宇 董学应 杨士恒 杨 凯 石文强
王 康 张 辰 廖诣深 杨 肃 丁 凯
张 彬 张 芊 张振路 郑相国 曹付起
刘 静 黄 泷

计算机技术（工程硕士学位共 98 人）

刘子豪 李旭阳 张 静 武华妹 杜昱彤
刘 曼 薛依琪 梁 烨 彭天奇 张 翼
李 佳 高 彬 胡君韬 程静文 王晳伟
檀文婷 孟祥东 王宁波 于婷雯 郭 崇
黄凤鸣 施国峰 刘元柱 陶务升 赵超超
刘思良 张 寒 沈 童 曾文正 翁志豪
王钰蓥 刘丽会 竹志超 贾立圆 贾玉欣
王陆霖 苗艺雪 丁 宇 李致远 魏宇旋
潘一凡 梁岩德 杜宇斌 陶敏玉 郑桂萍
杨 甜 邹 鲁 樊 珂 刘露蔚 袁 磊
陈智慧 曾 檬 谢欣彤 李 鹏 许 言
张梦隆 李 玉 王悦章 王雨岩 赵国帅
徐墨庚 于泽群 包文强 邢德旺 徐文君
李建君 刘 美 贾兆款 刘俊锐 吴晋超
梁 祎 张 迪 方胡彬 胡德程 刘一帆
李庆晓 刘德林 周 昆 张子腾 孙 芃
詹 康 江天鹏 赵佳琪 崔耀辉 冯 轩
刘鹏辉 王鹤松 李梦颖 陈婧晗 万永祺
张晨曦 高 正 成莎莎 赵东浩 董靖如
梁保陈 隋凯华 密 伟

软件工程（工程硕士学位共 98 人）

李依楠 刘 鑫 张 冰 齐 帅 尹兆杰
郭 强 王师凯 辛思奇 井海鹏 刘 青
李 越 郭泽龙 孙 蕾 杨 静 卢 超
凌王鑫 王 立 张宗旺 李 爽 赵怀菩
吴 霜 赵业隆 龚竞秋 何焕野 朱明悦
胡雨轩 曲 昊 侯皓辰 於雅彬 樊皓洁
武丹阳 刘承睿 张宇晗 张舒惠 胡志超
马韶彬 张 楠 白佳豪 薛瑞昕 李汶洁
关连正 刘蓉蓉 张 翔 陈继良 景晓敏
宋洪宇 李子君 杜 娟 王延安 袁颖琪
曲志伟 端木帅飞 苏 毅 李 寒 李佳恒
王维珍 田昱锟 王 晨 韩沁儒 高玛娜
王玥鸣 李 然 李博瑶 孟彦宁 赵鹏远
吴敬怡 秦子慧 张一静 李文睿 方 媛
盛 莹 李丽娇 许浩杰 李洪亮 李 媛
谢文睿 陈菲娅 周 傲 张宏北 刘新远
高博远 韩梁爽 石航琪 王 斌 许奇瑞
左 旺 李怀鹏 夏新宇 张亚川 彭 程
王 开 贾子健 李瑞峰 冯 慧 刘 炎
耿传伟 张 睿 秦立力

文法学部（共 29 人）

社会工作（社会工作硕士学位共 16 人）

韩 悦 闫晓婷 马梦柯 李月月 张 璇
岳爱梅 唐甜甜 徐 佳 曲道容 王童颜
张 扬 陈少如 王亚乾 宋语茜 姚 梦
赵艺敏

教育（教育硕士学位共 13 人）

谢李英 陈苏瑶 张 桃 李文蕾 包居旺
梁 静 孙婧鑫 赵 莹 司晓阳 李 响
洪婷婷 钟楚依 蔡留洋

材料与制造学部（共 256 人）

机械工程（工程硕士学位共 108 人）

孔德兵 华 旭 刘宸菲 高元杰 郭庆旭
丁紫远 张凯程 李 瑞 赵凯林 张雪洋
雷 旦 胡亚洲 王丽霞 郭奎崇 梁 栋
尚海洋 刘 强 赵 优 李晨宝 徐真真
薛良良 孔 帅 钱天宇 刘震宇 王树华
郭越阳 范泽宇 刘谣谣 姜鹏程 刘保钟
刘佳星 张 皓 周天宇 阚君旺 王凯华
魏广杰 鹿 垒 马跃超 姜 鑫 徐 昊
张 昊 刘靖博 刘佳华 刘明宇 董海洋
张云翔 徐 鹏 汲生鹏 李连伟 张 天
冯 欣 王 凯 王伟平 杨都都 张朋飞
刘思远 刘慧敏 刘顺启 刘吉祥 董 博
卢振新 栗 晓 赵韦东 韩 旭 张 鹏
陈 平 沈 忱 谢 立 张 彪 陈 浩
马晨旭 卢超伟 李世玉 杜一萌 王海潮
刘 鹤 陈 烽 王松光 王 旭 常东帅
崔 派 罗 坤 苏鑫林 刘 飞 杨红磊

李　伟　高　达　黄荣欣　姜鹏超　王松松
王张义　张珊珊　王文博　刘文斌　李泽轩
康子宵　任思锡　汤　威　王　秦　王秀华
张　昊　林忠涛　黄奎超　姬德茹　王　尧
陈方舟　李　想　杨子昭

光学工程（工程硕士学位共 43 人）

王　栋　齐恩语　张高磊　田　甜　许园波
任孔森　吴文亮　张　晗　张钧琳　李　阳
崔　哲　李德逸　王　刚　王　茜　徐　晟
王　晋　朱　宽　索明倩　章　曦　周　宇
周　巍　张冏东　王文博　张汉熠　宝剑锋
段程芮　姜　枫　郝默雷　郭照师　赵云哲
陈润平　刘宇飞　赵泳涛　潘建宇　杨天浩
曹　明　李越峥　李　玉　廖逸民　卢美荣
邱语然　杨　艺　孙　腾

仪器仪表工程（工程硕士学位共 22 人）

唐亚军　唐瑞琦　王振宇　吕仲天　赵博生
项靖凯　康静伟　梁雪斌　任志超　王姗姗
宋连薇　霍之琳　邓黎明　左正清　马思骞
陈政宇　滕　辰　杨武伟　王俊杰　李长亮
陈　饶　毛　川

材料工程（工程硕士学位共 83 人）

杨　雪　庄天奇　冯作菊　武依伶　丁冠元
崔　奇　张雨辰　赵宗良　许璐璐　张　瑶
赵卫丽　张　建　马晨曦　马文旭　王新涛
王　浩　张方娥　张梦蕾　王　帆　刘雄飞
樊毓杰　王　浩　陈华龙　温　泽　陈　浩
胡　睿　韩志杰　冀　元　孙伟强　韩利元
陈　昊　刘　帅　姚　辉　赵景腾　周　宁
罗　维　王　蕊　何佳伟　齐安舟　刘淑欣
祁振东　边爱薇　苏　磊　郑俊楠　王国战
罗占勇　陈　镇　孙宇凡　彭志勃　姜文涛
杨天伟　田　振　张　硕　肖　彤　李生辉
杨子安　李康立　刘青山　刘祺祥　龚利强
闫玮琪　李锦涛　李　昂　张微尘　涂志葛
乔鹏彪　谷恒学　韩　祎　裴俊锋　尹彦涛
徐　洲　谢登奎　崔海源　王　晗　张　宁
王晨炜　赵文康　郝乙锦　高灿灿　曾垂涛
郭萌萌　李鹏飞　吴从荣

城市建设学部（共 248 人）

建筑学（建筑学硕士学位共 35 人）

黄　炎　张天歌　丁健鹏　卞晓帆　刘仲达
易天慧　陈朝乐　闫晓光　王　一　卞　琪
陈景楠　谌嘉轩　马千里　尤国豪　张斯朗
王仕达　杜思佳　于　航　默秀卿　宋怡宁
袁　杨　李　琦　陈付佳　吕雨桐　黄　震
姚瑞恺　赵　川　俞梦苑　彭瑶君　刘亚如
牟　鹏　王洁婧　赵茹丰　李　莹　赵景如

建筑与土木工程（工程硕士学位共 151 人）

马春麟　刘　新　张韵怡　柳子涵　邱　萍
刘亚南　熊婧怡　王子英　张盛飞　许良雨
王志宇　张志华　王　冰　李　晨　张博雨
龚琳琦　张洁婷　程　哲　马一丁　王　畅
王希萌　林锦辉　金宝铮　穆金磊　邢泽众
吴朋宇　李　娜　李　苗　黄健辉　刘运泽
王　哲　廖李灿　潘有健　赵翊舟　陈　峥
倪思敏　陈关泼　金鹤俣　赵倚榕　于兆源
于　颖　白俊杰　徐志强　高　虎　武剑峰
周宝儒　刘　阳　焦柏涵　龚明高　薛钧元
李万超　李纪东　陈　莹　张　阳　张奕慧
罗永鸿　王锺谋　冯　烁　魏　锰　张会吉
郑路遥　张安山　刘　涵　田易卓　尹祎文
吕辰旭　邓贺丹　翁浩峰　陈铭华　郑文彬
王　鹏　宋璐瑶　魏金刚　郑家成　杨开超
贾昆程　张世浩　黄靖络　吴　晔　李炎锡
李牧之　李康宁　简嘉隆　李　雷　陈宇星
王　广　朱良武　邹　玉　徐　赫　丛　旭
黎思成　任竞赢　吴淑康　周　政　李　伟
唐福尧　袁　军　李志杰　赵文达　温　唯
王　伟　王晓奇　梁耀华　计　均　隗明阳
张　成　张　高　李萌萌　庄小璇　何海超
刘　航　陈锋华　周荣煊　吴伊婷　陈祥获
孙志涛　刘孟浩　刘晓慧　韩宏泉　王文琪
刘　阳　李笑寒　胡　鑫　张栋杰　刘名扬
柴毓蔓　杨敬畏　王　赛　何松骏　任海波
乔雅心　孙　荣　周锦玥　尹千州　王　密
杨　帆　徐国义　苗豆豆　赵守冲　赵晓丹
赵丹阳　梁　攀　王小艳　张玉斌　吴　勇
赵　泽　秦立锋　秦　倩　聂鹤翔　刘奕巧
武利璇

交通运输工程（工程硕士学位共 43 人）

杨　阳　江　川　张立栋　王　旭　覃正桃
张　遥　梁美琛　李瑞琦　聂楚濠　刘习美
刘海清　赵昇辉　张红梅　张孟达　刘珂彤
王佩荣　刘一兵　彭志彪　高亚聪　高鹏旺

单天赐 吴欣桐 董子恩 何寒梅 王　艳
鞠云杰 彭玉青 荆云琪 刘莲莲 郑甜甜
国景枫 张靖思 薛一鸣 张兴宇 辜　恒
刘文迪 张阳光 赵怀苹 袁新利 李芳舟
付　玉 刘　旭 丁　博

城市规划（城市规划硕士学位共19人）

李　潼 朱金成 林泷嵚 孙　磊 吴思奇
陈　雪 禹红宾 穆蓬勃 韦婷娜 鲁嘉宁
张意鸣 李烈航 靳　松 白　锐 阎吉豪
高旖晨 佟　昕 郭一凡 赵　琳

环境与生命学部（共165人）

动力工程（工程硕士学位共50人）

杨超宇 文　鑫 陆　颖 孔庆龙 刘一默
王少衡 张　宁 宋　笛 熊　涛 张永壮
樊润东 陆振成 李志新 熊成雷 杨　楠
常　凯 刘阿珍 刘格含 张辰阳 山　强
薛　佳 戴　晗 雷一鸣 赵　飞 窦　鹏
庞廷廷 刘旺旺 高　哲 乔佳楠 王明月
张卫强 刘建峰 李　泳 李　翔 张　雪
高嘉阳 陈　卓 苗珊珊 张云芳 万　波
赵邦华 汪君杰 张　昊 付　鹏 王崇尧
陈志伟 高云龙 乔　瀚 孟　昊 王　耀

化学工程（工程硕士学位共12人）

陈美琦 翟承伟 李　双 李　强 赵　琛
于劭成 尹　霜 吕思洁 王道德 田业星
叶婧桐 侯　辰

环境工程（工程硕士学位共61人）

张　塽 李　帅 代佳彤 李迎新 陈　瑶
王雨薇 夏　杨 刘韦岩 崔　媛 张　颖
邵玄逸 徐昊天 孟一帆 单家林 赵秋娜
张亚楠 常海彬 宫徵羽 赵轶凡 刘润雨
贾子悦 吴悦溪 郑秋丽 田　雨 王传德
郭　睿 吴玉鹏 苏　健 侯春艳 孙　齐
郭城睿 陆　晨 杨玉洁 武文君 王青山
刘久欣 邓丽艳 朱立靖 逯建秋 闫金磊
任文杨 吴国鼎 吕佳静 杜佳辉 赵　晶
邢贺贺 李庆磊 陈普波 崔浩然 李晨曦
陈梦月 臧佳欣 吕　鹤 吴亚琳 金　鑫
张钰蓥 姜智文 牛　元 肖　龙 刘俊芳
张　标

生物医学工程（工程硕士学位共42人）

柳思聪 张艺宁 施　玥 孙　葛 刘世杰
宋　爽 姚德彪 王　野 伍国林 张万松
张　萌 李　晓 薛晓飞 张凌云 刘　宁
赵蒙蒙 白　兰 赵大玮 邓雪晴 侯智超
赵彦彭 王京京 郭永婷 陈玉贺 付莹莹
范晓祖 张洛莎 刘　畅 沈群方 孟　薇
席甲甲 魏洪磊 张晓坤 郝雨婞 宋嘉宁
郭博远 王碧琪 王　惠 葛　晨 姚婷婷
杨立群 李文婧

理学部（共24人）

应用统计（应用统计硕士学位共24人）

周佳慧 杜　鹏 沈　慧 胡远航 王溢丽
王　鹤 翟巧灵 赵　珊 蒋　雷 杨文静
张梦洲 宋雨萱 周　昊 杨远裴 田宇璇
张　一 杨粟棋 刘洋洋 季京京 周　京
葛宇芳 史静潼 梁璟琦 张　威

2021年硕士毕业生名单（不含留学生）

（合计毕业生2415人）

材料与制造学部（共516人）

材料科学与工程（86人）

张家宝 高文杰 吴浩祺 施　展 张皓然
邢雪琦 王越帅 蔡圆圆 常其飞 宋　岩
白夏冰 吕瑞峰 张　玉 宁　静 裴天蕊
康亚欣 闫　浩 谭　超 田正杰 宋易徽
齐智瑞 雷振鲁 刘婷婷 邓婷婷 黄丽娜
伍迪灿 冀欣鑫 马继超 唐渝洋 武鑫宇
周宇琦 刘竞超 张　典 郭　花 李德阳
马翔宇 陈婷艺 庞　伟 李世磊 石　峰
张小可 吉雅柔 李虹霏 吴安冉 杨雨琪
李荣荣 李　渤 赵美丽 王冬梅 刘　焱
郭科宏 马永放 刘　宁 王克宁 文廷玉
李小璇 王娇娇 朱兵钺 杨天野 刘　璇
王梦宇 韩凤熙 祝　静 李　函 李旭锋
郭　强 闻家成 李雨衡 胡　耀 石晋豪
孙世波 李　伟 安　颖 朱雨睿 代　钊
刘旭东 王　朝 闫少欣 何业鸣 赵　晴
沈　琦 刘金伟 杨　倩 周文采 孙鹏阳
王　喆

光学工程（31人）

郭　鹏 阎　帅 张正浩 邓钧元 柴如霞

施承坤 柯　华 姜仁杰 赵京浩 李　鑫
张泽亮 汪昭辉 孙盈盈 宋伟华 鲁文举
陆嘉雄 游　雨 王　络 薛瑶瑶 姜天泽
刘　奇 边慧征 方子君 关娇阳 孟　娇
贾文增 王胜男 苏良闯 同颖茁 尹晓燕
程鸣宇

机械工程（61 人）

计冬雪 闫　兴 孟令军 牛　鹏 洪英洁
许彩霞 蔡洪运 冯文超 董树林 李　娜
赵婉莹 赵媛媛 董志伟 安加林 赵婷婷
杨敬硕 苏自峰 杨　灿 杨　娜 邓云杰
孙　寅 申宏晨 王国峰 柴　博 邵　彬
位凯玲 王　昌 段　宇 程　博 谢欣宏
姜潇潇 于占良 王　硕 白亚锋 刘晓鹏
江运程 周　鑫 李欧阳 郭衍锋 范文培
任彤煜 贺彦东 孔　源 李明昊 曾为鹏
张仕政 李世龙 段亚星 田钰瑄 王鹏宇
魏兆勇 崔茗宇 冯永炳 李郁杭 李祥利
吕　强 李明飞 马志高 彭囿番 夏　禹
陈秀思

力学（26 人）

周肖鹏 李　旭 韩若凡 杨纪鹏 赵英超
秦　源 刁珍宝 侯超然 曹书航 李宗鹤
陈玉铃 孟凡伟 李宗翰 周　强 张　涛
薛贺波 张　硕 朱建蹀 魏玉领 李嘉楠
邵晓林 郭雨博 刘辰烁 李泽峥 刘凌云
胡元坤

物理学（9 人）

裴雪松 周建力 牛佳佳 张文睿 史超超
胡绍京 蒋　成 冯季村 赵权平

仪器科学与技术（22 人）

黎耀谦 王可心 王　欢 林书毅 史宪芳
赵　斌 张阳阳 高兆祥 谢龙扬 瞿玲洁
贾　利 孙延东 王永贤 赵子元 蔡天旺
王炳荣 王　伟 郑海波 朱志强 张溶洲
张　爽 卫童童

资源环境与循环经济（7 人）

薛　莲 王志辉 和盛鑫 袁庆彬 邓　强
王　洋 关雨琦

材料工程（专业学位共 83 人）

杨　雪 庄天奇 冯作菊 武依伶 丁冠元
崔　奇 张雨辰 赵宗良 许璐璐 张　瑶
赵卫丽 张　建 马晨曦 马文旭 王新涛
王　浩 张方娥 张梦蕾 王　帆 刘雄飞
樊毓杰 王　浩 陈华龙 温　泽 陈　浩
胡　睿 韩志杰 冀　元 孙伟强 韩利元
陈　昊 刘　帅 姚　辉 赵景腾 周　宁
罗　维 王　蕊 何佳伟 齐安舟 刘淑欣
祁振东 边爱薇 苏　磊 郑俊楠 王国战
罗占勇 陈　镇 孙宇凡 彭志勃 姜文涛
杨天伟 田　振 张　硕 肖　彤 李生辉
杨子安 李康立 刘青山 刘祺祥 龚利强
闫玮琪 李锦涛 李　昂 张微尘 涂志葛
乔鹏彪 谷恒学 韩　祎 裴俊锋 尹彦涛
徐　洲 谢登奎 崔海源 王　晗 张　宁
王晨炜 赵文康 郝乙锦 高灿灿 曾垂涛
郭萌萌 李鹏飞 吴从荣

光学工程（专业学位共 43 人）

王　栋 齐恩语 张高磊 田　甜 许园波
任孔森 吴文亮 张　晗 张钧翀 李　阳
崔　哲 李德逸 王　刚 王　茜 徐　晟
王　晋 朱　宽 索明倩 章　曦 周　宇
周　巍 张冏东 王文博 张汉熠 宝剑锋
段程芮 姜　枫 郝默雷 郭照师 赵云哲
陈润平 刘宇飞 赵泳涛 潘建宇 杨天浩
曹　明 李越峥 李　玉 廖逸民 卢美荣
邱语然 杨　艺 孙　腾

机械工程（专业学位共 126 人）

孔德兵 华　旭 刘宸菲 高元杰 郭庆旭
丁紫远 张凯程 李　瑞 赵凯林 张雪洋
雷　旦 胡亚洲 王丽霞 郭奎崇 梁　栋
尚海洋 刘　强 赵　优 李晨宝 徐真真
薛良良 孔　帅 钱天宇 刘震宇 王树华
郭越阳 范泽宇 刘谣谣 姜鹏程 刘保钟
刘佳星 张　皓 周天宇 阚君旺 王凯华
魏广杰 鹿　垒 马跃超 姜　鑫 徐　昊
张　昊 刘靖博 刘佳华 刘明宇 董海洋
张云翔 徐　鹏 汲生鹏 李连伟 张　天
冯　欣 王　凯 王伟平 杨都都 张朋飞
刘思远 刘慧敏 刘顺启 刘吉祥 董　博
卢振新 栗　晓 赵韦东 韩　旭 张　鹏
陈　平 沈　忱 谢　立 张　彪 陈　浩
马晨旭 卢超伟 李世玉 杜一萌 王海潮
刘　鹤 陈　烽 王松光 王　旭 常东帅
崔　派 罗　坤 苏鑫林 刘　飞 杨红磊
李　伟 高　达 黄荣欣 姜鹏超 王松松

王张义　张珊珊　王文博　刘文斌　李泽轩
康子宵　任思锡　汤　威　王　秦　王秀华
张　昊　林忠涛　黄奎超　姬德茹　王　尧
陈方舟　李　想　杨子昭　李万岭　牛娜娜
林智文　李龙飞　汪俊龙　袁英甲　范赛一
吴绍峰　石　龙　吴　超　张　奇　张　钊
周梓运　斯日格　张宏图　李佳玮　贾　蓓
苏瑞祥

仪器仪表工程（专业学位共 22 人）

唐亚军　唐瑞琦　王振宇　吕仲天　赵博生
项靖凯　康静伟　梁雪斌　任志超　王姗姗
宋连薇　霍之琳　邓黎明　左正清　马思骞
陈政宇　滕　辰　杨武伟　王俊杰　李长亮
陈　饶　毛　川

城市建设学部（共 435 人）

城乡规划学（12 人）

郑真生　贺博雅　李　敏　李甜甜　刘子艺
赵晓彤　陈　建　孙华清　姜　腾　夏　琪
黄思齐　马　嘉

建筑学（5 人）

胡晓青　齐昊天　李　丁　王奕涵　纪晓明

交通运输工程（19 人）

李　玲　毕梦宇　张　月　刘国鹏　赵逖赫
陈乙方　张　然　龚　浩　田　鹤　孙宫昊
孔　宁　曹敬沧　赵国强　白宸宇　邢冠仰
李东钊　郭旺达　孙　越　马思雍

水利工程（11 人）

邓洪森　章蓬勃　黄　丹　郑凌云　苏岚凤
任星芮男　周泉铭　赵梦阳　张　卫　陈　城
万其微

土木工程（104 人）

苏岩杰　余少凡　蔡汝幸　刘祎霖　蒋安桐
陈慧明　张　航　权俊豪　冯　森　严智豪
徐祥智　陈晓晖　韩　朝　程鼎甲　周啟浩
林　睿　陈李光　史安琪　方国威　刘　路
曹宇轩　刘青龙　张海潮　冷添银　金　成
武时宇　康轶涛　张万朋　纪仁琪　赵凌云
张奇韬　李宜达　刘宏翔　张旭鹏　肖　艳
李美玉　张亚楠　王晓静　牛子尧　王　玥
纪文军　李笑林　杨　璟　刘　文　胡一鹏
王鹏程　许乃鑫　李文月　韩　昆　秦思颖
刘　青　刘夏璐　申存杰　赵彦国　孙　亮
艾中亮　姜昊锐　李秀瑜　潘珂珂　张宏涛
王心愿　王　扩　董晔旭　赵鑫丽　常逸夫
刘　安　张娜娜　吴　尚　宋卓华　宋亚通
张思嫚　李文杰　朱雅倩　周　旋　张广才
薛　东　李满君　栾贻恒　姜伊凡　王繁烁
王晋昊　丁　凡　叶逸菲　翟龙雪　范　飒
马潇然　徐贵达　周邦磊　肖恒圣　张玉君
于艾鑫　曹思雨　刘宗跃　王笑笑　罗观璋
徐文静　鲁啸山　刘慧强　臧高立　叶　盛
任岩超　李洪艳　贺祎鹏　王英卓

城市规划（专业学位共 19 人）

李　潼　朱金成　林泷钦　孙　磊　吴思奇
陈　雪　禹红宾　穆蓬勃　韦婷娜　鲁嘉宁
张意鸣　李烈航　靳　松　白　锐　阎吉豪
高旖晨　佟　昕　郭一凡　赵　琳

建筑学（专业学位共 48 人）

张天歌　丁健鹏　卞晓帆　刘仲达　易天慧
陈朝乐　闫晓光　王　一　卞　琪　陈景楠
谌嘉轩　马千里　尤国豪　张斯朗　王仕达
杜思佳　于　航　默秀卿　宋怡宁　袁　杨
李　琦　陈付佳　吕雨桐　黄　震　姚瑞恺
赵　川　俞梦苑　彭瑶君　刘亚如　牟　鹏
王洁婧　赵茹丰　李　莹　赵景如　黄　炎
臧　柳　朱　响　吴鹏龙　李诗琪　王　晶
刘建伟　郑丽夏　苏容生　沈盛楠　贺　琦
党昊悦　张　羽　董　成

建筑与土木工程（专业学位共 171 人）

马春麟　刘　新　张韵怡　柳子涵　邱　萍
刘亚南　熊婧怡　王子英　张盛飞　许良雨
王志宇　张志华　王　冰　李　晨　张博雨
徐　旷　龚琳琦　张洁婷　程　哲　马一丁
王　畅　王希萌　林锦辉　金宝铮　穆金磊
邢泽众　吴朋宇　李　娜　李　苗　黄健辉
刘运泽　王　哲　廖李灿　潘有健　赵翊舟
陈　峥　倪思敏　陈关泼　金鹤俣　赵倚榕
于兆源　于　颖　白俊杰　徐志强　高　虎
武剑峰　周宝儒　刘　阳　焦柏涵　龚明高
薛钧元　李万超　李纪东　陈　莹　张　阳
张奕慧　罗永鸿　王锺谋　冯　烁　魏　锰
张会吉　郑路遥　张安山　刘　涵　田易卓
尹祎文　吕辰旭　邓贺丹　翁浩峰　陈铭华
郑文彬　王　鹏　宋璐瑶　魏金刚　郑家成
杨开超　贾昆程　张世浩　黄靖络　吴　晔

李炎锡 李牧之 李康宁 简嘉隆 李 雷
陈宇星 王 广 朱良武 徐 赫 丛 旭
黎思成 任竞赢 吴淑康 周 政 李 伟
唐福尧 袁 军 李志杰 赵文达 温 唯
王 伟 王晓奇 梁耀华 计 均 隗明阳
张 成 张 高 王欢欢 李萌萌 庄小璇
何海超 刘 航 陈锋华 周荣煊 吴伊婷
陈祥获 孙志涛 刘孟浩 刘晓慧 韩宏泉
王文琪 刘 阳 李笑寒 胡 鑫 张栋杰
刘名扬 柴毓蔓 杨敬畏 王 赛 何松骏
任海波 乔雅心 孙 荣 周锦玥 尹千州
王 密 杨 帆 徐国义 苗豆豆 赵守冲
赵晓丹 赵丹阳 梁 攀 王小艳 张玉斌
吴 勇 赵 泽 秦立锋 秦 倩 聂鹤翔
刘奕巧 武利璇 刘 晃 汪俊坤 王明巧
马 可 朱朵娥 张升旺 武旭源 翟彦宁
胡庆玲 王兆沣 倪 禹 马 成 武尚将
毛亚东 杜伯尧 白一飞 张文静 张丽娜
邹 玉

交通运输工程（专业学位共 46 人）

赵昇辉 张红梅 张孟达 刘珂彤 王佩荣
刘一兵 彭志彪 高亚聪 高鹏旺 单天赐
吴欣桐 董子恩 何寒梅 王 艳 鞠云杰
彭玉青 荆云琪 刘莲莲 郑甜甜 国景枫
张靖思 薛一鸣 张兴宇 辜 恒 刘文迪
张阳光 赵怀苹 袁新利 李芳舟 刘 旭
丁 博 杨 阳 江 川 张立栋 王 旭
覃正桃 张 遥 梁美琛 李瑞琦 聂楚濠
刘習美 刘海清 王 迪 佟阳阳 于 宸
付 玉

环境与生命学部（共 293 人）

动力工程及工程热物理（20 人）

范鹏艳 李璐璐 张晓磊 明苏布道 刘 静
苏俊杰 张 银 宋阁阁 韩君地 崔 杰
迟 莹 王月月 宋文博 张 冉 刘 鹏
白永燚 戚朋飞 闫泽中 石 鑫 丁梦竹

化学工程与技术（15 人）

王英倩 姚 婕 张蒙蒙 董晨曦 生梦迪
张鹏丹 韩 旺 李茹霞 侯春光 袁清堂
马 骙 李 靖 郭洋洋 曹士婷 徐亚蒙

环境科学与工程（28 人）

梁丁月 陈颢元 申亚倩 张雅娜 梁晓玉
胡 峰 夏 霖 刘雪凡 刘燕飞 宋培圆
肖海克 王 钰 李雅楠 杨 瑞 董晶荧
陈燕慧 王光泽 赵 锦 胡甜甜 宫庆腾
李 悦 王 玥 赵茹涵 毛诗琴 刘新航
杨菊平 李泽严 朱玉雪

生物学（29 人）

石思伟 李疆帅 董晓筱 王 聪 刘曼玉
智美丽 韩 卢 苏小进 方亚平 刘慧云
冯董董 熊倩倩 何 晋 刘蕴慧 唐 瑭
王 美 刘 琪 李 君 王棪宇 孙名扬
林一凡 王 鹏 吴晨光 吴慧慧 宋治耘
张雪文 丛剑涵 曹玉天 王 振

生物医学工程（10 人）

宋晓晓 张奇宇 吴玉超 黄素琴 王金爽
刘洪兴 付瑞森 杨印龙 王晓曦 张 珊

物理化学（16 人）

希利德格 裴 彤 王 琪 郭宇星 边振兴
刘颖颖 李舒远 陈雪倩 王志锋 刘春越
陈 璐 韩 莹 周 玥 白 帆 孙瑜堃
余乐乐

动力工程（专业学位共 50 人）

杨超宇 文 鑫 陆 颖 孔庆龙 刘一默
王少衡 张 宁 宋 笛 熊 涛 张永壮
樊润东 陆振成 李志新 熊成雷 杨 楠
常 凯 刘阿珍 刘格含 张辰阳 山 强
薛 佳 戴 晗 雷一鸣 赵 飞 窦 鹏
庞廷廷 刘旺旺 高 哲 乔佳楠 王明月
张卫强 刘建峰 李 泳 李 翔 张 雪
高嘉阳 陈 卓 苗珊珊 张云芳 万 波
赵邦华 汪君杰 张 昊 付 鹏 王崇尧
陈志伟 高云龙 乔瀚 孟昊 王耀

化学工程（专业学位共 12 人）

陈美琦 翟承伟 李 双 李 强 赵 琛
于劭成 尹 霜 吕思洁 王道德 田业星
叶婧桐 侯 辰

环境工程（专业学位共 61 人）

张 堧 李 帅 代佳彤 李迎新 陈 瑶
王雨薇 夏 杨 刘韦岩 崔 媛 张 颖
邵玄逸 徐昊天 孟一帆 单家林 赵秋娜
张亚楠 常海彬 宫徵羽 赵轶凡 刘润雨
贾子悦 吴悦溪 郑秋丽 田 雨 王传德
郭 睿 吴玉鹏 苏 健 侯春艳 孙 齐
郭城睿 陆 晨 杨玉洁 武文君 王青山

刘久欣 邓丽艳 朱立靖 逯建秋 闫金磊
任文杨 吴国鼎 吕佳静 杜佳辉 赵　晶
邢贺贺 李庆磊 陈普波 崔浩然 李晨曦
陈梦月 臧佳欣 吕　鹤 吴亚琳 金　鑫
张钰鋆 姜智文 牛　元 肖　龙 刘俊芳
张　标

生物医学工程（专业学位共 52 人）

陆　强 柳思聪 张艺宁 施　玥 孙　葛
刘世杰 宋　爽 姚德彪 王　野 伍国林
张万松 张　萌 李　晓 薛晓飞 张凌云
刘　宁 赵蒙蒙 白　兰 赵大玮 邓雪晴
侯智超 赵彦彭 王京京 郭永婷 陈玉贺
付莹莹 范晓祖 张洛莎 刘　畅 沈群方
孟　薇 席甲甲 魏洪磊 张晓坤 郝雨婷
宋嘉宁 郭博远 王碧琪 王　惠 葛　晨
姚婷婷 杨立群 李文婧 徐　楠 杜梦晴
赵志浩 包鑫宇 陆佳钰 李仁鑫 毕晓帆
张琦宗 汤　喆

经济与管理学院（共 208 人）

工商管理（10 人）

姜　莹 龚慧敏 张　雄 徐静莹 王士晓
张天悦 韩文硕 杨秀智 杨　阳 杨京雨

管理科学与工程（29 人）

郝亚丽 冯家琪 葛　豪 才久然 赵慧媛
黄　霞 朱士超 赵培培 宋昱光 李一苇
宋莹露 郝丽媛 陈曾曾 温　阳 孟　雪
吴天浩 王春稳 王　倩 王婷婷 于良豪
平璐瑶 张永卿 钱　存 张瑞雪 史彩玉
张家欣 李金鹏 郭　鑫 冯淑凡

应用经济学（31 人）

季娟娟 周　娅 高　玉 张梦莹 贾婧敏
李　丽 程　笑 毕思琦 李振东 司燕冉
贾超凡 刘彬彬 叶章琪 凌　鑫 石　媖
马　静 皇甫新 张　静 郭　岩 王奕兴
王浩宇 武小英 韩　琪 李　雪 魏　晓
苏夏冰 刘泽润 赵　昆 关天赐 刘晨光
刘　瑞

资源环境与循环经济（4 人）

崔　涵 宋伊迪 曲政宏 赵　晗

工商管理（专业学位共 76 人）

陈云东 钱　瑶 张　智 王春卜 王艳芳
王媛媛 张　婷 刘　毅 韩松涛 郭雪艳
王亚欣 刘清兆 王炜桐 沈宝姝 闫智光
赵生辉 雷永清 马　丹 张　丹 尹　爽
何晓娜 张潇慧 于士超 王　伟 袁　宸
布　艳 郭广田 吉大为 翁嘉朴 高　静
田爱军 张凯骁 黄　谦 孙晓萌 王　斌
肖　逵 周　琳 欧阳德 孙　娟 王立新
梁紫藤 田茹艳 张　岭 王晓佳 薄瑞兵
向婧婧 晏　顺 尹晓烨 吴向东 许　泽
毛艳毳 孔维源 赵悦君 邱晨曦 韩守辉
张书义 肖　真 邢　煜 冯　玥 王　晨
董继亘 张晨彤 高　纯 王　佳 曹　华
王广科 司明月 武群伟 范　航 张　冰
白应锋 闫　彬 史新东 张　萱 周　伟
魏　薇

公共管理（专业学位共 37 人）

宋鹏超 皮霓静 王琪然 刘仰鑫 刘德喜
黎月月 李伦华 杨　婕 孙雪征 马　凤
陈肖伟 李锐强 葛春江 兰　玲 钟　磬
刘　媛 胡国琛 李振鹏 庞逸娇 白如瑛
赵亚娟 方　娟 王欣佳 宋伟明 许　雷
周子涵 李允成 鲁信东 张含晶 芮　雪
蔡先信 余新阳 秦　锋 家廉清 曾　晟
董　薇 吴明磊

金融（专业学位共 21 人）

陈泽 沈之婷 黄伟桐 张苏萌 王嘉伊
赵子敬 朱雨泽 李　荣 刘广蓓 邱　月
于卓群 任　石 王桂龚 齐　迪 朱　艇
史慧颖 刘　奇 金　天 徐起帆 陈　佳
谢　娟

理学部（共 118 人）

光学工程（9 人）

蔡　昂 张义为 李启壮 曹轶哲 闫雨桐
魏夕桥 韩　亮 于瀚斌 张泽新

数学（37 人）

胡军锋 郝勇红 郝书荣 代海深 薛靖婷
李田雨 张　艳 康　月 王　丽 王玉杰
于　聪 高亚茹 许莹坤 姜占敏 张主林
刘晓蕊 王博洋 邓曼曼 杨舒婷 秦鹏丽
王　婷 闫永洁 万若怡 江俊逸 狄清霞
侯良文 张淑祯 刘美佳 辛明洋 刘　琳
王　欢 王　宁 朱新迎 国夏萌 王　静
李　妍 李　薇

统计学（22人）

王伟涛　王　梦　王琪琪　曹梦娜　董佳丽
秦珂宇　杨碧琛　吴小芳　邓　翔　张　娜
王梦晨　李福秧　张中献　赵福旌　王　伟
郝芷鹤　刘晓彤　韦　娟　温琼霞　王　日
于海波　刘　鹏

物理学（26人）

张正冉　孙旭鹏　武　炎　王富强　张　千
焦宇佳　李婷婷　贾宁宁　杨子淑　底贺阳
张晓霞　张　杰　吕梵迪　李可心　秦宏鹏
崔友硕　王　钰　张　笑　秦有健　门慧婕
王医博　马　良　杨荣岩　谭芳蕊　张晓晨
张　旭

应用统计（专业学位共24人）

沈　慧　胡远航　王溢丽　王　鹤　翟巧灵
赵　珊　蒋　雷　杨文静　张梦洲　宋雨萱
周　昊　杨远裴　田宇璇　张　一　杨粟棋
刘洋洋　季京京　周　京　葛宇芳　史静潼
梁璟琦　张　威　周佳慧　杜　鹏

马克思主义院（共16人）

马克思主义理论（16人）

赵晓芳　沙思宇　李红艳　白　帆　杨朝阳
李傲挺　张　悦　陈子营　邓华平　杜计娟
柴佳伟　张晓委　吴　琪　李语琦　王俊伟
杨　迎

文法学部（共82人）

教育学（10人）

芮　言　金子微　王　杨　徐若男　贾　彦
孙文帅　曾　涛　陈童节　张　慧　贺　玉

社会学（15人）

马江林　李欣怡　彭乐乐　鄢　雨　廖绣渺
胡　玲　张泽群　孙锦帆　聂文轩　徐晋升
王春璇　魏镜轩　姚文清　焦艳棠　谢宗谱

外国语言文学（11人）

郭兆欣　韩　鑫　杨晓蕾　王　静　李幸原
郭静怡　苏艺冶　王慧慧　张　莹　郭星媛
樊　一

教育（专业学位共13人）

谢李英　陈苏瑶　张　桃　李文蕾　包居旺
梁　静　孙婧鑫　赵　莹　司晓阳　李　响
洪婷婷　钟楚依　蔡留洋

社会工作（专业学位共30人）

韩　悦　闫晓婷　马梦柯　李月月　张　璇
岳爱梅　唐甜甜　徐　佳　曲道容　王童颜
张　扬　陈少如　王亚乾　宋语茜　赵艺敏
刘　俊　曹仰泽　丁　洋　肖体霞　刘天甲
许文豪　张雨薇　杜蓉蓉　宋宇宁　刘　茜
杨　懿　张　壮　李孟颖　王明月　姚　梦

公共管理（专业学位共3人）

喻　浩　杨　柳　唐凯娜

信息学部（共697人）

电子科学与技术（45人）

张繁军　彭　理　郭月慧　葛奇思　杨飞璠
范忠伟　张　磊　孙亚楠　王　哲　赵晓蕾
韩　翰　陈轩冲　邢玉萍　高　雅　许瑞涵
王伟岩　包伟捷　张洪达　魏　磊　卢泽华
谭　玥　刘　梦　胡朝旭　崔博垚　孙　磊
何磊磊　柳　鸣　张　哲　刘先程　王　军
万禾湛　黄坤昆　张　尧　赵旭鹏　李梦梅
李锜轩　吴　博　汪子锋　林前进　杨　硕
鲍　凯　柳　杰　杨绍萌　苑营阔　张思佳

计算机科学与技术（68人）

王靖磊　孙晨宇　赵宝霖　曹天浩　张　博
刘红丽　吴　娜　王国迪　许　啸　秘博闻
魏泽琳　曾绍康　王　烁　许继贺　宋　蕊
郭文阳　降云鹏　张文婷　王嘉旭　刘梦颖
范　雪　张　骁　柏鳗晏　古　雪　黄箔倞
王子涵　李威庭　杜　宾　唐　然　宋冬雪
杨　攀　郁宗扬　游桂增　刘　宾　郑倩倩
任梓玉　贺鸣升　曾　君　孙　政　丁　浩
苟　熙　姚思佳　张永泰　宋　硕　纪卓骁
马文广　刘　泉　朱玉婷　王跃朝　朱　怡
曹雪琛　童丽媛　白勇强　赵　磊　韩　利
李　颖　田聪聪　陈　宁　孙功玉　王　瑶
储振兴　柳溢鑫　丁振兴　尹禹化　刘　月
郝　航　胡　浩　王碧瑾

控制科学与工程（60人）

卜　坤　郭　威　焦劲安　祝　彬　张圆圆
聂凯哲　王家普　李佳璇　马胜蕾　范德巧
李雪萌　刘　斌　李云云　陈目心　丁春豪
霍嫣然　俞元琳　张继统　余鹏程　赵　荣
刘洪星　谢晓添　刘民帅　柏德国　尹舒男
裴梦瑶　刘萌允　范春奇　李亚萍　冯霖龙

彭伟民　李智勇　刘若豪　王　珩　崔言杰
褚明慧　崔铜巢　孙鲁昱　邬玉洁　石　鑫
赵思雅　陈焕忠　董立新　张毅鹏　王志凯
孟令军　李向诚　赵鹏飞　冯　慧　赵琪申
于　腾　彭小彬　林　瑞　胡玉杰　罗萃萃
徐乾蛟　林　锋　张晓凡　贾　婕　武　悦

软件工程毕业人数（17 人）

张　磊　陈宝存　谭雅芳　李　晨　易先进
王慧娜　常晴晴　潘世佳　倪瑞旋　胡　琪
张　凡　谢海华　范　博　刘冠杰　张天意
靳姝婷　张爱雯

信息与通信工程（25 人）

贾怡恬　朱金如　纪　强　邓见广　张　亮
崔腾鹤　梁鑫诜　魏婷婷　胡绍斌　聂彤彤
邓书豪　杨　帆　宋　博　张继中　孙兴武
翁　羽　王婷娴　刘继荣　张　恒　赵　宽
陈良栋　张艳阳　肖子恒　王　琦　张　昊

电子与通信工程（专业学位共 60 人）

李天昊　施　翀　张　猛　郭雅君　刘嘉琦
王　翔　王　腾　杨　堃　赵　珣　耿亚男
杨　乐　满开亮　李　丰　魏京生　韩　笑
王彦明　曲欣宇　张文静　刘逸玮　董晓飞
王聪聪　申朝维　李辰运　佟　睿　王佳琪
李　通　孟　康　田　甜　武历祺　张　苗
代凯璇　王胜果　曹　勇　陈尚彬　管宇鹏
郭文岳　马　潘　刘瑞杰　林朋飞　赵伟博
于靖一　张　昕　卢　哲　胡轶劼　盖佳佳
吴学刚　孙　蕾　高海龙　刘泽超　孙继然
贾维晟　雷宏彬　孟丹丹　秦　昀　白云鹍
王　兴　李则昱　王雨桐　贾鑫禹　张　翼

集成电路工程（专业学位共 62 人）

谭福龙　耿嘉蓉　伏　鹏　张　岩　王志鹏
郑丽丽　白　涛　申明仁　马琦璟　张仲侯
储孟浩　张明明　杨立恒　李晨豪　张瑞聪
王　猜　王　雨　孙增洋　唐昊南　朱　牧
闫帅旗　赵富杰　刘耕远　果　昊　丁　冬
徐建皓　李　锐　丁鹤群　谢　隆　方　明
杨　江　李　珍　袁　帅　王豪杰　张　昭
王　晟　王　斯　杨宝俊　夏　天　谭宇航
王宗浩　郭　新　刘丽超　何佳乐　魏　昭
郭　敏　曹　洁　吴　玲　刘雨秾　蒙宇霆
林智煌　裴　栋　王飞虎　王润众　周　扬
周生远　侯　峰　吴超玮　王　森　许建荣

黎　豪　杨琳琳

计算机技术（专业学位共 141 人）

武华妹　刘子豪　李旭阳　张　静　杜昱彤
刘　曼　薛依琪　梁　烨　彭天奇　张　翼
李　佳　高　彬　胡君韬　程静文　王誓伟
檀文婷　孟祥东　王宁波　于婷雯　郭　崇
黄凤鸣　施国峰　刘元柱　陶务升　赵超超
刘思良　张　寒　沈　童　曾文正　翁志豪
王钰蓥　刘丽会　竹志超　贾立圆　贾玉欣
王陆霖　苗艺雪　丁　宇　李致远　魏宇旋
潘一凡　梁岩德　杜宇斌　陶敏玉　郑桂萍
杨　甜　邹　鲁　樊　珂　刘露蔚　袁　磊
陈智慧　曾　檬　谢欣彤　李　鹏　许　言
张梦隆　李　玉　王悦章　王雨岩　赵国帅
徐墨庚　于泽群　包文强　邢德旺　徐文君
李建君　刘　美　贾兆款　刘俊锐　吴晋超
梁　祎　张　迪　方胡彬　胡德程　刘一帆
李庆晓　刘德林　周　昆　张子腾　孙　芃
詹　康　江天鹏　赵佳琪　崔耀辉　冯　轩
刘鹏辉　王鹤松　李梦颖　陈婧晗　万永祺
张晨曦　高　正　成莎莎　赵东浩　董靖如
梁保陈　隋凯华　密　伟　郝晓星　董澳静
关　欣　成亚萍　李帅刚　崔泽蒙　方嘉博
张艺伟　朱靖宣　赖琦轩　叶岳洋　高宇健
张培杰　侯治刚　伍佳名　王　安　梁紫建
王玉环　梁军淼　李鹏程　贾晓宇　杜　宇
李文静　王苗月　王　兴　方振虎　李　彤
范豪杰　郭　鹏　刘增智　孙雄飞　杨　宏
韩　晶　罗叶红　杨　莹　张　璐　孙　涛
于金亮　张　祥　王　耀　徐　萌　王　艳
唐治中

控制工程（专业学位共 72 人）

王宏陆　刘泉伯　王　迪　李绪晨　吴卓群
王　雨　袁　帅　张　栋　李　楠　王宇桐
王哲焜　唐永正　马振轩　李鹏昇　欧阳浩然
胥子宸　贾　桐　张家辉　江业帆　谢海征
高　宁　徐　凯　贾林涛　孙子健　邱鹏飞
刘鹏飞　李　硕　马晓鹤　陈世存　李建书
闫晓东　郭慷慨　杨　冬　何　超　臧之博
张　锴　张成威　贾阳阳　梁　彪　李　硕
李泽宇　董学应　杨士恒　杨　凯　石文强
王　康　张　辰　廖诣深　杨　肃　丁　凯
张　彬　张　芊　张振路　郑相国　曹付起

刘　静　黄　泷　陈国栋　崔城瑜　陈　光
孟　苏　甄　琪　魏志远　鲁树武　邢印森
董敬娇　马东阳　郄晓丹　范　垚　王　凯
李　欣　刘宏康

软件工程（专业学位共 147 人）

李依楠　刘　鑫　张　冰　齐　帅　尹兆杰
郭　强　王师凯　辛思奇　井海鹏　刘　青
李　越　郭泽龙　孙　蕾　杨　静　卢　超
凌王鑫　王　立　张宗旺　李　爽　赵怀菩
吴　霜　赵业隆　龚竞秋　何焕野　朱明悦
胡雨轩　曲　昊　侯皓辰　於雅彬　樊皓洁
武丹阳　刘承睿　张宇晗　张舒惠　胡志超
马韶彬　白佳豪　薛瑞昕　李汶洁　关连正
刘蓉蓉　张　翔　陈继良　景晓敏　宋洪宇
李子君　杜　娟　王延安　袁颖琪　曲志伟
端木帅飞　苏　毅　李　寒　李佳恒　王维珍
田昱锟　王　晨　韩沁儒　高玛娜　王玥鸣
李　然　李博瑶　孟彦宁　赵鹏远　吴敬怡
秦子慧　张一静　李文睿　方　媛　盛　莹
许浩杰　李洪亮　李　媛　谢文睿　陈菲娅
周　傲　张宏北　刘新远　高博远　韩梁爽
石航琪　王　斌　许奇瑞　左　旺　李怀鹏
夏新宇　张亚川　彭　程　王　开　贾子健
李瑞峰　冯　慧　刘　炎　耿传伟　张　睿
秦立力　段宗方　董　硕　王润雨　高　润
陈　峥　任东亮　王谦超　成梦雅　许　甜
刘丰玮　董政伦　胡兴鹏　邓万航　王星文
徐　宽　郑天祺　吴烁烁　他永君　戚云飞
邢夏斌　王　浩　张　雷　刘倩倩　宋蓉蓉
陈鸿健　王栋梁　付光晖　杜　阳　杨紫雁
姬潇鹏　陈鹏帆　李靖林　陶思辉　韩　飞
果红艳　刘雅琦　王重阳　王丽萍　许博文
郝自理　刘登涛　李鼎鑫　卫亚鑫　韩　冲
姚柯楠　庄新安　张世昌　文格格　颜之婷
张　楠　李丽娇

艺术设计学院（共 50 人）

设计学（14 人）

王楚夷　李雅倩　黄迎迎　张　悦　王笑语
崔师勤　温哲宇　解　真　于偲璠　苏　婵
赵宇航　姚　烨　白珍珍　焦莉珍

工业设计工程（专业学位共 12 人）

宫丽爽　李正安　贾玉岭　韩　豪　金玉鑫
周洲锋　王明玮　关凯元　王座华　李维亮
段慧云　朱静怡

美术（专业学位共 2 人）

高　昊　马艺轩

艺术设计（专业学位共 22 人）

王鑫雨　杨欣蕾　杨静雅　贾　若　门梦菲
史倩颖　刘纯阳　卢　瑶　刘若尘　蔡静文
华　夏　孙　浩　申嘉雨　李九宏　丁晓雅
高　帆　王志明　张墨迪　郭烜彤　王　苏
顾　彧　袁　芳

2021 年度授予非全日制专业学位硕士人员名单

（合计 367 人）

其中：工程硕士学位 240 人、工商管理硕士学位 59 人、公共管理硕士 40 人、建筑学硕士学位 14 人、社会工作硕士 14 人

经济与管理学院（共 97 人）

工商管理（工商管理硕士学位共 59 人）

雷永清　史新东　马　丹　张　丹　尹　爽
何晓娜　张潇慧　于士超　张　萱　王　伟
袁　宸　布　艳　郭广田　吉大为　翁嘉朴
高　静　田爱军　张凯骁　周　伟　黄　谦
孙晓萌　王　斌　肖　逵　周　琳　欧阳德
孙　娟　王立新　梁紫藤　田茹艳　张　岭
王晓佳　薄瑞兵　向婧婧　晏　顺　尹晓烨
吴向东　许　泽　毛艳毳　孔维源　赵悦君
邱晨曦　韩守辉　张书义　肖　真　邢　煜
冯　玥　王　晨　董继亘　张晨彤　高　纯
王　佳　曹　华　王广科　司明月　武群伟
范　航　魏　薇　张　冰　白应锋

公共管理（公共管理硕士学位共 37 人）

秦　锋　宋鹏超　家廉清　皮霓静　王琪然
曾　晟　董　薇　刘仰鑫　刘德喜　黎月月
李伦华　杨　婕　孙雪征　马　凤　陈肖伟
李锐强　葛春江　兰　玲　钟　磬　刘　媛
胡国琛　李振鹏　庞逸娇　白如瑛　赵亚娟
方　娟　王欣佳　宋伟明　许　雷　周子涵
李允成　鲁信东　张含晶　芮　雪　蔡先信
余新阳　吴明磊

项目管理（工程硕士学位共 1 人）

贾旭翔

信息学部（共 150 人）

电子与通信工程（工程硕士学位共 20 人）

卢　哲　胡轶劼　盖佳佳　吴学刚　孙　蕾
高海龙　刘泽超　孙继然　贾维晟　雷宏彬
孟丹丹　秦　昀　白云鹍　王　兴　李则昱
王雨桐　贾鑫禹　张　翼　马修川　卢振海

集成电路工程（工程硕士学位共 13 人）

蒙宇霆　林智煌　裴　栋　王飞虎　王润众
杨琳琳　周　扬　周生远　侯　峰　吴超玮
王　森　许建荣　黎　豪

控制工程（工程硕士学位共 17 人）

陈国栋　崔城瑜　陈　光　孟　苏　李　欣
甄　琪　刘宏康　魏志远　鲁树武　邢印森
董敬娇　马东阳　郄晓丹　范　垚　王　凯
时昱晗　孙丹阳

计算机技术（工程硕士学位共 45 人）

郝晓星　董澳静　关　欣　成亚萍　李帅刚
崔泽蒙　方嘉博　张艺伟　朱靖宣　赖琦轩
叶岳洋　高宇健　张培杰　侯治刚　伍佳名
王　安　梁紫建　王玉环　梁军森　李鹏程
贾晓宇　杜　宇　李文静　王苗月　王　兴
方振虎　李　彤　范豪杰　郭　鹏　刘增智
孙雄飞　杨　宏　韩　晶　罗叶红　杨　莹
张　璐　孙　涛　于金亮　张　祥　王　耀
徐　萌　王　艳　唐治中　卢振华　安　然

软件工程（工程硕士学位共 55 人）

段宗方　董　硕　王润雨　高　润　陈　峥
任东亮　王谦超　成梦雅　许　甜　刘丰玮
董政伦　胡兴鹏　邓万航　王星文　徐　宽
郑天祺　吴烁烁　他永君　戚云飞　邢夏斌
王　浩　张　雷　刘倩倩　宋蓉蓉　陈鸿健
王栋梁　付光晖　杜　阳　杨紫雁　姬潇鹏
陈鹏帆　李靖林　陶思辉　韩　飞　果红艳
刘雅琦　王重阳　王丽萍　许博文　郝自理
刘登涛　李鼎鑫　卫亚鑫　韩　冲　姚柯楠
庄新安　张世昌　文格格　颜之婷　张颖杰
杜海乐　刘　佳　张　冀　甘斌斌　曹智雄

文法学部（共 17 人）

社会工作（社会工作硕士学位共 14 人）

刘　俊　曹仰泽　丁　洋　肖体霞　刘天甲
许文豪　张雨薇　杜蓉蓉　宋宇宁　刘　茜
杨　懿　张　壮　李孟颖　王明月

公共管理（公共管理硕士学位共 3 人）

喻　浩　杨　柳　唐凯娜

材料与制造学部（共 28 人）

机械工程（工程硕士学位共 27 人）

李万岭　牛娜娜　林智文　李龙飞　汪俊龙
袁英甲　范赛一　吴绍峰　石　龙　吴　超
张　奇　张　钊　周梓运　斯日格　张宏图
李佳玮　贾　蓓　苏瑞祥　徐立业　杨　波
崔海成　王艳峥　李茹昕　司　威　薄涛仕
鲁加蕾　汤鲁川

材料工程（工程硕士学位共 1 人）

桑红山

城市建设学部（共 61 人）

建筑学（建筑学硕士学位共 14 人）

熊　伟　臧　柳　朱　响　吴鹏龙　李诗琪
王　晶　刘建伟　郑丽夏　苏容生　沈盛楠
贺　琦　党昊悦　张　羽　董　成

建筑与土木工程（工程硕士学位共 36 人）

刘　晁　汪俊坤　王明巧　马　可　朱朵娥
张升旺　武旭源　翟彦宁　胡庆玲　王兆沣
倪　禹　马　成　武尚将　毛亚东　杜伯尧
白一飞　张文静　张丽娜　杨　琦　李庆志
杜昱成　杨　然　申瑞杰　肖　遥　柳俊静
唐梦辰　苗志慧　彭　博　王代兵　张龙银
连　驰　敖思宇　王　璐　闫　晨　党　美
耿良邃

交通运输工程（工程硕士学位共 11 人）

王　迪　佟阳阳　于　宸　薛　君　刘　丹
李　童　李西勇　赵　永　赵　鹏　张　楠
马书婷

环境与生命学部（共 14 人）

动力工程（工程硕士学位共 1 人）

张龙飞

环境工程（工程硕士学位共 2 人）

马雯爽　韩　琳

生物医学工程（工程硕士学位共 11 人）

徐　楠　杜梦晴　赵志浩　包鑫宇　陆佳钰
李仁鑫　毕晓帆　张琦宗　汤　喆　马紫恒
苏本航

北京工业大学2021年普高本科毕业结业生名单

说明：

（1）2021年北京工业大学共有本科毕业、结业换毕业生、结业生3331人，其本科毕业生3321人，本科结业换毕业生1人，本科结业生9人。

（2）本名单按照姓氏笔画排序，按照学院、专业、学历类别分类。

樊恭烋荣誉学院

计算机科学与技术（四年制本科）

毕业生（22人）

王禹心　王贺迪　朱予然　刘泽华　刘思诚
刘彦博　刘家睿　刘梦晨　孙明阳　李　芳
李查德　李律学　李　格　李博伟　张晟玮
张爱珩　姜文煊　费　帆　桂轩昂　郭志清
蒋瑞杰　曾瑞彬

电子信息工程（四年制本科）

毕业生（5人）

车宇轩　史　锐　张博阳　赵云豪　徐京瑶

自动化（四年制本科）

毕业生（1人）

李先至

材料科学与工程（四年制本科）

毕业生（1人）

何宇同

软件工程（四年制本科）

毕业生（1人）

张增紫瑞

材料与制造学部

材料科学与工程专业（四年制本科）

毕业生（95人）

万伯瑜　马英舒　马鸿量　王子琪　王子豪
王英菲　王姝怡　王钰晓　王悦达　王　萌
王雪迪　王雪晴　王雪篪　王　晨　王　傲
王新宇　毛紫云　毛　鹏　计真琦　史家豪
付郁磊　包克非　冯　诺　朱光泽　刘玉洁
刘佳月　刘　神　刘　浩　刘　楠　刘嘉宁
闫宇航　米洪田　孙　泽　孙博洋　苏宇晨
李艺濛　李　帅　李志豪　李明晔　李金禹
李京川　李　通　李　腾　李嘉晨　杨　阳
杨林坡　肖　遥　吴　月　吴　禾　吴欣宇
吴涵锋　邱洪超　言奇株　张舒婷　陈玉章
陈柏桥　陈思先　武嘉睿　易泽雨　金宇晴
周全桂　周钰清　周　淼　郑　月　郑乐音
郑雄领　降鑫一　赵有涛　赵梦桐　荆　铭
胡广星　郤海鹏　袁旭阳　袁泽宇　凌　冲
高佳慧　高思涵　郭健哲　席　钊　唐家曦
常子亮　崔　捷　康静怡　梁镓麟　葛子寒
蒋　昊　韩　冬　程培澄　鲁子怡　臧沫言
廖雨晗　熊安京　潘润蓬　魏晋博　魏鹏宇

测控技术与仪器（四年制本科）

毕业生（45人）

丁　宁　丁　梦　马海龙　马冀宁　王　伟
王志宇　王　佳　王家豪　孔天翔　龙　川
申　扬　刘　轩　刘卓婷　刘铭哲　刘　强
沈则奥　张正凯　张　宁　张宇光　张得阳
苗博钧　周志鸣　郑坤松　赵子天　赵　宇
赵　禹　郝陆鹿　荣　毅　段佳玮　姜可嘉
席子琛　唐予晴　黄显嘉　崔宝文　麻天博
梁秉琨　梁彭福　韩佳琪　韩梦蕊　覃　宇
靳文迪　路君健　鲍　捷　蔡　杰　魏　来

机械工程（四年制本科）

毕业生（136人）

丁　磊　马天玉　马元一　马　壮　王广飞
王　木　王世杰　王陈辰　王　非　王泽辉
王洪刚　王　硕　王　超　王斯奇　王　森
王　煜　孔德轩　邓　垚　石云峰　石奉田
石春阳　申　妍　申　杰　田　野　史博雅
付　宁　冯景舒　吕子豪　朱司南　乔重欣
乔致岩　任国文　任　鹏　刘　闯　刘　明
刘晓明　刘　朔　刘翊宸　刘焱龙　刘澳阳
刘鑫宇　齐　琦　米广铭　安　然　许本源
许　斌　许嘉豪　孙铭泽　麦尔旦·买买提明
李芝阳　李兴满　李宇譞　李志杰　李国发
李欣颖　李思钰　李　勇　李涵宇　李嵩浩
李演唐　李　曦　杨　欢　杨铁翔　杨斯钦
杨　森　肖　扬　吴放歌　佟兆鹏　余习明
张艺轩　张可欣　张乐然　张传忠　张虎威
张海阔　张跃潇　张添轶　陆思卿
阿依古力·阿布拉　陈　行　陈　昊　陈康文
陈寅飞　苟芮侨　林欣宇　罗江南　罗　航
罗梓焱　周远智　周　瑞　庞健飞　宛敏睿

孟令邦 赵 帅 赵英健 赵国清 胡青松
侯可馨 侯 闯 施嘉先 姜祖华 骆岱鹤
袁博洋 钱 程 倪 睿 徐 柳 高小强
高孟玄 郭佳星 郭逸霏 郭瑜辉 黄金塬
曹 勇 常智皓 崔荣朋 康锡萌 梁嘉禾
隗嘉慧 琚振盟 彭 程 彭默轩 韩子麒
韩吴桐 程 博 焦绍杰 鲁昊晨 鲁哲希
谢 伟 雷杨浩 詹普扬 廖金秾
赛杜拉·图热克 谭 鑫 潘与篷 魏东晨
魏 伟

结业生（2 人）

艾克拜尔·吐尔逊 佟卓峰

资源循环科学与工程（四年制本科）

毕业生（29 人）

马铭辰 王嘉琪 旦增曲珍 冯运发 毕 然
伏 璇 刘爱炜 刘翀然 刘谭盈 江永巴姆
许 彦 李晓龙 何 冰 张 伊 张芷羽
张 前 张哲华 张雯慧 张婷婷 陈 涛
陈琦灵 林欣萍 周兆星 周雨薇 侯健捷
郭安琪 曹 杨 潘志强 潘萧杰

信息学部

电子科学与技术专业（四年制本科）

毕业生（103 人）

于首莫 马思远 马海滢 王 旭 王雨杉
王雨轩 王雨佳 王籽彧 王济生 王浩南
王鹏飞 卞 策 方奥琪 邓赫卿 左振杰
朱一夫 朱梓岳 刘文涛 刘 行 刘孝宇
刘 轩 刘雁君 刘渝凡 关昊泽 许修承
许浩文 孙 萌 杜昊婧 李宇濛 李昊伦
李竞研 李海航 李铭昊 李维宣 李瑞莹
李 源 杨宇飞 杨辰涛 肖 萌 吴丹彤
吴逸豪 何欣妍 何铭浩 余蕊汐 张天尧
张 帆 张宇鸿 张玙彤 张晓羽 张浩若
张浩智 张逸冉 张 琛 张雅博 张 煊
陈 妤 陈若儒 陈 昊 陈家辉 陈 跃
陈 斌 范铭浩 范鑫鑫 林 琛 郁淏瀛
罗健翔 依斓娜 周文涛 周 轩 庞 可
孟 欣 赵艺飞 赵泽林 郝一鸣 相峻洪
侯佳傲 侯瑞童 姜梦妍 贺 天 贺禹植
秦 尧 袁子敬 耿 芫 顾子时 凌天飞
郭错岳 黄 艺 崔绍雄 梁 璨 彭盛杰
彭 熠 蒋伯瑄 焦御坤 鲁易中 鲁 煜
强晓伟 雷 萌 蔡舒甜 管 桐 谭宝宇
冀嘉森 魏靖欣 魏韵璋

结业生（1 人）

徐华林

电子信息工程专业（四年制本科）

毕业生（107 人）

马宇航 马康哲 王羽犀 王志龙 王陈琳珊
王 妍 王昊昂 王思澄 王浩博 王 琛
王靖禹 王 潇 玉珍拉姆 史 越 白 晨
玄博文 邢乐豪 邢路阳 成智卓 吕松尧
朱自帅 任嘉冕 刘一鸣 刘文睿 刘以涵
刘光鑫 刘美杉 刘 旎 刘 澈 关 昊
汤昊坤 孙圆博 苏琳轩 苏鑫怡 李昕澔
李泉松 李 婕 李 斌 李嘉恒 李嘉琦
杨雨妍 肖雨姗 吴子岳 吴承羽 何 岩
位书嵩 沙嫣茹 沈 杨 沈桐舟 宋 扬
宋 楷 张一行 张一笑 张天奇 张臣钰
张 这 张雨欣 张佳琪 张祖海 张晏凯
张博宇 张雅坤 张婷婷 张瑞凝 张鑫豪
陆雨桐 陈方宜 陈 昊 陈柏安 陈冠岐
周宇泽 庞 睿 宛 岳 孟繁钊 赵 越
郝鑫岩 胡 鑫 南海翔 段 浩 侯铭宇
姚梓钧 夏华屹 夏浩铭 夏逸飞 钱百胜
徐 达 高天阳 唐泽诚 黄思宇 曹英健
康 研 康钟毓 隆青月 彭晟峻 韩心悦
韩树泰 程加兴 谢欣儒 谢周桓 鲍加迪
蔡方辉 廖浩越 谭江洲 樊 想 禤祖年
薛 祺 穆新源

结业生（1 人）

刘子鲲

机器人工程（四年制本科）

毕业生（27 人）

丁钰坤 王钰琪 王笑天 冯 宇 刘会军
刘 硕 李文谦 李永玮 杨安琪 吴锐诚
余子杰 宋子龙 张子昂 张子恒 张峻景
陈易潇 尚沛桥 赵文涛 胡佳坤 高轶泽
黄治达 黄荣恺 彭加誉 温佰龙 薛俊峰
薛雅心 魏恒宇

计算机科学与技术专业（四年制本科）

毕业生（160 人）

于栢萱 于 晨 卫志超 马子恒 马明铄
马浩洋 王天宇 王天岳 王天硕 王元芃
王 丹 王文萱 王 双 王正旭 王亚轩

王江宁 王远东 王昊宇 王怡涵 王思瑜
王思蝶 王凌风 王彬彬 王梓丞 王 婧
王博洋 王童童 王 焱 王 睿 牛帅华
毛博文 尹子豪 石芝华 帅天成 叶栩琳
付 煜 白天朔 白睿轩 朴 然 毕 成
曲 奕 朱子仪 朱文钊 乔塬心 刘子涵
刘丰博 刘 宇 刘含宇 刘佳伟 刘冠都
刘晓彤 刘 朔 刘涵天 刘瑞轩 齐子璇
闫艺宣 闫宇成 关 心 安明扬 孙凯丽
孙浩哲 苏永鑫 杜雨航 李子元 李子豪
李少虎 李昌文 李明浩 李泊岩 李宗全
李荣庆 李洪平 李翌林 李 傲 李 斌
李路加 李 赫 李璎珩 李 鑫 杨林傲
杨胜策 杨 泰 吴坤昌 吴佳仪 吴欣昊
谷乐扬 邹浩南 汪浩然 沙琳岳 沙搏辉
沈知宇 张子严 张世新 张宇昂 张宇航
张 驰 张苏沛 张岱萌 张治纯 张 昱
张 航 张梦阳 张 逸 张 琪 张 超
张 皓 张燕芝 阿米娜·吾甫尔 陈泠朴
陈晓璐 陈棋佳 陈漪雯 邵启俠 罗昭君
季明欣 周文斌 周可欣 郑启飞 郑添羽
郑 鑫 赵明玉 赵 昂 胡郢浩 胡高美
柏东杰 柳 河 禹言江 侯艺璇 侯 宇
姜东翔 姜凯浩 姚 雪 姚 崇 姚嘉雯
敖冬梅 耿琮凯 贾权禄 贾晓伟 夏晨警
柴沁湉 徐聪宇 凌雨婷 高 越 郭佳惠
郭 峰 黄 远 康 朋 康柳荣 梁俊辉
梁 晨 葛文雪 董 娇 董皓阳 韩 鹏
谢昀炎 谢 唯 蔺涧鸣 管宁静 熊 睿
薛 颖

结业生（1 人）

许坤华

软件工程专业（四年制本科）

毕业生（108 人）

于 泽 于锦江 马劭聪 王子轩 王子康
王子源 王文博 王尔玉 王聿超 王时聪
王 昊 王梟阳 王思博 王 绚 王 翔
王煦阳 王靖怡 王燕妮 王馨怡 田巍然
付笑尘 包 迪 冯韦玮 冯春武 边青云
朴明哲 朱柏锡 刘正鑫 刘宇昂 刘宗翰
刘鉴毅 安宜帆 许 欢 许荣榕 孙 达
孙 冲 孙 瑗 孙嘉俊 孙嘉梁 买博涵
严康建 苏岳翔 李兆轩 李连年 李园博
李昕蔚 李明雪 李昀洲 李晨箐 李旌娜
李 琪 李 赓 杨天霖 吴亚尧 吴 优
吴鸿昊 谷 雨 汪钥寒 宋欣薇 张文济
张依林 张润生 张清荣 张 潇 陈玉浩然
陈轶飞 陈盈盈 陈铭兴 陈 瑶 荀亦明
苑思仪 罗一玲 岳殷泽 金戈慧 孟宁宁
孟梓源 赵明宇 胡兆欣 胡潇文 胥 一
骈 遥 袁 昊 莫 铙 贾雨风 顾语暄
倪 坤 凌子屹 郭 宇 郭利瑛 郭雨丰
郭 洋 黄圣淳 黄彦璋 黄 豪 黄 璐
常岳琪 崔 嵩 康玉健 葛嘉翔 董 舸
韩绍宸 储志华 温鑫岩 慕 童 蔡泳焕
翟静林 潘雪伦 薛 展

数字媒体技术专业（四年制本科）

毕业生（53 人）

丁思懿 于增钊 马乐艺 王政琦 王 博
孔令琪 艾孜尔江·艾尔斯兰 田 旭
由 然 史超靖 朱 磊 刘千琪 刘雨菲
刘怡晨 关雄基 米彦霖 安嘉锐 李小玉
李沛轩 李菁坤 杨东晗 杨 芮 杨钰淇
肖 瑶 宋祥宇 张宇洋 张佳逸 张佳睿
张思琪 陆 畅 陈 颖 邵宇航 欧宇琦
凯迪尔旦·开赛尔 岳佳佳 金 昊 金 爽
周张子逸 孟晓晗 赵冬译 赵嘉晨 贺 宁
徐 钻 高元恺 高青哲 郭文慧 曹 湜
常铂脩 彭姝琪 韩汶彤 赖舒宁 鲍雨欣
谭茜文

通信工程专业（四年制本科）

毕业生（64 人）

马 列 王一明 王一雯 王天严 王天瑞
王文轩 王以仲 王可柔 王崇胜 王 衡
卢海静 田 猛 白晓瑞 吕伟夫 任浩强
刘明宽 刘欣冉 刘晓琳 刘 焯 汝家伟
许 胜 孙昆炜 孙逸藩 李 丹 李博涵
李 禄 李 鑫 李鑫垚 杨浩然 杨铭铸
何芮芃 张 月 张英健 张岳麟 张 芜
张荣银 张添翼 张富瑞 张颖邓婷 陈 韬
范林峰 林绍威 周子寒 赵宇轩 赵佳芾
段海威 秦 硕 夏 骏 徐 航 徐梓轩
黄 意 黄潇洁 曹 暄 常琪卿 常新跃
董 震 覃莹薇 焦禹童 解昊澄 静大锟
翟梦莪 薛 怡 薛 浩 魏佳园

微电子科学与工程专业（四年制本科）

毕业生（19 人）

马佳骏 王若兮 王岩松 王晓宇 尹新园

牟帅臣　李本涛　李嘉伟　何　昶　邹子乐
张之壤　张宇轩　张昕洋　张嘉玮　郑翔瑞
晋亚伟　钱春圻　徐正源　潘　登

物联网工程专业（四年制本科）

毕业生（36 人）

于钜权　马　迪　王子天　王子行　王子鸣
王子瑜　王朝阳　王旖婷　王鑫悦　叶博文
冯　卓　朱　喆　庄昊霖　刘晓磊　刘润韬
孙可心　苏泽宇　李启鹏　李　宸　吴小桐
吴　博　张　柠　张雪颖　张馨以　陈志强
陈启龙　陈　锴　周　睿　段思羽　袁一鉴
倪天一　殷伟豪　高　畅　高　度　雷祉琪
嘎玛卓玛

结业生（1 人）

解　洋

信息安全专业（四年制本科）

毕业生（78 人）

丁一丹　马　玲　王乐为　王昊宸　王泽希
王浩男　王　婧　王璐阳　卡尼·玉苏甫江
卢嘉煜　田沛丰　田　畅　史乾毅　朱星宇
任子恒　刘俣昕　刘俊仪　刘逸轩　刘颖洁
刘新语　闫海川　如则尼亚孜·麦麦提图尔荪
牟宗辉　杜方浩　李宇婷　李林溪　李洪超
李家瑞　李　维　李　想　李韵竹　李静逍
杨　扬　杨　佐　杨金金　杨瑞宸　肖金琳
肖　燕　何俊毅　沈　宜　宋　敏　张可欣
张兆宜　张雨佳　张昊晨　张振昊　张梦雨
张　晨　陈　昊　陈　菲　范彦恺　尚乃川
周　觐　孟凡尧　赵子健　赵云琪　赵　彤
赵　洋　赵嘉航　段天昊　姜天一　姚　路
格佳辉　夏元昊　钱　芳　徐子健　徐立昂
徐琮坤　郭发胜　唐云鹏　唐　通　常　宇
宿　骞　傅可艺　黎　爽　薛德凡　穆宇轩
魏静雯

自动化专业（四年制本科）

毕业生（85 人）

丁瀛帆　马晓玥　马浚轩　马　麟　王与晗
王润石　王梓贤　王　逸　邓文星　石　睿
卢万泽　叶文兵　田忻然　邢　昀　危昱庭
庄巧郡　刘守开　刘红燕　刘　玥　刘相语
刘耕源　刘　鹏　刘鑫源　孙　洋　孙隆达
孙毓泽　纪政延　杜新哲　李子健　李彦儒
李海天　杨　晟　杨　博　肖庆胜　吴思源
吴胤渲　张子寅　张永铮　张苛琦　张　昊
张哲涵　张桉恺　张健愉　张凌羽　张　梁
张　骥　阿卜力米提·如孜麦麦提
阿合朱力·吾木尔吾扎克　林天彬　卓薏荻
尚　昊　金大有　周　天　周炜曦　周荣深
庞子昂　郑丁玮　封子恒　赵文馨　赵明明
赵泽洲　赵　镤　胡　鹏　侯君卓　侯淳译
耿才淇　贾继威　徐君恒　徐敬博　郭　淼
郭馨杨　唐宇晨　黄子澳　黄宇皓　黄志磊
黄　岩　曹　杨　盛　宏　阎　菲　董志斌
韩　伟　訾楠楠　熊　昕　戴震阳　魏新宇

城市建设学部

城乡规划专业（五年制本科）

毕业生（30 人）

马　彧　王雨婷　韦佳星　方婧萱　冯宇洲
边　骜　刘冉倩　刘博雅　刘静羽　孙　琬
李子璇　李欣雅　杨圣洁　杨尚澄　何　昕
张开妍　张君宇　张啸然　张福宇　张馨予
周思希　郑依祎　赵　越　秦嘉岳　徐博伟
唐　璇　崔岳晨　崔星雨　董　畅　谢卓城

给排水科学与工程专业（四年制本科）

毕业生（44 人）

丁言琛　马欣悦　王可歆　王安宇　王柳尹
王炳鑫　王铱怀　付昺喆　吕丛贤　朱乐楠
刘希然　刘　荣　刘懿葶　闫　泽　米亿楠
池宇扬　孙嘉辉　李元志　杨玉程　杨　睿
余浩正　张　迪　张祖荣　张瑞轩　张鑫缘
陆梓梁　陈泽贤　罗　锫　李　轩　金　铖
周天祎　赵伟华　赵嘉珩　侯新宇　俞　睿
高远翔　高　菲　陶斯宇　常黛眉　斛信良
谢铭禹　路　洋　翟可迪　霍启东

工业设计专业（四年制本科）

毕业生（50 人）

马钰涵　马硕依　王文博　王佳隽　文思艺
厉思卿　龙彦中　卢瑞雯　朱员萍　刘雨佳
刘舒艺　齐文杰　关　智　江孟锜　孙　诺
李月瑶　李可欣　李诗韵　李　洁　李悦萌
李瑛舟　杨一鸣　杨海波　吴　倩　何彦杰
沈　乐　张千惠　张子韧　张玮轩　张雨童
张腾正　陈　卓　陈　溪　范海洋　林文雨
罗　玮　房童心　段含玉　贾佳怡　夏竞宇
晁溪蕊　郭　莹　梅远方　梁晓丹　葛文逸

董　孟　韩雨非　傅千书　廖飞宇　黎逸传

建筑环境与能源应用工程专业（四年制本科）

毕业生（43 人）

马芸洁　王子恺　牛梦涵　边玙璠　戎　玮
刘心阳　刘林玥　闫惠昕　关雅方　孙祥凯
孙溶泽　李云鹤　李怀军　李　畅　李　煜
李澳楠　杨予舟　杨钊崴　杨佳欣　吴佳航
张可欣　张　璐　张懿哲
阿不都维力江·阿不都克尤木　陈笑康
林艾琳　国志伟　季轩昂　金　玲　孟　雯
赵嘉珩　耿成远　贾晓瑜　高圣迪　郭博文
彭　锐　蒋毓希　谢海涛　雷晨彤　詹小翔
谭九岑　颜恩泽　魏　瑄

结业生（1 人）

陈景毅

建筑学专业（五年制本科）

毕业生（53 人）

上官京杰　王宇微　王振宇　王笑薇　王婧怡
石卓诚　叶　骢　毕　盈　师佳源　朱玉沁
乔家齐　任　烨　刘百舒　刘岳好　刘钰迪
江立婧　李　克　李雨馨　李　硕　李超然
李紫熙　李　鹤　杨婧怡　杨　楠　吴轩仪
邱宗念　宋雪迎　张欣妍　张凌志　张漫兮
陈子安　陈　达　陈志逸　陈思宇　林晓露
周天慧　周雪航　周敬琪　赵一凡　赵安琪
赵志华　赵玮楠　赵博煊　姚芳临　高　鑫
黄玉婷　曹雪遥　崔东煊　梁毅涵　寇宁博
程　诚　童心可　戴一畅

交通工程专业（四年制本科）

毕业生（77 人）

于雪娇　马寅飞　王子尧　王天宇　王　宇
王俊涛　王逸冉　王琦涵　王　睿　王　磊
左思彤　朱宇奇　朱安婷　乔敖麒　乔　琪
华寅靓　向雪坤　刘　艺　刘伟豪　刘　珺
刘皓元　齐天然　齐安冉　齐　琪　孙旭泽
纪　傲　苏　鹏　李江江　李安洛　李科亦
李梓琦　李　硕　李博洋　杨博宇　杨湛宁
肖　遥　吴雨晗　邱琳惠　何　萌　佟　年
邹昕怡　张子旭　张伊泞　张宇轩　张　佳
张宜瑶　张蔚然　陈汉昆　陈　沛　罗洪兴
郑晓东　赵启璇　赵　昊　赵涵琪　赵鼎仪
郝鹏琪　修　钊　姜　晗　洪启安　祝博阅
袁中正　莫　同　徐港川　高　桐　高健翔
郭翔菲　唐玉洁　展　翔　崔　奥　章　霞
梁　嘉　韩宗霖　程　焱　温　旭　薛　童
薛　睿　魏麒洵

交通设备与控制工程专业（四年制本科）

毕业生（28 人）

马世杰　王瑞鹏　王筱雅　朱崎宇　刘卓然
刘秉新　孙逸涵　麦　进　李乐恒　李汶昊
李宗典　李轶娴　李思宇　李章熇　杨家夏
吴丽君　吴　涵　何晨曦　宋可欣　宋学旺
陈一帆　赵聪颖　郝　欣　段芸烨　常　潇
舒　标　曾德娴　霍佳琪

土木工程专业（四年制本科）

毕业生（134 人）

于博杰　于澳临　马永祥　王子成　王子康
王子斌　王示航　王行健　王宇迪　王　昊
王　凯　王金博　王诚昊　王鸿轩　王　博
王森钠　王　璇　韦帅丞　尹　旭　邓兆同
艾力牙尔·艾则孜　艾克拜尔江·艾尼瓦尔
艾热提·艾比布拉　龙金喜　史莫骄　付博鑫
仙木斯亚·艾尼瓦尔　冯子豪　冯宇豪
边嘉琛　邢峻豪　朱和猛　乔竞飞
伊尔潘·尼牙孜　刘知翰　刘晓睿　刘　强
闫星辰　江煊铭　安　点　阮　琳　孙　立
孙　宇　孙嘉辉　纪长安　扶　真　苏虹合
李天成　李文适　李龙君　李臣鑫　李沐峰
李珠妍　李睿巍　杨书翰　杨金龙　杨泽宇
杨　铎　杨瑞琳　肖　红　吴宏伟　吴星旺
吴　浩　吴震东　邱叶涛　何川渝　何炀天
何敬科　何　源　张杨懿　张君惠　张　玥
张昊然　张怡宁　张晋川　张　腾　张新宇
阿布多热合布·吐尔洪　陈中伟　陈吉龙
陈韫竹　努尔道吾列提·别克　林　桐
罗　欢　罗英陈　罗　震　依明江·热合曼
周　润　周　福　郑博予　郑寰泽　项曲多杰
赵才增　赵彦衡　赵博琨　赵鑫冉　赵鑫宇
胡尔西代·阿里木　钟泽锋　段泊池　禹笑冲
娄昀沣　宫逸飞　秦太晏　秦欣然　莫言迟
莫钰峰　贾宏宇　顾冉星　高浩博　郭　栋
唐泽宽　姬若愚　接铭轩　黄天艺　黄廷政
黄炜烨　梁国华　葛靖雯　蒋昊翔　韩　冰
韩冰强　韩俊尧　韩琪竹　覃清玥
喀则·吾鲁格　蒙宏玫　赖岸宁　詹璞玉
黎啸宇　潘　菁　霍德爱　穆再排尔·麦合苏木

魏宇航

结业生（2 人）

陈知然　贾鸿源

环境与生命工程学部

环境工程专业（四年制本科）

毕业生（45 人）

丁晓芸　于　越　马国鑫　王佳慧　王语涵
车洪乾　石博文　布勒登新·尼斯甫别克
卢思嘉　田　河　田　梦　田梓楠　冯文韬
兰　童　朱子扬　朱浩暄　刘　涵　刘寅飞
关静雯　祁梓原　李帅霖　李冰鑫　李莹莹
李紫鑫　杨云飞　杨舒涵　吴晨旭　宋安博
张文梦　张文博　张帅鹏　张　雨　张钰雪
周宜芸　郑轲心　侯雪妍　娄佳元　徐　艺
高文钰　高铭晓　唐子恩　袭荣阁　常雪晴
韩莹莹　谢天博

环境科学专业（四年制本科）

毕业生（28 人）

王文瑾　王晨晨　牛家晨　冯珥佳　刘红倩
刘雨薇　安思危　杜雨莹　李天罡　李建奇
李逸晨　杨　帆　杨彧鑫　肖珩玥　张　尧
张蓝天　陈　乙　陈　熙　金汉坤　周　寅
胡玉昭　闻超玉　袁子方　曹效源　康　宁
韩　冰　韩志轩　程思青

能源与动力工程专业（四年制本科）

毕业生（22 人）

马昊成　王鑫昊　韦楷华　邓宜林　史嘉铭
邢程达　朱广成　朱　岩　刘家铭　刘铸贤
许鹏飞　孙　驰　李　志　杨安人　张天悦
张崧颖　武寅喆　欧阳雄　陶锦程　雷德健
蔡旭东　廖伟棠

生物技术专业（四年制本科）

毕业生（41 人）

王思嘉　王筱童　王靖怡　尹心承　巴桑曲珍
石凯文　龙怡佳　边　宗　边思怡　刘鑫钰
齐翯羽　孙　佳　孙恒毅　李梓晗　李逸超
李斯佳　李嘉钰　吴　昊　张雨潇　张佳艺
邵宇辰　金湘琬儿　孟泽禛　赵一鸣　赵天琪
宣唯唯　姚梦菲　贾玉森　贾思元　夏威屹
顾宇轩　顾烨翔　高　润　陶永曦　黄　畅
黄健峰　鹿文卓　董思乔　鲁承昊　蔡　阳
潘逸群

生物医学工程专业（四年制本科）

毕业生（22 人）

王世鹏　王宇辰　王孟仪　王逸秾　田　雪
刘在为　刘　畅　刘凌羽　刘梓桐　刘瑞安
李　让　李光辉　李思民　杨冬月　张锦昊
季梦佳　郄帅文　信　念　栾泽荣　陶　金
彭博韬　董耀琪

结业换毕业生（1 人）

刘宇澄

食品质量与安全专业（四年制本科）

毕业生（22 人）

丁天泽　王星雨　王　洋　王璐瑶　乌兰苏娅
白佩莹　包轶伦　刘华雨　刘静斌　汤逸萱
安　康　孙雪梅　孙　嘉　李鹏翔　张虹吉
张婧仪　罗灵曦　宗雨飞　盛　超　韩　爽
路佳星　戴晨峪

新能源科学与工程专业（四年制本科）

毕业生（53 人）

万紫玥　马彦成　马彦淳　马梦龙　马　榕
王文轩　王雨昊　王彦泉　王鹏翼　韦自妍
牛　恒　田万里　田　杨　田富丞　宁　可
成伟国　多一鸣　刘元清　刘予琦　刘金恺
刘　霞　米热依·贾斯木汗　李华松　李宇欣
李若楠　李　昊　杨养慧　吾拉尔别克·米曼
吴昊宇　吴　颖　邱　政　何有鹏　汪澍子
宋伯犀　张令桢　张星昊　张晓亮　张家璇
张雪静　陈天亮　陈澳玲　侯若阳　姚昕烨
夏龄婕　高心慧　高　祺　郭健聪　葛冰瑶
董　浩　蒋凌岩　覃　才　谢济豪　魏　桐

应用化学专业（四年制本科）

毕业生（23 人）

马千惠　马雪莲　王宇欣　庄旭昊　庄园野
安迎圣　祁梦媛　孙　蕊　孙　潞　李　一
李思源　李溪源　杨新明　杨馨波　张逸静
张　博　张潆心　陈雅琳　周星园　郝知行
高泽惠　郭天宇　康安妮

理学部

数学与应用数学专业（四年制本科）

毕业生（43 人）

马云鹤　王文卓　王　成　王思琳　王智璇
王歆淳　车明美　方　嘉　石仰洲　宁星星
吕京繁　任兆霖　刘一航　刘泽华　刘晟芊

刘崧岳　刘博涵　刘紫箫　闫同舟　李憬泽
杨宇宸　杨梓彬　吴启航　吴翕然　何宗达
余卓璇　张云璐　张婷睿　阿思如　陈子萱
陈　进　陈杰一　陈娅冰　武宇杰　林峻泽
赵舒朗　郝　鑫　姜昱丞　曹　挚　龚伊捷
彭沁之　溥革景　谭一鸣

统计学（四年制本科）

毕业生（21 人）

王佳男　白梓成　毕馨月　朱云帆　刘开元
刘蕴芷　许佳琪　杜　炀　李子薇　李佳钰
李紫雯　肖颖姝　张凯琦　张盛恺　张博恺
俞泓晴　黄一晨　彭琛琛　傅天一　虞至珩
潘佳煜

信息与计算科学专业（四年制本科）

毕业生（35 人）

卫荣来　王　丹　王　畅　王泽龙　王　强
田　开　任梓铭　闫小川　闫璞玉　关　鹏
孙　林（16062308）　孙　林（17062310）
苏润琪　李　成　李　萌　李晨阳　杨文豪
肖若同　邱宏鑫　何清华　张仙月　张宗源
陈　昊　金　朝　周佳乐　赵　园　赵　博
胡铠麟　段浩然　陶泳锦　黄伟嘉　黄海鑫
符佳鑫　彭浩楠　简淑伟

应用物理学专业（四年制本科）

毕业生（36 人）

马　朔　王佳宝　王　哲　王紫宇　田宇昂
刘健悦　李伯皓　李明轩　李金嵩　李昭逸
吴子桓　吴　娴　张宇洋　张宇琪　张　陆
张雨萌　张　岱　陈大桥　陈兆钰　陈　婧
武亦文　周易楠　周　旋　郑　汉　荆玺臣
姚锦川　黄希龙　黄诗嘉　曹亦典　崔婉莹
董　悠　韩瑞隆　谢光韬　靳　冲　慕聪颖
薛普凯

经济与管理学院

工商管理专业（四年制本科）

毕业生（23 人）

于海跃　王　栩　刘一凡　刘　鹏　安　雪
孙　冉　李　健　李　蒙　张子希　张孟枢
张翊博　张嘉林　陈庆湖　陈梓怡　郑秋霞
赵一鹤　赵幸久　姚兴佳　贾　萌　徐思鸣
高瑞莲　崔宇晴　崔馨月

国际经济与贸易专业（四年制本科）

毕业生（32 人）

王泽正　王星源　王奕菡　王钰鑫　王璐瑶
石　鑫　刘承昊　刘景怡　刘嘉欣　关　淇
孙宇萌　李　艾　李宇霖　李杭屿　杨宇璇
杨雨茜　张艳凝　张晗璐　张灏澎　陈思涵
林润泽　赵思萌　赵　峥　赵　津　夏馨怡
晏阳天　徐纪元　徐欣然　郭鑫淼　焦文韬
焦家乐　霍加冕

会计学专业（四年制本科）

毕业生（83 人）

于千然　马家骁　王雨彤　王雨姝　王语嫣
王晓祎　王梓菲　王婧怡　王博潇　王　璐
韦碧琳　计　旭　石宇辰　石婧烨　田一雯
田逸菲　白芮涤　白瑞一　邢　娜　朱莉颖
任晓雨　刘惠羽　刘静文　安思凡　孙隽哲
买买提艾力·艾合买提　严　然　李心怡
李玉斐　李邦国　李芳宇　李　昊　李　泱
李　夏　李梦瑶　李　琳　李斯瑶　吴　昊
吴雪颖　吴蔚淇　宋星仪　张立颖　张闫美琪
张　宇　张宇欣　张宇鹤　张若凡　张雨昕
张蕙宁　欧阳奇　易鸣鸣　周石妍姗　周慧萱
庞梓秋　郑　焱　赵子琪　赵子瑄　赵雪晴
赵晴飞　胡淼函　柳　妍　侯礼莹　侯雅雯
宫　瑞　姚文沁　贾　凡　顾蔚然　徐梓博
徐瑞婧　徐馨蕊　郭雨涵　唐　菡　陶　幸
黄泽辰　崔依阳　崔徇齐　梁昊宁　寇明玉
彭惠宣　谢甄妮　靳悦青　薛珺月　穆　睿

金融学专业（四年制本科）

毕业生（81 人）

于卓呈　马如欣　马鑫辰　王问暄　王玥童
王星宇　王语航　王晓涵　王奥旋　牛　然
甘谨阁　申怡然　田新键　付玉强　白英健
冯浩然　冯　惟　巩陆洋　乔紫怡　刘晓萱
刘　煜　许凌遥　许展宇　孙宇昕
如山古丽·艾海提　李　沄　李若琪　李泽坤
李春雨　李益康　李雯暄　李　睿　杨语丰
杨紫菱　吴依凡　吴雪琪　谷睿涵　宋　岩
张凯悦　张　娜　张梦雪　张惜乔　张　琳
张善策　陆　璐　陈汪道宽　陈婉伊　陈　雯
陈锦涛　陈　鹏　陈嘉懿　邵婧一然　武　君
赵恩博　赵博轩　郝遇昌　胡安汗·什克斯汗

柳　昕　侯俊竹　姜雨浓　洪钰昕　费　凡
贺嘉媛　秦　艳　耿　璇　夏铭琪　徐　萌
徐嘉熙　高文静　高　阳　高　征　高浸舟
郭湘媛　唐向方　黄俊楠　谌芷璇　韩环宇
景　肖　雷宏博　潘雨萌　衡思瑶

经济统计学专业（四年制本科）

毕业生（34 人）

于斯爽　王语宸　王照华　王鹤颖　牛雨萌
石雨萱　母一丹　刘双林　刘　美　许佳宁
孙　媛　李　宇　李佳怡　杨汝悦　杨孟晗
肖添畅　吴佳林　吴炳辉　佟　芳　沈伯燀
张瑗莲　张霄月　罗　涯　郑云逸　郑皖琦
莫提瓦尔·吾甫尔　郭敏行　海沙尔·吐尔孙拜
陶天齐　彭伯涵　董　琦　蓝星池　潘钰心
魏一鸣

市场营销专业（四年制本科）

毕业生（22 人）

马冰清　王欣伟　王重岳　邓嵩泉　由梦涵
兰晓峰　朱哲萱　朱家怡　刘崇柏　刘敬民
苏　娜　杨佳昕　杨砚博　冷子恒　张芮硕
陈子然　赵翊彤　姚长盛　彭玮辰　傅泰毓
潘弈笑　潘籽良

文化产业管理（四年制本科）

毕业生（45 人）

马卓尔　王泊宁　王思霖　毛雅萱　田晓蕊
朴芝睿　刘泓杰　刘源远　齐　欣　孙丹笛
纪笑宇　劳文泓　李雨婷　李　慧　李　燕
杨　帆　杨清清　杨新宇　余青禾　张译文
张欣钰　张思雪　张展薇　张梓庭　张婧妍
张雯然　陈可盈　陈希卓　陈晓璇　周叶田
周迅羽　房可伊　施　仪　高珺琦　高　源
郭一棣　郭清阳　董依凡　蒋小宇　程思翰
傅粲坤　谢　彤　谢思琦　雷滟锋　滕婧妍

信息管理与信息系统专业（四年制本科）

毕业生（55 人）

马心怡　王云松　王雪纯　王煦恒　毛香懿
方心怡　尹甜露　石安杰　叶凌滔　田金昱
冯婧怡　朱永祺　朱芷萱　刘姊双　刘奕涵
许　强　孙一然　孙丽娜　李克凡　李泓泉
李秋阳　李秋晨　李洪晨　李振威　杨乐颖
杨思齐　吴　妍　宋孟锴　宋　钰　张惠茜
张　然　张碧妍　岳佩佩　赵诗雨　胡　斐
侯岩凤　姜晓彤　贾中琦　顾宇桐　倪昊睿

徐　畅　唐昊宇　唐健宁　曹一鸣　常莉宁
董家鑫　蒋　钰　韩永杰　曾钰钦　裘靖文
詹　硕　解柏川　廖宝萍　颜世炅　戴　莹

文法学部

法学专业（四年制本科）

毕业生（64 人）

王兆雪　王　琳　邓蔚雯　田睿霏　冉新宇
代晨昊　朱效哲　刘亚寒　刘纯雪　闫　然
米文阳　孙伟业　孙　强　苏昊嘉　李子乾
李　玥　李朋远　李　沫　李　治　李　爽
李紫薇　李　穆　杨凯淇　吴炳莹
库德来提·于苏甫江　宋美苏　宋美君
张云柯　张羽仪　张昊欣　张济康　张峻浩
张睿涵　陆一楠　陈宇涵　陈彦希　林　璐
郁淏洋　凯迪尔丁·安外尔　周庆怡　赵芳媛
赵雨桐（17144105）　赵雨桐（17144220）
钟艳萍　祝煜洁　姚谦树　娜迪热·阿布都格尼
索娜德吉　索朗群宗　段　瀛　郭　越　郭紫艺
席菁培　唐思雨　黄昊旸　黄新雨　戚　潇
商　晨　梁荟瑄　董璐兮　谢舒蕾　蔡梦溪
魏丁戈　魏嘉萱

广告专业（四年制本科）

毕业生（63 人）

丁沐钦　王玉超　王宇譞　王佳琦　王　雪
王婧仪　尹京宜　石亚昆　卢培弘　白子明
白心蕊　吕政桐　朱梓宁　朱惠泽　多吉旺扎
刘丹怡然　刘宇轩（16142226）
刘宇轩（17142217）　刘宇诗　刘宇菁
刘晓蕾　刘嘉懿　江雪茹　许　仟　孙　笑
孙　萌　李治璇　李宜珊　李星雨　李静怡
李嘉桐　杨　灵　余蕙雯　迟玉烛　张仔辉
张昊喆　张　欣　张晓婷　张慧荃　苗雨萌
林智超　金翊超　周心怡　郑艺蓓　郑清纯
赵泽亚　赵晓萱　胡雅绮　贺宇哲　柴明君
徐天阳　徐梓皓　殷　锐　高安琪　高　奇
黄佳琦　曹容嘉　常宇杰　崔琦滢　梁思然
蒋谨亦　路殊彤　戴珺雯

社会工作专业（四年制本科）

毕业生（22 人）

王光普　王锦怡　田　赛　朱栩栩　乔子一
刘　伊　刘　杨　刘紫娇　李宗宇　杨　妹
杨振劲　张月莹　张宇京　张贺琳　陈　云

陈雨莹　武芳秀　胡毅然　原润晴　顾晨琦
郭斯文　葛　丛

社会学专业（四年制本科）

毕业生（32 人）

丁　琦　王青来　王郑晓　邓迪扬　朱香美
刘心怡　次仁拉巴　许艳妮　贡松曲珍　李泽锡
杨可欣　吴　操　宋　扬　张佳音　张惠茜
陈名扬　范子同　庞　博　郑欣然　郑晨旭
单益宣　赵　帅　赵佳琳　荣逸飞　袁子棉
莫　非　高子静　高　尚　黄瀚元　梁历辉
蔡雨秋　戴　瑶

英语专业（四年制本科）

毕业生（47 人）

王奇文　田晓娣　付婧一　吕若曦　刘　钊
刘睿星　齐佳然　安　萌　许济凡　孙　悦
李涵乔　杨　文　杨兆宁　杨　硕　杨景涵
肖婧琦　汪依山　沈晓钰　宋爱东　张田毅
张雨晗　张　迪　张　茜　张馨凝　尚德佳
郑宇晴　单孟祥　房奕竹　孟　恬　赵子栋
荀益燕　段培尧　闻　峥　袁　月　徐昊文
翁跃鹏　黄　含　黄靖淳　黄溦鑫　黄　静
梁　娴　韩笑依　韩梓茵　谢一静　谢彦来
蔡储忆　薛佳玉

艺术设计学院

产品设计专业（四年制本科）

毕业生（59 人）

马小禹　马家欢　王心怡　王宇同　王晓凤
王悦怡　王雪璐　王婧言　王　璐　邓辰霄
仝凌轩　朱青青　朱慧芬　刘苏越　刘辰昊
刘君怡　祁靖琰　许　甜　李延超　李雨昕
李明峻　李梦珂　李　淼　李箫剑　李熠雯
杨可欣　杨泽玮　吴素珍　余　翊　沈元菁
宋逸淼　张宁馨　张轶源　张晟瑞　陈　昕
陈鹏宇　陈麒伊　范伊扬　庞源源　孟子瞻
胡子怡　钟佩容　袁培焱　徐博琳　高梦媛
高　雪　高惟容　高博远　席上琳　曹亦舟
梁梓健　韩盛楠　靳　嫣　赖泽文　雷　爽
蔡昀含　蔺皓月　滕厚美　霍　达

雕塑专业（四年制本科）

毕业生（12 人）

马兴玲　王琬伊　王鑫源　李伊妹　李安琦
李　金　李婧亦　杨雅捷　宋英涵　周佳欣
孟嫣然　黄启越

动画专业（四年制本科）

毕业生（44 人）

丁　卓　于朋鑫　王文凯　王克寒　王俊夫
王铭阳　王逸珊　王紫君　王曾乐　王　蕊
邓　峪　白　帆　冯婧秋　师佳琪　吕瑞雯
朱雨轩　刘家瑜　杜佳音　李忻悦　李雨薇
李佳芯　李依轩　杨之魅　杨雨濛　杨峥琦
谷孟醒　宋葳桐　宋馨谷　张　丹　张家豪
苗海玉　林晓丹　尚学智　罗维琳　赵馨孜
胡凯月　胡樱凡　徐　芬　郭　靖　唐逸伦
黄嘉雯　曹宗昌　董诗洁　穆天慈

服装与服饰设计专业（四年制本科）

毕业生（44 人）

马语涵　马玺华　王安龙　王　妍　王佳琳
王　倩　王　晴　孔艺霖　田茂林　兰芬芬
邢小桢　朱媛媛　乔陆璐　刘艺晋　刘可昕
刘鑫宇　齐雪庭　闫韵如　安宇宁　孙毓笛
李仕涵　李　峥　李懿洋　杨紫萱　汪晓菡
宋郁文　迟兆志　张　芹　张奕方　张晓晨
张雪松　张　猛　张锎月　陆美彤　陈慧亮
郑崇辛　赵旭辉　赵梓菲　晁宇鑫　郭　萌
黄里桦　盛张心月　梁中弘　薛淇文

工艺美术专业（四年制本科）

毕业生（34 人）

马　萌　王佳宁　王玲玲　王奕涵　卢育民
田名希　包松源　华御翔　刘欣婷　刘晶阳
孙浩洋　苏　航　李佰羲　李梓峰　李晨皓
李逸同　杨谷雨　杨　梓　谷文静　张雨洁
武　兴　郑宇浩　赵媛媛　胡雨晴　徐　玥
郭天一　郭琛宇　郭　晴　郭　鑫　崔黛珩
董文翰　靳心语　管　乐　廖梅汐

环境设计专业（四年制本科）

毕业生（67 人）

于水骄　上官桉劼　马子慧　王一恒　王天歌
王启冉　王新方　王霏玉　牛丹迪　牛　锴
邓宇莹　付心有　朱欣竹　刘天阳　刘心如
刘泓源　刘祎琳　刘颖文　刘瀛辉　安　然
孙佳琪　苏　丹　李忆琳　李松翰　李函洺
李思卓　李鹤媛　杨皓婷　肖雪燕　吴宇彤
何凯桐　何　魁　冷　天　宋宜洋　张丁楠
张　妍　张凯奕　张诗佳　张郝奇　张　铁
张　琳　张露丹　陈华蔚　陈佳琪　陈诗敏

陈春媚 欧阳李月 尚津帆 易　洋 罗静雅
金　钊 郑昊成 孟子雯 封爱旌 赵晶晶
姚怡妙 袁楚阳 殷纪萌 郭姿含 康艾滢
傅灿妮 谢　雍 强　峰 蔡文心 黎广贤
潘姝睿 薛小佳

绘画专业（四年制本科）

毕业生（22 人）

王若棋 王姿懿 冉　卓 仲思润 刘凯旋
李可欣 李林杰 李宛盈 肖茗月 张　冲
张荣森 陈雅楠 周思诚 周琪儿 段文华
洪乐蒙 姚　佳 袁博新 钱津津 程为谦
潘　依 潘禧慈

视觉传达设计（四年制本科）

毕业生（54 人）

王亿同 王峤飞 代兆木子 朱丹诺 任竹鋆
向　寓 邬丹丹 刘心如 刘东昆 刘宇萱
刘雨晨 刘昊欣 刘思雨 刘品超 刘奕杉
刘雪蕾 刘　琦 汤小青 李丹凝 李孟霓
李荣照 李奕琛 李　铎 李敏媛 李清扬
李　婧 杨雅馨 吴逸璇 何　悦 沈晓丹
张艺祯 张芷萌 张雨昕 陈晓桐 陈　琦
范兴一 欧阳旭初 季欣蕊 周可昕 郑子熙
郑　颖 孟　晗 赵轶帆 赵晨阳 贾鹏辉
徐静怡 郭子佳 黄依荣 菅虹宇 梁铭惠
廉欣然 褚　静 潘　哲 薛　菲

数字媒体艺术（四年制本科）

毕业生（22 人）

马佳玉 王墨一 尹晓涛 付雨霏 刘欣怡
宋瑞博 张天译 张　羽 张晓阳 张梦格
张雯佳 张歆曼 孟维娜 赵梦竹 赵　堃
赵雅雯 徐　飏 屠梦宁 董怡璇 董淑囡
靳岱陇 雷克凡

北京－都柏林国际学院

电子信息工程专业（四年制本科）

毕业生（30 人）

王书怡 王旭亮 王凯泽 王佳楠 王梓臣
田　丰 付紫仪 朱梓铭 齐万朋 孙翊峰
李天灏 李欣宇 李嘉华 李睿杰 杨非凡
邹雪平 张宇祥 张岑越 张晓飞 张曼琳
张紫晨 张傲然 陆佳禾 陈翰铭 周璞琪
施　博 顾晨冉 唐　颂 韩金芳 简丁丁

金融学专业（四年制本科）

毕业生（121 人）

丁晓妤 卜天月 丰　皓 王子安 王子依
王子维 王凤浩 王文昊 王　可 王可琢
王对翼 王芷晴 王晓萌 王钰欣 王梦宇
王琦翔 王静宜 牛兆钧 方未然 尹　越
卢　奕 叶贝尔 申雅晗 冯佳钰 吉清硕
成鉴哲 朱　宇 朱　玥 朱秋彤 朱翊瑄
乔　梁 乔　磊 刘召征 刘宇琼 刘宇琛
刘依然 刘思源 刘祖豪 刘童怡 刘新宇
刘熙贤 汤芷旗 汤雅新 孙雨彤 苏亦豪
苏谷川 李占宇 李　礼 李远航 李君豪
李玥萱 李若琳 李泽然 李　理 李曜冰
杨星月 杨谦心 肖　荣 吴欣仪 吴雪阳
何雨桐 沈斯宸 宋子豪 张译文 张雨晴
张　昊 张明威 张诗晗 张烜东 张雪芹
张雪纯 张　喆 张嘉琪 陆心韬 陆玥凝
陈艺冰 陈方怡 陈　卓 陈湘燕 邵晓晗
武卓成 武博雅 林嘉豪 罗少杨 罗心悦
罗丽炜 冼明远 郑珺然 郝笑柔 胡安雪伦
胡　涛 姚　澜 秦　川 敖昕滢 耿昊晨
耿睿治 贾紫悠 夏嘉慧 笑　萌 徐贝宁
高思齐 高瑞宏 郭晏冰 唐雁宇 曹骥腾
崔厉夫 崔宇豪 崔欣语 崔靖词 董乃铭
董安民 韩岱宸 惠　昱 程心悦 舒　晴
谢雨婷 路萌茜 廖灏铭 熊宇杰 潘毅凡
穆婧怡

软件工程专业（四年制本科）

毕业生（95 人）

于　杰 于佳悦 马　汀 王丹蕾 王心注
王舟衡 王星人 王谢男 王耀琛 尤艳东
乌日尼贡 方心韵 方　森 尹泽通 尹崇岳
龙世睿 龙　民 叶苏缘 史笑寒 付　彤
司沛琪 吕超然 朱焕奇 刘世俊 刘浩然
刘鼎奇 刘锦怡 关昊旸 江宛颖 孙一鸣
孙　越 苏　展 杜冠璞 李子根 李　旭
李若佳 李佳地 李美璇 李振晟 李熙诚
李霁琨 杨少南 杨世源 杨亚迪 杨　洋
杨家瑞 肖鹏辉 吴岫霖 吴　瑀 邹可明
汪茂樽 沈溢熙 宋　泽 张以恒 张　宇
张杨洋 张明坤 张孟一 陆兴晨 陈子祺
陈正尧 陈东临 陈兴超 陈逸伦 邵新宇

武宇晨　尚逸文　周日鹏　郑方奔　郑　知
赵茜焱　胡宇昂　胡思扬　查孝宁　段天阳
姜泽鑫　姚玉婷　姚宇翔　姚鑫宇　袁启桐
倪　莎　徐子婷　徐峻檬　高　杨　黄汉喆
崔惠钧　梁博钧　隋东航　彭志轩　董乐辉
程心媛　温天泽　雷泽宇　靖一然　滕　飞

物联网工程专业（四年制本科）

毕业生（89人）

马思腾　王卫星　王旨宁　王　佟　王沛钊
王政普　王思琪　王品华　王梓屹　仇思韬
文言诺　方　向　方诗程　白万峰　白文远
边雨涵　朱宇铖　朱彦兴　朱晨思　任泽宇
刘子扬　刘云鹤　祁天卓　许志坤　许依若
孙一然　孙步维　孙雨晴　李子晨　李　沅
李佳昆　李京霖　李承晋　李星昊　李　响
李　楠　李嘉澍　杨蕊翠　肖世邦　吴明扬
吴浩畅　邹　阳　张又午　张　冉　张光臻
张争妍　张启月　张育慧　张晋铭　张彧鹏
张润民　张喆琳　张新妍　陆家成　陈企沛
陈定锐　陈　响　陈禹桥　陈奕骁　陈海鑫
武文琦　武思源　武博晨　罗于诏　罗俊杰
郑泠若　赵子杰　赵羽婷　赵　钊　郝婷婷
胡　适　胡嘉懿　姜钧城　姜璨辉　贾紫萱
原溪灵　原潇然　顾振雷　徐嘉明　高钰喆
郭　旭　郭浩然　曹云峰　曹　原　龚　晨
韩三越　程礼韬　阙晨灿　魏　涟

校　历

2020—2021 年第二学期								
学年/学期/周	周	周一	周二	周三	周四	周五	周六	周日
1	三月	（3 月）1	2	3	4	5	6	7
2		8	9	10	11	12	13	14
3		15	16	17	18	19	20	21
4		22	23	24	25	26	27	28
5		29	30	31	（4 月）1	2	3	4 清明
6	四月	5	6	7	8	9	10	11
7		12	13	14	15	16	17	18
8		19	20	21	22	23	24	25
9		26	27	28	29	30	（5 月） 1 劳动	2
10	五月	3	4	5	6	7	8	9
11		10	11	12	13	14	15	16
12		17	18	19	20	21	22	23
13		24	25	26	27	28	29	30
14	六月	31	（6 月）1	2	3	4	5	6
15		7	8	9	10	11	12	13
16		14 端午	15	16	17	18	19	20
17		21	22	23	24	25	26	27
18		28	29	30	（7 月）1	2	3	4
19	七月	5	6	7	8	9	10	11
20		12	13	14	15	16	17	18
21		19	20	21	22	23	24	25
1	暑假（7 月）	26	27	28	29	30	31	（8 月）1
2	暑假（8 月）	2	3	4	5	6	7	8
3		9	10	11	12	13	14	15
4		16	17	18	19	20	21	22
5		23	24	25	26	27	28	29

2021—2022年第一学期								
学年/学期/周	周	周一	周二	周三	周四	周五	周六	周日
1	九月	30	31	（9月）1	2	3	4	5
2		6	7	8	9	10	11	12
3		13	14	15	16	17	18	19
4		20	21 中秋	22	23	24	25	26
5		27	28	29	30	（10月）1 国庆	2	3
6	十月	4	5	6	7	8	9	10
7		11	12	13	14	15	16	17
8		18	19	20	21	22	23	24
9		25	26	27	28	29	30	31
10	十一月	（11月）1	2	3	4	5	6	7
11		8	9	10	11	12	13	14
12		15	16	17	18	19	20	21
13		22	23	24	25	26	27	28
14	十二月	29	30	（12月）1	2	3	4	5
15		6	7	8	9	10	11	12
16		13	14	15	16	17	18	19
17		20	21	22	23	24	25	26
18		27	28	29	30	31	（2022年）1 元旦	2
19	一月	3	4	5	6	7	8	9
1	寒假（1月）	10	11	12	13	14	15	16
2		17	18	19	20	21	22	23
3		24	25	26	27	28	29	30
4	寒假（2月）	31	（2月）1 春节	2	3	4	5	6
5		7	8	9	10	11	12	13
6		14	15	16	17	18	19	20

索 引

使用说明

1. 本索引采用内容分析索引法编制。2. 本索引基本上按汉语拼音音序排列。具体排列方法如下：以数字开头的，排在最前面；以英文字母打头的，列于其次；汉字标目则按首字的音序、音调依次排列，首字相同时，则以第二个字排序，并依此类推。3. 索引标目后的数字，表示检索内容所在的年鉴正文页码；数字后面的英文字母 a、b，表示年鉴正文中的栏别，合在一起即指该页码及左、右两个版面区域。年鉴中用表格反映的内容，则在索引标目后面用括号注明（表）字，以区别于文字标目。4. 为反映索引款目间的隶属关系，对于二级标目，采取在上一级标目下缩二格的形式编排，之下再按汉语拼音音序、音调排列。

0～9

A～Z

A

B

C

D

H

J

M

N

P

Q

R

S

T

W

X

Z

Y

Z

（毋　栋　编制）